싸울 기회

: 민주당 상원의원 엘리자베스 워런 자서전

싸울 기회

엘리자베스 워런 지음 | 박산호 옮김

옥타비아, 라비니아,
아티쿠스와 우리의 모든 아이를 위해

저는 엘리자베스 워런이라고 합니다. 한 남자의 아내이자, 제 아이들의 엄마이자, 손자 손녀들의 할머니입니다. 저는 거의 한평생 학생들을 가르치며 살아왔지만 더 이상 그렇게 말할 수 없을 것 같군요. 이제는 저를 미 상원의원이라고 소개해야 하니까요. 그렇게 말할 때마다 아직도 제 스스로 깜짝깜짝 놀라긴 한답니다.

이 이야기는 제 이야기이며 또한 감사하는 마음에서 비롯된 것이기도 합니다.

제 아버지는 건물을 보수하는 정비원이셨고 어머니는 시어스 로벅(미국의 종합유통업체─옮긴이)에서 전화 교환원으로 일하셨습니다. 무엇보다 우리 부모님은 세 오빠와 저에게 미래를 주고 싶어하셨습니다. 우리 동기 넷은 아주 잘 살아왔습니다. 큰오빠인 돈 리드는 20년간 군 복무를 하면서 베트남전에서 288차례의 전투 임무를 수행했습니다. 둘째 오빠인 존은 호경기 시절 노조에 소속돼 기중기 기사로 일했고, 불경기에는 건설 현장에서 닥치는 대로 일을 하며 살아왔습니다. 막내오빠인 데이비드는 특별한 열정이 있어서 사업을 시작했습니다. 그 일이 잘 풀리지 않았을 때 다른 사업을 시작했죠. 데이비드 오빠는 자기 머리를 쓰지 않고 살아가는 삶이란 상상도 할 수 없는 사람이거든요. 전 대학에 가서 교사가 됐습니다. 처음에는 특수교육이 필요한 아동들을 가르쳤고 나중에는 법대생들을 가르쳤습니다. 제가 정치에 관여하게 된 건 아주 오랜 시간이 흐른 뒤의 일입니다. 오빠들과 저는 각자 결혼해서 자식들을 낳았고, 우리 부모님은 눈에 넣어도 아프지 않을 예쁜 손주들 사진으로 온 집안을 도배했습니다.

저는 죽는 날까지 부모님에게 감사할 것입니다. 부모님은 오빠들과 저를 도와주시기 위해 끝까지 열심히(정말 열심히) 일하셨습니다. 우리 넷은 다 성공했는데 그건 운 좋게도 우리 같은 아이들의 미래에 투자해서 우리가 번창할 수 있도록 도와준 미국에서 성장했던 덕분도 있습니다.

이제 냉엄한 진실을 이야기해야겠군요. 현재 미국에는 그런 미래가 없습니다.

지금 세상은 돈과 권력을 가진 이들에게 유리하도록 게임의 판세가 조작돼 있습니다. 대기업들은 로비스트 부대를 고용해서 수십 억 달러라는 세금을 내지 않으려고 조세제도에 빠져나갈 구멍을 만들고 의회에 있는 인맥을 동원해 이 편향된 게임의 판도를 유지해주는 법들을 지지하게 만들고 있습니다. 그동안 정직하고 성실하게 일해온 서민들의 자식들은 과거보다 더 작고 소박한 꿈에 만족하면서 살아가야 한다는 말을 듣습니다.

지난 한 세대 동안 모든 아이를 경제적으로 감당할 수 있는 대학에 보내거나 그들에게 기술적인 훈련을 시키겠다는 미국인들의 의지는 시들해졌습니다. 날로 번영하는 사업체와 일터들을 만드는 데 토대가 된 사회기반시설들(도로, 다리, 전력망)은 무너져가고 있습니다. 기적적인 치료제와 인터넷에서 나노 기술에 이르는 놀라운 발명들을 이뤄낸 과학과 의학 연구는 심각한 재원 부족에 시달리며, 연구 자금도 줄어들고 있습니다. 미국인의 가장 큰 특징이었던 낙관주의도 엄청난 타격을 받아 힘이 빠지고 있습니다.

하지만 이런 흐름이 계속될 필요는 없습니다.

저는 미국이 다시 성실하게 원칙대로 살아가는 사람들을 위한 기회의 땅이 되도록 돕기 위해 전력을 다하려고 굳게(아주 굳게) 다짐했습니다. 자신이 한 일에 책임지면서 공정하게 경쟁하는 나라. 일부 아이를 위한 미래가 아니라 우리의 모든 아이를 위한 미래를 만들어가는 나라. 모든 아이가 제가 받은 것만큼 받을 수 있는 나라. 즉 열심히 노력하면 성공할 기회를 주는 나라인 미국으로 돌아갈 수 있게 말입니다.

제가 살아온 이야기는 제가 보기에도 좀 믿기 힘든 구석이 있습니다. 저는 한 번도 제가 공직에 출마할 거라고 생각한 적이 없습니다. 그렇게 따지자면 살아가면서 예상도 못 했던 일을 참 많이 했습니다. 제가 등산을 하게 될 줄은 몰랐습니다. 미국의 대통령을 만나게 될 줄도 몰랐고요. 제가 금발이 될 거라는 건 꿈에도 생각 못 했는데 지금 전 금발이랍니다.

이 이야기는 제가 자란 오클라호마에서 시작돼 남편과 아이들을 둘러싼 삶으로 흘러가다가 중간중간 부엌에 불을 내는 사연도 나옵니다. 저는 집에서 가까운 대학을 다닌 뒤 교사로 일했고, 그 뒤 법대를 나와 마침내 교수가 되는 끊임없이 전진하는 인생을 살아왔습니다. 저는 전공 분야 연구를 시작했다가 점점 더 미국의 평범한 가족들에게 일어나는 일을 걱정하게 됐습니다. 그리고 이야기는 워싱턴으로 넘어가 거기서 제가 최초로 공개적인 싸움을 걸게 됐습니다. 1995년 저는 한 2년 정도 파트타임으로 공직에 봉사하게 될 거라고 생각한 일에 뛰어들었습니다. 그러다 곧바로 우리 나라의 파산법을 놓고 벌어지는 치열한 전쟁에 휘말리게 됐습니다. 제 설명이 좀 모호하다는 건 알지만, 이 전쟁의 저변에는 우리 정부가 거대 은행들에 봉사하기 위해 존재하느냐 아니면 살아가기 위해 고군분투하는 서민들에게 봉사하고자 존재하느냐라는 명제를 놓고 무시무시한 충돌이 일어나고 있습니다.

이 전쟁은 제가 예상했던 것보다 훨씬 더 오래 끌었습니다. 자그마치 10년이나 계속됐습니다. 물론 그 10년이란 세월 동안 제 삶에도 끊임없이 변화가 일어나면서 몇 번의 졸업식과 장례식을 치르고, 손주들이 태어나는 경사도 맞았습니다. 그 전투가 끝났을 때 저는 또다시 싸움을 걸었고, 또 걸고, 또 걸었습니다. 모두 합쳐 큰 것만 다섯 번의 전투를 치렀습니다. 그 전투는 실직하거나 중병을 앓은 가족들이 인생에서 새 출발을 할 수 있도록 도와주려는 싸움에서부터 정부가 은행 긴급 구제 조치를 어떻게 하고 있는지 투명하게 밝히라고 압력을 넣은 싸움도 있었고, 은행의 부도덕한 대출 관행을 걸고넘어지는 싸움도 있었습니다. 하지만 이 일련의 전투를 치르면서 느낀 점은 이것들이 모두 눈에 보이는 것보다 훨씬 더 큰 위험을 안고 있다는 것이었습니다. 다시 말해 미국의 중산층이 공격받고 있었습니다. 그보다 더 심각한 점은 그 공격이 인간의 힘으로 어쩔 수 없는 게 아니라 게임의 판세가 의도적으로 부정하게 조작됐기 때문에 미국의 중산층이 곤경에 빠졌다는 것이었습니다.

이 책은 사기와 긴급 구제 그리고 선거에 대한 아주 공적인 이야기를 하고 있습니다. 또한 엄마와 딸들, 어린이집과 개들, 나이 들어가는 부모와 짜증을 내는 갓난아기들에 대한 아주 사적인 이야기도 들어 있습니다. 이 이야기는 어떤 역사적인 사건을 완벽하게 기술하려고 쓴 것이 아닙니다. 이건 그저 제가 보고 살아온 이야기를 한 것이죠. 이 이야기는 또 인간은 패배하면서 배우는 과정을 통해 점점 더 강해진다는 주제를 다루고 있기도 합니다. 이 이야기는 어떤 것이 싸울 만한 가치가 있다면 가끔은 아주 강력한 적들을 상대로 싸우더라도 이길 수 있다는 메시지를 담고 있습니다.

저는 제가 정계에 뛰어들 거라고는 전혀 예상하지 못했습니다. 맙소사, 사실 그러고 싶지 않은 마음이 더 컸습니다. 하지만 저는 제 모든 것을 걸고 싸울 만한 가치가 있는 것들을 지키기 위해 여기에 싸우러 왔습니다. 그것은 바로 우리의 모든 아이에게 놀라운 가능성과 가슴 뛰는 발견으로 가득 찬 미래를 만들어갈 수 있게 싸울 기회를 주는 것입니다.

1장

싸움을 선택하다

나는 내가 철든 날을 알고 있다. 내가 철이 든 그 순간을 알고 있다. 왜 철들었는지도 알고 있다.

나는 그때 열두 살이었는데 그 나이치고는 키가 컸고 비쩍 마른 몸매 때문에 타인의 시선을 민감하게 의식하고 있었다. 얼마나 말랐던지 손목, 무릎, 팔꿈치가 다 툭 튀어나와 있었다. 거기다 치열도 고르지 않았고 눈이 나빠서 안경을 쓰고 있었다. 길고 쪽 곧은 갈색 머리는 버트 이모가 1년에 두 번씩 잘라주곤 했다. 난 나이 차가 크게 나는 사촌 언니인 캔디처럼 예뻐지는 일은 결코 없으리라는 걸 이미 알고 있었다. 캔디 언니는 대학생으로 여학생 클럽 회원이었고 잘나가는 자동차 영업소 사장 아들과 결혼했다.

나는 따뜻한 봄날 엄마의 침실에 서 있었다. 엄마는 옷장에서 검은색 드레스를 꺼내 침대에 펼쳐놓은 채 울고 있었다. 엄마는 아빠가 아프게 된 뒤로 많이 울었다.

몇 달 전, 아주 춥고 흐렸던 일요일에 아빠가 우리 집 차를 손보고 있었다. 아빠는 저녁이 다 돼서야 집에 들어와 식탁 앞에 앉았다. 그냥 가만히 앉아 있었다. 아빠는 항상 바쁘게 움직이는 분이었는데 그렇게 가만히 앉아서 뭔가 골똘히 생각하는 듯 고개를 숙이고 있는 걸 보니 이상했다. 아빠의 피부가 얼룩진 듯 보였으며 손은 덜덜 떨리고 있었다.

나는 식탁에서 책을 읽던 중이었고, 엄마는 레인지 앞에서 저녁으로 먹을 뭔가를 튀기고 있었다. 엄마가 아빠에게 어디 안 좋은 데가 있냐고 물었다. 아빠에게서 아무 대답이 없자 어디 아픈 거 아니냐고 싫은 소리를 했다. 아빠는 아니라고 말했다. 나는 책을 덮고 이층에 있는 내 방으로 올라갔다.

조금 있다가 엄마가 이층에 대고 소리쳤다. "엘리자베스, 엄마는 아빠랑 병원에 간다. 넌 집에서 저녁 먹고 있어." 그때 우리 오빠 셋은 다 커서 독립하고 집에는 나와 우리 집 강아지 미시밖에 없었다. 저녁을 먹은 뒤 나는 미시에게 남은 음식을 주고 엄마와 아빠가 집에 돌아오길 기다렸다.

그다음 주 내내 학교가 끝날 때마다 비 이모와 스탠리 이모부가 날데리러 와서 아빠의 침대 옆에 엄마가 앉아 있는 병원으로 데려다줬다. 아빠는 살이 빠졌고, 희끗희끗한 머리는 아주 짧게 잘랐다. 아빠는 원래 옅은 파란색 눈에 하얀 피부가 항상 볕에 살짝 그을려 있었는데, 지금은 안색이 흙빛으로 아주 피곤해 보였다.

그 주 내내 우리가 다니던 교회 신자들이 캐서롤과(오븐에 넣어서 천천히 익혀 만드는 한국의 찜 비슷한 요리—옮긴이) 두툼하고 달콤한 디저트들을 가지고 우리 집에 왔다. 그 사람들이 심장마비란 말을 어떻게 했는지 기억난다. 모두 잠시 입을 다물었다가 그 말을 하곤 했다. "네 아버지가 그, 그러니까, 심장마비가 일어나기 전에 밖에서 일하고 계셨니?" "네 아버지가, 음, 심장마비를 일으키셨단 말을 들었어. 아버지가 괜찮아지시길 빈다." 사람들이 잠시 입을 다물 때마다 난 두려워졌다.

아빠는 퇴원 후 오랫동안 집 안에서 지냈다.

아빠는 노른자를 뺀 삶은 달걀을 먹었고, 장을 봐온 걸 차에서 들려고 할 때마다 엄마가 소리를 질렀다. "여보, 하지 마! 하지 마!" 그때마다 엄마의 목소리에서 한 가닥 공포가 새어나오는 게 느껴졌다.

우리 가족은 오클라호마시티에 살았다. 부모님이 그 집을 산 이유는 엄마가 최고 학군이라고 믿는 곁자락에 있었기 때문이다. 처음 그 집을 샀을 때 배선에선 불꽃이 튀겼고 천장에 바른 회반죽이 여기저기 떨어져나가 엉망이었지만 손재주 좋은 아빠가 손을 봤다. 그 집에는 큰 마당이 있어 엄마가 붓꽃과 장미를 키웠다. 그해 봄 아빠는 집수리에는 손을 대지 않고 주로 차고에 있는 낡은 나무 의자에 혼자 앉아 담배를 피우며 멀거니 먼 산을 바라보곤 했다.

학교가 끝나면 대개 엄마가 구릿빛이 도는 스테이션왜건을 몰고 날 데리러 왔다. 어느 날 엄마는 아빠가 출근할 때 타고 다니는 아주 낡은 황백색 스튜드베이커를 몰고 왔다. 차에 올라타면서 나는 엄마에게 스테이션왜건은 어디에 있는지 물었다.

"그 차는 갔어."

"어디로 가?"

"갔다고."

나는 계속해서 물어봤다. 엄마는 핸들을 꽉 잡고 앞만 쳐다보고 있었다.

내가 한 번 더 "어디로?"라고 물어보자, 엄마가 낮은 목소리로 말했다. "돈을 낼 수 없어서 자동차 회사에서 가져갔어."

더 이상 물어보지 말았어야 했다.

마침내 의사가 아빠에게 다시 출근해도 된다고 했지만 어떻게 된 일인지 아빠가 전에 하던 일(몽고메리 사에서 카펫을 팔던 일)이 없어져버렸다. 아빠는 이제 그 가게에서 잔디 깎는 기계와 울타리를 팔게 됐지만, 매달 월급이 나오는 게 아니라 판매 수수료를 받게 되었다. 아빠는 원래 말수가 적어서 영업에는 소질이 없었다.

어느 날 저녁을 먹다가 아빠에게 요즘은 왜 카펫 부서에서 일하지 않느냐고 물었다. 엄마가 끼어들어서 아빠의 근무 시간과 보험에 대해 뭐라고 설명을 해줬다. 그 말이 이해는 잘 안 됐지만 엄마가 억울해하고 있다는 건 알 수 있었다. 엄마가 보기엔 그동안 아빠가 열심히 일해온 자리를 회사가 빼앗은 것이다. 그러고는 "회사에선 아빠가 죽을 거라고 생각하고 있어"라고 말했다.

이제 질문은 그만해야 했다.

어느 날 학교가 끝나고 엄마, 비 이모와 함께 앞마당에 '매물'이라는 표지판이 꽂힌 작은 집을 보러 갔다. 받침대 위에 올려져 있는 그 흰색 집 밑으로 개나 너구리가 몰래 숨어들 수 있었다. 그 집에서 먼지와 오래된 음식 냄새같이 퀴퀴하고 이상한 냄새가 났던 기억이 난다.

나는 왜 이사를 가야 하느냐고 묻지 않았다.

그해 봄 이따금 부모님이 싸우는 소리를 우연히 들었다. 그걸 싸움이라고 표현해서는 안 될 것 같다. 아빠는 말이 별로 없는 반면 주로 소리를 지르는 쪽은 엄마였으니까. 부모님은 전보다 술을 더 많이, 훨씬 더 많이 마셨다. 아무도 말해주지 않았지만 난 알고 있었다. 아이들만 알 수 있는 그런 게 있다. 난 우리가 차를 잃었던 것처럼 지금 살고 있는 집도 잃게 되리라는 걸 알고 있었다. 나는 엄마가 아빠에게 "가장으로서 제구실을" 못 한다고 비난하는 걸 알고 있었다.

며칠 뒤 나는 이층에 있는 엄마 침실에 서 있었다. 엄마의 얼굴은 퉁퉁 붓고, 사정없이 문지른 눈은 시뻘게져 있었다. 검은 드레스 옆 침대보 위에 똘똘 뭉쳐진 화장지가 한 다스 정도 흩어져 있었다.

그 드레스를 보니 몇 년 전 노먼에 살았을 때 구입한 옷이라는 게 기억났다. 그건 엄마가 장례식이나 졸업식에 갈 때 입는 드레스였다. 그 드레스는 뻣뻣한 검은색 천에 소매는 짧고, 앞쪽에 모양을 내는 천이 덧대어져 있으며, 목에 짧은 끈이 달려 있었다. 지퍼는 옆에 달려 있었다.

처음에 그 드레스를 보고 누가 죽은 게 아닌가 의아했다. 그러다가 엄마에게 중요한 약속이 있다는 걸 깨달았다. 엄마는 우리 집 근처에 있는 시어스 로벅에서 직원을 채용한다는 소식을 듣고 면접을 보기로 한 것이다. 그때 엄마의 나이 쉰이었다.

엄마는 내가 거기 서 있는지도 모르는 듯했다. 하지만 거들과 사투를 벌인 끝에 간신히 끌어올려 입고 스타킹을 신고 나서 말하기 시작했다. 엄마는 결코 이 집을 잃지 않을 거다. 시어스까지는 걸어갈 거다. 그래봐야 최저임금밖에 못 받겠지만 아빠의 수수료만 가지고 사는 것보단 훨씬 더 나을 거다. 엘리자베스는 알아서 혼자 잘 지낼 수 있을 거다. 엄마가 나에게 하는 소린지 아니면 그냥 혼잣말을 하는 건지 잘 몰라 아무 말도 하지 않았다.

엄마는 드레스를 잡고 머리를 먼저 넣은 다음 어깨를 거쳐, 배를 지나, 엉덩이까지 끌어내리느라고 전력을 쏟았다. 아빠와 결혼했을 때는 날씬한 미녀였던 엄마도 네 아이를 낳으면서 40대가 되자 몸매가 튼실해져버렸다.

나는 엄마가 지퍼 올리는 걸 서서 지켜보고 있었다. 엄마는 숨을 참고 지퍼를 올리느라 안간힘을 썼다. 눈에서는 눈물이 턱으로 흘러내려

바닥에 떨어졌다. 마침내 엄마는 지퍼를 끝까지 올렸다. 그러고는 또다시 클리넥스 화장지를 한 장 뽑아서 눈을 벅벅 문지르고 코를 팽 풀었다. 엄마는 한동안 가만히 서 있었다.

그러다 마침내 고개를 들고 나를 똑바로 봤다. "엄마 어떻게 보이니? 드레스가 조이는 것 같지 않니?"

그 드레스는 조였다. 조여도 너무 조였다. 숨도 쉴 수 없을 정도로 꽉 낀 데다 여기저기 잔주름까지 잡혀 있었다. 엄마가 움직이면 드레스가 터져버릴 것만 같단 생각이 들었다. 하지만 그거 말고 옷장에 엄마가 입을 만한 다른 괜찮은 드레스가 없다는 사실을 알고 있었다.

바로 그 순간 난 아이와 소녀를 가르는 경계선을 넘었다. 난 더 이상 철없는 어린아이가 아니었다.

엄마 옆에 서 있는 나는 엄마랑 키가 비슷했다. 난 엄마의 눈을 똑바로 쳐다보면서 말했다. "엄마 근사해 보여. 정말이야."

나는 우리 집 현관 앞에 서서 엄마가 거리를 걸어가는 모습을 봤다. 한적한 오후였다. 태양은 뜨거웠고, 엄마는 하이힐을 신어서 걸음이 불안했지만 앞을 똑바로 보고 걸었다.

엄마는 시어스 로벅에 전화 교환원으로 취직했다. 나중에 아빠는 몽고메리 사의 판매직을 그만뒀다. 어쩌면 해고됐는지도 모르겠다. 나도 사실 잘 모른다. 아빠는 아파트 건물을 청소하고 정비하는 정비원으로 취직했다. 우리 부모님은 내가 고등학교를 졸업할 때까지 그 집을 지키셨고, 그 후에 그 집을 포기하고 아파트로 이사 가셨다.

엄마는 호강이란 걸 한 번도 해본 적이 없다. 엄마는 엄마와 아빠가 가지고 있는 모든 걸 지키기 위해 싸웠다. 그리고 생활이 정말 힘들어졌을 땐 그 생활에 지지 않기 위해 해야 할 일을 했다.

비행의 꿈

—

우리 가족의 이야기는 내가 태어나기 아주 오래전부터 내 삶의 방향을 정해놓았다.

1920년대에 아빠는 비행기 조종사가 되고 싶다는 큰 꿈을 지녔다. 나는 아빠가 고등학교를 나오자마자 조종실이 개방된 2인용 소형 비행기를 고치고 독학으로 비행법을 배워 오클라호마 동쪽에 있는 대초원을 날아갔다는 이야기를 들으며 자랐다. 나는 항상 아빠가 드넓은 푸른 하늘 아래 아주 작은 비행기를 타고 거대한 밀밭 위로 이륙했다가 착륙하는 모습을 상상해보곤 했다.

하지만 아빠가 비행기보다 더 사랑한 것이 있었다. 우리 엄마였다. 아빠가 엄마에게 처음 관심을 가졌을 때 엄마는 열다섯 살이었다. 엄마는 바람만 불어도 날아갈 듯한 가냘픈 몸매에 검은 머리의 미녀로 항상 생기가 넘치고 웃긴 데다 목소리가 저음이면서도 아름다워서 종종 장례식과 결혼식에서 노래를 불러달라는 청을 받았다. 엄마는 텅 빈 방에 몇 시간씩 앉아서 피아노를 치며 노래를 부르곤 했다. 아빠는 엄마와 완전히 사랑에 빠져버렸다. 하지만 아빠의 부모님이 두 분의 만남을 결사반대했다. 우리 외가 쪽으로 아메리카 원주민의 피가 섞여 있었는데 당시에는 두 인종을 가르는 골이 깊었다. 우리 부모님은 여기에 굴하지 않았다. 엄마가 열아홉 살이고 아빠가 갓 스무 살이 된 1932년 둘이 같이 도망쳤다.

부모님은 그들이 성장했던 작은 시골 마을에 닥친 대가뭄과 대공황이라는 두 차례의 재앙으로부터 살아남았다. 50년이 지난 뒤에도 부모님은 여전히 그 당시 파산한 은행들과 농장을 잃은 농부들에 대해 이야기하곤 했다.

제2차 세계대전이 발발했을 때 부모님에겐 이미 어린 세 아들이 있었다. 아빠는 전투기 조종사로 참전하려 했지만, 육군 항공대(그때는 이렇게 불렸다)에서 아빠의 나이가 너무 많다며 거절했다. 적어도 내가 들은 설명은 그랬다. 대신 아빠를 비행 교관으로 받아들여서 우리 가족은 오클라호마의 위툼카라는 소도시에서 그보다 좀더 큰 머스코지로 이사를 갔다. 마침내 전쟁이 끝났을 때 아빠는 TWA나 아메리칸같이 고속 성장하는 민간 항공사에서 여객기를 조종하는 파일럿이 되기를 간절히 원했다. 하지만 그 소원도 이루어지지 않았다. 엄마가 그런 자리 역시 아버지보다 더 젊은 사람들에게 돌아갔다고 말해줬다.

전쟁이 끝난 뒤 부모님은 고향인 위툼카로 돌아갔다. 하지만 부모님이 없는 사이에 가족이 경영하는 상점에서 아빠가 하던 일은 다른 사람에게 주었다고 친할아버지가 말했다. 아빠는 다른 곳에서 일자리를 찾아야 했다.

그 후 어렵게 돈을 마련해서 오클라호마에 있는 또 다른 소도시인 세미놀에서 동업자와 차를 파는 새 사업을 시작했다. 아빠는 손재주가 좋았기에 차 수리를 맡고, 동업자는 사무와 함께 판매를 책임졌다. 하지만 그 동업자가 회사 돈을 가지고 달아나버렸다. 어쨌든 우리 집에서 전해지는 이야긴 그랬다. 어쩌면 그냥 그 사업이 망해버린 건지도 모르겠다. 부모님은 처음부터 다시 시작해야 했다.

그 뒤로 아빠가 이런저런 직업을 전전하면서 우리 가족은 작은 임대 주택들을 옮겨다녔다. 세 오빠는 장성했고 1949년 생각지도 않게 내가 늦둥이로 태어났다. 아빠는 항상 아들 세 놈이 태어난 뒤에 나온 내가 "생크림에 얹은 체리 같은 딸"이라고 말했다. 엄마는 지구상에서 그 어떤 여자보다 더 오랫동안 학부모회를 나갔다고 말했다.

1950년대 초반 노먼에 온 우리 가족은 시내 변두리 자갈길에 있는 작은 트랙트 하우스(한 지역에 비슷한 형태로 들어선 많은 주택 가운데 한 채―옮긴이)의 계약금을 치렀다. 이 집엔 침실 두 개와 욕실이 하나 있었는데 차고를 개조해 세 오빠가 거기서 잤다. 오빠들은 차례로 군에 입대하면서 집을 떠났다. 돈 리드 오빠와 존 오빠는 공군에 지원했고, 막내오빠인 데이비드는 육군에 갔다.

내가 열한 살이 됐을 때 우리는 오클라호마시티로 이사 갔다. 엄마가 나를 좋은 학교에 보내려고 아빠에게 도시로 이사 가자며 졸라댔다. 그때 아빠는 몽고메리 사에서 카펫을 팔고 있었다. 결국 부모님은 마음에 드는 집을 발견했다. 아빠는 낡고 힘 빠진 스튜드베이커를 계속 탔지만 엄마에겐 중고 스테이션왜건을 사줬다. 그 스테이션왜건은 우리 형편에 드물게 누리는 사치품이었다. 반짝이는 청동색 차에 의자는 인조가죽이었고 오토트랜스미션도 있었다. 심지어 에어컨까지 달려 있었다.

대학에 관한 책

—

다른 수많은 가족처럼 우리도 그럭저럭 살아갔다.

우리 가족은 다년간 무수한 운명의 부침을 겪었고 아빠가 심장마비를 일으킨 뒤로 엄마가 일을 시작해 맞벌이로 간신히 생활비를 감당했다. 하지만 세월이 흐르면서 형편이 조금씩 안정되었고 우리는 다시 일어섰다. 부모님은 집을 팔지 않아도 되었고 나는 같은 공립학교를 계속 다닐 수 있었다. 나는 아이 보는 아르바이트를 하고, 앨리스 이모의 레스토랑에서 웨이트리스로 일하며, 이모들을 위해 드레스 바느질을 해서 돈을 벌었다. 심지어 강아지까지 내다 팔았다. 아빠가 이웃에 사는 작고 검은 푸들을 빌려와 미시와 짝을 지어줬다. 그 결과 아주 예쁜 강아지들이 태어나서 한 주 만에 그 강아지들을 다 팔았다.

다른 수백만 명의 고등학생처럼 나 역시 학교를 끔찍이 싫어했다. 물론 학교 수업은 괜찮았고, 선생님들도 좋았다. 난 교내 클럽 여기저기에 들어가 적응해보려고 무진 애를 썼지만 도무지 고등학교란 게 맞질 않았다. 친구들도 그렇고, 파티도 그렇고, 축구도 그렇고 모든 게 그랬다. 우리 집 차는 여전히 그 낡은 스튜드베이커였는데, 이젠 여기저기 녹까지 슬었다. 아빠는 아침마다 항상 학교에서 한 블록 떨어진 곳에 날 내려주곤 했다. 우리 둘 다 학교 앞은 차가 밀려서 그랬다고 했지만, 사실 그 밀리는 차들은 전부 반짝거리는 새 차였다. 그러는 내내 나는 우리 학교에서 부모가 돈이 없어 고생하는 아이는 나 혼자일 거라고 확신했다. 지금 나는 그게 사실이 아니란 걸 굳게 확신하지만, 그 시절 10대의 나는 지금과 같은 통찰력을 지니지 못했다.

고 3때 상담 선생님 방에서 대학에 관한 책을 한 권 빌려왔다. 우연히 그 책을 본 엄마가 날 노려봤다. "너 설마 대학 갈 생각을 하는 건 아니겠지?" 어쩌면 한때는 엄마도 날 대학에 보낼 계획이었는지 모른다. 하지만 아빠가 심장마비를 일으킨 뒤 모든 게 변했고, 이제는 불가능한 일이었다. 엄마는 내가 대학 갈 형편도 안 될뿐더러 엄마와 아빠는 날 대학에 보내줄 만큼 돈을 많이 못 번다는 사실을 일깨워줬다. 더욱이 세상을 현실적으로 봐야 한다고 주장했다. 대학을 나온 여자는 남편감을 찾기 더 힘들다는 것이었다. "남편감을 찾는 것"이 분명 모든 젊은 여자의 목표였는데 그런 면에서 난 부족한 점이 상당히 많은 후보였다.

하지만 나중에 엄마가 그 이야기를 다시 꺼냈다. 정말 대학에 가고 싶다면 집에서 지내면서 파트타임으로 취직해 가까운 학교에 다니라는 것이었다. 엄마는 내가 교사가 되고 싶어하는 걸 알고 있었는데 그런 야망은 일단 결혼해서 현실에 부딪히면 옆으로 밀려나리라 생각했다. 다만 남편감을 낚아채기 전까지는 대학에 다닐 수 있을 거라는 게 엄마의 계산이었다.

하지만 내게는 다른 계획이 있었다.

다른 계획

그때가 1965년 가을이었는데 난 열여섯 살밖에 안 됐지만 월반을 해서 고등학교 졸업반에 있었다. 내가 보기에 난 얼굴이 예쁜 것도 아니고 학교에서 성적이 제일 좋은 학생도 아니었다. 운동 신경도 꽝이고, 음치인 데다 제대로 다루는 악기 하나 없었다. 하지만 그런 내게도 재능이 하나 있었다. 난 싸울 수 있었다. 주먹이 아니라 세 치 혀로. 나는 우리 토론팀의 에이스였다.

토론 덕분에 내 역량을 크게 키울 수 있었다. 우리 토론팀은 자유무역, 단체교섭, 핵군축, 노인 의료보험제도와 같은 어려운 주제들을 공부했고, 나는 내가 몰랐던 주제들과 씨름해서 많은 걸 배울 수 있음을 깨닫기 시작했다. 하지만 무엇보다 토론을 하면서 자기 수양과 함께 절대 포기하지 않는 태도를 익히게 됐다. 상대방의 공격에 속수무책으로 당하는 일은 있겠지만 결코 굴하지 않는 것이다.

나는 토론이야말로 내가 대학에 들어갈 방편이라고 보았다. 그래서 내 방 문을 닫고 앉아 그 책에 나온 대학들에 대한 설명을 모조리 읽으면서, 자기 학교의 토론팀에 대해 자랑하는 학교들을 찾았다. 그중에서도 장학금을 주는 학교를 찾고 싶었다. 학교 설명란에 토론팀이 들어간 곳은 딱 하나(노스웨스턴 대학) 있었다. 그리고 토론팀에서 1년 선배인 남학생에게 또 다른 정보를 얻었다. 그 선배는 고등학교를 졸업한 뒤 조지워싱턴 대학에 갔다. 그 선배가 조지워싱턴에 끝내주는 토론팀이 있고 토론 장학금도 있다고 알려줬다.

자, 가능성은 두 가지였다. 두 개가 하나보다는 훨씬 나았다. 잘하면 성공할 수 있는 계획이었다.

나는 두 대학에 모두 원서를 보내달라는 편지를 부치고, 매일 오후 토론 연습이 끝나면 엄마가 보기 전에 미리 우편물을 받으려고 집까지 달음박질쳐서 왔다. 원서들이 도착하자 곧 작성해서 세븐일레븐에서 우편환을 사 부친 뒤 기다렸다.

나는 먼저 장학금을 떡하니 받은 뒤 부모님에게 내가 이런 일을 해냈노라고 자랑하며 보여드릴 생각이었다. 공짜로 대학에 갈 수 있다면 부모님이 어떻게 반대하며 나서겠는가?

하지만 생각지도 않던 문제가 생겼다. 원서들을 작성하다보니 장학금을 받으려면 부모님의 재산을 공개해야 했던 것이다. 대학에 원서는 냈지만 부모님에게 내가 무슨 일을 벌이고 있는지 말하지 않고는 도움을 받을 수 없었다.

어느 날 나는 저녁을 먹을 때까지 기다렸다. 우리 셋이 조용히 식탁 앞에 앉아 있을 때 갑자기 내가 아주 유쾌한 목소리로 말했다. "대학 지원자들이 받을 수 있는 장학금이 아주 많대." 난 아마도 텔레비전 광고에 나와 바닥 광택용 왁스를 파는 여자처럼 아주 부자연스럽게 유쾌한 척을 했을 것이다. 두 분 다 입을 열지 않자 내가 조금 수그러든 목소리로 말했다. "나도 한번 시도해보고 싶어." 난 이미 집에서 멀리 떨어진 대학 두 곳에 원서를 냈다는 말은 하지 않았다.

엄마는 또다시 우리 집이 대학에 보낼 형편은 안 된다는 말을 했지만 난 각오가 서 있었다. 엄마를 설득도 해보고 애원도 해봤다. 대학을 공짜로 다닐 수 있는 장학금들이 있다, 내가 왜 그런 장학금을 받으려고 시도도 할 수 없는 거냐고.

엄마는 계속 안 된다고 했지만 그때 아빠가 우리 둘을 놀라게 했다. "한번 해보게 놔둬, 여보."

그렇게 해서 결국 부모님의 소득신고서를 받게 됐다. 재정적인 지원서 양식을 작성하면서 소득신고서에 적힌 숫자들을 보고 놀랐다. 1년 소득을 52로 나눠서 부모님이 받는 주급이 얼마나 적은지 봤다. 빠듯하게 사는 건 알고 있었지만 우리가 가난한 건가? 엄마는 항상 가난하지 않다고 주장했지만 그때 나는 아주 불안했다.

난 아빠에게 장학금 신청서에 서명을 해달라고 하면서 소득세 신고 영수증을 돌려드렸다. 그 일에 대해 아무도 다시 말하지 않았다.

어느 봄날 오후 같은 날 두 통의 편지가 날아들었다. 두 학교 모두에서 입학 허가를 받았지만, 장학금 액수가 달랐다. 노스웨스턴은 부분 장학금이었던 반면 조지워싱턴은 전액 장학금에다 연방 정부에서 주는 학자금 융자도 받을 수 있었다. 거기서 주는 돈을 아껴 쓰면 대학에 갈 수 있었다. 정말 신났다. 오클라호마시티여, 안녕. 조지워싱턴아, 내가 간다!

엄마는 내가 전한 소식에 자랑스러워하는 한편 염려했다. 엄마는 친구들에게 이렇게 말하곤 했다. "글쎄, 쟤가 공짜로 대학 가는 법을 알아왔는데 내가 뭐라고 하겠어? 하지만 그 계집애가 시집이나 갈는지 그건 모르겠네."

결혼하게 되다

대학은 완전한 신세계였다. 나는 평생 오클라호마의 프라이어를 벗어나본 적이 없었다. 발레를 한 번도 본 적이 없고, 박물관에 가본 적도 없으며, 택시를 타본 적도 없었다. 한 번도 흑인과 토론 파트너를 해본 적도 없었고, 아시아에서 온 사람을 알지도 못했으며, 룸메이트랑 살아본 적도 없었다. 하지만 대학에 와서 가장 놀라웠던 점은 내가 가난하지 않다는 것이었다. 나는 대학이 전부 다 공짜라며 부모님을 설득해서 왔지만, 알고 보니 그건 지나치게 낙관적인 생각이었다. 그래도 나는 학자금 대출을 받고 여름 내내 파트타임으로 일했다. 여전히 서랍 안쪽에 쑤셔넣은 흰 양말 속에 현금을 보관했지만 어쨌든 매 학기를 버텨낼 수 있을 정도의 돈이 있다는 걸 알고 있었다. 거기서 나는 천국과 같은 안정감을 맛보았다.

대학 2학년 때 짐 워런이 내 인생에 뿅 하고 나타났다. 그는 나의 첫 데이트 상대이자 처음으로 날 차버린 남자이기도 했다. 첫 데이트 때 짐은 열일곱 살이었고 나는 열세 살이었다. 그때 짐은 고등학교 2학년으로 상급 토론팀에 있었고 나는 신입생으로 이제 막 토론팀에 들어온 새내기였다. 이제 짐은 대학을 졸업하고 휴스턴의 IBM에서 좋은 자리에 취직돼 가정을 꾸릴 준비가 돼 있었다. 짐은 내가 사랑스러우며 재미있다고 말했다. 무엇보다도 과거에 날 차버렸던 남자가 나랑 결혼을 하고 싶단다. 짐은 자신만만했고 앞으로 어떤 인생을 살아갈지에 대해서도 강한 확신에 차 있었다.

그가 날 선택해서 놀랐다.(놀랍고 고마웠다.) 그가 청혼하자마자 1초도 기다리지 않은 채 곧바로 예스라고 대답했다.

짐이 청혼한 지 8주도 채 못 돼서 나는 장학금을 포기하고, 학교를 중퇴하고, 웨딩드레스를 직접 만들어 아빠의 팔짱을 끼고 오클라호마시티의 메이 애비뉴 감리교회에서 열린 결혼식에 입장했다. 그때가 1968년 가을, 내 나이 열아홉 살 때였다.

짐과 나는 그의 작은 하늘색 머스탱에 짐을 싣고 휴스턴에 있는 작은 아파트로 들어갔다. 나는 결혼한 첫 주에 임시직을 얻었다. 월급은 괜찮았지만 학교로 돌아가고 싶었다. 난 아직도 교사가 될 꿈을 꾸고 있었는데 그러려면 대학 졸업장이 필요했다.

난 이제 짐이 농담 삼아 말하는 "마이너스 지참금"을 가지고 있다. 조지워싱턴 대학의 학위도 없는 상태에서 갚아야 할 융자금이 남아 있었던 것이다. 하지만 내겐 계획이 있었다. 만약 내가 대학을 졸업해서 교사가 될 수 있다면 월급도 계속 나올 것이고 정부에서 매년 내가 진 부채의 일부를 탕감해줄 거란 계산을 한 것이다. 휴스턴 대학은 우리 집에서 40분 거리에 있었고 학비는 한 학기에 50달러밖에 안 됐다. 나는 대학으로 돌아가는 것이 더 합리적이라며 짐을 설득했다.

1970년 내가 휴스턴 대학을 막 졸업했을 때 짐이 뉴저지에 있는 IBM 지사로 전근을 가게 됐다. 그곳으로 이사한 직후, 나는 첫 번째로 그럴 듯한 일자리를 얻게 됐다. 집 근처에 있는 공립학교에서 특수교육이 필요한 아이들을 가르치는 언어치료사로 일하게 된 것이다. 그때 난 스물한 살이었지만 열네 살 정도로밖에 안 보였다. 그 학교에서 보낸 첫해가 저물어갈 무렵 임신했다는 사실을 알게 됐다. 교장은 그 당시 다른 많은 교장이 그랬던 것과 똑같은 조치를 취했다. 내게 행운을 빌어준 뒤 내년에 돌아오라는 말 없이 내 자리에 다른 교사를 채용한 것이다.

우리는 예쁜 딸을 낳아 어밀리아 루이즈라고 이름 지었다. 비 이모(베시 어밀리아)와 엄마(폴린 루이즈)의 이름을 따서 지은 것이다.

짐은 우리가 잘 살고 있다고 생각했다. 그는 우리 가족을 먹여 살릴 수 있고 우리 둘 다 내가 집에서 살림을 할 거라고 생각했다.

난 노력했다. 정말 열심히 노력했다.

한동안 나는 아늑한 가정을 꾸미는 데 전념했다. 우린 여름 별장을 개조한 집을 샀는데, 그 집은 여름에는 습기가 차고 겨울에는 온몸이 꽁꽁 얼어붙을 만큼 추웠다.(그때 처음으로 단열의 중요성을 배웠다.) 하지만 집값이 쌌고 근사한 진달래 덤불이 있어서 봄이면 집 주위가 축제를 벌이듯 환해지곤 했다. 곧 집을 수리하는 법에 대한 책을 샀으며, 어밀리아를 근처에 있는 아기 울타리에 안전하게 놔두고 집 개조 작업에 착수했다. 책꽂이도 다시 만들고, 마룻바닥을 다시 손질하고, 목욕탕 타일도 다시 깔았다.(좀 삐딱하긴 했지만.) 그러다보니 욕실 천장에 금이 간 건 그 위에 도배를 해서 감출 수 있겠다는 판단이 섰다. 그랬다가 벽에 도배를 하는 것과 천장에 도배를 하는 것은 완전히 다른 일임을 어렵사리 깨달았다. 도배를 하고 며칠이 지났는데도 계속 머리에 달라붙은 벽지용 풀을 씻어내야 했다.

바느질도 하고 요리도 하려고 애썼다. 고등학교 때 난 미래의 베티 크로커(주방의 여신이라 불린 가상의 인물—옮긴이) 주부상도 탔었다. 하지만 그 상은 실기가 아닌 필기시험 점수로 받은 것이었다.(해비 크림에 유지방이 얼마나 들어가는지 또는 레이지 데이지 스티치의 매듭을 어떻게 짓는지 물어보면 난 완벽하게 대답할 수 있었다.) 엄마는 내게 결혼 선물로 베티 크로커 요리책을 사줬지만 매일 거기 나온 조리법에 따라 요리하던 중 멍해져서 종종 딴 데 정신을 팔곤 했다. 내 요리 때문에 우리 식구는 두 번이나 식중독에 걸렸고 요리하다가 부엌에 불을 네다섯 번이나 냈다. 아빠는 크리스마스 선물로 내게 소화기를 사주셨다.

어밀리아와 나는 어디든 함께 갔다. 어밀리아는 모험심 많은 갓난아기라 뭐든 먹어보려 하고 어디서든 낮잠을 자려 했다. 난 가슴이 저미고 눈에 눈물이 가득 고일 정도로 어밀리아를 사랑했다. 어밀리아에게 모든 걸 주고 싶었다. 하지만 아무리 열심히 노력해도 자꾸만 엄마로서 실패하고 있다는 느낌이 들었다.

그때 전국적으로 여성운동이 폭발적으로 일어났지만 우리가 살고 있는 조용한 뉴저지 교외에서는 아니었고, 확실히 우리 집에서도 그런 일은 일어나지 않았다. 나는 좋은 아내이자 엄마도 되고 싶었지만 그 이상의 일을 하고 싶었다. 발랄하고 사랑스러운 딸과 집에서 하루 내내 있고 싶지는 않다는 생각에 깊은 수치심을 느꼈다.

내가 할 수 있는 첫 번째 선택은 다시 교사가 되는 것이었지만 짐에게 물어볼 생각도 하지 않았다. 짐이 업무량 많은 정규 교사는 생각도 하지 말라고 말할 게 뻔했기 때문이다. 그래서 기저귀를 갈고 젖을 먹이는 사이에 학교로 돌아가자는 아이디어를 짜냈다. 짐은 처음에는 반대하다가 마침내 동의했다. 학교는 괜찮겠지.

갑자기 내게 새로운 세계가 열렸다. 그야말로 과자 가게에 온 아이같이 황홀한 시간이었다. 처음에는 대학원에 가서 언어치료를 전공할까 생각했다. 공대 원서도 받아놨다. 그러다 법대를 생각해봤다. 변호사의 삶에 대해서는 아는 게 하나도 없었지만, 텔레비전에서 보는 변호사들은 항상 도움을 필요로 하는 선량한 이들을 변호하기 위해 싸웠다. 게다가 내가 실제로 법대 학위를 받을 수 있을 거라고 생각하니 경이롭기까지 했다. 언젠가 어밀리아가 우리 엄마는 변호사라고 말할 수 있을 거라 생각하자 기분이 좋아졌다.

엄마에게 법대에 갈 계획이라고 말하는 건 처음에 대학에 가겠다고 말할 때보다 더 힘들었다. 엄마는 분명 내게 무슨 문제가 있다고 확신했다. 엄마는 내가 집에서 살림하면서 아이를 더 낳아야 하며, 짐에게 의지해서 먹고살아야 한다고 말했다. 내게 "미쳐 날뛰는 여성해방 운동가들처럼" 되지 말라고 경고하면서, 그 여자들은 행복하지 않은 데다 앞으로 결코 행복해질 가능성도 없는 여자들이라고 말했다.

나는 엄마를 사랑한다. 엄마가 미소를 지어주면서 내게 잘하고 있다고 말하며 믿어주길 원했다. 하지만 그런 일은 결코 일어나지 않았다. 그래서 나는 고개를 숙인 채 계속해서 내 꿈을 향해 밀고 나갔다.

법대

3년 동안 어밀리아와 나는 아침에 가방을 싸서 선명한 파란색 폴크스바겐 비틀을 타고 바깥 세상으로 나갔다. 어밀리아는 대여섯 명의 아이를 돌보는 아줌마와 같이 지내고 나는 러트거스 법대 수업을 들으러 갔다. 매일 오후 점심시간이 막 끝난 뒤 어밀리아를 다시 데려와 둘이서 서로의 하루에 대해 이야기하곤 했다. 자기 머리카락에 푸딩을 뭉갠 남자아이에 대해 이야기하거나(어밀리아) 시력이 안 좋아서 교실 뒤쪽 옷걸이에 걸려 있는 코트를 학생으로 착각하고 부른 교수 이야기(나)를

나누곤 했다. 우린 끝도 없이 웃어댔다.

난 법대가 무척 좋았다. 그 지적인 강렬함과 교수들이 우릴 다그치고 우리가 서로를 반대심문하면서 나누는 그 예리한 대화들도 맘에 쏙 들었다. 무엇보다 낙관적인 수업 분위기가 최고였다. 타인을 설득하고 논쟁을 통해 우리가 더 나은 세상을 만들어갈 수 있다는 그 믿음이 좋았다.

법대에 들어간 지 삼 주 정도 됐을 때 한 교수가 가상의 문제를 만들면서, "그 남자의 비서는 전형적인 금발의 백치 미녀"란 표현을 썼다. 몇 자리 뒤에 앉아 있던 여학생이 즉시 우우 하고 야유하기 시작했다. 처음에는 그 여학생 혼자였지만 조금 지나자 학생들이 다 따라하기 시작했다. 우리는 그 교수에게 야유를 퍼부었다. 어떤 학생은 뭐라고 소리를 지르기도 했다. 교수는 고개를 핵 들더니 마치 누구한테 한 대 맞은 것처럼 뒷걸음질쳤다. 아주 작은 집단행동 하나에 그의 세계가 조금 움직인 것이다. 내 세계도 마찬가지였다.

2학년 때 나는 월가에 있는 법률 회사들을 돌아다니며 여름방학에 취직할 일자리를 찾아 면접을 봤다. 법조계에 여자는 드물었다. 고작해야 열 명 중 한 명꼴이었다. 남자들과 똑같이 법대를 졸업했는데 진짜 법률가가 아닌 법률가의 비서나 조수로 일하라는 제안을 받은 여자들에 대한 소문이 아직도 돌던 때였다.

첫 면접은 여자 비서와 여직원이 많았지만 여자 변호사가 거의 없었던 회사들 중 하나에서 봤다. 나는 전문직 여성처럼 보일 거라고 생각한 검은색과 붉은색이 섞인 모직 드레스를 빌려 입고 갔다. 뉴저지에서 기차를 타고 월가에 가서 그 회사가 있는 고층빌딩으로 들어갔다. 첫 면접관 두 명은 잘 넘어갔지만 세 번째 면접관이 의자에 등을 기대고 앉더니 내 이력서를 보고 눈을 부라리다가 고개를 들어 나를 바라봤는데, 경멸하는 표정을 애써 감추려고 하지도 않았다. "여기 이력서에 오타가 있군요. 당신이 하는 일이 이 정도 수준이라고 생각해도 되겠습니까?"

난 곧바로 받아쳤다. "저를 타이핑이나 하는 사람으로 고용하지 않는 게 좋겠다고 생각하시면 됩니다."

그는 내 대답에 화들짝 놀랐다. 그러더니 상체를 뒤로 젖히고 웃어댔다. "앞으로 일 잘하겠군요."

기차를 타고 집에 오는 길에 이력서를 처음부터 끝까지 다시 읽어봤다. 오타는 없었다. 그 남자가 진상이라고 생각했지만 거기에 취직됐을 때 공손하게 미소 지었다.

나는 우리 집 밑에 사는 10대 소녀, 우리 집 맞은편에 사는 아주머니, 어밀리아와 동갑인 여자아이를 키우는 또 다른 아이 엄마에게 도움을 받아 10주간 어밀리아를 맡길 스케줄을 다 짜냈다. 그해 여름 월가에서 나는 차 한 대를 사고 내 치아 교정을 할 수 있을 정도로 거액의 보수를 받았다. 나는 입속에 교정기를 끼고 네 살배기 딸은 유치원에 익숙해진 상황에서 학교로 다시 돌아갔다. 졸업을 1년 남겨두고 어쩌면 나도 변호사가 될 수 있을지 모른다는 가냘픈 희망과 함께.

졸업식 날 세상이 아주 달라 보였다. 그때가 1976년 6월이었는데, 아침부터 생애 최악의 두통에 시달렸다. 나는 보기 흉한 임부복을 입고 있었고, 팬티스타킹은 지나치게 조였으며, 뻣뻣한 신발은 몹시 작게 느껴졌다. 그 위에 모직으로 만든 무거운 졸업 가운을 걸치고 사각모를 썼는데 사각모가 너무 커서 머리를 조금만 움직여도 쉴 새 없이 흘러내렸다. 당시 임신 8개월이었는데, 마치 거대한 물풍선 같은 내가 앉아 있는 접의자에서 굴러떨어지면 땅바닥에 부딪혀 터질 것 같았다. 연사가 하는 말을 듣는 대신 나는 내 호흡에 온 정신을 집중했는데 기절하지 않으려는 마음도 있었고 그래야 울음을 터트리지 않을 것 같았기 때문이다.

법대는 내 인생에 열린 모든 가능성을 의미했다. 그런데 지금 이렇게 졸업식에 앉아 있자니 모든 게 증발해버린 듯했다. 임신을 하자 아무리 법률 회사에 취직하려 노력해도 모두 공손하지만 단호하게 거절해왔다. 미소를 지어 보이면서도 2차 면접을 보러 오라는 말은 결코 하지 않았다.

내 친구들은 정말 근사한 경력을 향해 쭉쭉 뻗어가고 있었다. 하지만 나는 아니었다. 스물여섯 살의 나는 곧 둘째를 낳을 것이고, 회사가 아닌 집으로 가고 있었다. 이제 일의 세계는 영원히 닫혀버렸다고 믿었다.

몇 주 뒤 아들 앨릭스가 태어났다. 아이는 짜증이 많아 한번 울기 시작하면 몇 시간이고 그치지 않았다. 앨릭스를 안고 부드럽게 흔들어도 보고, 안고 춤을 추기도 하고, 가끔은 같이 울기도 했다. 어쨌든 난 앨릭스를 아주 많이 사랑했고 이제 우리 가족이 완벽하다는 걸 알고 있었다. 건실한 남편과 똑똑한 딸에다 건강한 아들까지 태어난 것이다. 나는 내가 해야 할 모든 걸 다 했다. 스스로에게 계속 운명의 여신이 내게 미소 짓고 있다고, 네게 주어진 행복에 감사하라고 다그쳤다.

마음을 다잡으려고 무척 애를 썼지만, 이른 아침이나 늦은 밤같이 고요한 시간이 되면 미친 듯이 달려갔는데 그만 기차를 놓쳐버린 듯한 기분이 드는 이유는 무엇인지 생각해봤다.

날 채용해주세요, 제발!

몇 달 후 나는 기운을 좀 차리고 또 다른 계획을 세웠다. 먼저 변호사 시험을 보자, 그러면 파트타임으로 변호사 업무를 볼 수 있을지도 모른다. 변호사 자격증 협회에 전화를 걸어서 시험장에 젖먹이 갓난아기를 데려가야 한다고 말하니까 전화를 받은 남자가 당황한 듯했다.(도대체 요즘 여편네들은 무슨 생각을 하고 사는 거야?) 하지만 나는 변호사 시험에 합격했고 말 그대로 간판을 내걸었다. 검은색 배경에 흰색 페인트로 엘리자베스 워런 변호사라고 쓴 근사한 간판을 만들었다. 그리고 그걸 우리 집 현관 계단 옆에 있는 길고 얇은 등에 달린 걸이에 걸었다. 만약 의뢰인이 찾아오면 우리 집 거실에 널린 장난감들은 소파 밑으로 차버리고 거기서 손님을 맞으면 될 거라고 생각했다.

1977년 초 러트거스에서 오래전에 나를 가르쳤던 교수님 한 분이 전화를 걸어왔다. 곧 봄 학기가 시작되는데 학교에서 그 지역 판사를 고용해 법정 문서 작성 수업을 맡겼다고 했다. 하지만 그 판사가 오질 않아서 주당 한 번 그 수업을 맡아줄 사람을 찾고 있다는 것이었다. 그러면서 나보고 관심이 있느냐고 물었다.

나는 이튿날 저녁에 바로 시작했다.

이웃에게 어밀리아와 앨릭스를 맡기고 또다시 기회를 잡은 것이다. 나는 두 번째로 교사가 됐다. 와우. 아이들과 교실, 저녁을 차리고 학구적인 글을 쓰고, 내 인생은 스릴과 기분 좋은 흥분의 연속이었다. 그 학기가 끝나갈 무렵 학교에서 다음 학기에 또 파트타임으로 수업할 마음이 있느냐고 물었다. 그야 당연하죠.

그렇게 대학에서 강의한 지 1년 정도 됐을 때 짐이 또다시 전근을 가야 한다고 선언했다. 그가 다니는 IBM에서 전근지로 몇 가지 선택지를 줬지만 다들 좀 이상해 보였다. 휴스턴, 텍사스, 캘리포니아의 반덴버그, 노스다코타의 컨크리트였다.

나는 차에 가서 의자 앞 사물함에 있는 큰 지도를 가져왔다. 반덴버그는 로스앤젤레스와 샌프란시스코 중간쯤에 있었다. 컨크리트는 심지어 지도에조차 나와 있지 않았는데 짐이 그곳은 캐나다 국경 근처라고 말했다. 나는 지도를 물끄러미 바라보면서 그 자리에 그대로 얼어붙었다.

러트거스 대학에서의 내 강의 경력은 끝장났다. 며칠 동안 숨을 쉬기 힘들었다. 그러다 생각했다. 이건 바보 같은 짓이야. 무슨 수를 좀 내보자.

어느 날 오후 나는 스미스 코로나 휴대용 타자기를 꺼내 이력서를 작성했다. 나는 휴스턴 대학에 법대가 있는 걸 알고 있었다. 거기에 자리가 있을지 모르겠지만 편지 한 장 보낸다고 손해 볼 건 없잖아? 나는 타자기에게 활짝 웃어 보이고는 곧바로 타이핑을 시작했다. 난 법대 강의 경험이 (어느 정도는) 풍부한데, 휴스턴 대학에서 법정 문서 작성 수업을 하는 데 관심이 있으며(아니면 그 대학에서 필요한 강의는 뭐든 다) 하는 식으로 계속 써나갔다. 앨릭스가 낮잠에서 깨는 순간 이력서 작성을 마쳤고, 아이를 안고 편지를 부치러 우편함으로 걸어갔다.

아무런 답변도 오지 않았다.

짐은 컨크리트 지사에서 근사한 일을 많이 하고 있다고 말했다. 그리고 반덴버그에 대해 더 자세히 알아보기 위해 친구들에게 전화를 걸었다. 나는 그에게 미소를 지어 보이며 두 곳 다 괜찮은 것 같다고 말했다. 나는 절대 공황 상태에 빠지지 않겠다며 굳게 다짐하고 있었다.

1978년 봄 짐이 어디로 갈지 결정하기 얼마 전에 전화벨이 울렸다. 그때는 하루 중에서 가장 짜증스런 시간인 초저녁이었다. 나는 앨릭스를 업고 포크찹(돼지갈비―옮긴이)을 튀기던 중이었다. 어밀리아는 크레용을 사방에 흩어놓고 바닥에 앉아 있었다. 나는 짐이 20분 내로 집에 올 거란 걸 알고 계속 시계를 쳐다봤다.

그때 부엌 벽에 붙어 있는 흰색 전화기가 울렸는데, 전화기에는 길고 동글동글한 코드가 달려 있었다. 나는 여보세요, 라고 말하면서 전화기를 귀와 어깨 사이에 능숙하게 끼우고는 다시 레인지 앞으로 갔다.

"저는 휴스턴 대학의 유진 스미스라고 합니다." 전화를 건 남자가 말했다. "보내주신 편지를 받았는데 몇 가지 물어보고 싶은 게 있어서요." 그러고는 곧바로 질문을 퍼붓기 시작했다. 어떤 과목들을 가르치는지? 학자로서 어떤 분야에 관심이 있는지? 교육철학은 무엇인지? 맙소사, 이렇게 꼬치꼬치 따지고 드는 면접은 한 번도 해본 적이 없는 데다 결정적으로 아무런 준비가 안 돼 있었다. 난 앨릭스가 울지 않도록 업은 채로 정신없이 몸을 흔드는 와중에도 부드럽고 여유 있는 목소리를 내려고 안간힘을 썼다. 그러면서도 계속 그 빌어먹을 돼지갈비를 쳐다보며 생각했다. 너 타버리면 창문 밖으로 던질 거다.

왜 그랬는지 모르겠지만 스미스 교수에게 내가 다시 전화를 하면 안 되겠느냐고 물어볼 생각은 떠오르지 않았다. 지금이 아니면 앞으로는 두번 다시 기회가 오지 않을 거라고 생각했다. 게다가 지금 튀기고 있는 포크찹의 불을 끌 생각도 나지 않았다. 적어도 이번에는 부엌에 불을 내는 불상사는 일으키지 않았다.

마침내 스미스 교수가 질문을 끝내고는 전화를 끊었다. 나는 포크찹을 접시에 올려놓고, 부엌 바닥에 털썩 주저앉아 머리를 두 손으로 감싸 쥐었다. 그 면접은 황금과도 같은 기회였는데 그만 날려버렸다. 미처 준비가 안 돼 있었고 노력도 충분히 하지 않아 좋은 일자리를 잡을 기회를 방금 날려버린 것이다.

일주일 정도 지난 뒤에 스미스 교수가 다시 전화를 걸어왔다. 비행기를 타고 휴스턴에 교수진을 만나보러 오지 않겠느냐고 물었다.

나는 임용됐던 것이다. 전임인 데다 종신교수로 가게 될 코스에 있었고, 강의에 뒤따르는 일들을 다 하게 됐다. 나는 계약법을 가르치고 법정 문서 작성 프로그램을 운영하게 됐다. 내 사무실도 생기고(와우!), 러트거스 대학과 달리 "교수"라고 불리게 됐다. 부모님에게 전화했을 때 엄마는 그게 얼마나 힘든 일일지 일깨워줬다. 어린아이 둘을 보살펴야 하고, 살림도 해야 하며, 남편도 계속 행복하게 해줘야 하는 일이 만만치 않을 거란 말이었다. 너무 많은 걸 바라다가 지금 누리고 있는 행복을 망쳐선 안 된다는 것이었다. 하지만 아빠는 내게 그런 경고를 하지 않았다. 그냥 이렇게 말했다. "우리 딸 참 잘했어."

짐은 IBM에 휴스턴으로 보내달라고 요청하는 데 동의했고, 그해 봄이 끝나갈 무렵 우리는 또다시 새로운 삶을 향해 출발했다. 우리는 휴스턴 교외에 있는 근사한 집을 샀다. 우리에겐 예쁜 두 아이가 있었고, 스물여덟 살에 나는 곧 진정한 법대 교수가 될 예정이었다. 나는 옆으로 재주넘기를 하는 법을 알았으면 싶었다. 앞으로 계속 넘어질 일이 많을 테니까.

내가 할 수 있었던 최선은 매일 밤 기도하면서 항상 진심어린 이 말로 시작하는 것이었다. "감사합니다, 하느님, 이 모든 축복을 내려주셔서 감사합니다."

육아에 나가떨어지다

———

휴스턴 법대에 나 말고 여자 전임 교수는 한 명밖에 없었는데, 그녀는 자기 남편이 교수로 임용되고 1년 후에 그 자리에 들어왔다. 교수로 임용된 첫해에 사람들은 나를 비서, 학생, 학생의 아내, 건물을 못 찾아서 헤매다 실수로 법대에 들어온 대학생, 간호사(헌혈하는 날이었다)로 착각했다.

나는 돈을 다루는 코스로 직행했다. 계약법부터 시작해 시간이 흐르면서 비즈니스와 재무에 관련된 과목들을 추가했다. 나는 돈을 정복한다는 생각이 마음에 쏙 들었다. 게다가 이 분야는 법 중에서도 아주 전문적이고 복잡했다. 내가 이 일을 해내면 아무도 어린 두 자식이 딸린 젊은 여자가 법대 교수를 해서는 안 된다고 말할 수 없을 거라 생각했다. 내가 비록 보건교사처럼 보인다고 해도 말이다.

휴스턴 법대에서 가르친 첫 1년은 정말이지 무척이나 즐거웠다. 난 강의를 사랑했다. 학생들의 얼굴을 지켜보면서 매번 한 학생이 정말 어려운 관념을 이해하는 걸 볼 때마다 투쟁에서 승리한 듯한 기쁨을 느꼈다. 나는 학생들보다 한 발짝 앞서 있기 위해 최선을 다했고 매 순간 새로운 아이디어들이 머릿속에서 질주하고 있는 듯 느껴졌다. 우리는 강의실 안에서 뭔가 중요한 일들을 해내고 있었다. 우리는 젊은 지성을 키웠고, 미래를 만들어내고 있었다.

하지만 새로운 일은 힘에 부쳤고 집에서 나의 세계는 한계에 이르고 있었다. 나는 학부모들과 카풀을 나눠서 하고, 걸스카우트 리더 역할도 돌아가면서 하고, 주일학교에서 5학년들을 가르치고, 빵 바자(학교나 자선단체에서 기금을 모으기 위해 빵이나 케이크 등을 구워 파는 행사—옮긴이)에 내놓을 쿠키를 굽느라 정신이 없었다. 부엌에 놔둔 일정표를 보기만 해도 끔찍했다. 마치 머리 위에 엄청나게 많은 일더미를 올려놓은 채 자전거를 타고 협곡을 가로질러 뻗어 있는 줄을 흔들거리면서 지나가는 기분이었다. 아주 작은 사고(개가 달아난다거나 차의 시동이 걸리지 않는다거나)라도 일어나면 우리 모두 밑으로 추락할 것 같은 기분이었다.

짐과 나는 한 번도 다툰 적이 없었다. 짐은 내 일에 대해 별말을 하지 않았지만 저녁이 제때 준비되지 않거나 내가 시험지를 채점하느라 밤늦게까지 자지 않으면 항상 시계를 봤다. 자기는 돈을 벌고 나는 살림하면서 아이들을 키우자고 우리가 맺은 무언의 거래를 내가 깨고 있다고 생각하는 듯했다. 짐의 생각이 맞는 것 같았다.

난 계속 페달을 더 빨리 밟았지만 육아전쟁에서 지고 있었다.

그날은 화요일이었다. 미국 대부분의 지방이 겨울이었지만 휴스턴은 따뜻하고 햇살이 화창했다. 그날 수업을 다 마친 나는 급히 차로 갔다. 앨릭스를 데리러 스트립몰(번화가에 상점과 식당들이 일렬로 늘어서 있는 곳―옮긴이)에 있는 탁아소에 가야 했다. 다섯 시가 조금 지난 시각이었지만, 탁아소는 아직 아이들로 가득 차 있었다. 앨릭스는 작은 아기 침대에 앉아 있었다. 내가 아이를 봤는데도 아이는 내게 달려오지 않고 그냥 침대에 앉아서 날 보고만 있었다. 가슴이 조여들었다.

앨릭스는 예쁜 아이였다. 나이에 비해 몸집이 크고, 튼튼하고, 금발 머리에, 무릎은 옴폭 들어가고, 갈색 눈이 아주 컸다.

난 앨릭스를 안아 올렸다. 기저귀가 오줌에 젖어 척척했던 터라 침대에 눕힌 뒤 갈아주려 했지만, 아이는 내게 달라붙어서 울기만 했다. 이내 포기하고 앨릭스를 안고 차로 갔다. 이제 앨릭스는 바락바락 큰 소리로 울면서 발길질을 했다. 내 블라우스는 아이의 눈물과 오줌, 콧물이 묻어 축축했다.

집에 도착했을 때 앨릭스는 기진맥진했으며 나 역시 마찬가지였다. 나는 이웃인 수에게 전화를 걸어 어밀리아를 집으로 보내달라고 부탁했다. 앨릭스를 목욕시킨 뒤 저녁 준비로 햄버거를 프라이팬에 담기 시작했다. 그러고는 산더미처럼 쌓인 빨래를 세탁기에 넣었다.

내가 법대생이었을 때 어밀리아와 나는 친구였다. 어밀리아는 가족과 가족이 아닌 삶, 즉 안과 밖을 합친 삶을 살 수 있을 거라고 믿게 해줬다. 하지만 앨릭스는 한번 울기 시작하면 몇 시간 동안 얼굴이 벌게지고 땀을 흘리면서 우는 게 뭐가 문제인지 모르겠지만 그걸 고쳐주지 못하는 내 무능함에 무지하게 화가 난 듯 보였다. 강의를 시작한 뒤로 아침 시간은 고문이었다. 앨릭스는 내가 옷을 입히면 먹고 있던 시리얼 그릇을 쳐 방 건너편으로 날리면서 울기 시작했다. 내가 앨릭스를 차내 유아용 보조의자에 앉히고 벨트를 매주려는 동안 앨릭스는 나를 발로 찼고 내가 가려고 하면 사정없이 매달렸다. 앨릭스는 갓난아기치고는 무겁고 힘이 세서 나는 상대가 되지 않았다.

난 너무 피곤해서 뼈 마디마디가 쑤셨다. 앨릭스는 아직도 밤에 세 시간 간격으로 깼다. 앨릭스가 울면 어밀리아나 짐이 깰까봐 허겁지겁 침대에서 일어났다. 그리고 어둠 속에서 더듬더듬 앨릭스에게 다가가 안고 우리 몸에 담요를 두른 뒤 내가 어렸을 때부터 있었던 낡은 흔들의자에 앉아 아이를 앞뒤로 부드럽게 얼렀다. 우린 그렇게 서로를 꼭 안고 있었고, 매일 밤 한동안은 그렇게 자다 깨다 하면서 앨릭스가 내 수많은 단점을 용서해주길 기도했다.

하지만 그 화요일 밤 나는 도저히 내 자신을 용서할 수 없었다. 나는 그 탁아소가 좋지 않다는 걸 알고 있었다. 앨릭스는 그곳에 2주밖에 안 있었지만 탁아소와 맞지 않았다. 왜 그런지 이유는 잘 몰랐다. 어쩌면 거기서 이상한 냄새가 나서 그랬는지도 모른다. 어쩌면 그곳의 일하는 사람들이 친절하지 않았는지도 모르고. 뭐가 잘못됐는지는 모르겠지만 앨릭스가 그곳을 싫어한다는 것만큼은 확실했다.

강의를 시작한 지 얼마 안 됐지만 아이를 봐주는 곳을 수없이 바꿔야 했다. 한 번 바꿀 때마다 끔찍하게 고통스러웠다. 매번 안 좋은 이유로 바뀌었다. 아이를 봐주러 오겠다던 사람이 나타나지 않은 적도 있었고. 이웃에서 아이를 봐주기로 했다가 마음을 바꾸기도 했다. 어떤 탁아소에서는 하루 종일 앨릭스의 기저귀를 갈아주지 않고 그대로 놔두기도 했다. 난 아들에게 못할 짓을 하고 있다는 걸 알고 있었다.

어느 날 밤 아이 둘을 다 재우고 난 뒤 비 이모에게서 전화가 왔다. 그때 이모는 70대 후반이었다. 이모는 내가 요즘 어떻게 지내는지 물었다. 난 "좋아요"라고 대답하고는 와락 울음을 터트렸다. "이렇게는 못 살겠어요, 이모. 학교에서 강의도 하면서 어밀리아와 앨릭스를 볼 수가 없어요. 난 나쁜 엄마에요. 학교를 그만둬야겠어요."

내 입에서 그만둔다는 말이 나오기 전까지는 그런 생각조차 해본 적이 없었다. 일단 울음이 터지자 내 안의 뭔가가 부서진 것 같았다. 난 더 격렬하게 울었다.

엄마의 언니들 중 한 명인 비 이모는 1901년 인디언 특별보호구가 오클라호마 주로 편입되기 전 그곳에서 태어났다. 이모는 키가 작고 가슴이 풍만했으며, 작은 손은 관절염을 앓고 있었다. 이모는 10대부터 비서, 타이피스트, 점원 등 다양한 일을 해왔다. 이모는 내 할머니 할아버지와 같이 살다가 나와 살기도 하면서 월급을 살림에 보탰다. 이모는 한 가지만 제외하면 모든 면에서 아주 독립적인 여성이었다. 이모는 운전을 배우지 않았다. 이모가 젊었을 때 할아버지의 낡은 포드 모델 T 를 타고 운전 교습을 받다가 야생 칠면조 한 마리를 치었다. 50년이 지난 지금도 비 이모는 그 이야기를 할 때면 눈에 눈물이 고이곤 했다. 그 뒤로 이모는 다시는 운전을 하지 않겠다고 맹세했고, 그 맹세를 지켰다.

"비"는 이모의 이름인 베시 어밀리아를 줄여 부른 것으로 나를 낳고 엄마가 내 이름을 베시라고 짓겠다고 했다. 비 이모는 그 말을 듣고 기뻐했지만 엄마에게 날 "엘리자베스"라 이름 지어주고 애칭을 "베시"로 하라고 했다. 비 이모는 병원에서 태어난 나를 핑크 담요에 싸고 내 검은 머리를 핑크색 새틴 리본으로 묶고는 집으로 데려왔다. 이모는 매년 내게 새 드레스를 두 벌씩 사주었다. 하나는 부활절에 입고 또 하나는 새 학기 첫날 입을 드레스였다. 이모는 평생 아이를 낳지 않았다. 이모는 50대에 도축 공장에서 일하는 도살업자인 스탠리와 결혼했다. 그런데 스탠리 이모부도 돌아가시고 이모는 이제 과부였다.

그날 밤 전화로 비 이모는 내가 무너지는 소리를 듣고 있었다. 이모는 날 달래려고 하거나 다 괜찮아질 거라고 말하지 않았다. 대신 계속 울게 놔두었다.

잠시 후 나는 서서히 울음을 그쳤다. 나는 코를 풀고 물을 한 잔 가져왔다. 이모가 침착하게 말했다. "내일은 어렵고 목요일엔 거기 갈 수 있다."

이모가 무슨 말을 하는지 조금 있다가 이해했다. 이모는 심지어 내게 물어보지도 않았다. 이모는 내 인생의 문제를 해결해주기 위해 자신의 인생을 정리한 것이다.

이틀 뒤 나는 오클라호마에서 출발해 늦은 오후 휴스턴 공항에 도착하는 이모를 맞이하기 위해 차를 타고 갔다. 비 이모는 버디라는 페키니즈 개 한 마리와 여행가방 7개를 가지고 도착했다. 이모와 버디는 우리 집 소파에서 자면서 우리와 함께 몇 달을 살았다.

　나는 마침내 다시 숨을 쉴 수 있었다. 그건 누군가가 우리가 타고 있던 회전 놀이기구를 꺼줘서 정신없이 빙글빙글 돌아가던 인생이 멈춘 듯한 느낌이었다.

파경

―

하지만 그걸로 우리 부부 문제가 해결되진 않았다. 나는 짐을 실망시켰다. 그는 열아홉 살짜리 소녀랑 결혼했는데, 그 소녀는 우리 둘의 예상을 빗나간 여자로 성장했다. 나는 요리상을 받는 일등 주부가 됐어야 했는데 부엌에 불이나 내는 여자가 돼버렸다. 나는 살림과 아이들에게 100퍼센트 집중해야 했는데 우리 둘 다 예상치 못했던 바깥세상에서 인생을 펼쳐가고 있었다. 난 내가 한 모든 모험을 사랑했지만 짐은 그러지 못했다.

　어느 날 밤 나는 아이들을 다 재우고 부엌에서 설거지를 하고 있었다. 짐은 그냥 문가에 서서 담배를 피우면서 날 보고 있었다.

　난 짐에게 이혼하고 싶냐고 물었다. 왜 그런 질문을 했는지 나도 모르겠다. 그냥 그 질문이 내 입에서 툭 떨어졌다. 내가 그런 말을 했다는 데에 나 스스로도 충격을 받았다.

　짐이 날 보더니 말했다. "그래." 그는 한 치의 망설임도 없이 그렇다고 대답했다. 그러고는 그다음 주말에 집에서 나갔다.

물론 세상의 어떤 이혼도 그렇게 간단하진 않다. 우리 부부도 다시 생각해보고 다시 한번 잘해보자는 식으로 갖은 시도를 해봤다. 아무도 소리를 지르거나 끔찍한 비난을 하진 않았지만 일단 이혼이란 문을 열어젖히자 우리 둘 다 그다음에 뭐가 올지 알고 있었다.

짐이 집에서 나간 뒤 나는 냉엄한 현실을 직시해야 했다. 내가 생각한 인생의 성공 기준에서 나는 실패했다. 그리고 이런 실패가 밖으로 드러난 것이다.

나는 어밀리아와 앨릭스의 삶을 그대로 유지되게 하자고 굳게 결심했다. 아이들과 나는 같은 집에 살면서 같은 학교와 같은 교회를 다녔다. 난 여전히 주일학교 교사를 했고 비 이모는 으깬 감자를 만들었다.

아빠는 여전히 오클라호마시티의 아파트 단지에서 정비원으로 일하시면서 잔디를 깎고, 히터와 에어컨이 제대로 돌아가도록 손을 봤다. 아빠는 예순일곱이었고 일은 점점 더 힘들어져만 갔다. 하지만 그 일을 하면 아파트에서 공짜로 살 수 있었고, 아빠와 엄마는 거기서 최대한 오래 버틸 작정이었다.

짐과 합쳤다 다시 헤어졌다 하던 어느 순간 나는 새로운 아이디어를 생각해냈다. 부모님을 휴스턴에 오시게 하자. 아빠 엄마와 비 이모가 어밀리아와 앨릭스를 돌보면서 모두 서로 도우며 살 수 있을 것이다. 아이들을 남에게 맡기지 않아도 되니 그 돈을 생활비에 보탤 수 있을 것이다. 그러자면 부모님은 평생 살아온 오클라호마를 떠나야 했다. 하지만 여기서는 부모님에게 집이 생기면서 우리 작은 가족의 삶에 들어올 수 있을 터였다. 그리고 난 부모님이 곁에 있어야만 했다.

그래서 그렇게 됐다.

짐은 꼬박꼬박 양육비를 보내줬고, 나는 학교에서 계속 월급을 받고 있었다. 하지만 난 사실 돈 걱정이 많이 됐다. 아빠와 엄마는 우리 집으로 들어와 살겠다고 제안하셨고, 난 그 제안에 감사했지만 한편으로는 겁이 덜컥 나기도 했다. 나는 거의 매일 밤 강박적으로 가계부를 정리했다.

나는 짐에게 우리 침실에 있는 가구를 다 내준 뒤 크고 텅 빈 침실에서 임시로 구한 1인용 침대에서 잤다. 침실에 걸려 있던 사진들도 짐에게 다 줬다. 그리고 우리 집 차고에서 중고 물품 세일을 해 식탁도 팔아버렸다. 어밀리아의 방에는 새로 도배를 하고 앨릭스의 방 벽에는 커다란 무지개를 페인트로 칠해줬다. 그것은 갑작스럽고 기이한 집 안 개조 작업이었다.

내가 조심스럽게 미래를 향해 한 발 한 발 앞으로 내디디면서 내 삶을 큰 변화 없이 유지하겠다고 각오한 반면, 짐은 완전히 다른 방향으로 나아갔다. 짐은 담배를 끊고, 체중을 15킬로그램이나 줄이고, 댄스를 배웠다. 결국 그는 아주 좋은 여자를 만나 재혼했다. 우리 가족은 짐과 자주 만나진 않았다.

새로운 삶
—

많은 싱글맘과 달리 나는 운 좋게 부모님과 같이 살 수 있었다. 돈에 대한 걱정이 여전히 끊이지 않았지만 그 외에는 큰 어려움 없이 일상적인 문제들을 해결해갔다. 비 이모는 복숭아 코블러(위에 밀가루 반죽을 두껍게 씌운 과일 파이의 일종—옮긴이)와 치즈 그릿을 만들었다. 엄마는 장보기 담당이고, 아빠는 피아노 수업을 받는 어밀리아를 데리러 가는 일을 맡았다. 마침내 육아 문제가 해결됐다. 아이가 열이 나도 더 이상 삶이 곤두박질치는 일은 일어나지 않게 된 것이다. 아빠는 항상 뭔가를 고치고 계셔서 시동이 걸리지 않았던 차도 몰 수 있었고, 파이프가 터져도 걱정할 일이 없었다.

삶은 내가 기대했던 대로 풀리진 않았지만 이젠 숨을 쉴 수 있었다. 아이들은 쑥쑥 커갔다. 부모님은 행복해했다. 비 이모는 "여든이 다 된 나이에 이렇게 날 필요로 하는 사람이 있는 게" 축복이라고 했다. 나는 학생들을 가르치는 일이 좋았다. 이제 앞으로 어떻게 살아가야 할지 다 알았다고 생각했다. 이렇게 식구들과 같이 살면서 계속 강의를 하는 것이다. 이런 삶이 내겐 아주 만족스러웠다.

그해 여름 부모님이 아이들을 봐주셔서 나는 경제학에 대해 더 많이 배우고 싶어하는 법대 교수들을 대상으로 한 집중 코스에 등록할 수 있었다. 그 강좌에 전국에서 온 수십 명의 교수가 등록했는데 그중 브루스 맨이라는 남자도 있었다.

젊은 법대 교수 둘이 만나면 시종일관 법에 대해 이야기할 거라고 생각하는 사람들이 있을 것이다. 하지만 사실은 그렇지 않다. 내가 브루스에게 반한 건 그의 끝내주는 다리 때문이었다. 정말이다. 날씨가 더워서 강의 들으러 온 사람들은 니트 셔츠와 반바지를 입고 있었다. 나는 강의 첫날 브루스를 봤다. 브루스는 바로 내 앞줄에 앉아 의자를 옆으로 돌리고는 다리를 쭉 뻗고 있었다. 그는 키가 190센티미터인데 다리가 그 키의 태반을 차지하고 있었다. 다리가 어찌나 긴지 1마일은 되는 듯했다. 브루스는 대학 때부터 테니스를 치면서 여름을 났다. 그는 정말 근사했다.

그날 점심때가 되자 나는 그가 누군지 그리고 교수가 되기 전에 뭘 했는지 알아냈다. 나는 브루스에게 다가가 테니스 좀 가르쳐줄 수 있겠느냐고 발랄하게 물었다. 그렇게 처음 만나고 아주 오랜 시간이 흐른 뒤 브루스가 사실 그날 테니스를 가르쳐달란 내 말에 질겁했었음을 인정했다. "난 사람들에게 테니스를 가르치는 것에 정말 질렸었거든. 특히 초보자들은 더 그랬지. 난 법의 역사에 대해 가르치고 싶었지, 테니스공을 어떻게 때려야 하는지 가르치고 싶진 않았어." 하지만 브루스는 워낙 예의 바른 사람이라 그날 마지막 수업이 끝난 뒤 테니스 코트에서 만날 시간을 정하면서 브루스가 별로 열의가 없어 하는 건 눈치도 못 챘었다.

테니스를 배우면서 브루스에 대한 신상 정보를 다 알아냈다. 브루스는 법과 역사로 박사학위를 둘이나 받았고, 전공은 미국 독립혁명 시대 법의 역사였다. 그는 골수 양키(미국 북부 사람—옮긴이)로 강인하며, 말수가 적고, 여러 세대에 걸쳐 매사추세츠에서 근면성실하게 살아왔던 조상들의 후손이었다. 그는 나처럼 장학금과 학자금 대출을 받고 아르바이트를 여러 개 해서 대학을 나왔다. 나는 우리 둘의 성격이 아주 딴판이라는 걸 금방 눈치 챘다. 내가 더 나은 미래를 향해 맹렬히 돌진하고 뭐든 그걸 위해 격렬하게 논쟁하는 타입이라면, 브루스는 좀더 학구적이면서 기록보관소에서 진을 치고 오래된 법률 문서들을 꼼꼼하게 읽어보며 조사하는 그런 타입이었다. 나는 이튿날 또 테니스 레슨을 해줄 수 있는지 물었다.

몇 년 뒤 어마어마하게 맥주를 마신 끝에 브루스가 난 테니스를 조금 못 한 정도가 아니라 눈 뜨고 봐줄 수 없는 수준이었다고 털어놨다. 그가 가르친 학생 가운데 최악이었다고. 내가 친 공은 사방으로 날아갔다. 담장 위로, 울타리 너머로, 건물들 위로 훌쩍 날아가버렸다. 일단 무기가 내 손에 들어온 이상 있는 힘껏 후려쳤으니까.

하지만 어쨌든 브루스는 날 사랑했다. 내가 먼저 청혼하자 브루스는 그러자고 대답했다.

브루스는 어떻게 나와 사랑에 빠졌는지 말해줬지만 그런 자잘한 내용은 사실 중요하지 않다고 생각한다. 난 브루스에게 완전히 빠져 있었고, 지금도 그렇다. 내가 같이 살기에 쉽지 않은 사람이란 걸 나 스스로도 잘 알고 있지만, 브루스는 나를 어마어마하게 사랑한다고 했다. 다만 사랑을 고백하는 그의 목소리가 나보다 더 작을 뿐이다.

우리는 그때 한 가지 문제에 부딪혔다. 우리의 결혼은 전혀 말이 되지 않았다. 브루스는 코네티컷 법대에서 조교수 2년차를 마쳐가는 독신이었다. 나는 그의 미래 계획에 전혀 없던 조건들을 다 가지고 있었다. 아이 둘에, 붉은 스테이션왜건 한 대와 매일 우리 집 부엌을 들락날락거리는 친정 식구들. 나는 내가 쌓아올린 모든 걸 사랑했고, 휴스턴을 떠날 생각이 전혀 없었다.

우리가 만나고 얼마 후 브루스가 날 보러 휴스턴에 왔다. 어느 날 아침 우리는 같이 장을 보러 갔다. 나는 진열해놓은 신선한 딸기들을 물끄러미 바라보고 있는 브루스 곁에 가서 섰다.

"딸기 먹고 싶으면 사요." 내가 말했다.

그는 미소를 지으면서 딸기 두 팩을 집으며 엄마 생각을 하던 중이라고 말했다. 엄마는 장을 볼 돈이 없어서 그에게 빌릴 때면 항상 아주 창피해하셨다는 이야길 했다. "우린 신선한 딸기 같은 건 먹지도 못했어요." 브루스가 말했다.

그 순간 나는 우리 둘이 영원히 함께할 것임을 알았다.

우리는 지체 없이 내가 서른한 살 되는 생일에 웨딩드레스로도 입을 수 있는 흰색 면직 여름 원피스를 사서 입고 결혼했다. 전남편인 짐의 성을 그대로 간직한 이유는 그래야 아이들이 좀더 쉽게 살아갈 수 있을 거란 생각이 들어서였다.

브루스에게는 아직도 나를 살짝 놀라게 하는 무모한 면이 있는데, 브루스가 코네티컷 대학을 그만둔 것도 그런 순간에 내린 결정이었다. 브루스는 휴스턴에 와서 나와 우리 아이들, 아빠와 엄마, 비 이모와 버디와 함께 한 가족이 됐다. 다행히 휴스턴 대학에서 브루스에게 1년짜리 임시직을 줬다. 하지만 브루스를 전임 교수로 채용하진 않을 것임을 확실하게 밝혀서 처음부터 큰 문제 하나를 안고 결혼생활을 시작했다. 브루스는 휴스턴에서 살면서 아직 본격적으로 시작되지도 않은 교수로서의 경력을 끝낼 수도 있었고, 아니면 내가 휴스턴 대학 강의와 휴스턴에서의 내 삶을 포기하고 그를 따라 다른 곳으로 가는 방법이 있었다.

우리가 같이 지낸 첫 1년은 힘들었지만 새로 가족이 되면서 생기는 그런 일반적인 문제들 때문은 아니었다. 나는 그동안 휴스턴에서 쌓아온 모든 것을 다 엎는 한이 있더라도 브루스와 미래를 함께하고 싶다는 걸 알고 있었다. 그래서 우리는 처음부터 둘 다 같은 도시에 있을 수 있는 교수직을 필사적으로 찾았다. 몇 달 동안 입질도 들어오지 않았다. 사실 그럴 기미조차 없었다. 그러던 중 행운의 여신이 미소를 보내왔다. 우리 둘 다 텍사스 오스틴 대학에서 다음 해에 강의를 해달라는 요청을 받았다. 텍사스 법대는 그냥 법대가 아니라 미국에서 아주 우수한 법대 중 하나였다. 텍사스 대학은 우리 둘 다에게 "초빙"교수로 1년 동안 애간장을 태우는 테스트 기간일 뿐 종신직은 아니라고 못을 박았지만 우린 개의치 않았다. 이것은 환상적인 제안이자 우리가 함께 있을 수 있는 기회였다.

브루스가 법의 역사와 재산권에 대해 수업을 하는 동안, 나는 돈과 재무에 대한 강의를 하면서 1년 더 같이 지낼 수 있게 됐다. 우린 휴스턴에 있는 집을 팔고, 이삿짐 트럭에 짐을 다 실은 뒤 아이들을 챙기고, 오스턴에 집을 한 채 임대했다. 엄마 아빠와 비 이모는 160마일 떨어진 휴스턴에서 기다리면서 운 좋게 우리 모두 간절하게 바라는 최선의 상황이 벌어질 것인지, 즉 같은 도시에서 두 사람이 정규직을 얻을 수 있을 것인지 지켜보기로 했다.

교과서 없이 가르치다

내가 영리했다면 가르쳐본 경험이 있는 과목들을 계속 강의했을 것이다. 하지만 이놈의 호기심을 어쩌지 못해 오스틴으로 이사하기도 전에 텍사스 법대 학장에게 전화를 걸어서 전에 한 번도 가르쳐보지 않은 과목을 강의해보겠다고 제안했다. 그것은 파산법이었다.

왜 파산한 사람들에게 관심을 갖느냐고? 한 가족이 파산 신청을 할 때 그들은 근본적으로 자신이 땡전 한 푼 없는 빈털터리라 도저히 이대로는 살 수 없다는 것을 인정한 것이다. 파산법에 복잡한 점이 몇 가지 있긴 하지만 간단하게 말해서 파산 신청을 하면 그 가족은 아주 작은 지분만 갖고 나머지, 그러니까 그때까지 한 저축, 주식과 채권, 가끔은 집이나 차까지 포기해야 한다. 그 대가로 그 가족의 묵은 빚은 없어지고 가장 절실하게 필요로 했던 것을 얻게 된다. 그들을 한없이 바닥으로 끌어내리는 산더미처럼 쌓인 부채 없이 새 출발할 기회를 얻는

것이다.[1]

한 가정이 파산하는 그 순간은 아주 큰 패배이자 종종 개인적인 수치이기도 하다.[2] 판사 앞에 선 많은 사람에게 이건 온 세상에 대고 자신이 위대한 미국의 경제 게임에서 졌다고 선언하는 바나 다름없다. 나는 그들이 무엇 때문에 그렇게 벼랑 끝에 몰렸는지 그리고 왜 그렇게 됐는지 알고 싶었다. 나는 어떤 사람들이 파산하는지, 그들이 뭘 했는지, 정확히 뭐가 잘못돼서 그런 처지에 놓였는지 알고 싶었다.

나는 어쩌면 조금 개인적인 질문이라 차마 큰 소리로 물어볼 수 없는 질문에 대한 답을 찾고 있다고 생각했다.

나는 우리 가족이 이제는 경제적으로 대체로 안정됐다고 느끼고 있었다. 브루스와 나는 아직 안정된 직업을 갖지 못했고, 두 아이와 세 노인과 늙어가는 개를 부양할 책임을 함께 지려면 인내심을 필요로 할뿐더러 창의력도 발휘해야 하지만 우리 둘이 서로 든든하게 받쳐주고 있다는 걸 알고 있었다. 다른 한편 나는 그동안 살아오면서 쌓아올린 모든 것을 잃게 될까봐 두려워하는 것이 어떤 느낌인지도 잘 알고 있었다. 파산이란 자신이 실패했음을 인정하는 참혹한 방식이며, 나는 파산 신청을 한 사람은 모두 뭔가 끔찍하고도 멍청한 짓을 했거나, 혹은 빈둥거리면서 열심히 살려고 노력하지 않은 사람들이라고 믿고 싶었다. 나는 열심히 일하고 원칙대로 사는 이들이 부자는 못 되어도 두려워하며 살 필요는 없다는 걸 알고 싶었다. 그리고 그런 사람들은 절대로, 절대로 파산하는 일이 없다는 걸 알고 싶었다.

1980년대 초반에 파산법을 가르친다는 것은 아주 만만찮은 일이었다. 최근에 발효된 파산법은 대공황 이후 최초로 대대적으로 개선된 법이었다. 새 법은 위기에 처한 가족들을 보호하는 조항을 많이 강화해서 그들이 다시 일어설 수 있게 도왔다.

　문제는 이 새 법을 가르치는 방법에 있었다. 예전 파산법을 가르치는 것은 아무 의미가 없다고 생각했지만 아직까지 새 법을 다룬 좋은 교재들이 나오지 않았다. 텍사스 법대 학장이 내 제안을 받아들였을 때 나는 내가 자청해서 들어간 궁지에 몰려 잠시 공황 상태에 빠졌다. 이듬해에 텍사스 대학에서 임용이 될 수 있을지 시험해보던 와중에, 어떻게 가르쳐야 할지 방향을 제시해주는 교재도 없이 한 번도 가르쳐보지도 않은 과목을 맡게 된 것이다. 그건 그리 똑똑하지 못한 짓이었다. 설레긴 했지만 현명하지 못했다.

　내가 생각해낸 해법은 파산법 수업을 일종의 거대한 퀴즈쇼로 탈바꿈하는 것이었다. 나는 학생들에게 새 파산법을 한 부씩 나눠주고 매 수업에서 문제를 냈다. [만약 이 법에 있는 구절이] 해답이라면 문제는 뭐였을까? 다시 말하면 법률가와 상원의원들은 이 새로운 법을 만들었을 때 자신들이 어떤 문제를 해결하고 있다고 생각했을까? 나는 그것이 전통적인 수업 방식은 아니지만 모든 학생이 파산법을 완벽하게 배우게 됐다고 확신한다.

　텍사스 대학에서 수업을 시작한 지 얼마 안 돼 개정된 파산법과 관련해서 의회에 조언을 한 세계 최고의 교수 중 한 명이 마침 우리 대학을 방문하게 됐다. 그 교수는 새 파산법에 대해 우리 수업에서 강의를 해주기로 했다. 스테펀 리젠펠드 교수는 70대로 허리가 굽고 키가 작은 데다, 몇 가닥 안 되는 흰머리가 대머리를 동그랗게 감싸고 있었다. 그는 박식한 사람으로 4개 국어를 구사하고, 약 서른 권의 책을 쓰거나 편집했으며, 말할 때 강한 독일 억양을 풍겨서 듣고 있으면 1950년대 공상과학 영화에 나오는 천재 과학자를 보는 듯했다. 리젠펠드 교수는 엄격하고 직설적인 성격으로 학생들에게 이렇게 소리 지르는 걸로 유명했다. "자네 머릿속엔 뇌가 아니라 으깬 감자가 들어 있군!" 그것 말고도 학생들의 기를 사정없이 죽이는 말을 많이 했다.

리젠펠드 교수는 새 법을 작성하면서 그가 했던 일, 그리고 유명한 의원들과 나눈 대화를 이야기하는 것으로 수업을 시작했다. 한 학생이 파산한 가족들에 대해 물어보자 그는 파산 신청을 한 사람들이 대개 일용직 노동자와 경제적으로 소외된 주부들이었으며 앞으로도 그럴 것이라고 설명했다.[3] 그는 인생을 살아가면서 그릇된 선택을 한 사람들이 파산 법원에 가게 되는 것이고, 이런 사람들은 우리 학생들과 그들의 친구나 이웃과는 공통점이 거의 없다는 뜻을 은연중에 내비치고 있는 듯했다.

그때 나는 당연히 나올 수밖에 없는 질문을 했다. 교수님은 어떻게 파산 신청을 한 사람들이 주로 경제적으로 소외된 계층이며 항상 그렇게 살 거라는 걸 아십니까?

나는 학생들에게 생긋 웃어 보이면서 자신만만하게 잘 들어보라는 표정을 짓고 있었다. 나는 리젠펠드 교수가 의회에서 의뢰해 실시한 방대한 연구나 아니면 그의 동료 교수들이 한 수많은 연구를 통해 얻은 내부 정보를 알려줄 거라고 생각했다.

천만에. 대신 리젠펠드 교수(나는 감히 그를 "스테펀"이라고 부를 수 없었다)는 이런 말로 내 질문을 묵살해버렸다. "그건 다 아는 거잖아." 그러고는 잠깐 생각해보더니 이렇게 덧붙였다. "뭐, 전문가들은 다 아는 거야."

나는 그의 독설을 피해갔다. 그렇다 해도 거기서 입을 다물었어야 했다. 그것은 내 첫 파산법 수업이었고, 리젠펠드 교수는 그 분야를 30년 넘게 가르쳐왔다. 나는 이 대학에서 교수가 될 수 있을지 말지 테스트를 받는 입장이었고, 리젠펠드 교수는 수많은 상을 받은 저명한 교수였다. 하지만 난 도저히 입을 다물 수가 없었다. 난 정말 알고 싶었다.

"저기, 그걸 모두 어떻게 알고 있죠?"

이제 교수의 얼굴엔 짜증난 기색이 역력했다. 그는 심호흡을 한번 했다. 모두 그냥 알고 있다. 그게 전부다. 이 교수의 말에 따르면 적어도 그게 이 새로운 법을 제정한 토대였다.

맙소사. 나는 「오즈의 마법사」에 나오는 도러시 같은 기분이 들었다. 리젠펠드 교수는 이 분야의 거물이자, 깊은 학식과 방대한 경험을 지니고 있는 인물인데도 현실에서 어떤 일이 벌어지는지 까맣게 모르고 있었다. 이런 전문가가 알지 못한다면 다른 사람들 모두 마찬가지일 거라는 판단이 들었다.

이 가족들의 삶이 잘못된 이유가 그들의 선택이 잘못된 것 때문임을 그 누가 확신할 수 있단 말인가? 그들에게 과연 열심히 일할 마음이 없었을까? 그들이 흥청망청 돈을 낭비하는 사람들이었을까? 그들이 나나 우리 가족과 조금이라도 다른 사람들이었을까?

그리고 내가 전에는 한 번도 생각해보지 못했던 질문이 하나 더 있었다. 실제로 현실에서 무슨 일이 일어나고 있는지 의회가 모른다면 대체 이 파산법을 통과시킬 때 그들은 뭘 하고 있었던 걸까?

그날 그 수업에서 리젠펠드 교수가 했던 다른 말은 하나도 기억나지 않는다. 수업이 끝났을 때 나는 그에게 와주셔서 고맙다며 인사했고, 학생들도 공손하게 박수를 쳤다. 하지만 교수가 강의실에서 걸어 나가는 동안 사정없이 악물고 있던 내 이빨이 아팠던 것이 기억난다. 난 미래 법률가로 가득 찬 강의실에서 파산법을 가르치면서 가장 명백한 질문 하나에도 대답을 못 하고 있지 않은가? 왜 이 사람들은 파산을 했는가?

아픈 상처

——

초빙교수로서의 1년이 끝났지만 간절히 바라던 임용은 되지 못했다. 곧 짐을 싸서 휴스턴으로 돌아온 나는 다시 강의를 시작했다. 그러다가 1년 뒤 텍사스 법대에서 재고해보더니 내게 종신교수직을 제안했다. 그래서 우리는 또다시 이삿짐 트럭에 짐을 싣고 오스틴으로 갔다. 이번에는 부모님과 비 이모도 함께 와서 두 세대용 집을 장만해 한쪽에서는 부모님이 지내고 다른 쪽에서는 비 이모가 살았다. 페키니즈인 버디는 죽고, 보니라는 이름의 코커스패니얼이 새 식구가 됐다. 아이들은 4년 동안 학교를 네 번이나 바꿨고, 우린 트로버라는 이름의 골든 레트리버(노란 털이 많이 난 큰 개—옮긴이)를 입양했다. 브루스와 나 그리고 아이들은 오스틴 생활에 점차 적응해갔다. 브루스는 어린이 축구팀을 코치했다. 아빠는 내가 장미 심는 걸 도와줬다. 어밀리아는 교회 청소년 그룹에 들어갔고, 앨릭스는 복사(미사의 시중을 드는 아이—옮긴이)가 됐으며, 나는 주일학교 교사로 봉사하면서 빵 바자가 있을 때마다 초콜릿과 오트밀 쿠키를 열심히 구워서 제공했다. 짐은 여전히 휴스턴에 살고 있었고, 아이들은 가끔 아빠를 보러 갔다.

우린 햇볕이 눈부시게 내리쬐는 부엌이 뒤쪽에 위치한 새집을 샀다. 시간이 흐르면서 브루스가 조용히 요리를 맡게 됐고, 나는 내가 잘하는 걸로 도왔다. 주로 케이크와 파이들을 구웠으며, 가끔 마카로니 치즈를 만들기도 했다. 나는 음악을 틀어놓고 브루스와 함께 요리하는 걸 좋아했다. 트로버는 냉장고 앞에 몸을 길게 뻗은 채 엎드려 있었고 아이들은 이층에서 쿵쿵거리며 돌아다녔다. 햇볕이 비스듬하게 들어오고 브루스가 미소를 지을 때면 내게 일어난 모든 좋은 일에 대해 감사하는 마음이 넘쳐서 심장이 터져버릴 것 같다는 생각이 들곤 했다.

단 한 가지 문제만 아니라면 우리는 오스틴에서 영원히 살았을지도 모른다. 브루스는 텍사스 대학에 임용되지 못했다. 대신 세인트루이스에 있는 워싱턴 대학에 자리가 났는데 그곳 법대도 훌륭하긴 하지만 자그마치 825마일이나 떨어져 있었다. 브루스는 망설임 없이 곧바로 세인트루이스에 아주 작은 아파트를 얻은 뒤 매주 비행기를 타고 오스틴과 세인트루이스를 오갔다. 그는 앨릭스가 속한 축구팀 코치를 계속 맡았고, 우리 모두 중학교 오케스트라 연주회에 가서 어밀리아의 클라리넷 연주를 들으려고 온 신경을 집중했다. 우린 가능한 한 정상적인 삶을 유지하려고 애썼지만, 모든 일은 브루스가 댈러스 공항에서 비행기 타는 일정을 중심으로 돌아갔다. 그런 한편으로 계속 교수 자리를 찾아다녔지만 같은 도시에서 교수 자리 두 개를 얻는 일은 쉽지 않았다.

우리 가족이 오스틴으로 이사 오고 얼마 안 돼 돈 리드 오빠가 끔찍한 소식을 전해왔다. 오빠의 아내인 낸시가 백혈병 진단을 받은 것이다. 돈 오빠는 지난 20년간 아버지가 항상 꿈꿔오던 삶을 살았다. 오빠는 공군 조종사로 마침내 중령까지 진급했다. 베트남에서 미국으로 왔다 갔다 한 6년을 포함해 공군에서 보내는 곳이라면 어디든 가면서 20년 동안 살아온 오빠와 낸시는 마침내 집을 한 채 사서 텍사스의 그레이프바인에 정착했다. 그런데 이제 낸시가 병에 걸린 것이다. 그것도 아주 심각한 중병에.

엄마 아빠와 브루스 그리고 나는 차를 타고 샌안토니오 군인 병원에 있는 낸시를 며칠에 한 번씩 보러 갔다. 그리고 나는 기도를 갑절로 했다. 낸시는 마음을 굳게 먹고 쾌활하게 지냈지만 어느 날 브루스의 소매를 잡고는 작은 목소리로 유언장을 써달라고 부탁했다. 낸시는 돈 오빠와 아들들이 그녀의 소지품(결혼반지, 피아노, 그녀의 아빠 농장의 지분)을 어떻게 나눠야 할지 그리고 그녀가 어디에 묻히고 싶은지 알려주려 했다. 낸시는 브루스에게 걱정하지 말라고 했다. 그냥 남편과 아이들이 어떻게 해야 할지 알 수 있도록 미리 처리해놓고 싶은 것뿐이라고 했다. 유언장에 서명하고 며칠 뒤 낸시는 눈을 감았다.

나의 또 다른 오빠인 존 역시 건강이 좋지 않았다. 존 오빠는 거의 한평생 건설업계에서 일했는데 쉰을 바라보는 나이가 되면서 여기저기 아픈 곳이 늘어났다. 그러던 중 1980년대 초반 정유 시장이 붕괴되면서 오클라호마의 수많은 건설 프로젝트가 증발됐고, 일을 구하기는 그만큼 더 어려워졌다.

데이비드 오빠 역시 정유 시장이 무너졌을 때 큰 타격을 입었다. 오빠는 다년간 전국에 흩어져 있는 정유 업체에 다양한 물품을 제공하는 사업체를 키워왔다. 정유 시장이 호황이었을 때는 오빠도 잘나갔지만 시장이 붕괴되면서 오빠의 사업도 망했다. 오빠는 항상 거래처들이 대금을 지불해주면 괜찮을 거라고 말했는데, 그들도 돈이 없기는 마찬가지였다. 오빠는 아직도 새벽 네 시 반에 일어나 등골 빠지게 일했지만 회사를 살릴 순 없었다. 전 세계적으로 수백억 달러의 자산을 쓸어가버린 바람이 오빠의 재산 역시 허공으로 날려버렸다.

여러 세대에 걸친 여러 가족이 똘똘 뭉쳤다. 엄마, 아빠, 비 이모는 아직도 우리 아이들을 돌봐주시지만, 이젠 아이들을 직접 보살피기보다는 차로 여기저기 실어 나르는 일이 더 많아졌다. 우리는 일주일에 두어 번은 함께 모여 요리했다. 이제 홀아비가 된 돈 오빠는 전보다 더 자주 우리 집에 놀러 왔고, 휴가 땐 오빠들 세 가족과 다 함께 보냈다. 데이비드 오빠의 딸이 어밀리아보다 조금 더 컸는데 여름방학에는 우리 집에서 함께 지내기도 했다. 우리는 어떤 식으로든 최선을 다해 서로 도왔다.

엄마는 오빠들과 나를 걱정했다. 엄마는 항상 그랬다. 반면 아빠는 내 경력에 날개가 달리기 시작하는 걸 즐겁게 지켜봤다. 엄마와 달리 아빠는 내가 워킹맘이기 때문에 우리 아이들을 망친다거나 내가 독신으로 불행하게 살 거라고 걱정한 적이 한 번도 없는 듯했다. 사실 내가 보기에 아빠는 막내딸이 대학과 도서관과 나무들이 늘어선 캠퍼스의 세계에 몸을 담게 된 것이 기적이라고 생각하는 듯했다. 아빠는 사람들에게 내가 법대 교수라고 행복에 겨워 말했고, 조금이라도 기회가 생기면 내가 논문도 쓰고 연설도 하고 우수한 교육자에게 주는 상들도 받았다며 자랑했다. 아빠는 내가 돈을 잘 버는 걸 대견하게 여겼고 내가 한 말이 처음 신문에 인용됐을 때는 기뻐서 어쩔 줄 몰라 했다.

하지만 아빠가 말하기 곤혹스러워한 것은 돈에 관한 부분이었고, 특히 파산에 대해 말할 때 그랬다. 내가 파산법을 가르치기 시작한 지 몇 년이 지났어도 아빠는 파산이란 말을 한 번도 한 적이 없었던 것 같다. 적어도 내가 옆에 있을 땐 그랬다. 내 삼촌 중 한 명이나 철물점 주인이 내 연설 주제가 뭐였냐고 물어보면 아빠는 언제나 시선을 딴 곳으로 돌리고는 이렇게 말했다. "아, 좀 특별한 거야. 거 왜 있잖아. 우리 딸에겐 전혀 일어나지 않을 그런 일." 아빠는 그러고는 화제를 다른 데로 돌리곤 했다.

어쩌면 그건 지극히 개인적인 주제라서 그랬는지도 몰랐다. 아빠와 나는 둘 다 가난해질까봐 두려워하고 있었다. 가난이란 문제에 대해 아빠는 절대로 돈 이야기는 하지 않았고 돈이 떨어지면 무슨 일이 일어날지에 대해 절대로, 절대로 이야기하지 않는 식으로 반응했다. 반면 나는 계약법, 재무 그리고 무엇보다 경제적 실패에 대해 배울 수 있는 모든 걸 배우는 식으로 반응했다.

아빠는 마음을 아프게 하는 문제들로부터 멀찍이 물러섰고 나는 그것들을 콕콕 찔러댔다.

"빈털터리"가 한 단계 올라선 것일 때

파산과 새 파산법에 대해 점점 더 깊이 연구해 들어갈수록 나는 계속 같은 의문에 부딪혔다. 사람들은 왜 파산할까? 어디서고 확실한 답은 찾을 수 없었다. 당시 젊은 법대 교수들은 대부분 그 이론을 전공했다. 그들은 그 문제에 대해 이런저런 이론을 다루는 논문과 책을 썼다. 하지만 이론은 누구나 의지할 수 있는 답, 뭐가 잘못됐는지 설명해줄 만한 답을 내놓지 않았다. 나는 파산한 이들이 남다른 사람들이고 그 외 사람들은 안전할 것이란 관념에 매달렸다. 그 당시에 그렇게 말하진 않았겠지만, 나는 어떤 사람들이 파산 신청을 하는지 설명할 수 있는 방법으로 사기꾼과 빚을 떼어먹으려는 사람들을 찾고 있었던 것 같다.

연구를 계속하면서, 두 명의 훌륭한 파트너를 찾아냈다. 최근에 박사 학위를 딴 테리 설리번은 텍사스 대학 사회학과에서 빛나는 젊은 스타였다.(테리는 그 뒤로 놀라운 경력을 쌓아 결국 버지니아 대학의 첫 여성 총장이 됐다.) 제이 웨스트브룩은 이미 파산법 전문가였고, 우리가 만났을 때 개업 11년차 변호사였다.(제이 또한 눈부신 경력을 구축했다. 그는 유명한 파산법 전문 학자이며 국제 상법 전문가다.) 하지만 그 당시 우리는 그저 법률 전문가들이 한 번도 시도하지 않았던 유의 연구를 함께 하게 돼서 설렌 세 명의 젊은 교수에 지나지 않았다.[4] 우리는 파산한 가정들에 대한 확실한 데이터를 수집하기로 했다.

테리가 앞장서서 우리 프로젝트를 끌고 가는 동안 우리는 표본추출하는 법을 개발하고 우리가 수집하고 싶은 데이터 목록을 작성하며, 관련 사례들을 복사하고 숫자를 기록해 데이터베이스를 만들기 시작했다. 난 이런 프로젝트에 한 번도 참여한 적이 없었다. 우리는 파산 신청을 한 사람들의 전체적인 그림이 나오게 될 정보를 세심하고 체계적으로 수집해갔다. 이것은 한 번에 하나씩 통계학적으로 거대한 모자이크 타일을 까는 것이나 다름없는 작업이었다.[5]

데이터를 수집하던 시기에 나는 샌안토니오에 있는 한 법정을 방문했다. 당시는 여름이었는데 거기서 1분만 더 있으면 발가락이 얼어버릴 것처럼 에어컨 바람이 셌다. 그때는 부채를 탕감해주는 법원의 판결을 받으려면 사람들이 여전히 법정에 출두해야 했다.(요즘은 대개 우편으로 처리된다.) 나는 뒷자리에 앉아 덜덜 떨고 있었다.

판사는 다른 사람들보다 훨씬 더 높은 자리에 앉아 있었다. 나는 판사를 거들떠보지도 않았고, 그 또한 나에게 전혀 신경 쓰지 않았지만 말이다. 나는 법정에 들어왔다가 나가는 사람들만 계속 쳐다보고 있었다. 난 파산한 사람은 모두 꾀죄죄하거나 어딘가 구린 데가 있어 보이거나 평판이 안 좋은 사람들이란 통념에 빠져 있었던 것 같다. 하지만 그날 나는 그들 모두 아주 정상적으로 보인다는 느낌을 받았다.

판사 앞에 선 이들은 인종, 체격, 연령 모두 달랐다. 대다수의 남자는 몸에 잘 맞지 않는 양복을 입었고, 두세 명은 목에 펜던트가 달린 끈을 매고 있었다. 거의 모두가 이날을 위해 옷을 차려입고 왔다. 모두 교회에 가는 듯한 그런 차림이었다. 한 노부부는 서로 손을 꼭 잡고 조심스럽게 의자 사이의 통로를 걸어와 자리에 앉았다. 한 젊은 엄마는 무릎에 앉힌 갓난아기를 위해 열쇠를 부드럽게 짤랑짤랑 흔들어대고 있었다. 모두 조용히 나직하게 말하거나 아예 입을 다물고 있었다. 변호사들(적어도 나는 그들이 변호사라고 생각했다)이 사람들을 한곳에서 다른 곳으로 몰고 가는 것 같았다.

　난 오래 있지 않았다. 법정에 있는 이들이 모두 아는 사람처럼 느껴져서 그곳에서 빠져나오고 싶었다. 마치 자동차 사고 현장을 보는데 거기에 내가 아는 사람이 있는 듯한 그런 기분이었다.

　나중에 우리가 수집한 데이터로 그날 샌안토니오에서 본 것이 사실임이 확인됐다. 판사의 파산 판결을 받으려는 사람들은 한때 탄탄한 중산층에 속했다. 그들은 대학을 나왔고, 좋은 직장에 들어갔고, 결혼했고, 집을 샀다.[6] 그런데 이제 무일푼이 돼서 판사 앞에 섰고, 부채 수금원들로부터 벗어나기 위해 그들이 가진 거의 모든 걸 포기할 준비가 되어 있던 것이다.

　데이터가 계속 들어오면서 이야기는 점점 더 무시무시해졌다. 샌안토니오는 예외적인 사례가 아니었다. 전국적으로 파산을 신청하는 압도적인 대다수가 살기 힘들어진 평범한 가족이었다. 시간이 흐르면서 우리는 파산 신청을 한 가구의 거의 90퍼센트가 다음 세 가지 이유 중 하나로 그런 처지에 놓였다는 걸 알게 됐다. 실직, 의료 문제, 가족 해체(대개는 이혼이었고, 가끔 배우자의 죽음도 있었다)였다.[7] 이 가족들이 법정에 온 것은 달리 선택의 여지가 없어서였다. 이들은 아빠가 실직했거나 엄마가 암에 걸리면서 경제적으로 살아남기 위해 1년 혹은 그보다 더 오랫동안 전쟁을 치러왔던 터였다. 이들에겐 저금도 없고, 연금 계획도 없으며, 집이나 차도 이미 담보 대출에 걸려 사라진 터였다. 많은 사람이 신용카드 채무로만 1년 치 연봉쯤 되는 액수를 지고 있었다.[8] 이들은 아무것도 사지 않는다 해도, 그러니까 아빠가 내일 다시 취직하고 엄마의 암이 기적적으로 낫는다 해도 위약금과 복잡한 금리 때문에 빚이 몇 년마다 두 배로 늘어나 그렇잖아도 막대한 빚에서 헤어나오지 못하게 된다. 이들이 파산법 판사 앞에 섰을 무렵에는 너무 깊은 빚더미에 빠져 파산이(가진 건 하나도 없지만 빚도 없는) 지금 상태보다 한 단계 더 올라간 상태로 보이기 때문에 엄청난 개인적인 수치심을 무릅쓸 가치가 있는 일처럼 생각하게 된다.

이보다 더 심각한 점은 파산한 가족의 숫자가 계속 증가하고 있다는 사실이었다. 1980년대 초반 파트너들과 함께 처음 데이터를 수집했을 때는 매년 파산을 신청하는 이의 수가 25만을 조금 넘는 정도였다. 사실 그때 경기 침체로 많은 가족이 경제적 압박을 받은 건 사실이지만, 시간이 흘러 경기가 회복됐는데도 파산한 사람의 수는 의외로 계속 늘어나 두 배가 됐다.[9] 갑자기 미국인들이 분수를 모르고 앞뒤 분별없이 필요하지도 않은 물건을 사들였다가 돈을 내야 할 때 도망치기 시작했다는 말들이 나오기 시작했다. 은행들은 신용카드 빚을 갚지 않은 이들에 대해 요란하게 불평해댔다. 채무불이행자라는 말이 사방에서 들렸다. 파산을 신청하는 이들은 재정적으로만 실패한 게 아니라 용서받지 못할 죄를 저지른 듯했다.

나는 여전히 빚을 떼어먹은 사람들에 대한 이야기를 믿고 싶은 마음이 있었는데, 그렇게 생각하는 게 마음 편했기 때문이다. 하지만 이 데이터들을 수집하다보니 언젠가부터 파산한 사람들이 어떤 이들인지 알게 됐다.

우리가 진행하던 연구 중 하나에서 사람들에게 왜 파산을 신청하게 됐는지 직접 설명해달라고 요청했다. 나는 대부분이 아마도 자기에게 유리하게 묘사하거나 자기는 죄가 없다는 식으로 이야기할 거라고 넘겨짚었다.

1차로 받은 앙케트 용지들을 쌓아놓고 앉아 있던 기억이 아직도 난다. 나는 분명 아주 지겨운 표정으로 실눈을 뜨고 그 앙케트 용지들을 읽기 시작했을 것이다.

그러다가 거기 적힌 말들을 읽고 한 대 맞은 듯했다. 거기엔 자신을 혐오하는 말들로 가득 차 있었다. 한 남자는 왜 파산하게 됐는지 설명하는 난에 단 세 마디를 적었다.

멍청해서.
멍청해서.
멍청해서.

자신의 삶에 대해 쓸 때 사람들은 제대로 이해하지도 못한 대출을 받은 자신을 탓했다. 자신의 직장이 안정적이지 않다는 걸 깨닫지 못한 걸 자책했다. 아무짝에도 쓸모없는 남편들과 바람피우는 아내를 믿은 자신을 책망했다. 대부분의 사람은 파산을 철저하게 개인적인 실패이자 완전하게 인생의 낙오자가 된 신호로 여기는 게 확실했다.

사람들이 적은 사연 중 일부는 아주 자세하면서도 슬펐다. 예를 들어 아이가 죽거나 한 회사에서 33년이나 일하다 해고당한 것이 그 사람에게 어떤 의미인지 설명하는 글 같은 게 그랬다. 끔찍하게 고통스러운 점들을 다 빼고 있는 그대로 사실만 적은 글도 있었다.

> 아내가 암으로 죽었습니다. 보험금을 받았는데도 내야 할 병원비가 6만5000달러나 남았습니다.

> 정규직이 없어서 집세, 공과금, 전화세, 식비와 보험금을 내기 위해 아르바이트를 다섯 개나 해야 했습니다.[10]

그들은 자신이 안전하다고 생각했다. 그들의 직장과 삶, 사랑에서 안전하다고 여겼지만 사실은 그렇지 않았던 것이다.

나는 한 앙케트 용지를 손으로 쓸어내리면서 한 여자가 어떻게 자신의 인생이 이런 재앙으로 변해버렸는지 설명하려고 애쓴 사연에 대해 생각해봤다. 인생의 여러 갈림길에서 조금씩만 다른 선택을 했더라면 그녀의 인생은 완전히 바뀌었을지도 모를 일이다.

이혼에, 불행한 두 번째 결혼생활에, 중병에 걸린 데다, 직업도 없던 그녀. 나도 삶의 순간순간이 잘 풀리지 않았더라면 지금과는 아주 다른 삶을 살고 있었을 것이다.

엄만 별로 안 웃겨
—

1980년대 중반 어느 이른 봄날 아침 텍사스 대학 교직원 휴게실에 충격적인 소문 하나가 돌았다. 한 학기에 낙제한 학생이 7명이나 되는데 모두 한 교수가 낙제시킨 거라는 소문이었다. 난 아무 말도 하지 않았지만 그 교수가 누구인지 알고 있었다. 나는 수강생이 아주 많은 수업을 두 개 맡고 있었는데, 어리석은 학생 몇 명이 공부를 열심히 하지 않아도 성적이 잘 나올 거라고 생각했던 모양이다. 오판도 그런 오판이 없지. 사실 정확히 7명이 오판을 했다.

나는 교직이라는 직업을 진지하게 받아들였다. 내 강의실에 들어온 학생들은 곧 졸업해서 아마도 자신들이 깨닫는 것보다 훨씬 더 큰 힘과 권력을 가지고 세상에 나가게 될 것이다. 이들은 다른 사람의 돈, 다른 사람의 사업, 다른 사람의 삶을 다루게 된다. 수업 첫날 나는 학생들에게 항상 같은 약속을 했다. 학생들이 열심히 공부하면 나는 전력을 다해 가르칠 것이라고. 그리고 학생들이 그걸 배울 수 있으리라는 걸 단 한순간도 의심하지 않았지만 "학생들이 열심히 공부해야 하는" 부분에 대해선 정말 확실하게 강조했다.

이제 텍사스 대학에서 수업을 맡은 지도 꽤 됐고, 내가 상당히 잘해내고 있다고 생각했다. 수업에 점점 더 자신감이 생겼다. 공립학교들이 모두 쉬는 어느 날 일곱 살 먹은 앨릭스를 데리고 내 수업에 들어가기로 결정했다. 나는 앨릭스를 뒷자리에 앉히고 새로 나온 스타워즈 스티커북을 준 다음 수업을 끝내주게 했다. 아주 열심히 가르치면서 중간중간 학생들과 활발하게 대화를 나누고 수업에 집중하기 위해 농담도 섞어가며 했다.

수업이 끝난 뒤 앨릭스와 나는 손을 잡고 텅 빈 복도를 지나 내 사무실로 걸어갔다. 창문으로 오후의 햇볕이 비스듬하게 들어왔고, 난 이것이 엄마와 아들이 나눌 수 있는 완벽한 교감의 순간이라고 생각했다.

난 미소를 지었고 마음도 한없이 편했다. "아가, 엄마 수업 어땠어?"

앨릭스는 오랫동안 입을 다물고 있었는데 분명 무슨 말을 해야 할지 고민하는 눈치였다. 마침내 앨릭스가 입을 열었다. "그게, 엄마는 별로 안 웃겨."

나는 등에 비수가 꽂힌 심정이었다. 그래서 무의식중에 소리를 지르고 말았다.

"하지만 앨릭스, 학생들이 웃었잖아."

이번에는 앨릭스도 망설이지 않고 곧바로 대꾸했다. "선생님이니까 그런 거지, 엄마."

아이고. 난 아직도 갈 길이 먼 모양이다.

반격

———

시간이 흐르면서 나는 은행과 파산에 대해 여러 교수와 언쟁을 벌이기 시작했다. 누군가가 파산 법원은 사기꾼들과 인생을 쉽게 살려는 게으른 인간으로 가득 차 있다는 주장을 할 때마다 나는 반격을 가했다. 그러다 적이 생길 수도 있었지만 그건 별로 중요해 보이지 않았다.

나는 연설을 점점 더 자주 하게 됐다. 시카고에서 주최된 파산법 판사들의 모임에서 파산한 중소기업들을 법원이 어떻게 다뤄야 하는지에 대한 주제로 열리는 공개 토론에 참여해달라는 요청도 받았다. 토론에 참가한 사람 중 한 명이 유명한 판사였는데, 그는 중소기업체 사장들에게 재정적인 문제가 생기면 사업체를 그냥 은행에 넘겨야 한다고 주장했다.

내 생각에 이건 전적으로 부당한 말이었다. 이 판사는 사람들이 사업을 시작할 때 얼마나 힘들게 일하는지 알고는 있을까? 대기업들은 위기가 닥쳤을 때 파산법에 따라 특별 보호를 받아 구조조정을 감행해 사업을 계속할 수 있다.[11] 그렇다면 중소기업들에는 왜 그런 기회를 주지 않는가?

판사와 나는 작은 무대 위에 있는 테이블에 앉아 있었는데 우리의 토론이 지나치게 격렬해지는 바람에 다른 참가자들은 조금씩 뒤로 물러나고 우리 둘만 가운데 있는 마이크를 차지하려고 다투고 있었다. 체중이 50킬로는 더 나갈 법한 덩치로 그 판사는 마이크를 차지하려고 나를 조금씩 밀어냈다. 밀려나지 않으려고 테이블을 꽉 잡은 나는 판사와 서로 어깨로 밀어가면서 마이크를 향해 모든 사람에게 다시 일어설 수 있는 동등한 기회를 줘야 한다며 반격했다. 논쟁이 계속해서 더 격렬해지면서 우리의 몸싸움도 더 치열해졌다. 순식간에 상황이 우스꽝스러워졌지만 내게는 이게 단순히 이론적인 논쟁으로만 비치지 않았다. 마치 내가 아는 사람들을 이 판사가 너무 쉽게 깎아내리는 듯 느껴졌다. 난 이들을 위해 싸울 가치가 있다고 생각했다.

난 판사의 목에 있는 혈관들이 툭툭 불거지고 얼굴은 시뻘게져서 땀을 흘리고 있는 걸 만족스럽게 바라봤다. 이러다 무대에서 판사가 뇌졸중이라도 일으키는 게 아닌가 하는 생각이 문득 들기도 했다.

장미를 가꾸고 교회에서 빵 바자를 할 때마다 의무적으로 초콜릿과 오트밀 쿠키를 구워가지고 가는 교외에 사는 선량한 주부가 할 생각은 아니었지만 말이다.

텍사스를 떠나다

1985년 펜실베이니아 대학에서 전화를 걸어와 내게 면접을 보러 올 생각이 있느냐고 물어봤다. 이듬해에 그 대학에서 이번에는 브루스에게 또 다른 교수직에 대한 면접을 보러 오라고 연락해왔다. 그 상황을 정리하는 데 시간이 좀 걸리긴 했지만 펜실베이니아 법대는 계약법과 파산법을 강의할 교수와 법의 역사를 가르칠 교수 이렇게 두 명을 필요로 했다. 같은 도시에서 좋은 자리가 둘 다 나온 것이다. 드디어 꿈이 이뤄졌다!

난 기뻐해야 했지만 사실 그러지 못했다. 펜실베이니아 대학은 좋은 학교이긴 하나 그 학교가 있는 필라델피아는 우리 오빠들과 조카, 사촌들이 있는 곳에서 100만 마일은 떨어져 있는 것처럼 느껴졌다. 그리고 아이 둘, 우리 부모님, 비 이모와 개 두 마리를 데리고 이사할 생각을 하니 정신이 아득해졌다. 하지만 그 대학은 법률 역사가들에게 훌륭한 곳이고, 내가 파산법 연구를 하는 것도 지원해주겠다고 약속했다. 그리고 브루스가 세인트루이스와 휴스턴을 오가며 생활하는 것도 우리 모두에게 힘든 일이었다. 그래서 가족들과 수없이 의논한 끝에 이제 옮겨야 할 때라고 결심했다. 브루스와 나는 1987년 가을 펜실베이니아 대학의 교수직을 받아들였다. 우리는 대학 캠퍼스에서 약 5마일 떨어진 곳에 오래된 석재 주택을 한 채 샀다. 그 집은 몇십 년 동안 전혀 손을 보지 않았지만 크고 널찍했다.

비 이모는 짐을 싸고는 모든 준비를 마쳤다. 이제 여든여섯인 이모와 코커스패니얼인 보니는 우리랑 함께 살기를 간절히 바라고 있었다. 하지만 대이동 준비를 시작했을 때 아빠가 엄마와 함께 한동안 오스틴에

남기로 했다고 말했다.

아빠와 엄마는 우리가 펜실베이니아로 이사한 뒤 바로 우리를 보러 왔다. 엄마는 거실에서 혼자 앉아 몇 시간씩 피아노를 치며 노래를 불렀다. 엄마는 당신이 어렸을 때와 대초원에서 성장한 이야기며, 아빠랑 처음 결혼했던 이야기를 하곤 했다.

그다음 몇 달 동안 부모님은 우리를 보러 두세 번 더 왔다. 매번 나는 언제 필라델피아로 이사 올 거냐고 물어댔다. 마침내 아빠가 말했다. "엘리자베스, 우린 이사하지 않을 거다. 다시 오클라호마로 돌아갈 거다."

이제 아이들이 커서 전처럼 부모님의 도움이 필요한 건 아니었지만, 난 부모님이 근처에 사셨으면 했다. 우린 친족이자 서로의 삶의 일부다. 난 부모님이 왜 오려고 하지 않는지 이해할 수 없어서 계속 설득하고 졸라대다 울기까지 했다. 하지만 아버지는 조용하면서도 침착하고 완강하셨다. "우린 오클라호마로 돌아가야 한다."

브루스와 나는 부모님이 오클라호마에 집을 살 수 있도록 도왔는데, 아빠는 새집의 색다른 색깔을 보고 곧바로 "올드 블루"라는 이름을 지었다. 그 집은 데이비드 오빠 집에서 몇 블록만 가면 나왔고 존 오빠도 차로 금방 올 수 있는 곳에 있었다. 이사하고 나서 몇 주 뒤 데이비드 오빠가 전화를 했다. "엄마랑 이야기 좀 해봐. 운전면허증 갱신을 안 하시겠다고 하네." 오클라호마처럼 넓은 지역에서 운전을 하지 않겠다는 것은 말이 되지 않았다. 게다가 엄마는 일흔여덟밖에 안돼셨다.

난 엄마에게 전화를 걸어 이야기를 했지만 엄마는 뜻을 굽히지 않았다. "난 이제 운전은 그만하련다."

엄마가 낡은 스튜드베이커 핸들을 잡고 있던 때가 떠올랐다. 차가 빨간불에서 갑자기 시동이 꺼졌을 때, 엄마는 기어를 중립으로 넣고, 브레이크를 밟고, 보닛을 열고, 의자 밑에 있는 거대한 드라이버를 꺼내가지고 차에서 뛰어내려 드라이버 날을 잡고 엔진을 두드리면서 내게 손으로 가속페달을 누르라고 소리 질렀다. 엄마는 엔진에 대해선 아무것도 알지 못했고 그게 어떻게 작동되는지도 몰랐지만, 시동이 꺼지면 그렇게 하라고 아빠가 가르쳐줬었다. 그렇게 해서 우리는 언제나 집으로 돌아올 수 있었다.

이제 엄마가 핸들을 잡는 일은 다시 없을 것이다.

변화는 사방에서 일어났다. 어밀리아는 더 이상 내 친구가 아니었다. 이제 숱 많은 곱슬머리를 길게 기른 10대 소녀가 된 어밀리아는 날 완전히 골치 아픈 잔소리꾼으로 여겼다. 브루스가 우리 둘 사이를 중재하면서 시시때때로 호루라기를 불어 둘이 각자의 시간을 갖도록 했다. 어밀리아는 내 의견이라면 모두 사양했지만 그래도 현명한 소녀로 자라고 있다는 건 알 수 있었다.

앨릭스도 변해갔다. 앨릭스는 아직도 짜증을 잘 내면서 세상과 정면으로 충돌해가며 성장하고 있었지만 7학년이 되자 나보다 키가 훨씬 더 커버렸다. 앨릭스는 또한 아주 영리한 데다 재미있는 아이였다. 앨릭스가 다섯 살 때 텍사스인스트루먼트 사에서 나온 컴퓨터를 한 대 사줬는데 지금은 컴퓨터 도사가 됐다. 앨릭스가 졸라서 브루스와 앨릭스와 트로버와 나 이렇게 넷이 스타트렉 에피소드를 다 봤는데 환상적으로 재미있었다. 그런 한편으로 앨릭스는 성장이라는 힘든 시기에 들어섰다.

어밀리아는 대학에 갔다. 앨릭스는 책을 쌓아놓고 읽었다. 10년 넘게 가슴 졸이며 살던 나도 한결 느긋해졌다. 내가 아이들을 망치진 않은 것 같다는 생각이 들면서 비로소 일하는 엄마라는 내 자리에서 평화로워졌다.

은행 업무는 지루하지 않아

—

나는 계속 파산법을 가르쳤지만 강의실 바깥 세상 역시 변하고 있었다. 호경기이든 불경기이든 상관없이 파산하는 사람의 숫자는 늘어만 갔다. 1990년이 되자 한 해에 70만 명이 넘는 사람이 파산 신청을 했다. 내가 파산법을 가르치기 시작한 지 10년 만에 그 숫자는 두 배를 넘어섰다.[12] 충격적인 일이었다.

봄 학기 초반에 한 여학생이 찾아왔다. 그 학생은 앉아서 잡담을 나누는 내내 나와 눈을 마주치지 않으려 했다. 그러다 마침내 사무실 문을 닫아도 되느냐고 물었다. 그렇게 말한 사람이 처음은 아니었다. 나는 무슨 말이 나올지 알고 있었다.

"부모님이 파산하셨어요." 여학생이 울기 시작했다. 나는 책상 맞은편으로 티슈 곽을 밀어주고는 기다렸다.

그 학생의 부모님은 작은 사업을 하다 망했는데 그전에 이미 은퇴하려고 모아놓은 저금도 다 써버리고 집도 날려버렸다고 했다.

학생은 목소리를 죽이고 흐느꼈다. 나는 책상 앞으로 돌아 나와 학생 옆에 의자를 당겨 앉았다. 그리고 학생의 팔과 손을 다독거렸다. 그 학생은 부모님이 더 이상 학비를 대주지 못한다는 건 상관하지 않았다. 그녀는 그전에 독립했던 터였다. 그 여학생이 울었던 이유는 그녀가 사랑하는 사람들의 세계가 무너지고 있기 때문이었다.

이제 이런 일이 강의실을 넘어서 사방으로 무섭게 확산되고 있었다. 학교의 비서들이나 구내식당에서 일하는 사람들에게 그런 이야기를 들었다. 자식들이나 오래된 친구가 경제적으로 곤란을 겪고 있다는 이야기를 동료 교수들에게도 들었다. 가끔은 우편물실에 있다가 혹은 샌드위치를 사려고 줄을 서 있는데 말을 걸어오는 이들도 있었다. 대부분의 사람은 내게 도움을 청하지 않았다. 그저 그런 사정을 알리고 싶어 하는 듯했다. 내가 이런 말을 해주길 바라는 것 같았다. "좋은 사람이 파산을 하는 경우가 많아졌다고." 적어도 나는 그렇게 믿고 있었기 때문에 그런 사람을 만날 때마다 항상 그렇게 말했다.

1990년대 초 대형 은행들이 파산법을 바꾸기 위한 노력을 한 단계 발전시켰다.[13]

그들은 오래된 파산법을 이상하게 꼬는 식으로 싸움을 시작했다. 건국 이후 미국은 고리대금업이라고 알려진 터무니없이 높은 이자를 매겨 돈을 빌려주는 관행을 불법으로 규정한 법들을 제정해서 준수하고 있었다.[14] 그러다 나중에 대공황 시절에 사람들이 은행 업무를 안전하고 믿을 수 있게 보도록 하고자 더 많은 규제를 만들었다. 그때부터 은행 업무는 상당히 지루한 일이 됐다. 은행들은 위험하고 정신 나간 사업에 투기할 수 없었다. 일이 잘못될 경우에 대비해 충분한 돈을 비축하고 있어야 했다. FDIC(미국 연방예금보험공사 — 옮긴이)는 고객들이 은행에 저축한 돈을 보호하겠다고 약속했다.[15] 그리고 고리대금 금지법이 금리에 제한을 두었기 때문에 은행이 이윤을 낼 수 있는 유일한 방법은 그들이 해준 대출이 제때 전액 상환될 수 있도록 열심히 확인하는 길밖에 없었다. 은행가들은 부채를 상환할 능력이 안 되는 이들에겐 빌려주지 않도록 안전장치를 충분히 만들었다.

고리대금 금지법과 1930년대 은행업에 대한 규정을 배경으로 은행들은 미국 경제가 성장하는 데 아주 중요한 역할을 해왔다. 은행은 집을 사려는 가족들에게 대출을 해줬고, 이들이 매달 꼬박꼬박 갚아나가는 돈 덕분에 저축하는 습관이 생겨서 은퇴할 때쯤엔 목돈이 모이고, 집세를 내지 않고도 살 수 있는 집이 생겼다. 시간이 흐르면서 은행들은 차와 대학 등록금도 융자해줬다. 창업 자금도 대출해줬다. 대형 은행들은 대기업을 고객으로 받아 그들이 사업을 확장하고 일자리를 창출하는 데 필요한 자금을 대줬다. 이때 은행업이란 고객들의 신용을 평가해서 그들이 대출금을 갚을 능력이 있는지 확인하고 경쟁 은행들보다 더 나은 조건의 금리를 제공하는 걸 의미했다.

이 모든 게 상당히 잘 풀려나갔다. 1980년대까진 그랬다.

그때 아무런 통보도 하지 않고 공개적인 토론도 없이 중대한 사건이 하나 터졌다. 100년의 역사를 지닌 오래된 은행법에 대한 대법원의 판결로 수정된 법이 의회에서 조용히 통과되면서 금리 한도가 사실상 없어져버렸다.[16] 하루아침에 은행업이 변해버렸다. 미국의 대형 은행들이 고리대금업을 하지 못하게 금지했던 법이 사라지고 규제 완화가 은행들의 좌우명이 돼버렸다. 덩치 큰 은행들은 이제 고삐가 풀려 신용카드 수수료와 대출 금리를 높여갔다. 불과 몇 년 전만 해도 불법이었을 일들이 벌어지기 시작한 것이다. 은행들은 일단 이 신용카드 시장의 수익성이 어마어마하다는 걸 알아채자마자 빚을 갚을 가능성이 훨씬 낮은 사람들에게 무지막지하게 높은 금리로 대출해서 이윤을 늘리기 시작했다.[17] 1990년대에 이르자 은행들은 힘든 상황에서 간신히 버티고 있는 이들을 공략해나갔다. 수입이 적거나 불규칙적으로 들어오는 사람, 실직해서 먹고사는 게 전쟁인 사람들을 목표로 삼은 것이다. 다시 말하면, 결국 파산 법정에 오게 되는 사람들이 표적이 된 것이다.

이처럼 큰 이윤을 낼 수 있는 새롭고 매력적인 기회들이 생기긴 했지만, 은행가들은 새로운 문제에 직면했다. 파산 신청이 계속 급증하면서 그 부채들이 탕감돼서 손해를 보게 된 것이다.

어느 해 봄 시티은행 중역이 내게 전화를 걸어왔다. 그 중역은 파산법에 대해 내가 쓴 글을 몇 편 읽었다면서 파산으로 인한 손실을 줄이는 법에 관해 하루 동안 세미나를 해줄 것을 청해왔다.

내가 필라델피아에서 뉴욕까지 기차를 타고 맨해튼의 시티은행 빌딩에 도착했을 때는 수백 명의 직원이 물밀듯 들어오고 있었다. 안내를 받아 환하게 불이 켜진 회의실에 들어가자 비싼 정장을 입은 남자가 40명 정도 있었다. 나는 그래프와 차트들을 꺼냈고, 시티은행 직원들은 자신들의 데이터를 꺼내서 세미나를 시작했다.

시티은행의 파산 수치를 토론하면서 나는 놀라지 않았다. 대부분의 사람이 파산하기 전에 아주 오랫동안 빚에 시달렸다. 보통 사람들이 화요일에 갑자기 신용카드를 미친 듯이 긁어대고 수요일에 파산 법원에 달려오진 않는 법이다. 파산 법원까지 오게 되는 이들은 그전에 빨간불이 수없이 켜진 생활을 해왔었다. 내가 시티은행에 한 충고는 아주 간단했다. 은행의 손실을 줄이고 싶으면 경제적인 어려움에 처해 더 이상 높은 금리의 대출을 받을 수 없는 가족들에겐 대출을 해주지 말라는 것이었다.[18]

내 주장을 마치자 많은 사람이 흥미로워하면서 웅성웅성 이야기를 하며 손을 들어올렸다. 하지만 다른 사람이 발언권을 얻기도 전에 조금 연배가 있는 한 남자가 큰 소리로 입을 열었다. 그는 세미나 내내 입을 다물고 어정쩡한 미소를 띤 채 우리가 하는 토론을 지켜보고 있었다.

세미나실이 갑자기 조용해진 걸로 봐서 그 남자가 대장임을 알 수 있었다.

"발표해주셔서 감사합니다, 교수님. 정말 감사합니다. 하지만 우리는 이런 사람들에게 대출을 줄일 생각이 없습니다. 우리 은행의 이윤은 대부분 거기서 나오거든요."

그는 일어섰고, 세미나는 끝났다. 시티은행에서 연락이 오는 일은 그 이후로 없었다.

자, 상황은 이렇다. 사람들이 파산 신청을 할 때 은행들은 손해를 봤고, 고객들의 신용도를 재빨리 조사하면 손해를 줄일 수 있었지만, 대출은 중단하기 싫은 것이다. 사실 은행은 거꾸로 행동했다. 어떤 가족의 대출 상환이 계속해서 연체되면 은행은 대출을 더 받으라고 권한다. 우리가 새로 발급해주는 신용카드로 당신의 부채를 더 키우세요.(이율도 고작 29퍼센트밖에 안 되니……) 주택담보대출을 받으세요.(상환이 너무 늦어지면 은행이 당신의 집을 빼앗아갑니다……!) 2차 주택담보대출을 받으세요. 3차도 괜찮아요!

대형 은행들이 왜 이런 짓을 하느냐고? 그 이유는 바로 이랬다. 은행은 파산 때문에 손해를 보더라도 어려움에 처한 이들에게 계속 대출을 해주면 돈을 더 벌게 된다. 그렇다, 사람들이 파산하면 은행들은 더 큰 손실을 껴안아야 하긴 했다. 하지만 그 사이에 파산 신청을 하지 않고 벼랑 끝에서 버티거나 아니면 적어도 1년이 지난 뒤 신청하는 사람들에게서 더 많은 돈을 벌어들일 수 있는 것이다. 금리와 수수료가 너무 높아서 사람들이 파산 신청을 해도 결국은 은행들이 훨씬 더 이익을 보게 되는 것이다.

이렇게 매년 기록을 갱신해가며 돈을 벌고 있는데도 은행들은 만족하지 못했다. 그들은 수수료를 더 받고, 금리를 더 빨리 올리고, 더 공격적으로 신용카드를 발급할 방법들을 고안했다. 신용카드사 영업사원들은 대학 캠퍼스에 나타나서 학생들에게 신용 확인도 필요 없고, 부모님의 서명도 필요 없다는 말로 꾀기 시작했다. 학생들의 카드는 은행에서 사전에 발급 승인을 해줬다. 심지어 신용카드 하나 발급받지 않겠느냐는 제안을 받은 귀여운 강아지 한 마리가 지역 신문에 나와서 잠시 유명세를 치르기도 했다.[19]

은행들은 수익을 이보다 더 늘리기 위해 새로운 전략을 시도했다. 만약 정부를 설득해서 파산 보호를 제한하면 어떻게 될까? 물론 많은 가정이 파산하겠지만 그들 중 상당수 사람은 압박을 가하면 지금보다 조금 더 짜낼 수 있을 것이다. 파산 신청을 할 수 없다면 많은 사람이 부모님 집에 들어가 살거나, 이웃에게 돈을 빌리거나, 결혼반지를 저당잡히거나, 의료보험을 해약하기로 결정할지도 모른다. 아무도 모르는 일이다. 만약 1년에 수십만 가구로부터 지금보다 조금 더 우려낼 수 있다면 은행의 순익은 늘어날 것이다.

은행가들이 노골적으로 말하진 않았을지 모르지만 그들의 전략이 서서히 드러났다. 이미 형편이 어려운 사람들을 겨냥해 돈을 더 빌려주면서 높은 수수료와 천문학적인 이율에 걸려들게 한 다음 그 사람들이 정말로 감당하기 힘들어질 때 파산 법원의 문을 막아버리는 것이다.

파산법에 대해 조금이라도 안다면(이제 나는 아주 많이 알게 됐는데) 이 대형 은행들이 무슨 꿍꿍이인지 정확히 꿰뚫을 수 있을 것이다. 난 일개 법대 교수에 지나지 않으니 뭔가를 바꿀 힘은 없었지만 이 새로운 전략 뒤에 숨겨진 철저하게 냉소적인 사고방식에 화가 머리끝까지 났다. 은행들로서는 파산법의 변화는 그저 이익을 늘리기 위한 또 다른 기회에 지나지 않았다. 실직이나 끔찍한 병을 진단받아서 생긴 재정적인 타격으로부터 회복할 마지막 기회를 잃게 될 그 가족들(엄마, 아빠, 아이, 조부모, 이모, 삼촌, 사촌들)이 겪을 고통은 헤아릴 수 없는 것인데도 말이다.

나는 브루스와 함께 트로버를 산책시키다가 그 큰 은행들이 전국에 있는 가족들에게 가하는 피해에 대해 이야기하곤 했다. 그게 얼마나 추악한 일인지 브루스에게 말하는 내 목소리가 점점 더 커졌다.

나는 두 손을 사방으로 휘저어가면서 이를 악물고 할 말이 없어질 때까지 정신없이 큰 소리로 쏟아냈다. 그때 브루스가 항상 내 마음을 갉아먹던 질문을 했다.

"그래서 당신은 그 문제에 대해 어떻게 할 건데?"

하버드 방문

1992년 하버드 법대에서 브루스와 나에게 1년 동안 객원교수로서 강의해달라고 초청해왔다.

제이와 테리 그리고 나는 몇 년 전에 『우리의 채무자들을 용서하면서』라는 책에서 파산법에 대한 조사 결과를 발표했다. 그 책은 적어도 학계에서는 작은 파문을 일으켰고, 국가적인 상도 거머쥐었다.[20] 제이와 나는 이제 파산법에 대해 우리가 쓴 교재의 개정판을 만들고 있었고, 또 다른 교수인 린 로푸키와 함께 담보금융 조달에 대한 책도 쓰고 있었다. 뿐만 아니라 회사 파산에 대한 새로운 연구를 논의하고 있었으며, 재정적 위기에 처한 가족들에 대한 연구 또한 준비 중이었다. 나는 탁월한 강의에 수여하는 상을 네 개나 받았다. 난 지금 하는 일이 좋았고 변화를 줄 생각이 없었다.

하지만 브루스는 매사추세츠에서 1년을 보내는 것도 재미있을 것이며, 그의 가족과 가까운 곳에서 지낼 수 있게 될 거라 여겼다. 앨릭스는 보스턴 셀틱스(농구팀―옮긴이)가 뛰는 걸 경기장에서 볼 수 있는 좋은 기회라고 생각했다. 게다가 한동안 하버드에서 강의해볼 기회를 누가 마다하겠는가? 어쨌든 난 그곳에 가본 적도 없었다. 그래서 그러겠다고 대답했다.

이제 어밀리아는 대학에 들어갔고, 비 이모는 코커스패니얼인 보니와 함께 오클라호마에 있는 엄마 아빠와 같이 1년을 보내는 게 낫겠다고 말했다. 그래서 브루스와 앨릭스, 트로버와 나만 매사추세츠의 케임브리지로 출발했다. 브루스와 나는 또다시 1년이란 시험 기간을 지내보는 데 동의한 것이다. 하지만 이번에는 같은 도시인 펜실베이니아에서 좋은 자리 두 개가 우릴 기다리고 있어서 지난번처럼 초조하게 지낼 필요는 없었다. 이번 일은 즐거운 모험과도 같았다. 어밀리아는 자주 오지 못했지만, 앨릭스는 이번 기회를 이용해 새 고등학교에서 축구 선수로 뛰면서 무대 뒤에서 작업을 하는 단원으로 거듭났다. 트로버는 늙어가는 중이었지만 아직도 오후마다 열성적으로 공을 쫓아다녔다.

엄마와 아빠가 추수감사절에 우릴 보러 왔을 때 나는 부모님이 유명한 하버드 캠퍼스를 봐서 기뻐하리라 생각했지만, 두 분 다 전혀 관심이 없어 보였다. 부모님이 온 첫날 저녁을 먹을 때 엄마가 식탁 주위를 둘러보더니 물었다. "어밀리아는 언제 볼 수 있는 거니?"

나는 이미 부모님에게 어밀리아가 이틀 뒤 대학에서 올 거라고 말했었다. 아빠가 말했다. "수요일이야."

우린 다시 대화를 시작했고 1분 정도 지난 뒤 엄마가 물었다.

"어밀리아는 언제 볼 수 있는 거니?"

아빠는 엄마가 그 질문을 처음 한 것처럼 "수요일이야"라고 대답했다.

몇 분 뒤 엄마가 또 물어봤을 때 아빠는 상냥하게 대답했다. "수요일이야." 하지만 고개를 숙이고 있던 아빠가 잠시 후 고개를 들었을 때 얼굴에 깊은 고통이 서려 있었다.

이튿날 아빠와 함께 철물점에 갔을 때 엄마에 대해 물었다. 아빠는 엄마가 그냥 지친 것뿐이고, 우리 모두 피곤하면 그렇게 깜박하는 거라고 대답했다. 하지만 부모님(이제 엄마는 여든이고, 아빠는 여든하나)이 항상 내 옆에 계시진 않을 거라는 실감이 들기 시작했다. 이제 시간이 얼마 남지 않았다는 생각이 들었다.

그 학기 후반에 하버드에서 내게 종신교수직을 제안했지만 브루스의 자리는 없었다. 난 또다시 두 도시에서 떨어져 살 생각이 없었기 때문에 거절했다. 수업 마지막 날 학생들이 골든 레트리버 강아지를 선물로 줬다. 학생들은 그 강아지에게 굿 페이스라고 이름 짓고는 내게 돌아와달라고 말했다.

페이스를 집에 데려온 지 이틀 뒤 트로버가 급성간부전으로 죽었다. 곧 아빠에게 전화를 걸었는데 너무 심하게 울어서 아빠는 당최 무슨 말인지 알아듣질 못했다. 그래서 이렇게 연달아 물어봤다. 네가 다친 거니? 앨릭스가 다쳤니? 어밀리아가? 브루스가? 마침내 아빠가 트로버에 대해 물었을 때 나는 간신히 네, 라고 대답할 수 있었다. 아빠도 그 말을 듣자마자 울음을 터트리셨다. 내가 뭐라고 할 수 있겠는가? 개들은 우리 가족이었다. 20년이 지난 지금도 브루스는 아직도 책상에 트로버의 사진을 놔두고 있다.

브루스와 내가 펜실베이니아 대학으로 돌아간 뒤 하버드 법대 학장이 가끔씩 전화를 걸어왔다. 그들의 제안은 아직 유효하다며 재고해볼 생각은 없는지 물었다.

아니, 별로요. 우린 필라델피아에서 잘 살고 있었다. 어밀리아도 가까이 있었고, 비 이모와 보니는 오클라호마에서 돌아와 우리 집 이층에 살았으며, 앨릭스는 아직 학교에 다녔다. 10년 넘게 무수히 이사를 다닌 뒤 마침내 한곳에 정착했음을 아는 건 참 기분 좋은 일이었다.

다시 하버드로

—

하지만 정착했다고 못 박을 수도 없었던 것 같다. 브루스의 질문, 즉 "당신은 그 문제에 대해 어떻게 할 건데?"라는 질문이 계속해서 머릿속을 떠나지 않았다. 난 작업 시간을 늘리면서 연구 범위도 확대했다. 논문을 더 많이 쓰고, 다음 책 작업을 하면서 그 후에 쓸 책을 또 계획했다. 연설도 하면서, 들어주기만 한다면 누구에게든 파산 보호의 중요성과 그것을 필요로 하는 가족들에 대해 말하려고 애썼다.

1년 정도 지난 뒤 우리는 다시 필라델피아로 돌아왔다. 브루스와 나는 어느 봄날 한 은행 대변인이 라디오에 나와 인터뷰하는 걸 들으면서 차를 타고 어디론가 가고 있었다. 그 남자는 파산 신청을 해서 다른 사람들을 이용해먹는 채무불이행자들을 욕하고 있었다. 나는 격노했다. 인터뷰가 끝난 뒤 나는 혼자서 그 대변인이 한 말을 한 마디 한 마디 반박해가며 욕을 했다. 차가 달리고 있는 와중에 허공에 대고 하는 내 토론은 점점 더 격렬해졌다.

내가 창밖을 노려보고 있을 때 브루스가 운전하던 중 나를 힐끗 봤다. 그의 목소리는 단호했다. "하버드로 가."

브루스는 날 깜짝 놀라게 하는 법이 별로 없다. 느닷없이 터무니없는 계획을 세우는 쪽은 주로 나였고, 브루스는 항상 이성적으로 천장을 진보라 색으로 칠하거나, 화단에 무성하게 자란 정체 모를 덩굴들을 손으로 뜯어내는 게 왜 안 좋은 생각인지 차근차근 설명했다.(보라색 천장은 성공했지만, 화단 작업은 대참사로 끝났다. 그 덩굴은 옻나무였고, 내가 옻에 심한 알레르기가 있다는 걸 그때 처음 알았다.)

하지만 브루스는 먼저 말하기 전에 신중하게 생각해보는 사람이었고, 그전부터 하버드대에서 한 제안에 대해 생각하고 있었다. 브루스는 펜실베이니아 대학도 훌륭하지만 사람들이 내 생각을 듣게 만들고 싶다면, 내가 오를 수 있는 제일 높은 산에서 소리치는 게 낫다고 주장했다. 브루스는 내가 하버드에서 일한다면 세상을 바꿀 가능성이 좀더 높아질 거라 생각한 것이다.

이제 우리 삶은 다시 변했다. 나는 더 이상 워킹맘이 아니었다. 난 마흔다섯 살의 교수이고, 우리 아이들은 성장했다. 앨릭스는 대학생이고, 어밀리아는 대학원에서 석사과정을 밟고 있었다. 아흔셋인 비 이모는 집 밖으로 나갈 일도 없어서 하루 종일 혼자 쓸쓸해했다. 이모는 우리 기분을 상하게 하고 싶진 않지만 보니와 같이 오클라호마시티로 돌아가고 싶다고 했다. 그래서 우리는 침례교 신자들을 위한 방대한 노인 전용 아파트 단지 한가운데에 있는 깔끔하고 작은 아파트를 구해드렸다. 브루스는 이제 우리 둘과 페이스만 남았으니 두 도시의 생활을 꾸려갈 수 있을 거라고 단언했다. 그리고 매사추세츠로 이사 가면 브루스의 부모님과 그의 형, 여동생과 조카들을 더 자주 만날 수 있게 된다. 우린 또다시 가족 가까이 있게 되는 것이다.

한편 경기에 상관없이 파산하는 사람은 늘어만 갔다. 이제 매년 80만 명이 넘는 가족(남편, 주부, 아이들)이 파산하고 있었다. 전국적으로 26초 간격으로 새로운 사람이 파산을 선언하고 있으며, 이런 일이 매시간, 매일같이 일어나고 있었다.[21] 실로 충격적인 수치였다.

미국에서 뭔가가 끔찍하게 잘못되어가고 있는 데다 그게 점점 더 심해지고 있었다. 난 걱정되고, 화가 났으며, 이런 가족 하나하나를 위해 싸울 각오가 돼 있었다. 체계적인 계획은 세우지 않았지만 내가 가진 모든 것을 걸고 전투에 나서야 한다는 건 알고 있었다. 난 최선을 다해 싸울 작정이었다.

그래서 하버드 학장에게 전화를 걸어 그곳으로 가겠다고 했다.

2장

파산 전쟁

먼저 경고 한마디. 이 이야기의 결말은 해피엔딩이 아니다. 이건 다윗과 골리앗의 싸움이지만, 이번에는 다윗이 쏜 새총의 총알이 자신의 목구멍으로 들어오고, 옆으로 빗나가는 이야기다. 이건 또 내가 국내 정치에서 길고 고통스런 세례를 받는 이야기이기도 하다.

내가 어떻게 이 싸움을 시작하게 됐는지 설명이 좀 필요할 것 같다. 이 싸움은 내 거절에서 시작됐다.

1995년 의회는 파산법을 변경하기 위해 재검토를 맡은 엄선된 위원회를 발족시켰다. 빌 클린턴 대통령은 9인으로 구성된 초당파적인 위원회의 위원장에 마이크 시나 전 오클라호마 하원의원을 임명했다. 이 위원회는 2년 동안 파산법을 검토한 뒤 의회에 보고서를 제출해야 했다.[1] 그런데 시나 의원이 내게 전화를 걸어서 파산법 검토위원회에 참여할 의사가 있는지 물었다.

가끔 신이 인간사에 개입하는 게 아닌가 싶은 운명적인 순간들이 있는데 이번 일도 그랬다. 마이크와 나는 10대 시절에 만난 적이 있었다. 마이크는 머스코지 고등학교 토론 대표로 나왔고 나는 오클라호마 시립 고등학교 대표였다. 우린 그 뒤로 몇십 년 동안 본 적이 없었지만, 열네 살 먹은 소년은 토론 시합에서 자기 팀을 이겼던 열다섯 살 먹은 소녀를 잊지 못했던 모양이다.

나는 마이크에게 그럴 생각이 없다고 말했다. 나는 내 연구에 몰두하던 중이었고, 내가 세상을 변화시킬 방법은 책을 더 많이 쓰고 파산 신청을 하는 이들과 그들의 인생이 왜 그렇게 됐는지에 대한 연구를 더 많이 하는 것이라고 생각하고 있었다. 나는 정치에 문외한이었고 언론을 보면 정계를 가까이하고 싶지 않았다.

그러자 마이크는 내게 워싱턴에 밥이나 먹으러 오라고 청했다. 그냥 밥만 먹자고.

마이크를 만나니 즐거웠다. 마이크는 정계에서 일찍이 성공을 거두었다. 그는 경쟁 후보가 하트 모양의 물침대에서 잤다는 언론 보도 덕분에 스물여덟 살의 나이로 하원의원에 당선됐다. 오클라호마 시민들은 보수적인 성향이 강해서 그런 추문을 용납하지 못했던 것이다. 의회에서 마이크는 대형 담배 회사들과 전미라이플협회와 싸웠다. 하지만 16년간 하원의원으로 재직했던 그는 불과 얼마 전에 새로운 선거에서 졌다.

검은 머리에 반짝거리는 눈과 약간 바보 같은 미소를 짓는 마이크는 아직도 소년 같은 매력이 있었다. 마이크는 항상 서두르면서 손사래도 많이 치고 상대가 하는 말에 잘 끼어드는(물론 아주 기분 좋게) 그런 사람이었다. 우린 마이크의 워싱턴 사무실에서 만났지만 마이크가 재빨리 젊은 직원 몇 명을 불러서 다 같이 근처에 있는 시끌벅적한 레스토랑으로 걸어갔다.

점심을 먹으면서 우린 주로 토론팀 멤버로 활약했던 고등학교 시절에 관한 이야기를 주고받았다. 마이크는 맥주와 포커에 대한 이야기를 했다. 나는 터너 톨게이트 화장실에 혼자 남겨졌던 아이에 대한 이야기를 했다. 마이크는 우리가 맞붙었던 토론 시합의 초반전을 낱낱이 까발려서 젊은 직원들을 웃겼다.

식사를 하는 자리에서 위원회 이야기는 별로 하지 않았다. 마이크는 내가 그 제안에 대해 달갑지 않아 하는 걸 알고 있었다. 그 위원회는 중립적이겠지만 이미 은행들이 파산 보호 범위를 줄이기 위해 로비를 시작했다는 소문이 돌았다. 나는 그렇잖아도 힘들게 사는 사람들의 인생을 더 힘들게 만들 일에 참여하고 싶지는 않았다.

게다가 마이크와 나는 엄밀히 말해서 친한 사이도 아니었다. 우린 고등학교 때 잠깐 스쳐 지나가듯 만난 후론 연락도 하지 않았다. 마이크와 점심을 하기 전에 그의 뒷조사를 해봤는데, 전화를 받은 사람마다 마이크가 하원에 있을 때 일부 대형 은행과 상당히 가까웠다고 말했다.

내가 가려고 일어서자 마이크가 함께 레스토랑 밖으로 나왔다. 우리 둘만 있게 되자 그는 진지해졌다. 마이크는 내가 쓴 책을 한 권 읽어봐서 내가 이 문제에 대해 어떤 입장을 취하고 있는지 잘 알고 있었다. 그때 마이크가 날 설득하기 시작했다. 새 위원회의 영향을 받게 될 가족들을 생각해봐라. 매년 파산 신청을 하는 사람들 말이다. 당신이 진정한 변화를 이뤄낼 기회가 바로 이거다.

그러더니 마이크가 내게 거래를 하나 하자고 했다. 내가 위원회에 들어와서 빚에 시달리는 사람들을 도울 세 가지 변경 사항을 만들 수 있다면 자기가 열심히 노력해서 그걸 법으로 제정하겠다는 제안이었다. 마이크는 내가 파산법을 좋게 바꾸기 위한 아이디어들을 생각해내면 자신의 정치적 영향력을 이용해 그걸 법으로 제정하겠다고 생각한 것이다.

마이크의 제안은 아주 유쾌하고 파격적이면서 한편으로 의외이기도 했다. 많은 사람이 마이크를 은행의 심부름꾼 정도로 생각했는데 그는 정작 필요한 사람들에게 파산 보호를 확대시키는 법을 알아내려고 애쓰고 있었던 것이다. 와우.

그렇다 해도 난 망설여졌다. 마이크의 의도가 좋은 건 알겠지만 그 약속이 실현될 수 있을지 확신이 서지 않았던 것이다. 게다가 난 한 번도 정치적인 환경에서 일해본 적이 없었다. 젠장, 투표한 거 말고는 정치 근처에도 간 적이 없었다. 하지만 마이크는 아주 입맛 당기는 미끼를 던졌다. 우리가 힘을 합치면 매일 파산하는 가족 중 일부는 도울 수 있을지도 모른다. 파산법의 조항 세 가지를 좋게 바꿔서 우리가 사람들의 삶을 변화시킬 수 있다고 생각해보자. 이거야말로 고통받는 사람들을 위해 뭔가 할 수 있는 기회인 것이다.

그래서 집에 가는 내내 그 생각만 했다. 내 사무실에는 파산한 사람들이 작성한 앙케트 용지가 무더기로 쌓여 있었는데 거기에 자신의 삶이 어떻게 망가졌는지에 대한 개인적인 사연과 함께 파산 법정에 갈 때 느꼈던 패배감에 대해 쓴 사람이 많았다. 나는 평생소원이었던 레스토랑을 개업했다가 망한 가족을 생각했다. 자기를 학대했던 전남편을 마침내 떠날 수 있었지만 지금은 어린아이들과 산더미 같은 빚만 남았다고 말한 몹시 지쳐 있던 젊은 여자를 생각했다.[2] 아들의 보석금을 내고 거듭 재활 시설에 보내기 위해 전 재산을 몽땅 털어넣은 뒤 빚까지 지게 된 노부부를 생각했다.

난 이틀 뒤 마이크에게 전화해서 제안을 받아들이겠다고 대답했다.

위원회 일은 파트타임이었기 때문에 하버드 강의를 계속하면서 비행기를 타고 워싱턴에 가서 한 번에 하루나 이틀 정도 머물렀다. 나는 위원회의 수석고문이었기에 제안을 하고, 연구를 하고, 위원회가 볼 수 있는 권고안의 1차 초안을 제출해서 승인을 받아야 했다.

그 뒤 몇 달 동안 나는 집중적으로 파산법을 연구하고 다른 위원들과도 만났다. 또 연구 데이터를 수집하고, 인재를 고용하고, 일정을 짜고, 위원회 의제들을 정리하기 시작했다. 마이크는 우리 계획에 대해 상의하고자 사람을 모으기 시작했다. 그건 마치 청사진을 만들어서 뭔가 새로운 것을 짓기 시작하는 것처럼 아주 신나는 일이었다. 하지만 그중에서도 제일 좋은 건 밤에 침대에 누워 우리가 이뤄낼 그 세 가지 좋은 변화를 떠올려보는 것이었다. 크리스마스 선물보다 훨씬 더 좋았다. 서민 가족들의 삶을 변화시킬 수 있는 세 가지 변화. 세 가지 소원.

두 번의 장례식

그러다 모든 것이 산산조각 났다. 위원회가 정식으로 활동을 시작하기도 전에, 세 가지 좋은 아이디어에 대해 합의를 보기도 전에, 마이크가 뇌종양 진단을 받았다. 마이크는 일을 중단하고 쪼그리고 앉아 방사선 치료를 받았다. 마지막으로 마이크를 만났을 때, 몸에 뼈만 남아 있었고 대머리에 손은 덜덜 떨고 있었다. 그냥 이야기만 하는데도 기운이 달리는 것 같았다.

1996년 1월 9일 마이크는 세상을 떠났다. 그의 나이 마흔다섯이었다. 마이크의 추도식을 치른 날은 춥고 비가 왔다. 우린 백악관 맞은편에 있는 라파예트 광장의 성공회 성요한 교회에 모였다. 클린턴 대통령과 당시 하원의원이었던 딕 더빈이 추도 연설을 했다. 교회는 정계의 거물들로 꽉 찼다. 그들은 서로 악수하고 포옹을 했지만 난 주로 혼자였다. 다들 처음 보는 사람이었다.

난 교회를 나가면서 이제 워싱턴에 다시 올 일은 없을 거라고 믿었다. 마이크와 나는 거래를 했다. 그런데 마이크가 죽었으니 내가 돌아올 일은 없다.

마이크의 장례식은 반년 만에 두 번째로 참석하는 장례식이었다. 첫번째는 좀더 작고 개인적인 장례식이었지만 훨씬 더 힘들었다.

아빠가 1995년 여름에 전화해서 엄마가 악성종양을 제거하는 수술을 받아야 하는데 심각한 건 아니라고 했다. 병원에서 건강한 조직은 건드리지 않겠다고 약속했다. 엄마는 병원에 며칠 입원해야 했다.

아빠는 심각하지 않다고 우겼지만 충격을 받은 듯했다. 브루스와 나는 오클라호마시티에 가서 식구들과 모이기로 했다. 엄마가 입원할 때 옆에 있고 싶었다.

집에 도착한 지 몇 시간 안 됐을 때 데이비드 오빠가 날 옆으로 불러내서 얼마 전에 엄마가 오빠 집 근처에서 헤매고 있는 걸 봤는데 길을 잃은 것 같았다고 귀띔했다. 난 아빠에게 물어봤지만 아빠는 그냥 엄마가 피곤했거나 거리 구조가 이상해서 잠깐 혼동했던 거라고 대답했다.

아빠는 주위에 사람들이 있을 때는 언제나 엄마의 손을 잡았다. 아빠는 전보다 말수가 늘었고, 이젠 말을 할 때마다 "여보, 당신도 기억하지……"라는 말로 시작해서 설명하거나 방에 있는 사람의 이름을 일러주곤 했다.

수술이 끝난 뒤 의사들은 경과가 양호하다고 했으며 엄마는 순조롭게 회복해가는 듯 보였다. 수술 받은 다음 날 우리는 엄마 병실에 모여 이야기하며 웃고 있었다. 머시 병원은 규정이 그리 빡빡하지 않아서 10대와 20대 조카들이 엄마를 휠체어에 태우고 복도에서 경주를 해도 봐주었다. 모두 웃었고, 우리는 쿠키를 먹으며 간호사실에서 가져온 주스를 마셨다.

엄마는 이튿날 아침에 퇴원할 예정이었는데 아빠는 우리 때문에 엄마가 피곤해한다고 생각했다. 그래서 병원에서 보내는 마지막 날 밤 아빠는 우리 모두를 집에 보낸 뒤 혼자 조용히 엄마 손을 잡고 있었다.

그날 밤 늦게 엄마가 침대에서 일어나 말했다. "여보, 또 통증이 시작됐어." 그러더니 엄마는 쓰러져서 곧 돌아가셨다.

1분도 안 돼서 의사들이 도착해 엄마를 소생시키려 했지만 엄마는 중증의 심부전을 일으켰다. 부검 결과 관상동맥 질환이 상당히 진행됐는데 진단도 못 받았고, 치료도 못 한 것이었다. 엄마는 그렇게 세상을 떠났다.

올케언니인 바버라가 전화해서 엄마의 부고를 알렸다. "아, 자기야. 어쩌면 좋니." 하지만 난 울지 않았다. 난 언니의 말을 믿지 않았다. 믿을 수가 없었다. 엄마는 여든셋이었다. 어떤 기준에서 보면 노령일지 모르지만 비 이모는 아흔셋인데도 여전히 정정하시다. 그리고 우리 할머니는 에너지가 넘치고 아주 활동적으로 사시다가 아흔넷에 돌아가셨다. 엄마가 기운을 조금 잃었다는 건 알고 있었지만 여전히 강하며 건강하다고 생각했다.

나로선 그게 제일 힘들었다. 엄마가 항상 강하다고 생각했는데 눈 깜박할 사이에 내 곁을 떠나버린 것이다.

엄마의 장례식에 참석하기 위해 사방에서 가족들이 왔다. 나는 그저 멍했다.

며칠 뒤 부모님 집에 있는 빈방으로 돌아왔다. 난 침대에 누워 울고 있었다. 아빠가 들어오자 나는 일어서서 두 팔을 벌렸다. 아빠가 날 안고 우린 아주 슬프지만 그래도 나에겐 아빠가 있다고 말해줄 줄 알았다.

하지만 아빠는 그냥 그곳에 서서 말했다. "난 죽고 싶구나."

내가 아빠를 안고 있는 동안 아빠는 울었다. 나는 아빠의 어깨를 쓰다듬었지만 아빠는 울음을 그치지 못했다. 난 아빠에게 내가 듣고 싶은 말을 했다. 마음은 아프지만 아직 아빠에겐 내가 있고 모든 게 잘될 거라고. 하지만 그게 사실인지는 확신이 서지 않았다.

모래주머니를 쌓다

—

마이크 시나가 죽고 두 달 후 클린턴 대통령이 위스콘신 주 매디슨 출신의 변호사를 파산법 검토위원회 위원장으로 임명했다. 브래디 윌리엄슨은 아주 뛰어난 인물이었다. 그는 현역 변호사로 일하면서 클린턴 대통령의 대선 토론을 비롯한 여러 협상에서 대표로 활동했고, 외국 정상들과의 회동을 준비했다. 법조계에서 그는 미국 헌법의 수정 제1조를 작성한 것으로 유명했고 파산 사건으로 대법원에서 승소한 적도 있었다.[3] 그는 그 파산 사건에서 아주 훌륭한 일을 해냈지만 어쨌든 나는 모르는 사람이었다. 이제 위원회는 전적으로 그의 소관이었다.

공식적으로 나는 아직까지 수석고문이었지만, 마이크가 사망한 뒤로 위원회에서는 별로 한 일이 없었다. 브래디가 전화했을 때 나는 대놓고 말했다. 마이크와 나는 거래를 했지만 그건 그때고 마이크가 죽었으니 그만 빠지겠다고.

브래디는 일단 만나러 갈 테니 자기 계획을 한번 들어나 보고 사임해도 하라고 부탁했다. 난 알겠다고 대답했다.

브래디는 귀여운 사람이었다. 영화배우처럼 귀여운 미남이 아니라 그냥 귀엽다는 뜻이다. 그는 키가 작고, 안경을 썼으며, 코밑수염을 기르고, 반짝거리는 눈에 유머감각도 뛰어났다. 브래디가 며칠 뒤 우리 집에 왔을 때 우리는 베란다에 앉아서 의외로 화창한 날씨를 음미하고 있었다. 내가 아이스티를 권했을 때 페이스가 브래디의 무릎에 머리를 얹었다. 페이스는 골든 레트리버 같지 않게 사람들을 까다롭게 고르는 편이어서 브래디가 아무래도 좋은 사람인 듯하다는 신호로 해석했다. 무엇보다 브래디에게 조금 미안했다. 대부분의 위원은 마이크와 생각이 달랐고, 이 위원회를 이끌어가는 일이 만만찮을 것임을 나는 알고 있었다. 하지만 그건 브래디의 문제였다. 난 내 책들과 수업으로 돌아갈 것이다.

브래디는 뛰어난 변호사답게 미리 조사해서 이 위원회의 문제가 뭔지 잘 알고 있었다. 일단 한담을 끝내자 브래디는 이런 상황을 애서 좋게 포장하지는 않았다. 클린턴 대통령은 기회만 생기면 그와 싸우려고 작정한 공화당이 장악한 의회를 상대하고 있었고, 워싱턴은 아직도 두 번의 연방정부 셧다운(연방정부 일시 폐쇄 제도로 새해 예산안 통과 시한까지 정당 간의 예산안 합의가 이뤄지지 못할 경우 정부 기관이 잠정 폐쇄되는 상태—옮긴이)의 여파로 휘청거리고 있었다. 게다가 대형 은행들은 파산법을 바꾸기 위해 이전보다 더 세게 나오고 있었다. 브래디는 클린턴 대통령이 지금 당장은 대형 은행들에 싸움을 걸 거라고 생각하지 않았다. 대통령이 은행들을 저지할 생각이 없다면 대체 누가 그러겠는가?

나는 지금 이 상황이 이해되기 시작했다. 무수한 사람이 파산하고 있지만 그들을 보호하는 정치적 연합을 결성하는 일은 불가능한 것이다. 실직했거나 중병이 든 무수한 사람은 파산 제도로 들어왔다가 가능한 한 빨리 나가버린다. 우리가 한 조사를 보면 파산하는 이들은 나이, 출신 지역, 인종, 성별과는 아무런 상관이 없었다.[4] 그보다는 그저 삶의 막다른 골목에 다다른 보통 사람들이었다. 이들은 아침부터 밤까지 차를 싸게 팔아치우거나 투잡을 뛰면서 살아내려고 애쓰는 사람들이었다. 이들은 의회에 탄원서를 쓰는 건 고사하고 성난 채무자들이 걸어오는 전화를 피할 시간도 없었다. 그리고 대부분은 자신이 처한 상황을 뼈저리게 수치스러워했다. 많은 사람에게 파산 신청을 하기로 한 결정이 그들의 삶에서 가장 어두운 비밀이었던 것으로 입증됐다.[5]

정치적으로 말하면 그들은 투명인간이나 다름없었다. 그런데도 그들은 이미 미국에서 가장 잘 조직돼서 최고의 자금 지원을 받는 압력단체에 맞서고 있는 것이다.[6](이 압력단체는 그 뒤 몇 년 동안 더 체계적으로 조직되고 더 많은 자금을 받았다.)

내가 보기엔 꽤나 절망적인 상황이었다. 마이크는 죽었고, 위원회의 업무는 정지됐다. 이제 은행업계는 원하는 바를 갖게 될 것이고, 고통을 어느 정도라도 덜어줘야 할 가족들은 더 고통받게 될 것이다. 이것이야말로 불공정하기 짝이 없는 게임이었다.

브래디의 주장은 1년 전 마이크가 한 것과 달랐다. 브래디는 수백만 명의 중산층이 가라앉고 있는데 은행들은 발 빠르게 움직여서 그런 상황을 더 악화시키고 있다고 봤다. 그는 위원회가 별다른 성과를 거두지 못할지도 모르고, 마이크가 원한 대로 파산법을 향상시킬 수 없을 거라고 인정했다. 하지만 적어도 한동안은 우리가 은행들을 막을 가능성이 있다고 봤다. 마이크는 만약 우리가 떡 버티고 서서 당장 은행과 싸우기 시작한다면 은행들이 원하는 걸 쟁취하기 위해 우리를 이용하지 못하게 할 수 있을 거라고 했다. 그리고 우리가 그걸 해낼 수 있다면 그보다 더한 것도 할 수 있을지 모른다고.

내 세 가지 소원은 사라져버렸다. 이제는 기존 파산법에서 지킬 수 있는 건 지키는 게 관건이 돼버렸다. 게다가 브래디가 지적했듯이, 우리가 현행 파산법을 지켜내는 하루는 그토록 간절히 새 출발을 원하는 사람들을 5000명이나 더 구할 수 있는 시간이기도 했다.

맙소사, 이건 정말이지 너무나 암울한 전망이었다. 하지만 난 그 제안에 동의했고, 우린 최선을 다해 모래주머니들을 재빨리 쌓기 시작했다. 어쩌면 끝에 가서는 우리가 질지도 모른다. 하지만 우리가 버티는 하루하루가 살아남기 위해 발버둥치는 가족들에겐 더 나은 하루가 될 것이다.

서서히 진행되는 암

—

파산법 검토위원회 일은 하나도 재미 없었다. 하나도.

우리는 파산법을 어떻게 바꿔야 할지에 대한 권고안을 보고서로 작성해 의회에 제출하는 일을 한다. 일찌감치 내 적군과 아군은 정해져 있었다. 내가 쓴 책들과 강연 덕분에 어려움에 처한 가족들에 대한 내 시각은 이미 널리 알려져 있었는데, 위원회에서 가장 거침없이 말하는 이디스 존스 판사의 입장이 나와 정반대였다.

텍사스 연방법원 판사인 존스는 보수파의 거물이었다. 존스 판사는 조지 부시 대통령 부자의 대법원장 후보 명단에 계속해서 올랐고, 텍사스 출신의 한 친구는 내게 조지 W. 부시 대통령이 그녀를 "이디스 이모"라고 불렀다는 말을 해줬다. 존스 판사는 파산이 기회주의자의 천국으로 많은 사람이 그걸 이용해먹으려 한다고 보는 듯했다. 존스 판사는 이런 글을 쓴 적이 있다. "아무도 소비자의 머리에 권총을 들이대고 신용카드를 신청하라고 강요하지 않았다." 존스 판사는 "파산 시스템이 도박처럼 변질되는 현상이 널리 퍼지고 있다"며 우려했고, "분에 넘치는 채무는 지지 않는 게 진실하고 명예로운 사람이 할 일"이라고 생각하고 있었다.[7]

하지만 나는 존스의 생각과 달리 현실은 그렇지 않다는 걸 연구에서 봤다. 이들은 의료 문제, 실직, 가족 해체 때문에 파산했다.[8] 대부분은 더 이상 버틸 수 없을 때까지 버티면서 빚을 갚고자 사력을 다했다.[9] 내가 보기에 파산한 가족들은 대부분 곤경에 처한 선량한 사람들이었다. 이런 내 견해 때문에 존스 판사는 날 못마땅해했다.

이 문제에 대한 존스 판사나 내 입장은 돈과는 아무 상관이 없었다. 우리 둘 다 은행에서 돈을 받고 자신의 의견을 주장한 게 아니었다. 우린 그저 세상을 보는 시각이 달랐을 뿐이다. 존스 판사는 아마 내가 인간의 본성에 대해 지나치게 낙관적으로 본다고 생각했을 것이고, 나는 그녀가 지나치게 냉소적이라고 확신했다.(어쩌면 존스는 거대 은행의 본성에 대해 내가 지나치게 냉소적이라고 생각했고, 나는 그녀가 지나치게 낙관적이라고 생각했는지도 모르고.) 존스 판사는 파산법에서 일관되게 은행에 유리한 변화를 지지했고, 나는 매번 그녀와 싸웠다.[10]

존스 판사와 그렇게 끊임없이 가열차게 논쟁하는 건 무척 피곤한 일이었다. 위원회 일을 시작하고 얼마 후 나는 팩스 한 대를 사서 하버드의 내 사무실에 갖다놓았다. 존스 박사가 어쩌나 골치 아픈 메모를 많이 보내던지 나중에는 내가 파블로프의 개가 된 느낌이었다. 팩스가 윙윙거리는 소리를 들을 때마다 뱃속이 조여들면서 토할 것 같았다.

나는 또한 아빠를 놓치지 않기 위해 열심히 싸웠다. 엄마가 세상을 떠난 뒤 아빠는 삶을 놔버린 듯했다. 나는 매일 밤 전화해서 그날 하루 있었던 일에 대해 이야기했다. 앨릭스가 대학에서 컴퓨터 수업은 좋아하지만 다른 수업들은 지루해하는 것 같다는 이야기, 석사학위를 딴 후에 캘리포니아로 간 어밀리아는 남자 친구랑 깊은 사이인 것 같다는 이야기, 팬지가 피기 시작했다거나 단풍이 들고 있다는 이야기를 아빠에게 들려줬다. 주말엔 주로 아빠는 오클라호마에서, 나는 매사추세츠에서 같이 스포츠 경기를 봤고 특별히 경기가 좋았거나 죽을 썼을 때는 서로 전화를 해가며 수다를 떨었다. 나는 엄마가 없는 빈자리를 채우려고 최선을 다하면서 아빠를 집어삼키는 외로움을 달래드리고자 노력했다.

난 아빠에게 우리 집에 와서 같이 살자고 애원했다. 아빠는 보스턴에 몇 번 와서 잠깐 지내다 갔지만 엄마가 집에 있는 것처럼 느껴져서 집에 있고 싶다고 말했다. 며칠에 한 번씩 아빠는 차를 몰고 위툼카 묘지에 있는 엄마를 보러 갔다.

난 아빠를 잃어가고 있다는 걸 알 수 있었다. 아빠는 언제나 마른 편이었지만 이제는 아빠의 몸이 반투명해지는 것 같았고 옅은 파란색 눈에는 항상 물기가 어려 있었다. 병원에 가서 검사를 받은 아빠는 전립선암이란 진단을 받았다. 하지만 아빠는 내게 "이건 서서히 진행되는 암"이라며 안심시켰다. 그러면서도 밤에 잠을 통 못 자는 건 인정했다.

내가 제일 견디기 힘들었던 건 아빠의 우는 모습이었다. 아빠는 평생 말수가 적었지만 자존심이 강한 분이셨다. 아빠가 우는 건 거의 본 적이 없었다. 그런데 지금은 달라졌다. 아빠랑 전화로 정원을 가꾸는 이야기를 하면서 내가 발랄하게 장미에 대해 뭐라고 하면 아빠는 엄마가 장미를 좋아했다는 말을 하다가 갑자기 조용해지곤 했다. 아빠는 목이 메어서 한동안 가만히 있다가 가끔은 숨을 죽이며 울기도 했다. 난 스스로가 너무나 무력하게 느껴졌다. 아빠는 암으로 죽어가는 게 아니라 슬픔 때문에 죽어가고 있었다.

아무도 이야기를 들어주지 않는 사람들

—

나는 2년 동안 워싱턴과 오클라호마와 매사추세츠를 오갔다. 그러다 위원회에서 청문회를 여는 여러 도시로 날아갔다. 디트로이트. 시애틀. 샌안토니오. 샌타페이.

위원회에서 하는 가장 가시적인 일은 공청회를 여는 것이었다. 직원들과 나는 은행업계 대변인과 소비자 보호자들, 보수적인 경제학자와 진보적인 경제학자들과 같이 어느 한쪽으로 치우지지 않는 증인들을 부르기 위해 애를 썼지만 실제로 공청회는 영 딴판이었다. 공청회를 시작했을 때 나는 공청회를 여는 목적이 파산법에 대해 공개적으로 이야기를 나누기 위해 전국 각지에서 온 사람들을 참여시키는 것이라고 생각했다. 하지만 위원회 직원들의 노력에도 불구하고 이 판 자체가 심각하게 기울어져 있다는 걸 서서히 깨닫게 됐다.

공청회가 어디서 열리건 상관없이 항상 같은 사람들이 공청회에 올 때가 많았다. 얼마 후 브래디가 내게 일단의 은행 로비스트들이 돈을 받고 우리를 따라다니고 있다고 알려줬다.

대조적으로 파산한 사람들은 이런 공청회에 별로 참석하지 않았다. 위원회의 자문 대표인 멀리사 저코비가 최대한 많이 참석하게 하려고 애썼지만 파산한 사람 대부분은 자신이 재정적으로 실패했다는 사실을 드러내고 싶어하지 않았다. 심지어 오고 싶은 사람도 하루 일을 쉬고 오거나 거기까지 올 경비를 댈 경제적 여유가 없었다. 그들에겐 근사한 호텔에 재워주고 경비를 처리해줄 압력단체가 없는 것이다.

이 공청회에 참석한 대부분의 사람에게 파산한 가족들은 추상적인 숫자에 지나지 않았다. 직장을 잃거나 막대한 의료비를 내야 하는 상황에 처하는 게 어떤 건지, 파산 시스템이 어떻게 그들이 다시 일어설 기회를 주는지 직접 말해줄 사람이 거의 없었다. 위원들은 "파산 시스템을 도박으로 만드는" 관행에 대해 이야기할지 모르겠지만 진짜 살아 있는 사람을 보면서 그런 비난을 할 필요가 없는 것이다.

이 모든 절차를 보자 구역질이 나왔다.

법에 따라 파산법 검토위원회는 1997년 10월까지 보고서를 제출해야 했다. 우리 권고안에 대한 최종 투표는 조마조마했다. 존스 판사는 의회에서 사람들이 파산 신청을 하는 걸 훨씬 더 어렵게 만들어야 한다는 일련의 권고안을 강하게 밀어붙였지만 결국 네 표밖에 얻지 못했다. 브래디가 이끄는 다섯 명의 위원이 기존의 안전망을 그대로 유지한 채 몇 가지 사소한 점만 조정하는 방안을 권했다. 그것은 마이크 시나가 전에 약속했던 세 가지 소원은 아니었지만 공식적인 위원회 보고서는 위기에 처한 가족들 편을 들었다.

의회에 보고서를 제출하는 날이 왔고 워싱턴에서 의식들이 계획돼 있었다. 모든 위원과 직원이 가고 나만 빠졌다. 착한 편이 불과 한 표 차로 이겼지만 나는 정치에 신물이 났다. 워싱턴은 이제 쳐다보고 싶지도 않았다.

또 다른 죽음

위원회의 최종 보고서를 전달하고 며칠 뒤 나는 비행기를 타고 오클라호마로 날아갔다. 천천히 진행되던 아빠의 암은 알고 보니 그렇지 않았다.

아빠는 이제 여든여섯이었는데 집에서 생을 마감하기를 바라셨다. 평생 아빠가 내게 뭘 한 번이라도 부탁한 기억이 없는데 이제 처음으로 부탁을 한 것이다. 날 집에서 죽게 해다오.

오빠들과 내가 힘을 합쳐서 호스피스를 부르고 처리해야 할 일을 나눠서 했다. 존과 데이비드 오빠는 매일 아빠를 보러 갔고, 나 역시 시간이 날 때마다 갔다.

그러다 우연히 제2차 세계대전에 사용된 비행기들에 대한 비디오 시리즈를 한 카탈로그에서 봤다. 나는 그 비디오들을 다 사서 아빠에게 가지고 갔다. 아빠가 기뻐하면서 그때 기억을 되살려 이건 뭐고, 저건 뭐라는 식으로 그 오래된 비행기들에 대한 이야기를 할 줄 알았다. 하지만 아빠는 이제 그런 추억엔 아무런 관심이 없었고 그저 엄마 이야기만 하고 싶어했다.

아빠가 말은 안 했지만 심한 고통을 겪고 있다는 것을 알 수 있었다.

아빠의 호흡이 종종 거칠어지곤 했다. 침대 시트를 갈거나 베개를 바로 잡기 위해 아빠의 몸을 움직일 때면 아빠는 무의식중에 비명을 질렀다. 그러고는 곧바로 괜찮다며 우리를 안심시켰다.

12월에 돈 리드 오빠와 나는 주말을 아빠 집에서 보내려고 왔다. 근처에 사는 자식들까지 모두 모이자 아빠는 다 내려놓은 듯했다. 갑자기 아빠의 상태가 더 악화됐다. 아빠는 내 손을 잡고 날 얼마나 사랑하는지 말하면서 난 강하니까 잘 살 거라고 했다. 아빠가 내게 한 마지막 말은 "이제 난 네 엄마 옆으로 갈 때가 됐다"는 것이었다. 아빠는 눈을 감고 다시는 뜨지 않았다. 그로부터 한 시간이 안 돼서 아빠는 숨을 거두었다.

아빠의 장례식을 치른 뒤 나는 오랫동안 비탄에 잠겨 있었다. 몇 달, 사실은 몇 년 동안 무슨 재미있는 걸 보거나 들으면 아빠에게 말해야지, 라고 생각했다가 조금 뒤 깜짝 놀라곤 했다.

스포츠 경기를 보는 일도 줄었다. 아빠가 안 계시니 경기도 전처럼 재미있지 않았다.

2년 뒤 비 이모가 주무시던 중 돌아가셨다. 이모는 아흔여덟이셨다. 며칠 뒤 나는 위툼카 묘지에 서 있었다. 비 이모의 묘는 내가 서 있는 곳에서 왼쪽으로 멀리 떨어진 북쪽 가장자리의 우리 가족묘가 위치한 곳에 있었다. 거기에 내 외가 친척들의 묘가 있다. 내 오른쪽으로 묘지 남쪽 가장자리에는 친가 친척들의 묘가 있었다. 아빠와 엄마는 두 가족묘 가운데 있는 곳에 합장됐다. 부모님은 오래전에 이 자리를 골라두었는데 나는 두 분이 사랑의 도피를 했을 때 양가 사이에 오갔던 분노에 찬 말들이 이제 와서 무슨 의미가 있나 하는 생각을 했다.

브루스와 나는 전보다 훨씬 더 외롭다고 느꼈다. 브루스의 부모님과 누이 가족과 동생은 근처에 살았는데 몇 주마다 가족 중 누군가가 생일이거나 휴가를 내 같이 보내곤 했다. 하지만 한때 문을 닫는 소리와 사람들의 목소리가 울려 퍼지던 우리 집은 이제 조용했다. 우리 아이들은 장성해서 독립했고, 우리 부모님과 비 이모는 돌아가셨다. 브루스와 나는 전보다 하이킹을 더 자주 갔고, 페이스는 전보다 더 내 옆에 가까이 있었다. 내가 가르치고, 글을 쓰고, 연구하며 일하는 시간은 점점 더 길어져만 갔다.

천 개의 상처
—

위원회의 투표로 미국의 가족들이 승리한 것처럼 보였지만, 우리 편은 그 승리를 축하할 겨를이 없었다. 은행업계는 이미 자신들이 원하는 걸 밀어붙일 또 다른 방법을 찾아냈다.

몇 달 전 개정된 파산법을 추천하는 투표에서 존스 판사와 그녀의 지지파가 표를 많이 받지 못할 거라는 게 점점 더 분명해졌을 때 은행들은 2차전에 뛰어들었다. 위원회의 보고서를 기다리는 대신 은행업계는 자기들이 파산법 개정안을 만들어서 업계에 우호적인 의원들에게 돌렸다.[11] 그 법안은 위원회의 보고서 마감 시한보다 한 달 전인 1997년 11월 의원들에게 소개됐다. 위원회가 보고서를 제출했을 때 은행업계가 미는 법안은 이미 잘 알려져 있었다.

그 전략은 아주 효과적이었다. 은행은 우리보다 한발 앞서서 출전했기 때문에 전투 용어도 아주 성공적으로 만들어냈다. 그들이 묘사한 현실에서 의회는 "빚을 갚는 정직한 사람들" 혹은 "채무를 회피하는 사람들" 사이에서 누구를 지지해야 할지 선택해야 했다. 이렇게 교묘하게 판을 짜놓으면 치솟는 의료 비용이나 실직에 대한 이야기를 할 여지가 없어지고 재정적 위기에 빠진 사람들에게 이런 단순한 질문을 하게 되는 것이다. "그러니까 빚을 갚겠다는 거요, 안 갚겠다는 거요?"

은행업계는 파산법을 완전히 없애자고 제안하지는 않았다. 결국 미합중국 헌법 제정자들이 헌법에 파산 보호 조항을 넣어야 한다고 했으니 아무리 은행업계 로비스트들이라고 해도 그들에게 싸움을 걸 순 없는 노릇이니까. 하지만 그들은 수많은 변화를 제시했다. 그들이 개정하자고 제안한 파산법 조항들은 과도하게 복잡했고, 그것들은 모두 그들에게 유리하게 작용했다. 그들이 권한 개정된 파산법의 조항들은 언론과 대중이 이해하기엔 너무나 복잡해서 은행업계의 진짜 의도를 감쪽같이 감출 수 있었다.(몇 년 뒤에 실시된 은행 긴급 구제에서 이런 수법을 목격했다. 국민이 철저하게 검토하지 못하도록 은행들이 의도적으로 모든 용어를 필요 이상으로 복잡하고 난해하게 만들고는 그 뒤에 숨어버린 것이다.)

은행에서 미는 파산법의 변경된 조항이 수백 가지나 되기 때문에 그렇잖아도 힘든 가족들이 파산법으로 구제받기가 훨씬 더 힘들어질 것이다. 파산 수속을 끝내는 것도 더 힘들어질 것이고 변호사 수임료도 더 높아질 것이다. 파산법을 신청하는 서류 작업도 더 많아질 것이며, 뛰어넘어야 할 장애물도 더 늘어나게 된다. 학자금 융자를 받은 사람들이 구제받는 일도 더 어려워질 것이다. 이 법은 또한 편부모가 빚더미에 파묻힌 전 배우자로부터 양육비를 받는 것도 더 힘들게 만들었다.(수십 년 동안 파산법은 어려운 사정에 처한 편부모들을 특별히 배려해왔는데 이제 신용카드 회사들이 그 편부모들을 제치고 그들의 전 배우자들에게 남은 돈이 얼마가 됐건 다 쓸어가겠다는 것이다. 이것만 생각하면 아직도 혈압이 오른다.) 그런 한편으로 새 파산법은 수금원들이 전보다 훨씬 더 쉽게 채무자들을 영원히 괴롭힐 수 있게 해줄 것이다.

업계에서 밀고 있는 파산법은 곤경에 처한 가족들의 삶을 수백 가지 방식으로 더 괴롭힐 것이다.[12] 새 파산법에서는 썩은 내가 났다.

사람들을 위한 투사

파산법 검토위원회의 일은 끝났고, 나는 다시 강의와 연구를 하는 데 주로 시간을 보내면서 오클라호마에 있는 오빠들도 자주 보러 갔다. 몇 주 못 가서 위원회의 보고서는 잊힌 듯했고, 은행 로비스트들은 아무도 막을 수 없을 것마냥 기세등등했다.

하지만 난 도저히 그대로 물러설 수 없었다. 이제 매년 100만이 넘는 가족이 파산 보호를 받고자 노력하고 있었다. 그래서 어떻게든 내가 할 수 있는 방법으로 계속 싸웠다.[13] 나는 새 연구 프로젝트들을 시작했다. 소비자 단체들과도 이야기를 나눴다. 판사와 변호사들을 상대로 강연도 많이 했다. 언론사에서 가끔 전화가 오면 지금 사람들이 어떤 위기에 처해 있는지 설명하려고 애썼다.

따뜻한 마음을 가진 협력자들도 같이 싸우기 시작했다. 미국 소비자연합과 소비자연맹과 같은 비영리 보호 단체들도 참여했다. 일단의 변호사들이 작은 지지 그룹을 설립했고, 여성과 가족들을 위한 국립 연합과 AFL-CIO(미국 노동총동맹 산업별조합회의 ─ 옮긴이)도 참여했다.[14] 하지만 그렇잖아도 부족한 재원이 한계에 달했고, 각 단체는 회원들을 대표해서 싸우던 다른 문제도 많이 가지고 있었다. 내가 알기로 파산법 투쟁에서 우리 쪽에는 상근직 직원 한 명 없었다.

몇 달 동안 우리 편은 너무나 열세여서 이길 가능성이 전무해 보였다. 이건 마치 바람이 세차게 부는 곳에서 소리를 지르고 있어 아무도 우리 소리를 들을 수 없는 것과 같은 상황이었다. 모든 것이 끝난 듯한 그때 우리는 우리를 위해 싸워줄 투사를 찾아냈다.

그날은 1998년 4월 17일 금요일 오후였다. 우리 집에서 강 건너 몇 마일 떨어진 보스턴 항구 근처에서 그 기적이 일어났다. 나는 곧 있으면 테드 케네디 상원의원과 만나기로 돼 있었다. 그전까지는 케네디 의원을 한 번도 만난 적이 없었는데, 케네디 의원의 똑똑하고 젊은 자문 대표인 멜로디 반스가 파산법에 대한 내 연설을 들었다. 멜로디가 내게 자기 상사인 케네디 의원과 한번 만나보는 게 좋겠다고 해서 이렇게 오게 된 것이다.

나는 파산법 검토위원회에서 내 자문 대표로 일했던 젊고 유능한 멀리사 저코비와 함께 존 F. 케네디 연방 건물의 로비로 들어갔다. 둘이서 엘리베이터를 타고 24층까지 올라가면서 암살된 형의 이름을 딴 건물에서 일하는 건 어떤 기분일지 무척 궁금했다. 그러다 케네디 의원의 대기실에서 주위를 둘러보고 단지 형의 이름만 안고 살아가는 게 아니란 걸 깨달았다. 대기실 벽에는 존, 로버트, 조 케네디 이렇게 세 형의 사진이 걸려 있었다.

케네디 의원과 이야기할 수 있는 시간은 딱 15분으로 잡혀 있어서 서둘러 말해야 한다는 걸 알고 있었다. 하지만 안내를 받아 의원 사무실로 들어가자마자 케네디 의원이 일어서서 날 따뜻하게 맞아 방 건너편에 있는 창가로 데리고 갔다. 거기서 보는 전망은 기가 막혔다. 건물 주변도 아름다웠을 뿐만 아니라 항구 너머로 탁 트인 바다가 펼쳐져 있었다. 케네디 의원은 그의 조부모님이 한때 살았거나 뭔가 했던 곳을 보여주고 싶어했는데 뭐라고 말하는지 잘 알아들을 수가 없었다. 하지만 그는 신이 나서 유리창을 세게 두드리며 "바로 저기요, 저기!"라고 말했다. 그리고 다른 건물과 주택 단지들을 가리키면서 이제 항구가 깨끗해져서 정말 좋다는 말을 했다.

케네디 의원이 쾌활한 성격과 아일랜드인 특유의 소박한 매력으로 무수한 사람의 마음을 사로잡았으리라는 걸 잘 알 수 있었다. 의원이 웃었을 때는 이곳을 정말 사랑하며 아끼고 있다는 진심이 느껴졌다.

마침내 자리를 잡고 앉자 케네디 의원이 작은 노트를 집어 들었다. 속사포처럼 이어지던 싹싹한 수다가 끝나고 이제 본론으로 들어갈 때가 된 것이다. 파산은 여러 이유로 쉽지 않은 화제였다. 게다가 내가 수많은 그래프와 차트를 무릎에 놓고 앉았다는 것도 분위기 전환에 도움이 되지 않았다. 의원은 이제 아주 쓴 약이라도 마셔야 할 것처럼 불편한 표정이었다. 물론 그 약을 마시긴 하겠지만 기분이 좋지 않으리라는 건 알고 있었다.

그의 표정을 보고 나는 그래프와 차트들은 그냥 놔두고 이야기를 시작했다. 나는 의료비, 해고, 서민들을 이용해먹는 대출에 대해 이야기했다. 나는 끝도 없이 밀려드는 돈 문제와 치명적인 빚에 시달리다가 해체된 가정들에 대해 이야기했다. 멀리사와 멜로디도 합세해서 다 같이 파산법이 수많은 사람에게 어떻게 최후의 안전망 구실을 하는지에 대해 이야기를 나눴다.

케네디 의원은 우리가 하는 말을 꼼꼼하게 필기하면서 이런저런 질문을 했다. 처음에는 주저하면서 별말 하지 않았지만 내가 연구하다 만난 사람들에 대한 이야기를 하자 더 자주 끼어들면서 점점 더 빠르게 질문들을 쏟아내기 시작했다. 가끔은 내 이야기를 앞서가기도 하고, 가끔은 옆길로 새기도 했지만 대화가 어떤 식으로 흘러가건 케네디 의원은 항상 서민들이 처한 현실로 돌아왔다. 마침내 그는 차트들을 보여달라고 했다.

이렇게 열띤 대화 도중 케네디 의원의 보좌관이 바깥 쪽 사무실에서 들어와서는 이제 다른 약속 장소로 이동할 시간이라고 말했다. 케네디 의원은 손을 저어 그 여자 보좌관을 내보냈고, 우리는 계속해서 그 문제를 더 깊이 파고 들어갔다.

한참 후에 케네디 의원의 아내인 비키가 들어왔다. 케네디 의원이 우리를 소개하고 무슨 이야기를 나누고 있었는지 설명했다. 비키가 사려 깊은 질문을 몇 가지 했고 케네디 의원은 금방 이야기를 끝내겠다고 약속했다. 30분 정도 시간이 흐른 뒤 비키가 다시 들어와서 케네디 의원이 이미 약속 시간에 늦었다는 사실을 부드럽게 일깨워줬다.

그래도 말이 끝나지 않자 비키가 다시 왔다. 그리고 또 왔다. 비키는 한결같이 상냥했지만, 이 부부에게 다른 약속이 있는데 이미 아주 늦어버렸다는 게 확실해졌다.

이야기를 시작한 지 한 시간 반 정도 됐을 때 케네디 의원이 마침내 말했다. "흠, 교수님 덕분에 우리가 왜 이 파산법을 저지해야 하는지 이제 잘 알게 됐습니다." 그는 다음에 할 말을 강조하기 위해 잠시 입을 다물었다가 말했다. "새 파산법 반대에 제 한 표를 던지겠습니다."

케네디 의원은 활짝 미소를 지었다. 우리 둘 다 매일 사람들이 그의 지지를 호소하고 있으며, 그가 반대표를 던지겠다고 약속한 것은 대단한 일임을 알고 있었다.

난 잠시 아무 말도 하지 않다가 창밖에 펼쳐진 그 찬란한 풍경을 내

다봤다. 그러고는 말했다.

"감사합니다, 의원님. 하지만 우리에게 필요한 건 의원님의 표가 아닙니다. 우린 의원님의 지도력을 필요로 합니다. 이 전쟁을 이끌어줄 분이 있어야 해요."

상원에서 어떤 사안을 책임지고 주도하겠다는 건 지지해주겠다고 하는 것과 아주 다른 일이다. 비유를 들자면 파티를 주최하는 것과 파티에 잠깐 들러 술을 한잔 하고 가는 것만큼 차이가 있다. 지휘관은 병사들을 규합하고, 전략을 짜고, 사람들에게 청을 넣기도 하고, 압력을 행사하기도 해야 한다. 지휘를 제대로 하려고 작정한다면 엄청난 시간과 노력을 들여야 하는 것이다. 은행들은 이미 그들이 만든 법안을 지지해줄 유력한 수많은 민주당원과 공화당원들을 확보해놓았다. 그렇기 때문에 이 전쟁에 뛰어들기가 더 힘든 것이다.

케네디 의원은 내게서 영원히 시선을 떼지 않을 것처럼 날 물끄러미 바라봤다. 그는 진심으로 파산법에 열의를 지니고 있었지만 지쳐 보였다. 그의 눈은 부어 있었고, 등도 조금 굽었다. 그때 케네디 의원은 예순여섯이었고, 만성적인 허리 통증에 시달리고 있었다. 그는 매사추세츠 상원의원으로 35년간 재직해왔고 미국 역사상 그 어떤 상원의원보다 더 많은 싸움을 해왔을 것이다.

의원은 그가 이미 싸우고 있는 전쟁들에 관련된 파일과 서류로 가득 찬 낡고 해진 가방을 힐끗 봤다. 그건 아주 유명한 가방이었다. 연구 자료들이 다 들어 있는 그 가방을 의원은 매일 밤 집에 가지고 가서 밤늦게까지 읽었다. 그는 날 쳐다보다가 다시 그 가방을 봤다. 침묵이 한없이 길어졌다.

마침내 케네디 의원이 입을 열었다. "이끌어달라고요?" 그가 물었다.

"이 가족들은 의원님을 필요로 해요." 나는 조용히 말했고, 침묵이 조금 더 길어졌다. 나는 거칠어지는 숨을 고르려고 애썼다.

케네디 의원은 다시 입을 다물었다가 크게 한숨을 쉬더니 말했다.

"좋아요. 제가 하겠습니다. 제 능력이 닿는 한 해보죠."

내가 그에게 감사하다는 말을 하고 일어섰을 때 의원이 내 어깨를 토닥여줬다. 비키 케네디 여사가 사무실로 다시 들어왔다. 그녀는 일정이 지연된 사태에 대해 우아하게 대처했고, 케네디 의원이 새 파산법을 상대로 싸우기로 했다고 설명하자 고개를 끄덕였다. 비키는 그게 중요한 일임을 알고 있다고 했지만 표정을 보자 남편을 걱정하고 있다는 사실을 알 수 있었다. 멀리사와 나는 정신을 수습해 급히 의원 사무실에서 빠져나왔다.

엘리베이터 버튼을 누르고 나서 나는 24층 로비의 차가운 스테인리스 벽에 이마를 댔다. 그러고는 울음을 터뜨렸다.

멀리사와 하이파이브를 할 수도 없었다. 큰 승리를 거두었다고 할렐루야나 만세를 외칠 여유도 없었다. 무엇보다 깊은 안도와 고마움을 느꼈다.

나는 로비스트들과 돈으로 특혜를 사는 이들 때문에 종종 정치가 지저분하다고 느꼈다. 하지만 테드 케네디 의원 사무실 밖의 로비에 서 있었을 때 마치 깨끗한 물로 정화된 듯한 느낌을 받았다.

우리 편은 아주 오랫동안 수적으로 열세였는데 이제 테드 케네디가 우리 편에 서게 된 것이다. 테드 케네디라니! 나는 이렇다 할 정치적 연줄 하나 없이 그의 사무실에 찾아왔다. 나는 그에게 선거 자금으로 단 1센트라도 주겠다고 제안하지 않았다. 케네디 의원에게 파산법을 개선하는 일은 차기 선거에 출마할 때 도움이 되지 않을 것이다. 하지만 그는 업계에서 지지하는 파산법을 저지하는 우리 노력에 동참할 뿐만 아니라 의회에서 하게 될 싸움에 앞장서겠다고 약속했다.

내게 이건 결정적인 순간이었다. 테드 케네디는 대형 은행과 신용카드 회사들을 상대로 싸우고, 그 끔찍한 법안을 막기 위해 싸우는 데 동의했다. 그는 그 어떤 선택의 여지도 없이 힘들게 일하는 서민들을 위해 그렇게 하는 것이 옳다고 생각했던 것이다.

550달러짜리 거짓말

―

케네디 의원은 약속을 지켰다. 그는 전략을 짜고, 계획을 세우고, 다른 의원들을 회유했다. 그리고 마침내 때가 됐을 때 상원에서 그 법안에 맞서 싸웠다.

곧 상원에서 끝내주는 지지자가 몇 명 더 생겼다. 일리노이의 딕 더빈 의원과 뉴욕의 척 슈머 의원은 둘 다 초선 의원이었지만 우리의 싸움을 이끌어주기 위해 합세했다. 위스콘신의 러스 페인골드 의원과 미네소타의 폴 웰스톤 의원은 재선된 지 얼마 안 됐지만 역시 도울 준비가 돼 있었다.[15] 나는 이 의원들 모두 은행업계에서 준 두둑한 선거 자금을 썼을 수도 있다는 생각을 했지만 그건 상관없었다. 이들은 모두 열정적으로 이 싸움에 임했고, 난 항상 감사하게 생각할 것이다.

파산법 전쟁을 치를 때 웰스톤 의원(전직 교수이자 당당한 진보주의자)과 나는 꽤나 친해졌다. 그는 일을 마치고 긴 하루가 끝날 때쯤 하버드의 내 사무실로 전화를 하곤 했다. 이제 브루스가 필라델피아로 통근을 하기 때문에 페이스와 나는 매일 밤늦게까지 사무실에 머무는 습관이 들었다. 내가 전화를 받으면 그는 항상 반쯤 웃음기 섞인 엄격한 목소리로 같은 질문을 하곤 했다.

"교수님, 지금이 대체 몇 신데 아직까지 일하고 있습니까?"

그러면 나는 항상 이렇게 대꾸했다. "의원님, 지금이 몇 신데 아직까지 일하고 있습니까?"

우린 둘 다 깔깔 웃고 나서 싸움에 대한 대화를 시작했다. 웰스톤 의원은 항상 열정적이면서 유머 감각이 있는 사람이었고 한 번도 낙담하지 않았다. 하지만 이 판이 우리에게 불리하게 짜여 있다는 사실은 바꿀 수 없었다. 은행업계는 로비스트, 언론사 홍보 담당자, 선거 자금을 다 가지고 있었고, 그들이 시시각각 더 강해지는 상황을 막기 위해 우리가 할 수 있는 일은 하나도 없는 듯 보였다.

은행업계는 모든 것을 사들였고, 심지어 그들이 만들어낸 사실까지 사버렸다. 그들은 세 가지 각각 다른 연구를 의뢰했는데 모두 "은행과는 상관없는 독자적인 연구"라고 광고했다.[16] 세 연구 모두 현 파산법을 바꿔야 할 절박한 필요성을 설명하고 있는데, 그것도 업계에서 원하는 바로 그 방식으로 변경할 것을 제안했다. 이런 가짜 연구들에서 나온 특별히 치명적인 결과 중 하나는 파산 한 건당 성실하게 일하면서 빚을 갚는 미국 한 가구가 내는 550달러의 "보이지 않는 세금"이 들어가고 있다는 것이었다.[17] 그 숫자는 아무 근거 없이 완전히 날조된 것이었지만 언론은 몇 년 동안 그걸 "사실"로 보도했다.[18]

이것 때문에 나는 심한 타격을 입었다. 나는 거의 20년 동안 진지하고 학구적인 일련의 연구를 세세하게 조사해서 거기 나온 표본 크기와 통계 수치들을 검토해 내가 보고한 내용이 모두 정확하다는 걸 확인하느라 피땀을 흘려왔다. 그런데 이제 은행들이 돈을 주고 자기 업계에 유리한 연구를 의뢰해서 자기들이 원하는 사실을 사들인 것이다. 그런 뒤 자기네 홍보 담당자들을 시켜 그걸 널리 보도하게 했고 로비스트들은 의원들의 보좌관에게 그 허구의 정보를 전했다. 전국의 모든 신문 1면에 이 새로운 "사실들"이 실려 진실이 되어버렸다.

이 전략 (그리고 그 이면에 존재하는 냉소적인 사고방식) 때문에 나는 화가 머리끝까지 났다. 한편 두렵기도 했다. 만약 이들이 파산법에 대한 사실을 돈 주고 살 수 있다면 그다음에 또 뭐라고 주장할지 누가 알겠는가?

파산법 검토위원회가 작성한 보고서는 1997년 10월에 나왔고, 그 뒤 3년 동안 우리는 최선을 다해 은행업계와 싸웠다. 하지만 2000년 그들의 가차 없는 작전에 반격할 방법들이 바닥나고 있었다. 업계가 미는 파산법이 하원과 상원에서 상당한 차이로 통과됐다. 다행히 마지막까지 남은 한 명의 전사가 은행과 신용카드 회사들을 상대로 저항했다. 바로 클린턴 대통령이었다. 1998년 나는 영부인인 힐러리 클린턴을 만나 은행에서 제안한 파산법에 대해 토론했는데 이야기를 마친 후 영부인은 "그 끔찍한 법안"에 맞서 서민들을 위해 싸우겠다고 선언했다.[19] 이제 클린턴 대통령은 그 법안에 서명하라는 은행들의 엄청난 압력을 받고 있었지만 임기가 얼마 안 남은 시점인 데다 부인의 독려에 힘입어 분투하는 가족들 편에 섰다. 언론도 조용히 입을 다물고 있는 상황에서 클린턴 대통령은 업계가 제시한 법안에 거부권을 행사했다.

우린 아직도 모래주머니들을 쌓고 있고, 서민들은 조금 더 보호를 받을 수 있었다.

음란 전화

2000년에 은행들은 패배했지만 포기하지 않고 로비와 선거 자금에 더 많은 돈을 쏟아 부었다. 곧 은행업계의 지출이 담배 회사, 제약 회사, 심지어 거대 석유 회사들까지 제치고 선두를 달리기 시작했다. 신용카드 회사들도 조지 W. 부시 대통령의 선거 자금을 대기 위해 줄을 섰다.

2001년 파산법은 다시 의회에서 확실히 통과될 것처럼 보였고 이제 새 백악관의 주인이 된 조지 W. 부시 대통령은 파산 법안에 서명해서 법으로 제정하겠다고 약속했다. 최근에 치른 선거로 하원은 공화당이 장악하고 있었는데 모든 공화당원이 그 법안을 지지할 준비가 돼 있었다. 상원은 정확히 양분돼 있었지만, 그 법안의 대표적인 후원자 중 한 명이 민주당의 실세인 조 바이든 의원이었고 그를 돕겠다고 나선 다른 민주당 의원들도 줄을 서 있었다.

미국 경기가 현재 심각하게 침체돼 있고 수백만 가족이 살아남기 위해 발버둥치고 있는 건 안중에도 두지 않은 채 은행업계는 가차 없이 밀어붙였고 의회는 그 일을 도왔다. 결국 그 법안을 수정한 여러 법안이 상원과 하원 양쪽에서 통과됐고, 2002년 말 파산법의 최종 수정안이 회의를 통해 나왔다. 더욱이 몇 주 전에 친구이자 이 싸움의 핵심 투사였던 폴 웰스톤 의원을 비행기 추락 사고로 잃었다. 이제 우리의 길고도 힘들었던 전투도 끝나는 듯했다.

그 시점에서 나는 결과에 체념하고 있었다. 우린 훌륭한 단체와 비범한 사람들을 결집시켜 1997년 이후 수많은 가족이 재앙에 빠지지 않게 보호해왔다. 우린 잘 싸웠지만 이제 패배할 것이다.

11월 중순 어느 날 나는 내 사무실에서 학기말 시험 문제를 내고 있었다.

전화벨이 울렸을 때 나는 화들짝 놀랐다. 수화기를 들고 여느 때처럼 "엘리자베스 워런입니다"라고 말했다. 난 아직도 시험 문제에 정신이 팔려 있었다.

수화기 저쪽에서 어떤 남자가 소리 지르는 게 들렸다. 그 남자는 숨을 가다듬으려고 애쓰면서 뭐라고 욕설을 섞어가며 소리 지르고 있는 듯했다. "우리가 그 자식들에게 %&**##를 했어. 우릴 우습게 보다 큰코다친 거야!"

난 생각했다. "으악, 내 생애 최초의 음란 전화라니. 더군다나 하버드에서. 이런 일이 일어날 줄 누가 알았겠어?"

난 귀에서 수화기를 떼고 막 끊으려다가 그 목소리가 이상하게 귀에 익다는 걸 깨달았다. 억양이 묘하게 익숙했다.

나는 다시 수화기를 귀에 대고 몇 초 더 들어보다가 말했다. "케네디 의원님?"

"맞아요, 맞아!" 그는 수화기에 대고 소리 질렀다. "우린 지금 화장실에 있어요. 우리가 해냈어요! 우리가 버티고 밀어내서 이겼다니까! 자, 딕이랑 통화해봐요."

딕 더빈 의원이 전화를 받아서 어떻게 된 사연인지 말해줬다. 정치적으로 첨예한 사안이 있었는데 그게…… 낙태에 관련된 것이었다.

최근에 임신 중절 합법화를 찬성하는 단체 몇 곳이 임신 중절 클리닉을 상대로 아주 공격적으로 시위한 사람들에 대해 제기한 대형 소송 몇 건에서 승소했다. 그 시위자들에게 부과된 피해 보상금이 모두 합쳐 100만 달러가 넘었는데 시위자들이 파산 신청을 해서 보상금을 지불하라는 법원의 명령을 나 몰라라 하면서 임신 중절 찬성 단체들이 거둔 승리가 물거품이 돼버렸다. 그래서 그것이 과연 파산법이란 절차를 공정하게 쓴 것인지를 놓고 싸움이 벌어졌다. 낙태 합법화에 반대하는 사람들은 그렇다고 주장했지만 슈머 의원이 거세게 반발하면서 그런 행동들을 저지하는 파산법의 상원 수정안에 수정 조항을 추가했다. 그렇게 되자 신용카드 회사들이 용의주도하게 짠 계획에 혼란이 생겼다.[20]

하원과 상원에서 통과된 파산 법안들이 회의에 나왔을 때 협상가들이 합의안을 도출해냈다. 하지만 마지막 순간 하원의 공화당원들이 합의안을 거부했다. 이제 상원은 하원에서 통과된 수정된 법안을 받아들이고 낙태 합법화에 반대하는 사람들이 파산 신청을 할 수 없게 하는 조항을 포기해야 하는 압박을 받게 됐다. 하지만 상원은 물러서지 않았다. 슈머와 케네디, 더빈이 전화통에 매달려서 그 수정 법안을 백지화할 수 있을 만큼의 지지표를 얻어냈다.

그렇게 사정을 설명한 뒤 더빈 의원이 다시 수화기를 케네디 의원에게 넘겨줬다. 그는 소리 지르는 걸 멈추고 이제는 웃고 있었다. 우리가 해냈어요, 케네디 의원이 말했다. 우리가 해냈다고! 그는 마치 방금 경기를 승리로 이끈 터치다운이라도 해낸 듯한 목소리였다.

그래서 우린 적어도 또 하루를 버틸 수 있는 승리를 거두었다. 난마처럼 얽힌 정치적 이해관계로 인해 거둔 승리였지만 파산 보호를 받아야 하는 가족들은 우리가 쌓은 모래주머니 뒤에서 조금 더 안전하게 있을 수 있었다.

진짜 은행가를 찾습니다

───

은행업계는 또다시 졌지만 더 많은 로비스트와 더 두둑한 자금을 가지고 전쟁터로 돌아왔다. 마치 머리 하나를 잘라내면 두 개가 다시 자라는, 신화에 나오는 괴물과 싸우는 것 같았다.

어느 날 아침 전국에 방영되는 텔레비전 방송국의 뉴스 피디에게서 전화를 한 통 받았다. 나는 이따금 공식적으로나 비공식적으로 언론사와 인터뷰를 해왔다. 그런 인터뷰를 통해 사람들이 어려움에 처한 가족들에게 중요한 사회적 안전망인 파산법에 관심을 갖길 바랐던 것이다. 피디가 흥분한 목소리로 말하는 걸로 봐서 자기 딴에는 내게 굉장한 제안을 하고 있다고 생각하는 걸 알 수 있었다. 피디는 내게 자기 쇼에 출연해서 은행 관계자와 파산 문제에 대해 토론해주겠느냐고 물었다. 사회자가 끼어들지도 않고, 이야기할 시간도 충분하며, 잡담 없이 곧바로 본론으로 들어가는 토론이라고 했다.

나는 긴장해서 위장이 꼬이는 것 같았다. 전국에 방영되는 텔레비전 프로그램에 나가다니. 거기에 나갔다가 망신살이 뻗칠지도 모르는데. 하지만 수많은 사람에게 내 의견을 전할 기회가 될 수도 있었다.

난 하기로 했다. "은행가로는 누가 나올 건가요?"

피디는 아직 모르겠지만 일단 섭외가 되면 다시 전화를 주겠다고 했다. 며칠 뒤 피디가 다시 전화를 해와서 프로그램 준비가 다 됐다면서 섭외한 상대방 이름을 알려줬다.

나는 그 사람이 어떤 은행에서 일하는지 물었다.

피디는 노트를 확인해보더니 대답했다. 나와 토론할 상대는 "업계 대변인"이라고.

그 순간 풍선처럼 부풀었던 꿈이 터져버린 듯했다. 난 피디에게 로비스트와는 토론하지 않겠다고 말했다. 만약 진짜 은행가가 텔레비전에 출연해서 자기 은행의 대출 관행과 파산법에 대한 자기들 입장을 설명할 용의가 있다면 아주 기쁜 마음으로 밤을 새서라도 토론할 수 있지만 로비스트는 절대 안 된다고 못 박았다.

피디는 아주 기분 좋게 대답했다. "알겠습니다. 다시 전화 드릴게요."

피디가 다시 전화해오기까지 며칠이 걸렸다. 이번에는 전보다 힘이 좀 빠진 듯했다. 피디는 여러 은행에 전화를 해봤지만 아무도 자기 은행 직원이 토론에 참석하는 걸 허락하지 않았다고 말했다. 거대 은행에는 셀 수 없이 많은 이사와 중역들이 있지만 텔레비전에 나와서 자기 은행의 대출 관행을 변호하거나 워싱턴에서 그렇게 공격적으로 벌이고 있는 로비에 대해 설명할 대표는 한 명도 없다는 것이다. 단 한 명도.

지금 우리가 처한 현실이 바로 이렇다. 은행업계의 전략은 분명했다. 어떤 책임도 지지 말고, 자기네 얼굴도 비치지 않고, 그냥 막후에서 계속 수백만 달러를 쓰는 것이다. "업계 대변인들"이 워싱턴 전역에 있는 동업자 단체들을 통해 언론에 홍보해서 550달러의 거짓말을 계속 전파하게 하자는 것이 그들의 전략이었다.

나는 곧 그 인터뷰를 사절했고 그 후로 은행가들과 토론하라는 제의는 더 이상 들어오지 않았다. 나는 기회가 생길 때마다 신문과 잡지에 인터뷰를 했고 가끔은 워싱턴에 가서 의회 위원회 앞에서 파산법의 복잡성에 대해 증언했다. 하지만 주로 강의하고 책을 쓰면서 시간을 보냈다.

맞벌이의 함정

2000년대 초반 테리 설리번, 제이 웨스트브룩과 나는 또 다른 파산법 연구 프로젝트를 시작했다. 이번이 이런 유의 데이터를 수집하는 우리의 다섯 번째 모임이었다. 그래서 나는 새 연구 결과들이 별로 흥미롭지 않을 거라고 생각했다. 그런데 맙소사, 오판도 그런 오판이 없었다.

2001년 재정적으로 붕괴된 가족의 숫자는 충격적이었다.

- 부모의 이혼을 겪은 아이보다 부모의 파산을 겪은 아이가 더 많아졌다.
- 대학을 졸업하는 여자보다 파산을 신청하는 여자가 더 많아졌다.
- 암 진단을 받는 사람보다 파산을 신청하는 사람이 더 많아졌다.[21]

이 수치가 거대하다거나 막대하다거나 어마어마하다는 말로는 도저히 상황을 묘사할 수 없다. 어떤 형용사를 골라도 이 문제는 그보다 더 크고 심각했다.

그리고 이젠 파산하는 사람들이 더 이상 "그냥 누군가"가 아니었다. 이제 파산은 아이들이 있는 가족을 덮치고 있었다. 물론 노년층과 아이가 없이 파산하는 사람도 기록적으로 늘어나고 있었지만 이번에 나온 연구 결과는 나를 큰 충격에 빠뜨렸다. 한 가정의 파산 가능성 여부를 가장 잘 예측할 수 있는 지표는 바로 그 부부에게 아이가 있느냐 하는 것이었다.[22] 그리고 이 문제는 단순히 고등 교육을 받지 못하고 인생을 바꿀 기회도 없는 가난한 싱글맘에게만 해당되는 게 아니었다. 튼튼한 중산층, 엄마와 아빠 둘 다 풀타임(전일 근로를 뜻함—옮긴이)으로 일하고 있는 가족(혹은 악재가 닥치기 전까지 그렇게 일하고 있었던)들에게 파산이 들불처럼 번지고 있었다.[23]

그리하여 나는 이 상처들을 또다시 헤집기 시작했지만 이번 상처는 훨씬 더 컸다. 사람들이 왜 파산했는지를 묻는 대신, 이번에는 다른 의문이 생겼다. 대체 미국은 뭐가 잘못된 걸까? 어떻게 이렇게 많은 미국인이 곤경에 처할 수 있는 걸까? 그리고 자식이 있다는 게 왜 한 가정의 경제적 안전을 위태롭게 하는 걸까?

이제 앨릭스와 어밀리아는 성인이 됐다. 앨릭스는 스물여섯 살로 유능한 컴퓨터 전문가가 돼서 데이터베이스를 디자인하거나 문제가 생긴 소프트웨어를 수리하는 일을 하고 있었다. 난 그런 직업이 있는지조차 몰랐다. 앨릭스는 로스앤젤레스로 가서 누나 옆에 살면서 그곳의 빛나는 태양을 맘껏 즐길 계획이었다.

어밀리아는 서른 살이다. 어밀리아는 수실 티아기라는 남자 친구와 결혼했다. 수실은 인도 북부에 있는 작은 마을 출신의 똑똑한 젊은이로 석사학위를 받으러 미국에 왔다가 어밀리아와 만났다. 이제 둘에겐 옥타비아라고 이름 지어준 아주 예쁜 딸이 한 명 있었다. 어밀리아와 내 관계는 180도 바뀌었다. 이제 내 딸이 워킹맘이 됐다. 그리고 나는 왜 그렇게 됐는지 모르겠지만 더 이상 어밀리아가 재미를 보지 못하게 간섭하는 엄마가 아니었다. 이제 나는 "아기를 키우는 법에 능통한 현명한 엄마"로 승진했다.

2001년 하버드가 여름방학에 들어가자 나는 어밀리아를 도와주기 위해 캘리포니아로 갔다. 꼬마 옥타비아는 짜증을 잘 내는 아이여서 난 아이를 안고 한없이 얼렀다. 그렇게 옥타비아를 안고 끝도 없이 달래다 어느 순간 팡! 나는 옥타비아와 사랑에 빠져버렸다. 이것이야말로 머리를 한 대 맞아 쓰러진 듯한, 눈에서 별이 빙빙 도는 그런 열정적인 사랑이었다. 이 사랑은 내 자식들을 사랑하는 것과 많이 비슷하긴 했지만 훨씬 더 좋았다. 이 사랑은 아이를 잘 키워야 한다는 무시무시한 책임감이나 내가 지금 옳은 선택을 하고 있는 건지 몰라서 드는 죄책감이 전혀 없이 아낌없이 줄 수 있는 사랑이었다. 이제 불안해하는 워킹맘은 어밀리아의 몫이다. 난 그저 아이를 한없이 사랑해주기만 하면 되는 것이다. 옥타비아는 내 평생 가장 순수한 기쁨을 맛볼 수 있게 해주었다.

집으로 돌아가야 할 때가 되자 난 몸을 가눌 수 없을 정도로 슬펐다. 내 팔은 그 작은 아기를 갈망하고 있었다. 그래서 난 아이를 보러 돌아가고, 또 갔다. 그렇게 캘리포니아를 오가던 중 나는 이 꼬맹이의 인생에 내가 중요한 일부가 될 수 있는 방법을 찾겠다고 다짐했다.

그렇게 손녀를 보러 갈 때마다 어밀리아와 나는 길고 두서없는 대화를 나누다가 가끔 내 연구까지 흘러갈 때도 있었다. 그러던 어느 날 어밀리아에게 파산에 관련된 정부 데이터 조사를 도와달라고 부탁했다. 어밀리아는 컨설팅 업계의 거물인 매킨지에서 일했고 그런 뒤 공동 출자로 회사를 창업했다. 자칭 "정량 분석"(숫자에 능통하다는 의미)의 전문가인 어밀리아는 바로 내 연구에 합세했고 곧바로 흥미로운 통찰력을 제공하기 시작했다. 어느 날 옥타비아의 턱에 난 큰 뾰루지(정말 징그러웠다)에 대해 걱정하면서 동시에 데이터를 분석하다가 우리는 책을 같이 쓰자는 아이디어를 냈다.

브루스는 터무니없는 아이디어로 여겼다. 그는 어밀리아와 내가 서로에게 소리 지르느라 밥 한 끼 제대로 먹지 못했던 시절을 생생하게 기억하고 있었다. 여보, 대체 무슨 생각을 하는 거야? 게다가 교수들은 엄마와 딸의 협력 작업 같은 건 하지 않는다. 교수들은 정말 무지무지하게 지루한 데다 아무도 읽지 않을 게 확실한 각주가 100만 개는 들어 있는 책을 다른 교수들과 함께 내는 게 정석이다.

하지만 어밀리아는 새 연구에 아주 중요한 걸 가지고 왔다. 난 이제 구세대이고, 어밀리아는 신세대다. 우리는 우리 삶을 중심으로 책의 뼈대를 잡았다. 우리는 1971년의(내가 아기를 막 낳은 젊은 엄마로 시작했던 해) 중산층 가족과 2001년 중산층 가족(어밀리아가 아기를 막 낳은 젊은 엄마로 시작했던 해)을 비교했다. 30년이란 시간, 한 세대가 교체되는 그 시간에 중산층은 엉망이 됐다. 우리는 책에서 바로 이 이야기를 할 계획이었다.

어밀리아는 이 작업에 또 다른 기여를 했다. 어밀리아는 날 똑바로 보면서 침착하게 이런 말을 할 배짱이 있는 유일한 사람이었다. "엄마, 엄마는 재미없어." 어밀리아는 요즘도 여전히 내게 직구를 날린다. 나는 딸과 공동으로 작업하는 게 결코 만만한 일이 아니란 걸 힘들게 배웠다.

일단 같이 책을 쓰자는 인습 타파적인 결정을 내리고 작업을 시작해서 '맞벌이의 함정'이라는 제목을 지었다. 우리는 친숙한 질문으로 책을 시작했다. 왜 이렇게 수많은 가족이 파산하는가? 아무 전문가나 붙잡고 이 질문을 던지면 이렇게 대답할 게 뻔했다. 가족들이 파산하는 이유는 물건을 너무 많이 사기 때문이라고! 명품 신발, 옷장마다 꽉꽉 찬 옷, 전자레인지가 중산층을 빚더미에 빠지게 하는 거라고. "돈을 물 쓰듯 펑펑 쓰는 충동"이 우리를 점령하고 있다고.[24]

어밀리아는 그런 통념과 정면으로 맞섰다. 마침 정부는 일반 가정에서 냉동 생선에서부터 애완동물 사료와 남자아이 파자마에 이르기까지 거의 모든 상품에 대한 지출 데이터를 수십 년 동안 수집해왔다.[25]

어밀리아가 이 귀중한 데이터를 파고 들어가자 거기서 나온 수치들은 기존 통념을 뒷받침해주지 못한다는 사실을 알아냈다. 전문가들이 선호하는 공격 대상인 옷을 한번 예로 들어보겠다. 우리가 나이키 운동화와 명품 선글라스들까지 다 계산에 넣어봐도 4인 가족이 2001년 옷에 평균적으로 지출하는 비용은 한 세대 전(인플레이션을 감안해서)보다 훨씬 적었다. 식비는 어떨까? 외식 비용과, 스타벅스 커피 값, 그 자리에서 짜주는 신선한 스무디 값을 다 포함시켜도 일반 가정의 식비는 30년 전보다 훨씬 적었다.[26]

그렇다고 해서 지금의 중산층 가족이 절대 돈을 낭비하지 않는다는 이야기는 아니다. 미국인들은 텔레비전, 프리미엄 채널, 가정용 컴퓨터와 같은 물건에 과거보다 더 많은 돈을 썼다. 하지만 가구와 가전제품(전자레인지를 포함해서)에는 돈을 덜 써서 남는 돈은 비슷했다. 다른 곳에서도 이런 경향이 나타났다. 요즘 가족들은 항공 여행에는 돈을 더 쓰지만 드라이클리닝에는 덜 썼다. 휴대전화 지출은 늘고, 담배 지출은 줄었다. 애완동물에 더 쓰고, 카펫에는 덜 썼다. 이것을 다 더해보니 속 빈 강정인 미국의 중산층은 안정적으로 살면서 튼튼하게 계속 성장했던 우리 세대의 중산층보다 결코 경솔하게 돈을 쓰지 않았다.[27]

그렇다면 뭐가 잘못된 걸까? 임금이 오르지 않는 것도 부분적인 이유였다. 하지만 20세기 들어 임금은 대개 꾸준히 올랐다. 그러다 1970년대에 임금 인상이 멈췄다. 중산층의 임금(인플레이션을 감안해서)은 30년 내내 같은 자리에 머물러 있었다.[28]

다른 조건이 같았다면 지금의 중산층은 부모 세대보다 더 부유하진 않겠지만 더 가난하지도 않게 그럭저럭 살아갈 수 있었을지 모른다. 하지만 현실은 그렇지가 않은 게, 의료보험과 교육같이 삶의 필수적인 것

들의 비용이 올랐다.[29]

그리고 집 문제도 있었다. 수백만 가족은 두 세대 전 내 부모님이 했던 것처럼 빚을 내서 좋은 학군에 있는 집을 샀다. 하지만 이젠 그 빚의 성격이 달라졌다. 새롭게 규제가 완화된 은행업계 덕분에 우리 부모님이 겪었던 엄격한 대출 관행은 공룡처럼 멸종해버렸다. 티저금리(변동금리 모기지 차입자 중 일부에게 상환 기간 중 첫 2~3년간 적용되는 낮은 금리—옮긴이), 금리 우선 대출(정해진 기간 동안 원금을 제외한 이자만 계속 상환하다가 그 뒤엔 은행과의 계약에 따라 원금을 상환하는 대출상품—옮긴이), 계약금 없는 대출 같은 상품들이 나와서 가족들이 그걸 낚아챘다.[30] 많은 사람은 이게 아이들을 좋은 학교에 보내거나, 좋은 동네에 살 수 있는 최선의 기회라고 생각했다.[31] 집을 사려는 열풍도 초기에는 아주 희망적으로 보였다. 하지만 모든 돈이 주택 시장으로 흘러들어가면서 집값이 급등하기 시작해 안전하게 집을 사려고 했던 가족들도 선택의 여지가 별로 없어 대출을 어마어마하게 받거나 그 열풍에서 밀려나는 수밖에 없었다. 너 나 할 것 없이 분수도 모른 채 화려한 새 "맥맨션"(작은 부지에 크고 화려하게 지은 저택—옮긴이)을 사려 한다고 말이 많았지만, 적어도 중산층 가정들에게는 그것도 근거 없는 말에 지나지 않는다는 게 입증됐다. 대부분의 중산층 가족은 부모 세대가 살던 집보다 조금 더 크지만 대개 더 낡은 집에 살고 있었고, 거대한 새집은 부자들이 사는 동네에 한정돼 있었다.[32]

가계 예산이 갈수록 빠듯해지면서 전국에 있는 여성들이 한 세대 전에 내가 했던 결정을 내렸다. 모두 직장에 다니게 된 것이다.[33] 하지만 나는 일이 하고 싶어서 일을 한 반면, 요즘 많은 여성은 달리 선택의 여지가 없어서 일을 하게 됐다.

외벌이 가족들은 점점 더 뒤로 처지게 됐다. 운 좋게 맞벌이를 하는 가정도 그 수입으로 충분치 않은 경우가 많았다. 평균적으로 일단 기본적인 비용을 충당하면(대출금, 건강 보험료, 탁아소, 유치원, 대학 등록금) 현대 맞벌이 가정은 한 세대 전 외벌이 가정보다 매달 남는 생활비가 훨씬 적었다.[34] 어밀리아와 나는 이것을 "맞벌이의 함정"이라고 불렀는데 사방에 있는 중산층 가정들이 이 함정에 빠져들었지만 빠져나갈 길은 보이지 않았다.

일단 이 함정에 빠지면 이들은 어려운 선택을 해야 했다. 내가 젊은 엄마였을 때는 평범한 외벌이 가정이라면 수입의 11퍼센트를 저금했다. 2001년에는 많은 가족이 이제 맞벌이를 하고 있는데도 평균 저축률이 제로에 가까워지고 있었다.[35]

일부 가정은 열심히 일하고 지출을 최대한 줄여서 그럭저럭 살아갔다. 만약 부부가 어떻게든 아이들을 대학에 보낼 수 있다면(이제 대학 등록금은 그들이 젊었을 때에 비해 세 배나 더 든다), 집을 살 때 받은 대출금을 갚고 남은 돈으로 은퇴 준비를 할 수 있을지도 모른다.

하지만 뭔가 잘못 되면(뭔가 하나라도) 그걸로 운이 다하게 된다. 직장에서 해고되거나, 실업자로 있는 기간이 장기간 지속되거나, 중병에 걸리면 그 가족은 절벽 아래로 굴러 떨어지는 것이다. 그들에겐 기댈 저축도 없다. 그리고 월급의 대부분을 차지하는 고정 지출들 때문에 생활비를 "줄일" 여유도 없다. 아빠가 새 직장을 찾을 때까지 집에 있는 빈방을 처낼 수도 없고 건강 보험료를 절반만 낼 수도 없는 것이다. 그들은 이제 함정에 빠졌고, 함정의 입구가 점점 닫히기 시작했다.

어밀리아와 내가 원고의 초반부 몇 장을 보내자 출판사는 한 가지 점만 제외하면 다 마음에 들어 하는 듯했다. 내용이 너무 우울해요! 누가 이런 암울한 내용을 읽고 싶겠어요? 좀 행복하게 만들어봐요! 희망차게!

우린 노력했다. 정말 열심히 노력했다. 하지만 장례식에서 농담을 해달라는 부탁을 듣는 듯한 기분이었다.

진짜 심각한 문제들은 초반부에는 아직 나오지도 않았다는 게 더 큰 문제였다. 나머지 원고에 가장 잔인한 이야기가 들어 있었다. 일단 가족들은 돈이 떨어지면 빚을 지게 된다. 그렇게 신용카드 빚이 계속 쌓인다. 무담보 단기 소액 대출상품이 사방에서 등장해 곤경에 처한 가족들을 끌어들인다.[36] 그러다 결제일을 놓치거나 연체하게 되면 빚이 어마어마하게 늘어난다. 그 결과는? 10년 동안 1500만 가구가 파산 신청을 했고 셀 수 없는 수백만 가족이 아슬아슬하게 절벽에 매달려 있다.[37] 심지어 1990년대와 2000년대부터 주택 압류가 증가하기 시작했다.[38] 이 빚이라는 괴물이 많은 사람을 해칠 것임을 말할 때 영화 「조스」의 배경 음악을 틀어놓으면 아주 잘 어울릴 것이다.

우리가 한 연구를 자세히 분석해 몇 달 동안 책을 쓰면서 나는 고통스런 결론에 이르렀다. 미국의 중산층이 공격받고 있다. 이 나라의 부는 자식들에게 더 나은 미래를 물려주겠다고 굳게 다짐하며 역경과 시련에 맞서 싸운 우리 부모님 같은 사람들이 쌓아 올린 것이다. 하지만 중산층의 저력에는 한계가 있었다. 나는 한때 튼튼했던 집이 무너지고 있는 걸 보는 듯했다. 창문들은 박살나고 지붕은 내려앉고 있었다.

이것은 행복한 이야기가 아니었다. 그보다는 우리 나라가 끔찍한 방향으로 가고 있다는 경고였다. 어밀리아와 그 책을 끝냈을 때 내 근심은 깊어만 갔다.

뭔가 할 수 있는 사람에게 말해봐

—

보아하니 나만 그렇게 걱정했던 건 아닌 모양이다. 어밀리아와 나는 정책 입안자들을 겨냥한 책을 썼다.(어쨌든 나는 하버드대 교수이고, 그 책에는 50쪽에 달하는 각주가 달려 있었다.) 하지만 『맞벌이의 함정』이 2003년 9월에 나왔을 때 이 책은 사람들의 아픈 곳을 건드렸다.

『뉴스위크』는 이 책에 대해 집 뒷마당에서 찍은 어밀리아의 사진까지 들어간 3쪽짜리 양면 기사를 실었다. 나는 「투데이 쇼」에 출연해 그 함정에 대해 이야기했다. 며칠 사이에 그 책은 CBS 뉴스, 『보스턴글로브』, NPR과 CNN에 보도됐다.[39] 나온 지 2주 만에 이 책은 내가 근 10년 동안 파산 전쟁을 하면서 받았던 것보다 더 많은 대중의 관심을 미국 가정의 경제적 안정이란 문제에 쏠리도록 만들었다.

뭔가 좋은 일이 일어날 것 같았고 갑자기 전보다 더 큰 변화를 이뤄낼 기회가 주어질지 모른다는 낙관적인 믿음마저 생겼다. 그래서 나는 2004년 대선 출마 후보인 하워드 딘, 존 에드워즈, 웨슬리 클라크 장군, 존 케리에게 도움을 청하려고 해봤다. 그리고 공화당에 든든한 인맥이 있는 하버드대 친구에게 부탁도 해봤다. 부시 대통령 밑에서 일하고 있는 직원과 약속 좀 잡아줄 수 없을까?

내 계획은 그들에게 내 책을 한 권씩 주면서, 책에 나온 핵심적인 사실 몇 가지를 말하고, 그에 관련된 정책 아이디어를 몇 가지 제시하고, 최선의 결과가 나오길 바라는 것이었다. 나는 케네디 의원과 했던 첫 대화처럼 길고 사려 깊은 정치적 토론을 꿈꾸었다. 다만 이번에는 대화 주제가 파산에 국한되지 않을 것이다. 이제 나는 중산층의 대차대조표에 일어난 엄청난 변화에 대해 이야기하고, 우리 지도자들에게 미국의 중산층이 큰 위기에 처했으며 그 위기가 점점 더 커지고 있다는 점을 말하고 싶었다.

그 시절에 나는 공직에 출마하는 사람들이 얼마나 어마어마한 압력을 받고 있는지 전혀 알지 못했다. 그 사람들이 몇 시간씩 내 책을 읽고 나서 정책에 관해 긴 대화를 나눈다고? 내가 정치에 대해 일자무식이라는 게 다시 드러난 셈이었다.

그러던 2004년 초 어느 날 공항을 걸어가는데 휴대전화가 울렸다. 발신자에 존 에드워즈의 이름이 떴다. 그는 『맞벌이의 함정』을 읽고 그에 대한 이야기를 해보고 싶다고 했다. 난 너무 놀라서 잡고 있던 캐리어와 휴대전화와 아이스티를 가지고 씨름하다가 메고 있던 배낭을 바닥에 떨어뜨렸다. 마침 배낭의 바깥쪽 지퍼가 열려 있어서 에드워즈 의원이랑 통화하면서 허겁지겁 사방에 흩어진 수천 가지 물건을 집어들었다. 어쨌든 에드워즈 의원은 내 책에 나온 아이디어들에 관심이 있었고, 그것들을 진지하게 고려하는 듯했다.

여유롭게 세세한 내용까지 거론한 대화는 아니었지만 그 정도면 나쁘지 않았다. 그 뒤 몇 달 동안 에드워즈 의원은 몇 번 더 전화했고, 나는 다른 대선 후보들의 보좌관들과 이야기를 나눌 수 있었다.

몇 달 후 2004년 4월 집회에서 존 케리는 미국 가정의 변화에 대해 이야기하면서 『맞벌이의 함정』이 "미국에서 일어난 변화를 현실적으로 묘사한 아주 훌륭한 책"이라고 말했다. 나로선 그거야말로 정말 "끝내주는" 순간이었다. 당시 케리는 민주당 후보로 대선에 출마하리라는 관측이 지배적이었다. 어쩌면 그가 대통령이 될지도 모른다. 어쩌면 그가 대통령이 돼서 중산층을 재건하는 데 노력할지도 모른다. 어쩌면 말이다.

하지만 케리는 패배했다. 한편 부시 대통령 측근은 한 명도 만나지 못했다. 대선이 끝난 뒤 은행업계에서 후원하는 파산 법안이 다시 돌아왔고, 의회에서도 좋은 반응을 얻고 있었다. 선거 자금들이 굴러 들어왔다. 미국의 최대 신용카드 대출 기업인 MBNA 은행은 자사 중역들과 정치활동 위원회 및 소프트 머니(선거법에 규제되지 않는 정치 자금—옮긴이)를 통해 부시 대통령의 첫 번째 선거 캠페인 때 가장 큰 액수를 기부했고, 2004년 또다시 최고액을 기부했다.[40] 다른 한편 전국의 중산층 가족들은 여전히 빚에 시달리고 있었다.

닥터 필

일단 『맞벌이의 함정』이 주류의 관심을 끌기 시작하자 나는 비상 신호를 울리고 더 많은 사람에게 그 책의 내용을 알리는 걸 한 번 더 시도해보리라 결심했다. 「닥터 필 쇼」에 어밀리아와 함께 출연하게 됐을 때 어떤 상황에 처할지 알 수 없었지만 한번 해보자 하는 생각이 들었다.

스튜디오에 가자 사람들이 정신없이 몰려나와, 모두 한꺼번에 말을 하고, 옷들을 가지고 나와서 조수들을 불러댔다. 그리고 로스앤젤레스 공항 활주로도 밝힐 만한 많은 조명이 붙은 거대한 거울이 매달린 아주 작은 방에 어밀리아와 나를 밀어넣었다. 누군가 와서 어밀리아의 셔츠가 "색깔이 영 아니라"고 선언하더니 어밀리아의 손에 새 블라우스를 밀어넣고는 "갈아입어요!"라고 명령했다. 어밀리아가 원래 입고 왔던 셔츠는 돌려받지 못했다. 아마 방송국 의상실 어딘가에 아직도 걸려 있을 거란 이야기를 어밀리아와 했다.

한 시간쯤 지난 뒤 젊은 여자가 노크를 하더니 다급하게 말했다. "지금 나가요! 나가요! 어서 가요! 어서 가요!" 그녀는 손뼉을 치며 우리를 몰아댔고, 나는 그 여자가 모든 말을 꼭 두 번씩 하는 습관이 있나, 하는 생각을 했다.

그 여자가 우리를 살 떨리게 추운 무대 뒤로 데려갔다. 거기 있으니 큰 음악 소리와 그보다 더 큰 목소리로 아나운서가 방청객들의 활기를 북돋우고 있는 소리가 들렸다. "여기 오시니 즐거운가요? 재미있나요?" 누군가가 마이크에 대고 소리를 지르고 있었다.

몇 분이 흐른 뒤 나는 방청석 맨 앞줄에 앉았고 옆에 어밀리아가 앉았다. 필 박사가 무대로 나왔을 때 나는 벌떡 일어서서 다른 방청객들과 같이 요란하게 환호하며 박수쳤다.

필 박사는 재정적으로 곤경에 처해서 홈에퀴티론(담보대출을 제외한 주택의 순가치를 담보로 다시 대출을 받는 것—옮긴이)을 받아 문제를 해결하려고 한 부부를 인터뷰했다. 마침내 필 박사가 내 이름을 부르면서 그들이 내린 결정에 대해 어떻게 생각하느냐고 물었다. 갑자기 모두의 시선이 나에게로 향했고, 카메라가 날 찍고 있었으며, 난 지금이 바로 그 순간이란 걸 알았다. 수많은 시청자에게 유익한 조언을 해줄 수 있는 기회인 것이다. 내 가슴은 사정없이 뛰었고 조명 때문에 아무것도 보이지 않았지만, 무슨 말을 해야 할지는 이미 알고 있었다. 난 빚을 갚기 위해 2차 대출을 받는 것은 "집을 가지고 룰렛을 하는 것"이나 마찬가지이며, 그것이야말로 "집을 가진 사람이 내릴 수 있는 최악의 결정"이라고 했다.

필 박사는 계속해서 물어봤다. 그러면 거대 은행들이 사람들에게 2차 대출을 받아서 부채를 통합하라고 압력을 넣을 때 어떻게 하는 게 좋은가? 나는 이렇게 대답했다.

> 필 박사님, 은행들은 그런 식으로 돈을 법니다. 은행들은 이런 가족들이 빚을 내게 만들어서 돈을 버는 거죠. 은행에선 여러분이 돈을 더 많이 빌리지 않는 한 돈을 벌지 못합니다. 은행은 여러분이 여러분의 집을 가지고 베팅 판에 내놓으면 아주 똑똑하고, 영리하고, 안전한 결정을 했다고 말하는 전략을 쓰고 있습니다.

잠시 후 카메라가 다시 무대로 돌아갔고 방청객들은 필 박사와 무대에 나온 부부에게로 다시 시선을 돌렸다. 나는 눈을 깜박였다.

쇼는 계속됐고, 나에게 몇 번 더 말할 기회가 있었지만, 요지는 같았다. 빚을 쌓아가는 건 돈 문제로 고생하는 가족에게 해결책처럼 보일 수 있지만 그러다가 재앙이 일어나게 된다는 것이었다.

쇼가 끝났을 때 어밀리아와 함께 일어서는 내 얼굴에 미소가 절로 피었다. 나는 20년 넘게 가정의 경제적인 문제에 대해 연구해왔다. 매년 연구하고, 논문을 쓰고, 인터뷰를 하면서 최선을 다해 싸워왔다. 심지어 대선 후보들에게까지 조언하려고 시도해봤다.(적어도 대선 후보들의 고문에게 조언하려고 해봤다.) 하지만 닥터 필 토크쇼에 나온 가족에게 몇 분 동안 조언을 해줌으로써(그리고 그 쇼를 시청하는 약 600만 명의 시청자에게) 교수로서 평생 노력한 것보다 더 좋은 일을 해냈는지도 모른다. 그리고 아직도 워싱턴에서 파산법 전쟁을 치열하게 치르고 있지만 우리가 그 전쟁에서 지고 있다는 건 확실했다. 가족들은 매일 추락하고 있는데 너무나 많은 정치가가 부유하고 강한 사람들 편에서 싸우고 있었다. 하지만 이제 나는 600만 명의 사람에게 내가 할 수 있는 최선의 조언을 했다. 어쩌면 세상을 바꾸기 위해서는 이게 더 나은 방법인지도 모르겠다.

쇼가 끝난 뒤 필 박사가 사람을 보내서 자기 사무실에 와달라고 했다. 필 박사는 『맞벌이의 함정』이 마음에 들었으며 정말 열심히 일하는 사람들이 공격받고 있다는 내 주장이 옳다고 생각한다고 말했다. 나는 생긋 웃었다. 하지만 5초 정도 지난 뒤 내 책에 대한 칭찬은 끝나버렸다. 필 박사는 대놓고 말하진 않았지만 내 책은 정치 전문가들을 대상으로 한 것이라 보통 사람들의 재정적 문제를 해결하는 데는 별 도움이 되지 않을 것 같다는 생각을 비쳤다. 그 순간 내 미소도 사라졌다.

그리고 그는 내게 충고를 하나 했다. 책을 한 권 더 쓰세요. 이번에는 그걸 실질적으로 쓸 수 있는 사람들을 위한 책을 쓰세요.

그래서 그렇게 했다.

게임의 규칙이 변했다

—

어밀리아와 나는 당장 작업을 시작했다. 물론 그런 와중에도 우리 삶은 계속됐고 죽음도 끼어들었다. 2003년 내 전남편인 짐 워런이 폐암에 걸려 몇 달 후 세상을 떠났다. 그는 쉰여덟 살밖에 안 됐다. 이혼한 뒤로 짐을 열댓 번 정도밖에 안 만났지만 그렇게 젊은 나이에 세상을 등져서 정말 안타까웠다. 어밀리아와 앨릭스는 아빠를 잃어 크게 상심했다.

이듬해에 더 행복한 소식이 날아들었다. 어밀리아가 둘째를 가졌다고 했다. 그래서 우리는 서둘러 책을 시작해 어밀리아의 출산 예정일 전에 초고를 완성했다.

『맞벌이 부부의 경제학』은 상당히 밝은 책으로 가정 경제를 통제하고 안전한 미래를 구축하는 방법에 대한 낙관적인 조언으로 가득 차 있었다. 하지만 사실 이 책은 상당히 깊은 어둠 속에서 태어났다. 가족들은 아직도 재정적인 벼랑에서 추락하고 있었고, 워싱턴은 부유하고 권력 있는 사람들의 시중만 들기로 작정한 듯했다. 내가 보기에 그걸 바꿀 수 있는 방법은 별로 없었다.

어밀리아와 내가 같이 쓴 첫 책은 워싱턴이 중산층의 체력을 튼튼하게 만들어줄 수 있는 여러 가지를 서술했다. 반면 『맞벌이 부부의 경제학』은 국가가 도와주지 않을 때 스스로를 보호하기 위해 무엇을 할 수 있는가라는 완전히 다른 전제로 시작했다. 한 세대 전에는 열심히 일하고 세상이라는 게임의 규칙에 맞춰 살아가면 흥청망청 써대지 않는 한 안정적으로 살 수 있었다. 하지만 이젠 더 이상 그렇지가 않다. 이제는 게임의 규칙이 바뀌었기 때문에 그 규칙을 그것도 아주 빨리 배워야만 자신과 가족들을 지킬 수 있게 됐다. 내가 보기에 열심히 일하는 사람들은 그저 살아남기 위해 분투하는 동안, 거대한 대출업계는 이들의 등에 화살을 맞힐 과녁을 아주 크게 그려놓은 것 같았다. 나는 사람들에게 그 과녁을 피해 좀더 영리하게 싸우면서 가족을 보살필 만한 방법을 보여주고 싶었다.

그래서 사람들이 가계 예산을 현명하게 짤 수 있도록 필수 항목(대출금, 육아, 공과금과 같은 지출), 여유 항목(여벌 운동화 한 켤레, 스타벅스 라테, 휴가 비용과 같은 지출)과 저축이라는 세 항목으로 구성된 공식을 만들었다. 우리는 이 전략을 "재정적 균형 잡기"라고 불렀다. 우리는 사람들이 사는 데 아무 재미도 느낄 수 없을 정도로 빠듯하게 예산을 짜라고 강요하지 않았다. 그러기에는 인생이 너무 짧잖아! 대신 사람들 스스로 자신이 재정적으로 안정되게 생활을 이어갈 수 있는지 판단하도록 돕고 그렇지 못하다면 그에 맞춰 지출을 줄이면서 생활을 유지할 수 있는 전략들을 제공했다. 우리는 또 채무 문제가 있는 사람이라면 신용카드 사용을 제한하고 돈을 써야 할 때에는 전통적인 지불 방식인 현금으로 쓰는 게 좋다고 주장했다. 나는 거대 은행들이 일하는 방식을 지켜봤기 때문에 빚이 얼마나 위험할 수 있는지 잘 알고 있었다. 나는 이 책이 얼마 안 되는 사람일지라도 빚에서 영원히 벗어나는 데 도울 수 있기를 바랐다.

이 책이 나를 제2의 수지 오먼(미국 작가이자 재정 전문가이자 동기 부여가—옮긴이)으로 만들어주진 않았다. 하지만 이 책을 쓰면서 즐거웠고, 지금도 이따금씩 이 책 때문에 자기 삶이 변했다는 독자의 편지를 받곤 한다.

지금까지 살아오면서 제 주거래 은행은 부모님이었죠. 저는 부모님에게 계속 의지하면서 저의 재정적인 상황을 무시하고 있었습니다. 이제 저도 제 힘으로 인생을 헤쳐갈 수 있으리란 생각이 들어요.

이번 달에 저희는 대출금을 나흘이나 먼저 낼 수 있었어요. 그러고도 매달 남는 돈으로 신용카드 채무를 빨리 갚을 수 있게 됐습니다. 재정적인 균형을 잡는 게 하루아침에 되는 일은 아닐 테고, 그걸 인정한다는 것도 쉽진 않지만 곧 그렇게 되리라 믿습니다.

가끔 내게 비극적인 사연을 적어 보내는 독자들도 있었지만, 대부분의 편지는 빚을 갚겠다는 굳은 의지와 그럴 수 있으리라는 낙관적인 마음으로 환히 빛나고 있었다.

2005년 3월에 『맞벌이 부부의 경제학』이 출간되고 바로 어밀리아와 수실 부부가 라비니아라고 이름 지은 예쁜 아기가 태어났다. 새로 태어난 둘째 손녀는 안아주는 걸 좋아해서 나는 캘리포니아의 흔들의자를 애용했다. 가끔 밤중에 집이 고요해졌을 때 나는 아기 침대에 있는 라비니아를 꺼내 안았다. 우린 어둠 속에서 조용히 흔들의자에 앉아 앞뒤로 흔들거렸는데 라비니아가 원해서가 아니라 내가 원해서였다.

그해 브루스가 하버드대 교수로 임용되는 또 다른 희소식이 날아들었다. 브루스는 펜실베이니아도 좋아했지만 이제 두 도시를 왕복하는 건 그만두고 마침내 매사추세츠에 있는 집으로 와야 할 때가 됐다. 우리는 하버드 법대에서 몇 블록 떨어진 우리 집에 완전히 정착했다. 집과 학교가 아주 가까워서 눈보라가 치는 날에도 브루스와 나 그리고 페이스는 학교까지 걸어다닐 수 있었다.

하버드에서 내 일은 어떻게 됐느냐고? 나는 계속 새로운 프로젝트들을 시작하면서 학술지에 논문을 발표했지만, 이제는 아주 다른 방향에 에너지를 쏟고 있었다. 『맞벌이 부부의 경제학』이 큰 변화들의 원동력이 될지는 알 수 없었지만, 적어도 더 많은 사람을 도울 수 있는 다른 길을 찾아냈다.

우리가 졌다

—

2005년 봄이 저물어갈 무렵 강력한 파산법의 보호를 받아야 할 가족들의 운이 마침내 다했다. 하원과 상원 둘 다 은행업계가 미는 파산법을 큰 표차로 통과시켰고, 부시 대통령이 여기에 서명함으로써 법으로 제정됐다.

투표를 치르기 몇 달 전 아주 오래전에 학생들이 준 선물이었던 페이스가 죽었다. 페이스가 죽고 나서 브루스에게 말했다. "개는 이제 그만 키울래. 하나씩 죽을 때마다 너무 힘들어." 브루스는 날 안아주고는 별말 하지 않았다. 하지만 그해 여름에 오티스라는 이름의 발이 어마어마하게 큰 골든 레트리버 강아지를 한 마리 데리고 왔다. 오티스는 비척비척 집 안에 들어와서 에어컨 환기구를 찾더니, 그 위에 털썩 드러누웠다. 오티스는 타고난 잠보였다.

그래, 브루스가 강아지를 데려온 것까진 좋았다. 나는 그이에게 이렇게 하는 건 상관없지만 이 아이에게 절대로 정을 주지는 않겠다고 했다.(픽이나 그러겠다.)

파산법의 변경된 조항들은 2005년 가을부터 발효될 예정이었다. 그해에 200만이 넘는 가족이 빚으로부터 보호받을 수 있는 마지막이자 최선의 기회를 놓치게 될까 두려워 파산 법정에 달려왔다. 아니나 다를까, 개정된 파산법이 발효되는 즉시 파산 신청이 급격히 감소했다.[41] 그리고 대출업계는 바라던 것을 손에 넣었다. 위기에 처한 가족들이 도움을 받지 못하게 된 것이다.

단 하나의 조항 때문에 이런 변화가 일어난 건 아니었다. 파산한 가족들은 수천 개의 칼날에 베여 죽어갔다. 파산법이 훨씬 더 복잡해지면서 작성해야 할 서류의 양이 어마어마하게 늘어났다. 싱글맘들은 이미 받을 날짜가 지난 양육비를 받아내기가 전보다 훨씬 더 힘들어지면서 생활이 어려워졌다. 파산 신청 비용도 올랐다. 파산으로 구제받을 자격이 되는 사람도 있었고, 아닌 사람도 있었다. 탕감되는 채무도 있었고, 아닌 것도 있었다. 파산법 업무를 보던 변호사들이 완전히 그 일을 그만두는 경우도 많았고, 계속 그 일을 하는 사람들은 업무가 훨씬 더 복잡해졌기 때문에 수수료를 대대적으로 인상했다.[42] 변경된 내용이 수백 가지였는데 큰 변화도 있고 작은 변화도 있지만 모두 곤경에 처한 가족들을 한 푼이라도 더 쥐어짜서 대형 은행, 신용카드 회사, 차를 담보로 대출해주는 회사와 다른 대기업들의 이윤을 늘려주는 쪽으로 바뀌었다.

은행들은 또한 여론에서도 중요한 승리를 거두었다. 변경된 파산법이 발효된 후 많은 사람은 파산법이 완전히 없어졌다고 생각했다. 많은 가족은 자신들이 얼마나 큰 어려움에 처했건 상관없이 도움받을 길이 전혀 없을 거라 생각했다. 채무 수금 대행업자들은 이런 생각을 이용해 사람들에게 파산이 이제 "불법"이라거나 사람들이 빚을 청산하기 위해 파산을 신청하려 한다면 국세청의 감사를 받게 될 거라고 말했다.[43] 그건 거짓말이었지만 법을 잘 알지도 못하고 수금인들에게 시달리는 사람들에겐 사실처럼 들릴 수도 있었다.

그래서 매년 파산법을 신청할 수도 있었는데 그러지 못하게 된 수십만 명의 사람은 어떻게 됐느냐고? 분명한 건 아무도 모른다. 막대한 빚을 진 상황에서 어떻게 했는지는 모르겠지만 재기한 사람도 있을 것이다. 어떤 이들은 의료보험을 포기하거나 아이들이 아파도 병원에 데리고 가지 않는 식으로 허리띠를 더 졸라맸다.[44] 또 다른 이들은 수금 대행업자들이 시도 때도 없이 거는 전화를 피하기 위한 필사적인 시도로 전화를 해지하기도 했다. 어떤 이들은 월급을 차압당하지 않기 위해 지하경제로 들어가 일을 하기도 했다. 대출금을 갚지 못해서 집을 빼앗긴 사람들도 있었다. 어떤 이들은 대학에 갈 꿈을 포기했다. 전남편이 파산하는 바람에 양육비를 받지 못해 친정 식구들과 같이 살거나 그 자신 또한 파산한 편모도 많았다. 그리고 새 출발을 하지 않고서는 더 이상 살아남을 수 없었기에 문을 닫은 작은 사업체도 적지 않았다.

기분이 좋을 때면 나는 우리가 은행업계와 싸워서 미국의 중산층 가정을 거의 10년 동안이나 더 지켜낼 수 있었다는 사실을 다시 생각해보곤 했다. 클린턴 대통령이 마이크 시나를 파산법 검토위원회 위원장으로 임명한 날부터 파산법이 최종적으로 통과되던 날까지 수백만 명의 미국인이 채무를 면제받았다. 하지만 기분이 울적한 날이면 처음부터 게임이 조작돼 있었기 때문에 서민 가정들은 한 번도 제대로 싸워볼 기회가 없었다는 점을 인정했다. 대형 은행들이 결국 이기게 돼 있었다. 그들의 힘이 그야말로 아주 셌던 것이다.

테드 케네디, 딕 더빈, 척 슈머, 러스 페인골드와 폴 웰스톤 같은 훌륭한 상원위원들이 도왔는데도 우린 이기지 못했다. 세심한 조사와 수많은 연구를 통해 미국의 가족들이 입은 피해를 밝혔는데도 이기지 못했다. 수많은 훌륭한 소비자 단체가 우리 편에 섰는데도 이기지 못했다. 민주주의 사회에서 수백만의 사람이 재정 파탄에 이르렀는데도 이기지 못했다. 우리가 이기지 못했다고? 제기랄, 심지어 그 근처에도 가보지 못했다. 결국 업계가 미는 법안에 찬성한 표가 상원에서는 74 대 25였고, 하원에서는 302 대 126이었다.

골리앗에게 쏜 새총이 빗나가 다윗의 목에 맞은 형국이었다. 그때도 무척 아팠지만 지금도 그 통증은 여전하다.

파산법 덕분에 나는 완전히 다른 사람이 됐다. 이 힘들고 끝나지 않는 전투가 시작되기 전에도 나는 중산층이 겪고 있는 무시무시한 재정적 압박을 이해하기 시작했다. 하지만 이 싸움을 치르면서 나는 게임의 조건이 중산층에 얼마나 불리하게 조작돼 있는지 알게 됐고 이런 일이 우연히 일어나게 된 것이 아님을 알았다.

우리는 파산법 전투에서 졌지만 이 전쟁은 끝나지 않았다. 사람들은 계속 두들겨 맞았고, 빚은 끝 간 데 없이 오르고 있었으며, 이들에 대한 압박은 전보다 훨씬 더 심해졌다.

나는 그 후 몇 년간 반격할 수 있는 더 많은 방법을 찾았다. 동료 교수 몇 명과 힘을 합쳐 또 다른 연구를 시작했는데, 이번 연구는 변경된 파산법이 사람들에게 끼친 영향을 측정하기 위해 고안된 것이었다.(처참한 결과가 나왔다.) 나는 『맞벌이의 함정』에 나온 연구 결과들을 최근 연구 결과로 갱신했다.(역시 심상치 않았다.) 이번에는 어밀리아가 새 사업을 시작한 데다 딸 둘을 키우느라 바빠서 혼자 데이터 작업을 해야 했다. 나는 대형 소송을 몇 건 돕다가 결국에는 석면 피해자들이 더 많은 보상금을 받을 수 있게 하는 소송에서 대법원(대법원장은 아니고 그 옆에 앉았다)까지 가게 됐다.[45] 나는 미국 중산층의 무너져가는 토대에 대해 더 많은 글을 썼다. 블로그도 시작해 그곳에 글을 올리면서 우리 학생들도 같이 글을 올리도록 초대했다. 나는 저소득 가정들이 더 낮은 비용으로 은행 업무를 볼 수 있도록 돕고자 미국 연방예금보험공사 총재인 실라 베어가 설립한 위원회에도 들어갔다.[46]

내가 기울인 이런 노력들 중 어떤 것이 사람들에게 실질적으로 영향을 미칠 수 있을지 알아내기란 쉽지 않았다. 나는 불안하고 초조했다. 사방에서 재앙이 다가오는 조짐이 보였지만 그걸 막을 수는 없었다.

3장

엉뚱한 사람들을 긴급 구제하다

2008년 11월 13일 목요일 초저녁 금융위기라는 폭풍이 전국을 강타해서 그날 이후로 바람은 매일같이 거세졌다. 하루가 바뀔 때마다 또 어떤 잔해가 밀려올지 아무도 알지 못했다.

10분 뒤면 배고픈 법대생 30명이 우리 집에 와서 저녁을 먹으며 허물없이 졸업 후의 진로를 이야기할 참이었다. 초인종이 울려서 바비큐가 들어 있는 알루미늄 팬 몇 개를 양손에 저글링하듯 들고 있는 피자 배달원을 안에 들어오게 했다. 이미 복숭아 파이도 네 판이나 구워놓았고 아이스티도 만들어놓았다. 이제 체중이 45킬로그램이나 나가는 잘생긴 성견이 된 오티스는 또다시 낮잠을 자려고 자리를 잡고 앉았다가 초인종이 울리면서 바비큐 냄새가 나자 갑자기 기운을 차렸다. 오티스가 침을 질질 흘리면서 배달원 주위를 빙빙 돌자 배달원은 덩치 큰 개를 보고 살짝 불안해했다. 내가 돈을 줘서 그를 보내려고 할 때 전화벨이 울렸다. 전화를 건 상대는 조용한 목소리로 자신의 이름을 "해리 리드"라고 밝혔다.

목소리가 잘 들리지 않아 내가 다시 물었다. "누구시라고요?"

"음, 해리 리드요." 그러고는 잠시 침묵이 흘렀다. "미 상원 다수당 대표입니다."

"아."(첫인상을 이렇게 망치다니!)

리드 의원은 안녕하시냐는 인사 같은 건 생략하고 곧바로 본론으로 들어갔다. 미국이 위기에 처했는데, 내가 워싱턴에 와서 재무부가 은행 긴급 구제를 처리하는 걸 감독해줬으면 좋겠다고 했다. 그게 대체 무슨 뜻인지도 몰랐고, 내가 뭘 할 수 있을지도 몰랐지만, 지금 미국 경제와 미국에 일어나고 있는 일 때문에 내가 아는 모든 사람이 두려워하고 있다는 것만큼은 분명했다. 난 리드 의원을 만난 적이 한 번도 없었고, 사실 내가 왜 이 일에 적임자라고 생각하는지 그 이유도 알지 못했다. 하지만 그가 이렇게 전화해온 건 내가 도울 수 있다고 생각했기 때문이다. 그래서 나는 그러겠노라고 대답했다. 더 이상 묻지도, 따지지도 않고 그냥 승낙했다.

마이크 시나가 전화해서 파산법 검토위원회 일을 도와달라고 부탁한 지 13년이 됐고, 의회가 파산이라는 안전망에 큰 구멍들을 낸 지 3년이 됐다. 그동안 나는 워싱턴 정가에 신물이 났다. 하지만 이건 국가적인 비상사태였다. 금융 시스템이 무너지면서 수백만 중산층 가정이 그에 깔려 압사당하고 있었다. 그러니 리드 의원이 대걸레로 바닥 청소를 하거나, 봉투에 침을 묻혀 붙이는 일을 도와달라고 했어도 난 그러겠다고 했을 것이다. 게다가 이런 비상사태에는 워싱턴 사람들도 분명 정치 공작을 자제하고 살아남기 위해 발버둥치는 이들을 돕는 방법을 찾는 데 정신을 집중할 거라고 생각했다. 그래서 리드 의원이 내가 있어서 상황이 달라지리라 생각했다면 워싱턴으로 돌아갈 때가 된 것이다.

학생들이 바비큐를 다 먹고 모두 집에 가자마자 나는 브루스에게 전화했다. 브루스는 다른 역사 교수들과 함께 학회 출장을 갔었다. 오티스는 학생들이 슬쩍슬쩍 준 고기 조각과 옥수수빵을 먹고 배가 잔뜩 불러 바닥에 널브러져 있었다. 나는 머리에 쓰는 휴대전화 수신기를 쓰고 긴 흰색 앞치마를 두른 채 설거지를 하면서 브루스와 통화했다.

난 브루스에게 리드 상원의원이 다섯 명으로 구성된 의회 감독위원회Congressional Oversight Panel(이하 줄여서 COP로 칭함—옮긴이)에 들어와달라고 요청했다고 말했다. COP라니 근사한 이름이잖아! 나는 진짜 배지랑 수갑도 주는지 궁금했다. 좋다, 수갑은 없겠지만 배지는 나올지도 모르잖아?

6주 전 의회는 거의 공황 상태에 빠진 금융 시스템을 긴급 구제해주기 위한 자금으로 7000억 달러를 투입하는 데 동의했는데, 이것이 바로 부실자산구제프로그램Troubled Asset Relief Program(이하 줄여서 TARP로 칭함—옮긴이)이라고 한다. 의회에서는 TARP를 만들고 재무부가 그 구제 자금을 은행들에 지원해주는 것을 감독하는 임무를 띤 기관인 COP를 만든 것이다.

"정말 근사하지 않아? 어서 재무부 사람들을 만나서 그 돈을 어떻게 쓸 계획인지 물어보고 싶어 죽겠어. 내일 사무실 일을 취소하고 워싱턴에 가볼까?" 나는 잔뜩 들떠서 금방이라도 떠날 준비가 돼 있었다. 이렇게 힘든 시기에 내가 도울 일이 있다고 생각하니 기분이 정말 좋았다.

브루스는 평소 성격답게 날 위해 기뻐하긴 했지만 나보다 훨씬 더 침착했다. "COP에 대한 기사는 신문에 하나도 안 나왔던데."(브루스는 구식이라 아직도 전통적인 종이 신문으로 뉴스를 본다.) "당신이 할 일이 정확히 뭔데?"

나는 잠시 생각에 잠겼다. "아. 음. 그러니까. 나도 COP에 대한 기사나 뉴스는 하나도 못 봤어. 하지만 그러니까 경찰이 하는 그런 일을 하지 않을까? 거 왜 있잖아. 재무부가 일을 어떻게 하는지 확인하고, 조사하고, 잘못된 부분이 있으면 그렇다고 그 사람들에게 이야기하고. 난 그럴 거라고 생각해." 내가 어떤 역할을 맡게 될지 리드 상원의원이 정확히 이야기하지 않았다는 생각이 이제야 들었다. 나는 이 일에 대해 도통 아는 게 없었다.

자정이 지나서야 브루스와 통화를 끝내고 노트북을 꺼냈다. 그리고 "부실 자산"을 처리하는 재무부로 가게 될 막대한 자금을 승인한 법을 찾아냈다. 그러다가 마침내 COP에 대한 부분을 찾았다. 내가 도움이 될 수 있을 거라고 생각했던 마음이 조금 움츠러들었다.

그 법은 다섯 명의 위원회 멤버를 어떻게 선정할 것인지, 우리의 보수는 어떻게 지급되는지, 그리고 거기서 발생하는 비용은 어떻게 처리될 것인지에 대해 자세히 밝혀두었다. 하지만 우리가 하는 일에 대한 항목은 사실상 "보고서 제출" 하나밖에 없었다.[1] COP는 의회에 30일마다 보고서를 제출하기로 되어 있었다. 그게 다였다. 참 나. 체포도 못해, 수갑도 없어, 나쁜 놈들을 잡아서 사진 찍는 것도 없잖아.

그리고 우리가 그 많은 돈이 어떻게 분배되는지 감독할 수 있게 쓸 도구들로는 뭐가 있지? 법규에는 우리가 "증언을 들을 수" 있다고 나와 있지만 내 안에 있는 변호사 본능은 곧바로 우리에게 증인을 소환할 힘이 없다는 걸 알아차렸다. 증인으로 나와달라고 사람들에게 공손하게 요청을 할 순 있지만…… 그들 역시 공손하게 거절할 수 있는 것이다.(아니면 자기들 내키는 대로 무례하게 거절할 수도 있겠지.) 우린 또 관계 기관들에 "공식적인 데이터"를 요청할 수 있고 그들은 "그 데이터를 제공해야" 한다. 하지만 우리가 어떤 데이터를 요청했는데 그 기관에서 그게 "공식적인 게 아니라고" 여기면 별수 없는 것이다.

좋아, 우리에게 실권이 없다 이거지. 증인을 소환할 능력도 없고. 뭔가 구린 일이 일어난다고 여겨져도 돈을 보내는 걸 중지하라며 호루라기를 불 권력도 없다. 그리고 재무부 장관이 우리에게 재무부의 전략을 설명해야 할 필요도 없다.

아이고, 우리가 할 수 있는 게 아무것도 없었다. 이건 마치 의원들이 COP를 만들면서 경제가 벼랑 끝으로 굴러 떨어지는 동안 너희는 아무도 읽지 않을 지루한 보고서나 써라, 이렇게 생각하고 있었던 것 같다. 다시 말하면 워싱턴에서 시작한 이 새로운 모험은 내가 기대했던 것처럼 생산적이지 않을지도 모른다는 소리였다.

하지만 해리 리드 의원이 부탁해서 내가 수락했으니, 좋건 싫건 가야 했다.

경기 침체가 어떻게 경제위기가 됐나
—

그 금융위기를 생각할 때마다 아직도 플로라 할머니가 생각난다.(사생활 보호를 위해 이름은 가명으로 했다.) 데이터를 더 수집하기 위해 우리가 여러 사람을 인터뷰했던 2007년에 플로라 할머니는 아마 80대였을 것이다.[2] 플로라 할머니는 몇십 년 전 남편과 함께 은퇴하고 나서 가족과 가까운 곳에 살기 위해 남부에 있는 소도시로 이사 갔다고 설명했다. 그 부부는 거기서 작은 집을 샀다.("우린 그거면 충분했지.") 이제 플로라 할머니는 과부로 혼자 살고 있었다. 플로라 할머니는 얼마 전까지만 해도 매달 사회복지 수당을 받아서 괜찮은 형편이었다.

그러다 몇 년 전에 "은행에서 어떤 좋은 양반이" 전화를 했다고 설명했다. 그 남자가 할머니에게 주택담보대출상품을 금리가 낮은 걸로 바꿔주겠다고 했다. 할머니가 그 남자에게 금리가 다시 인상되면 그 돈을 어떻게 갚게 되느냐고 물었다. 할머니 말에 따르면, 그 남자는 "은행에서는 금리가 다시 인상될 것을 미리 알게 되니까" 자기가 "다시 할머니에게 전화를 걸어서 대출을 원래대로 돌려놓겠다고" 말했다는 것이다.

플로라 할머니는 그 거래를 받아들였는데 얼마 안 가 매달 내야 할 대출금이 급등했다고 했다. 할머니는 잠시 입을 다물고 있다가 조용히 말했다. "그 양반은 다시는 전화하지 않았어." 매달 새로 내야 하는 대출금 때문에 사회복지 수당으로 나오는 돈을 써보지도 못한 채 고스란히 지출해야 했다. 할머니는 상환을 연기하려고 애쓰면서 신용카드 빚을 내고, 사채업자에게도 빌려다 썼지만 결국 빚만 엄청나게 늘고 말았다.

파산법이 바뀐 뒤 파산을 신청한 가족들에 대해 더 많은 걸 알아보고자 나와 동료 교수들이 만든 파산 프로젝트는 한 시간 동안 진행하는 인터뷰의 대가로 플로라 할머니에게 50달러를 주겠다고 약속했다. 우리는 그 수표를 할머니가 알려준 주소로 보낼 계획이었는데 그 수표를 받으려면 몇 주는 걸린다는 사실을 할머니는 알고 있었다. 할머니는 다음 주에 지금 살고 있는 집에서 나가야 한다고 설명했다.

"난 내 차에서 살게 될 거야. 적어도 당분간은 그래. 그러니까 어떻게 우편물을 받아야 할지 모르겠어서 그러는데 그 50달러 수표를 어떻게 받으면 될지 말해주겠어? 난 정말 그 돈이 필요해." 플로라 할머니가 말했다.

이게 바로 금융위기 이면에 있는 진짜 사연이다. 주택담보대출 시장이 침몰하면서 플로라 할머니 같은 사람이 한 명씩 빠져 죽는 것이다. 경제적으로 그릇된 결정을 했거나 도박을 했던 사람도 일부 있지만 대부분의 보통 사람은 약삭빠른 금융 기관들이 판 질이 안 좋은 대출상품의 덫에 걸린 것이다.

2000년대 초반 부동산 대부 회사들은 신용카드 회사들이 믿을 수 없게 낮은 "티저금리"를 가지고 돈을 긁어모으는 걸 보고 자기들도 거기에 수저를 얹고 싶어했다. 맙소사, 이들 역시 소원을 성취했다. 사실상 금리 규제가 철폐된 상황이기 때문에 이 은행들은 마음대로 금리를 책정할 수 있었고 여기서 서브프라임 모기지 광풍이 시작됐다.

"새로운 대출상품들"이 우후죽순으로 생겨났다. "최종지불액(약정된 기간 동안 이자만 갚다가 마지막에 원금을 한 번에 상환해야 한다는 뜻—옮긴이)", 옵션 ARMs(변동 금리 적용), "조기 상환 위약금"과 같은 생소한 용어들을 쓰는 대출 계약들이 나왔다.[3] 많은 사람은 대출을 받을 때 이런 조건들을 자세히 보지도 않고 플로라 할머니처럼 그 계약의 좋은 점만 번지르르하게 설명한 세일즈맨의 말을 믿은 것이다. 대출상품들이 더 복잡해지면서 대출 기관들은 상품 여기저기에 이런저런 속임수나 덫을 슬쩍 끼워넣을 수 있는 새로운 기회들을 찾아냈다.

많은 대출 회사가 돈을 빨리 벌기 위해 사람들에게 대출을 해주기 전에 꼼꼼하게 그들의 경력과 급여 명세서를 조사했던 오랜 관행은 팽개쳐버리고 미친 듯이 고객을 찾아 몰려들었다. 이 시장의 수익성이 아주 높았기 때문에 세일즈맨들은 집집마다 찾아다니면서 영업을 했는데 주로 흑인과 남미계 주택가에서 마진이 가장 높고 사기성이 가장 농후한 상품들을 팔았다.[4] 그렇지 않으면 플로라 할머니처럼 노인들을 노렸다.[5]

그들은 매달 상환해야 할 돈이 낮다고 광고하기도 하고, 때로는 곧바로 대출해주겠다고 약속하기도 했다. 이미 수만 달러의 신용카드 빚을 지고 있는 수백만 명의 가족에게 이런 대출상품은 목숨을 구해줄 생명줄처럼 보였다. 텔레비전에 출연한 수많은 전문가는 사람들에게 바보나 금리가 높은 신용카드 대출을 받는 거라고 말하고 있었다. 심지어 연방준비제도이사회 의장인 앨런 그린스펀도 미국인들에게 홈에퀴티론을 "이용"하라고 촉구했다.[6] 이들의 계산은 설득력 있어 보였다. 서브프라임 모기지 금리가 3퍼센트인데 왜 19퍼센트나 물리는 신용카드를 쓰나? 물론 3퍼센트는 시작일 뿐이었다. 이런 번쩍번쩍 빛나는 광고지에서는 나중에 시간이 지나면서 금리가 조정되거나 채무자가 상환을 한두 번 놓치면 이 금리가 폭등할 것이란 점은 절대 나와 있지 않았다. 그리고 이런 광고지에는 예쁜 집에 붉은색의 "압류" 표지판이 꽂혀 있는 사진은 절대로, 절대로 나오지 않았다.

이렇게 주택담보 시장에 막대한 자금이 들어오면서 집값이 올라가기 시작했다.[7] 그렇게 되자 투기꾼들이 이 판에 뛰어들었다.[8] 모두 여러 채의 집을 사고파는 것으로 부자가 된 지인에 대한 이야기를 듣게 됐다. 그렇게 집값이 하늘 높은 줄 모르고 올라가는 동안은 거기에 숨겨진 위험 신호들을 간과하기 쉬웠다. 어쨌든 대출을 갚을 수 없으면 언제든 집을 팔아서 이익을 볼 수 있었다. 아니면 행복한 음악이 계속 연주되는 한은 언제든 그럴 수 있을 거라고 생각했다.

그러다가 갑자기 음악이 멈춰버렸다. 결국 주택담보 시장이 붕괴됐을 때 수백만 명이 그 함정에 빠져들었다. 그들은 대출금을 갚을 수 없었고, 이자가 더 낮은 대출로 갈아탈 수도 없었으며, 집을 팔 수도 없었다. 2008년 말이 되자, 대출이 낀 집을 보유하고 있던 사람 다섯 중 한 명은 집값보다 더 많은 부채를 안게 됐다.[9] 은행이 대출금을 회수하면서 압류 통지서가 쌓여갔다.

이 부동산 위기로 미국의 중산층 한가운데에 거대한 구멍이 생겼다. 집은 그냥 사는 곳이 아니었다. 대부분의 가족에게 집이란 가장 중요한 자산이다.[10] 집은 그들의 저축과 은퇴 자금과 자식들에게 물려줄 유산이 한데 들어간 큰 패키지와 같은 것이었다. 대출금을 다 갚는 가족에게는 어떤 일이 닥쳐오든 편안하게 피할 수 있는 구명보트가 생기는 셈이었다. 하지만 그 대출금이 "물속에 있고", 빚이 집값보다 더 많다면, 그 구명보트는 시멘트처럼 가라앉게 된다.

주택 시장이 침몰했을 때, 미국의 중산층도 같이 물속으로 빠져들어 갔다.

어둠 속에서 감독하다

—

나는 리드 상원의원의 전화를 받고 그다음 주에 워싱턴에 가서 다른 위원들을 만나 감독 업무에 대한 이야기를 나눴다. 우리는 조직을 꾸려야 했는데 그것도 서둘러야 했다.

TARP는 민주당과 공화당 양당이 찬성해서 통과시킨 법안이었지만, 실질적인 일은 부시 행정부의 재무부 장관인 헨리 폴슨이 앞장서서 해냈다. COP 위원들이 워싱턴에 처음 도착했을 때 TARP가 발효된 지 7주밖에 안 됐지만, 재무부는 이미 1720억 달러라는 어마어마한 거금을 쓴 뒤였다.[11] 우린 그 어떤 감독도 받지 않은 채 거금이 흔적도 없이 사라졌을 것 같아 크게 염려돼 폴슨 재무부 장관 및 다른 재무부 관리들에게 잠깐 만나줄 것을 요청했다.

　11월 21일 금요일에 나는 재무부 빌딩의 큰 정문 앞에 서서 숨을 돌리려 애쓰고 있었다. 나는 동료 위원인 데이먼 실버스, 리처드 니먼과 만나서 같이 왔다. 우리 셋은 민주당에서 지명한 사람들이었다. 민주당 하원 원내대표인 낸시 펠로시가 리처드를 지명했고, 리드 상원의원이 나를 추천했고, 이 두 의원이 같이 데이먼을 지목했다.

　데이먼 실버스는 큰 키에 손과 발도 큼지막하고 전체적으로 체격이 큰 사람이었다. 그는 낙낙한 검은색 양복을 입고 다림질이 필요 없는 셔츠를 입고 왔는데 따발총을 쏘는 듯한 말투로 봐서 머릿속에 수많은 아이디어로 가득 찬 사람이란 걸 짐작할 수 있었다. 하버드 대학을 졸업하고 거기서 경영학과 법학으로 석사학위까지 받은 그는 큰돈을 벌 수 있었지만 그런 게 기질에 맞지 않았다. 대신 그는 캘리포니아에서 딸기 따는 노동자들의 조합을 결성하고, 뉴올리언스에서는 조선소 노동자 조합을 결성했다. 결국 그는 AFL-CIO의 법무 담당 부실장이 됐다. 내가 파산법 전쟁을 치를 때 AFL-CIO가 대형 은행들을 상대로 우리 편을 들어줘서 데이먼과 안면이 조금 있었기에 든든하게 느껴졌다.

　또 다른 위원인 리처드 니먼은 은행업 규제 담당자로 일을 시작해 은행업계에서 오랫동안 일했다. 그러다가 뉴욕의 은행감독원장이 됐다. 리처드는 그날 처음 만났지만 그의 폭넓은 경험이 위원회에 큰 보탬이 되길 바라고 있었다.

　재무부 건물은 역사적인 랜드마크로 백악관과 상당히 비슷했지만 그보다 훨씬 더 크고 훨씬 더 요새 같았다. 이 건물은 웅장한 기둥들과 흰 대리석이 깔린 12만 평방피트에 달하는 거대한 곳으로, 철제 게이트 안에서 엄중하게 보호받고 있으며, 일반인이 들어올 수 없다. 이곳의 보안은 재무부 비밀 검찰국에서 맡고 있다. 문으로 들어가면 첫 번째 경비 초소가 나오는데 거기서 방문객들은 보안 검사를 통과해야 한다. 두 번째 보안 검사(금속 탐지기를 걸어서 통과하고 가지고 온 소지품을 전체 화면에 비춰 검사하는 절차)는 건물 안으로 들어가면 바로 거쳐야 한다. 방문객들은 반드시 이 두 가지 검사를 거쳐서 확인 명단에 이름을 올려야 한다. 보안 검사를 통과한 뒤 우리를 맞이하러 나온 재무부 직원을 따라 재빨리 회의실로 들어갔다.

재무부 빌딩에 온 것은 처음이었지만 구경할 시간도 없었다. 우리는 오늘 폴슨 장관을 만날 수는 없지만 TARP의 행정 업무를 맡고 있는 닐 카시카리를 포함한 다른 요원들과 몇 분 동안 회의를 하게 될 거라는 말을 들었다.

시간이 촉박하다는 걸 알고 있었기 때문에 카시카리 차관보가 나타나자마자 곧바로 방문 목적을 밝혔다. 우리는 대형 금융 기관들의 상태에 대해 추궁했다. 재무부는 거대 은행들에 추가로 긴급 구제 자금 지원을 할 것인가? 지금까지 체결된 긴급 구제 계약 조건들을 우리가 볼 수 있을까? 카시카리 차관보가 '긴급 구제'라는 단어는 옳지 않다고 반발해서 그것 때문에 몇 분 동안 언쟁을 벌였다. 하지만 차관보가 한 가지는 아주 확실하게 밝혔다. 현 상황을 개선하기 위해 대형 금융 기관들에 거액의 자금이 투입됐으며, 재무부는 이제 소규모 은행들을 지원하는 데 집중할 것이라고.

회의는 끝났고, 우리는 곧 그 육중한 철제문을 나와 거리에 섰다.

우리가 회의를 한 건 금요일이었다. 그로부터 채 48시간도 지나지 않아 이미 TARP로부터 250억 달러의 자금을 받은 시티은행에 재무부가 방금 또다시 막대한 공적 자금을 투입했다는 뉴스가 보도됐다. 이번에는 추가로 200억 달러를 지급한 데다 3060억 달러를 보증해줬다. 이건 믿기 어려울 정도로 엄청난 금액인 데다 그 타이밍은 더 충격적이었다. 이 상황을 이해하기 위해 뉴스 보도들을 종합해보니 TARP 수장이 대규모 긴급 구제는 이제 다 끝났으며 더 이상 그런 일은 없을 거라고 우리를 안심시키는 와중에, 바로 옆 사무실에서 그의 동료들이 시티은행에 2차 공적 자금을 투입하는 엄청난 거래를 협상하고 있었던 것이다. 사실 TARP의 특별 감사관이 나중에 보고한 바에 따르면 이번 주말은 재무부에서 "시티의 주말"로 널리 알려져 있었다는 것이다.[12]

난 엄청난 충격을 받은 동시에 무지막지하게 화가 났다. 나도 지금이 위기 상황이며 민감한 정보는 비밀로 해야 한다는 건 알고 있었다. 그리고 재무부 사람들이 우리에게 그 정보를 알려주면서 일정한 시간 동안 비밀을 엄수해줄 것을 부탁하거나 혹은 이렇게라도 말해줄 수 있었다는 것도 알고 있다. "지금은 말해줄 수 없습니다." 그리고 왜 그런지에 대한 설명을 해주지 않을 수도 있었다. 하지만 재무부 사람들은 그 어떤 말도 하지 않았다. 우리와 회의하는 동안 재무부 팀은 머뭇거리지도 않았고, 얼버무리지도 않았다. 그들은 우리가 이제 대형 긴급 구제는 끝났다고 믿으며 나간 것도 알고 있었고, 그 믿음이 얼마나 잘못된 것인지도 알고 있었던 것이다.

우리 위원회는 조직을 꾸리기 위한 첫 모임도 아직 갖지 못했지만 재무부와 다 터놓고 협력할 수 있을 거라고 생각했던 내 예상은 완전히 박살났다. 이 과정이 투명하길 원한다면 매번 죽어라 싸워서 쟁취해야 했다.

TARP가 뭐지?

COP의 임무에 대해 생각하면 항상 숫자 하나가 떠올랐다. 7000억 달러. 그 숫자만 생각하면 밤에 잠이 오질 않았다. 망할, 지금도 가끔 잠 못 들 때가 있다. 그게 얼마나 천문학적인 숫자인지 실감하기 쉽지 않을 것이다.

물론 이 금액을 가지고 여러모로 황당한 비교를 해볼 수 있다. 이 돈이면 미국에 있는 모든 아이에게 한 명당 노트북을 일곱 대나 사줄 수 있었다. 이 돈이면 1300만 명의 아이를 대학에 보낼 수 있었다. 엄청난 오소리 이민단을 화성에 보낼 수도 있었다.(흠, 이건 아닌가.)

하지만 이 돈으로 진짜 "할 수 있었던" 일들만 생각하면 돌아버리겠다. 우린 이 돈으로 도로와 다리와 대중교통 수단을 보수할 수 있었다. 이 돈이면 모든 아이가 갈 수 있는 유치원을 지을 수 있고 국립대학의 등록금을 예전처럼 낮출 수 있었다. 향후 20년간 의학 연구와 과학 연구에 들어가는 연방 정부의 투자를 두 배로 늘릴 수 있었다.[13]

재무부가 그 많은 돈을 어떻게 쓰는지 감독하는 책임이 내 어깨를 무겁게 짓눌렀다. 비록 사람들이 우리에게 기대하는 것은 보고서 작성밖에 없더라도 말이다.

의회는 우리에겐 다리를 고치거나 유치원을 짓거나 의료 연구에 더 쏟을 돈이 없다고 여러 번 되풀이해서 선언해놓고 이제 와서 국민의 혈세인 7000억 달러를 은행을 구제하는 데 빌려줬다. 어떻게 이런 일이 일어났을까? 그렇다, TARP는 투자 성격을 띤 법안이고, 재무부는 그 돈을 다시 돌려받겠지만, 사회기반시설, 교육, 의료 연구도 투자다. 경제적으로 막대한 이익을 거둘 수 있는 투자인데 수치스러울 정도로 부족한 재원에 시달리고 있는 것이다.

모기지 위기(수백만 가족이 갑자기 모기지, 즉 대출금을 갚을 수 없었을 때)는 이 문제의 첫 단추였을 뿐이다. 거기엔 "충격"을 "위기"로 격상시킨 두 번째 단추가 있었다.

현란한 새 모기지 상품을 팔아서 거금을 벌자 은행들은 기존의 지루한 은행 업무를 팽개치고 월가 행상으로 넘어갔다. 워싱턴 정가에서 은행업에 대한 규제를 점점 더 철폐하면서(1980년대에 시작해서 1990년대에 속도를 내기 시작했다) 대형 은행들이 전에는 넘볼 수 없었던 새로운 투자처들을 찾아다녔다.[14] 시간이 흐르면서 많은 은행은 대출자들이 다년간에 걸쳐 대출을 갚는 동안 모기지를 계속 보유하고 있는 것보다 그걸 다시 팔면 돈을 더 벌 수 있겠다고 판단했다. 처음에 모기지를 다시 팔자 더 많은 현금이 들어왔고 그래서 더 많은 사람이 대출을 받을 수 있게 돼서 주택 시장이 잘 돌아갔다. 하지만 대형 은행들이 화려한 모기지 상품들을 팔면 돈을 더 벌 수 있을 거라 계산함에 따라 수익이 아주 높으면서 위험도 높은 제품들을 사서 팔기 시작했다. 많은 대형 은행이 재빨리 투기꾼으로 변모했고, 집을 팔아 돈을 버는 투기꾼들이 쉽게 돈을 벌기 위해 이런 집들을 사들였다.[15]

증권 트레이더들은 모기지 몇 개를 한 묶음으로 만들어 팔아 돈을 좀 벌 수 있다면, 모기지를 산더미처럼 모아서 팔아 떼돈을 버는 게 좋겠다는 아이디어를 짜냈다. 곧 모기지들이 모여서 거대한 패키지가 됐고, 이 패키지들이 팔리고, 다시 팔리고, 다시 패키지로 만들어서 다시 잘라 파는 행태가 계속됐다. 시간이 흐르면서 이런 패키지와 거래들은 점점 더 복잡해졌다.[16]

이런 모기지 패키지들이 사방에서 판매됐고 많은 상품이 언제 폭발

할지 모른 채 째깍거리는 시한폭탄이 됐다.

아무도 "경고: 이 안에 수류탄들이 들어 있습니다!"라는 꼬리표를 붙인 패키지를 팔진 않았다. 대신 이런 패키지들은 위험 정도에 따라 AAA, BBB, 이런 식으로 등급이 매겨졌다. 문제는 이 등급이 민간 신용등급평가 회사들에 의해 매겨진다는 것인데 이 회사들은 이런 패키지를 만든 당사자인 은행들로부터 보수를 받고 있으며 부수적으로 이런 은행들에 수백만 달러에 달하는 다른 서비스들도 팔려고 애쓰고 있다는 점이다. 연방 규제 기관들이 이런 신용등급평가 회사들을 감독할 수도 있었지만 요즘은 "규제 철폐"를 마법의 주문처럼 외치는 시대라 신용등급평가 회사들이 임의로 기준을 정하게 내버려뒀다. 그러니 이 회사들이 대부분의 모기지 패키지 상품에 AAA 등급을 준 것도 놀랄 일은 아니지.[17]

중개인들은 이 AAA 등급을 이용해서 "안전한" 패키지 상품들을 사방에 있는 투자자들에게 팔았다. 연금 펀드들도 거기에 투자했다. 시정부, 보험 회사, 비영리 자선단체, 무엇이 됐든 간에 월가의 관심을 끌 수 있을 정도의 규모가 되는 회사나 단체라면 아마도 "AAA 등급의 모기지를 기반으로 한 증권을" 어느 정도는 다 보유하고 있을 것이다.

주택 시장의 거품이 꺼지고 가족들이 더 이상 대출금을 갚지 못하게 됐을 때 폭탄들이 터지기 시작했다. 그 결과 엄청난 재앙이 일어났다는 건 충분히 예측할 수 있는 일이었다.[18]

금융업계의 거물들이 휘청거리다 쓰러지기 시작했다. 먼저 베어스턴스가 주저앉았고, 그다음이 리먼브라더스와 메릴린치였다. 이러다 금융 시스템 전체가 폭삭 무너질 것 같았다.[19]

2008년 가을 은행 시스템은 잠정적인 정지 상태에 들어갔다. 대기업과 중소기업들은 융자를 받으려고 안간힘을 썼는데, 그 말은 많은 회사가 물품을 살 수 없을뿐더러 심지어 월급조차 줄 수 없다는 뜻이었다. 집을 사려는 사람들은 대출을 받으려고 애썼다. 차를 사려는 사람들 역시 융자를 받으려고 노력했다.[20] 이건 마치 경제를 돌아가게 만드는 거대한 기어에 누가 모래를 트럭째 싣고 와서 부어버린 듯한 형국이었다.

재무부 장관인 헨리 폴슨은 의회에 출석해서 금융 시스템이 멈췄다고 설명했다.[21] 그는 정부가 구해줘야만 경제가 다시 돌아가고 완전한 금융 붕괴를 막을 수 있을 거라 주장했다. 그렇게 해서 TARP, 즉 부실자산구제프로그램이 태어난 것이다.

이론상으로 TARP는 경제를 회복시키기 위해 두 가지 목표를 설정했다. 첫째는 은행 시스템을 안정시키는 것이다. 은행들은 현금이 더 들어온다면 다시 대출을 시작할 것이고 그렇게 되면 대기업과 중소기업들이 다시 사업을 할 수 있을 거라고 생각했다. 두 번째 목표는 TARP가 모기지 위기를 진압하는 것이다. 이 계획의 세부 내용은 분명하지 않았지만, 대체로 TARP의 자금 대부분이 결국 수많은 근면한 미국 주택 소유자들에게 팔린 끔찍한 모기지들을 정리해서, 그들이 거리로 내몰리는 일이 없도록 하는 것이 골자였다. 이 두 번째 목표가 COP의 법으로 정해진 수행 과제에 반영돼 있었다. 우리는 "압류 경감 노력의 효율성"에 대해 의회에 구체적으로 보고하라는 지시를 받았다.

TARP가 세워지자마자 수백억 달러의 공적 자금이 거대 은행들에 흘러 들어가기 시작했다. 이미 대형 금융 기관 몇 곳이 쓰러지긴 했지만 다른 거대 은행들은 이 위기에서 살아남도록 재무부가 힘쓸 것이란 점이 곧 확실해졌다. 하지만 중소기업으로는 공적 자금이 들어가지 않아 매일 많은 기업이 문을 닫고 있었다. 동시에 압류의 파도는 더 높이 치솟기만 했다. 그 무시무시한 위기 초반에 TARP는 작은 사업체나 곤경에 처한 가족들을 위해서는 하는 일이 거의 없는 듯 보였다.

열 가지 질문

그래서 우리의 새 감독위원회는 언제 첫 번째 보고서를 발표할 것인가? 우리는 일단 1차 보고서를 내면 그다음부터는 중간에 내릴 수 없는 쳇바퀴를 달리게 되리라는 걸 알고 있었다. 법에 따라 2차 보고서를 내기까지 30일이라는 기한이 있었고, 그다음 3차 보고서까지 30일, 이렇게 2년 동안 30일 간격으로 계속해서 보고서를 써야 했다. 잠시 멈추고 숨 돌릴 시간도 없었다. 그냥 전력을 다해 끝까지 쭉 가야 하는 것이다.

의회가 평상시에 이런 위원회를 꾸렸다면 1차 보고서를 제출하기까지 시간을 훨씬 더 많이 줘서 위원회 위원들이 서로에 대해 알아가고, 연구를 하고, 직원을 뽑고, 전략을 짤 수 있었을 것이다. 하지만 지금은 평상시가 아니었다. 나라가 위기에 처해 있고, 의회는 지금 당장 보고서를 원했다. 우리는 그냥 방관자가 되거나 아니면 다짜고짜 뛰어들어 할 수 있는 일은 뭐든 해야 했다.

추수감사절 전날 위원회는 전화로 첫 공식 회의를 했다. 새 COP는 아직 사무실도 없었고, 직원도 없었다. 심지어 커피메이커도 하나 없었다. 사실 마지막 위원 두 명도 바로 전 주에 뽑혔다. 공화당에서 젭 헨설링 텍사스 하원의원과 저드 그레그 뉴햄프셔 상원의원을 지명했다.

헨설링 의원은 그날 우리 전화 회의에 참석했지만, 그레그 의원은 통화가 안 됐다.(그는 곧 사임해서 그의 자리는 잠시 공석으로 남겨졌다.)

위원회에서 투표를 해 내가 위원장으로 선출됐고, 우리는 가능한 한 빨리 보고서를 쓰는 데 동의했다. 12월 10일을 1차 마감으로 정했는데, 그렇다면 정확히 2주 동안 어떤 사안을 다루고, 연구하고, 보고서를 쓰고, 그걸 검토하고, 그에 대한 투표를 해서 의회에 보내야 한다는 뜻이었다. 아이고, 맙소사.

시간이 째깍째깍 흘러가는 상황에서 내가 보고서 초안을 써서 다른 위원들에게 돌리겠다고 제안했다.

그렇게 해서 추수감사절 날 아침 나는 케이크를 굽고 있었다. 브루스와 나는 청교도들이 처음 상륙한 플리머스 바위에서 불과 몇 마일 떨어진 플리머스에서 추수감사절을 보낸다. 그곳이 플리머스 바위와 가까운 건 순전히 우연의 일치다. 브루스의 누이인 그레천과 그녀의 가족들이 그곳에 살아서 친지들이 다 그 집에 모인다. 그레천의 남편인 스티브는 집에서 파스타를 만들고 이탈리아 아메리칸 스타일로 끝내주는 잔치를 벌인다. 나는 감사의 표시로 스티브가 좋아하는 디저트인 살구 업사이드다운 케이크(밑에 과일을 놓고 구운 후 과일이 위로 오도록 엎어서 내는 케이크—옮긴이)를 만들어서 가져가곤 했다. 올해는 브루스와 오티스가 그 케이크를 가져가기로 하고 나중에 남은 음식을 싸오겠다고 약속했다.

케이크를 오븐에 넣은 뒤 나는 컴퓨터 화면을 보면서 생각했다. 폭풍이 사정없이 몰아치는 와중에 감독을 한다는 건 대체 무슨 의미가 있는 걸까? 우리는 실질적으로 뭘 이뤄낼 수 있을까?

나는 우리가 일종의 감시견 역할을 해야 한다고 판단했다. 감시견이

하는 일은 위험이 닥치면 모두 고개를 들어서 보라고 짖는 것이다. 우리 경제는 무너지고 있었고, 수백만 명이 일자리를 잃었으며, 가족들은 살고 있는 집에서 쫓겨나고 있고, 연금 펀드들은 사라지고 있는데, 이 위기에 대처하기 위해 지금 당장 정부가 사용할 수 있는 몇 안 되는 도구 중 하나가 TARP를 통해 재무부에 주어진 7000억 달러다. 재무부가 그 돈을 어떻게 쓰느냐에 따라 경제가 추락을 멈추고 다시 올라올 수 있을지 그리고 어떻게 회복될지가 결정된다. 재무부는 우리와 한 첫 회의에서 COP 감시견과는 협조할 계획이 없다는 걸 분명히 밝혔다. 그러니까 우리가 하는 감독이 실질적인 의미를 지니려면 우리가 휘두를 수 있는 무기는 앞으로 쓸 보고서밖에 없었다.

그동안 이 보고서를 단 두 주 만에 써내려면 도움이 필요한데, 그것도 빨리 뒷받침되어야 한다. 시간이 있다면 전문가들을 동원하고 전일 근무하는 직원을 뽑을 것이다. 하지만 지금 당장은 단 1초도 허투루 쓸 여유가 없었다.

그래서 위원회에 들어간 초반에 전에 가르쳤던 학생들에게 도움을 청했다. 그들은 젊고 똑똑한 데다, 무엇보다 아주 급하게 도와달라고 부탁해도 기꺼이 그렇게 해줄 수 있었다. 직원도 없고, 아무런 기반 시설도 없었던 그때 그 학생들은 다이아몬드보다 더 귀중한 존재였다.

가네시 시타라만은 미국의 성공 신화다. 가네시의 부모는 그가 태어나기도 전에 인도에서 미국으로 이민을 왔다. 어렸을 때 그는 이글 스카우트(21개 이상의 공훈 배지를 받은 보이스카우트 단원―옮긴이)였고 결국 하버드 법대까지 왔다. 내 수업에서 가네시는 매일 손을 드는 열성적인 학생이었다. 대부분의 학생은 수업이 끝나면 그걸로 관계가 끝났지만 가네시는 달랐다. 가네시는 내 수업을 더 이상 듣지 않아도 매주 내 사무실에 들러 경제학과 사회 정책에 대한 이야기를 나눴다. 금융위기가 닥쳤을 때 가네시는 이미 졸업한 터였지만 아직도 연구 장학생으로 하버드에 남아 있었다.

댄 겔던은 가네시와 성격이 정반대였다. 학생들이 많은 수업에서 댄은 아주 조용해서 눈에 잘 띄지 않았다. 하지만 그걸로 댄을 과소평가하는 실수를 범해서는 안 된다. 댄은 강철 같은 의지의 사나이였다. 댄의 형이 전에 내게 이런 이야기를 해준 적이 있다. 댄이 일곱 살 때 가족과 함께 맥도널드에서 식사를 하고 있었다. 댄이 치즈버거를 반쯤 먹다가 갑자기 내려놓더니 고기를 먹는 건 옳지 않으니 채식주의자가 되기로 결심했다고 선언했다. 댄의 엄마와 아빠는 너그러운 미소를 지었고, 형은 어처구니가 없어서 눈동자만 대굴대굴 굴렸다고 한다. 하지만 25년이 지난 지금도 댄은 여전히 고기에 입도 대지 않는다.

내가 도와달라고 부탁하자마자 가네시와 댄은 곧바로 달려왔다. 우리는 몇 시간씩 이야기를 나누며 맹렬하게 원고를 써내려갔다. 거의 매일 가네시의 도움을 받아 보고서 초안을 작성해서 다른 위원들에게 보냈다. 그들은 그걸 편집하고 의문 나는 점이 있으면 거기다 질문을 하고 몇 가지 덧붙여서 다시 내게 보내왔다. 매일 밤 열 시쯤 나는 마지막으로 수정한 초고를 댄에게 보냈다. 댄은 밤새 그걸 가지고 작업하면서 부족한 연구를 채우고 다른 위원들이 한 질문에 답을 달았다. 매일 아침 나는 댄이 보낸 원고를 들고 다시 처음부터 그 과정을 되풀이했다.

우리가 작성한 최종 보고서는 37쪽밖에 안 됐는데 정부 보고서치고는 대단히 짧았다. 하지만 우린 정말로 간결하고 분명한 보고서를 원했으며, 그 보고서를 작성하는 건 보기보다 굉장히 힘들었다.

미국의 텔레비전은 이 위기에 대해 논하는 금융 전문가들이 나오는 뉴스 프로그램으로 넘쳐났는데 그들은 하나같이 일반 대중이 알아듣지도 못할 자산담보부증권이니, 특수목적회사니, 합성파생금융상품이니 하는 용어를 써댔다. 토론 주제가 뭐든 방송에 출연한 전문가들이 하는 설명은 따지고 보면 다 같은 이야기였다. '지금 무슨 일이 벌어지고 있는지 이해할 수 있을 정도로 똑똑한 사람들은 우리 같은 인사이더들밖에 없으니까, 그냥 우리를 믿고 맡겨.'

난 그 말을 믿지 않았다. 사실 감독위원회가 하는 일은 지금 무슨 일이 일어나고 있는지 모두 이해할 수 있게 감시하는 것이라고 생각했다. 금융위기를 둘러싸고 벌어지는 문제들은 중요하다. 사실 대중의 눈을 피해 숨겨서는 안 될 정도로 중요하다. 나는 위기 초반에 재무부 빌딩에서 카시카리 차관보 및 재무부 TARP 팀원들과 나눈 대화가 기억났다. "인사이더들을 믿으라"는 생각에 따르는 대신 나는 감독관이 하는 일은 그 인사이더들이 자기가 한 일에 책임지게 해서 국민의 믿음을 얻게 만드는 것이라고 생각했다.

우리 보고서는 현재 미국의 경제 상황에 대한 암울한 최신 정보들로 시작됐다. 지난 석 달간 120만 명이 일자리를 잃었다. 100만 명이 넘는 사람의 집이 압류되기 일보 직전이다. 주식시장은 원래 가치의 40퍼센트가 빠져나갔다. 국내 최대 자동차 기업 세 곳이 파산 직전이라고 보고했다.[22] 하지만 이 위기는 좀처럼 끝이 보이지 않았다. 하루가 다르게 경기가 악화되고 있었다.

이 시점에서 일반적인 보고서라면 더 많은 데이터를 쏟아냈겠지만, 우리는 사람들이 이미 알고 있는 사실 대신 그들이 모르는 것에 초점을 맞추기로 했다. 그래서 우리는 질문을 했다.

우리가 한 질문(총 10개)이 우리 보고서의 핵심이 됐다. 이 질문들은 상당히 단순했고, 우리는 아주 쉽고 간단한 언어로 썼다. 예를 들어 우리는 재무부에 이런 질문들을 했다.

- 재무부의 전략이 압류를 줄이는 데 도움이 되고 있습니까?
- 금융 기관들은 지금까지 받은 납세자들의 돈으로 뭘 했습니까?
- 이것은 국민에게 공정한 거래입니까?[23]

나는 이 보고서의 단순한 표현이 마음에 쏙 들었다. 전문 용어들과 복잡하고 장황한 표현들을 다 없애자 모두 이 조사에 참여할 수 있게 됐다. 단순한 표현을 쓴 데에는 헛소리를 해대는 인간들에게 경고를 하기 위한 이유도 있었다. 그렇다, 이 위기에 복잡한 금융상품들이 관련된 건 사실이지만, 언뜻 보기에 복잡해 보이는 모든 것이 실은 그 이면에서 벌어지는 추악한 일들을 은폐하기 위한 헛소리에 지나지 않는다. 그리고 재무부는 이미 COP에 솔직하게 말할 계획이 전혀 없다는 걸 분명히 밝혔다. 그러니 지금 무슨 일이 일어나고 있는지 알아낼 수 있는 유일한 방법은 단순한 질문을 해서 단순한 답을 듣는 것이다. 알아듣지도 못할 전문 용어로 빠져나갈 생각도 하지 말고, 숨지도 말란 것이다.

우리는 의회에 그 보고서를 제출한 뒤 대중에게 공개했다.

내가 전에 가르친 또 다른 학생인 케일럽 위버가 상원에 비디오 녹화를 할 수 있는 시설이 완비돼 있다는 걸 알아냈다.(거기엔 가짜 배경까지 있었다. 내가 세트에 섰을 때 제일 처음 받은 질문은 가짜 식물을 배경으로 하시겠어요, 아니면 가짜 창문을 배경으로 하시겠어요였다.) 나는 (가짜 창문을 배경으로) 4분 동안 녹화를 했는데 거기에 우리 위원회가 해야 하는 일과 보고서의 개요가 밝혀져 있었다. 우리는 그걸 유튜브에 올렸다.

그리고 웹사이트도 만들어서 거기에 보고서를 올려 누구나 읽을 수 있게 했고, 포털도 만들어 사람들이 자신의 사연을 올릴 수 있게 했다.

유튜브와 웹사이트는 의회 감독위원회와는 아무 상관이 없는 것처럼 보였고, 적어도 2008년에 위원회가 그런 식으로 일을 처리해야 한다고 대부분의 사람은 생각하지 않았다. 하지만 우리의 목표가 미국인들을 위한 감시견이 되는 거라면 가능한 한 많은 미국인을 이 일에 개입시켜야 한다고 생각했다.

웹사이트를 열자마자 이메일이 쏟아지기 시작했다. 우리는 집을 잃은 사람, 절망적인 상황에 빠져 재정적 도움이 절실히 필요한 사람, 미국에서 일어나고 있는 일에 좌절한 사람들의 이야기를 들었다. 난 사람들의 폭발적인 반응에 조금 놀랐다. 어쨌든 우리는 그들이 존재조차 잘 모르는 정부 위원회로 활동을 시작했는데 말이다. 하지만 이 위기는 극히 개인적인 것이었다. 사람들은 자신의 세계가 통째로 와르르 무너지고 있는 것처럼 느꼈다. 어쩌면 우리 보고서가 그들에게 말할 기회를 준 건지도 모른다. 어쩌면 우리 보고서는 기회만 있었다면 그들이 하고 싶었던 바로 그 질문들을 한 건지도 모른다.

나는 우리 보고서가 어떤 정치적 풍파에도 휘말리지 않기를 바랐지만 그 바람은 이뤄지지 않았다. 위원회가 보고서를 써야 했던 2주 동안, 우리는 초고를 계속 돌리면서, 전화로 회의를 하고, 이메일을 주고받고, 타협하기로 했다. 만장일치로 의견이 일치된 보고서를 내길 바랐던 것이다. 하지만 그렇게 되지 않았다. 헨설링 의원이 반대표를 던졌다.

그래서 우리의 첫 보고서는 민주당에서 지명한 세 사람만 서명을 하고 공화당의 지지는 받지 못했다.

나는 감독위원회의 일이 매 순간 아주 힘들게 진행되리라는 것을 이해하기 시작했다.

편 가르기

———

첫 번째 COP 보고서가 나온 12월 10일 나는 우리 보고서에 반대표를 던진 헨설링 하원의원과 약속이 있었다. 그가 의회에 있는 자기 사무실에 날 초대했을 때 COP가 앞으로 어떻게 다른 방향으로 작업을 해야 할지에 대해 자신이 생각하는 바를 논할 거라고 생각했다.

　그날 아침 일찍 나는 길을 잃었는데 이번에는 (또) 의회 지하실에 있었다. 내가 전에 가르쳤던 마이클 네그런이 동행한 터였다. 마이클은 법대에 입학하기 전에 해군 장교였기 때문에 길을 잃는 것 같은 사소한 일에는 별로 당황하지 않았다.

　의회 사무실 건물들은 커다란 지하 터널들로 연결돼 있었고, 이상한 방향으로 도는 작은 근거리 왕복 열차들이 있었으며, 사무실들은 내가 보기엔 전혀 이해할 수 없는 방식으로 번호가 붙여져 있었다. 우리는 여기서 돌고 조금 더 가서 저기서 도는 식으로 가고 있었는데 마침내 마이클이 거의 다 왔다고 선언했다. 해군, 만세!

　헨설링의 사무실은 이미 업무에 착수했으며 헨설링 의원이 재빨리 우리를 맞이하러 나왔다. 모두 악수를 하고, 마이클과 나는 헨설링 및 그의 직원과 함께 그의 개인 사무실로 들어갔다. 나는 코트를 무릎에 놓고 소파 가장자리에 걸터앉았다.

　우리가 작성한 1차 보고서에 헨설링 의원이 반대표를 던졌기 때문에, 나는 그가 어떤 식으로 보고서를 달리 작성하고 싶은지 궁금했다.

어쩌면 그는 우리가 무엇을 조사해야 할지에 대한 강력한 의견을 가지고 있을 수도 있었다. 어쩌면 그에게 TARP 자금이 어떻게 쓰이는지 감시하는 방법에 대한 좋은 아이디어가 있을지도 모른다. 어쩌면 그는 재무부에 압력을 더 넣어서 압류를 늦추는 상황을 진전시키길 원하는지도 모른다. 어쩌면 그는 시티은행에 대한 막대한 2차 긴급 구제와 재무부가 우리에게 거리낌 없이 거짓말한 점에 대해 이야기를 나누고 싶은 건지도 모른다. 우리 위원회가 다루어야 할 문제 목록은 하루가 다르게 늘어가고 있었고, 헨설링 의원이 어떤 우선순위로 그걸 이야기하고 싶어하는지 도무지 짐작이 가지 않았다.

헨설링은 나에게 활짝 미소를 지어 보인 뒤 곧바로 본론으로 들어가더니 이런 말을 했다. "위원회 예산을 어떻게 나눌지에 대한 당신의 의견을 듣고 싶습니다."

우리 예산을 나눈다고?

헨설링 의원은 내가 우리 위원회에 배정된 자금의 어느 정도 비율을 공화당원들에게 할당하고, 민주당원들을 위해 어느 정도를 남길 계획인지 알고 싶다고 설명했다.

나는 그에게 우린 다 같은 조사를 하고 있으며, 같은 보고서를 작성하고 있다는 사실을 일깨워줬다. 의회는 정확한 지출 예산 비용을 밝히진 않았지만, 우리가 일을 하는 데 필요한 자금은 지급할 용의가 있었고, 우린 그렇게 예산을 책정할 것이다. 나는 헨설링 의원에게 지출 비용을 민주당과 공화당으로 양분할 생각은 전혀 없다는 점을 분명하게 밝혔다. 이건 우리 당 대 너희 당으로 나눠서 해결할 사안이 아니다. 우린 당파를 떠나서 합심해야 한다.

그는 자신의 주장을 다른 방식으로 몇 차례 더 밝혔다. 그는 물론 우리가 함께 일하고 있다는 걸 알고 있으며, 그건 다 아주 좋은 일이다, 하지만 아무래도 내가 워싱턴 정가에서 일하는 방식을 잘 모르는 것 같다고 말했다. 그는 얼굴에서 미소를 잃지 않은 채 계속 같은 주제로 돌아갔다. COP 예산의 어느 정도를 민주당이 통제하고, 공화당은 어느 정도를 쓸 수 있는가?

이런 식으로 몇 번 더 이야기가 돌고 돌다가 그의 말투가 냉정해졌다. "이봐요. 이건 셔츠를 입었나, 아니면 벗었나로 팀을 가르는 게임이라고요." 그 말을 듣자 곧바로 생생한 이미지 하나가 머릿속에 떠올랐다. 즉석 농구 경기를 하는 남자아이들이 팔꿈치로 사정없이 상대를 쳐가면서 공을 차지하려고 안간힘을 쓰는데, 한 팀은 셔츠를 입고 있고, 상대 팀은 셔츠를 벗고 있는 모습.(물론 어느 팀에도 여자는 없다.)

헨설링의 뜻은 명확했다. 그는 자기 팀이 제 몫을 받길 원하는 것이다.

이런 말에 새삼스럽게 놀라서는 안 되겠지, 라는 생각이 들었다. 헨설링 의원이 2주 전에 우리와 처음 전화 회의를 했을 때 첫 질문 역시 직원들을 어떻게 나눌 것인가 하는 것이었다. 난 그런 생각은 해본 적도 없었다. 그리고 그 첫 번째 회의에서는 그런 질문에 어떻게 대처해야 할지 준비도 안 돼 있었다. 하지만 이제 재무부가 하는 일을 정확히 밝히기 위한 감독 보고서를 후딱 쓰느라 2주라는 시간이 지나갔다. 우린 아직 사무실도 없고, 전화도 없고, 커피포트도 없다. 그리고 미국 역사상 가장 큰 규모의 긴급 구제를 감독하기 위한 확실한 계획도 아직 세우지 않았다. 우리가 알아내야 할 게 100만 가지는 넘는데 이 의원은 우리가 해결해야 할 가장 중요한 일이 운영 예산을 분배해서 각 정당이 "공정한 몫"을 받게 하는 거라고? 워싱턴이란 동네가 이런 데였구나.

일단 헨설링 의원과 처음 통화하고 나서 받은 충격을 잠재운 뒤 나는 그 문제에 대해 생각할 기회가 있었다. 내가 보기에 우리는 전 세계를 떠들썩하게 만든 위기의 한가운데서 작업하려고 애쓰는 단기 위원회다. TARP와 감독위원회에 권한을 부여한 법안은 초당적인 협조로 통과됐다. 그리고 우리 나라가 처한 문제들은 분명 당파를 초월한 해법들을 필요로 한다. 민주당원과 공화당원들이 각기 다른 직원과 각기 다른 우선순위의 의제를 가지고 일하길 원하는 헨설링 의원의 계획대로 하면 위원들이 서로 공격하는 데만 시간을 너무 많이 써버리고 역사상 가장 큰 긴급 구제를 감독하는 데 보내는 시간은 충분치 않을 거라고 생각됐다.

게다가 정부는 이미 초당적으로 접근하면 문제를 해결할 수 있으리라는 점을 증명해냈다. 예를 들어 9.11 위원회는 그 사태를 면밀하게 조사해서 분명하고 아주 영향력 있는 보고서를 발표했다. 그게 다 하나의 예산으로 힘을 합쳐 해낸 것이다. 나는 그것이 올바른 접근법이라고 생각했다. COP는 처음부터 끝까지 당파적인 편 가르기는 하지 않을 것이다.

그래서 나는 헨설링 의원의 사무실에서 정확하게 선을 그었다. 우리가 꾸릴 직원들은 당파를 초월해서 모두 함께 일할 거라고. 위원회 예산은 둘이 아니라 하나다. 그걸로 내가 할 이야기는 끝났다. 헨설링 의원이 이 문제로 나와 전쟁을 하고 싶다면 어디 한번 붙어보자고. 그의 말처럼 나는 아직 워싱턴 정가에서 일하는 방식을 이해하지 못하고 있었다. 그가 아직 이해하지 못하는 건 난 사실 워싱턴 정가에서 일하는 방식은 안중에도 두지 않는다는 점이다.

그날 오후 하원에서 TARP에 대한 청문회를 개최했고 헨설링 의원이 증언했다.[24] 그는 그 기회를 이용해 COP 보고서에 자신이 반대한 이유를 설명했다. 그는 "위원회의 모든 위원이 효과적인 감독 업무를 수행하는 데 필요한 재원과 권리를 가지고 있는지" 아직 확신이 들지 않는다고 말했다. 그런 확신이 들기 전까지는 "양심상 어떤 보고서에도 찬성할" 수 없다고 말했다. 우리가 보고서에 어떤 말을 쓰건, 그는 반대표를 던질 거라고 선언했다.

그날 선을 그은 건 나만이 아니라는 게 이로써 확실해진 셈이다.

많은 다툼이 있었지만 결국 우리는 당파를 초월해서 협력하기로 한 입장을 고수했다. 우리는 민주당에서 일한 전력이 있는 인사를 사무장으로 고용하고 공화당 측 인물을 부사무장으로 고용했다. 나머지 직원들은 최선을 다해 당적에 관계없이 일의 성격에 맞는 일류들을 뽑았다. 우리는 모든 위원에게 누구를 직원으로 뽑아야 할지 추천해주고, 우리가 앞으로 어떤 일을 해야 할지 의견을 제시해달라고 부탁했다. 그리고 나는 최선을 다해 위원들과 직원을 한 팀으로 이끌었다.

그렇게까지 했지만 나는 헨설링 의원이 했던 편 가르기에서 나온 메시지가 걱정스러웠다. 아무리 큰 위기가 터져도, 그 순간이 아무리 절박하더라도, 워싱턴에서는 항상 "내 편 대 네 편"이란 정서가 확고하게 자리 잡고 있었다. 그리고 그렇게 밀고 당기기를 하는 와중에 우리가 섬겨야 할 사람들이 소외되고 있었다.

COP 활동 시작
—

1차 보고서를 제출했으니, 이제 첫 번째 공청회를 열어야 할 때가 됐다.

우리는 네바다 주 클라크 카운티(압류 사태의 진원지)에서 시작하는 게 좋겠다고 생각했다. 그래서 COP의 1차 보고서가 발표되고 일주일 후인 12월 16일로 공청회 날짜를 잡았다.

라스베이거스는 호경기로 급격히 발전하는 신흥 도시였지만 이제 이곳에 거센 파산의 바람이 불어닥쳤다. 이건 내가 파산법 검토위원회에서 일하던 시절에 개최한 조용하고 공식적인 청문회와는 전혀 달랐다. 그때는 비싼 정장을 입고 우아한 서류가방을 든 로비스트들이 대거 자리를 채웠다. 이 공청회는 그보다는 학부모회나 교회 부흥회에 가까웠다.

공청회는 네바다-라스베이거스 대학의 새로 지은 밝은 강당에서 열렸다. 법대생들을 위한 연습 공간으로 쓰기 위해 이 강당은 모의 법정처럼 시설을 갖춰두고 있었다. 데이먼과 리처드와 나는 판사들이 앉는 자리에 착석했고, 나는 판사가 쓰는 작은 망치를 갖고 있었다. 방은 청바지나 작업복을 입은 사람들로 가득 찼는데 모두 흥분해 있었다. 객석에 은행 로비스트 몇 명이 앉아 있었을지도 모르지만, 그렇다 해도 그들은 사람들의 시선을 끌지 않도록 가만히 있었다. 기자들이 몇 명 왔고, 복도는 텔레비전 카메라로 가득 찼다. 우리는 정책 전문가와 사업가들을 포함한 사람 몇 명이 공청회에서 증언하도록 일정을 짰다. 하지만 이 위기에 인생이 파탄난 사람도 몇 명 진술했다. 내가 평생 잊지 못할 증인(이 참사의 정체를 명확하게 밝혀준 사람)은 어린 딸 둘을 둔 아버지인 에스트라다 씨였다.

에스트라다 씨는 티셔츠 위에 재킷을 입고 붉은색의 미 해병대 모자를 쓰고 있었다. 그와 아내는 맞벌이를 했고 딸들을 위해 좋은 학군에 있는 집을 사고자 갖은 희생을 감내했다. 그들의 집은 에스트라다 씨에게 전부를 의미했다. "그건 내가 바라던 집입니다. 차고 문을 열면 아이들이 바로 거리 맞은편에서 노는 걸 볼 수 있으니까요. 거기에 아이들의 학교가 있습니다." 주택 대출금의 이자가 갑자기 폭등하면서 부부는 연체를 하게 됐다. 에스트라다 씨는 은행과 협상하려고 애썼고 그래서 은행과 합의를 봤다고 생각했다. 그러다 '앗' 하는 사이에 집이 경매로 팔려버렸다. "결국 은행에서 저에게 14일 뒤에 아이들을 데리고 우리 집에서 나가라고 했습니다."

에스트라다 씨는 그다음에 무슨 일이 일어났는지 설명했다.

> 제 딸이 며칠 전 친구들의 이름이 모두 적힌 종이 한 장을 가지고 집에 왔습니다. 그리고 제게 말하더군요. 이게 다 제 딸아이를 그리워할 아이들의 이름이라고요. 왜냐하면 우리는 이제 이사를 가야 하니까요. 제가 딸아이에게 말했습니다. "우리가 밴에서 살아야 한다 해도 상관없다. 애야. 넌 그 학교를 계속 다닐 수 있을 거야." 나는 하느님께서 우리가 다시 이 집으로 돌아올 수 있게 해주리라 믿고 있습니다.

에스트라다 씨는 북받치는 감정을 추스르고자 몇 번이나 말을 멈췄고, 그의 고통과 절망 때문에 강당 안의 공기가 다 빠져나가버린 듯했다. 나는 숨을 죽이면서 제발 지금 울음을 터트려서는 안 된다고 애를 쓰다가 데이먼의 손이 떨리고 있는 걸 봤다. 나는 심지어 지금도 에스트라다 씨와 그 딸들을 생각한다. 이런 일은 일어나서는 안 되는 것이었다.

다른 사람들이 앞에 나와 비슷한 이야기들을 들려줬다. 감독위는 그들에게 줄 돈이 없었고, 이런 압류를 막을 힘도 없었다. 하지만 우린 그들의 이야기를 세상에 전하고 우리의 일을 하면서 그들을 꼭 기억하겠다고 약속했다. 부족하기 그지없는 약속이었지만 적어도 두 손 놓고 있는 것보다는 나았다. 사람들은 우리에게 와줘서 고맙다고 인사하고는 조용히 한 줄로 서서 강당을 나갔다.

공청회가 끝난 뒤 데이먼과 리처드 그리고 나는 차를 타고 아름다운 호텔들과 근사한 호수들이 있는 곳에서 그리 멀지 않은 곳에 있는 주택가들을 지나쳐갔다. 우린 텅 빈 집과 가구를 가득 실은 소형 오픈 트럭과, 압류 표지판과, 방치된 건설 현장들을 봤다. 여기에 현란한 카지노는 없었다. 대신 아메리칸드림을 믿고, 그걸 현실로 만들기 위해 열심히 일하다 모든 걸 잃은 수많은 사람이 남긴 증거가 도처에 널려 있었다.

COP를 무시하는 재무부
—

나는 라스베이거스를 떠나 그다음 주 내내 재무부의 반응을 걱정하면서 시간을 보냈다. 우리 보고서는 재무부가 한 일에 대한 질문 10개로 끝났다. 만약 그들이 협조할 계획이라면 지금쯤 좋은 소식이 들려왔어야 했다.

브루스와 나는 캘리포니아로 가서 아이와 손자들과 함께 크리스마스를 보냈다. 이제 옥타비아는 일곱 살이고, 라비니아는 세 살이었다. 둘 다 아주 사랑스러운 나이였다. 아이들은 명절에 먹을 쿠키를 굽는 걸 좋아했고 공주처럼 차려입는 것도 좋아했다. 아이들은 "할미"(옥타비아가 내게 지어준 별명)가 세상에서 최고라고 생각했다. 내가 어밀리아 집 앞에 있는 보도를 서성이면서 다른 위원들과 걱정스런 통화를 주고

받는 동안 다른 가족들은 집에서 선물 포장을 하면서 그 크리스마스 휴가는 눈 깜짝할 새 지나가버렸다.

12월 30일 전화 한 통을 받았다. 재무부에서 답신을 보낸 것이다. 나는 노트북을 열고 그들이 보낸 편지를 내려 받으면서 대체 어떤 내용이 들어 있을지 궁금해서 안달이 났다. 그 대답은? 크기만 엄청 큰 공갈빵이었다. 난 경악했다. 나중에 ABC 뉴스가 재무부의 대답을 이렇게 요약했다.

> 잘라서 붙이기 리포트는 한때 기말시험을 잘 보기 위해 고등학생들이 써먹는 수법이었는데…… 12월에 의회 감독위가 보낸 질문들에 충실하고 독창적인 대답을 하는 대신 미 재무부 관리들은 오래전에 써먹은 진술을 다시 고쳐서 써먹고 심지어 웹사이트에 나와 있는 내용을 복사해서 13페이지에 달하는 보고서를 제출했지만 거기에 위원회에서 제기한 질문 중 대답이 전혀 안 된 것도 몇 개 있었다.

재무부 장관이 대놓고 COP 감독위를 무시한 것이다.

내가 보기에 이건 우리로서는 이대로 주저앉느냐, 아니면 일어서느냐를 결정하는 순간이었다. 우리는 우리 경제를 구하는 사람들이 어떤 계획을 하고 있는지 모두 알 수 있도록 아주 단순하고도 직설적으로 물었다. 그런 우리 질문을 심각하게 받아들이지 않는 것으로 재무부는 감독위가 자기들과는 아무 상관이 없다는 점을 밝혔다. 그들은 사실상 이렇게 말한 것이다. "우리가 일을 제대로 할 거라 믿고 맡기고는 이제 그만 가시죠." 이번에 우리에겐 선택권이 있었다. 나서서 이 문제에 대해 재무부에 따지든가 아니면 남은 임기 내내 구석에 숨어 있는 것이다.

그거야 쉽지. 우리는 COP의 질문을 재무부가 얼마나 철저히 무시했는지 분명히 밝히기로 했다.

2차 보고서로 우리는 표를 만들었다. 첫 번째 세로줄에 첫 보고서에서 우리가 한 질문들을 하나씩 넣고, 그 질문에 대한 재무부의 답변을 두 번째 줄에 넣고, 세 번째 줄에 그에 대한 우리의 논평을 적었다. 만약 재무부가 질문에 대답을 하지 않았으면 우리는 두 번째 줄에 "답변 없음"이라고 적었다. 결국 10개의 질문 가운데 재무부가 답변을 하지 않거나 일부만 답변한 질문은 10개 전부였다. 우리가 "답변 없음"이란 말을 계속 빈칸에 채우는 동안, 나는 헛소리라고 외치는 호루라기 소리가 점점 더 커지는 걸 들을 수 있었다.

이번 보고서 역시 단순한 게 핵심이었다. 이 보고서는 장보기 목록과 같았다. 이것들이 우리가 질문한 것이고, 이것들이 우리가 받은 답변이다.[25] 사람들은 재무부가 어떻게 우리를 무시했는지 직접 분명하게 확인할 수 있었다.

헨설링 의원은 이 보고서에도 반대표를 던졌다. 하지만 이제 우리 위원회에 또 다른 공화당원이 들어왔다. 전 뉴햄프셔 상원의원인 존 수누누가 찬성표를 던져서 초당적인 보고서를 제출할 수 있었다.

그 오랜 세월 파산한 가족들을 위해 싸워왔고(그동안 거의 아무도 관심을 기울이지 않은 상황에서) 나는 우리의 2차 보고서도 무시당할 거라고 내심 예상하고 있었다. 하지만 이번엔 달랐다. 사람들은 지금 우리가 어떤 위기에 처해 있는지 알고 있었고, 금융위기 때문에 긴급 구제가 관심의 대상이 됐다.

내가 「굿모닝 아메리카」(미국 ABC 방송의 모닝쇼로 뉴스에서 현장 중계나 인터뷰까지 광범위하게 편성한 프로그램―옮긴이)에 출연한 2009년

1월 9일 아침 일찍부터 새 보고서에 대한 언론의 보도가 시작됐다. 그날 나는 ABC, CNBC, CNN에서 인터뷰를 하면서 더 많은 기자와 이야기를 나눴다. 몇 군데 언론 매체가 재무부를 매섭게 공격했다. 『보스턴글로브』는 이렇게 표현했다. "납세자들이 수십억씩 들여서 은행들을 구제하고 있다면 그 돈이 어떻게 쓰이는지 알 자격이 있다."[26](잘한다, 보스턴 글로브!)

감시견이 짖자 대중이 관심을 기울였다. 하지만 아직도 폴슨 재무부 장관에게서는 대답이 없었다. 그는 그로부터 2주도 못 가 장관직을 사임했다. 우리와는 만나지도 않고, 전화도 안 주고, 우리가 제출한 두 가지 보고서에 대해 어떤 의미 있는 답변도 주지 않은 채.

지금 진짜로 어떤 일이 벌어지고 있는지 말하지 말아요

—

2차 보고서가 발표됐고, COP는 벌써 3차 보고서를 열심히 쓰고 있었다. 이제 우리는 COP 사무장으로 나오미 바움을 기용했다. 워싱턴이 돌아가는 방식에 대해서 나는 아는 바가 없지만, 나오미는 미국 의회 사정에 정통했다. 나오미는 키가 150센티미터밖에 안 되는 작은 여자였지만 그녀를 얕잡아본 사람들은 모두 혼쭐이 났다. 나오미는 거의 20년간 워싱턴에서 일을 해왔고, 혼란스런 우리 위원회에 차분하면서도 자신만만한 분위기를 불어넣었다. 나오미는 밤샘 작업을 하던 일정을 모두 정리한 뒤 우리 조직을 정비하고, 직원들을 고용했다. 이제 COP는 여러 조사를 한 번에 시작할 수 있게 됐다. 우리는 걸으면서 껌도 씹을 수 있게 된 것이다.

데이먼에게 대단한 아이디어가 하나 있었다. TARP 투자에서 국민이 정당한 몫을 받고 있는지 한번 조사해보자는 것이었다. 재무부가 초대형 은행들에 수십억 달러를 건네면서 그 대가로 받은 은행 주식의 가격을 좀더 자세히 조사하자는 것이었다. 폴슨 재무부 장관은 국민에게 모든 거래는 주가의 액면가 그대로이거나 그와 비슷한 가격으로 체결됐다고 말했는데 그 말은 납세자가 100달러를 썼다면 그에 대한 주가의 가치 역시 100달러라는 뜻이다.[27]

폴슨 장관이 한 설명만 들어보면 공정한 거래를 한 것 같았고, 우리는 거기서 멈출 수도 있었다. 하지만 우리는 이 구역을 순찰 도는 감독위이고, 데이먼은 우리가 직접 그 숫자들을 확인해보는 것이 좋겠다고 생각한 것이다. 그래서 감독위는 일류 투자 리서치 회사를 고용해서 그 거래를 분석하게 했다. 그다음에 두 곳의 전문가 패널에게 그 회사가 한 분석 결과를 재삼재사 확인하도록 했다.

우리가 그 수치들을 검토하기 위해 만났을 때, 우리가 고용한 전문가들이 수십 페이지에 달하는 숫자들과 그들이 한 분석과 연구 결과에 대한 전문적인 설명으로 빼곡히 채워진 두꺼운 보고서를 나눠주었다. 그 보고서를 보자 소름이 쫙 끼쳤다.

재무부는 은행들에 초과 지급을 했는데, 그것도 조금 초과한 정도가 아니었다. 10개의 대형 은행과 긴급 구제 거래를 하면서 재무부가 매번 100달러씩 쓸 때마다 그에 대한 대가로 받은 자산의 가치는 고작 66달러밖에 안 됐다. 2009년 1월 그 차액이 이미 780억 달러에 달했다.[28]

재무부는 그야말로 이 은행들에 보조금을 지급하고 있었던 것이다. 국민에겐 이렇게 말해놓고 자기들끼리 한 짓은 아주 딴판이었던 것이다. 헛소리라는 호루라기에서 터질 정도로 큰 소리가 났다.

　나중에 정부는 결국 시티은행과 다른 대형 은행들에 투입했던 자금을 다 회수했다. 하지만 당시 그 거래를 체결했을 때는 아무도 미래가 어떻게 될지 몰랐고 그 위험 부담은 고스란히 납세자들이 지게 됐다. 모든 미국인이 의지할 것이라곤 폴슨 장관의 말밖에 없었다. 그런데 그가 말한 건 사실이 아니었던 것이다.

　민주주의가 또다시 잔인하게 한 방 맞은 것이다.

인사이더끼리는 서로 비평하지 않는 거랍니다

2월에 우리의 새 보고서가 나왔을 때 미국에 새로운 대통령이 취임했다. 이번이 경제 정책에 새로운 방향을 잡고 구제금융 전략을 재고할 기회일 수도 있었다. 하지만 금융위기는 여전히 가속화되고 있었고, 경제는 붕괴 직전이었다. 새로 취임한 버락 오바마 대통령은 재빨리 새 정부가 폴슨의 전략을 이어갈 것이라 말했으며, 특히 새 재무부 장관으로 티머시 가이트너를 발탁해서 그런 의사를 분명히 밝혔다. 뉴욕 연방준비은행 총재를 역임했던 가이트너는 다년간 월가 은행들을 규제하는 담당자로 일해왔고, 2007년에는 시티은행의 CEO로 와달라는 제의도 받았었다. 가이트너는 긴급 구제에도 경험이 풍부했다. 2008년 봄 그는 베어스턴스를 구제했고, 2008년 시장이 붕괴되면서 폴슨 장관과 함께 보험사의 거물인 AIG의 긴급 구제를 꾀했다.

　가이트너가 재무부 장관으로 부임한 초기 몇 달간 COP 위원들은 그와 몇 차례 만났다. 3월 중순 AIG가 직원들에게 보너스로 1억 6800만 달러를 지급했다는 기사가 터졌다. 회사를 망하게 만든 장본인 인 바로 그 직원들에게 보너스가 간 것이다.[29] 사람들은 격노했다. 상원 의 한 공화당원은 AIG 이사들이 "사퇴하든가 아니면 자살을 하라고" 말했다.[30]

COP는 여러 조사를 확대해나갔으며, 우리는 긴급 구제에서 재무부 가 본 손실에 대해 센세이션을 일으키기 시작했다. 우리가 민주당이든 공화당이든 상관없이 인정사정 보지 않고 공격해서 워싱턴의 많은 인 사이더가 놀랐다는(그리고 짜증난 사람들도 있었다는) 말을 들었지만, 그 것 때문에 하던 일을 멈춘 채 이를 염려할 생각은 전혀 없었다.

4월 초에 나는 로런스 서머스의 직원에게서 전화 한 통을 받았다. 나는 로런스를 잘 알지는 못하지만 2000년대 초반 그가 하버드 대학 총장이었을 때 몇 번 만난 적은 있었다. 보도에 따르면 로런스와 가이 트너가 1990년대에 재무부에서 같이 근무할 때 로런스가 가이트너의 멘토였다고 한다. 이제 로런스는 국가경제위원회 의장이었는데, 그 말 은 가이트너 장관과 함께 그가 오바마 대통령에게 경제적인 문제에 대 해 조언을 한다는 뜻이었다. 그와 함께 저녁을 할 생각이 있느냐고 직 원이 물었다.

그럼요, 내가 말했다. 로런스의 직원이 백악관 근처에 있는 인도 레 스토랑인 봄베이 클럽을 추천했다. 부드러운 조명을 밝힌 그 조용한 레 스토랑은 워싱턴의 권력자들이 주로 찾는 곳이었다.

로런스는 레스토랑에 도착해서 앉자마자 다이어트 콜라를 주문했다. 그리고 메뉴를 보더니 곧바로 주문을 해서 음식이 나오기 시작했다.

우리는 오랫동안 식사를 하면서 긴급 구제에서부터 시작해 규제 철폐와 압류 위기에 대해 결론이 나지 않는 논쟁을 벌였다. 나는 또 새로운 소비자 금융 에이전시에 대해 구상한 아이디어를 화제 삼았는데 로런스가 관심 있어 하는 듯했다. 우리가 모든 사안에 대해 동의한 건 아니지만 나는 로런스가 한 말을 전적으로 믿었다. 평일에는 언제고 워싱턴에서 그해 봄 아주 자주 본 은폐 공작에 대해 솔직히 이야기를 나누면서 토론할 수 있다는 말을.

그날 저녁 로런스가 의자에 등을 기대고 앉아서 내게 몇 가지 조언을 했다. 나중에는 로런스가 다이어트 콜라를 몇 잔이나 마셨는지 기억도 나지 않았다. 우리 테이블에는 먹다 남은 음식과 엎질러진 소스가 흩어져 있었다. 로런스는 친구끼리 싹싹하게 조언하는 그런 투로 말했다. 그는 이런 식으로 공을 날렸다. 나는 선택을 할 수 있다고. 인사이더가 될 수도 있고 아웃사이더가 될 수도 있다고. 아웃사이더들은 뭐든 마음대로 말할 수 있다. 그러나 인사이더는 그 말을 듣지 않는다. 반면 인사이더들에게는 자신들이 생각하는 바를 밀어붙일 기회도 생기고, 권력의 핵심에 다가갈 수 있는 채널도 많다고. 사람들(권력자들)은 인사이더들이 하는 말에 귀를 기울인다고. 하지만 인사이더들은 절대로 깨서는 안 되는 한 가지 규칙을 이해하고 있다고 말했다. 인사이더끼리는 서로 비평하지 않는 거라고.

나는 경고를 받은 것이다.

존 스튜어트

—

나는 긴급 구제와 COP의 일에 대해 몇 달 동안 짧은 인터뷰들을 해왔지만, 전국에 방영되는 텔레비전 방송에 출연하는 일은 여전히 긴장됐다. 로런스 서머스와 저녁 식사를 하고 한 주 뒤인 4월 15일에 긴장이란 말로는 이루 표현할 수 없는 일을 하게 됐다.

그때는 초저녁이었다. 나는 「더 데일리 쇼」 세트장 근처에 있는 아주 작은 게스트 화장실에 서 있었다. 초조하게 내 재킷 앞을 흘끗거리면서 재킷이 깨끗한지 살펴봤다. 그리고 거울에 비친 내 얼굴을 꼼꼼히 보면서 특히 입과 코와 턱을 자세히 봤다. 난 방금 토했다.

물을 적신 종이 타월로 얼굴을 닦아냈는데 또다시 속이 울렁거렸다. 다시 변기에 얼굴을 대는 순간 립스틱과 얼굴에 바른 분이 망가지는 게 아닐까 하는 생각이 들었다. 이 쇼의 메이크업 담당자가 이미 분장을 다 해줬는데 왜 수정을 해야 하는지 설명하고 싶지 않았다.

비참했다. 나는 가슴이 조여들고, 속이 뒤틀리고, 담즙이 넘어오는 끔찍한 무대 공포증이 있다. 그런데 지금 어둑어둑하고 작은 화장실에 처박혀 있다. 「더 데일리 쇼」에 나가야 하는 것이다.

집에 있을 때 나와 브루스는 항상 이 쇼를 녹화해두었다가 진행자인 존 스튜어트가 사람들을 사정없이 공격하는 걸 보며 즐거워했다. 하지만 이제 정말 이 쇼에 나가야 할 것인지 심각하게 의문이 들기 시작했다. 그동안 수도 없이 기자들과 이야기하고 인터뷰도 했지만 이건 달랐다. 이 인터뷰 자체가 언제고 엄청난 웃음거리로 전락할 수 있을 뿐만 아니라 그것 때문에 내가 하려는 일이 웃음거리가 되면 어떻게 한단 말인가?

수백만 번도 넘게 한 질문을 다시 나 자신에게 던졌다. 대체 내가 왜 존 스튜어트와 같이 앉아서 이야기를 하겠다고 동의했을까? 수백만 번도 넘게 나는 같은 대답을 했다. 우리 감독위가 하는 일이 의미가 있으려면 (수백만 명의) 사람이 우리가 하는 일에 관심을 가져야 하니까. 「더 데일리 쇼」는 내게 사람들을 끌어들이고, 뭐가 잘못됐고, 거기에 대해 우리가 어떻게 해야 할지 이야기할 또 다른 기회를 주니까.

그래서 나는 찬물로 입을 씻고 다시 작은 대기실로 돌아갔다. 곧 무대감독이 나를 끌고 정신없이 빠른 속도로 좁은 복도와 아주 작은 방들을 지나서, 어둡고 육중한 커튼 뒤로 데려갔다. 나는 쇼가 시작된 뒤 환하게 빛나는 무대로 나갔는데, 마치 방금 우주 캡슐에서 나온 우주 비행사 같은 기분이었다. 다만 고향 행성으로 돌아가는 비행법을 연습하지 못한 것 같았다.

존 스튜어트와 마주보고 앉았을 때 처음 든 생각은 우리가 정말 가까이 있다는 점이었다. 스튜어트는 내 얼굴에서 불과 몇 인치 떨어진 곳에 있는 것처럼 느껴졌는데 곧바로 내 이마에 대고 질문을 퍼붓기 시작했다. 쇼는 엉망진창으로 시작됐다. 우리는 횡설수설하면서 TARP와 의회 감독위에 대한 질문들을 거쳐갔다. 내가 더듬거리는 동안 스튜어트는 농담을 했다. 내가 듣기에 그의 메시지는 분명했다. 우리같이 아주 작은 위원회가 재무부의 7000억 달러에 달하는 긴급 구제 작전을 감독할 수 있다고 생각하는 발상 자체가 어이없다는 것이다.

초반의 몇 분도 끔찍했는데 시간이 흐를수록 상태는 더 악화됐다. 존 스튜어트가 재무부 프로그램의 약자를 틀리게 말해서 내가 곧바로 교정해줬다. "그건 P-PIP"인데요.(이 약자는 '피핍'이라고 발음된다. 세 살 먹은 우리 손녀인 라비니아는 이게 아주 재미있는 단어라고 생각했다.) "P-PIP"이라는 말이 내 입에서 나오자마자 난 화들짝 놀랐다. 대체 존 스튜어트 쇼에서 존 스튜어트가 하는 말을 고치고 있다니 이게 무슨 짓인가? 우린 잠시 눈싸움을 했는데 그때 내가 얼굴을 찡그리고 있었던 모양인지 스튜어트가 내게 이렇게 말했다. "지금 제게 욕을 하려고 그러시는 겁니까?"

객석에서 쏟아져 나오는 웃음을 내가 참고 듣고 있을 때 스튜어트가 당연한 질문을 했다. "P-PIP은 뭐의 약자입니까?"

이런. 잠시 침묵이 흘렀다. "잊어버렸어요."

그 말을 내뱉은 순간 가슴이 내려앉았다. 이제 뭐 스트레스 받을 필요도 없겠네. 워싱턴에서 내가 할 일은 이걸로 막을 내렸군. 난 생각했다, 아, 이걸로 다 끝이야. 내일 리드 상원의원에게 전화해서 사임해야겠어. TARP 프로그램의 이름 하나 제대로 기억 못 하고 있으니 지금 당장 관둬야지. 아마 거기서 바보가 아닌 사람을 새 위원으로 뽑을 수 있겠지.

스튜어트가 내게 질문 몇 가지를 더한 뒤 다행히도 광고가 나갈 시간이 됐다. 내가 막 튀어나가려고 의자에서 일어난 순간 스튜어트가 내 팔을 잡고 이런 말을 했다. "여기서 중요한 메시지를 전하고 싶다면, 당신은 방금 하지 못했어요. 당신에게 한마디 할 수 있게 기회를 준다면 국민에게 무슨 말을 하고 싶습니까?"

우린 다시 서로를 노려봤다. 얼굴을 바짝 붙인 채로 그렇게 있다가 내가 정말 진심으로 하고 싶은 말을 했다. 스튜어트가 말했다. "알았어요, 잠깐 기다려요."

이제 광고가 나갈 시간이기 때문에 무대감독이 와서 내게 어서 의자에서 일어나라고 재촉했다. 스튜어트가 말했다. "아니야. 이분은 좀더 계실 거야." 무대감독이 말했다. "아니에요, 시간이 없어요." 두 사람 다 좀더 강력하게 자기가 했던 말을 되풀이했다. 그러다 스튜어트가 보스의 분위기를 팍팍 풍기며 고집을 피웠다. "이분은 나가지 않으실 거야.

시간을 어떻게 내야 할지는 내가 잘 알고 있어."

무대감독이 물러섰고, 스튜어트가 카메라를 보면서 종이를 만지작거렸다. 그러고는 내게 경고했다. "시간이 별로 없어요."

2초 뒤 카메라가 다시 돌아갔다. 나는 스튜어트가 질문을 하나 해서 내가 방금 그에게 했던 말을 카메라에 대고 할 기회를 줄 거라고 생각했다. 하지만 아니었다. 그는 내게 다른 질문을 했다. 나는 에라 모르겠다, 그냥 할 말을 하자고 생각했다. 그래서 그렇게 했다. 내가 했던 말은 이것보다 좀더 길고 (좀더 횡설수설했지만) 결국은 이런 의미였다.

'이 위기는 일어날 필요가 없었던 일입니다. 미국은 1790년부터 1930년까지 벼락 경기와 불경기가 순환되는 주기를 따라 10년에서 15년 간격으로 금융위기가 발생했습니다. 하지만 우리는 그 위기를 해결하는 법을 알아냈습니다. 대공황을 극복하면서 미국이 강력한 법들을 제정해서 우리는 50년 동안 금융위기를 겪지 않고 살아올 수 있었습니다. 하지만 1980년대에 우리는 이미 오래된 규제들을 철폐하기 시작했고, 그러면서 다시 예전의 벼락 경기와 불경기가 순환되는 주기로 돌아온 걸 깨닫게 됐습니다. 이 위기가 끝나면, 우리의 법을 다시 쓸 수 있는 굉장한 기회가 있을 겁니다. 우리가 제정한 법이 이런 순환이 계속되는 경제로 갈 것이냐 아니면 서민이 진정한 번영을 이룰 수 있게 좀더 안정적인 경제를 다시 세울 수 있을지를 결정할 겁니다.'

다 했다. 그러고는 심호흡을 했다.

그때 존 스튜어트가 나를 가리키면서 말했다. "지난 6개월에서 1년 만에 처음으로 내 기분이 훨씬 나아졌습니다. 그 말을 듣는데 순간 『영혼을 위한 닭고기 수프』의 금융 버전을 듣는 것 같았습니다. 감사합니다. 덕분에 이 상황을 훨씬 더 명료하게 이해할 수 있게 됐습니다."

대마불사

나는 P-PIP가 뭐의 약자인지 잊어버려서 순간 얼음이 되긴 했지만, 내 뇌리에서 절대 떠나지 않는 약자가 하나 더 있다. 그건 바로 TBTF다.

TBTF(대마불사는 '대형 금융 회사는 영원히 망하지 않는다'는 믿음을 의미한다)라는 개념은 오랫동안 존속해왔다. 하지만 2008년 봄 금융업계의 거물인 베어스턴스가 무너지는 와중에 정부가 개입하면서 이 개념은 새로운 위기를 떠안게 됐다. 2008년 가을 해리 리드에게 전화를 받기 몇 주 전 나는 하버드 수업에서 이 개념을 가르쳤다.

나는 경제 전반에 흩어져 있는 악성 모기지 패키지들에 대해 이야기하면서 칠판에 재빨리 몇 가지를 필기하는 것으로 수업을 시작했다.(나는 아직도 전통적인 도구인 분필을 쓰는 걸 좋아한다.) 그리고 학생들에게 질문을 하나 던졌다. 경제가 확실히 악화되고 있는 상황에서 어떤 기업들은 살아남지 못할 수도 있다. 여러분이 지금 초대형 금융 기업을 운영하고 있는데 10년 뒤에도 여전히 살아남으려면 어떻게 해야 하는가?

학생들이 손을 들었다. 내가 지목한 한 학생이 이렇게 대답했다. "현금을 쌓아둬요. 아주 많이. 손해 보는 것들은 얼른 팔아버리고, 비축해둔 현금을 가지고 위기가 지나갈 때까지 버티는 거죠."

나는 이렇게 대꾸했다. "음…… 다른 사람은?"

그러자 모두 손을 내렸다. 방금 내 질문에 대한 대답은 아주 교과서적이었다. 그런데 교수님은 왜 다른 답을 찾고 있는 거지?

긴 침묵이 흐르다가 한 학생이 순간 흥분해서 움찔했다. 그러더니 손을 들었다.

나는 그 학생을 지목하지 않고 기다리면서 계속 침묵이 흐르게 내버려뒀다.

또 다른 학생이 손을 들었고, 그다음에 또 다른 학생이 들었고, 그런 식으로 계속됐다. 마침내 강의실에 있는 학생의 3분의 1 정도가 손을 들었다. 손을 든 학생들은 거의 모두 그 천재적인 대안에 미소를 짓고 있는 반면, 나머지 학생들은 어리둥절한 표정을 짓고 있었다.

마침내 나는 한 학생에게 설명하라고 시켰다. 처음에 나온 교과서적 인 대답보다 덜 확실해 보였던 답은 바로 자신이 운영하는 은행의 몸 집을 최대한 크게 빨리 키우는 것이었다. 그러다 큰 위험을 떠안을 수 있다고 해도. 그러다 자회사보다 더 작은 회사들을 사는 데 너무 큰 비 용을 치르는 한이 있더라도. 그러다 불안정하거나 수익을 내지 못하는 시장에 들어갈 수 있다 해도. 어쨌든 그러면서 계속 몸집을 키우고, 키 우고, 또 키우는 것이다. 그리고 여기서 정말 중요한 부분은 그렇게 회 사를 키우는 자금은 다른 사람들에게 빌려서 만드는 것이다.

왜냐고? 다른 대기업들에게 돈을 아주 많이 빌린 거대 금융 회사는 경제에 큰 영향을 미쳐서 정부는 그 회사가 망하도록 내버려두지 않기 때문이다. 정부는 연방예금보험공사에서 보증하는 당좌 예금 계좌로부 터 나온 수십억 달러를 쏟아 부어서 이 초대형 은행이 망하지 않도록 항상 보장해줄 것이다.

물론 현실은 내가 칠판에 쓴 몇 마디 말보다 훨씬 더 복잡하다. 하지 만 이 기본 개념은 누구나 이해할 수 있는 것이며 우리가 그 방법을 최 초로 알아낸 것도 아니다. 우리 학생들이 절대 망하지 않을 은행을 세 우는 방법을 알아내는 데는 단 2분밖에 걸리지 않았다.

TARP가 나왔을 때는 이 '대마불사'로 득을 보는 은행가들을 제외 하고는 거의 모든 사람이 이 개념을 증오하게 됐다.

그렇다, 우리 경제는 도산하고 있었고 정부는 그 추락을 막기 위해 개입해야 할 필요가 있었다. 하지만 대형 은행들은 그렇게 덩치가 클 필요도 없었고 그렇게 서로 연결되어 있을 필요도 없었다. 이 부분은 필연적인 부분이 아니었던 것이다. 그리고 정부는 긴급 구제를 다루는 방법에서 어마어마한 실수를 저질렀다.

나는 근 30년간 사업 실패에 대해 가르쳐왔기 때문에 그것이 위기에 처한 회사를 보는 나의 시각이다. 보통 회사가 파산 직전에 몰리면 어느 구제 방안이건 항상 조건이 많이 따라붙는다. 회사의 CEO들을 해고하고, 주주들이 떨어져나가고, 채권자들도 큰 손해를 보고, 새로운 사업 계획들을 세워야 한다. 그러지 않으면 구제를 해주지 않는다.

2008년 금융위기가 발생했을 때도 이와 비슷한 방법을 썼어야 했다.[31] 세계적인 보험 회사인 AIG는 그렇게 될 뻔했는데 막판에 재무부가 아무런 조건도 붙이지 않은 TARP 자금을 가지고 개입했다.

2008년 8월과 9월에 AIG의 위기가 점점 악화되고 있을 때 정상적인 절차가 진행 중이었다. AIG는 채권자들에게 가서 빚을 탕감해달라고 부탁했고, 채권자들은 그에 협조해서 부분 지불을 받기 시작했다.[32] 빌려준 금액의 100퍼센트를 받는 사람은 한 명도 없겠지만, 문을 닫는 회사도 없게 일이 처리되고 있었다.

그러다 정부가 AIG를 구제해주면서 채권자들은 아주 행복하게도 빌려준 금액을 전액 회수했다. 다시 말하면 미국의 납세자들이 AIG 채권자들에게 그들이 이미 받기로 동의한 금액보다 더 많은 돈을 준 것이다. 예를 들어 AIG에게 거액을 빌려준 채권자 중 하나인 골드만삭스는 129억 달러를 받았다.[33] 그건 10월에 찾아온 크리스마스 같았을 것이다. 공짜 돈이라니!

게다가 AIG만 그런 게 아니었다. TARP는 현금으로 가득 찬 트럭들을 여러 은행에 보냈지만 그 은행들은 사실상 그 대가로 아무것도 내놓지 않았다. 채권자들이 손해를 보지도 않았고, 해고되는 CEO도 없었으며, 위험한 거래를 하지 않겠다는 약속도 없었다. 바로 그때 대마불사가 스테로이드처럼 쓰이기 시작됐다. 그냥 긴급 구제가 아니라 고통이 전혀 없는 긴급 구제가 된 것이다.[34]

대마불사는 초대형 은행들이 라스베이거스에서 광란의 주말을 보내는 주정뱅이들처럼 사업을 하게 해주었다. 그들은 온갖 종류의 정신 나간 위험한 시도도 해볼 수 있었다.(블랙 22에 10억 달러를 배팅해!) 그 도박에서 승리하면 그 은행들의 CEO와 주주들은 왕보다 더 부유해질 것이다. 만약 거기서 실패하고 은행이 문을 닫으면 납세자들이 그 비용을 부담하게 된다.

아무 조건도 없는 긴급 구제가 대마불사란 괴물을 만들었는데 그 실수에 대한 대가를 우리가 오랫동안 치르게 될 거라고 나는 크게 확신하고 있었다.[35]

그 돈은 다 어디 간 거야?

—

내가 「더 데일리 쇼」에 출연하고 6일 뒤에 감독위가 가이트너 재무부 장관과 처음으로 공청회를 열었다. 거기서 특별히 흥미로운 사실이 나오진 않았지만, 우리는 그것이 현 상황을 좀더 투명하게 밝히는 데 중요한 단계라고 생각했다.

긴급 구제는 정부가 국민에게 이건 그냥 은행들을 살리는 계획이라고 납득시킨 게 아니다. 국민은 정부가 은행들을 구제해서 다시 소기업들에 대출을 시작하고 압류 위기를 완화시키도록 하는 방법이라고 들었다. 하지만 일단 아무 조건도 붙지 않은 수표들이 대형 은행들에 분배됐을 때 그 약속은 사막에 있는 아주 작은 각얼음처럼 순식간에 사라져버렸다. 재무부는 몇 가지 모기지 압류 프로그램을 시험적으로 운영했다. 그리고 소기업 대출에 대해서도 이야기했다. 하지만 실질적인 정책들은 전혀 힘을 쓰지 못했다.[36] 말은 그럴싸했지만 TARP는 그야말로 은행들을 구제하기 위한 법안이었던 것이다.

그래서 은행들은 그 돈으로 뭘 했냐고? 그에 대해 다양한 보도가 나왔다.[37] 어떤 은행들은 그 돈을 금고에 넣어둔 채 아무것도 안 하고 그냥 있다고 한다. 다른 은행들은 그 돈으로 다른 은행을 사거나 다른 기업을 사들여서[38] 이미 큰 몸집을 더 거대하게 불렸다고 한다. 그들은 또 TARP의 원래 의도와 정확히 반대되는 일을 했다. 소기업 대출을 줄이고 서민 주택 모기지를 압류하기 위한 노력에 박차를 가한 것이다.[39]

물론 재무부가 TARP 자금을 건네기 시작한 후 모든 은행이 거금을 받은 건 아니다. 소외된 작은 은행들이 상대적으로 적은 액수의 구제 자금을 받기 위해 필사적으로 노력했다. 그렇게 기다리다가 문을 닫은 은행도 많았다. 2009년 4월이 되자 50군데에 달하는 작은 은행이 도산했고, 더 많은 은행이 익사하고 있었다.[40] 대출을 받지 못한 은행의 고객들도 마찬가지로 파산했다.[41]

그렇게 잃어버린 기회를 생각할 때마다 아직도 좌절감에 소리를 지르고 싶어진다. 소기업 소유자, 주택 보유자, 실직한 사람들. 이것은 그저 종이에 적힌 숫자가 아니다. 이것은 모든 것을 잃은 수백만 명의 사람이다.

GPO에서의 늦은 밤들

—

이런 대혼란의 한복판에서 우리 위원회는 제대로 된 조직으로 변신하기 위해 달음박질치고 있었다. 비행기를 만들면서 동시에 날게 하라는 오래된 격언은 이제 한물갔다. 우리는 제트 전투기의 청사진을 그리면서 동시에 항공모함에서 전투기를 발사하고 있었다.

5월이 되자 우리 위원회의 직원은 스무 명이 됐다. 나오미 바움의 오른팔은 테와나 월커슨으로 나오미처럼 터프한 데다 워싱턴 사정에도 해박한 여장부였다. 항상 나비넥타이를 매고 있는 똑똑하고 별난 변호사인 스티브 크롤, 오랫동안 증권법 전문가로 일한 냉철한 세라 행크스가 위원회의 핵심적인 조사들을 지휘했다.

우리는 여러 방면의 전문가들을 영입해서 팀을 꾸렸다. 투자 은행가와 정부 규제 담당자, 현역 변호사와 경제학자, 회계사들과 할리우드 극작가(오케이, 그는 제3자 신용등급 기관 전문가로 일하다가 나중에 캘리포니아로 가서 극작가가 됐지요)를 우리 팀에 기용했다. 그리고 은퇴해서 쉬고 있는 존경받는 윤리학자인 윌슨 애브니에게도 도움을 청했다.

우리는 일부러 이렇게 각양각색의 배경을 가진 전문가들로 팀을 구성했다. 지금 전례 없는 위기를 맞은 상황이기 때문에 좋은 아이디어를 최대한 많이 모아야 한다고 생각한 것이다. 게다가 우리 중 일부는 "집단적 사고"가 이 위기가 발생한 원인의 일부였다고 생각하고 있었다. 거대 금융 기업을 운영하는 재계 거물들이 대개 같은 방식으로 사업을 꾸려갔고, 은행 규제 담당자들도 비슷한 사고방식을 가지고 있었다. 사실 은행을 경영하는 중역과 규제 담당자들이 정부와 민간 분야를 오가는 오랜 전통이 이어져왔기 때문에, 금융업계의 대표 선수들은 다른 세계관을 가진 사람들로부터 한 번도 진지한 조언을 들은 적이 없었다. 우리 위원회는 그보다는 더 잘해낼 수 있겠다는 생각이 들었다.

그렇게 직원이 늘어나면서 그들이 일할 사무실이 필요했다. 워싱턴에서 당장 정부의 새 조직을 수용할 수 있는 적당한 공간을 찾는 건 맨해튼에 전망 좋고 가격도 적당한 데다 침실이 하나 있는 아파트를 구하는 것과 마찬가지였다. 쉬운 일은 아니었지만, 불가능하지도 않았다. 우리는 뜻밖의 건물주를 찾아냈다. 바로 GPO(미국 정부 간행물 인쇄국
—옮긴이)였다.

GPO는 의회 근처 유니언 스테이션 근처에 있는 옆길에 있다. 이곳에서 바로 대법원에서 나오는 공문서들을 인쇄한다. 이 건물은 거대한 공장으로 주말을 제외한 평일에는 하루도 빠짐없이 몇 톤씩 되는 종이를 자르고 제본한다. 1860년대에 지어진 이곳은 사각형의 육중한 건물로 바닥에는 철근 콘크리트를 깔고 두꺼운 외벽으로 둘러싸여서 요새 같은 분위기를 풍겼다.

과거에 이곳에서 수천 명의 사람이 거대한 인쇄기들을 다뤄서 수백만 장의 서류를 제본해 상자에 넣었다. 하지만 미국에 있는 다른 많은 공장처럼 GPO 역시 자동화와 컴퓨터 도입으로 변화를 겪어 인쇄공이 전보다 크게 줄어들었다.

그래서 우리는 지금도 가동 중인 공장의 3층과 6층에서, 얇은 벽판을 사이에 두고 GPO 공장의 직원들과 함께 일하게 됐다. 우리 회의실은 한쪽 벽에 낡은 변기가 하나 있었다. 데이먼은 여기가 개조된 남자

화장실이라고 확신했지만 나는 건물주에게 절대로 그에 대해 물어보지 않았다.(사실 이미 임대 계약서에 도장을 찍었으니 진실을 알고 싶지 않았다.) 이곳의 엘리베이터는 느렸고 사무실 공간 또한 기괴했지만 낮에는 일하기에 아주 좋은 곳이었다. 밤이면 공장 직원들이 다 퇴근해서 높은 창문으로 들어오는 희미한 가로등 불빛에 거대한 기계들만 은은하게 빛났다. COP 직원들이 늦게까지 일할 때면 우린 대개 밝게 조명을 켠 우리만의 안식처에 옹기종기 모여 함께 작업했다. 하지만 사무실 반대편에 있는 어둡고 거대한 공장이 위치한 곳의 화장실에 용기를 내서 가거나, 인적이 드문 거리로 나가야 할 때면 지금까지 본 모든 공포영화의 장면이 한꺼번에 떠오르곤 했다.

GPO 경영진은 직원들에게 메시지를 전달하기 위해 엘리베이터 위에 CCTV를 달아놓았다.("20년 근속 기록을 달성한 노마, 축하해요!") 어떤 메시지에는 사진도 같이 나왔다. 새 사무실을 처음 방문했을 때 나는 실제보다 더 큰 크기의 쥐 사진이 나온 커다란 TV 화면을 보게 됐다. 고백을 하나 하자면 나는 쥐를 병적으로 무서워한다. 심지어 다람쥐도 좋아하지 않는다. 화면에 그 거대한 쥐가 나온 걸 봤을 때 난 꺅하고 큰 소리로 비명을 질렀다. 그것은 귀여운 만화에 나오는 쥐가 아니라 실제 쥐를 근접 촬영한 사진이었다. 그 사진에는 도시락 봉지를 잘 단속하라는 엄중한 경고문이 같이 딸려 나왔다. 사무실에서 밤에 일할 때면 나는 항상 그 쥐들이 궁금했다. 사람들이 모두 도시락을 먹고 잘 치웠다면 그 쥐들은 지금 뭘 먹고 있을까?

GPO 직원들은 우리에게 아주 친절하게 대해줬다. 그들은 믿을 수 없을 만큼 싹싹한 데다 우리가 시도 때도 없이 일하는 것을 잘도 참아줬다. 그들은 우리가 가구를 찾고 가벽을 더 많이 설치하는 것도 도와

쳤다. 그리고 자기들이 한 작업을 자랑하고 싶어서 우리에게 공장 투어를 시켜주겠다고 제안하기도 했다. 무엇보다도 그들은 우리를 응원해줬다. 엘리베이터를 타거나 복도를 걷다 마주치면 그들은 환호성을 지르면서 나쁜 놈들을 잡으라고 말해줬다. 그리고 그게 바로 우리가 하려는 일이었다.

"우리를 믿으란 말이야"

법에 따라 우리 위원회 일은 임시직이며 나를 포함한 다섯 명의 위원은 원래 하던 일을 유지하게 돼 있다. 2009년 봄 내내 나는 하버드에서 강의를 계속하면서 보스턴과 워싱턴을 비행기로 오갔다.

워싱턴에서 비행기를 타고 집에 올 때마다 브루스가 로건 공항으로 날 마중 나와서 같이 서머색에 갔다. 그곳은 크고 활기가 넘치는 레스토랑으로 그날 잡은 물고기가 적혀 있는 거대한 칠판이 걸려 있었다. 빙어철이 되면 튀긴 빙어까지 팔았다. 내 입맛엔 별로였지만 브루스가 좋아했다.

우린 항상 같은 칸막이 좌석에 앉아서 항상 같은 주문으로 시작했다. 나는 라이트 비어, 브루스는 피셔맨스 브루와 튀긴 조개로 식사를 시작했다. 샐 칠레미는 색이 문을 열었을 때부터 일했고, 우리가 오는 걸 보면 항상 맥주와 함께 메뉴를 가져왔다. 나는 집에 있는 오티스에게 갖다줄 옥수수빵 한 조각을 항상 따로 챙겼다. 오티스는 그 빵을 한 입에 먹어치우곤 했다.

나는 어떤 날은 잔뜩 들떠서 브루스에게 우리가 사람들에게 어떻게 이 문제에 관심을 갖게 했고, 혹은 저 문제에 대한 좋은 데이터를 어떻게 찾아냈는지 열심히 이야기했다. 그러다가 또 어떤 날에는 너무 심란해서 가끔 억지로 몇 마디만 하기도 했다. 그러다 또 어떤 때에는 너무나 우울해서 그냥 벽에 등을 기대고 눈을 감은 채 이마에 차가운 맥주잔을 대고 있기도 했다.

우리 위원회는 또다시 재무부에 "우리만 믿어"라는 공격을 당했다. 가이트너 재무부 장관은 최근에 대형 은행들이 "스트레스 테스트"를 받게 될 것이라고 발표했다. 그 테스트는 은행들이 자기 힘으로 일어설 만큼 자본을 충분히 보유하고 있는지 살펴보는 것이 목적이었다. 미국 연방준비제도에서 테스트를 실시할 것이고 은행들이 그 테스트를 통과하면 국민이 은행의 안전성을 더 신뢰할 거라고 했다. 최소한 그들이 주장하는 바는 그랬다.

COP는 아주 직설적인 질문으로 행동에 돌입했다. 그 스트레스 테스트의 스트레스 지수가 정확히 얼마나 되는데? 우리가 일류 전문가들을 기용해서 그 테스트를 평가하고 모두 갈 준비를 마쳤을 때 연방준비제도와 재무부는 우리가 들어올 수 없다고 통보했다. 그들이 은행들을 평가하는 데 사용하는 데이터를 우리는 볼 수 없다는 것이다. 사실 우리는 그들이 은행의 점수를 매기는 데 사용하는 테스트조차 제대로 볼 수 없었다. 우리는 밀어도 보고 당겨도 봤다. 우리 변호사들도 보내 봤다. 정중하게 부탁해보기도 하고 거칠게 요구하기도 했다. 하지만 하나도 통하지 않았다. 스트레스 테스트는 일급 기밀로 남아 있었다.[42]

재무부가 그 테스트 결과를 발표했을 때(하, 요것 봐라) 모든 은행의 재정 상태가 건전하다고 나왔다. 절반은 아주 좋고, 절반은 조금 부실해서 자금을 좀더 대줘야 하지만, 전반적으로 모두 회복되고 있다는 것이다. 가이트너 장관이 선언했다. "19개 은행 모두 파산할 위험이 없다."[43] 정말? 일단 테스트 결과들이 발표되고 재무부에서 모든 은행이 제대로 운영되고 있다고 보고했을 때 우리는 다시 물었다. "이제 이 테스트에 대한 정보를 더 받을 수 있나요?" 대답은 이랬다. "아니요, 절대 그럴 일은 없어요."

2009년 봄과 여름 내내 우리는 연방준비제도와 재무부가 우리에게 정보를 주지 않는다고 계속 요란하게 공개적으로 불평했지만 그들은 한 치도 양보하지 않았다. 우린 아직도 그 스트레스 테스트에 뭐가 들었는지 모르고 있다.

우리는 TARP의 문을 주먹으로 쾅쾅 치며 두드렸지만 그들은 문 뒤에 쭈그리고 앉아서 절대 나오지 않았다.

납세자들을 위한 86억 달러

—

2009년 6월 재무부는 대형 은행들과 또다시 거래를 하기 위한 협상을 시작했다. 원래 TARP 채무 정리 계약의 일환으로 은행들이 돈을 빌렸을 때 그들은 일정한 양의 은행 주식을 정부에 할인된 가격으로 팔겠다고 약속했다. 만약 긴급 구제가 효력을 발휘해서 은행이 다시 수익을 내게 되면 납세자들은 미래 어느 한 시점에 보너스를 받게 되는 것이다. 이제 그 미래가 찾아왔고 일부 은행은 정부와 거래를 해서 납세자들에게 보너스를 줄 준비가 됐다.[44]

그래서 그 보너스가 얼마나 많으냐고? 그건 재무부와 은행들이 하는 거래에 달려 있었다. 만약 정부가 지나치게 싼 가격에 합의하면 은행들은 납세자들을 희생시켜서 다시 한번 아주 달달한 보조금을 받게 되는 것이다.

그래서 우리 위원회가 다시 조사를 했다. 또다시 은행들과 TARP의 최초 거래 몇 건이 밀실에서 체결됐다.(이젠 놀랍지도 않아.) 우리는 또다시 전문가들에게 의뢰해서 조사를 시켰다. 그리고 또다시 재무부가 미국 국민에게 손해가 되는 거래를 했다는 사실을 알아냈다. 밀실 협상으로 인해 재무부는 원래 받아야 할 1달러당 66센트밖에 받아내지 못했다.[45]

하지만 이번에 우리 위원회는 비상경계 태세를 갖추고 있다가 모든 돈이 사라지기 전에 재빨리 행동에 돌입했다. 사실 우리가 너무 빨리 쳐들어가서 대부분의 거래가 아직도 협상 중이었다. TARP의 특별 감사관인 닐 바로프스키(긴급 구제의 다른 부문 감독을 도와주고 있는 우리의 든든한 원군)와 함께 작업해서 우리는 분석을 끝내고 보고서를 재빨리 작성했다. 일단 그 보고서를 공개하자 아직 끝나지 않은 협상들은 밀실에서 나와 공개적으로 진행됐다. 예를 들어 며칠 뒤 골드만삭스와 진행하던 밀실 협상이 공개됐고 그렇게 해서 골드만삭스가 재무부에 지불하기로 한 액수가 크게 늘어났다. 우리가 한 작업이 끝났을 때 우리의 조사 덕분에 납세자의 주머니에 86억 달러를 다시 넣을 수 있게 됐다.[46]

가진 힘이라곤 보고서를 쓰는 것밖에 없는 위원회치고는 괜찮은 성과가 아닌가!

누구를 탓해야 하나?

금융위기가 발생한 지 1년이 돼가고 있었지만 압류 건수는 매주 계속 가파르게 올라가고 있었다. 우리는 더 많은 보고서를 써내고, 재무부와 만나고, 다양한 규제 담당자와 접촉했지만, 계속 바위처럼 단단한 현실과 충돌했다. 재무부의 압류 위기 완화 계획은 실패작이었다. 나는 마치 차량의 흐름을 이끌어줄 수 있는 교통경찰들이 두 손 놓고 있다가 뒤늦게 나타날 때까지 차들이 계속 충돌하는 장면을 유튜브로 지켜보는 듯한 기분이 들었다.

모기지 위기가 발생하면서 부당한 비난을 받는 이가 늘어났는데, 특히 살던 집에서 쫓겨난 사람들에게 비난이 쏟아졌다. 그해 초 주택 대출금을 탕감하는 문제에 대한 논의가 표면화됐을 때, "패배자들"에 대한 요란한 불평이 텔레비전으로 방송됐고 그로 인해 입소문이 퍼지면서 분쟁이 일어났다. 이제 모두 80만 달러짜리 집을 산 버스 기사나 누군가의 처남이 부동산 투기를 해서 떼돈을 벌었다가 음악이 멈췄을 때 알거지가 됐다는 사연을 하나씩 가지고 있는 듯 보였다.[47] 전문가들은 보통 사람들 때문에 주택 시장의 위기가 발생했다고 비난할 만반의 준비가 되어 있었고 그들을 지지하는 정치가도 아주 많았다.

하지만 그건 내가 보기에 완전히 퇴보된 발상이었다. 마치 사람들은 이런 말을 하고 있는 듯했다. "에구머니나, 우리 불쌍한 은행장님을 탓할 순 없잖아. 그분은 자기 일에 그렇게 충실하셔서 연봉으로 수백만 달러를 받으시는데 어떻게 자기 은행이 망할 줄 알았겠어?" 그러더니 그들이 돌아서서 이렇게 말하는 것이다. "어이, 이 멍청한 집주인아! 넌 암만 봐도 이해가 안 되는 대출 계약서에 어떻게 서명을 했냐? 네가 실직하는 바로 그 순간 원금을 상환해야 할 때가 될 거라는 것도 모르고 있었냐?"

이런 위선 때문에 나는 돌아버릴 것 같았다.

2009년 가을에 가이트너 장관은 TARP 감독위 사람들과 회의를 하자고 초청했다. 이제 우리 감독위는 가이트너 장관과 몇 번 만났고, 장관은 공청회에서 위원회에 두 번이나 질문에 대한 답을 했다.

그 회의는 재무부 빌딩에 있는 엄청나게 화려한 방에서 열렸다. 그 방은 역사적으로 중요한 가구들, 길고 근사한 커튼과 묵직한 액자에 든 그림들로 가득 차 있었다. 마치 왕들이 여러 곳의 식민지를 놓고 누가 어디를 차지할지 협상하는 방 같았다.

사람들은 가이트너 장관이 동안이란 말을 많이 한다. 그 말이 맞는 것 같았지만 이 회의에서 주로 받았던 인상은 우리가 그의 집에 있는 것만 같다는 느낌이었다. 그는 우리를 여기로 초대했는데 이건 마치 이 크고 영향력 있는 공간의 주인은 그이고 우린 그의 손님이니 처신을 잘해야 환영받을 것이란 느낌이었다. 장관과 보좌관들이 거대하고 육중한 테이블 한쪽에 앉았다. 우리 쪽 사람들 그러니까 COP 위원들, 나오미 바움, 닐 바로프스키, GAO(회계 검사원―옮긴이) 원장인 진 도다로는 반대편에 나란히 앉았다.

가이트너 장관은 아주 빠르게 이야기하면서 종종 목소리를 알아들을 수도 없게 아주 단조로운 어조로 몰아쳐서 도저히 중간에 끼어들 여지가 없었다. 그는 분명히 굉장히 똑똑하며 여러 사실을 정확히 알고 있었지만 질문할 기회는 별로 주지 않았다. 어쩌면 그는 조금 불안했는지도 모른다. 자기가 하는 일을 어깨 너머로 보면서 매번 자기가 하는 결정을 나중에 비판하는 사람들이 앞에 쭉 앉아 있는 상황이 그리 즐겁지만은 않았을 것이다.

이 회의는 지난번에 장관과 한 회의처럼 똑같은 방향으로 흘러가고 있는 듯했다. 장관은 말하고 우리는 듣다가 갑자기 회의가 끝나버리면서 질문하고 답할 시간은 거의 없는 그런 식 말이다.

나는 초조해서 꼼지락거리지 않으려고 무척 애를 썼다. 하지만 장관이 경제 회복에 대한 재무부의 밝은 전망에 대해 끝도 없이 늘어놓는 사이 내가 마침내 새로운 주제에 대한 질문을 가지고 끼어들었다. 나는 물었다. 왜 홍수처럼 쏟아지는 압류에 대한 재무부의 대응이 그렇게 미미한 겁니까? COP는 재무부의 압류 계획에 대해 아주 비판적이었다. 우리는 재무부의 압류 완화 프로그램이 부실하게 설계됐고 부실하게 운영됐으며 국민에게 영구적인 도움은 거의 제공하지 않았다고 생각하고 있었다. 그리고 이 프로그램의 도움을 받은 사람이 거의 없어서 어떤 실질적인 변화도 이루어내지 못했다고 염려하고 있었다.[48] 대형 은행들을 구제할 때는 빛의 속도로 거금의 자금을 퍼주더니, 압류 사태를 완화시키겠다는 이 계획은 마치 거대한 산불을 안약 하나로 끄겠다고 하는 것처럼 보였다. 내가 보기엔 지금 수백만 명의 사람이 벼랑 끝에 서 있었고, 국가도 마찬가지였다.

재무부 장관은 내가 끼어들어서 짜증이 난 듯 보였지만 재빨리 압류 사태를 해결하기 위한 방법에 대해 일반적인 토론을 시작하면서, COP가 이미 검토한 재무부의 계획을 다시 늘어놓았다. 그다음에 재무부의 그런 노력들이 어째서 아주 적절한 것인지 설명했다. 한마디로 하면 여러분은 걱정할 것 없다는 말이었다. 그다음에 그는 핵심적인 주장들을 펼쳤다. 은행들이 한 번에 관리할 수 있는 압류 건수에 한계가 있기 때문에 재무부는 그 속도를 늦춰서 은행들의 부담을 덜어주겠다는 것이었다. 그리고 은행이 숨을 돌리는 바로 그 틈을 재무부의 새 압류 프로그램이 메워준다는 것이다. 그러니까 이건 은행들이 회복될 수 있게 "재무부가 활주로를 깔아주겠다"는 말이었다.[49]

역시 내가 짐작한 그대로였다. 재무부의 압류 완화 프로그램은 은행들이 불시착하지 않도록 그들을 보호하기 위한 조치였던 것이다. 수백만 명의 사람이 발길에 채여 거리로 쫓겨나는 처지였지만 재무부 장관은 정부가 해야 할 가장 중요한 일이 은행들의 연약한 엉덩이를 보호해줄 부드러운 방석을 마련해주는 것이라 믿고 있었다.

아이고, 맙소사.

거기다 대고 대체 뭐라고 하겠는가? 난 장관의 말에 재치가 넘치는 반격을 해주고 싶었지만 하지 않았다. 장관은 눈이 덮인 산 정상에 서 있는데 나는 사막을 기어가고 있는 듯한 기분이었다. 우리가 세상과 문제를 바라보는 방식은 그렇게 달랐던 것이다.

그다음 몇 달 동안 COP는 무시무시한 속도로 확산되는 압류 위기에 대한 재무부의 부적절한 대응과 폭주하는 압류 사태가 대량 실업 및 장기적인 경제 성장에 어떤 영향을 미칠지에 대해 더 많은 보고서를 작성했다.[50] 비상 신호를 울린 것은 COP만이 아니었다. 실라 베어 연방예금보험공사 총재가 여러 차례 그 문제를 거론하면서[51] 더 많은 사람이 집을 지킬 수 있게 하는 대안을 제시하려고 애썼다. 일류 경제학자와 주택 문제를 다루는 변호사들도 그 주제로 칼럼들을 쓰고 연설을 했다.[52] 항의 시위들도 일어났다. 우리는 할 수 있는 모든 걸 다 했지만, 압류는 계속 늘어나기만 했다.

편 고르기

가을에서 겨울로 넘어가면서 COP 초기에 나타났던 당파 전쟁은 사라졌다. 우리는 초당적인 위원회를 운영하자는 처음의 비전을 계속 지켰고, 사람들은 적어도 한동안은 누가 어느 편에서 왔는지 잊어버린 듯했다. 심지어 헨설링 의원도 결국 누그러져서 이따금 우리 보고서에 찬성표를 던졌다. 나는 가끔 그의 표를 받게 돼서 기뻤다.

2009년 12월의 어느 날 헨설링 의원이 전화해서 그만 물러나겠다고 말했다. 그의 후임으로 공화당은 노련한 세법 전문 변호사이자 공인 회계사인 마크 맥워터스를 지명했다. 그해 초 상원의원 수누누도 떠났다. 몇 달 뒤 그의 후임인 폴 앳킨스도 마찬가지로 위원회를 그만뒀다. 이번에 공화당에서는 아주 존경받는 보수적인 노동경제학자인 케네스 트로스케 박사를 임명했다. 마크와 케네스는 우리 감독위가 씨름하고 있는 많은 문제에 대해 확실한 의견을 가지고 있었다. 우리 의견이 항상 일치했던 건 아니지만, 그들은 언제나 진실을 파헤치기 위해 열심히 노력했다. 두 위원 모두 두뇌가 명석했고, 위원회 일에 정열적으로 임했으며, COP 조사의 수준을 한층 더 높여줬다.[53]

COP는 내게 불편부당이란 개념에 대해 중요한 걸 한 가지 가르쳐줬다. 이걸 추구할 때는 소심할 필요가 없다는 점이었다. 우리는 출신 배경도 다르고 세상을 보는 시각도 달랐지만, 최소공통분모를 찾아 "하늘은 파랗다"라는 성명서를 내지 않았다. 그건 모두 동의할 수 있는 것이었으니까. 우린 서로 밀고, 찌르고, 때로는 언쟁을 벌였다. 피나는 노력을 해가면서 분석한 결과 우리 보고서는 강력해졌고, 우리 언어는 대담해졌다. 그리고 우리가 해답을 내놓지 못했을 때는 우리에게 반대하는 사람들의 의견도 마찬가지로 강력했다. 결국 우리의 다양하고 초당적인 팀이 그 어떤 개인(혹은 그 어떤 정당)이 혼자 할 수 있는 것보다 더 나은 성과를 냈다고 생각한다. 내가 COP에서 일했던 기간 동안 우리가 낸 23개의 보고서 중 10개가 만장일치로 채택됐고, 23개 중 16개에 양당 모두가 찬성했다.[54] 그 정도면 괜찮은 점수 아닌가.

누가 감옥에 갈 것인가?

COP는 매달 보고서를 써냈다. 가이트너 장관은 세 번 더 증언하러 왔고 그 청문회 중 하나가 유튜브에 올라왔다. 시티은행의 CEO인 비크람 판디트와 앨리 은행의 CEO도 청문회에서 증언했다.[55] 우리는 다른 몇몇 대형 은행 CEO들에게도 증언을 요청했지만 거부당했고 우리에게 증인을 소환할 힘이 없기 때문에 달리 어쩔 도리가 없었다.

2010년 6월 우리는 AIG 긴급 구제에만 주력해서 특별 보고서를 작성했다.[56] 확실히 우리가 아픈 곳을 건드린 모양이었다. 그 보고서는 평소와 달리 대대적으로 언론에 보도됐고 AIG 사태에 대한 관심을 다시 불러일으켰다. 몇 주 뒤 AIG의 전 CEO인 행크 그린버그가 하버드의 내 사무실에서 보자고 요구했다. 그는 우리 보고서에 대해 상당히 화가 나 있었지만 우리가 지적한 AIG가 한 위험한 거래들과 그것이 미국 경제에 미치는 악영향에 대해 반박하진 못했다. 대신 그는 왜 훌륭한 CEO인 자신을 인정해주지 않는지 하소연을 하고 싶어했다. 그가 대표로 있을 때 AIG가 위험한 거래들을 했다는 결론을 내가 철회하지 않으리라는 걸 깨닫자, 그는 몇 년 전 당시 뉴욕 주 검찰총장으로 수사를 지휘했던 엘리엇 스피처에게 분노의 화살을 돌렸다.[57] 그렇게 고함을 질러도 내가 전혀 공감하지 않자 화를 내면서 홱 나가버렸다. 그 만남 때문에 나는 대형 금융 회사들의 CEO는 보통 사람과는 아주 다른 세계관을 가지고 있는 것 같다는 생각을 하게 됐다.

그린버그는 해고됐지만 그건 위기가 일어나기 전에 행해진 조치였다. 일단 TARP가 나오자 긴급 구제를 받은 은행들의 CEO들은 형편이 훨씬 더 나아졌다. 이제 나는 연방 정부가 이 작자들에게 사임하라는 압력을 넣지 않으리라는 걸 깨닫고 체념하는 중이었다. 하지만 난 아직도 정부가 이 최고 경영진이 법을 위반한 점이 없는지 조사하길 바라고 있었다.

COP는 민사나 형사 소송을 낼 권한이 없지만 그게 타당한 조치라면 법무부와 다른 기관들은 그럴 권한이 있었다. 몇 달 동안 나는 조만간 어떤 규제 담당자가 '은행 시스템이 붕괴됐어'라고 생각하면서 어떤 은행 중역들이 어떤 불법적인 짓을 했을까, 라고 생각할 거라고 짐작했다. 나는 금융 시장의 대표 선수들이 기소된다는 방송이 줄줄이 나오는 건 시간문제라고 생각했다.

하지만 침묵은 한없이 길어졌다. 어떤 기업 임원도 사진 기자들 앞에 서지 않았다. 대대적인 기소도 일어나지 않았다.

정말 법조차 은행들은 건드릴 수 없는 걸까? 물론 항상 그랬던 건 아니다. 과거 1980년대에 미국은 또 다른 은행 위기를 겪었는데, 그때는 상호 은행들이 당시 나왔던 규제 완화를 이용해서 거대한 폰지 사기극(신규 투자자의 돈으로 기존 투자자에게 이자나 배당금을 지급하는 방식의 다단계 금융 사기—옮긴이)을 일으켰다.(내가 안전장치도 마련해두지 않고 은행 시스템을 규제 완화하는 것이 얼마나 어리석은 짓인지 말하지 않았나요?) 그 당시는 연방 관료들이 잘못을 저지른 은행가들에게 지금처럼 관대하게 대하지 않았다. 은행이 도산했을 때 정부가 철저하게 조사했고, 경영자들이 장부를 조작했다면 그에 대한 책임을 져야 했다. 그때는 많은 사람이 감옥에 갔다. 1000명이 넘는 은행 중역이 기소됐다.[58] 우리 빌리 삼촌은 상호 은행 위기가 일어났을 당시에 가족 모임에서 이런 말을 했었다. "우리 은행가 친구들은 전에는 오전 9시부터 오후 4시까지 일했는데, 지금은 감옥에서 5년에서 7년 동안 콩밥을 먹게 됐지." 그러고는 삼촌은 껄껄 웃었다.

금융위기가 일어나기 몇 달, 몇 년 전부터 초대형 은행들이 범죄활동에 관여했는지는 나도 잘 모른다. 하지만 문제는 바로 이것이다. 그걸 확실히 아는 사람이 단 한 명도 없다는 사실이다. 왜 정부는 대대적으로 공개수사를 벌이지 않는가? 은행에 몰려가서 하드드라이브들을 압수하고 제표들을 꼼꼼히 읽어봐야 할 회계 감사관들은 대체 어디에 있는가? 처음부터 장부들을 확인하고 있어야 할 규제 담당자들은 어디에 있나? 일련의 철저한 조사를 수행하기 위해 실질적인 자원들이 투입되고 있으며, 실질적인 힘을 가진 사람이 책임지고 이 사태를 수습하겠다고 나서는 신호는(어떤 신호라도 좋으니) 대체 어디 있는가?

이런 식으로 생각해보자. 대형 은행들은 자기 은행을 담당한 규제 담당자들에게 매년 3개월에 한 번씩 공인 재무제표를 제출해서 은행의 재무 상태가 건전하다는 걸 보여준다. 그 사이에 악취가 사방에 풍기는 수십억 달러 상당의 모기지를 AAA 등급이라는 허풍스런 포장지에 곱게 싸서 전국에 있는 연금 펀드와 지방 정부들에 판다. 그러다 그 은행들이 문을 닫지 않기 위해 갑자기 수백억 달러의 정부 자금이 필요해진다. 정부는 은행들에 그 돈을 주지만 그 은행들의 재정 증명서에 갑자기 생긴 커다란 구멍이(최소한 일부라도) 불법적인 활동으로 생긴 것은 아닌지 알아낼 대규모 재원과 인력을 투입하지 않는 것이다.

그래서 무소불위의 권력을 누리는 은행의 CEO들이 수백만 달러를 보너스로 챙기는 동안 플로라 할머니는 차에서 살게 되는 것이다. 그리고 미국 정부는 거대 은행들이 무사히 착륙할 수 있게 "활주로를 깔아주면서", 비행기를 조종하는 자들이 못된 짓을 하는 인간인지 조사하지 않는 것이다.

월가의 보안관들
—

2010년 봄에 『타임』지에서 전화가 걸려왔다. "월가의 새 보안관들"이라는 주제로 기사를 쓰고 있는데 나와 인터뷰를 하고 싶다는 것이었다. 이 기사의 묘미는 바로 그들이 기사에 실으려는 세 사람이 모두 여자라는 사실이었다. 연방예금보험공사 총재 실라 베어, 증권거래위원회 위원장 메리 샤피로 그리고 나였다. COP는 연방예금보험공사나 증권거래위원회와 같은 권력은 없지만 『타임』지 편집장들은 개의치 않는 듯했다. 메리는 만난 적이 없지만 실라는 이미 알고 있었다. 실라는 뛰어난 변호사이자 학자로 부시 대통령이 2006년 연방예금보험공사 총재로 그녀를 임명했을 때 대부분의 사람은 그 자리가 상당히 지루한 자리가 될 거라고 생각했다.[59] 하지만 그녀는 조직을 대대적으로 혁신하고, 일련의 개혁 조치를 강행해서 소규모 은행들의 감독을 강화했으며 연방예금보험공사의 보험 기금을 탄탄히 했다. 실라와 나는 몇 년 전에 만났고, 최근에는 그녀가 주도하는 그룹에서 저소득층이 더 나은 은행 서비스를 받을 수 있게 돕는 일을 하고 있었다.

우리 셋은 인터뷰를 하고 사진을 찍기 위해 만났다. 표지 사진을 찍으려고 셋이 모였을 때, 카메라 감독이 내가 다른 두 명보다 키가 훨씬 더 큰 걸 알아차리고 이렇게는 "안 되겠다"고 선언했다. 이때 『타임』지 직원들이 달려와서 준비를 해줬다. 그들은 메리가 위에 올라설 수 있게 상자를 하나 가져오고 실라가 올라갈 발판도 가져왔다. 일단 카메라에다 잡힐 수 있게 키가 정리되자 모두 보안관과 같은 포즈를 취하라는 지시를 받았다.

이 상황이 조금은 비현실적으로 느껴져서 우리는 한껏 웃었다. 사실 나는 실라, 메리와 그 시간을 함께 보낸 게 좋았다. 우리는 왜 연방예금보험공사 책임자(실라)의 립스틱 색깔이 어울리지 않는 게 중요한지, 증권거래위원회의 침체된 효율성을 복구하기 위해 노력하고 있는 사람(메리)이 헤어스타일(같이 근무하는 남자들이 이런 머리를 참아주고 있단 말이야?) 때문에 골치를 앓고 있는지에 대한 문제들을 포함해서 다양한 주제로 아주 편하게 대화를 나눴다.

그렇더라도 우리 셋 다 이 사진 촬영의 진정한 의미가 뭔지 잘 알고 있었다. 이것은 많은 사람에게 왜 월가가 좀더 높은 수준의 책임을 져야 하는지에 대한 메시지를 전달할 수 있는 기회였다. 그리고 나는 우리 셋 다 이 표지 기사가 우리 모두 생각하는(비록 깊이 생각해보진 않았지만) 주제에 대한 문제점을 제기할 것이라고 느끼고 있었다. 그건 바로 금융업계의 최고 경영진 중에는 여자가 거의 없는데 어떻게 그들이 저지른 사고의 설거지를 하게 된 사람은 모두 여자일까, 라는 물음이었다.

그 후 몇 년 동안 실라와 메리와 나는 그 주제를 여러모로 다르게 표현해서 이야기했다. 우린 항상 가볍게 이야기했지만 그 주제는 아픈 곳을 찔렀다. 어쨌든 당시 경제 잡지 『포춘』이 선정한 상위 500대 회사 리스트에 들어간 20개 시중 은행 가운데 여자 CEO는 단 한 명이었다.[60] 딱 한 명. 난 오랫동안 수많은 금융 회의를 다녀봤지만 한 번도 여자 화장실에 줄을 서본 적이 없었다.

그리고 내가 있는 TARP의 세계도 사정은 마찬가지였다. COP가 활동해온 근 2년 반 동안 10명의 위원이 들어오거나 나갔다. 그 10명 중에 나만 빼고 모두 남자였다.

금융업계에는 왜 그토록 여자 경영자가 적은 것일까? 그리고 정말 왜 이 세 여자는 지금 월가의 보안관이 된 걸까? 실라와 메리에 대한 답은 내가 할 수 없지만, 내가 왜 이 자리에 오게 됐는지는 생각해봤다. 그건 내가 아웃사이더였기 때문이다. 난 한 번도 대형 금융업계의 고위층이 있는 안락한 세계에 살아보지 않았고, CEO 네 명과 짝을 맞춰서 골프를 쳐본 적도 없었으며, 클럽에서 시가를 피운 적도 없었다.

어떤 사람들은 그 클럽에 들어가지 않는 한 절대로 그곳을 이해할수 없을 거라고 주장한다. 하지만 이번 경우에 나는 그 클럽에 속하지 않았기 때문에 거기서 주는 공짜 소다수를 마시지 않을 수 있었다고 생각한다. 나는 외부에서 금융 시스템을 연구했기 때문에 그 어떤 것도 내게는 성역이 아니었다. 난 금융업에 종사하는 사람들이 대부분 똑똑하다고 생각했지만 내가 아는 많은 사람보다 더 똑똑한 건 아니었다. 물론 그들은 돈을 많이 벌지만, 그렇다고 해서 그들이 바로 눈앞에서 일어나고 있는 재앙에 눈을 감지 않는다거나, 수익을 부풀릴 수 있다면 규칙을 위반할 용의가 없을 거라는 뜻은 아니다.

COP 보고서를 작성하느라 밤늦게까지 일하고 있는데 데이먼이 잊지 못할 행사에 참석한 어떤 사람에게서 들은 이야기를 해줬다. COP

가 아주 분명하게 표현한 질문 10가지를 가지고 등장했을 때 어느 호화로운 호텔에서 폴슨 재무부 장관의 사적인 고별 파티가 열렸다고 한다. 주식시장이 붕괴되고 경제가 흔들리는 와중인데도 그곳은 폴슨이 재무부 장관으로서 제 역할을 다하고 경제위기에 훌륭하게 대처했다고 건배하며 등을 다독여주는 분위기였다고 한다. 파티가 끝나갈 무렵 대화 주제가 COP로 바뀌었다. 다들 우리가 하는 일이 못마땅해서 헛기침만 하다가 내 이름이 언급됐다. 그러자 어떤 사람이 말했다. "그 여자는 분위기 파악을 정말 못 한다니까." 그러자 모두 고개를 끄덕이며 동감했다고.

나는 데이먼에게 거기에 여자가 한 명이라도 있었느냐고 물었다. "아니, 내가 듣기로는 한 명도 없었다던데." 데이먼이 대답했다.

내 그럴 줄 알았다.

그 여자가 알면 어쩌지?

—

나는 COP 업무를 계속 보다가 2010년 9월 워싱턴에서 또 다른 일을 맡게 됐다. 거의 2년에 걸쳐 재무부 및 대형 은행들과 TARP에 대해 싸워오면서, 우리가 이긴 부분도 있고 진 부분도 있다고 할 수 있겠다.

진 부분은 명백하게 드러났다. 우리는 재무부가 대형 은행들에 아무 조건 없이 TARP 기금을 퍼주는 걸 막을 힘이 없었고, 초대형 금융 기관들에게 대마불사는 새로운 현실이 됐다. 우리는 금융 관련 범죄 수사에 착수할 권한도 없었고, 고위급 은행 간부들이 수갑을 차고 사무실에서 끌려나가는 일도 일어나지 않았다. 우리는 중소 은행들을 더 빨리 도와달라고 재무부를 재촉하지도 못해서 2010년 9월이 됐을 때 300군데가 넘는 소규모 은행과 신용조합이 도산했다.[61] 우리는 중소기업들의 자금이 돌 수 있도록 융자를 해달라고 누구에게도 압력을 넣지 못했고, 그 결과 17만 곳에 달하는 회사가 파산했다.

그것만으로도 울화가 치밀지만 내 머릿속을 정말 떠나지 않았던 걱정거리는 재무부나 백악관이 압류에 대해 의미 있는 조치를 취하게 하지 못했다는 점이다. 대통령이 고른 팀은 한정된 시간과 돈 때문에 월가를 선택했다. 미국 역사상 가장 큰 규모의 긴급 구제 기금을 조성했는데 은행들이라는 골리앗이 그걸 눈 깜짝할 사이에 먹어치운 것이다. 그동안 수백만 명이 집을 잃었고, 심지어 위기가 발생한 지 몇 년이 지난 지금도 또 다른 수백만 명이 자신의 집값보다 더 많은 잔금을 치르려고 안간힘을 쓰고 있었다.[62] 난 아직도 플로라 할머니와 에스트라다 씨가 생각난다. 그리고 그런 사람이 수백만 명이 더 있다는 것도 알고 있다.

이렇게 우울한 마음이 극에 달할 때 정말 절망스러운 점은 바로 이것이다. COP는 거물들만 보호한 채 나머지는 다 버리고 가기로 작정한 듯 보이는 시스템을 바꿀 수 없다는 것이다.

하지만 우리가 승리한 부분도 몇 가지 있었는데, 그중에는 큰 것도 있었다. 우리는 은행들이 헛소리를 늘어놓을 때마다 호루라기를 불었고, 그때마다 많은 사람이 그 소리를 들었다. 그리고 밀실에서 진행되던 정책 결정 과정이 대중에 공개됐다. COP는 미국인들에게 그들이 당연히 받아야 할 돈을 돌려줬다. 납세자들이 받아야 할 보너스에 대해 우리가 발표한 2009년 7월 보고서 덕분에 재무부는 수십억 달러를 은행들로부터 돌려받았다. 나오미의 유능한 통솔력에 힘입어 우리는 세계 최고의 전문가와 조사관들로 이뤄진 팀을 구성했다. 우리가 자동차 회사들에 대한 긴급 구제를 조사해서 자동차 업계(그리고 110만 개의 일자리)를 구하기로 한 결정이 법적으로나 경제 정책으로나 합리적이었다는 것을 밝힘으로써 정부의 결정을 뒷받침한 것 역시 우리의 뛰어난 조사와 분석 능력을 보여주는 한 예였다.[63] 그리고 우리는 대마불사를 막진 못했지만 그에 대해 사람들이 알 수 있도록 확실하게 떠들어댔다. 나는 우리가 가장 필요한 때에 처참하게 실패한, 지나치게 업계 친화적이고, 지나치게 복잡하며, 재원도 부족한 규제 시스템에 대해서도 집중 조명했다고 생각한다. 거기에 충격을 받은 사람들은 TARP 체제 이후 진정한 금융개혁을 요구하게 됐다.

어쩌면 이외에 눈에 잘 띄지 않는 소소한 승리들도 있었는지 모른다. 내가 COP를 떠난 뒤 맡은 일의 성격상 재무부 빌딩에서 많은 시간을 보내게 됐다. 가끔 재무부의 천장이 높고 텅 빈 복도를 걷다가 직원과 마주쳐서 인사를 나눌 때가 있었다. 그렇게 잠시 나눈 이야기 가운데 이런 말을 꽤 많이 들었다. "워런 씨는 저를 잘 모르시겠지만, 금융위기 당시 제가 ○○ 부서에서 일하고 있었는데요. 그때 우리가 어떻게 해야 할지 이야기를 하다보면, 누군가가 항상 이렇게 묻곤 했던 것 같아요. '이 일을 엘리자베스 워런이 알게 되면 뭐라고 할까?' 그 질문이 나오면 사람들은 항상 하던 일을 멈추고 다시 생각하게 됐죠."

난 그 말이 결코 나만을 두고 하는 것이 아니라고 생각했다. 그 말은 우리의 끝내주는 직원들뿐 아니라 COP에서 봉사했던 모든 위원에게 해당되는 것이라 믿는다. 그러면서 또 그 말이 민주주의에 대한 것이라고 생각한다. 그것은 내게 이런 말과 같았다. "만약 우리가 하려는 일을 모두 알게 되면 어떻게 하지?" 나는 큰 소리로 분명하게 말하는 것이 가치 있는 일임을 보여주는 증거로 이보다 더 좋은 것을 생각해낼 수 없었다.

학생들과 바비큐 파티를 하던 날 밤 해리 리드의 전화를 받기 전에는, 나는 한 번도 정부의 감독 기능에 대해 진지하게 생각해본 적이 없었다. COP에서 우리는 지금 벌어지고 있는 일에 국민을 참여시킬 기회를 갖게 됐다. 우리가 맡은 일은 보통 사람들에게 그들의 경제와 삶에 중요한 영향을 미칠 결정들을 들여다볼 기회를 주고, 결국 그로 인해 지도자들이 국가를 옳은 방향으로 이끌고 있는지 판단하는 데 필요한 정보들을 접할 수 있도록 도와주는 것이다.

COP에서 일하면서 나 스스로가 바뀌었다. 내겐 아직도 배지나 수갑은 생기지 않았고, 아직도 텔레비전에 출연하는 게 긴장되지만(한 번도 무대에서 토한 적은 없지만), 중요한 교훈 몇 가지를 배웠다. 나는 워싱턴의 불문율은 하나도 모르는 성가신 교수들을 포함해서 아웃사이더들이 하는 질문을 인사이더들이 달가워하지 않는다는 걸 알게 됐다. 그리고 근본적인 진실도 깨달았다. 당신에게 실질적인 권력이 없다면, 국민에게 가라. 진짜 국민에게. 진정한 권력은 바로 국민에게서 나온다.

감독위에서 순찰을 돌면서 보냈던 그 기나긴 시간이 항상 즐거웠던 것만은 아니다. 하지만 오티스는 전혀 불만이 없었다. 오티스는 좋아하는 옥수수빵을 실컷 먹고 살이 찌기 시작했다. 나는 종종 튀긴 조개와 맥주를 앞에 놓고 브루스에게 고민을 털어놨다. 가끔 내가 이룰 수 없는 것들에 대해 금융의 신들에게 저주를 퍼붓고 싶었다. 하지만 그런 분노도 무수한 가족이 겪은 부당한 처사와 가슴 아픈 사연들을 떠올리면 슬픔으로 바뀌곤 했다. 금융위기가 너무나 끔찍하긴 했지만 그에 대한 정부의 대응을 개선하기 위한 싸움에 참여한 걸 후회하진 않았다. 그런 중대한 위기에 국가에 봉사할 기회가 주어져 최선을 다했다는 점에 깊이 감사하고 있다.

긴급 구제에 대한 우리의 감독은 어떤 기준으로 봐도 완벽하지 못했다. 하지만 나는 어떤 일들이 가능한지 목격했다. 우리는 흔적도 없이 사라질 수 있었던 정체불명의 아주 작은 위원회를 맡아서 그 구제 시스템에서 밀려난 수많은 사람의 눈과 귀와 목소리가 되기 위해 열심히 노력했다. 그리고 가끔은 경제위기에 희생된 사람들을 위해 악당들에게 일격을 날렸다.

그건 기분 좋은 일이었다. 정말 기분 좋았다.

4장

하루에 100만 달러로 살 수 있는 것

COP에서 한창 일하는 와중에 나는 우회적으로 들어온 또 다른 프로젝트를 맡았다. 그 프로젝트는 의회 감독위와는 아무 상관 없이 전적으로 금융위기에 관련된 것이었다. 한동안 내 머릿속을 돌아다니던 어떤 아이디어가 있었는데 그것을 현실로 만들 기회가 찾아왔을 때 곧바로 덤벼들었다. 이건 마치 퍼즐 한 조각을 쥐고 직소 퍼즐의 어느 부분에 이게 들어가야 할지 보다가 그 자리에 그걸 놔야 할 것 같은 마음을 도저히 참지 못한 그런 기분이었다.

아이디어란 여러 방식으로 자라기 마련인데 내 아이디어는 미련할 정도로 법을 연구하면서 기술적인 내용들을 가르치던 시절에 태어났다. 하지만 그것만 가지고는 좋은 아이디어가 될 수 없었다. 그게 근사한 아이디어가 되려면 설명할 수 있어야 한다. 그래서 내가 우리 부엌에 불을 낼 뻔했던 시절에 대한 일화를 들려주는 것이 좋겠다.

우리 가족이 1970년대 뉴저지에서 살 때 나는 아침 식사로 토스트를 즐겨 만들었다. 어느 날 아침 당시 서너 살쯤 됐던 어밀리아가 식탁 앞의 아기 의자에 앉아 시리얼을 먹고 있었다. 나는 우리 집 오븐 토스터에 빵을 몇 개 넣고 동시에 여러 가지 일을 하느라 바빠서 토스트는 금세 잊어버렸다. 그러다가 토스터에서 연기가 나는 걸 봤을 때, 식빵을 넣은 트레이의 손잡이를 잡고 불타는 토스트 네 조각을 꺼냈다. 지금도 그렇지만 언제나 머리 회전 하나는 빠른 나는 비명을 지르면서 그 트레이를 싱크대에 던졌다. 토스트 세 조각은 싱크대에 골인했지만, 네 번째 토스트가 공중으로 날아가 싱크대 위에 달려 있던 귀여운 노란색 커튼에 불을 붙였다.

나는 또다시 비명을 지르면서 이번에는 어밀리아의 시리얼 그릇을 홱 잡아서 불타는 커튼에 던졌다. 시리얼 그릇에 들어 있던 우유가 불길을 잡았고, 나는 비로소 진정하면서 물건을 던져대는 건 불을 끄기에 그다지 좋은 방법이 아니란 걸 깨달았다. 그러다 나는 토스터에서 불꽃이 막 튀기면서 불이 나려는 듯한 걸 눈치 챘다.(도대체 저 빌어먹을 걸 얼마나 오랫동안 켜놓고 있었던 거지?) 나는 잔에다 물을 채워 아직도 불타고 있는 커튼에 부었다. 그리고 타월을 집어서 불꽃이 다 사그라질 때까지 토스터를 사정없이 두들겨 팬 다음 코드를 뽑았다.

그해가 아마도 내가 부엌에 하도 불을 많이 내서 아빠가 크리스마스 선물로 소화기를 사준 해일 것이다. 아, 행복한 시절이었구나.

그때는 토스터의 기능이라곤 불을 켜고 끄는 스위치 딱 하나밖에 없었다. 불을 켜면 하루 종일 그 안에 넣은 토스트가 타고, 배선이 녹고, 토스터 자체가 불길에 활활 탈 때까지 그 작은 오븐 속 그릴 안에 토스트를 넣어둘 수 있다. 어느 순간(정확히 언제인지는 나도 모르겠지만) 어떤 사람이 거기다 타이머와 자동으로 꺼지는 장치를 추가하자는 훌륭한 아이디어를 생각해냈다. 이 간단한 변화 덕분에 다른 일에 정신이 팔린 엄마나 사람들이 부엌에 불이 날 때까지 토스터를 켜두는 일을 막을 수 있었다.

30년이 지난 뒤 정부가 먹잇감을 노리고 달려드는 금융 회사들로부터 소비자를 어떻게 보호할 수 있을 것인지에 대한 글을 쓰다가 그 오래된 오븐 토스터들이 생각났다. 그때는 활활 불타올라 결국 집까지 홀라당 태울 확률이 20퍼센트나 되는 토스터를 사는 게 거의 불가능했다. 하지만 2000년대인 지금은 집을 날리고 거리로 쫓겨날 위험이 20퍼센트나 되는 담보대출로 갈아타는 게 가능하다. 사실 그냥 가능한 정도가 아니라 이런 모기지들이 전국에서 활활 불타오르고 있었다.

마찬가지로 그때는 소비자가 토스터를 산 뒤 제조업자가 토스터 가격을 바꿀 수 없었다.(이런 편지를 받는다고 상상해보라. "우리에게 당장 100달러 수표를 보내시오. 그러지 않으면 당신의 토스터가 더 이상 잉글리시 머핀을 굽지 않을 것이오!") 하지만 대출 계약서에 서명을 한 지 오랜 시간이 지난 뒤에도 신용카드 회사들은 잔금에 대한 금리를 두 배, 세 배로 올릴 수 있다.("당장 우리에게 돈을 더 보내시오. 그러지 않으면 당신의 신용 등급은 바닥으로 떨어질 것이오!") 계약서에 있는 작은 글자들을 읽어봐요. 이게 다 완벽하게 합법적인 거라니까.

왜 이런 차이가 생겼냐고? 그때의 미국 정부와 지금의 미국 정부가 다르기 때문이다. 내가 글을 쓰고 있던 2007년에 이르자 정부 기관이 실제로 토스터의 기본적인 안전 검사를 감독하고 있었고, 만약 누군가가 쉽게 불이 나는 경향이 있는 토스터를 팔려고 한다면, 그 기관이 막을 것이다.[1] 사실 정부 기관들이 시중에 판매되는 거의 모든 제품의 기본적인 안전을 보장하고 있다. 그들은 우리의 안전을 지키기 위해 노력하고 있다. 아이들의 장난감에 납이 들어간 페인트를 쓰지 못하게 하고, 쥐약이 들어간 약은 금지하고, 제대로 작동되는 브레이크가 없는 차는 도로에 나오지 못하게 하며, 불타는 토스터도 나오지 못하게 하고 있다. 하지만 2007년 폭발하는 모기지들의 판매를 막는 정부 기관은 하나도 없었다.

이름은 버젓이 상품이라고 하지만 금융상품들은 상품 취급을 받지 않았다. 이 상품들은 계약의 규제를 받는데, 그 말은 즉 공평하게 협상했다고 가정한 양자가 어떤 계약이든 자기들이 원하는 계약을 체결할 수 있다는 뜻이다. 그리고 이 말은 대형 은행들과 상대할 때 소비자들은 혼자서 할 수밖에 없다는 뜻이기도 하다.

나는 이 문제에 대한 해결책이 상당히 단순해질 수 있다고 봤다. 모기지와 다른 금융상품들을 그러니까 진짜 상품처럼 다루는 것이다. 소비자가 토스터의 배선도를 평가할 거라고 기대하는 사람은 한 명도 없다. 나는 소비자가 신용카드 계약서에 있는 모든 속임수를 평가할 수 있게 30쪽에 달하는 계약서의 작은 글자들을 다 소화할 거라고 아무도 기대하지 않으리라고 생각한다. 내가 보기에 이 문제는 상식과 기본적인 안전으로 해결돼야 했다.

그 글에서 나는 토스터의 안전과 금융상품의 안전을 비교했다. 나는 새로운 정부 기관을 창설할 것을 제안했다. 그 기관이 맡은 유일한 임무는 소비자들에게 나쁜 일이 생기지 않도록 보살피는 것이고, 금융회사들이 상식적인 규칙들을 지키는지 확인하기 위해 순찰을 도는 경찰 역할을 하는 것이다. 사람들은 언제든 원할 때마다 모기지와 신용카드를 계속 쓸 수 있지만, 그 상품들 자체는 단순하고 명확해질 것이다. 거기엔 작은 글자에 숨어 있는 속임수도 없고, 복잡하고 난해한 법률 용어 속에 숨겨진 함정도 없을 것이다.

그것은 상당히 단순한 아이디어였다. 하지만 그걸 실천하는 일은 그렇게 단순하지 않을 것이다.

속았다

——

다년간 나는 파산한 사람들로부터 수많은 사연을 들었다. 그런 이야기
는 종종 예상치 못했던 슬픈 일들로 시작됐다. 잘 다니고 있던 직장에
서 갑자기 해고 통지서를 받은 사람들. 사랑하는 아내가 갑자기 암으
로 죽기도 하고 늙어가는 아버지의 엉덩이가 골절돼 어쩔 수 없이 딸
이 근무 시간을 줄이게 된 이야기.

이런 사연들을 읽어가다가 나는 종종 혈압이 올라 뒷목을 잡곤 했
다. 한 가정의 가세가 기울어지는 바로 그때 거대 금융 회사들이 와서
그들을 파국으로 끌고 가곤 한다.

가끔은 대출 회사들이 거짓말을 한다. 가끔은 속임수를 쓰기도 하
며 덫을 놓기도 한다. 소비자가 그걸 알아차렸을 때조차 뻔뻔스럽게 밀
어붙이기도 한다.

난 아내와 의붓아들과 함께 남부의 한 소도시 외곽에 살던 한 남자
가 떠올랐다.(사생활 보호를 위해 그의 이름을 제이슨이라고 하겠다.)[2] 제이
슨은 실직해서 몇 달 동안 일자리를 찾다가 집에서 40마일 떨어진 창
고에서 일하게 됐다. 구직활동을 하는 동안 그는 빚을 좀 졌다. 신용카
드 대출을 받았고, 처남에게도 돈을 조금 꿨다.(아주 굴욕적인 경험이어
서 돈이 생기는 대로 곧바로 갚을 계획이었다.) 하지만 이제 새 직장이 생겼
으니, 제이슨은 다시 일어설 기회를 잡았다고 생각했다.

그가 타고 다니던 픽업트럭은 기름 잡아먹는 하마인 데다 고장도 몇

번 나서 좀더 작고 통근 시간이 길어져도 믿고 탈 만한 차로 바꾸기로 결정했다. 어느 토요일에 그는 라디오에서 어마어마하게 광고를 하는 큰 자동차 영업소에 그 픽업트럭을 몰고 갔다. 그는 차를 몇 대 둘러보고, 어떤 차가 그의 형편에 가장 잘 맞을지 오랫동안 고민한 뒤 결국 2년 된 포드 토러스로 결정했다. 그는 가격을 흥정하고, 쓰던 차를 주고 보상 판매를 하기로 한 뒤 새 차를 몰고 집으로 가면서 잘된 결정이라며 뿌듯해했다. 사실 제이슨은 차를 꼭 바꾸고 싶었던 건 아니지만, 다시 정상적인 삶으로 돌아왔으니 그에 책임을 져야 한다고 느꼈다고 말했다.

며칠 뒤 전화가 한 통 걸려왔다. 그가 차를 샀던 영업소였는데 문제가 하나 발생했다고 했다. 제이슨이 영업소에 차를 보러 갔을 때 영업사원은 이자가 4퍼센트라고 말했지만, 지금 전화를 건 남자는 그건 그저 첫 금리일 뿐이라고 설명했다. 실제 금리는 처음 금리보다 훨씬 더 높기 (제이슨의 말에 따르면 다섯 배나 더 높았다) 때문에 매달 찻값으로 내야 할 돈이 영업사원이 처음에 견적을 냈던 것보다 105달러나 더 높았다.[3]

제이슨은 공황 상태에 빠졌다. 새 직장은 예전 직장에 비해 월급이 적고, 세금 때문에 빠져나가는 돈이 계획했던 것보다 훨씬 더 많아서 그렇잖아도 형편이 아주 빠듯했다. 그는 매달 105달러를 추가로 낼 여력이 도저히 없었다. 그는 거래를 취소하겠다고 말했다. 토러스를 반환하고 낡은 픽업트럭을 다시 가져가겠다고 한 것이다.

'안 됩니다.' 그들은 이미 그의 픽업트럭을 팔아버렸다. 제이슨은 영업소의 조건을 받아들이든가 아니면 그냥 토러스를 반환하고 걸어가는 수밖에 없었다. 글자 그대로 걸어가야 한다는 말이었다.

그리고 이 모든 게 완벽하게 합법적인 일이었다. 제이슨의 계약서 어딘가에 있는 작은 글자에 그가 받은 대출이 "초기" 금리라고 나와 있었다. 아무도 그게 무슨 뜻인지 제이슨에게 설명해줄 의무를 지지 않았다. 그 말의 의미는 바로 "초기 금리란 당신이 차를 산 뒤에 당신이 매달 내야 할 할부금을 우리가 105달러로 올릴 수 있다는 뜻인데, 그것도 그냥 우리가 그렇게 원하기 때문입니다"였다.

나는 제이슨 같은 사람이 수백만 명은 더 있다는 사실을 알고 있었다. 제이슨은 자동차 대출 때문에 곤경에 빠졌지만, 모든 종류의 금융 상품에서 이런 일이 일어났다. 전국에 있는 대형 은행들은 부도 수표에 몰래 엄청난 수수료를 물리고 있었다. 고리대금업자들은 무려 400퍼센트에 달하는 실효 금리를 물리기도 하는데 그 정도면 고리대금업의 대부인 마피아 토니 소프라노도 부끄러워서 얼굴을 붉힐 것이다.[4]

신용카드 회사들 또한 빼놓을 수 없다. 이들은 결제일을 자주 바꾸고, 금리를 별안간 터무니없이 높게 올려버린다. 거기다 온갖 명목을 다 붙여서 수수료를 받아낸다. 그들은 어마어마하게 난해한 용어를 쓰는데다, 중간중간 상호 참조를 하고 자기들식으로 용어를 규정해서 계약서를 읽어봐도 도저히 무슨 내용인지 이해할 수 없다. 계약법을 20년 넘게 가르친 나도 이런 계약서 중 일부는 무슨 소리인지 알 수가 없다고 한다면 내 뜻이 짐작 갈 것이다. 저녁 식사를 차리고 아이들의 숙제를 봐주느라 정신이 없는 보통 사람들 중 몇 명이나 이렇게 법률적으로 꼬이고 꼬인 미로를 헤쳐나갈 수 있겠는가? 별로 많지 않을 것이다.

그러니 순찰을 도는 경찰을 배치하는 건 어떨까? 이런 사기를 막을 정부 기관을 설립하는 건 어떨까? 우리는 상식적인 규칙들을 실행하고 금융업계가 아주 알기 쉬운 용어로 자사 상품을 설명하도록 만들 수 있다. 신용카드건, 모기지건, 고리대금이건, 학자금 융자건 그 어디서도 사기를 쳐서는 안 된다.

　내 아이디어의 핵심은 제이슨과 같은 수백만 명의 서민이 바가지를 쓰지 않게 하자는 것이었다.

쏘지 마!

———

새로운 정부 기관을 설립하자는 내 글은 2007년 『데모크라시』라는 잡지에 실렸다.[5] 당시 소비자 금융보호 기관은 한갓 몽상에 지나지 않는 것처럼 보였다. 조지 W. 부시 대통령은 여전히 백악관에 있었고, 공화당 지도부는 아직도 더 강력한 규제가 아닌 규제 완화를 주장하던 때였다.

　하지만 2009년 초가 되자 새로운 세상이 시작된 듯했다. 미국은 새 대통령과 함께 새롭게 붕괴된 경제를 맞았다. 갑자기 금융업을 좀더 규제해도 그렇게 나쁘지 않을 것 같다는 분위기가 조성되기 시작했다.

　2009년 초 나는 거의 모든 시간을 강의나 COP 업무에 쏟고 있었다. 하지만 그해 2월에 데이먼 실버스(나와 같은 COP 위원이자 AFL-CIO의 법무 담당 부실장)가 나를 또 다른 주제인 금융개혁에 대한 모임에 초대했다. 모두 의회가 곧 은행업 규제를 정비할 법안 작업을 시작할 것임을 알고 있었다.[6] 그리고 대형 은행들이 재빨리 단결해서 로비스트들을 불러 모으고, 홍보 담당자들을 대기시키리라는 걸 모르는 사람은 없었다. 그들은 TARP에서 아무 조건 없이 7000억이란 노다지를 받았고, 이제 미래 수익을 잘라낼 어떤 개혁과도 싸우기 위한 준비운동을 하고 있었다.

이 모임은 서민 가정들을 위한 싸움에 전념하고 있는 많은 비영리 단체들과 소비자 보호 단체들을 한데 뭉치게 할 것이다. 데이먼(그리고 오랫동안 뜻을 같이해온 수많은 활동가)은 진정한 개혁이 절실하게 필요하다는 걸 알고 있었다. 그리고 미국 소비자의 재정적인 이익을 지킬 마음이 있는 사람들은 어서 반격할 준비에 착수해야 한다는 걸 알고 있었다.

그 모임은 워싱턴의 AFL-CIO 본부에서[7] 9시에 시작될 예정이었는데 난 늦어서 로비에서부터 달리기 시작했다. 바닥이 단단하고 미끄러웠지만, 로비 1층과 2층에 걸친 웅장한 벽화에서 도저히 눈을 뗄 수 없었다. 거대한 체구의 여자 노동자와 남자 노동자들이 몸을 포개고 나란히 서 있는 인상적인 모습을 둘러싼 조그만 황금색 타일들이 아침 햇살에 반짝이고 있었다. 정신없이 달리던 나는 그만 발이 죽 미끄러지면서 균형을 잃었다. 넘어지면서 다리를 부러뜨리게 될까, 아니면 앞니가 박살나게 될까 순간 궁금했다. 어떤 자세로 넘어지느냐에 따라 결과가 달라질 듯했다. 그러나 넘어지는 와중에 미친 듯이 팔다리를 휘저어서 다시 일어설 수 있었다.

모임은 8층에 있는 대회의실에서 열렸다. 나는 그곳에 가본 적이 한 번도 없지만 데이먼에게 어떤 곳인지는 들었었다. 그 회의실에는 백악관이 내다보이는 발코니가 있는데 부시 대통령 재임 시절에 AFL-CIO 직원들은 그 발코니에 나가게 되면 명사수들에게 저격당할 수 있으니 절대로 나가지 말라는 엄중한 경고를 들었다.[8] 오바마 대통령이 취임한 뒤로 지금까지 그런 경고는 없었다.

회의실에는 의자가 다 해서 75개 정도 있었는데 사람들이 모두 앉아 있었다. 참석자들은 대부분 모르는 사람이었지만 나는 그들이 경제적 안정을 자신의 핵심적인 임무의 일부라고 생각하는 민권 단체, 소비자 단체, 노동조합, 종교 단체들의 대표들일 거라고 생각했다. 그 모임에는 내가 생각하는 "선한 사람들"이 모인 단체 지도자들이 뒤죽박죽 섞여 있었다. 보통 사람들의 복지를 위해 싸우는 데 인생을 바친 사람들 말이다.

내가 회의실에 들어갔을 때는 사람들이 모두 착석해 있어 조용했다. 회의실 한가운데에 거대한 회의용 테이블이 떡하니 자리 잡고 있었고, 그 테이블 옆에 일렬로 늘어선 창문으로 들어온 햇빛에 잠시 동안 아무것도 보이지 않았다. 나는 아직 준비도 안 된 상황에서 밝은 조명이 켜진 무대로 나온 듯한 기분이 들었다.

데이먼이 이 모임을 조직했기 때문에 테이블 상석에 앉아 있었다. 그의 오른쪽에 그의 상관이자 AFL-CIO의 전설적인 위원장인 존 스위니가 자리하고 있었다. 데이먼의 왼쪽 자리가 비어 있었는데 와서 앉으라며 데이먼이 손짓했다.

난 스위니 위원장을 그날 처음 봤는데 나이가 너무 들어 보여서 깜짝 놀랐다. 그의 목소리는 쉰 데다 힘이 하나도 없어서 속삭이는 것처럼 들렸고, 등은 사정없이 굽어 있었다. 하지만 노련한 주최자답게 우리 모두를 환영했고, 그가 입을 열자 아무도 움직이지 않았다. 이 사람은 수백만 명의 노동자를 조직한 사람이다. 13년 전 그는 AFL-CIO 역사상 최초의 경선에서 위원장으로 당선됐다. 그날 아침 그가 회의실에 모인 사람들에게 전한 메시지는 짧고 분명했다. '이번 금융위기는 역사적인 위기이며, 그에 대한 우리의 대응도 역사적이어야 합니다. 우리는 미국의 노동자들을 보호하기 위해 필요한 변화를 꼭 이뤄내야 합니다.' 그다음에 데이먼이 나를 보고 말했다. "발표하세요."

자, 운명의 시간이 왔다. 오늘 회의에는 파생상품 규제부터 시작해서 국제 자산 표준에 이르기까지 무수한 의제가 나올 테니, 내 주장을 펼칠 기회는 이 짧은 시간밖에 없다.

나는 소비자 기관에 대한 아이디어를 말하기 시작했다. 이 개념은 단순하지만, 누구도 속여서는 안 되는 게 핵심이다. 그리고 동시에 아주 대담한 발상이기도 했다. 나는 우리 정부가 완전히 새로운 기관, 전국의 서민들을 이용해먹는 금융 기관들을 통제할 목적 단 하나를 가지고 운영할 기관을 만들길 원했다. 이 에이전시는 사나운 감시견 역할을 하면서 신용카드, 주택 대출, 학자금 대출, 고리대금, 자동차 대출을 포함한 모든 소비자 대출 기관을 감독하고 규제하는 권력을 갖게 될 것이다. 이 기관의 임무는 국민의 이익을 보호하는 것이다.

대형 은행들은 국민을 보호하기 위해 만들어진 새 법들을 피해가는 기술을 완벽하게 연마해왔다. 수십 조항이 넘는 연방법이 이미 소비자 대출에 관한 문제들을 다루고 있지만 이 법들을 실행하는 책임은 일곱 개의 연방 정부 기관에 흩어져 있었다. 자그마치 일곱 개다! 게다가 이 기관들은 모두 먼저 처리해야 할 다른 업무들을 쌓아놓고 있다. 예를 들어 은행 시스템이 안정적으로 운영되고 있는지 확인하거나, 아니면 주택 정책을 관리하는 것과 같은 일들을 하고 있는 것이다. 그러니까 이 일곱 개 정부 기관 중 단 한 곳도 위험한 대출상품으로부터 소비자를 보호하는 일이 주업무인 데는 없었다. 단 한 곳도.[9]

그리고 또 다른 추악한 문제가 도사리고 있다. 각각의 은행을 감독하는 규제 담당자들을 누가 뽑는 줄 아는가? 종종 그 은행이 직접 규제 담당자를 선정한다. 연방 은행업무 규제 담당자들이 서로 그 일을 따내기 위해 경쟁해서 더 많은 은행과 계약하게 되면, 그들이 운용할 수 있는 예산의 규모가 훨씬 더 커진다. 그 결과는 다들 짐작할 수 있을 것이다. 규제 담당자들이 은행에 더 잘 보이기 위해 종종 경쟁하다 보면 감시견에서 어느새 애완견으로 변신하게 된다.[10]

그것만으로도 치명적인데 거기다가 한 가지 문제가 더 남아 있다. 이렇게 규제 기관들이 뒤죽박죽으로 섞여 있다보니 규제 시스템 자체에 거대한 구멍이 나 있다. 사실 점점 더 많은 대출 기관이 아무런 규제도 받지 않고 있다. 고리대금업자, 명의 대여자들이나 늘어나는 주택대출 회사들을 감독할 책임을 진 연방 정부 기관은 하나도 없다. 이자들은 뭐든 맘대로 할 수 있다. 그보다 더 나쁜 건 이들 중 많은 회사가 은행에서 자금을 조달하고 있다는 점이다.[11]

그러니까 대출 규제는 도저히 손을 쓸 수 없을 정도로 복잡하게 얽혀 있는 데다, 이런 규칙들을 제대로 실행한다는 것은 잘해야 일부에 그친다. 우리는 새로운 규칙들을 만들고, 대출업자들이 대출 관행을 바꾸는 것에 맞춰 그에 대한 규칙들을 갱신하고, 그 규칙들을 실시할 단 하나의 기관이 필요하다. 이 새 기관이 모든 주택 자금 대출 회사와 신용카드 회사들을 감독할 것이다. 이들이 적당히 눈감아주는 규제 담당자들을 찾아 비교하며 다니거나, 감독 자체를 완전히 피할 방법을 알아낼 수 없을까 궁리하던 시절은 끝나도록 해야 한다는 것이다. 이 시스템은 기존의 정부 기관들보다 훨씬 더 효율적이고 능률적일 것이다.

나는 그 당시에는 그렇게 말하지 않았지만, 이 기관이 또한 우리가 실질적이고 정치적인 문제들을 돌파해나가는 데 도움을 주리라 생각하고 있었다. 만약 이 회의실에 있는 사람들이 소비자의 재정적인 이익을 보호하기 위해 수백 가지의 다른 아이디어를 내주면 우리가 그것들을 가지고 협상해서 결국 한 다스 정도로 줄이게 될 것이다. 그다음에 그 한 다스나 되는 의제들을 대초원에 울타리 말뚝처럼 꽂아놓으면, 거대 은행들이 1마일 밖에서도 그것들을 보고 바로 그 말뚝들을 피해 도망칠 것이다. 하지만 우리가 진정으로 포괄적인 아이디어(시간이 흘러도 지속될 수 있는 개혁을 만들어갈 장기적이고 구조적인 해결책)를 중심으로 뭉친다면 대형 은행들에 맞설 수 있는 힘이 갖춰지면서 제대로 싸워볼 기회가 생기는 것이다.

그날 그 회의실에 모인 많은 사람에게 소비자금융보호국(이것이 결국 이 기관의 정식 명칭이 됐다)은 새로운 발상이었고, 그렇기 때문에 아주 커다란 믿음이 필요했다. 어떻게 그만의 의제와 역사가 있는 이 모든 단체가 상대적으로 유명하지도 않고 검증되지도 않은 아이디어, 그 당시 실질적인 정치적 지지는 거의 전무한 상태의 아이디어를 후원하기 위해 모일 수 있겠는가?

사람들은 이 소비자 기관에 대해 회의를 품을 만한 이유를 무수히 찾아낼 수 있을 것이다. 은행들은 분명히 이 기관을 증오할 것이고, 로비스트들에게 이걸 막기 위해 죽음을 불사하며 싸우라고 지시할 것이다. 이 기관이 정부 시스템을 단순하고 더 효율적으로 만들긴 하겠지만, 새로운 정부 기관이라는 발상 자체가 작은 정부(정부 기구를 축소해 재정 지출을 줄이는 정부―옮긴이)를 주장하는 우익 정치가들을 격노케 할 것이다. 많은 언론도 그 아이디어를 찢어발기려고 덤벼들 것이며, 폭스 뉴스는 그 법을 공격하느라 신나게 떠들어댈 것이다.

그리고 우리가 이긴다 해도 새 정부 기관에 무능한 책임자가 와서 어려운 문제는 손도 못 댄다거나 최근에 생긴 위협을 알아채지도 못한다면 어떻게 될 것인가? 어쨌든 다른 정부 기관들도 처음엔 창대하게 시작했다가 난마처럼 얽힌 관료적 미로에 빠져 침몰한 예가 숱했다. 우리가 장대한 전투를 치러 어찌어찌 그 기관을 설립할 순 있겠지만 그러다 별 기능도 없는 무의미한 존재로 사라지는 걸 보게 될 수도 있다.

그래도 나는 이 꿈에 대한 믿음이 있었다. 미국인들은 이런 소비자 보호 기관을 절실히 필요로 한다. 이 방에 모인 사람들이 대표하는 단체들이 이 제안을 지지해주지 않는다면, 이것이 의회에서 통과될 가능성은 제로라는 걸 알고 있었다. 그리고 이 아이디어에 대한 우리의 첫 대화가 모두 이것의 잘못된 점이나 위험한 점 혹은 낯선 점에 대한 비판에 집중된다면 이날 아침 바로 사망하리라는 것도 알고 있었다. 그러니까 지금이 바로 그 결정적인 운명의 순간이었다.

나는 발표를 끝낸 뒤 불안해하면서 주위를 둘러봤다. 아무도 입을 열지 않았다.

데이먼을 봤는데 그는 평소답지 않게 아주 침착했다. 그러다 그가 말했다. "의견 있으신 분?"

그러자 내 가슴이 쿵쿵 뛰는 게 느껴졌다. 이건 마치 어밀리아가 유치원 가던 첫날 다섯 살 먹은 아이의 손을 잡고 거리 모퉁이에 서서 통학 버스가 오길 기다리던 바로 그날 같았다. 당시 나는 온 우주에 간절히 기도했다. 제발, 제발, 제발, 어밀리아에게 친절히 대하셔서 기회를 주세요. 이제 나는 그때와 같은 기분이 들었다. 아이디어란 아이들 같아서 아직 어릴 때는 아주 쉽게 쓰러질 수 있기 때문이다.

손이 하나 올라왔다. 데이먼이 긴 테이블의 끝 쪽에 앉아 있는 한 남자를 지명했다. 그 사람이 누구인지는 몰랐다. 난 숨도 쉬지 못하고 있었다.

"끝내주는 아이디어인데요!" 그 남자가 말했다.

그 사람이 그거 말고 다른 말을 했는지는 기억나지 않는다. 그저 이제 조금이나마 숨을 쉴 수 있겠다는 느낌만 들었다.

데이먼이 다른 사람을 지목했는데 비슷한 반응이었다. 그러다 세 번째 사람이 내 의견을 지지하는 말을 했다.

데이먼이 싱긋 웃었다.

그후로는 여러 질문과 그 기관이 성공할 만큼 힘이 있을지, 혹은 은행들이 그걸 난도질해버리지 않을지에 대한 진심 어린 우려들이 들려왔다. 사람들은 불안해했지만 첫 번째 남자가 내 아이디어를 살려줬다. 그는 내 의견에 신빙성과 열정과 그 아이디어가 돛을 펼치고 항해할 수 있는 바람을 불어넣어줬다.

우린 아직도 로비스트와 대형 은행들에 비해 치명적일 만큼 열세였다. 하지만 그날 소수의 선인이 그 아이디어를 후원하고 그것을 위해 싸우기로 결심하면서 작은 군대가 만들어졌다. 그때는 몰랐지만 앞으로 치르게 될 전쟁에서 그들은 가장 중요한 군인이 됐다.

소비자 안전

—

새 정부 기관에 회의적인 대중을 설득할 수 있는 한 가지 큰 이점이 있다. 소비자들을 보호하기 위해 이미 많은 일을 한 정부 기관들을 보여줄 수 있는 것이다.

1970년대에 소비자제품안전위원회Consumer Product Safety Commission(이하 CPSC로 통칭—옮긴이)가 만들어져서 제품의 안전 기준들을 확립하고, 위험한 제품들을 회수하며, 위험 부담이 지나치게 큰 제품들을 판매 금지시켰다. 그 위원회가 바로 비소가 든 장난감, 충돌하면 부서지는 자동차의 유아용 보조 의자와, 그 유명한 불이 나는 토스터로부터 우리의 안전을 지켜주기 위해 노력해왔다.[12] 사실 세 가지 제품(라이터, 아기 의자, 토스터)의 안전 기준을 확립한 이래 미국 소비자들이 매년 20억 달러가 넘는 돈을 절약할 수 있었고, 수많은 끔찍한 부상을 예방할 수 있었다며 CPSC가 추산했다.[13]

의회는 법을 통과시켜서 뭔가를 불법으로 만들 수 있지만 일반적으로 그렇게 "한 번으로 끝나버리는" 접근 방법에는 융통성이 크게 없다. 반면 정부 기관들은 민첩하게 대응할 수 있다. CPSC는 예를 들어 1982년에 자동차의 유아용 보조 의자에 대한 법이 통과된 후 35년 동안 아무것도 하지 않은 게 아니라 계속 새 제품들을 테스트하면서 시장 상황이 바뀔 때마다 새로운 데이터들을 수집했다. 그러다 차가 충돌할 때 새 의자 모델이 부서지는 경향이 있다는 걸 알아내 그 문제를 조사한 뒤 해결책을 찾아내고 새 규정을 발표했다. 그리고 많은 회사의 제품을 리콜하라는 지시를 내렸다. 세상이 변하면 제품도 변하고, 정부 기관의 규칙들도 바뀌는 것이다.

그게 바로 금융 함정에서 소비자들을 보호하기 위해 만들어진 정부 기관이 하는 일이 될 수 있다. 매일 쏟아져 나오는 새로운 금융상품들은 대개 기존의 길고 복잡한 계약서에 새로운 단어 몇 개를 추가해서 만든 경우가 많은데 우리 기관이 업계의 변화들을 계속 따라잡을 수 있다. 우리는 사기성이 농후한 용어들을 없앨 수 있고 계약서에 드러난 사실들을 더 짧고 분명하게 만들 수 있다. 그리고 큰 글씨로 금리가 5퍼센트라고 적어놓은 뒤 작은 글자 안에 금리가 35퍼센트로 인상된다는 걸 숨겨놓은 대출 광고들은 근절시킬 수 있다.

내가 처음에 이 아이디어에 대해 이야기하기 시작했을 때 당연히 많은 사람이 단호하게 반대했다. 이건 마치 노래가 몇 개 안 되는 선곡 리스트를 한도 끝도 없이 듣는 것과 같았다.

그 기관은 금융상품들의 가격을 고정시킬 것이다. 아니다. 새로운 금융 기관은 금융상품들의 가격을 더 명확하게 만드는 권한을 가졌을 뿐, 가격을 정하진 않는다.

그 기관은 국민을 과보호하려 드는 국가를 만들어낼 것이다. 아니다, 이 기관은 사람들이 신용카드 채무를 과도하게 지거나 지나치게 비싸게 값이 매겨진 차를 사는 걸 막으려고 하지 않을 것이다. 다시 말하지만 이 기관의 주목적은 투명성을 보장하는 것으로, 거래 조건을 분명하게 밝혀서 사람들이 스스로 선택할 수 있게 하는 것이다.

이 기관은 혁신을 막을 것이다. 아니다. 은행들은 여전히 새롭고 근사한 상품들을 내놓을 수 있으며 그저 가격을 속이거나 위험을 감춰서 소비자들을 속이는 새로운 상품만 만들 수 없을 뿐이다.

이 기관 때문에 은행들은 문을 닫게 될 것이다. 음, 그건 은행 하기 나름이다. 만약 그 은행이 사기와 함정으로 수익 모델을 쌓아왔다면, 그 은행은 일 난 거지. 반대로 그 은행이 공정하게 경쟁하면서 거래 조건을 투명하게 밝히는 곳이라면 새 기관이 설립되는 데에 대해 아주 기뻐하게 될 것이다.

마지막 주장이 가장 중요하다. 요 몇 년 동안 다수의 훌륭한 은행이 끔찍한 곤경에서 벗어나려고 고군분투했다. 그들이 겪은 문제를 보면 돌팔이들이 약 한 병 가지고 암과 대머리를 고칠 수 있다고 사람들에게 약속했을 때 제약업계가 겪은 문제들이 떠오른다. 즉 정직하게 사업하는 회사들이 적당한 가격에 효과가 있는 제품을 팔기 힘들어진 것이다. 고객들을 적극적으로 속이며 사기 치려고 하는 회사들을 상대로 누가 경쟁할 수 있겠는가? 어쨌든 수많은 계약서가 작은 글자들에 뒤덮여 있는 상황에서 사람들이 정직한 회사와 사기 치는 회사를 어떻게 분간할 수 있겠는가?

하지만 모두 정직하게 경기하는 세계에서는 정직한 상품을 파는 정직한 은행들은 일하기가 훨씬 더 쉬워졌다는 사실을 알게 될 것이다. 그렇게 시간이 흐르면서 소비자의 신뢰도 향상될 것이다. 결국 이것은 자유 시장에 호재로 작용할 것이다. 제품에 대한 진실을 이야기하면 사람들은 그걸 사거나 사지 않거나 둘 중 하나일 것이다. 더 좋은 상품들이 더 많은 고객을 끌어들일 것이고, 나쁜 상품들은 선반에서 먼지만 쌓일 것이다. 그런데 싫어할 게 뭐가 있는가?

대통령이 토스터에 대해 말하다

—

비영리 단체 몇 곳이 소비자 보호 기관에 대한 아이디어를 옹호하기 시작했을 때 나는 최선을 다해 도왔다. 내가 알고 있는 사람들 거의 다(그리고 모르는 사람도 아주 많이)에게 그 아이디어에 대해 이야기하면서 더 많은 지지자를 끌어모으려고 애를 썼다. 나는 워싱턴에서 법안을 통과시키는 방법에 대해서는 아는 게 하나도 없었다. 그 당시 입법이라는 경기장에서 내가 한 유일한 경험은 파산법이 통과되는 걸 막으려 했다가 실패한 것뿐이었다. 하지만 이 일을 시작할 수 있는 최선의 방법은 그냥 이야기를 하면서 그게 좋은 아이디어라고 사람들을 설득시킬 수 있는지 보는 것뿐이라고 판단했다.

그러다 내가 가르친 학생 한 명으로부터 뜻밖의 도움을 받았다. 키가 크고 빨간 머리의 그 학생은 2006년에 하버드 신입생들을 대상으로 한 계약법 수업에서 제일 앞줄에 앉아 있었다. 사실 그는 그해 처음으로 내게 호명되는 영광을 누렸고 대답을 제대로 못 한 첫 학생이기도 했다. 그해에 그 학생은 내 사무실에 몇 번 찾아와 미국의 가족들이 겪는 경제적 고통에 대해 더 많이 배워갔다. 2008년 금융위기가 터졌을 때 그 빨간 머리 학생은 내가 가르치는 상급 파산법 수업을 듣고 있었다. 이제 그는 매사추세츠 하원의원인 빌 델라헌트의 무급 파트타임 인턴으로 자원해서 일하고 있었다. 델라헌트 의원은 보스턴 남부 교외에서 코드 곶과 섬들까지 이어지는 지역구의 대표였다. 또 다른 운명의 장난으로 델라헌트 의원은 이미 노스캐롤라이나의 브래드 밀러(고난을 겪고 있는 가족들을 위한 진정한 영웅) 의원과 함께 소비자 기관에 힘을 실어주기 위해 노력하고 있었다. 금융위기가 발생한 후 그 빨간 머리는 델라헌트 의원에게 그 기관을 홍보하는 데 돕겠다고 제안했다.

그 빨간 머리 학생이 누구냐고? 바로 로버트 케네디의 손자인 조 케네디다.(몇 년 전 바니 프랭크 하원의원이 은퇴하면서 서른두 살의 조 케네디가 그 자리에 당선됐다.)

난 또한 파산 전쟁의 투사로 조의 종조부인 테드 케네디 상원의원을 다시 찾아갔다. 케네디 의원과 나는 1년 전쯤에 소비자 보호 기관이라는 개념에 대해 이야기를 나눴지만 그때는 내 아이디어를 잘해야 별나다는 정도로 받아들였다. 2009년 2월에 다시 케네디 의원과 이야기를 나눴을 때 그는 뇌종양과 싸우고 있었지만 그 어느 때보다 열정적으로 일에 매진했다. 난 이제 그 정부 기관을 밀어붙일 때라고 말했다.

케네디 의원이 유쾌하게 응대했다. "은행가들이 질색 팔색 할 거라는 거 알죠?"

나는 쉽지 않을 걸 안다고 대답했다.

그는 웃더니 이렇게 말했다. "당신이 하는 일이 항상 그렇지 뭐."

그 한마디로 그는 다시 우리 편이 됐다.

케네디 의원은 일리노이의 더빈 상원의원, 뉴욕의 슈머 상원의원과 힘을 합쳐 재빨리 계획을 하나 세웠다. 3월 초에 이 세 의원이 나중에 나올 더 폭넓은 금융개혁 법안에 앞서 상원에 소비자 보호 기관을 독립 법안으로 제출하기로 했다. 델라헌트 하원의원(조 케네디가 도와서)과 밀러 하원의원은 하원에서 소비자 보호 기관을 위해 싸울 준비가 됐다.[14] 의원들이 기자 회견에서 새 법안을 발표하기로 했는데 나도 그 자리에 초대받았다.[15]

나는 흥분으로 인해 온몸에 소름이 돋았다. 와우! 1년 전만 해도 이 정부 기관은 조그만 정책 잡지에 실린 한 편의 글에 지나지 않았다. 그런데 지금은 의회에서 점점 힘을 받고 있잖아. 야호! 만세! 나는 대중의 엄청난 독려와 함께 상원과 하원 양쪽에서 열띤 토론이 벌어지며 성대한 조인식이 거행될 거라고 생각했다.

3월 10일 의원들이 의회 안에서 기자 회견을 열었다. 의회에 하루 종일 죽치고 있는 것이 본업인 기자들이 바로 앞에 있었다. 우리는 일류 상원의원과 하원의원들을 앞에 세우고 바로 질문에 대답할 준비가 돼 있었다. 난 모두 일어서서 새 아이디어를 들으려고 숨을 죽이고 있을 거라고 생각했다.

그렇지만 사실 그 기자 회견은, 음, 아주 질서정연하고 효율적이었다. 우리의 기자 회견을 통해 기삿거리가 몇 개 나오긴 했지만 내가 상상하던 브라스 밴드도 없었고, 하늘로 흩날리는 색종이 조각들도 없었다.

케네디 의원이 나중에 이런 기자 회견은 어떤 식으로 진행되는지 친절하게 설명해줬다. 법안을 언론과 대중에 소개하는 것은 그 정부 기관이 중요하다는 신호를 보내는 한 방식이며, 그에 대해 여러 방송사에서 뉴스가 나오는 건 아주 좋은 일이라고. 하지만 이건 그저 첫 단추에 지나지 않으며, 큰 변화들이 일어나려면 시간이 걸리는 법이라고. 나를 안심시키기 위해 케네디 의원은 언젠가는 그 정부 기관이 생길 것을 확신한다고 말했다.

나는 그의 말을 믿고 싶었지만, 사실 이 발표로 인해 법안이 좀더 크게 탄력받길 바라고 있었다. 언론에 보도된 건 도움이 됐지만 며칠 지나자 언론도 다른 뉴스들로 관심을 돌렸다. 나는 초조했다.(아주 많이.) 지금 이 기관을 하늘에 띄우지 않으면 다시는 날지 못하리라는 생각이 들어서였다.

그러다 기자 회견이 열린 지 9일 뒤에 또 다른 지원군을 만났다.

오바마 대통령이 「제이 레노 쇼」에 출연한 것이다. 오바마 대통령은 취임한 지 이제 막 59일째에 접어들었는데, 나와서 주로 한 이야기가 월가의 혼란에 대한 것이었다. 그다음에 오바마 대통령은 금융상품을 사는 소비자들을 보호할 수 있는 더 좋은 법이 필요하다고 하면서 토스터에 대해 이야기했다!

여러분이 토스터를 샀는데, 만약 그게 여러분의 면전에서 폭발하는 일이 벌어진다면 어떻게 될까요? 우리 나라엔 토스터가 안전해야 한다고 지정한 법이 있습니다. 하지만 여러분이 신용카드를 만들거나, 주택 대출을 받았는데, 그게 당신의 면전에서 재정적으로 폭발하면 어떤 식으로든 여러분이 보호받게 될 거라고 말하는 법은 법전에 나와 있지 않습니다.[16]

이제 우리는 움직이고 있었다! 오바마 대통령, 파이팅!

바니와 손을 잡다

한편 상원과 하원은 금융개혁의 기반이 될 법안을 작성하는 중대한 임무에 착수했다. 백악관도 개혁에 관한 자체 의견들을 내놓고 있던 터에 의회에서는 바니 프랭크 하원의원이 그 소동의 한가운데에 있었다.

나는 그 소비자 보호 기관을 위해 프랭크 의원을 직접 설득하고 싶었지만 몹시 두려웠다. 나는 그가 금융개혁의 다른 부분에 아주 몰두하고 있는 걸 알고 있었고, 그렇잖아도 이미 버거운 그의 짐에 소비자 보호 기관을 하나 더 얹어달라고 부탁하기가 망설여졌다. 게다가 우리 둘은 몇 년 전에 만난 적이 있는데, 첫 만남은 순탄치 못했다.

바니 프랭크는 걸걸한 목소리에, 머리가 끝내주게 좋은 하원의원으로 워싱턴에서 사랑받고 있지만 동시에 두려움의 대상이기도 했다. 그는 의회에서 최초로 동성연애자라는 걸 밝혔는데 당시는 1987년으로 미국인들이 지금보다 훨씬 더 보수적일 때였다. 나는 그의 정곡을 찌르는 짧은 농담과 자신의 신념을 위해 열성적으로 싸우는 투지, 모두가 포기한 거래도 성사시키고야 마는 협상 능력을 존경했다. 이 의원이야 말로 진정한 협상의 달인이다.

바니의 지역구는 녹음이 우거진 보스턴 교외부터 어촌 마을들을 지나 버저즈 만을 따라 줄줄이 늘어선 과거의 공장지대까지 방대하게 펼쳐져 있다. 바니는 하원의원으로 20년 넘게 일해왔고, 이제 강력한 힘을 지닌 하원 금융서비스위원회 위원장직을 맡고 있다. 그가 짖으면 많은 사람이 두려워 펄쩍 뛰었다.

바니와 나는 2007년 정책을 연구하는 학자들과 워싱턴 의원들을 한데 모은 두뇌 집단인 토빈 프로젝트에서 처음 만났다.[17] 우리는 파생상품에서부터 자본 준비금 요건과 소비자 보호 기관에 대한 내 첫 아이디어에 이르기까지 다양한 주제로 대화를 나눴다. 겉으로 보기에 우리 둘 사이에는 의견 차이가 있는 것 같았지만, 사실 나는 우리가 실질적인 내용에는 95퍼센트 동의했다고 생각하고 있었다. 하지만 우리는 금융개혁의 우선순위를 아주 다르게 봤으며, 둘 다 결코 물러설 생각이 없었다.

이제 2009년 봄이 됐다. 거센 금융위기가 닥쳤고, 경제는 아직도 휘청거리고 있었다. 하원이 제일 먼저 금융개혁을 시작하게 될 텐데, 그 말은 하원 금융서비스위원회 위원장인 바니가 새 금융 법규들이 관련된 협상의 대표 주자가 될 거라는 뜻이었다. 바니는 선한 사람들을 위해 싸우는 투사였지만, 경제의 많은 부분이 고장난 상황에서 개혁의 너트와 볼트들을 조립해 교체해야 할 부품은 수천 개나 됐다. 그래도 나는 소비자 보호 기관이 법이 될 가능성이 있다면, 그것은 반드시 바니가 주도하는 법안 패키지에 있어야 한다고 판단했다. 그것 말고는 두 번 다시 기회가 오지 않을 것이다.

그래서 나는 2009년 4월의 어느 토요일 아침 바니 프랭크의 아파트를 찾아 매사추세츠 주 뉴턴을 차로 돌아다니고 있었다. 날씨는 화창했고 도로변에 있는 나무들은 이제 막 싹을 틔워내고 있었다. 거의 완벽한 날이었다, 내가 길을 잃었다는 것만 빼면.(그렇다, 또 길을 잃었다.) 도로 표지판은 보이는데 내가 출력해온 약도에서는 도무지 그걸 찾을 수 없었다. 내 차에는 내비게이션도 없어서 차를 세우고 길을 잃었을 때 나만 쓰는 개인용 내비게이션을 썼다. 나는 휴대전화를 꺼내 남편에게 전화했다. 내가 브루스에게 도로 이름을 말해주자 브루스가 컴퓨터로 지도를 보더니, 내가 있는 곳을 알아내고는 프랭크 의원의 아파트 단지가 있는 길을 알려줬다. 나는 근처 주차장에 차를 세우고 이제 다 왔다고 생각했다.

하지만 내 역경은 끝나지 않았다.

수수한 2층 벽돌 건물이 몇 채 보이긴 했다. 그 건물들은 이런저런 쪽으로 돌아서 있는 데다 번지수가 제멋대로였다.(대체 이 아파트 단지는 누가 설계한 거야?) 내가 여전히 헤매고 있을 때 바니의 오랜 친구이자 수석고문인 짐 시겔이 큰 소리로 나를 불렀다. "여기에요!" 내가 올라오자 그는 웃었다. "여기 길을 찾기가 좀 힘들죠." 좀 힘들다고? 아이고. 그럼 엠파이어스테이트 빌딩은 좀 높은 정도겠네.

짐이 바니의 아파트로 나를 안내했다. 그곳은 작은 아파트로 거실의 한쪽 바닥에 특대용 매트리스가 하나 있었는데 그 위에 구겨진 시트와 담요들이 있었다. 짐이 부엌 쪽에 있는 작은 식탁 옆에 앉았다. 나는 바니의 서핑 친구이자 잘생긴 남자친구인 지미에게 인사했지만, 우리가 이야기를 나눌 기회를 갖기도 전에 바니가 들어왔다.

바니를 무시할 수 있는 사람은 한 명도 없었고, 그는 하원의원석에 있을 때와 마찬가지로 자기 집 부엌에 있어도 긴장을 풀지 않았다. 그는 나를 냉장고 틈새에 등을 기대고 앉게 하더니 곧바로 이야기를 시작했다.

그는 으레 그렇듯이 속사포처럼 빠른 말투로 주택 대출 시장에서 서민들이 사기를 당했고, 이로 인한 설거지를 소비자 보호 기관이 한다는 발상은 맘에 든다고 말했다.(좋았어!) 하지만 그의 첫 의무는 정말 뭔가를 제대로 해내야 한다는 것이었다. 금융개혁은 그렇잖아도 이미 지나치게 복잡해서 아무래도 소비자 보호 기관의 순서가 올 때까지 기다려야 할 것 같다며 걱정했다. 어떤 금융개혁을 위해 싸우든 로비스트 군단과 맞붙게 될 텐데, 바니는 그들과 한 번에 하나씩 싸우는 게 더 이치에 맞는다고 생각하고 있었다. 만약 우리가 모든 걸 한꺼번에 밀어붙인다면, 다 잃을 수 있다는 소리였다. 그러니 먼저 가장 시급한 은행업 규제부터 시작해서 파생상품, 자본 준비금 요건과 같은 것을 다루는 법규에 집중할 거라고 말했다.

바니가 처음부터 소비자 보호 기관을 금융개혁안에 포함시키는 걸 불안해하는 그 이유로 인해 나는 그걸 최전선으로 옮겨놓고 싶었다. 나는 로비스트들이 그 새로운 기관을 없애고자 이를 악물고 싸울 거라 확신했고, 만약 나머지 개혁안이 먼저 통과되면 로비스트들과 싸움을 계속하는 데 아무도 절박한 필요성을 느끼지 않게 될까봐 걱정됐다. 우리는 이 소비자 보호 기관을 우선 과제로 삼아야 했다. 난 지금이 바로 그 순간이라고 생각했다. 지금이 아니면 결코 못 하는 것이다.

나는 바니 프랭크의 냉장고 틈에 끼여 새 정부 기관이 해결할 수 있는 모든 문제와 도울 수 있는 모든 가족에 대해 이야기하고 싶었다. 하지만 바니도 그걸 다 알고 있었고, 그 가족들에 대해 누구보다 더 마음을 쓰고 있었다. 게다가 그는 그 정책에 대해 반대하지 않았다. 단지 워싱턴에서 협상하는 법에 대해 나와 논쟁을 하고 있는 것이다. 이것은 결국 정치적인 문제였고, 바니가 나보다 천만 배는 더 잘 아는 분야였다.

그래서 나는 심호흡을 하고 완전히 다른 방법을 써보기로 했다. 나는 바니에게 이야기를 하나 해주고 싶다고 했다. 바니는 분명 초조해 보였지만 고개를 끄덕이더니 해보라고 했다.

나는 어렸을 때 오클라호마에서 살았던 우리 조부모님에 대한 이야기를 듣고 자랐다고 말했다. 1900년대 초반 우리 할아버지는 목수로서 수리도 하고 인디언 특별보호구역에 있는 작은 집들과 가끔 교실 하나짜리 학교를 지으며 살았다. 우리 할머니는 아이를 열이나 낳아서 키우셨다. 우리 엄마가 막내였는데, 엄마가 아직 부모님 집에 살고 있을 때 대공황이 닥쳤다. 우리 조부모님이 아는 사람들 중 주식이나 다른 투자 수단을 가지고 있는 사람은 없었을 것이다. 그들에게 대공황은 월가와 주식시장 붕괴와는 아무 상관이 없었다. 그들에게 대공황이란 지방은행이 도산하면서 가족들이 저축과 농장을 잃는 걸 의미했다.

우리 할머니는 정치에 관심 있는 분이 아니었고, 융자라든가 대형 금융 거래에 대해서도 아는 바가 없었다. 하지만 몇십 년이 지난 뒤에도 할머니는 아직도 프랭클린 루스벨트 대통령에 대해 아는 두 가지를 계속 말하곤 했다. 루스벨트 대통령이 은행에 돈 넣어두는 걸 안전하게 만들었고(할머니는 항상 여기서 말을 멈춘 뒤 미소를 짓곤 했다) 그 밖에 다른 좋은 일을 많이 했다고.

그것이 바로 내가 바니를 설득하기 위해 한 이야기였다. 사람들이 이해할 수 있는 것, 그들이 볼 수 있는 문제를 해결하는 것부터 시작하자. 그렇게 하면 사람들은 그들이 볼 수 없는 부분을 고치기 위해 당신이 하는 일에 확신을 갖게 될 것이다. 그렇다, 파생상품들과 신용부도 스와프(부도가 발생하여 채권이나 대출 원리금을 돌려받지 못할 위험에 대비한 신용파생상품—옮긴이)는 아주 중대한 문제다. 그에 대한 바니의 의견은 다 옳다. 하지만 많은 사람에게 그건 그냥 뉴스 보도에서 날아다니는 말에 지나지 않는다. 반면 집을 보유한 사람에게 대출상품을 팔면서 그 중개업자가 대출 조건에 대해 거짓말을 한다면 그건 수백만 명의 사람이 오랫동안 안고 살아야 할 문제인 것이다. 신용카드 청구서에서 숨겨진 수수료들이야말로 수백만 명의 사람이 오랫동안 가지고 살아온 문제다. 모든 사람이 작은 글자와 난해한 법률 용어로 가득 찬 대출 계약서에 서명을 해왔다.

단순한 것부터 시작하자. 사람들이 볼 수 있는 문제부터 해결하자.

내가 한 이야기는 길어야 2분 정도 걸렸을 것이다. 바니는 그 후로 10초 정도 말없이 앉아 있다가 대답했다. "알았어요. 한번 해봅시다."

그는 처음부터 개혁 패키지에 소비자 보호 기관을 밀어넣기로 했다. 야호! 이거야말로 기쁨의 댄스를 추어야 할 순간이군.

그 대화의 어느 순간부터 우리는 더 이상 프랭크 의원과 워런 교수가 아니었다. 그날부터 우린 바니와 엘리자베스가 됐다.

바니는 약속을 잘 지켰다. 그는 그 소비자 보호 기관을 금융개혁 패키지에 넣기 위해 호랑이처럼 싸웠다. 바니와 같은 배를 탔으니 이제 우리 소비자 보호 기관은 아무도 찾아가지 않는 짐처럼 역에 남겨질 일이 없게 됐다. 우리는 바랄 수 있는 최고의 새로운 투사를 찾아낸 것이다.

소비자 보호 기관이 설립될 기회가 껑충 솟아오르고 있었다. 이제 처음의 100퍼센트 불가능한 단계에서 아주 조금은 가능한 단계로 올라섰다.

백악관에서의 발표일

—

4월이 5월이 되고 5월이 6월로 흘러갔다. 나는 존 스튜어트의 「데일리 쇼」에 나갔고, 우리의 첫 공개 COP 공청회에서 티머시 가이트너에게 질문을 했다. 테드 케네디 의원이 전화해서 새 정부 기관에 대한 지지를 모으기 위해 열심히 밀어붙이고 있다고 말했다. "우린 노력 중이에요." 케네디 의원이 말했다. 하버드 수업이 끝났고, COP는 계속해서 매달 보고서를 써냈다.

그해 초여름에 브루스와 나는 가족과 다시 만나기 위해 오클라호마로 떠났다. 이제 우리 오빠 셋은 다 은퇴했다. 아주 슬픈 운명의 장난으로 셋 다 홀아비가 됐다. 세 오빠 모두 아내를 암으로 너무 일찍 잃었다. 돈 리드 오빠는 다행스럽게도 아주 근사한 사람을 만나 재혼했다. 하지만 데이비드와 존 오빠는 혼자였다.

바비큐를 먹고 조카인 마크 집에 놀러 갔을 때 내 휴대전화가 윙윙거렸다. 공무원 같은 사람의 목소리가 수화기 저편에서 들리더니 이렇게 말했다. "대통령께서 이틀 뒤 백악관에서 첫 번째 금융개혁안을 발표하실 겁니다. 귀하도 초대받으셨습니다."

맙소사, 백악관이라니! 대통령의 발표라니!

나는 즉시 가족에게 이 기쁜 소식을 전했다. 심지어 골수 공화당원인 돈 리드와 데이비드 오빠까지 흥분했다.(물론 오바마 대통령의 열성 팬인 존 오빠는 더 흥분했다.)

나는 워싱턴으로 곧바로 날아갈 수 있게 비행기 표를 바꿨다. 그러다 갑자기 공황 상태에 빠졌다. 보스턴에서 오클라호마로 올 때 편안한 옷(반바지, 티셔츠, 수영복, 샌들)만 가방에 넣어가지고 와서 백악관에 대체 어떤 복장으로 가야 할지 알 수 없었다. 그나마 제일 나은 반바지에는 바비큐 소스가 묻어서 입을 수도 없었다. 보스턴에 있는 내 옷장으로 돌아갈 시간도 없으니 긴급 쇼핑을 해야 했다.

나는 조카딸인 미셸과 멀린다와 함께 오클라호마시티 서북쪽에 있는 쇼핑몰로 갔다. 시간이 촉박해서 결국 정신없이 아무 거나 닥치는 대로 가져왔다가 나중에 다시 그 옷들을 보고 대체 무슨 생각으로 산 건지 어처구니없어 했다.

이틀 뒤인 2009년 6월 17일에 나는 백악관 정문 바깥에 있는 긴 줄에 서 있었다. 날씨가 무지 더웠는데 새로 산 재킷의 천이 환장하게 가려운 데다 걸을 때마다 우습게도 쉭쉭 소리가 난다는 걸 알게 됐다. 그리고 새로 산 신발 때문에 발가락이 욱신욱신 쑤셨다. 백악관에서 보내는 첫 오후를 환상적으로 시작하고 있었다.

모두 보안 절차를 통과한 뒤 우리는 백악관에 있는 큰 방으로 이동했다. 사람들이 모여서 이야기를 나누고 있었다. 의회에서 알게 된 낯익은 얼굴이 몇 있었고 비영리 단체에서 안면을 튼 이들도 있었지만, 대부분 모르는 사람이었다.

마침내 우리는 작은 접의자로 가득 찬 화려한 방에 들어가게 됐다. 나란히 놓인 의자들의 줄 간격이 비행기 좌석 사이보다 더 좁았다. 방에 들어갈 때 사람들 뒤쪽에 있었기 때문에 마침내 안에 들어가서 앉으려고 했을 때는 남아 있는 의자가 몇 개 없었다. 통로 쪽 의자를 하나 발견했는데 거기 앉으려면 의자를 조금 뒤로 당겨야 했고 자칫 잘

못하면 내 뒤에 앉아 있는 남자의 정강이 위로 의자가 올라갈 판이었다. 난 그 남자를 알아봤다. 그는 리치 트럼카였다.

리치와 나는 그날 처음 만났다. 그때 그는 AFL-CIO의 재무 책임자였지만 그로부터 몇 달 뒤 존 스위니의 후임으로 800만 명의 조합원이 있는 AFL-CIO의 위원장이 됐다. 리치는 광산에서 일을 시작했고 미식축구 수비수처럼 건장한 체격에서는 엄청난 에너지를 뿜어내고 있었다.

나는 앉으면서 뒤를 돌아보며 머뭇머뭇 웃어 보였다. "내 의자 뒤를 차는 건 아니죠, 트럼카 씨?"

리치가 몸을 앞으로 기울이고는 말했다. "아니에요. 앉으세요. 제가 뒤를 봐드리겠습니다, 엘리자베스. 항상 그렇게 하겠습니다."

대통령이 나오기 전에 재무부에서 준비한 정식 보고서가 배포됐다. 금융개혁에 관한 다양한 제안이 몇 달 동안 의회에서 퍼져나가고 있었지만 모두 백악관의 눈치를 보던 중이었다. 개혁을 향한 전투에서 행정부가 처음으로 발포한 것이다.

물론 오바마 대통령이 텔레비전에서 토스터 이야기를 하긴 했지만 은행업계가 백악관을 빈번하게 드나들었던 게 걱정스러웠다. 나는 백악관의 고위급 참모들이 시티은행, JP모건, 뱅크오브아메리카와 다른 대형 은행들의 CEO, 로비스트들과 수차례에 걸쳐 회의를 했다는 사실을 알고 있었지만, 그런 회의들에서 대체 어떤 약속이 오갔는지는 전혀 몰랐다.

언론에서는 소비자 보호 기관이 백악관의 희망 사항 목록 어딘가에 있다고 보도하긴 했지만 그게 무슨 뜻인지 내 눈으로 직접 봐야 했다. 백악관이 실질적인 영향력을 지닌 강한 소비자 보호 기관을 제안할 것인가? 아니면 그냥 아주 쉽게 협상 과정에서 사라질 만한 알맹이 없는 자문위나 계획 같은 걸 제안하는 데 그칠 것인가? 이 정부 기관은 "가능한 아이디어들" 중에 "또 하나의 가능한 아이디어"가 될 것인가, 아니면 "이건 반드시 해야 해"라는 힘을 받게 될 것인가?

그날 우리가 받은 보고서는 89페이지에 달했다.[18] 보고서를 여는데 손이 덜덜 떨렸다. 나는 목차를 보지도 않고 페이지를 정신없이 펄럭펄럭 넘겼다. 금융서비스 감독위원회. 자본과 자문 기준. 국립은행 감독관. 나는 점점 공황 상태에 빠져들었다. 여기에 소비자 보호 기관에 대한 항목이 있기는 한 건가?

마침내 55페이지에서 해당 항목을 찾아냈다. 금융 오용으로부터 소비자와 투자자 보호. 나는 여기에 해당되는 불법적인 사항들을 설명한 단락 두 개를 획획 지나쳐서(나도 알아, 다 안다고) 마법의 문장을 찾아냈다. "우리는 소비자를 보호하기 위한 규정들을 공정하게 작성하고 적극적으로 실천할 권한과 책임을 가진 단일 규제 기관인 소비자금융보호국Consumer Financial Protection Agency 설립을 제안한다."[19]

신난다. 백악관이 전력을 다해 밀고 있구나!

그때 나는 이 일이 얼마나 대단한 것인지에 감탄하느라 정신이 하나도 없었다. 나는 대통령의 고위급 금융 고문들이 새 정부 기관을 만들자는 제안에 시큰둥하다는 소문을 들었다. 게다가 정부는 지금 당대에 가장 큰 금융위기의 한가운데에 있고, 백악관 직원들은 걱정해야 할 일이 산더미처럼 쌓여서 파묻힐 지경에 이르렀다. 이 소비자 기관은 대체 누가 지지한 걸까?

몇 달이 지난 뒤 알게 됐다. 다른 대안이 없었을 때, 소비자 보호 기관을 지지하는 강력한 투사가 내부에 있었다. 나중에 알게 됐지만 그는 백악관이 일반인들을 도울 수 있는 개혁 방법을 지지해야 한다고 열정적으로 믿고 있었으며, 소비자 보호 기관이야말로 그걸 해낼 수 있는 최선의 방법이라고 봤다.

그의 이름은 버락 오바마였다.

집집마다 찾아다니다

─

백악관이 금융개혁에 대한 입장을 발표한 뒤 이제는 의회가 전력을 투입해야 할 때가 됐다. 바니 프랭크가 하원에서 앞장섰고, 나중에 코네티컷 민주당 의원인 크리스 도드가 상원에서 배턴을 이어받아 상원 금융위원회 위원장이 됐다. 둘이 함께 금융개혁법을 설계하고 그 법을 지지하는 동료들을 규합하는 막중한 임무를 맡았다. 그것은 힘겨운 싸움이었다. 개혁법을 위한 캠페인이 시작됐을 때 확실히 하원이나 상원에서 우리를 지지하는 표는 없었다. 그리고 은행의 로비스트들은 온 힘을 다해 맞서고 있었다.

재무부 차관보인 마이클 바와 부차관보인 에릭 스타인이 행정부가 제안하는 법안의 초안을 작성하는 힘든 일을 총괄했다. 소비자 보호 단체들도 적극적으로 발 벗고 나섰다. 2009년 6월 많은 비영리 단체가 힘을 합쳐서 '금융개혁을 지지하는 미국인들Americans for Financial Reform'(이하 AFR로 표기)이란 단체를 설립했다. 이 단체의 주된 임무는 일반인들에게 혜택을 주는 다양한 금융개혁이 이뤄질 수 있도록 싸우는 것이었다. AFR은 AFL-CIO, 미국 소비자연합과 PIRG(국가공공이익연구협회—옮긴이)와 같은 비영리 단체들의 도움으로 설립됐고, 마침내 200군데가 넘는 단체가 여기에 가세했다.[20]

AFR은 가까스로 약간의 자금을 모아 그걸로 직원 몇 명을 고용했는데 여기엔 헤더 부스 회장과 리사 도너 부회장도 있었다. 전반적인 개혁 캠페인을 조직할 작은 팀을 만든 것은 신의 한 수였다. 각 비영리 단체가 조금씩 시간을 내서 이 조항이나 저 조항을 위해 싸우는 대신 AFR은 수십 개 그룹의 노력을 모아 조직화함으로써 모두 한목소리를 낼 수 있도록 도와 능률을 한껏 높였다. 헤더와 리사, 나머지 팀원들이 보도자료를 발표하고, 의회에서 하는 브리핑들을 조정하며, 자원봉사자 그룹들을 조직했다. 대형 은행들을 위해 일하는 직원과 로비스트, 법률가의 수가 그들보다 몇백만 배는 더 많았지만, AFR 사람들은 매일 그 자리를 지키면서 금융개혁의 필요성을 알리기 위해 머리를 짜냈다. 그들은 그야말로 모든 정성을 다 쏟아 부었던 것이다.[21]

　　나는 여전히 많은 시간을 강의와 COP 일에 투여하고 있었지만 금융개혁과 소비자 보호 기관의 운명이 좌우되는 순간이 가까워지고 있음을 느꼈다. 나는 뭐든 할 수 있는 건 다 돕기 위해 뛰어들었고, 그해 여름 댄 겔던 역시 돕겠다고 왔다. 루스벨트 협회에서 댄에게 금융개혁을 위한 아이디어들을 개발하고 지지할 수 있는 일자리를 제안하자 댄이 수락했다.[22] 댄은 COP에서 하던 일을 그만뒀다. 이게 8개월 만에 세 번째로 가는 직장이라는 건 신경 쓰지 말기로 하자. 댄은 나중에 이력서에 좋게 보일 경력을 쌓으려고 이 일을 하는 게 아니라 지금 바로 세상을 좋게 변화시키고 싶어서 그런 거니까.

　　댄과 나는 장기적인 계획도 없고 승리를 향한 확실한 길도 없이, 할 수 있다면 어디서나 싸우는 병사 둘로 이뤄진 소대였다. 댄은 하버드 법대를 졸업한 지 1년밖에 안 됐지만 이미 정치에 대한 열정과 난 평생 죽었다 깨어나도 가질 수 없는 천부적인 정치 감각을 지니고 있었다.

우리는 누구든 우리와 이야기할 의사가 있는 사람은 다 만나서 우리가 연구한 자료를 공유했다. 우리는 비영리 단체와 노동조합의 지도자들을 찾아갔다. 나는 만나본 적도 없는 기자들에게 전화를 걸어 소비자 보호 기관에 대해 들어봤느냐고 물었고, 과거에 그 주제로 글을 썼던 사람들에게 최근 상황에 대해 알려줬다. 우리는 신문사 편집국마다 전화를 걸고, 기명 칼럼을 쓰고, 전화 회의에 참석하고, 여러 행사에서 연설을 했다.

우리는 또한 많은 은행 그룹과 만났다. 적어도 우리와 만나려고 하는 그룹들은 다 만났다. 대형 은행들은 소비자 보호 기관을 제거하는 공격에 막대한 자금을 투입하고 있었지만, 댄과 나는 중소 은행과 신용조합 대표들을 만나려고 애썼다. 우리 주장은 간단했다. 당신들은 고객을 속여서 돈 버는 대형 은행들과 규제를 받지 않는 대출 회사들로부터 두들겨 맞고 있다. 소비자 보호 기관은 공정한 경쟁의 장이 만들어지도록 도울 수 있다. 그렇게 말했는데도 소비자 보호 기관을 반대하는 작은 은행이 여전히 많았지만 그래도 우리가 하는 말에 관심을 보인 곳도 있긴 있었다.

우리는 도와줄 만한 사람들을 찾아 사방을 다녔는데, 종종 의회에 가서 그런 설득 작업을 하게 됐다. 그런 만남은 대부분 아주 힘들었다. 소비자들이 자신이 서명하는 금융 계약서에 좀더 신경을 써서 읽어봐야 한다고 말한 하원의원도 몇 명 있었다. 더 큰 정부를 지양하는 법안은 지지할 수 없다고 주장하는 의원들도 있었다. 우리와 만나긴 했지만 우리가 하는 말은 듣는 둥 마는 둥 하고 별말도 하지 않은 의원들도 있었다.

그중에서도 한 만남이 특별히 기억에 남는다. 우리가 하는 말에 정말 관심 있어 보였던 한 여자 하원의원이 자기는 소비자들을 지지하고 그들이 공정한 대우를 받는 걸 보고 싶다고 말했다. 그러더니 소비자 보호 기관에 대해 아주 구체적으로 반대했다. 내가 거기에 답했지만, 그 문제에 대해 이야기하는 대신 그녀는 또 다른 점을 반대했고, 그다음에 그런 식으로 대여섯 개의 문제를 더 말했다.

그녀가 여러모로 반대를 하긴 했지만 나는 조금 격려를 받은 느낌이었다. 댄과 함께 복도로 나왔을 때 내가 말했다. "흠, 저 여자 의원은 우리 법안에 동의는 별로 안 하겠지만 적어도 우리랑 이야긴 했잖아. 어쩌면 우리가 저 여자를 설득할 수 있을지 모르겠어."

댄은 잠시 내게 나쁜 소식을 전해야 할지 말지를 가늠하고 있는 듯 보였다. 하지만 댄은 결코 나쁜 소식을 오랫동안 감추는 성격이 아니었다. 댄은 방금 그 의원이 열거한 모든 점이 그날 아침 미국 은행 협회에서 발표한 보도자료에 순서대로 나와 있었다고 말했다.

아, 이런.

우리를 가장 우울하게 만들었던 만남은 바로 문제가 뭔지 이해하긴 하지만 그에 대해서 아무것도 하지 않으려 했던 의원들과의 만남이었다. 공화당원과 민주당원 양쪽 다 이렇게 말했다. 그래요, 사실, 사람들이 은행에 속고 있는 건 맞아요, 하지만 은행들은 이 소비자 보호 기관이 설립되게 놔두지 않을 겁니다. 그러니 내가 왜 생기지도 않을 기관을 위해 싸우다 장렬히 전사할 순교자가 돼야 합니까? 만약 다른 의원들도 다 그 법에 찬성하면 나도 하겠어요. 하지만 우리가 만난 많은 의원은 위험한 짓을 하고 싶어하지 않아 했다.

난 포기하지 않았지만, 왜 은행들이 무적의 상대처럼 보이는지 이해하기 시작했다. 여름이 저물어갈 무렵 의회 복도는 점점 더 많은 로비스트로 꽉꽉 차기 시작했는데 글자 그대로 정말 발 디딜 틈이 없었다. 의회 복도는 넓고 우아하지만 한 무리의 로비스트들이 복도에 몰려가는 동안 댄과 나는 벽에 등을 딱 붙이고 한쪽으로 비켜야 할 때가 많았다. 로비스트들은 알아차리기 쉬웠다. 한 다스 정도 되는 남자들 속에 가끔 여자 한두 명이 섞여 있는데 모두 맞춤 정장을 입고 있었다. 그들은 걸음걸이에도 힘이 넘쳤고, 자신들이 확보한 "인원"과 명단에 있는 다음번에 만날 의원이 누구인지 아주 자신 있게 말했다. 이들은 옷도 잘 입고, 조직력도 뛰어나며, 연줄도 어마어마했다.

금융개혁은 아주 복잡한데 은행 로비스트들은 영악한 수법을 썼다. 그들은 의원들에게 애매모호한 용어로 가득 찬 복잡한 논거를 퍼부어 정신을 못 차리게 했다. 의원이 어떤 사안에 대해 반격할 때마다 로비스트들은 그 의원이 일리 있는 주장을 하고 있는 것 같지만 사실은 복잡한 금융 시스템에 대해 잘 이해하지 못해서 그런 말을 하는 거라고 설명하곤 했다. 그리고 로비스트들은 이렇게 마지막 공격을 날리곤 했다. 의원님이 이 일을 처리하지 못할 경우 전 세계 경제가 무너진다는 걸 잊으시면 안 됩니다.

로비스트들은 이거야말로 궁극적인 인사이더들의 게임이라고 주장하고 있는 것이다. '우릴 믿으세요, 우린 이 게임을 잘 알지만 의원님은 모르시잖아요.'

의원들은 금융개혁의 구석구석까지 철저하게 파악해야 하는 이 상황에 난감해했다. 한 여자 하원의원은 이렇게 표현했다. "여기서는 너무나 많은 일이 일어나고 있어요. 이건 마치 우리 입에다 소화전을 대고 물을 틀어버리는 것과 같아요. 누가 이걸 따라잡을 수 있겠어요." 그 의원의 말은 틀렸다. 로비스트들은 이미 따라잡고 있었다.

그해 여름에 있었던 또 다른 인상적인 만남이 생각난다. 댄과 나는 한 하원의원과 함께 앉아서 이야기를 나누고 있었다. 그는 현재 금융 관련 법과 우리가 제안한 소비자 보호 기관에 대해 아주 구체적인 질문 몇 가지를 했다. 그 질문들은 약간 모호하긴 했지만 합리적이었다. 나는 그 의원이 어쩌면(혹시 어쩌면) 우리 편이 될지도 모른다고 생각했다. 그 자리에서 그 의원이 한 질문들에 대한 답을 내가 몇 가지 모르긴 했지만 어딘가에 있다는 건 알고 있었다. 그에 대한 연구들을 찾아서 메모를 하고, 우리가 찾은 대답들을 의원의 직원과 검토하는 모임을 갖자면 하루 정도 걸릴 것이다.

우리가 밖으로 나왔을 때 내가 댄에게 그 질문에 대한 후속 연구를 해줄 수 있겠느냐고 물었다. 댄은 최선을 다하겠다고 대답했다. 그런 뒤 그는 잠시 입을 다물었는데 분명 이제 내가 로비스트들의 삶의 진실에 대해 배울 때가 된 것은 아닌지 판단하고 있는 듯했다. 나는 또다시 댄에게 나쁜 소식을 들을 것임을 알 수 있었다.

댄은 내게 로비스트들이 의원과 만나러 올 때는 항상 그룹을 데리고 온다고 설명했다. 하지만 의회 복도를 활보하는 근사하게 차려입은 남녀 로비스트들이 팀의 전부가 아니다. 그들은 그저 최전방 부대로 생글생글 미소를 지으며 번드르르하게 말을 하는 이로서 그들이 하는 일은 의원들과 친해져서 설득하는 것이다. 그들 뒤에 로비스트 그룹, 법률 회사, 동업자 단체, 홍보 회사, 금융 회사들을 위해 일하는 직원들이 쭉 퍼져 있다. 우리 눈에 결코 보이지 않는 이들은 제2분대다. 이들이 미리 조사해서 작업해놓은 덕분에 최전방 로비스트들은 어떤 의원의 방에 들어갈 때 이미 그 의원의 배경에 대한 모든 걸 파악한 상태다. 그의 투표 성향, 그의 직원들, 그 직원들의 과거 경력까지 다 알고 있는 것이다. 그 제2분대 직원들은 또한 그 의원의 지역구에 대한 정보도 제공하고 있는데 거기에 거주하는 은행 직원의 수, 지역 은행가들의 이름, 금융위기에 대한 지역 신문의 사설들을 요약한 것까지 포함하고 있다.

일단 로비스트 그룹이 의원과 함께 앉으면 최전방 로비스트들은 대개 아주 개인적인 프레젠테이션을 한다. 이상적으로는 그 프레젠테이션을 전직 의원이거나 전직 의원 밑에서 일했던 사람이 하게 된다.[23] 중요한 만남에서는 스타들이 출연한다. 대형 은행의 CEO가 친히 방문할 수도 있다. 그 의원의 고향에 있는 은행가들이 비행기를 타고 올 수도 있다. 그동안 젊은 로비스트들은 중요한 사항을 필기하고 의원 사무실에 있는 직원들과 관계를 쌓아간다.

그렇게 첫 방문을 한 뒤 로비팀이 협의 과정을 거친다. 의원이 질문을 한다면? 그 팀이 전체적인 연구를 다 하고, 메모를 해서 직접 의원 사무실에 전달하고, 그 점에 대해 의원의 직원들과 이야기를 나누고, 그다음에도 계속 전화를 걸어서 진행 상황을 점검하는 것이다. 좀 더 강압적인 조치가 필요하다면? 다음번 대화를 위한 지침을 제공하는 메모를 하고, 다음번 방문을 위한 계획들을 짜기 시작하는 것이다.

그 엄청난 팀에 맞서 나에겐 댄이 있었다.

나는 댄이 워싱턴의 로비 회사에 있는 그 누구보다 더 똑똑하고 열심히(아마도 더 많이) 일한다고 확신하고 있었다. 하지만 댄은 한 명밖에 없었다.

그해 여름 우리는 겸허해졌고, 우리가 하는 일에 별로 진전이 없는 것처럼 느꼈다. 다른 훌륭한 소비자 보호 단체들 역시 밖에 나가 문을 두드리고 있었다. 비영리 단체들은 소비자들을 보호하기 위해 최선을 다하고 있었다.[24] 하지만 비영리 단체들은 이름 그대로 비영리 단체이기 때문에 아무런 수익이 없다. 그들은 재원도 별로 없고 직원들은 살인적인 강도의 노동을 하고 있었다. 그리고 이들은 그저 소비자 보호 기관에만 집중하고 있는 게 아니라 미국인을 대표해서 금융개혁 전체를 감독하는 감시견으로 활동하기 위해 사력을 다하고 있었다. 그 밖에도 이들이 도와야 할 문제는 수천 가지가 넘었다.[25]

그동안 대형 은행들은 그들의 캠페인에 계속해서 더 많은 돈을 퍼붓고 있었다. 한 소식통에 따르면, 금융업계는 중요한 금융개혁 법안들을 죽이기 위해 로비와 캠페인 자금으로 하루에 100만 달러 이상을 쓰고 있다고 한다.[26]

어떻게 그런 일이 가능한지 난 아직도 궁금하다.

그런 막대한 로비 자금에 덧붙여 은행업계는 의회에서 영향력 있는 의원들을 재선시키기 위해 어마어마한 선거 자금을 기부하고 있다.[27] 금융개혁법의 기본적인 형태를 결정할 그룹인 하원 금융서비스위원회를 한번 보자. 그 위원회에 소속된 의원은 71명이다. 왜 그렇게 많냐고? 한 의원이 간단하게 설명했다. "거긴 의원들이 자금을 만들기에 아주 좋은 곳이지. 은행들이 돈을 내잖아."

은행들이야 항상 그렇지.

7월이 됐을 때 의료개혁이 주목의 대상이 됐고, 금융개혁 법안은 가을로 미뤄질 것처럼 보였다. 은행들은 그 시간을 이용해서 로비를 두 배로 늘렸고, 그들이 가장 증오하는 조항인 소비자 보호 기관을 제거하는 데 총력을 집중하고 있는 듯 보였다. 캠페인 열기가 계속 뜨거워지면서 로비스트 한 명이 소비자 보호 기관에 대한 은행의 의도를 노골적으로 표현했다. "우리 목표는 그걸 죽이는 거야."[28]

은행은 이 목표를 달성하기 위해 온 힘을 기울였다. COP에서 같이 일했던 헨설링 의원이 격정적인 사설을 쓰기도 했는데 거기서 소비자 보호 기관은 "소비자 권리"에 대한 엄청난 공격이며 그것은 "오웰처럼 전체주의적"이라며 비난을 퍼부었다.[29] 진심으로 하는 말입니까? 전체주의적이라고요?

우리는 은행들과(다수의 공화당원이) 우리를 노리고 있다는 걸 알고 있었지만 속도를 늦추지 않았다. AFR은 계속 앞으로 밀고 나갔고, 소비자 보호 단체들은 계속 싸웠으며, 댄과 나도 계속 버텨냈다. 어떤 날은 내가 가가호호 방문하는 세일즈맨처럼 느껴지기도 했다. "안녕하세요, 전 엘리자베스라고 해요. 여러분에게 아주 훌륭한 새 정부 기관을 보여드리고 싶은데요!"

댄과 나는 밀어붙이고, 설득하고, 또다시 밀어붙였다. 그리고 저녁 7시 반 비행기를 타고 보스턴으로 돌아오면 브루스와 오티스가 날 기다리고 있었고, 살은 항상 서머색에서 튀긴 조개와 라이트 비어를 준비하고 있었다.

신용 평점은 들어가고, 자동차 대출은 빠지고

8월에 마침내 피할 수 없는 일이 벌어졌다. 테드 케네디 상원의원이 최후의 전쟁에서 졌다. 그는 알링턴 국립묘지에서 형들인 존과 로버트 케네디 옆에 묻혔다.

나는 JFK 빌딩 24층에서 우리가 처음 만났던 날을 생각했다. 그리고 그의 책과 서류로 꽉 찬 낡은 가방을 떠올렸다. 케네디 의원이 노동자들을 위해 얼마나 많이 싸웠던가를 생각했다. 그의 자리를 대신할 수 있는 사람은 없다.

9월에 하버드가 개강을 했고 나는 다시 강의를 시작했다. 그해 가을 나는 계속 COP에서 일하고 있었고, 우리는 30일마다 보고서를 써내고 있었다. 나는 소비자 보호 기관에 대해 이야기할 의사가 있는 사람은 계속해서 거의 다 만났으며, 댄은 전력을 다해 싸우고 있었다.

2009년 후반 어느 날 하버드 사무실에서 일하고 있는데 전화벨이 울렸다. "엘리자베스. 나 바니예요. 내일 여기로 와요."

나는 무슨 일인지 물었지만 바니는 항상 그렇듯이 정신없이 바빴다. "중요한 일이에요. 여기로 와요." 그러고는 전화를 끊었다.

이튿날 워싱턴에 도착해서 곧바로 바니의 사무실로 갔지만 그는 자리에 없었다. 나는 화려한 하원 회의실로 안내를 받아서 갔다. 방 한가운데에 여덟 개 정도 되는 의자가 편자 모양으로 배치돼 있었고, 의자마다 뒤에 다른 의자가 하나씩 더 놓여 있었다. 이렇게 두 겹으로 된 편자 모양의 의자들이 시작되는 곳에 바니가 앉아 있었다.

바니가 우리에게 앉으라고 했다. 모든 남자(거기엔 남자들뿐이었다)가 자리에 앉았다. 나는 안쪽에 있는 의자를 하나 잡아서 앉았지만 아무도 내 뒤에 앉지 않았다. 그때 나는 불현듯 안쪽에 있는 의자들에는 나만 빼고 모두 의원들이 앉아 있다는 걸 깨달았다. 그 뒤에 있는 의자들은 그 의원들의 보좌관이 앉을 의자였다.(이런, 내가 뒤에 앉아야 했나? 잘 모르겠지만 지금 일어나기엔 너무 늦어버렸어.)

바니는 몇 주 동안 금융개혁안에 나온 수십 개 조항을 가지고 협상했다. 바니가 모인 사람들에게 이제 우리는 새 소비자 보호 기관에 대한 세 가지 문제를 해결해야 한다고 말했다. 바니는 특별히 가장 큰 분열을 초래하는 것으로 밝혀진 복잡한 문제 하나를 간단하게 말하기 시작했고, 그다음에 그 법을 어떻게 쓸 수 있을지에 대한 대안을 말했다. 한 의원이 그에 반대하면서 자신의 의견을 제안했다. 또 다른 의원은 그 접근 방법을 좋아하지 않아 별도의 의견을 제시했다. 나도 얼른 끼어들어서 내 의견을 개진하려 했지만 바니는 나보다 여섯 수는 더 앞서 있었다.

우리는 아주 격렬한 토론을 했다. 10분 정도 지난 뒤 바니가 끼어들었다. "내가 생각하기에 우리가 여기엔 모두 동의할 수 있을 것 같은데요." 그런 뒤 그는 신속하고 분명하게 그 문제를 해결할 타협안을 내놓았다.

바니가 의원들을 한 명씩 차례로 보면서 물었다. "이렇게 하면 괜찮겠어요?" 모두 좋다는 표시를 했다. 바니가 날 봤다. "당신도 감수할 수 있겠어요?" 바니가 물었다. 난 그렇다고 했다.

바니가 말했다. "됐습니다." 바깥쪽 의자에 앉아 있던 사람들이 모두 노트에 맹렬하게 필기를 했고, 바니는 두 번째 문제로 넘어갔다.

이번 건은 더 빨리 진행돼서 바니는 몇 분 만에 모두의 합의를 이끌어냈다.

나는 갑자기 이것이 소비자 보호 기관을 포함한 금융개혁안에 대한 최종 협상일지도 모른다는 걸 깨달았다. 물론 나중에 개정안들을 밀 수 있겠지만 이것이야말로 칙칙폭폭 소리를 내며 앞으로 나아가는 주된 엔진이 될 것이다. 우리는 이 기차에 제대로 된 법안들을 다 실어야 하는 것이다. 내 심장이 쿵쿵 뛰기 시작했다. 모든 게 너무 빨리 진행되고 있었다.

바니는 이미 세 번째 문제로 넘어갔다. 몇 분 뒤에 이 문제 역시 해결됐다고 그가 선언했다.

그런 뒤 바니가 주위를 둘러봤다. "좋아요. 이제 끝날 때가 된 것 같은데요. 뭐 달리 할 말 있는 사람 있습니까?"

내 마음이 정신없이 달리고 있었다. 여긴 전쟁터가 아니다. 이 방에 있는 사람들은 모두 같은 편이고 우린 모두 근로자들을 돕기 위해 싸우고 있는 것이다. 우리가 뭔가 놓친 게 있다면 어떻게 하지?

"뭐 없어요?" 바니가 의자에서 일어나고 있었다.

그때 갑자기 중요한 문제 하나가 기억났다. "잠깐만요!" 나는 생각보다 더 크게 소리를 지르고 말았다. 나 때문에 의원 몇 명이 깜짝 놀란 듯했다. "신용평가는 어떻게 하고요?" 내가 물었다.

바니가 날 사납게 노려보다가 다시 의자에 앉았다. "신용평가는 어떻게 하다니요?"

신용평가 기관들은 사람들의 신용 평점을 결정한다. 이 평점은 사람들이 주택 대출금, 신용카드 같은 것을 받을 때 주요한 결정 요인이 된다. 심지어 어떤 고용주들은 신용 평점을 토대로 채용 결정을 하기도 해 신용 평점이 좋지 않은 누군가는 꼭 필요한 일자리를 얻지 못하게 될 수도 있다. 하지만 이런 신용평가 보고서에 실수가 많다는 연구 결과들이 나와 있었다. 신용평가 회사들이 법에서 요구하는 수정을 하지 않는 경우도 있어 많은 가족이 어려움을 겪고 있다고 일부 전문가는 믿고 있었다. 그리고 신용평가 회사들을 엄중하게 감독하는 연방 정부 기관도 없다.[30]

바니가 바로 본론으로 들어갔다. "그 문제를 어떻게 처리하고 싶은데요?"

내가 말했다. "새 정부 기관이 신용평가 회사들을 감독할 권한을 갖도록 확실히 해두고 싶어요."

바니는 5초 정도 생각한 뒤 대답했다. "일리가 있는 말이에요. 여기에 반대하는 사람 있습니까?"

모두 아니라고 중얼거리자 바니가 대답했다. "처리됐습니다."

바깥 줄에 앉은 보좌관들이 다시 열심히 필기했다.

바니가 다시 날 똑바로 쳐다보면서 물었다. "다른 건 없어요?"

나는 생각해보려고 애를 썼다. 뭐 잊어버린 거 없나? 새 정부 기관에 더 해야 할 일이 있는 건 아닐까? 이 몇 초 동안 중요한 걸 깜박하고 빠뜨리면 앞으로 몇 년 동안 내 발등을 찍게 될 텐데. 나는 1분 정도 입술을 잘근잘근 씹으며 고민하다가 심호흡을 했다.

"아뇨. 그게 다예요."

"좋아요. 이제 나갑시다." 바니가 말했다.

모두 서둘러 회의나 공청회에 가려고 빠져나갔다. 나는 1분 동안 꼼짝 않고 앉아서 방금 일어난 일들을 천천히 소화시켰다. 난 항상 사람들이 밀실에서 선한 싸움을 할 것이란 희망을 가지고 사람들을 코치하는 데(의견을 제시하거나 경고를 하는 식으로) 만족해왔다. 하지만 방금 내 세계관이 바뀌었다. 나는 새 법을 협상하는 방에 있는 게 어떤 의미인지 직접 목격한 것이다.

내가 요청한 부분이 법안에 그대로 남아 하원을 통과하고 이어서 상원에서도 통과돼 법률로 확정됐다. 그 회의 이후 나는 새 소비자 보호 기관이 생긴다면 신용평가 회사들이 법을 따르는지 감시할 감시견이 있으리라는 걸 알았다. 나로서는 무척 기쁜 일이었다.

하원에서 작성한 금융개혁안이 하나로 합쳐지는 과정에서 바니는 사방팔방 뛰어다니며 온갖 일을 다 했다. 그는 법의 세부 사항 하나하나를 협상하면서 새벽부터 밤까지 이해 당사자들과 주저하는 의원들을 만났다. 바니는 하원과 상원에 있는 동료들과 거래하고, 백악관과도 계속 논의해서 타협안을 내놓았다. 그는 사람들을 회유하고, 조르고, 타협해서 결국 소비자 보호 기관이 제대로 작동하는 데 필요한 핵심 쟁점들을 다 이뤄냈다. 바니는 정말 놀라웠다.

그렇게 그해 가을에 광풍처럼 몰아친 협상의 연속에서 소비자 보호 기관에 대한 공격이 신속하게 날아왔고 바니와 소비자 보호 단체들은 물리치지 못했다. 자동차 영업소들이 소비자 보호 기관의 감독을 받는 단체 중에서 자동차 대출은 빼주길 원했다. 난 곧바로 제이슨이 어떻게 사기를 당했는지 떠올렸다. 그런 일이 다른 사람들에게 다시 일어나게(그것도 계속) 놔둔다는 생각에 난 그만 벽에 주먹을 치고 싶었다. 하지만 전국의 지역구마다 있는 자동차 영업소 모두 소비자 보호 기관을 반대하며 들고일어났다. 일단 자동차 영업소들이 워싱턴에 전화를 걸기 시작하자 의원들이 하나둘씩 항복했다. 바니는 그들을 물리치기 위해 할 수 있는 걸 다 했지만 결국 자동차 영업소들이 목적을 달성했다.

소비자 보호 기관은 전쟁을 치르면서 흉터를 남겼지만 중요한 조항들은 여전히 남아 있었다. 소비자 보호 기관은 강하고 독립적으로 살아남았다. 그리고 2009년 1월 바니가 하원에서 금융개혁안을 통과시켰다.

이제 상원을 통과할 차례였다.

위원회에서의 죽음

2010년 1월 15일 금요일 아침 일찍 전화가 걸려오기 시작했다. 아침 일찍 일어나 지하실에 있는 운동기구 위에서 헉헉거리며 달리고 있는데 첫 번째 전화벨이 울렸다.

오늘 아침 월가 저널 봤냐고? 의회에서 소비자 보호 기관이 살아남지 못할 것이란 소문이 돌고 있었다. 더 큰 금융개혁안을 통과시키기 위해 도드 상원의원이 그걸 뺄 거라고 했다. 체면을 살리기 위해 정부 어딘가에 새로운 소비자 보호 부서를 설치하려고 시도는 하겠지만 많은 일을 제대로 할 수 있는 강하고 독립적인 보호 기관은 나오지 않을 거라는 말이었다. 인사이더들이 너무 안됐다며 유감이라는 말을 전해 왔다. 아이디어는 좋았지만 그 보호 기관이 개혁안에 나오지 않는 한 법안 전체가 실패할 것이라고. 그러니 차라리 소비자 보호 기관을 버리고 다른 것들을 통과시키는 게 낫다고.

나는 묵묵히 들었다. 그렇군. 소비자 보호 기관은 죽었군.

큰 은행과 신용평가 회사들에 사기당한 모든 가족. 바니, 소비자 보호 단체들, 헤더, 댄, 대통령이 했던 그 많은 노력. 내가 그렇게 사무실마다 찾아다니면서 가졌던 만남들. 이 모든 일이 결국 이렇게 끝나는구나.

나는 투표를(심지어 투표에서 지는 한이 있더라도) 하게 될 건지 물었지만 보아하니 그런 일은 일어나지 않을 듯했다. 소비자 보호 기관은 공개 처형되지 않을 것이다. 대신 상원 금융위원회에서 소비자 보호 기관이 없는 금융개혁안을 제안할 것이다. 상원에 있는 그 누구도(단 한 명의 민주당원이나 공화당원도) 그 보호 기관에 반대표를 던질 필요가 없다. 대신 그 보호 기관은 아기 침대에서 조용히 목 졸려 죽게 될 것이다. 정확히 누가, 왜 그걸 죽였는지 아무도 모르게 될 것이다.

그래서 나는 마지막 질문을 했다. 언제? 상원 금융위원회에서 소비자 보호 기관이 있든 없든 상관없이 확실한 금융개혁안을 제출하는 게 언제인가?

지금으로서 최선의 추측은 3주 뒤였다. 그 거래는 아직 마무리되지 않았고, 여전히 조정해야 할 조건이 많이 남았다고 했다.

나는 댄에게 전화했다. "우리에겐 딱 3주가 있어."

바닥에 피와 이빨을 흩뿌리다

내가 보기에 우리에겐 잃을 게 하나도 없었다. 난 정치가가 될 욕심도 없으니 워싱턴에 있는 많은 사람을 화나게 한다고 해서 무슨 상관인가? 이건 이 보호 기관을 법으로 만들 수 있는 우리의 마지막 기회였다. 이번에 지면 영원히 지는 것이다.

어떻게 보호 기관이 최후의 공격을 받게 됐는지 알 수 없었지만 한 가지는 알고 있었다. 상원은 이 문제에 대해 어렵게 투표하고 싶어하지 않았다. 댄이 그게 무슨 뜻인지 설명했다. 소비자 보호 기관은 사람들에게 인기가 많다. 그리고 많은 상원의원에게 새 보호 기관에 대해 투표를 한다는 것은 대중을 화나게 하든가 대형 은행들을 화나게 하든가의 어느 한쪽을 선택해야 한다는 뜻이다. 하지만 그들은 어느 쪽도 화나게 하고 싶지 않다. 그들은 조용하고 조금은 미스터리한 죽음을 선호한 것이다.

그래서 난 생각했다. 안됐네. 참 안됐어. 상원의원들이 국민이 아니라 은행들을 선택한다면 미국 대중은 알 권리가 있어. 우리가 이기지 못한다 해도 적어도 엄청나게 소란을 피울 순 있어.

소비자 보호 기관에 대한 소문은 재빨리 퍼졌고, 소비자 보호 단체들도 나처럼 열받아 했다. 포기하자는 사람은 한 명도 없었다. 비영리 단체들은 그동안 하던 일을 배로 늘렸다. 이메일 캠페인과 대규모 집회가 전국에서 폭발적으로 일어났다. 진보적인 블로거들이 싸움에 합세했다.[31] 몇몇 주의 검찰총장들도 거들었는데 그중에 오하이오 주의 검찰총장인 리처드 코드레이도 있었다.[32]

며칠 만에 상황이 더 악화됐다. 1월 19일 매사추세츠에서 테드 케네디 의원의 공석을 메우기 위해 특별 선거가 치러졌다.

티파티(2009년 미국의 여러 길거리 시위에서 시작된 보수주의 정치운동 —옮긴이)가 목청을 높여 그들이 생각하기에 워싱턴 정치가들이 실패한 점들을 다 매도했다. 방긋방긋 미소를 지으며 에너지가 넘치는 주 방위군 출신의 스콧 브라운이라는 후보가 독창적인 캠페인을 벌였고, 탁월한 정치가였던 테드 케네디의 자리를 공화당의 품에 돌릴 수 있겠다는 가능성이 보이자 티파티의 선거 자금이 빛의 속도로 그에게 쏟아지기 시작했다. 브라운은 국가적인 분노의 물결을 타고 상원에 들어왔다.

브라운이 승리하면서 상원에서 민주당원이 60명으로 다수를 차지하던 상황이 끝나고 새롭게 힘을 받은 공화당이 그들이 싫어하는 법안은 막을 수 있는 (혹은 적어도 다시 쓸 수 있는) 영향력을 갖게 됐다. 소비자 보호 기관을 위해 싸우는 우리 같은 사람들에게 그 소식은 관에 못을 하나 더 박은 것 같은 일이었다.

헤더가 내게 가능한 한 많은 사람을 상대로 보호 기관에 대해 말해 달라고 부탁했다. 전화 회의, 미팅, 모든 종류의 언론 매체와 인터뷰. 다 해봤다. 월가 저널에 기명 칼럼도 썼다. 소비자 그룹과 의원 보좌관들도 만났다. 「레이철 매도 쇼」와 「모닝 조」에도 출연했다. 다시 「존 스튜어트 쇼」에도 나갔는데 이번에는 토하지 않았다. 난 소비자 보호 기관에 대해 이야기했고, 조는 나와 데이트하고 싶다고 했다.(물론 다 농담이다. 조는 내 남편인 브루스가 무대 뒤에 있는 걸 알고 있었다.)

오케이, 상황이 좀 막 나가긴 했군.

하지만 내게 이건 은행 대가족이라는 아주 단순한 문제였다.

그리고 내 요구도 합리적이었다. 공개 투표를 하자는 것이었다.

3주가 4주가 되고 그다음에 5주, 6주, 7주 이렇게 하염없이 길어졌다. 소비자 단체들이 넣는 압력이 효과가 있는 모양이었다. 새로운 소문들이 돌기 시작했다. 소비자 보호 기관의 심장박동이 약하긴 하지만 죽었다는 보도는 시기상조인 것 같다고.

로비스트들은 한층 더 노력했다. 1차 계획: 소비자 보호 기관을 죽이자. 2차 계획: 대형 은행들의 사업 계획에 간섭하지 못하게 불구로 만들자. 그들은 보호 기관이라는 아이디어 자체도 공격했지만, 보호 기관의 구조도 공략해서 유명무실한 기관으로 만들려고 애썼다. 로비스트들의 메시지는 분명했다. 어쩔 수 없는 일이라면 정치가들이 그 보호 기관을 보여주는 쇼를 하게 놔두겠지만, 그걸 불구로 만들어서 아무것도 하지 못하게 해주겠다.

이제 이 싸움은 대격전이 됐다. AFR은 고집불통인 한 상원의원을 겨냥한 텔레비전 광고를 몬태나에서 시작했다. 웰스파고 은행 주주 총회에서 시위가 있었고, 캔자스시티와 덴버와 시카고에서 대규모 집회들이 열렸다. 온라인에 탄원서들이 올라왔고, 전국의 신문사들이 소비자 보호 기관에 대한 사설과 기명 칼럼들을 실었다.[33]

3월 초에 할리우드도 힘을 보탰다. 작곡가인 한스 치머와 시나리오 작가이자 감독인 제임스 브룩스가 대중이 이 기관에 좀더 관심을 갖길 원한다고 했다. 그 결과 「새터데이 나이트 라이브」(할리우드 스타와 유명

인사들의 코믹한 변신과 정치 풍자를 주로 하는 프로그램─옮긴이)에 대통령으로 출연했던 모든 할리우드 스타가 최초로 다 모였다. 론 하워드가 연출하고 윌 페럴, 데이나 카비, 체비 체이스, 댄 애크로이드, 대럴 해먼드, 프레드 아미센이 포드 대통령부터 오바마 대통령까지 연기를 근사하게 해냈다. 이 짝퉁 대통령들은 오바마 대통령에게 "용기를 내서" 소비자 보호 기관을 위해 싸울 것을 촉구했다. 짐 캐리가 로널드 레이건 대통령의 유령으로 분해서 바지 속에 넣은 엄청나게 큰 철제 불알 한 쌍을 흔들면서 무대 한가운데로 거들먹거리며 나와 끝내주는 대사를 읊었다. '퍼니 오어 다이'라는 코미디 웹사이트를 위해 제작된 이 비디오는 수백만 번의 조회 수를 기록했고 언론에서도 크게 다뤘다.

한편 도드 상원의원은 「하드볼 위드 크리스 매슈스 쇼」에 출연해서 더 강력한 소비자 보호 기관을 지지하는 주장을 펼쳤다. 바로 그날 우리는 도드가 그 보호 기관의 힘을 약화시키려 한다는 혼란스런 언론 보도들을 들었다.[34] 하지만 상원 금융위원회의 문은 굳게 잠겨 있었고, 난 거기에 들어갈 수 없었다. 상원에서 어떻게 할지 알 수 없는 노릇이었다.

나는 가능한 한 계속 언론사들과 인터뷰를 했고, 그해 봄 『허핑턴 포스트』에서 내게 소비자 보호 기관의 일부 조항을 들어낼 용의가 있는지 물었다. 내게 허울뿐인 보호 기관을 받아들일 용의가 있는가?

나는 아주 노골적으로 그럴 수 없다고 대답했다. "내가 첫 번째로 원하는 것은 강력한 소비자 보호 기관입니다. 그게 안 된다면 소비자 보호 기관 없이 바닥에 흩뿌려진 수많은 피와 이빨을 보는 겁니다…… 내가 아흔아홉 번째로 원하는 건 이도저도 아니어서 아무 일도 해낼 수 없는 보호 기관입니다."[35] 나는 우리가 그대로 버티고 서서 싸울 만한 가치가 있는 걸 위해 싸우거나 아니면 그냥 다른 데로 가서 다른 정직한 일을 하겠다고 대답했다. 나는 낑낑거리기만 할 뿐 아무것도 할 수 없는 감시견과는 어떤 관계도 맺고 싶지 않았다.

3월 중순에 도드 상원의원이 강력하고 독립적인 소비자 보호 기관이 포함된 금융개혁안을 제출했고 그것이 금융위원회를 통해 상원에서 통과됐다. 거대 은행들이 우리를 열심히 막으려 했지만 실패했다. 소비자 보호 기관은 진정한 변화를 이루는 데 필요한 권력과 자금을 받게 될 것이다. 소비자 보호 단체들과 열정적인 시민들이 (아주 웃긴 배우들의 도움으로) 역사상 가장 큰 자금을 받은 로비 단체들을 격퇴하기 직전인 것이다. 그날은 미국인들에게 좋은 날이었고 민주주의에 좋은 날이었다.

이번에 브루스와 색에 조개와 맥주를 들러 갔을 때는 축하하기 위해서였다.

마지막 큰 양보

—

정치에 상관없이 삶은 계속됐고 2010년 봄도 예외는 아니었다. 우리 사위가 전화해서 그의 남동생이 결혼한다는 소식을 전했다. 우리 가족 모두 인도에 가서 결혼식에 참석하기로 했다.

비행기가 이륙하기 직전에 어밀리아가 아이를 또 임신했다는 기쁜 소식을 전했다. 브루스와 나는 세 번째 손주를 보게 됐다.

나는 기쁜 한편 걱정스런 마음으로 그 소식을 받아들였다. 나는 전에도 그랬고 지금도 두 손녀라면 환장한다. 거의 9년 동안 기회가 생길 때마다 로스앤젤레스로(가끔은 주말을 보내고 가끔은 더 오래) 비행기를 타고 가서 손녀들과 같이 지냈다. 이제 새 손주가 태어나는데 COP와 금융개혁을 위한 싸움 및 하버드 강의 때문에 몸이 열 개라도 부족할 지경이었다. 새로 태어날 손주와 많은 시간을 보내고 싶었지만 그러지 못할까봐 걱정이 됐다.

우리가 인도에 도착했을 때는 더웠다. 정말 더웠다. 윤번정전이라 에어컨이 돌아가다 말다 했고, 오후엔 전기도 거의 들어오지 않았다. 하지만 브루스와 나는 그 결혼식이 정말 즐거웠다. 사흘 동안 치른 결혼식에서 노래하고 파티하며 인도 북부에 흩어져 있는 티아기 일족이 다 와서 즐겼다. 나는 잠시 워싱턴을 잊은 채 아름다운 신부에게 감탄하고 어린 손녀들과 낄낄거리며 놀았다. 눈부시게 행복한 시간이었다.

워싱턴으로 다시 돌아오자 고통스러운 일이 잇달아 일어났다. 금융개혁 법안이 상원에서 통과된 뒤 상원의 법안과 하원의 법안 차이를 조정하는 작업이 남았다. 그런 뒤 그 법안은 다시 하원과 상원에서 최종 투표를 거치게 된다.

민주당은 1월에 치른 선거로 다수당의 지위를 잃었기 때문에 이제 이 법은 매사추세츠의 새 상원의원이자 공화당원인 스콧 브라운의 지지를 받아야 했다. 갑자기 스콧 의원은 자신이 아주 유리한 입장에 놓였다는 걸 알게 됐다. 그는 1초도 지체하지 않고 곧바로 민주당원들이 한 가지 조항을 더 추가하지 않으면 그 법안을 막겠다며 협박했다. 대형 은행들을 위한 재정적인 우대 조치를 해달라는 것이었다.

미국이 금융 기관들에 대한 규정을 쓰기 시작한 뒤로 은행들은 항상 규제에 대한 비용을 치렀다. 새 금융개혁을 실시하는 대가는 약 190억 달러로 추산되는데 현재 계류 중인 새 금융개혁법은 대형 금융 회사들이 이 비용을 치러야 한다고 구체적으로 지정했다.

이제 스콧 브라운 의원은 그 소항을 바꾸지 않는 한 이 법안에 반대하겠다며 협박하고 있는 것이다. 그는 은행들이 아니라 납세자들이 그 돈을 내야 한다고 주장했다.[36] 바니 프랭크는 격노했지만 달리 선택의 여지가 없었다. 이 마지막 변화는 금융개혁을 현실로 만들기 위해 치러야 할 대가인 것이다. 그렇게 거래가 이뤄져서 최종 법안이 하원과 상원 양쪽에서 통과됐고 그 법안은 이제 대통령의 서명을 받기 위해 백악관으로 보내졌다.

기억해야 할 펜

백악관에서 2010년 7월 21일로 정해진 서명식에 초대장을 보내왔다. 그 법은 상원과 하원의 후원자들 이름을 따서 도드 프랭크 법으로 명명됐다.

그날 아침 워싱턴은 찌는 듯이 끈적끈적하고 고약하게 더웠다. 식은 로널드 레이건 빌딩의 600명이 넘게 앉을 수 있는 원형극장에서 치러졌다. 나도 가고 싶었지만 그날 아침 COP 대표로 또 다른 상원 청문회에서 증언하는 일정이 잡혀 있었다. 그 청문회는 서명식이 끝날 때까지 계속될 것 같아 아무래도 서명식은 포기해야겠다고 생각했다. COP 의장도 내가 해야 할 일이었다.

그러다 마지막 순간에 제일 먼저 증언하고 청문회를 나가도 된다는 허락을 받았다. 달려가면 제 시간에 맞출 수 있을 것 같아 온 힘을 다해 달렸다.

대통령이 참석하는 행사는 정해진 시간이 되면 문이 닫히고 보안 절차가 완료되는 순간이 온다. 그러면 끝이다. 아무도 들어갈 수 없다. 하지만 그 서명식에 함께 초대받은 더빈 상원의원이 나를 들여보내주겠다고 약속했다. 증언을 마치자마자 나는 청문회에서 쏜살같이 달려 나와 더빈의 보좌관 한 명과 함께 복도를 전력 질주했다. 우리는 밖으로 달려 나와서 상원의원이 타고 있던 검은 SUV에 올라탔다. 그 차로 거리거리를 헤치며 레이건 빌딩으로 들어와서 막 문이 닫히려는 찰나에 들어왔다. 정말 끝내주게 파티를 시작했다!

서명식에서 나는 제일 앞줄의 전설적인 전 연방준비제도이사회 의장인 폴 볼커 옆에 앉게 됐다. 오바마 대통령이 무대에 나왔을 때 큰 환호성이 터졌다. 모두 일어서서 손뼉을 치며 소리를 질러댔다. 대통령은 처음부터 금융개혁을 지지했고, 이것은 그의 승리였다.

만세! 미국인들은 위대한 승리를 거두었다. 강당 안에서 불꽃놀이를 할 수 없다니 아주 유감이었다.

일주일쯤 뒤 소포를 하나 받았다. 그 안에 대통령이 쓴 쪽지가 하나 있었고, 펜도 한 자루 들어 있었다. 그것은 대통령이 소비자 보호 기관 법안을 서명할 때 쓴 펜 중 하나였다.

다윗의 새총

그 전투는 1년 넘게 끌게 됐지만 이번에는 다윗이 골리앗에게 강한 한 방을 날렸다.

처음부터 우리는 극히 불리한 입장에서 시작했기 때문에 라스베이거스 도박사들은 우리에게 결코 돈을 걸지 않았을 거라고 생각했다. 대형 은행들은 체세적이고 열성적이었다. 그들에겐 홍보 담당자, 변호사, 로비스트, 연구자, 컨설턴트 회사들이 있었다. 그들은 통일 전선을 구축했다. 그들에게 공개적인 다툼이나 극적인 탈퇴 같은 건 없었다. 금융 서비스 업계는 돈으로 살 수 있는 최상의 로비스트들을 결집시켰고, 개혁 법안을 죽이기 위해 로비와 캠페인에 쓴 돈이 결국 5억 달러가 넘었다고 보도됐다.

소비자 보호 기관에 대한 싸움은 평범한 사람들과 부유하고 강력한 기업들 간의 싸움이었다. 큰 은행들은 이 기관을 원하지 않았다. 그들은 이것을 직접적인 위협으로 봤고, 이것을 죽이고자 하는 그들의 동기는 단순했다. 그들에게 짖어대는 감시견 없이 자유롭게 사업을 계속하고 싶은 것이다.

워싱턴의 일반적인 법칙대로라면 강력한 은행들은 평범한 사람들을 아주 쉽고 무자비하게 이겨서 소비자 보호 기관은 시간당 1000달러를 받는 로비스트의 바지 자락에 묻은 얼룩만도 못한 존재가 돼야 했다.

그런데 어떻게 평범한 사람들이 이겼냐고? 모두 그것이 법안이 될 가능성은 전무하다고 생각했을 때 그 기관을 지지한 브래드 밀러, 빌 델라헌트 하원의원과 테드 케네디, 딕 더빈, 척 슈머 상원의원처럼 그 기관을 지지한 개인적인 영웅들이 있었다. 이 개념을 실제 법안으로 만들어야 했을 때 바니 프랭크와 크리스 도드가 참호로 들어가 적들의 팔을 비틀어 거래를 해가면서 소비자 보호 기관을 살릴 방법을 찾아냈다. 그리고 마이클 바와 에릭 스타인같이 막후에서 고생한 영웅들도 있었다. 이들은 시간을 끊임없이 들이면서 소비자 보호 기관의 법안 초고들을 잡고, 협상하고, 법안의 표현이 좀더 강력해질 수 있도록 정리했다. 그리고 미국인들을 위해 싸우는 데 삶을 바친 미국 소비자연맹의 트래비스 플럼킷과 미국 공공이익연구그룹의 에드 미어즈윈스키 같은 소비자보호운동가도 있다.

하지만 다 따지고 보면 이 승리의 공은 미국 국민에게 돌려야 한다. 이들은 때로는 비영리 단체와 조합과 연합들을 통해 조직을 결성했다. 또 가끔은 웃긴 비디오와 블로그들과 신문사 편집자들에게 편지를 보내는 전통적인 방식을 이용했다. 하지만 조직에 소속됐건 아니건 결국 미국 국민이 자신의 뜻을 온 세상에 전한 것이다.

그리고 소비자 편에서 헌신하는 사람들이 좀더 영리해진 것도 있다. 싸움을 시작할 때가 되자 사람들은 주저하거나 망설이지 않고 곧바로 행동을 개시했다. 오랫동안 소비자보호운동에 헌신한 활동가와 초보 자원봉사자들이 전쟁에 뛰어들어 내일이 없는 것처럼 격렬하게 싸웠다. 이들은 소비자를 보호한다는 하나의 대의에 뜻을 모았다. 이들은 일찍이 조직을 정비했고 활동 자금을 한 푼도 허투루 쓰지 않았다. 이들은 크라우드 소싱(대중을 제품이나 창작물 생산 과정에 참여시키는 방식 —옮긴이)과 트위터와 페이스북을 이용했다. 그리고 고등학생들부터 할리우드 스타들까지 총동원했다. 이들은 단순하고 확실하게 목표를 향해 치열하게 싸웠다. 무엇보다 소비자 보호 기관에 사망 선고가 내려지고 대형 은행들이 승리를 선언했을 때도 아무도 포기하지 않았다.

그리고 이들은 그해 전국을 휩쓴 열정을 잘 이용했다. 금융위기는 이 나라의 근본까지 흔들었고, 국민은 격노했다. 미국 국민은 인사이더들의 편의를 봐주는 기미가 없는 변화, 적어도 세상의 한구석은 깨끗이 청소해줄 그런 변화에 몹시 목말라 있었다. 그때는 모두 불같이 화가 나 있었고 그런 순간 세상은 변화할 수 있었다.

미국의 민주주의는 상당히 심한 타격을 입었다. 대형 은행들의 CEO와 그들이 거금을 주고 부리는 로비스트들이 휘두르는 정치적 영향력은 민망할 정도로 막강하다. 사람들이 워싱턴 정가가 얼마나 썩었는지 이야기할 때면 반박할 말이 없다. 맞다, 거긴 문제가 많은 곳이고, 중요한 우선순위들이 뒤로 밀려나는 경우가 너무나 잦다. 하지만 난 국민이 포기하지 않기를 정말 간절히 바라고 있다.

왜냐하면 온갖 악조건에도 불구하고 사람들이 싸웠을 때 민주주의는 그 힘을 발휘했으니까. 찌그러지고 할퀸 곳도 많지만, 그래도 효과가 있었다.

5장

국민을 위한 기관

오바마 대통령이 도드 프랭크 법안과 소비자 보호 기관을 법으로 통과
시킨 다음 날, 나는 다시 비행기에 있었는데 이번에는 로스앤젤레스로
가는 길이었다.

　몇 주 전에 어밀리아와 수실이 초음파 검사 결과를 전화로 알려줬
다. 아들이란다! 하지만 그 기쁜 전화가 온 지 불과 며칠 뒤 어밀리아
는 조산기가 있어서 응급실로 달려가야 했다. 의사들이 어밀리아의 진
통을 간신히 멈추게 한 뒤 출산할 때까지 절대적으로 안정을 취해야
한다고 명령했다. 출산 예정일은 11월이었는데 그렇다면 다섯 달이나
침대에 누워 있어야 한다는 뜻이었다.

　하루하루가 그 작은 아이가 세상에 나오기 전에 조금씩 강해지는
승리의 행진이었다. 하지만 하루하루가 또한 바람 앞의 촛불처럼 아슬
아슬하기 짝이 없었고, 어밀리아는 여름 내내 병원을 들락날락해야 했
다. 로스앤젤레스에 온 브루스와 나는 어밀리아가 침대에 꼼짝없이 누
워서, 온갖 모니터에 연결돼, 잘 움직이지도 못하는 모습을 보니 겁이
더럭 났다.

어밀리아는 나를 많이 닮아서 "안정"이란 말 자체에 적응을 못 하는 성격이라 이렇게 오랜 시간 병원에 꼼짝없이 누워 있는 일을 벌 받는 것처럼 느꼈다. 어린 두 손녀는 엄마가 왜 매일 병원에 있어야 하는지 이해하려고 애쓰고 있었다.

비행기가 착륙한 순간 어밀리아에게 전화했다. 달라진 건 없었다. 그 다음엔 댄에게 전화했다가 오바마 대통령에게 나를 새로 설립된 소비자금융보호국의 국장으로 지명해달라고 촉구하는 공개서한이 백악관에 들어갔다는 언론 보도가 나왔다는 말을 들었다. 그 편지에는 57명의 하원의원과 11명의 상원의원이 서명했다. 거기다 그 자리에 나를 임명하자는 의견을 지지하는 14만 명이 서명한 청원서도 같이 있었다.

와우. 그렇게 많은 사람이 새 정부 기관의 이름을 안다는 것 자체도 놀라운데, 그 기관의 국장으로 누군가를 지명해달라는 청원서에 서명을 하다니 믿을 수가 없었다. 이렇게 많은 사람이 이 기관에 시간과 관심을 쏟고 내가 그 특별한 일을 맡을 만하다고 믿어준 점에 깊은 감동을 받았다.

소비자 보호 기관을 만들기 위해 싸우는 동안 나는 실제로 그 조직을 운영하는 점에 대해서는 생각해본 적이 없었다. 가끔 누군가가 그 자리에 갈 생각이 있느냐고 물어보긴 했지만 그냥 넘겨버렸다. 1년 반 동안 나는 강의와 COP 의장과 이 보호 기관을 법으로 통과시키기 위한 도움을 받는 데 에너지를 쏟느라 아무 경황이 없었다. 나는 또 다른 직업에 대해 생각하고 싶지 않았다. 이제 소비자 보호 기관이 법으로 통과됐고, 로스앤젤레스에 가서 가족과 함께 있어야 했다.

하지만 내 마음은 이미 정신없이 돌아가고 있었다. 이 기관을 위해 싸우는 와중에, 이 기관이 할 수 있는 일에 대해 수억만 번 설명하던 외중에, 나는 정말로 이 일에 열징적으로 빠져들게 됐다. 이 새보운 기관의 국장은 기관의 초석을 제대로 다지고, 우선순위를 징하고, 이곳의 업무들이 제대로 집행될 수 있는 구조를 만들 기회를 갖게 될 것이다. 우리는 사람들이 사기당하지 않도록 도와주는 보호 기관을 갖기 위해 열심히 싸웠다. 이 기관은 소비자 금융 시장을 근본적으로 바꿔놓을 수 있다. 사람들을 속이는 데 토대를 둔 수익 모델을 영원히 추방할 수 있다. 그리고 시간이 지나면 그 기능을 정말 제대로 발휘해서 상품들을 쉽게 비교해 최선의 선택을 할 수 있는 시장을 정립하는 데 도움이 될 것이다. 이 기관은 사람 좋은 모기지 중개인에게 희생되는 플로라 할머니 같은 이들이나, 몇 주 사이에 살던 집에서 가족과 함께 쫓겨난 에스트라다 씨 같은 이들을 도울 수 있을 것이다. 이 기관의 잠재력은 거대했지만 그러려면 출발부터 강해야 했다.

강한 국장이 강한 기관을 세울 수 있을 텐데 이제 대통령이 그 자리를 맡을 누군가를 뽑을 것이다. 문제는 그 누군가가 누구냐는 것이다.

치어리더라고?

———

나는 대통령이 곤경에 빠졌다고 생각했다.(뭐, 이번이 처음도 아니고 또 다른 곤경에 빠진 셈이었다.) 그 자리에 누구를 지명해도 그 누군가는 불쾌하게 여길 것이다.

한편에서는 14만 명의 국민과 더불어 수많은 의원이 나를 뽑아달라고 요청하고 있다.[1] 언론사 몇 곳도 거들고 나섰다. 『뉴욕 타임스』 사설에서 은행들이 나를 반대할 것이므로 그런 이유에서 오바마 대통령이 날 뽑아야 한다고 썼다.[2] 바니 프랭크 의원도 두 팔 걷어붙이고 뛰어들어서 대통령에게 날 뽑으라고 촉구했다. 카우보이 복장을 하고 올가미 밧줄을 빙빙 돌리다가 찰싹찰싹 내려치는 미남이 나와서 "우리가 필요한 건 워런 보안관이지, 요!"라고 외치는 랩 비디오들도 돌아다녔다.[3]

반면 은행들은 내가 국장이 될지 모른다는 생각에 질색을 했고, 그 기관에 맞서 싸웠던 정치가들 역시 완강하게 반대했다. 앨라배마 주의 공화당 소속 리처드 셸비 상원의원은 화가 나서 이렇게 소리를 질러댔다. "그게 확실한 소문은 아니길 바랍니다. 난 절대로 워런을 지지하지 않을 거요······ 이건 권력 찬탈이야."[4]

그때 평생 민주당원으로서 이번 도드 프랭크 법안에 이름이 올라간 인물인 크리스 도드 상원의원이 내 후보 지명에 찬물을 끼얹었다. 그는 그 기관을 운영할 수 있는 내 행정적 기술에 의문을 제기하면서 그 자리에는 신속하게 확정될 수 있는 후보가 필요한데 나는 그런 사람이 아니라고 선언했다.[5] 그 말에 나는 놀라고 상처받았다.

물론 도드 상원의원은 중요한 점을 지적했다. 대통령이 소비자금융 보호국의 국장을 지명하겠지만 상원이 거기에 찬성해야 한다. 만약 대통령의 선택을 맘에 들어 하지 않는 상원의원이 충분히 모이면, 대통령의 후보가 선거에 나오지 못하게 막아버릴 수도 있었다.

티머시 가이트너 재무부 장관도 반대한다는 보도들 역시 나오기 시작했다. 그건 별로 놀랄 일도 아니었다. 지난 1년 반 동안 가이트너 장관과 나는 TARP 긴급 구제의 여러 면에 대해 공개적으로 자주 대립해왔다. 하지만 가이트너의 의견은 아주 중요했다. 법에 따라 새 기관은 새 국장이 임명될 때까지 재무부 내에서 운영된다. 그래서 도드 프랭크 법안이 제정되는 즉시 가이트너 장관이 직접 그 기관을 책임지게 됐다.

그해 여름 나는 대통령의 수석고문인 밸러리 재럿, 피트 라우스, 데이비드 액설로드와 여러 차례 대화를 나눴다. 그들은 항상 아주 신중했으며, 소비자금융보호국이 최대한 강력하게 시작되길 진심으로 바라고 있었다. 하지만 백악관이 각기 다른 이해 당사자들로부터 엄청난 압력을 받고 있는 것도 사실이었다. 결국 이것은 대통령 혼자 내려야 할 결정이었다.

위싱턴의 신경전은 외부에서 일어나고 있는 논란을 그대로 반영하고 있었다. 좋든 싫든 소비자금융보호국의 국장 임명은 금융개혁을 놓고 벌어지는 더 큰 전쟁의 상징이 돼버렸고, 나는 총알받이가 됐다. 대통령이 날 임명하면 대형 은행들의 크나큰 노여움을 사게 될 텐데 정가에는 은행 편이 많았다.

내가 조금 지나치게 독립적이거나 언론에 시끄럽게 떠들어댈까봐 걱정하는 사람들도 있었다. 어쨌든 내가 도드 프랭크 전쟁을 치를 당시 "바닥에 피와 이빨"을 보겠다고 한 것도 사실인데, 존경할 만한 정부 기관의 책임자가 할 말은 아니었다. 그리고 티머시 가이트너와 내가 잘 지낼 수 있을지 모르겠다며 입방아를 찧어대는 사람들도 있었다. 대통령이 당혹스러워할 만한 내부의 불화가 일어나길 원하는 사람은 한 명도 없었다.

그리고 대놓고 말한 사람은 없지만 대통령의 고문 중 몇 명은 대형 은행들과 대립각을 세우는 걸 원치 않아서 공격적인 새 기관의 책임자로 공격적인 사람을 뽑는 걸 내켜하지 않기도 했다. 백악관 주위에서 다양한 대안이 떠오르기 시작했다. 내가 새 기관의 파트타임 고문직을 맡는 데 동의할까? 다른 사람이 실질적인 결정들을 내리는 동안 내가 새 기관의 대변인이 되는 건 어떨까?

대통령의 고문 중 한 명은 다른 사람이 국장직을 수행하는 동안 나는 새 기관의 "치어리더" 역할을 맡는 게 어떻겠느냐는 제안까지 했다. 나는 그게 비유적인 의미일 거라고 짐작했지만 그래도 어이가 없긴 했다. 이런 입장에 처한 사람이 여자가 아니라 남자였더라도 그런 의견이 나왔을까? 나는 폼폼(미국에서 치어리더들이 손에 들고 흔드는 플라스틱 가닥을 묶은 뭉치—옮긴이)을 사러 살 생각은 전혀 없었다.

그렇게 몇 주가 흘러갔지만 해결된 건 하나도 없었다. 대통령의 수석 고문 중 한 명의 말을 따르면, 대통령은 "절대로 속내를 비치지 않는다"고 했다.

대통령 집무실에서의 만남
—

8월 중순에 대통령 집무실에서 만나자는 초대를 받았다. 사진 말고는 대통령 집무실을 한 번도 본 적이 없었기 때문에 들어가자마자 세상에서 가장 유명한 방 중 하나인 그곳을 잠깐 둘러보고 싶었다. 그 방은 부드러운 황금색과 옅은 색조가 많아서 밝아 보였다. 하지만 거기 서서 얼빠진 듯이 볼 순 없으니 얼핏 본 첫인상이 다였다. 미국 대통령이 내게 이야기를 하고 있었다.

"그 기관은 정말 좋습니까? 정말로?" 대통령이 질문했다.

대통령은 바깥쪽 사무실에서 날 유쾌하게 "엘리자베스!"라고 부르면서 딱 두 번 만난 사이지만 익숙하게 포옹을 하고 집무실까지 데리고 왔다. 대통령은 내게 뭐 마시거나 먹고 싶은 게 없는지 물어보면서 백악관의 환상적인 주방에 대해 농담을 했다. 대통령은 영화에 나오는 대통령처럼 그 주방을 보고 깜짝 놀란 한편으로 원하는 음식은 뭐든 다 주문할 수 있다는 게 아주 신났다는 이야기를 들려줬다. 하지만 그 이야기는 순식간에 끝났다. 그 자리에는 대통령과 나 말고는 대통령의 수석고문이자 오랜 친구인 밸러리 재릿밖에 없었다. 그녀와 내가 집무실에 들어오자 대통령은 곧바로 심각해졌다. 그는 새 소비자 보호 기관이 그 일을 해낼 수 있을 정도로 강력한지 알고 싶어했다.

대통령은 내 두 손을 꼭 잡고 얼굴을 찬찬히 뜯어봤다. 대통령은 이렇게 닫힌 공간에서 내가 새 기관을 칭찬할지 아니면 트집을 잡을지 정말 모르고 있다는 느낌이 들었다.

"정말 좋아요, 대통령 각하. 그 일을 해낼 수 있습니다." 나는 진심이었다.

대통령은 안도한 기색이 역력했다. 그런 뒤 대통령은 100만 불짜리 미소를 지으면서 마주보고 있는 소파 두 개와 등받이가 수직인 의자 두 개가 있는 곳으로 날 이끌고 갔다. 대통령이 의자 하나에 앉더니 나보고 옆에 있는 소파에 앉으라고 손짓했다. 밸러리가 반대편 소파에 앉았다.

대통령은 몇 년 전 차를 한 대 산 이야기를 하기 시작했다. 자세한 내용은 말하지 않았지만 자신이 서명한 계약서의 자세한 조항들을 잘 몰랐던 자신이 바보였다고 말했다. 심지어는 지금까지도 그때 그렇게 속았던 것에 대통령은 불쾌해하고 있었다. 그 이야기의 요지는 이것이었다. 새 기관이 훌륭하긴 하지만 대통령은 아직도 법안에서 자동차 중개인들에 대한 조항이 삭제돼서 사람들이 피해를 보게 될 걸 걱정하고 있었던 것이다.

난 조금 놀랐다. 난 대통령이 지금은 승리를 만끽할 순간이고 그럴 권리도 충분하다고 생각하고 있었다. 소비자 보호 기관을 법으로 제정한 업적은 그에게 아주 큰 승리였다. 그런데 그는 지금 자신이 이룰 수 없었던 부분에 대해 안타까워하고 있었다. 나는 정치적 승리뿐 아니라 그가 한 일의 영향을 받게 될 서민들을 잊지 않는 이 사람을 존경할 수밖에 없었다.

그래도 나는 지금 우리가 어떤 난관에 봉착했는지 알고 있었고 이 기관이 강하다는 것도 알고 있었다.

"대통령 각하. 우린 목표의 95퍼센트를 이뤄냈습니다. 소비자 보호 기관은 좋은 일을 아주 많이 할 겁니다." 나는 그에게 이것이 정말 아주 대단한 승리라고 생각한다고 말했다.

대통령은 웃고 나서 당면한 문제로 화제를 돌렸다. 그는 이렇게 시작했다.

"이건 면접이 아닙니다. 당신이 그 기관을 이끌어줘야 합니다."

나는 "하지만"이란 단어가 곧 나오리라 예감했고 대통령이 그 말을 했을 때 놀라지 않았다. 하지만 공화당원과 은행가들이 문제다. "당신 때문에 공화당원과 은행가들이 아주 불안해하고 있습니다."

은행가들은 나를 원하지 않았고, 현재 상원에서 공화당원이 41석을 차지하고 있기 때문에 내 지명에 반대해 의사 진행을 한다면 내가 국장이 못 될 가능성이 높았다. 그것으로 끝이었다. 날 국장으로 임명하는 건 논의에서 제외됐다.

하지만 대통령은 다른 사람을 임명한다는 말도 하지 않았다. 대신 내가 소비자 보호 기관 업무를 시작할 수 있게 돕는 잠정적인 책임자로 근무하면서 가이트너 장관에게 보고하는 것은 어떻겠느냐고 제안했다. 하지만 내가 어떤 일들을 하게 되고 어떤 일들을 할 수 있을지 구체적인 내용은 말하시 않았다.

나는 대통령의 제안이 불편했다. 더욱이 가이드니 장관과 잘 아는 사이도 아니었다. 장관이 최선을 다해 훌륭한 기관을 세울 것이란 점은 알고 있다. 하지만 은행 업무에 대한 우리의 시각은 판이했다. 장관이 그 기관을 이쪽으로 끌고 가면 내가 반대쪽으로 끌고 가면서 이러지도 저러지도 못한 채 엉거주춤한 사이에 아직도 그 기관을 죽이려고 혈안이 된 대형 은행들로부터 좋은 표적이 될까봐 우려스러웠다.

대통령과 나는 한동안 그 문제로 계속 이야기를 나눴지만 어떤 합의에도 이르지 못했다. 우리 둘은 일어서서 형식적으로 포옹을 나눴고 나는 곧 집무실을 빠져나왔다.

지금 중요한 것

—

여름이 지나갔고, 브루스와 나는 새 학기를 시작하기 위해 매사추세츠에 있는 우리 집으로 돌아왔다. 어밀리아는 다시 상태가 나빠져서 병원에 또 입원했다. 조산을 막기 위해 의사들은 이런저런 약을 계속 시도해보고 있었다. 그러다 어밀리아가 머리에서 발끝까지 홍당무처럼 새빨갛게 변하기도 했다. 하루하루 흘러가는 중에 뱃속의 아이는 계속 버티기는 했지만 아주 힘겹게 버티고 있었다.

한편 소비자금융보호국은 이제 막 움직이기 시작했다. 몇 안 되는 재무부 직원이 그 기관의 초기 하부 조직들의 계획을 짜기 시작했다. 그들은 신중하게 잘하고 있었지만 이제 시작일 뿐이었다. 이 기관의 진정한 형태와 스케일은 누구도 짐작할 수 없었다.

소비자금융보호국을 누가 진두지휘할 것인가가 이 기관의 미래에 대한 핵심 논쟁으로 남아 있었다. 이곳은 비교적 소극적으로 나아가다가 곧 레이더망에서 사라져 조용히 침몰할 것인가? 아니면 정부가 어떻게 일을 하는지 보여주는 탄탄한 본보기가 될 것인가? 이것은 완고한 관료 체제나 단단하게 뿌리내린 "은행의 편의를 봐주는" 문화가 없는 새 정부 기관을 기초부터 세울 수 있는 기회다. 이 기관을 시작하는 사람들은 21세기의 감시 단체, 날렵하면서 강인하고 자신의 임무가 뭔지 정확히 알고 새로운 도구들을 효과적으로 사용하는 감시 단체를 세울 기회를 갖게 된다. 하지만 그러겠다는 약속만으로는 아무것도 이룰 수 없다. 실제로 그 약속들을 지켜야 하는 것이다.

약속을 지킨다. 이 말은 가난한 사람들을 공략하는 신용 사기들을 엄중히 단속하고, 소소한 속임수들(여기서 5달러, 저기서 20달러를 야금야금 먹어치우는 은행 수수료들)을 막는 것이다. 그리고 믿을 수 없을 정도로 낮은 금리에서 시작했다가 터무니없이 높은 금리로 올리는 대형 사기들도 막아야 한다.[6] 재산이 압류된 가족들이 공정하고 정직한 대우를 받을 수 있게 조처해야 한다. 신용 거래 계약서들이 좀더 단순해져서 소비자들이 비교하고 선택할 수 있도록 해야 한다. 해야 할 일은 끝이 없었다.

이 기관의 미래에서 처음부터 은행들의 집중 공격을 받게 될 것이라는 점 하나만큼은 분명했다. 대형 은행들은 소비자금융보호국 설립에 대한 전쟁에서는 패배했지만 아직도 정계에 친구가 많았다. 이 기관이 업무를 성공적으로 해낸다면 그동안 은행들의 배를 불려준 속임수와 함정들도 더 이상 써먹을 수 없게 된다는 뜻이다. 할 수만 있다면 은행들이 이 기관에 심각한 손상을 입히려 할 것임을 아무도 의심하지 않았다.

그래서 문제는 바로 이것이었다. 그렇게 지속적으로 공격을 받게 될 기관을 설립하는 올바른 방법은 무엇인가? 워싱턴 정가의 일반적인 답은 천천히 가는 것이었다. 천천히, 아주 조심스럽게, 누구의 심기도 거스르지 않으면서.

난 아니었다. 난 우리 기관이 신속하게 움직이면서 처음부터 제대로 싸워야 한다고 생각했다.(놀랍습니까?) 은행들은 다가올 전쟁에서 망설이지 않고 우리를 공격할 텐데 이런 판에 누구 발이나 밟지 않을까 전전긍긍해서는 결코 이길 수 없다고 판단했다. 나는 소비자금융보호국이 뭘 할 수 있는지 국민이 안다면(수백만 명의 소비자가 실제로 돕는다면) 계속해서 이 기관을 위해 싸울 것이라고 믿었다.

대통령을 믿어라
—

9월 초에 대통령과의 두 번째 만남을 갖기 위해 워싱턴에 오라는 초청을 받았다.

대통령이 장시간에 걸친 통화를 끝내는 동안 나는 작은 대기실에 앉아 있었다. 이번에 대통령은 집무실을 나와 밖에 앉아서 이야기를 하자고 제안했다. 여름도 곧 끝나니 할 수 있을 때 최대한 여름을 만끽하자는 뜻이었다.

"만끽"이라는 말이 상대적인 게 그날은 덥고(정말 덥고) 습했다. 대통령은 입고 있는 흰 셔츠 소매를 걷어올리고 있었는데 여유롭고 시원해 보였다. 난 에어컨을 켠 실내 온도에 맞춰 옷을 입고 있었기 때문에 밖으로 나와서 2분이 지나자 온몸에서 불이 날 것 같은 몰골이었을 것이다. 나는 재킷 밑에 오버블라우스를 입고 있었는데 블라우스의 노출이 심해서 일국의 대통령 앞에서 드러낼 수는 없었다. 입고 있는 옷들이 다 땀에 젖어 몸에 찰싹 달라붙었다.

그때는 바깥쪽 테이블에 우리 둘만 앉아 있었다. 이번에도 주위를 둘러볼 기회는 별로 없었지만, 울창하게 우거진 생울타리로 막힌 그곳은 작게 느껴졌고 바람 하나 불지 않았다. 대통령은 그곳을 숨겨진 안식처라고 했지만 내 생각에 거긴 초록색 지옥 같았다.

대통령은 곧장 본론으로 들어갔다. 그는 여전히 내가 그 새 기관을 설립하길 원했다. 나는 티머시 가이트너 재무부 장관 밑에서 일할 것이고, 대통령은 여전히 내가 구체적으로 하게 될 역할이 뭔지 그리고 그 일을 얼마나 하게 될지 밝히지 않았다. 그리고 장래에 임시가 아닌 고정으로 국장에 임명하겠다는 뜻도 비치지 않았다.

난 싫다고 대답했다.

우리는 강력한 기관의 필요성과 그에 필연적으로 따를 반대에 대한 이야기를 나눴고, 소비자 보호 기관에서 제일 처음에 어떤 일들을 해야 하는지에 대해 이야기를 나눴다. 하지만 우리는 항상 같은 질문으로 돌아왔다. 대통령이 내게 허울뿐인 자리를 제안할 것인가, 아니면 실제로 뭔가 할 수 있는 자리를 제안할 것인가.

대통령은 불만스러워했다. 난 더워서 미칠 것만 같았다. 우린 한 시간 동안 실랑이를 했다. 대통령의 보좌관이 두 번이나 와서 다음 회의에 가야 한다는 점을 상기시켰다.

마침내 대통령이 말했다. "참 고집불통이군요, 엘리자베스." 대통령은 내게 너무 뻣뻣하게 굴지 말고 자기 뜻을 따르라고 촉구하고 있었다.

무슨 말인지 알겠다고요.

우리 대화는 아무런 진전이 없었다. 이런 식으로는 도저히 풀릴 것 같지 않았다. 그러다가 대통령이 말했다. "가끔 대통령을 믿어야 할 때도 있어요. 날 믿고 한번 맡겨봐요." 대통령은 한 단어 한 단어 정확하게 띄엄띄엄 말했다. "날 믿고 한번 맡겨봐요."

작은 테이블 너머로 날 향해 몸을 기울이면서 대통령은 내가 이 일을 해내고 소비자 보호 기관이 순조롭게 출발하는 데 필요한 수단들을 다 주겠다고 약속했다. 대통령은 이 소비자 보호 기관이 성공하길 바라며, 이것은 그가 남기는 중요한 유산이 될 것임을 일깨워줬다. 그러고는 말했다. "날 믿어요."

바로 그거였다. 대통령은 날 국장으로 임명하겠다고 말하지도 않았고, 내가 안게 될 책임에 대한 구체적인 말도 하지 않았다.

하지만 대통령은 다른 사람들이 다 죽이고 싶어했던 도드 프랭크 법안 협상 과정 내내 소비자 보호 기관을 옹호해왔다. 그는 이 소비자 보호 기관을 법으로 제정한 주역이다. 그는 앞으로 서민들이 또 어떻게 사기를 당할지 걱정하는 사람이다.

나는 내가 필요로 하는 수단은 다 준다고 했던 대통령의 말을 생각했다. 그것은 구체적이라고 할 순 없지만 "모든 수단"이란 말은 희망적이었다. 게다가 공화당원과 대형 은행들이 공세에 나선 상황에서 미국 국민에게 미국 대통령은 최고의 아군이었다.

"좋습니다. 이 문제에 대해서는 대통령 각하를 믿겠습니다." 내가 말했다.

좌석 벨트를 매세요

—

결국 대통령은 실제로 내게 두 가지 일자리를 제안했다. 나는 소비자금융보호국에 대한 재무부 장관의 특별 고문이자 대통령 보좌관으로 임명됐다. 길고도 복잡한 직함이었지만 "대통령 보좌관"이란 직함을 달고 있는 대통령의 최측근이 몇 명 있는 상황에서 내 직함은 대통령이 이 새 기관의 일을 지원하리라는 중요한 신호를 세상에 보내는 것이었다.

나는 이 일이 임시직이라는 걸 알고 있었지만 언제 끝날지, 어떻게 끝날지는 몰랐다. 하지만 지금 당장 중요한 건 그게 아니었다. 나는 이 기관의 출범을 돕게 될 것이다.

대통령과의 거래가 성사된 뒤 나는 COP 의장직에서 사임했다. 그리고 하버드대에 휴직을 신청했다. 새 기관에 매일 24시간을 쓰고 싶었기에 브루스는 (또다시) 자기가 통근하겠다고 했다.(고마워요, 여보.) 이제 워싱턴이 나와 오티스의 본거지가 된 반면, 브루스는 매주 비행기를 타고 왔다 갔다 해야 한다.

우리는 당장 워싱턴에서 살 집이 필요했다. 하지만 집을 보러 다닐 시간이 없었다. 맙소사, 모든 일이 어찌나 빨리 일어나는지 이빨 닦을 시간도 없는 것같이 느껴졌다. 누가 재무부에서 걸어다닐 수 있는 거리에 아파트가 하나 나왔는데 집주인이 오티스를 데려와도 된다고 허락해줄 거라고 귀띔해줬다. 고맙게도 파산법 전쟁을 함께 치른 오랜 친구인 브래디 윌리엄슨이 그 주에 마침 워싱턴에 왔다. 그래서 브래디가 그 아파트를 한번 둘러보고 전화로 보고했다. "음, 거실은 근사한데 스토브가 좀 묘하게 생겼어……."

묘하게 생긴 스토브고 뭐고, 우린 그 아파트를 보지도 않고 임대했다.

나는 워싱턴으로 날아갔고, 2010년 9월 16일 목요일에 브루스가 차에 우리 짐을 싣고 오티스와 함께 워싱턴까지 여덟 시간 동안 차를 몰고 왔다.(내 생각에 여덟 시간이 아니라 일곱 시간 만에 당도했을 것 같다.) 내가 차에 안 탈 때는 브루스가 운전을 무지하게 빨리 하는데, 그건 우리 결혼생활에서 "묻지도 말고, 말하지도 말자"는 사안 중 하나다.

금요일에 브루스와 나는 내가 맡은 새 역할에 대한 공개적인 발표를 하러 백악관에 갔다. 어밀리아는 아직 침대에 묶여 있고, 수실은 어밀리아 옆을 지켜야 했다. 앨릭스는 일에 문제가 생긴 데다 어밀리아 누나가 도움을 요청할 경우 가까이에 있고 싶어해서 그 일을 축하해줄 자식이나 손자는 없었다.

점심을 먹은 직후 대통령, 티머시 가이트너, 나 이렇게 우리 셋만 대통령 집무실에 다시 모였다. 대통령은 우리 셋이 아주 잘 지낼 거라고 확신한다고 말했다. 가이트너 장관과 나는 자신 없는 미소만 지었다. 로즈 가든(백악관의 정원―옮긴이)으로 열리는 문을 대통령이 손짓했다. 거기에 일단의 기자와 사진가들이 기다리고 있었는데 대통령은 우리 셋이 밖에 같이 서게 될 것이라고 설명했다. 그러다 잠시 입을 다물더니 이렇게 말했다. "음, 동시에 셋 다 서는 건 아니고. 이게 뭐 바보 삼총사 공연도 아니니까." 우리는 웃고 나서 바보 삼총사 연기를 한번 해봤다. 객관적으로 봤을 때 셋 다 서툴렀지만 나는 감동받았다. 대통령과 재무부 장관은 바보 삼총사인 모와 래리와 컬리가 하는 농담에 대해 많이 알고 있었다. 이 정도면 우리 나라의 미래에 대해서는 큰 걱정을 안 해도 될 것 같았다.

발표는 순조롭게 진행됐고, 이어서 신속하게 취임 선서가 이어졌다.

토요일도 정신없는 하루였다. 정책 토론과 환영회는 그만. 이제 쇼핑 타임이었다. 타겟(대형 할인점―옮긴이), 스테이플스(대형 사무용품 체인점―옮긴이)와 바 스툴, 독서 램프, 접시들을 찾아 가구점을 돌아다녔다. 뭘 샀는지 기억도 안 나지만 브루스와 함께 장장 열네 시간 동안 쇼핑을 한 건 확실하다. 그날 밤 10시에 책상 하나와 의자를 재빨리 낚아챈 후 우리는 메릴랜드 어딘가에 있는 아이홉에서 팬케이크로 자축을 했다.

근무를 시작한 초반에는 행정적인 업무에 시간을 많이 썼다. 거기서 매일 열 손가락 다 전자와 잉크로 내 손의 지문을 떴다. 사진도 찍고, 보안 절차에 대한 브리핑도 받고, 내가 작성해야 할 수십 가지 양식에 대한 강의도 듣고, 배지도 하나 발급받고, 독감예방주사도 한 방 맞았다.

COP에서 일할 때 재무부 빌딩에서 했던 회의에 몇 번 참석한 적은 있지만, 이젠 여기에 내 사무실이 생겼고 주변을 조금 돌아다닐 기회도 생겼다. 내 사무실은 전에 일했던 그 어떤 사무실과도 다르게 아주 아름다웠다. 다른 재무부 관리들처럼 높은 천장, 벽난로, 골동품 가구, 알렉산더 해밀턴(미국의 정치가―옮긴이) 조각상을 마주본 거대한 창문들이 있는 방이었다. 마치 영화 세트장 같았다. 해야 할 일이 어마어마하게 많지만 않았다면 내 손녀들과 티파티를 하기에 그만인 곳이었다.

다른 오래되고 기념비적인 건물에 있는 사무실들처럼 이곳 사무실들 역시 고전적이었다. 내 비서인 앨리사 마틴은 내 사무실 앞에 만든 아주 작은 공간에 앉았다. 앨리사는 스물두 살밖에 안 됐고, 그해 가을에 하버드 법대에서 첫 수업을 받을 예정이었지만, 나랑 함께 워싱턴에 가지 않겠느냐고 부탁하자 1년 휴학을 하고 따라왔다.

재무부에서 이미 소비자 보호 기관을 위해 모아놓은 몇 안 되는 직원은 다른 공간을 분할해 만든 사무실들에 흩어져 있었다. 이 직원들

중 대부분이 몇 주 안에 원래 하던 재무부 업무로 돌아가겠지만 다 그런 건 아니었다. 소비자 보호 기관을 만들기 위한 법안의 초안을 한 줄 한 줄 협상하는 데 무수한 시간을 보낸 에릭 스타인이 재무부에서 새 기관의 출범을 돕기 위해 이쪽으로 옮겨왔다. 재무부에서 놀라운 실행력을 발휘해온 윌리 아데예모는 이 신생 기관의 비서실장을 맡았다. 나는 윌리 없이는 일이 안 된다는 걸 금방 깨달았다.

나의 첫 출근 날 가이트너 장관이 점심을 같이 먹자고 했다. 내가 그의 사무실에 갔을 때 장관이 말했다. "선물이 있어요." 그는 경찰 모자 하나를 내밀었다. 멋지다!

장관이 좋아하는 레스토랑 중 한 곳으로 가는 길에 우리는 장관의 보디가드가 아주 빨리 모는 SUV 뒷자리에서 사정없이 흔들렸다. 나는 차가 출발하기 전에 좌석 벨트를 차고 있었는데 차가 정신없이 달려갈 때 장관이 아직 벨트를 차지 않고 있는 걸 봤다. 참견 대장인 초등학교 선생님처럼 내가 장관을 보면서 말했다. "좌석 벨트 매세요, 장관님."

장관은 장난꾸러기 아이처럼 날 보면서 대꾸했다. "난 안 매도 돼요."

장관은 아주 자랑스럽게 그 차는 방탄차이고 기사와 기사의 파트너 둘 다 고도의 훈련을 받은 데다 큰 총도 차고 있다고 설명했다. "이 차는 아주 안전해요." 장관은 더 이상 잔소리하지 말라는 의미가 담긴 아주 분명한 어조로 말했다.

"뭐라고요? 지금 농담해요? 이렇게 가다가 다른 차와 충돌해서 차가 몇 바퀴 굴러 장관님이 방탄유리에 머리를 박살내면 그게 무슨 소용이 있겠어요?" 아무래도 내가 언성을 조금 높인 듯했다.

장관은 레스토랑에 가는 내내 벨트를 매지 않았다.

우리는 레스토랑 뒤쪽 자리에 앉아 식사를 하면서 시장과 시장의 실패 및 정부의 역할 같은 문제들에 대해 토론했다. 장관은 내가 시장을 그렇게 굳게 믿고 있다니 놀랍다는 말을 여러 번 했다. 난 시장이 아주 훌륭한 시스템이지만 파는 사람들과 소비자들이 거래 조건을 분명하게 이해하는 공정한 경쟁의 장이 있어야만 그런 것이라고 여러 번 대답했다.

사무실로 돌아오는 길에 장관은 벨트를 맸다.

그날 늦게 재무부 소속 변호사가 몇 명 찾아왔다. 이 회의는 그날 내가 하루 종일 했던 여느 '안면 트기' 모임과 다를 바 없이 시작됐다. 하지만 모두 파일 폴더들을 가지고 와서 긴장했다. 사교적인 방문에 파일 폴더를 들고 오는 사람은 없으니까.

전부 악수를 하고 자리에 앉았을 때 변호사 한 명이 안 좋은 소식이 있다고 말했다. 아무도 나와 눈을 마주치지 않았다. 두 번째 변호사가 마지못해 새 법에 작은 결함이 있다고 설명했다. 그 말과 함께 날 찾아온 변호사들이 가져온 파일 폴더를 펼쳐서 기나긴 도드 프랭크 법안의 한 페이지를 복사해온 걸 꺼냈다. 거기에 단어 하나에 실수한 게 있었다. 이 소비자 보호 기관을 설립하는 조항에서 이 "직함" 밑의 권한이 아니라 이 "대리 직함" 밑의 권한이라고 적혀 있었다.[7]

뭐야. 단어 하나 틀렸지만 어마어마한 차이가 있었다.

법률적인 언어는 복잡하기 그지없지만, 이 문장에서 틀린 단어를 써버리는 바람에 새 정부 기관은 국장 임명이 상원의 승인을 받은 후에야(아니면 결국 나중에 알아낸 것처럼 의회가 휴회됐을 때 대통령이 임명해야) 전권을 받을 수 있었다. 소비자 보호 기관의 국장이 임명되기 전까지 재무부가 이 기관을 움직일 수 있는 어느 정도의 능력은 있지만 그 권한은 제한될 것이라는 뜻이었다.

단어 하나 때문에. 난 한 가지 생각밖에 들지 않았다. 망할.

변호사들이 내게 그 조항의 복사본을 건네서 나는 그 조항을 읽고 또 읽었다. 이걸 다른 식으로 해석할 순 없을까? 변호사들의 표정을 보니 안 되는 것 같았다.

좋아, 하지만 의회에서 기술적인 해결책을 제공하게 만들어서 이 실수를 바로잡을 수는 없는 걸까? 안 된다. 분명 누군가가 이미 의회에 있는 친구들에게 해결책을 찾을 수 있을지 물어봤지만, 모두 정치적인 이유로 그 실수를 바로잡는 건 불가능할 거라는 데 입을 모았다.

마지막 질문은 어떻게 이런 일이 일어났는가, 라는 것이었다. 변호사들도 모르겠다고 답했다. 내가 좀더 다그치긴 했지만, 지금 상황에서는 사실 그게 중요하지 않았다. 그 법안은 수백 페이지에 달했고, 각각 다른 직원과 위원들이 여러 문장과 단락을 가지고 협상을 해서 법안의 본문이 수천 번 수정됐을 것이다. 그러다보면 실수도 생기기 마련이고, 이미 엎질러진 물은 어쩔 수 없다. 받아들이는 수밖에 없었다.

브루스는 그 주에 수업이 있어서 이미 매사추세츠로 돌아갔다. 나는 그날 밤 늦게 집에 갔다. 매일 그러했듯이 어밀리아와 수실과 통화했다. 어밀리아는 아직 침대에 꼼짝 못하고 누워 있었다. 또 하루가 갔고, 뱃속의 아이는 조금 더 크고 조금 더 강해졌다. 어밀리아의 출산일이 이제 두 달 앞으로 다가왔다. 나는 곧 태어날 아주 작은 아기를 머릿속에서 그려보면서 조금만 더 있다가 태어나게 해달라고 조용히 기도드렸다.

처신 똑바로 해요

새 일을 시작한 지 2주도 못 됐을 때 대형 은행과 모기지 회사와 그런 비슷한 회사들의 CEO 그룹인 금융 서비스 라운드테이블Financial services roundtable에서 연설할 일정이 잡혔다. 그들은 로비스트들의 배후에 있는 거물이자 소비자 보호 기관을 상대로 이를 악물고 싸운 상대들이다. 내 다정한 남편은 나이프와 포크로 무장한 CEO 무리가 모인 자리에 가는 건 미친 짓이라고 생각했다.

하지만 이 모임의 회장인 스티브 바틀릿은 유쾌하고, 매력적이며, 정치판에서 영원한 건 없으며 심지어 영원한 적도 없다는 생각을 굳게 믿고 있는 전직 하원의원이다. 나는 스티브의 초대를 고맙게 생각했고, 대형 은행의 CEO들을 포함해서 새 소비자 보호 기관에 대해 누가 됐든 같이 이야기할 수 있는 기회를 환영했다. 게다가 이것은 새 기관이 경쟁에 좋고 정직한 상품을 팔아 돈을 벌려고 하는 은행들에게 좋다는 주장을 펼칠 좋은 기회였다.

다행히 엘리자베스 베일이 나랑 같이 갔다. 은행업계에서 성공을 거듭한 엘리자베스는 대통령을 도와 사업 원조활동에서 대단한 성과를 거두었다. 그녀는 백악관에 있는 근사한 직장을 떠나 우리 새 기관의 일을 돕고 있으며, 이제 미지의 땅으로 가는 여행처럼 느껴지는 이 약속 자리에 내 가이드로 따라와준 것이다.

저녁 식사는 정교한 센터피스(테이블 중앙에 놓는 장식―옮긴이), 두꺼운 린넨 식탁보와 냅킨, 여러 개의 와인 잔, 화려한 포장지에 싼 작은 선물들이 있는 탁자로 가득 찬 거대한 연회장에서 열렸다. 나는 JP 모건 체이스의 유명한 CEO인 제임스 다이먼 옆에 앉았다.

다이먼은 튼튼하고 건강한 체격의 남자로 자신감이 굉장했다. 우린 초면이었지만 이미 월가 저널의 기명 논평에서 그의 이름을 인용하면서 싸운 적이 있었다. 나는 5년에서 7년 간격으로 필연적으로 금융위기가 일어난다고 한 그의 발언이 틀렸다고 대놓고 말했다. 이번 금융위기의 진짜 원인은 어쩔 수 없이 일어나는 경기 순환이 아니라 다년간에 걸쳐 저지른 의도적인 규제 완화[8]와 대형 은행들의 위험한 행동들의 결과라고 말했다. 나는 이 의견을 여러 번 반복하면서 이런 위기가 다시 일어나지 않도록 순찰을 돌 경찰이 필요하다고 말했다.

나는 샐러드 코스에서 다이먼이 나랑 논쟁을 벌이지 않을까 궁금했지만 그런 일은 일어나지 않았다. 사실 둘이 할 논쟁도 없었다. 이야기는 주로 다이먼이 하면서 민주당원들이 은행들을 규제하려 애쓰고 있는 판국에 민주당원으로 지내기가 얼마나 힘든지 모르겠다고 불평했다. 그는 대통령과 한 엄청나게 많은 대화에 관해 말하면서 그가 대통령에게 여러 차례 했던 조언의 자세한 내용을 이야기했다.

잠시 후에 우리 호스트가 일어서서 모두 와줘서 고맙다는 인사를 하고, 금융 서비스 회의에서 이룬 업적을 몇 가지 언급한 뒤 다음 안건에 들어갔다. 그는 첫 번째 테이블에 앉은 손님들을 소개하면서 은행의 CEO들과 같이 앉아 있는 하원의원을 알려줬다. 그 의원이 일어나자 모두 박수를 쳤다. 나는 저 의원이 은행업계 사람들과 아주 친한 모양이라고 생각했다. 그리고 두 번째 테이블로 넘어갔다. 호스트가 또 다른 하원의원의 이름과 출신 주를 발표하자 그 의원이 일어나서 손을 흔들었고 모두 또다시 박수를 쳤다. 그런 식으로 의원들의 소개가 계속됐다. 나는 이 거대한 연회장에서 CEO들과 함께 상원의원이나 하원의원이 앉아 있는 테이블이 어마어마하게 많다는 사실에 깜짝 놀랐다.

그 단체에서 의원들을 접대할 방법을 찾아낸 게 그때가 처음도 아니었다. 지난 10년 동안 금융업계는 정치 기부금에 20억이 넘는 돈을 썼다.[9] 그리고 이 단체만 해도 의원들에게 은행 업무 규제에 대한 입장을 확실하게 밝히는 데 7000만 달러 넘는 돈을 썼다.[10]

그날 밤 그곳에 어떤 상원의원과 하원의원들이 있었는지 정확하게 기억은 안 나지만 거기 있는 의원들을 보고 놀랐고 이어서 그들이 아주 오랫동안 그 자리에 머무는 걸 보고 또 놀랐던 기억은 생생하다. 그때까지 나는 워싱턴 정계에서 주최하는 파티(주로 소비자보호운동가들에게 고마움을 표시하는 자리)에 여러 번 참석했는데 그런 자리에 가끔 의원이 잠깐 얼굴만 비치고 갈 때가 있었다. 하지만 이런 식의 파티는 처음이었다.

이런 화려한 자리에서 이 모든 의원과 두 시간 동안 저녁 식사를 하면서 내내 대화를 나누다니. 이건 아주 대단한 기회였다.

마침내 내가 연설할 때가 됐을 때 금융 서비스 라운드테이블 회장이 짓궂은 미소를 지으면서 오늘 예정된 연사가 나라서 테이블 세팅에서 나이프들을 미리 다 치워놨다고 말했다.

그 말을 듣고 웃은 사람이 있는지 모르겠지만 적어도 우리 남편만큼은 나이프 걱정을 안 해도 될 것 같았다.

나는 조지프 케네디가 대공황의 가장 암울했던 시기에 신생 기관인 증권거래위원회를 설립해서 취임한 뒤 1930년대에 했던 말을 인용했다.

모두 지금 사업에 필요한 건 자신감이라고 말합니다. 저도 동의합니다. 사업을 올바르게 하면 보호받을 수 있고, 살아갈 기회가 주어진다면 수익을 내고 성장하며, 자신과 국가를 도울 수 있다는 자신감이 필요합니다.

많은 은행가와 의원 앞에 서서 나는 케네디의 말이 분명 옳다고 믿는다고 말했다. 나는 그의 의견에 내 의견을 보태서 강조했다. "올바른 규제는 좋은 사업이 번창할 기회를 만들어줍니다."[11]

모두 예의 바르게 박수를 쳤고 곧 만찬이 끝났다. 나가는 길에 중서부 지방에서 온 한 은행가가 내게 말했다. "우린 그저 당신이 제대로 처신할 건지 알고 싶었어요."

나는 미소를 지으며 아무 대꾸도 하지 않았다.

애리조나 선셋 혹은 테라 코타?

새 직장에서의 첫 몇 주는 미팅, 새 직원을 뽑는 면접, 연설, 더 많은 미팅으로 가득 차 있었다.

앨리사 외에 추가로 내 업무를 시작할 수 있도록 새로운 사람 세 명을 더 데려왔다. 댄 겔던은 또다시 이직해와(이번이 2년 만에 네 번째 직장) 내 수석고문으로 새 기관의 우선순위들을 정하고, 우리의 언론과 입법활동을 감독하고, 정책적인 문제들을 해결하고, 기본적으로 해야 할 일은 다 했다.

라지 데이트는 은행업계에서 성공했지만 그때 그 바닥에서는 상당히 독특한 일을 했다. 그는 싱크탱크를 시작해서 은행 시스템 중 그가 잘못됐다고 생각한 모든 점에 대해 아주 길고 전문적인 논문들을 썼다. 지난 몇 달 동안 그는 또한 AFR과 힘을 합쳐 더 강한 소비자 보호 기관을 만들기 위해 싸웠고, 이제 우리 기관의 연구 및 규제 부문을 설립하기로 했다. COP에서 언론을 솜씨 좋게 다뤘던 피터 잭슨은 새 기관에서도 같은 역할로 동참했다.

우리는 처음부터 모두 죽자 사자 일했다. 아침 일찍부터 밤늦게까지 면접과 미팅으로 일정을 꽉꽉 채웠고, 퇴근해서는 각자 집으로 돌아가 다음 날 일할 것을 준비했다. 우리는 보호 기관의 기본적인 설계, 그러니까 앞으로 수십 년 동안 여기서 하게 될 업무 구조를 만들고 있었다. 우린 다른 기관장들과 우리 업무의 가장 큰 영향을 받게 될 소비자 그룹 및 금융 협회들을 만났다. 나는 가이트너 장관과 보좌관들에게 우리 업무의 진척 상황을 보고하기 위해 정기적으로 모임을 잡았다.

소비자금융보호국이 형태를 잡아가기 시작했을 때 그에 대한 언론 보도가 상당히 많았는데 주로 우리가 할 일에 관한 기사였다. 하지만 10월 말에 나온 단신 하나에 난 충격을 받았다.

> 새 페인트 공사—워런이 서부에 가 있는 동안 워런의 재무부 사무실이 새 단장을 하고 있다는 소식이 들어왔다.(워런은 재무부와 L 가의 소비자금융보호국 본부 양쪽에서 업무를 보게 될 것이다.) 대개 원래 있던 사무실을 그대로 사용하는 재무부 관리들로서는 극히 드문 일이다. 워런의 사무실 벽에 무슨 페인트를 칠할지에 대한 문제를 놓고 내부에서 논란이 많았다고 한다. 혹자는 그걸 "애리조나 선셋"이라고 한 사람도 있고 "테라 코타"라고 한 사람도 있다.

이튿날 신문에 나온 헤드라인은 문제의 정보가 재무부에서 누출됐다고 봤다. 재무부가 또다시 엘리자베스 워런에게 칼을 빼드나?[12] 기자는 그 문제를 아주 "사소하다고" 표현했다.(그렇게 생각한단 말이지?) 하지만 기자는 또한 내가 도착한 뒤로 재무부에서 시시하면서도 고약한 말이 계속 흘러나오고 있는데 그게 다 날 "자기중심적이면서, 하찮은 일에만 몰두하고, 진지한 정책입안자의 그릇은 못 되는" 인물로 묘사하는 데 초점이 맞춰져 있다고 썼다. 아, 정말 역겹네.

나는 그 기사가 어떻게 나왔는지 생각해보려고 애썼다. 재무부 직원한 명이 와서 정기적으로 다시 사무실에 페인트칠을 해주는 공사에 내 사무실 일정도 잡아주겠다고 제의했다. 그가 앨리사와 내게 여러 페인트 색이 있는 샘플 북을 보여줘서 우리는 하나를 골랐다. 그 대화는 아주 짧았고, 초반에 정신없이 바쁜 몇 주를 보내느라 그것도 간신히 기억났다.

그 기사가 나온 뒤 가이트너 장관이 찾아왔다. 예정이 없던 방문이라 놀랐다. 장관은 단도직입적으로 사무실 페인트 공사에 대한 기사가 나와서 미안하다고 사과했다.

나는 별일 아니라고 했지만 장관은 단호했다. 장관은 아니, 정말 미안하다고 말했다. 그건 옳지 않은 일이었다고.

장관은 분명 이 일과는 아무 상관이 없었지만 자신이 책임진 거대한 재무부 내의 누군가가 저질렀다는 걸 알고 있었다. 재무부에서 일하는 직원은 많았고 장관은 그들이 매일 매시간 무슨 일을 하는지 다 알 수 없었다. 하지만 장관은 내가 맡은 일을 하려고 애쓰는 사이에 나에 대한 고약한 말이 또다시 나가는 일은 없을 거라고 했다. 장관이 말했다. "그 점은 분명하게 약속하겠습니다."

가이트너 장관이 이 자리에 날 택한 게 아니란 걸 난 알고 있었다. 대통령이 밀어붙여서 오게 된 것이다. 이제 나는 장관이 그럴 마음만 있다면 용의주도하게 설치한 함정들과 언론 유출을 통해 이 자리에서 날 끌어내릴 수 있다는 걸 이해하기 시작했다. 하지만 장관은 약속했고, 나는 그 말을 믿었다.

가이트너 장관이 무슨 조치를 취했는지 모르며, 다시는 그 일에 대해 장관과 말한 적도 없지만, 그 후로 그런 일은 일어나지 않았다.

이 세상에 온 걸 환영한다, 아가야

10월 말에 새 기관에 대해 버클리 대학에서 강연하기로 일정이 잡혀 있었다. 그날 나는 학수고대하던 전화를 받았다.

어밀리아가 임신한 지 37주째였는데 뱃속의 아이가 더 이상 참지 못하고 나온 것이다. 정말 기적 같은 일이 일어났다. 예정보다 일찍 태어나 생명에 위태로울 정도로 작은 아이가 될까봐 그동안 그렇게 걱정했는데 막상 나온 아기는 통통했다! 2.9킬로그램인 아이는 통통한 허벅지에 배도 볼록 튀어나와 있었다. 내 평생 지방덩어리를 보고 그렇게 기뻐했던 적은 처음이었다.

브루스와 나는 이튿날 로스앤젤레스로 날아갔다. 우리는 갓난아기에게 호박 의상을 입히고(통통한 핼러윈 베이비에게 그거 말고 또 입힐 게 있나?) 손녀들을 데리고 핼러윈 사탕을 받으러 다녔다.

나는 재미난 의상을 차려입고, 과자를 받으러 다니고, 문간에서 아이들에게 사탕을 주는 핼러윈이 아주 좋다.(고백 하나 하자면 난 초콜릿 바라면 껌벅 죽는다.) 어느 해의 핼러윈에는 라비니아가 날 꾀어 반짝거리는 핑크색 가발과 거기 딸린 부속품들을 다 입혀 "반짝이는 여왕"(그래야

"반짝이는 공주" 의상을 입은 자기와 짝을 맞출 수 있으니까)으로 변신시켰다.(다행히 그해 핼러윈에 찍은 사진들은 인터넷에서 다 삭제됐으리라 믿는다.) 또 한 번은 리틀보핍으로 차려입은 라비니아의 길 잃은 양 의상을 입어야 했다. 올해 우리는 장미(라비니아), 클레오파트라(옥타비아), 호박(갓 나은 막내 남동생), 『이상한 나라의 앨리스』에 나오는 모자장수인 매드 해터(브루스)와 로빈 후드(나, 비웃으려면 비웃어 봐요)로 차려입었다.

막내 손자는 브루스(브루스의 이름에도 맨이 들어가 있다)의 이름을 따서 아티쿠스 맨 티아라고 이름을 지었다. 브루스는 별말 하지 않았지만(원래 성격이 그렇다) 아주 뿌듯해한다는 걸 알 수 있었다. 브루스와 맨은 이제 한 팀이었다.

개인적인 감정은 없어요

새 직장에서 자리를 잡는 사이에 나는 또다시 의회를 찾아가기 시작했다. 내가 프로 정치가는 아니지만 우리 기관이 실패하길 노리는 사람이 많다는 건 천재가 아니라도 알 수 있었다. 나는 기꺼이 나와 만날 용의가 있는 의원이라면 누구든 이야기를 해보는 것이 좋겠다고 판단했다.

그렇게 초반에 나눈 대화들에는 한 가지 공통점이 있었다. 비공개로 갖는 만남에서는 민주당원과 공화당원 둘 다 미국의 신용대출 시장이 제대로 돌아가지 않는 걸 알고 있다고 말했다. 아주 많은 사람이 사기를 당하고 있다는 점에 반박하는 이는 없었다. 다만 그에 대한 올바른 대처 방안에 합의를 보지 못할 뿐이었다.

그중 특별히 기억에 남는 한 만남이 있다. 스펜서 바커스 의원은 거의 20년 동안 앨라배마의 제6지역구 의원으로 재직해왔다. 그는 매끄러운 남부 억양에 보일 듯 말 듯 한 미소를 짓고 있었다. 금융위기가 절정에 달했을 때 그는 정부 고위 관료들에게 경제가 무너지기 직전이라는 나쁜 소식을 직접 들었다. 그 소식을 듣고 그는 어떻게 대응했을까? 「60분」(CBS의 시사 프로그램―옮긴이)에 따르면, 스펜서 의원은 그 소식을 듣고 공매를 해서 며칠 만에 돈을 두 배로 벌었다.[13] 그리고 지금은 하원 금융서비스위원회에 소속된 고위급 공화당원이다. 이 말은 11월에 있을 선거에서 공화당이 하원을 다시 장악하게 되면 그가 하원 금융서비스위원회 위원장 후보 제2순위에 오른다는 뜻이다.

스펜서 의원은 내가 소비자금융보호국에서 일하기로 한 직후에 나와 만나는 데 동의했다. 그는 사기를 당한 사람들에 대해 감동적으로 말했는데 정말 그들의 고통을 절실하게 느끼고 있는 것처럼 보였다. 그러면서 자신에게 용기가 좀더 있었더라면 그런 가족들에게 그런 나쁜 짓을 한 인간들을 잡으려 했을 거라면서 이야기를 마쳤다. 다시 말하면 고통을 겪은 가족들을 지지했다면 공화당 지도부로부터 따돌림을 당했을 거라는 말을 한 것이다. 나는 그의 "용기"라는 말과 그의 희미하게 경직된 미소를 보면서 경악했다.

스펜서 의원이 사무실 밖으로 날 배웅하다가 내 팔을 잡더니 슬쩍 말했다. "저는 그 소비자 보호 기관을 공격할 겁니다. 하지만 개인적인 감정이 있어서 그런 건 아니니 이해해주기 바랍니다." 그는 단어 하나하나에 특유의 억양을 내면서 부드럽게 말했다.

나는 그 말을 우리 기관의 설립 이념에 대해서는 특별히 반대하지 않는다는 뜻으로 받아들였다. 하지만 정치는 정치이다보니 우리 기관이 계속 공격받게 될 거라고 경고한 셈이다.

나는 그게 당신에겐 개인적인 감정이 들어가지 않았을지 모르겠지만 나로서는 아주 개인적인 일이라고 생각했다.

더러운 빨랫감을 말리다

———

정치가들이 칼을 빼들었지만 우리는 그대로 밀고 나갔다.

우리 팀원 모두는 이것이 얼마나 특별한 기회인지 알고 있었다. 우리는 21세기형 정부 기관에 대한 이야기를 많이 나눴다. 우리에겐 진정 혁신적이고 최첨단을 달리는 뭔가를 시작할 기회가 주어졌고 어쩌면 그런 식으로 연방 정부 전체에 영향을 끼칠 수 있을지 모른다.

우리는 소비자불만상담 서비스부터 시작했다.

오케이, 불만상담 서비스는 정확히 말해서 "최첨단"처럼 들리진 않는다.(그보다는 "정말 지겨운 주제"에 더 가깝다.) 하지만 법에 따라 우리 기관도 그 서비스를 만들어야 해서 내년 여름부터는 운영될 수 있도록 곧바로 착수했다.

먼저 몇 가지 문제를 해결해야 했다. 우리가 직접 그 서비스를 만들 것인가, 아니면 또 다른 정부 기관에 그걸 운영해달라고 요청할 것인가? 아니면 그걸 민간 회사에 아웃소싱해야 할까? 그 예산은 얼마나 잡아야 할까?

팀원들은 저마다 의견이 하나도 아니고 대부분 두서너 개씩 갖고 있었다. 우리는 몇 주 동안 의논에 의논을 거듭하면서 적절한 방안을 찾아보려고 애썼다. 그러던 어느 날 내가 완전히 새로운 각도에서 질문을 던졌다. "불만상담 서비스가 실제로 하게 될 일이 뭐지?"

모두 잠시 눈동자를 굴려대다가 마침내 누군가가 대답했다.

"음, 소비자들의 불만을 접수하겠죠."

나는 잠시 모두 바보가 돼보는 것도 괜찮으리라고 판단했다.

"그렇지. 그 불만 사항들을 가지고 우리는 뭘 하지?"

"어, 가져가죠."

"어디로 가져가?"

"어, 그러니까, 기록을 하겠죠."

"그다음엔 뭘 하는데?"

"예? 뭐라고요?"

이런 식으로 우리 대화는 점점 더 멍청해져갔지만 마침내 핵심에 도달했다. 많은 정부 기관은 소비자들로부터 불만 사항을 모으지만, 그 불만을 토로한 소비자들에게는 거기서 끝난 것처럼 느껴질 때가 많다. 화가 잔뜩 난 소비자들이 불만을 신고하지만 그에 대해 아무 일도 일어나지 않는 듯 보이는 것이다.

나는 정부의 소비자 불만 사항 처리 부서들이 염려스러웠다. 정부 기관 중 소비자 불만에 대한 반응의 질을 토대로 책임지는 곳은 거의 한 군데도 없었다. 정부 기관들의 예산은 항상 빠듯하고, 소비자 불만상담 서비스는 예산이 감축되면 쉽게 희생될 수 있다. 게다가 모든 정부 기관은 불만상담 서비스에 대한 기본적인 문제에 직면해 있었다. 소비자에게 문제가 있을 때 그걸 조사할 재원이 있는 부서가 없다. 심지어 100명에 한 명꼴로 문제를 해결해줄 수 있다고 쳐도 나머지 99명의 소비자는 항상 아무런 조처도 취해지지 않았다고 느끼게 될 것이다.

그래서 소비자들이 신고한 불만 사항들을 처리하는 과정은 신고 양식을 작성해서 또 다른 서류 더미에 쌓아두는 것에 지나지 않을 때가 너무나 많다. 그 서류 더미가 어느 정도 높아지면 그 기관에 있는 누군가가 그중에서 특히 심각한 문제는 조사할 것이다. 그러나 대다수의 불만 사항은 조사 기간이 만료될 때까지 조용히 거기에 머물다가 사라진다.

분명 그보다 더 나은 방법이 있을 텐데.

우선 21세기형 정부 기관은 신기술을 이용해서 불만 사항을 온라인으로 접수한 다음 전자 추적 장치를 붙여서 그 불만 사항을 관계된 은행에 보낸 뒤 무슨 일이 벌어지는지 추적할 수 있다. 만약 그 은행이 신속하게 그 문제를 해결하면 우리에게 통보를 하니까 결과를 알 수 있게 된다. 한편 그 불만 사항을 신고한 소비자는 컴퓨터에서 클릭 몇 번으로 답을 확인할 수 있다. 은행이 거부한다면 우리도 알게 될 것이다. 아마 우리가 보낸 이메일에 대꾸조차 안 하는 은행들도 있을 수 있다. 그러면 우리가 다시 그 해결책을 찾아내야 할 것이다. 하지만 대응하는 은행들도 있을 텐데 그렇게 해서 적어도 몇 명의 소비자는(바라건대 많은 소비자는) 쉽고 편하게 문제를 해결할 수 있는 것이다.

그리고 그 불만 사항 데이터를 공개하면 어떨까? 일부만 공개하는 게 아니라 소비자들이 정확히 어떻게 속고 있는지 드러내는 방식으로 공개하는 것이다.

많은 사람이 그 아이디어는 터무니없다고 생각했다. 어쨌든 대형 은행들은 이 아이디어를 증오할 것이다. 이 시스템은 그들에겐 최악의 악몽을 실현하는 것이다. 우리가 그들의 더러운 빨랫감을 세상 사람들 다 보도록 널어서 말리는 것이니까. 그 아이디어에 대한 소문이 새나가기 시작하자 은행 로비스트들이 훨씬 더 적대적으로 나왔다. 우리가 그 계획을 밀고 나가면 고소하겠다는 말까지 나왔다.

어쨌든 우리는 강행했다. 우리는 대형 은행들에 대해 우리가 받은 불만 사항이 몇 개인지 그리고 그 불만 사항들이 어떻게 해결됐는지 온 세상에 밝혀서 신용대출 시장을 개선시킬 수 있을 거라고 판단했다.

말하자, 혹시 모르잖아? 어떤 은행들이 가장 빨리 불만 사항들을 해결하고 어떤 은행들이 불만 사항이 가장 적은지에 대해 소비자 단체나 블로거들이 글을 쓸지도 모르잖아?[14] 어쩌면 소비자에 대한 은행의 대우가 좀더 나아지기 시작할지도 모르고 이런 식으로 많은 문제가 시장 내에서 자체적으로 해결될지도 모른다.

물론 불만을 토로한 사람들의 이름과 주소는 밝히지 않을 것이다.(프라이버시는 중요하니까요.) 하지만 은행의 이름과 그들이 고객을 어떻게 대우했는지는 밝힐 수 있다. 게다가 이 상담 서비스가 정말 도움이 된다는 평판을 얻게 되면 문제를 가진 소비자들이 훨씬 더 많이 이 서비스를 이용하게 될 것이고, 우리는 시장에서 실제로 어떤 일이 일어나는지 알게 될 것이다. 가장 최근에 일어난 사기 수법은 뭔가? 어떤 대부업자들과 어느 상품이 가장 문제가 많은가? 미국 국민이 우리에게 직접 말해줄 것이다. 그들이 우리 눈과 귀가 되어줄 수 있고, 우리는 그들이 제기한 불만을 따라가면서 거기에 우리 재원을 집중할 수 있을 것이다.

이 상담 서비스는 또한 우리 입장을 밝힐 기회가 됐다. 우리는 이 기관을 공개적으로 투명하게 만들 것이다. 밀실에서 부자들의 편의를 봐주는 거래는 없다. 이곳은 국민을 위한 기관이 될 것이고, 우리에게 투명성은 아주 중요하다.

나는 은행들이 이런 식으로 이 사태를 볼 것이라고 생각했다. 이런 새로운 방식이 두렵다면 고객들을 좀더 잘 대접해서 문제를 해결할 수 있을 것이다. 그러니 누가 이 방법에 반대하겠는가?

이 질문에 대한 답은 이미 나와 있었다. 은행가들의 총애를 받는 의원들이 반대하겠지. 그건 조만간 문제가 생길 거라는 뜻이었다.

자랑스러운 직업
—

2010년 11월 초반 워싱턴의 관심은 중간 의회 선거에서 반정부 정서의 물결을 탄 티파티가 퍼붓는 정부에 대한 맹비난에 집중돼 있었다. 하지만 나는 다른 선거에 관심을 쏟고 있었다. 오하이오 주 법무장관 선거였다. 리처드 코드레이가 재선에 나왔는데 접전이었다. 리처드는 열렬한 소비자보호운동가로 정평이 나 있었고, 뱅크오브아메리카와 AIG에 대한 대형 소송을 주도한 전력이 있었다.

선거 이튿날 아침 댄이 선거 결과를 들고 왔다. 리처드 코드레이가 졌다. 나는 팔짝팔짝 뛰면서 소리쳤다. "만세!"(미안해요, 리처드, 속상할 텐데.) 나는 적절한 때가(48시간) 될 때까지 기다렸다가 그에게 전화했다. 얼마 안 가 리처드는 실무팀장으로 새 기관에 합류하는 데 동의했다. 난 그 선거 결과가 오하이오에는 손해이지만 미국으로서는 이익이라고 믿고 있다.

리처드의 일은 이제 막 시작되고 있었다. 소비자금융보호국이 제대로 일을 시작하기 전에 해야 할 게 많았다. 우리는 불만상담 서비스를 설립하는 것 때문에 난감한 입장에 처해 있었고, 금융 문서 독해력을 향상시키는 부서를 설립하고 있었으며, 새 규정들을 만들고 있었다. 우리는 대형 은행들을 감독할 책임을 맡게 될 것이고, 그들이 소비자 보호법을 따르고 있는지 확인한 뒤 그러지 않을 때는 책임을 지게 할 것이다. 우리는 또한 도드 프랭크 법에 따라 노인과 군인들을 대상으로 하는 사무실들도 꾸려야 한다. 다시 말하면 우리에겐 인재가 필요했다. 똑똑하고 용감한 사람들, 맞서 싸울 준비가 된 사람들.

재무부에 도착한 날부터 나는 무수히 쏟아져 들어오는 이력서의 홍수에 깜짝 놀랐다. 처음에 몇십 통씩 오던 이력서는 날이 가면서 수백 통으로 늘어났고 나중엔 셀 수도 없었다. 대학을 갓 졸업한 졸업생과 경험이 풍부한 변호사들. 소비자보호운동가와 재향 군인들. 은행가와 은행에 항의하는 사람들. 심지어 카우보이도 지원했다. 나는 이력서의 물결에 압도됐고 조금은 가슴이 벅차기도 했다. 정부를 위해 일하고 싶어하는 사람이 이렇게 많을 줄 누가 알았겠는가?

공무원은 한때 자랑스러운 직업이었다. 그리고 사람들로부터 존경을 받았다. 물론 모든 공무원이 소방관이나 교사처럼 국민을 위해 봉사하는 영웅적인 이미지를 가지고 있는 건 아니다. 하지만 공무원이라는 직업은 다른 평범한 직업보다 국가에 대해 좀더 헌신적이고 충성스런 마음을 지닌 사람이 해야 한다고 생각한다. "공직" 하면 고결한 사람들의 이미지가 떠오르면서 뭔가 구체적이고 실질적인 일을 한다는 의미도 들어 있다.

하지만 불과 몇십 년 사이에 정부 서비스는 번거로운 관료 제도와 복지부동을 의미한다고 생각하는 미국인이 많아졌다. "영어에서 가장 소름끼치는 단어는 바로 내가 정부이고, 내가 도우러 왔다"라고 한 레이건의 유명한 말은 본인이 대통령이기 때문에 공직에 대해 더 큰 타격을 입혔다. 그리고 매번 누군가가 멸시하는 말을 할 때마다("아이고, 뭘 기대하겠어. 정부가 하는 일이 다 그렇지") 매번 조금씩 상처가 남았다.

공직에 있는 사람을 더 많이 알아갈수록 그런 불평들이 상당히 공정하지 않다는 생각이 들었다. 나는 좋은 일을 하기 위해 애쓰는 아주 헌신적인 공무원들, 민간 분야에서 주는 거액의 연봉을 마다하고 공무원이 된 사람들, 다른 이들을 돕는 데 자부심을 갖고 있는 공무원을 아주 많이 만났다. 하지만 정부에 대한 부당한 평가는 계속됐다. 아주 명석하고 우수한 대학생들을 붙잡고 물어보라. "나중에 연방 정부에서 일할 꿈을 꾸는 사람이 몇 명이나 되나요?" 손을 드는 학생은 몇 안 될 것이다.

나는 그런 냉소적인 생각이 틀렸다는 걸 우리 새 기관이 입증할 수 있기를 바라고 있었다. 물론 정부가 실패할 때도 있다.(그건 민간 기업들도 마찬가지다.) 하지만 허리케인 카트리나에 대한 서투른 대처나 금융 위기에 이르게 된 무수한 실패와 같은 정부의 실패에 대해 "내 그럴 줄 알았어"라는 식의 신랄한 비난을 하거나 땅이 꺼져라 한숨을 쉬면서 체념하는 건 올바른 반응이 아니라고 믿는다. 아니, 올바른 반응은 바로 격노하는 것이다. 우리는 우리 정부를 좀더 높은 기준에서 평가해야 한다.

조금 더 솔직해져보자. 미국은 현재 아주 심각한 여러 도전에 직면해 있다. 기후 변화, 아이들이 미래에 직업을 가질 수 있게 교육시키는 것, 고령화 문제 해결과 같이 벅찬 과제가 줄줄이 늘어서 있다. 그리고 우리 정부가 완벽하지 않으며 모든 문제를 해결할 수 없다는 점도 인정하자. 하지만 이런 복잡한 문제들을 해결할 가능성이 조금이라도 있으려면 지금보다 일을 더 잘하는 정부가 필요하다.

미국은 전에도 무수한 역경에 맞닥뜨렸지만 모두 힘을 합쳐 극복했다. 우리는 공장에서 아이들에게 일을 시키지 못하게 하는 법을 통과시켰다. 우리는 나이 든 근로자들이 품위 있게 은퇴할 수 있는 시스템을 만들었다. 우리는 학교들을 지어서 모든 아이가 더 나은 삶을 살 기회를 가질 수 있게 했고, 사람들이 출근할 수 있게 고속도로와 대중교통 시스템을 만들었다. 우리는 놀라울 정도로 강력한 군대, 뛰어난 경찰과 일류 소방관을 키워냈다.

시장이 이런 것을 만든 게 아니라 미국 국민이 만들었다. 정부를 통해 우리 모두 함께 이 모든 걸 만들어낸 것이다. 그 결과 우리 삶은 훨씬 더 좋아졌다.

그러니 당면한 현실을 회피하면서 "큰 정부"(사람들의 삶과 경제에 많은 통제력을 갖는 정부)가 사라지면 복잡하고 어려운 사회적 문제들도 사라질 거라고 주장하지 말자. 그건 그저 꿈같은 생각이면서 동시에 위험한 생각이다. 우리의 문제들은 시간이 흐를수록 점점 더 커지고 있기 때문에 실질적이고도 현실적인 대응책들을 개발해야 한다. 정부를 아사시키려고 하거나 욕조에서 익사시키려고 하는 대신 문제를 정면으로 돌파해야 하며 그러려면 지금보다 더 나은 정부가 필요하다.

내가 소비자금융보호국을 세우기 시작했을 때 미국은 아직 금융위기의 여파에서 벗어나지 못했고 일자리를 필요로 하는 사람도 많았다. 하지만 직원을 뽑기 위해 면접을 보기 시작했을 때 많은 후보가 우리 기관을 작은 희망의 불빛이자 이 난국을 타개하기 위해 모두 힘을 합쳐 노력할 수 있는 상징으로 보고 있다는 걸 깨달았다. 많은 사람에게 이 일은 단순한 게 아니었다. 우리 기관에서 일한다는 것은 세상을 바꿀 기회가 생긴다는 뜻이었다.

나는 상황을 바꾸는 방법에 대해 신선한 시각을 지닌, 열정적이고 의지가 강한 사람들을 뽑을 좋은 기회가 왔다는 걸 깨닫기 시작했다. 아마도 우리 소비자금융보호국은 정부가 뭐 하나 제대로 하는 게 없다는 익숙한 불평에 반박할 또 다른 예가 될 수 있을 것이다.

정부를 믿지 않아요

티파티의 지지를 받은 새 의원 그룹이 워싱턴의 정치 역학을 바꿔서 2011년 1월 공화당이 하원을 장악했다. 은행들이 공화당원들에게 우리 기관을 공격하도록 계속해서 훈련시킬 것이기 때문에 나는 이것이 아주 나쁜 소식이란 걸 알고 있었다. 하지만 어떻게든 이 기관을 설립해야 했기에 계속 싸우면서 앞으로 나아갔다.

나는 상원과 하원, 공화당과 민주당 양쪽의 의원들을 계속 찾아갔다. 1월에는 뉴욕의 스태튼 섬에서 새로 선출된 공화당 소속 하원의원인 마이클 그림과 만났다. 40대 초반인 마이클은 초선 의원이었다. 그는 자신에 대해 다 말해줬다. 그는 열아홉 살 때 해병대에 입대했고 사막의 폭풍 작전에 복무해서 훈장도 받았다. 그는 뉴욕의 공립대학인 버룩 칼리지를 졸업한 후 법대에 갔고 그다음에 FBI에 들어가 많고 많은 부서 중에서도 금융사기 수사대에서 근무했다. 그는 열정적인 목소리로 자신이 FBI에서 일할 때 이룬 멋진 일들과 거기서 받은 훌륭한 훈련에 대해 말했다. 그 후에 그는 작은 사업을 시작했고 그에 이어 또 다른 사업을 하다가 선거에 출마했다.

그것은 대단한 이야기였고 그걸 들으면서 난 이런 생각을 했다. '이 공화당원과는 마음이 정말 잘 맞을 것 같은데.' 나는 그가 티파티의 지원을 받은 건 개의치 않았다. 그는 한때 법을 집행하는 기관에 있었고 월가의 부패도 상대해봤다. 이런 사람이라면 소비자 보호 기관 같은 감시 단체가 얼마나 중요한지 잘 알 거라고 확신했다.

내가 우리 기관을 통해 어떤 일들을 해내려고 노력하는지 열정적으로 설명하기 시작했을 때 그 의원은 놀란 표정이었다. 잠시 후에 그는 내 말을 자르고 한 가지를 분명하게 밝혔다. 그는 정부를 믿지 않았다.

난 내가 그의 말을 오해했다고 생각했다. 뭐라고요?

나는 FBI에 대해 그에게 질문했고, 그는 아까 했던 말을 고쳐서 그렇다고, FBI가 훌륭한 기관이라고 믿지만, 다른 형태의 "큰 정부"는 믿지 않으며 분명히 소비자 보호 기관에 대한 믿음은 없다고 대답했다.

그 만남은 그러고는 금세 끝났다. 그 후에 나는 그림 의원이 한 말을 계속 생각했다. 그 사람은 정부에 대한 믿음이 없었어.

나는 그 의원의 인생에 대해 생각했다. 그는 군대에서 복무했고 공립 대학을 졸업했다. 연방 정부 기관에서 11년이나 일했고, 정부에서 훈련도 받았다. 그리고 지금은 하원의원이다. 맙소사, 그는 의회에 들어왔을 때 정부에서 돈을 내주는 의료보험도 받고 싶다고 말했다. "제발 그런 일은 없기를 바라지만 내가 사고라도 당하면 수술비를 감당할 수 없으니까요. 그런 사고는 누구에게나 일어날 수 있습니다."[15] 그는 이렇게 말했다. 내가 보기에 그는 정부가 할 수 있는 모든 좋은 일을 잘 이해하는 대표적인 인물이어야 했는데.

난 우리 기관에 대한 적을 더 만들기 위해 그 의원을 찾아간 게 아니었기 때문에 거기서 더 이상 다그치진 않았다. 그리고 정부가 많은 사람의 삶에서 제한적인 역할을 하고 있으며 정부가 모든 문제에 대한 답이 아니라는 기본적인 논리도 이해하고 있다. 하지만 언젠가는 그에게 이런 질문을 할 기회가 생기길 바란다. 당신은 미국연방항공국에서 항공교통관제를 확인하지도 않은 비행기를 타고 싶은가? 미국식품의약국에서 안전 여부를 검사하지도 않은 약을 삼키고 싶은가? 군대도 없이 우리 나라를 지키고 소방관도 없이 불을 끄고 싶은가?

하지만 의원은 내가 아니라 그였다. 그리고 티파티는 그 의원처럼 연방 정부가 지금까지 세워온 모든 것을 무너뜨리겠다고 공개적으로 선언한 사람 몇십 명이 당선될 수 있도록 도왔다.

새 소비자 보호 기관은 아직 시작도 안 했는데 갈 길이 멀고도 험난했다. 맙소사, 정말 만만치 않은 여정이다.

독수리 여장부

—

2011년 1월 18일 나는 차를 타고 샌안토니오 합동 기지의 검문소들을 지나가고 있었다. 나는 뭔가 기억나는 걸 찾고 싶어서 여기저기를 둘러보고 있었다. 어렸을 때 오빠들이 샌안토니오 기지에서 신병 훈련을 받을 때마다 면회를 왔었는데 지금은 모든 게 새롭고 산뜻해 보여서 어디가 어딘지 당최 알 수가 없었다.

내 옆에는 아프가니스탄에 있는 우리 군대 사령관인 사성장군의 아내 홀리 퍼트레이어스가 앉아 있었다. 나는 몇 달 전 재무부에 있는 내 사무실에서 홀리를 처음 만났다. 이 일을 시작한 지 얼마 안 돼서 나는 군인 가족들을 상대로 판매되는 대출상품들에 대해 이야기를 나누려고 그녀를 초대했다.

홀리는 키가 작으며 단발머리는 하얗게 세어가고 있었다. 처음 만났을 때 홀리는 장교들이 예식 때 입는 정장용 군복의 민간 복장 버전인 단순한 맞춤 정장을 입고 있었다. 그녀가 착용한 유일한 보석은 황금 독수리 옷핀으로 재킷 앞에 꽂혀 있었다. 그 핀은 아주 크고 무거운 데다, 독수리의 보석이 달린 눈까지 매우 정교하게 제작돼서 근사했다.

내 사무실에 있는 골동품 소파는 낮은데도 홀리의 발이 바닥에 닿지 않았다. 그녀는 대쪽처럼 곧은 자세로 앉아서 긴말 않고 곧바로 본론으로 들어갔다.

홀리는 군인 가족들의 재정적인 문제들을 해결하기 위해 설립된 국가적인 프로그램을 운영하는 거래 개선 협회에서 그녀가 하는 일에 대해 짧고 날카로운 문장으로 설명했다. 그녀가 해준 이야기들을 듣고 있노라니 정말 가슴이 미어질 것만 같았다.

홀리는 고등학교를 막 졸업해서 생애 최초로 정기적으로 월급을 받게 된 어린 군인들이 금융 사기에 얼마나 취약한지 말했다. 이들은 곧 이라크나 아프가니스탄이나 또 다른 해외 기지에 배치되는데 입대하는 순간부터 곧바로 공격적인 신용 사기의 목표가 된다고 설명했다. 이들은 신병 훈련소에 도착하는 순간 이들 월급의 대부분을 앗아갈 대출상품을 팔려는 대출업자들에게 쫓기게 된다. 일단 이 어린 군인들이 기지에 도착하면 기지의 문 근처와 주변 쇼핑몰에 늘어선 가게들을 지나쳐야 하는데, 그런 가게 중에는 젊은 병사들을 유혹해 100퍼센트 혹은 그 이상의 터무니없는 이자를 붙여 바가지를 씌운 할부 프로그램이 있는 전자 장비들을 예쁜 여자 점원들이 파는 곳이 있었다. 여기에 사인만 하면 돼요, 훈남 고객님.

홀리는 악성 부채가 군인의 신용 평점뿐 아니라 그의 직업까지 어떻게 망치는지 이야기했다. 빚을 갚지 않으면 "불명예스러운 행위"로 간주

돼서 감점을 받아 진급과 특수 임무를 받는 데 필요한 보안 확인 등급을 박탈당한다.[16]

그리고 홀리는 자주 이사를 다니고 예상치 못했던 곳으로 배치되는 젊은 가족들이 특히 이런 사기에 취약하다는 점도 이야기했다. 새집을 임대하는 데 필요한 임대 보증금을 마련하거나 아이들을 돌봐줄 할머니를 모셔오기 위해 비행기 표를 사려면 갑자기 현금이 필요할 때가 왕왕 생긴다.

홀리는 특히 부부가 다 군인인 경우 각각 다른 기지에 배치되면서 겪는 역경이 더 절박하다고 설명했다. 이런 상황이 발생하면 많은 가족이 곧바로 더 이상 거기서 살 수 없는 집들과 갚을 수도 없는 융자금 문제에 복잡하게 얽히게 된다. 이들을 도울 규칙들이 있지만 대출업자들은 그런 규칙을 요리조리 피해서 많은 군인 가족의 집을 빼앗았다.

홀리가 우려하는 문제는 무수했다. 그녀는 화가 머리끝까지 나 있었고, 나는 그녀가 그러는 게 당연하다고 생각했다.

나는 이미 그런 문제들이 단발성 사고가 아니란 걸 알고 있었다. 2006년 국방부에서 군인들을 겨냥한 약탈적 대출 행태를 조사하고 그런 대출이 "군사 준비 태세를 약화시키며, 군대와 가족들의 사기를 저하시키고, 100퍼센트 자원군으로 구성되는 전투부대의 배치 비용을 늘리고 있다"는 결론을 내렸다. 그 연구는 구체적인 예로 가득 차 있었는데 그중에 공군에 복무하는 한 여군이 처음에 400달러를 빌렸다가 몇 년 동안 원금과 이자로 3000달러나 갚았던 예도 있었다. 그렇게 했는데도 빚을 다 청산하지 못해서 결국 파산 신청을 해야 했다.[17]

분명 군인 가족들은 여러 법으로 보호를 받고 있지만 그중에서 실질적으로 압력을 행사할 수 있는 법은 부족하다. 예를 들어 의회에서 군인들에게 고금리 단기대출 상품에 지나치게 높은 금리를 물리지 못하게 하는 법을 통과시켰다. 하지만 홀리는 구글에 "군인 고금리 단기 대출 상품"을 검색해보면 수십 개의 링크가 뜨고 그걸 클릭하면 실로 충격적인 금리로 대출할 준비가 된 회사들이 나온다는 점을 지적했다. 엎친 데 덮친 격으로 그런 많은 사이트가 "군대"라든가 "군인 대출"같이 공인받은 듯 보이는 이름을 달아서 그 대출금이 군인들에게 정당한 대우를 해줄 기관에서 나오는 것처럼 속이고 있다.[18]

그 첫 번째 만남이 끝나갈 무렵 홀리가 힘차게 주장했다. "이 문제에 대해 당신이 뭔가 할 수 있어요." 그녀는 마치 포스터 밖으로 뛰쳐나온 신병 모집 모델처럼 말했다. 나는 그 기세에 눌려 몸을 뒤로 좀 뺐지만 홀리는 가차 없었다. 그녀는 새 소비자 보호 기관이 "진정한 잠재력"을 지니고 있다고 말하면서 우리가 군인을 보호하는 데 신경 쓴다면 이 끔찍한 관행들을 막을 수 있을 거라고 말했다.

나는 홀리의 말이 옳다는 걸 알고 있었고, 그녀의 방문을 생각할 때마다 다시 화가 났다. 홀리가 설명한 군인들은 우리를 안전하게 지켜주기 위해 목숨을 바치고 있다. 그들이 융자를 받을 때 속지 않도록 할 방법을 찾을 수 없을까? 우리 군인들을 노리는 신용 사기꾼과 약탈적인 대출자들은 국가적인 수치이며, 나는 그들만을 위해 특별히 만들어진 지옥이 있길 간절히 빌었다. 소비자 보호 기관은 이 문제를 우선적으로 해결할 필요가 있지만 그렇게 하려면 열정적으로 헌신할 지도자가 필요하다.

그래서 홀리를 처음 만나고 얼마 후에 홀리에게 그 지도자가 되어달라고 부탁했다. 홀리는 놀랐지만 재빨리 그러겠다고 대답했다.

그래서 지금 우리는 홀리가 공식적으로 업무를 시작할 장소인 샌안토니오 합동 기지에 와 있는 것이다.

우리는 부대장, 변호사, 카운슬러들과 채무 및 군인 가족에 대한 전문가들과 함께 원탁회의를 시작했다. 그다음은 군인 및 그들의 배우자와 직접 이야기할 시간이었다. 그날 우리는 아주 진지한 이야기들을 들었다. 그것은 내가 홀리에게 들었던 이야기, 군대에서 실시한 조사에 나온 이야기, 다년간 군인 가족들과 대화하면서 들은 이야기와 비슷했다.

하지만 이제 상황이 달라졌다. 홀리가 이 새로운 기관의 핵심 부문을 담당한 수장이 됐다. 이 새 기관은 곧 이런 문제들에 대해 뭔가 할 수 있는 힘을 갖게 될 것이다. 이 구역에서 순찰을 돌면서 힘을 쓸 새 경찰이 올 것이다.

순찰을 도는 경찰
——

그해 겨울 나는 워싱턴에 있는 임시 아파트에서 조금 자리를 잡은 듯한 기분이 들었다. 그래도 주중에는 브루스가 많이 그리웠고 매사추세츠에 있는 집도 그리웠다.

반면 오티스는 집을 하나도 그리워하지 않았다. 오티스는 매사추세츠 집에 있는 계단을 언제나 끔찍이 싫어했다. 이제 다섯 살이 된 오티스는 골든 레트리버이고 덩치가 아주 컸다. 내가 보기에 오티스는 비만이었지만 브루스는 그냥 "뼈가 굵은" 것뿐이라며 우겼다. 어쨌든 집에 있는 가파른 계단을 올라가는 건 오티스로서는 쉽지 않았다. 브루스와 내가 계단을 올라갈 때마다 오티스는 계단 밑에서 조심스럽게 상황을 판단하면서 이 거구를 끌고 주인들을 따라 올라갈 가치가 있을 만큼 우리가 이층에 오래 있을 건지 아니면 금방 내려올 건지 머리를 굴리곤 했다. 반면 계단을 내려갈 때면 가파른 언덕을 내려오는 화물트럭처럼 쏜살같이 움직였다. 그럴 때면 우린 그냥 옆으로 비켜서곤 했다.

하지만 워싱턴의 이 새 아파트에는 엘리베이터가 있었다. 그래서 오티스에게 워싱턴의 삶은 더없이 달콤했다.

새 기관이 성장하기 시작하면서 홀리 퍼트레이어스와 리처드 코드레이만 순찰을 도는 경관은 아니었다. 그해 겨울 우리는 더 많은 사람을 뽑아서 스티브 안토나케스와 페기 투히그 밑에서 은행 업무를 감독하는 중대를 꾸렸다. 패트리스 피클린은 그 후에 우리 기관에 들어와 공정대출 부문 담당자로 노인, 유색 인종 공동체와 부동산 사태 당시 최악의 모기지 대출업자들의 표적이 됐던 그룹들을 대변해서 싸우게 됐다.[19] 이 헌신적인 공무원들은 업무를 처리하면서 약탈적인 대출자들에 맞서 전선 방어를 해주는 감독관들이다.

하지만 우리 경찰들은 한 가지 도전에 직면했다. 우리만 그런 일을 겪는 건 아니었다. 은행업(다른 업계도 마찬가지이고)을 감독하는 모든 기관이 겪는 문제였다.

이 문제는 한 가지 질문으로 압축할 수 있다. 우리는 누구를 보호하고 있는가?

그 답은 분명해 보였다. 다른 경찰들처럼 우리는 국민을 보호한다. 맞나?

다른 부문에서 일하는 경찰들에게는 분명 그게 정답이다. 일반 경찰들은 매일 평범한 시민들이 당한 일에 대해 듣는다. 그들은 순찰을 돌면서 거리에 있는 시민들에게 듣고, 범죄가 발생하면 피해자들과 그 가족들을 만나 여러 가지를 물어본다. 그리고 특별히 세간의 이목을 끄는 범죄가 발생하면 경찰서장과 시장 및 언론이 지속적으로 경찰들에게 묻는다. 범인을 잡았나? 범인을 감옥에 보냈나? 때로는 넌지시, 때로는 대놓고 노골적인 방법으로 시스템 전체가 경찰들이 나쁜 놈들을 잡는 데 집중할 수 있게 만든다.

하지만 금융업계를 감시하는 기관에서 근무하는 사람들은 그런 식으로 일하지 않는다. 나는 그들 대다수가 아주 훌륭한 의도를 가지고 일할 거라 확신하지만 현실을 직시하자. 그들의 업무 자체가 그렇게 설정돼 있기 때문에 이들은 대부분의 시간을 은행가들과 이야기하는 데 쓰게 된다. "장부들을 보여주세요." "이 관행에 대해 설명해보세요." "이 새로운 모기지 양식이나 제안된 규정에 대해 어떻게 생각하는지 말해보시죠"와 같은 말을 주로 한다. 그런 일을 하는 내내 은행업계 사람들이 지속적으로 휘두르는 압력에 시달린다. 일을 하다보면 은행 업무 규제자들이 일반인들과 이야기하는 경우는 거의 없다는 뜻이다. 어쨌든 신용카드 사기로 40달러를 뜯긴 누군가가 소비자 불만상담 서비스에 전화를 걸진 모르겠지만 그 사람이 우리 기관의 변호사들이나 일상적으로 은행을 감독하는 조사자들과 이야기를 나누진 않는다. 그런 일은 결코 일어나지 않는다. 은행 규제자들은 은행가들과 아주 많은 시간을 보내는 반면 은행 고객들과는 거의 접촉하지 않는 것이다.

소비자금융보호국 출범 초창기에 나는 이 신생 기관이 나중에 소비자를 보호하는 가장 중요한 임무를 버리고 탈선하지 않도록 하는 방법에 대해 리처드, 페기, 스티브와 많은 이야기를 나눴다. 우리 기관에서 일하는 사람들이 우리 문 앞에 나타나지 않는 소비자들을 위해(은행가들은 그렇게 하고 있는데) 대부분의 근무 시간을 보내게 하려면 어떻게 해야 할까?

한 가지 방법은 중간 단계를 걷어내고 곧바로 가장 큰 표적을 치는 것이며 리처드가 바로 그렇게 했다. 리처드는 용감한 사람이었고 말이 아니라 행동으로 모범을 보였다. 리처드는 많은 후보 중에서 그들이 발행한 카드의 수수료가 "공짜"라는 광고를 해서 소비자들을 호도했지만 사실은 소비자들에게 거둬들인 그 "공짜" 수수료의 총액이 1억4000만 달러에 달하는 캐피털 원Capitol One을 조사했다.(리처드는 결국 캐피털 원 회사가 고객들에게 이 숨겨진 수수료를 다 돌려주도록 했는데 소비자들은 서류로 신청하거나 환불을 요청할 필요도 없었다. 모든 소비자는 우편으로 부쳐온 환불 수표를 받았다. 리처드와 그의 팀은 또한 그 회사에 벌금으로 2500만 달러를 내게 했다.)[20]

우리는 또한 우리 직원들이 일반 국민을 위해 봉사하고 있다는 점을 잊지 않도록 하고자 무진 애를 썼다. 우리는 모든 직원이 불만상담 서비스에 접수된 불만들을 들어보고 고객의 피드백을 읽을 기회를 갖도록 계획을 세웠다. 그것은 단순한 데이터를 수집하는 데 그치는 게 아니라 직원들이 실제로 사람들의 사연을 듣고, 금융 기관에 그들의 문제를 어떻게 설명하는지 들어보고 그들이 생각하기에 공정한 해결책이 뭐라고 믿고 있는지 들어보게 만드는 게 목적이었다. 우리는 공개된 웹사이트를 만들어서 전국 방방곡곡의 사람들과 이야기를 나눴다. 그리고 소비자 단체 대표들과 정기적으로 만나서 대형 은행들과 그들의 동업자 단체로부터 들은 말 그리고 그들이 우려하는 문제들을 비교하고 검토하기 위해 노력했다. 우리는 우리 복도에 울려 퍼지는 소비자들의 목소리가 최소한 은행가들의 목소리만큼 크게 울려 퍼지길 원했다.

나는 이런 식으로 지금 상황을 판단했다. 매일 이 소비자금융보호국을 향해 한쪽에서 바람이 불어올 것이다. 우리는 조직화됐고, 돈이 있고, 강한 사람들의 목소리를 듣게 될 것이다. 그래서 신중하게 하지 않으면 그들의 견해가 결국 우리 기관 구석구석 깊이 스며들게 될 것이다. 그러니 반대편에서 강한 바람이 불어올 필요가 있었다. 우리는 우리 임무, 목표, 우리가 하는 일에 대해 투명한 기관을 만들어서 우리가 낙오되면 국민이 소리쳐 불러줄 수 있도록 해야 했다.

나는 이 소비자금융보호국의 모든 직원이 이 기관은 국민에게 봉사하기 위해 존재한다는 사명을 매일 호흡할 수 있는 곳이 되기를 바랐다.(지금도 간절히 바라고 있다.)

한 장짜리 대출 계약서

———

2011년 봄 팻 매코이와 일단의 직원들이 볼티모어 외곽에 있는 한 실험실의 원웨이 거울(한쪽 방향에서만 투명하게 보이는 유리―옮긴이) 뒤에 앉아 있을 때 또 다른 획기적인 발명품이 탄생했다. 팻은 코네티컷 교수로 『서브프라임 바이러스』(이 얼마나 대단한 제목인가!)라는 책을 썼고 지금은 소비자금융보호국의 대출 정책 부문을 책임지고 있다.

팻과 그녀의 팀원들이 어떻게 그날 거울 뒤에 오게 됐는지에 대한 사연을 설명하려면 이야기가 좀 길다. 이번 금융위기로 실로 엄청난 수의 사람이 제대로 이해하지도 못한 대출을 받게 됐는데 그 이유 중 하나는 추가로 들어가는 수수료와 사람을 헷갈리게 만드는 용어들을 숨기기 위해 만든 어마어마한 양의 서류 때문이었다. 무수히 많은 집 소유자들(플로라 할머니 같은)이 대출 중개인이 하는 말만 믿었다가 너무 늦게야 계약서에 작게 쓰인 조항들 때문에 처음에 중개인이 말한 것과는 완전히 다른 계약서에 서명했다는 걸 깨닫게 됐다. 그래서 매월 상환해야 할 대출금이 급등했을 때 많은 사람이 더 이상 갚을 여력이 없어 다시 빚을 내서 대출금을 갚거나(어마어마한 수수료를 내고) 집을 포기해야 했다.

도드 프랭크 법안에 따라 그 대출 절차를 단순화할 규정들을 만들어야 했는데, 나는 일찍부터 야심만만한 목표를 세웠다. 나는 팻의 그룹에 짧고 읽기 쉬운 한 장짜리 양식을 만들자고 제안했다. 소비자가 읽고 쉽게 이해할 수 있는 단순한 대출 양식은 자택 소유자가 안전하게 거래하는 데 큰 역할을 할 수 있을 것이다.

사람들(아마도 대출팀 전원까지도!)은 내가 미쳤다고 생각했다. 한 장이라고? 워싱턴에서 한 장짜리 신청서를 요구하는 건 불가능한 일이었다. 하지만 나는 우리 팀이 목표를 크게 가져야 한다고(이 경우에는 작게 해야 하나) 판단했다.

우리가 만든 한 장짜리 대출 양식의 초안은 투박하고 읽을 수도 없었다. 왜냐고? 이런 양식들은 소비자를 보호하자는 최선의 의도를 가지고 만들어야 한다고 연방법에서 오랫동안 요구해왔다. 하지만 시간이 지나면서 여기에 뜻도 알 수 없는 법률 용어들이 끝없이 이어지면서 복잡하게 얽혀 도무지 풀 수가 없었다. 대출팀은 죽어라 노력했지만, 계속 법이 규정한 용어들을 양식에 넣고 있었다.

괜찮은 양식을 만들기까지 시간이 걸렸지만 마침내 그럭저럭 쓸 만한 결과가 나왔다. 직원들은 수정에 수정을 끝없이 거듭하면서 만든 테스트 버전 양식들을 친구와 동료들에게 읽어보게 했다. 그리고 이런 양식을 전문적으로 디자인하는 사람들과도 협의하면서 계속 손을 봐서 발전시켰다.

마침내 그 양식의 초안을 대중에게 공개했을 때 팻의 팀은 내가 알기로 어떤 연방 은행 감독관들도 하지 않았던 일을 했다. 그 팀은 우리의 새 웹사이트에 두 가지 대출 양식을 올리고 대중에게 그 두 개를 평가해달라고 했다. 팻은 답이 몇백 개 정도 달릴 거라고 예상했다. 어쨌든 대출 양식이 황금시간대의 텔레비전 프로그램은 아니잖아요. 하지만 그 예상은 빗나갔다. 거기엔 2만 7000개 이상의 답이 달렸다.

그 대출 양식 초안을 발표하고 나서 은행가들에게 조언을 많이 받았다. 정직하고 단순한 대출상품을 팔고 있는 많은 신용조합과 소규모의 지역 은행들(몇몇 대형 은행 역시)은[21] 우리가 만든 대출 양식을 마음에 들어 했다. 그들은 단순한 양식이 나오면 소비자들이 각각의 은행이 내세운 대출상품들을 쉽게 구별해 말만 번지르르하게 하면서 소비자를 등쳐먹는 다른 은행들과 승부해도 밀리지 않을 거라고 판단했다.

그리고 또 한 가지가 있었다. 팻의 팀은 실제로 현장에서 테스트까지 했다. 그래서 팻과 다른 직원 몇 명이 원웨이 거울 뒤에 앉아 이 사람(프라이버시를 보호하기 위해 해리스 씨라고 부르겠다)을 지켜보게 된 것이다. 해리스 씨는 테스트를 하기 위해 이 양식을 받게 될 최초의 참가자 중 한 명이 될 것이다.[22]

해리스 씨는 50대 중반의 흑인으로 이 시험에 참가한 대부분의 자원자보다 연배가 조금 높았다. 해리스 씨는 목소리가 부드러웠고, 다부진 체격에, 손을 써서 하는 일로 먹고살고 있었다. 그는 이미 집을 한 채 갖고 있고, 자신이 경제적으로 얼마나 대출을 받을 수 있는지 알고 있었는데 기존에 가지고 있는 담보대출을 이자가 더 낮은 대출로 바꿀까 고려하던 참이었다.

해리스 씨가 안내를 받아 실험실로 들어오자 인터뷰 진행자가 그를 맞아 인사했다. 실험을 시작하기에 앞서 간단하게 이야기를 나눈 뒤 곧바로 인터뷰 진행자가 본론으로 들어갔다. 이게 실제 상황이었다면 해리스 씨는 책상 위에 산더미처럼 쌓인 서류를 보고 있었을 것이며 대출 담당자는 이렇게 말하고 있었을 것이다. "여기 사인하시고…… 여기…… 여기…… 여기……."

그러나 인터뷰 진행자는 해리스 씨에게 종이 한 장을 내밀고는 읽어보라고 했다. 양식에 따르면 이 대출상품에 대한 매월 상환금은 850달러에서 시작하지만 결국엔 1800달러까지 올라갈 수 있다.

해리스 씨는 그 서류를 보면서 잠시 아무 말도 하지 않았다. 1분 정도 지난 뒤 그가 말했다. 뭔가 이상한데요. 금리가 인상되면 내가 갚아야 할 돈이 그렇게나 많이 올라간단 말이에요? 내 말이 맞나요?

인터뷰 진행자가 그렇다고 대답했다. 이건 변동 금리 상품이다. 저금리가 계속 유지되면 상환금도 낮게 유지될 것이다. 하지만 금리가 오르면 그가 상환해야 할 금액이 그 정도로 높게 올라간다.

해리스 씨는 잠시 생각해보더니 다시 그 종이를 테이블 반대편으로 밀었다.

"안 되겠네요. 이 대출은 받을 수 없습니다. 내게 그 정도 여력은 없어요."

그때 팻 매코이는 노래가 터져나올 것 같은 심정이었다. 할렐루야! 이 양식은 원래 목적을 완벽하게 달성했다. 해리스 씨에게 대출 정보를 분명하고 확실하게 제공해서 올바른 선택을 할 수 있게 한 것이다.[23] 이렇게 간단하고 쉬운 걸.

오케이, 이게 정확히 레드삭스가 월드 시리즈에서 우승한 것만큼 감격스런 일은 아닐 테고, 이 양식과 다른 서류들이 최종적으로 확정돼서 대출 기관들이 의무적으로 사용하기 전까지는 해야 할 일이 산더미처럼 남아 있었다. 그리고 대출 양식 한 장으로 모든 규제 절차를 다 통과한다는 건 쉽지 않으리라는 점도 알고 있었다. 하지만 그것은 아주 신나는 일이었다. 우리 기관이 생긴 지 몇 달밖에 안 됐는데 이미 수백만 미국인의 삶에 진정한 변화를 가져올 수 있도록 구체적인 조치들을 취하고 있지 않은가.

악당은 누구인가

이제 우리 기관에 탄력이 조금씩 붙고 있었다. 우리는 소비자금융보호국 웹사이트도 만들었고, 불만상담접수 서비스 계획도 구체적인 형태를 잡아가고 있었으며, 홀리 퍼트레이어스는 군 기지 방문을 계속 늘리고 있었다. 기존의 대출 양식보다 더 짧은 양식을 개발하는 우리의 노력 역시 큰 진전을 보이고 있었다. 우리는 글자 그대로 앞을 향해 나아가고 있었다. 우리는 재무부 빌딩에서 몇 블록 떨어진 사무용 건물에 새 임시본부도 차렸다.

마침내 제 발로 서기 시작한 것이다. 새벽 3시면 심장이 쿵쿵 뛰면서 잠이 깨는 증상도 사라졌다. 이제 조금은 긴장을 풀어도 될 것처럼 느껴졌다.

하지만 아직도 갈 길이 멀긴 했다. 그리고 워싱턴 정계가 돌아가는 방식에 대해 내가 조금만 더 잘 알고 있었더라면 위기가 닥쳐오고 있다는 걸 감지했을 것이다.

3월에 첫 번째 폭탄이 터졌다. 그것은 우리 기관과 개인적으로 나를 겨냥한 전면 공격이었다. 우리가(그리고 내가) 도를 넘어섰다는 공격이 모든 신문의 헤드라인을 즉각 장식했다. 우리가 뭘 잘못했냐고? 간단히 말하자면 우리는 미국 정부가 소비자들을 보호하는 걸 도왔다는 죄로 욕을 먹은 것이다. 그렇다, 결론을 따지고 보면 그런 이야기다.

물론 자세한 이야기를 하자면 사정은 그보다 훨씬 더 복잡하다. 지난 2010년 10월에 언론에서 몇 군데 거대 은행이 자택 소유자들의 집을 압류하면서 법을 어겼다는 뉴스를 터트렸다. 그것은 법률적으로 사소한 부분에서 실수를 한 게 아니었다. 은행들은 반복해서 새빨간 거짓말을 했다. 압류는 당연히 그럴 만한 이유가 있기 때문에 아주 복잡한 절차를 밟아야 한다. 한 가족이 살던 집에서 실수로 쫓겨나는 사태를 방지하기 위해 법에서 규정한 안전장치들을 따라야 한다. 하지만 그 법을 준수하자면 시간과 재원이 들어가므로 몇몇 대형 은행이 그런 법을 다 무시해버렸다. "로보-서명"(법률 문서의 내용을 읽거나 파악도 하지 않고 서명하는 행위―옮긴이)이 기승을 부렸다. 한 유명한 대출 담당자의 증언에 따르면 그는 매달 1만 건의 압류 서류에 결제했다고 한다. 서류들이 위조됐고, 수천수만 명의 가족이 사라진 서류들과 끝도 없는 지체라는 악몽에 갇혀 있다가 삶이 풍비박산나면서 거리로 쫓겨났다. 여기에 얽힌 사연들은 정말로 끔찍했다.[24]

이 압류 스캔들이 재빨리 JP모건 체이스, 뱅크오브아메리카, 시티은행과 몇몇 다른 은행을 집어삼켰다. 그 명단은 대형 은행들의 명사 인명록이나 다름없었다.(그리고 TARP의 지원금을 가장 많이 받은 명사 인명록이기도 했다.)[25] 금융위기 사태 때 그랬던 것처럼 이 문제의 주범은 지역 은행과 신용조합들이 아니라 대형 은행들이었다. 사태를 보면 작은 은행들(직원 수도 적고 상주 변호사도 없는)은 법을 따른 반면 거물들은 군이 그런 시늉조차 하지 않았던 것 같다.[26] 한편 대형 은행들을 감시해야 하는 감독관들은 또다시 그런 작태를 눈치 채지 못했거나 신경쓰지 않았던 것처럼 보였다. 언론이 난리를 치기 전까지는 말이다.[27]

그래서 수많은 법이 위반됐고 그 스캔들이 언론의 대대적인 주목을 받아서 버스를 타고 출동한 정부 감독관들이 대형 은행들을 고소하기 위해 조사를 시작했다. 얼마 안 가 은행들을 감독하는 가장 큰 기관인 통화감독국이 50억 달러에 은행들과 합의 금액을 결정했다고 언론에서 보도하기 시작했다.[28] 통화감독국은 그것이 천문학적인 액수이기 때문에 모두 잠깐 숨을 헉 들이켜야 할 것이라고 생각한 듯했다.(그 기사를 봤을 때 「오스틴 파워」 영화에 나오는 악당 닥터 이블이 100만 달러를 주지 않으면 전 세계를 파괴하겠다고 선언하는 장면이 떠올랐다.) 법을 위반한 초대형 은행들이 하루에 버는 돈을 다 합치면 10억 달러가 넘는다.[29] 그러니까 이들이 몇 년 동안 고의로 반복해서 법을 위반한 벌금으로 합의를 본 액수가 이들 수익의 총 5일 치도 안 된다는 소리였다. 아이고, 합의금 한번 대단하게 받아냈네.[30]

2010년 가을에 이 스캔들이 처음 터졌을 때 소비자 보호 기관은 이제 막 생겨서 도드 프랭크 법안에 따른 대부분의 권한을 아직 받지 못한 상태였다. 하지만 2011년 여름부터는 대형 은행들의 대출 이자 관행에 대한 감독권이 우리에게 넘어와서 가이트너 장관이 그 문제에 대해 내 조언을 요청했다. 나는 우리 팀과 그 합의 금액을 조사해서 결과를 재무부 및 다른 감독관들과 공유했다.

놀라운 일도 아니지만 많은 의원이 그 압류 스캔들에 대해 상당히 불쾌해했다. 그중에서도 가장 목소리가 큰 의원이 바로 앨라배마 주의 리처드 셸비 의원이었다. 그는 공화당 소속으로 상원 은행위원회 위원이다. 이제 여든이 다 되어가는 셸비 의원은 키가 크고, 굵고 낮은 목소리에, 상원에서 25년간 재직하면서 얻게 된 확고한 자신감이 있었다. 이 셸비 의원은 바로 작년 여름에 내가 새 소비자 보호 기관을 맡게 될지도 모른다는 의견에 벽력같이 화를 내며 반대했던 바로 그 의원이다.

그 스캔들이 터지고 곧바로 셸비 의원이 정부 감독관들은 "직무를 게을리하고" 있었던 모양이라고 격노하면서 "독립적인 조사"를 요구했다.[31] 하지만 몇 달이 지났는데도 그가 요구한 조사는 하지 않았다.

이제 2011년 3월이 된 현재 그는 그 스캔들에 대해 전보다 더 화가 나 있었다. 하지만 그 사건에 대해 아무런 조사도 하지 않았다거나 대형 은행들이 한 추악한 짓들(정말이지 그것들은 아주 추악한 짓이었다)에 대해 화가 난 게 아니었다. 정말 아니었다. 셸비 의원은 은행들이 막대한 합의금을 토해낼지도 모른다는 소문에 대로한 것이다.

언론에 보도된 통화감독국의 50억 달러 합의금 대신 다른 감독 기관들은 300억 달러에 가까운 액수를 지지했다.[32] 셸비는 이것을 "강탈"이라고 했다. 그는 이 강탈을 저지른 이들이 바로 "새 소비자금융보호국, 연방예금보험공사, 연방 정부, 검찰총장 몇 명과 엘리자베스 워런이 이끄는 행정팀"이라고 지적했다.[33]

그러니까 사건의 전말은 이렇다. 셸비 상원의원과 그의 동료 공화당원들은 법을 위반하고 사람들의 집을 훔쳐간 대출 기관들에 화가 난 게 아니라 그들에게 책임을 지게 한 정부 감독관들 그리고 특히 나에게 화가 난 것이다.

결국 셸비 의원은 씩씩대는 것 말고는 달리 할 수 있는 게 없었다. 아직도 상원은 민주당이 다수당이기 때문에 청문회를 요청하거나 독자적인 조사를 할 권한이 없다. 그래서 이제 공화당원이 장악한 하원이 은행이 저지른 비열한 짓의 뒤처리를 하게 됐다.

의회 청문회

———

셸비 의원이 공격을 시작했을 때 우리 기관은 이미 많은 주목을 받고 있었다. 유력한 친구들의 지지도 받게 됐고 마찬가지로 유력한 적들도 생겼다. 3월 16일 나는 우리 기관에 대해 증언하기 위해 하원 금융서비스위원회에 출석하라는 통보를 받았다. 거기서 압류 스캔들에 대한 질문을 받으리라는 걸 알고 있었고 우리 기관과 우리의 사명을 옹호해야 한다는 것도 알고 있었다.

의회에서 증언하는 게 이번이 처음도 아니었다. COP에서 일할 당시 여러 위원회 앞에서 대여섯 번 넘게 한 적이 있다. 하지만 이번 증언은 전적으로 다르게 느껴졌다. COP에 있을 때는 청문회에 갈 때마다 내 일은 의회의 눈과 귀가 되는 것이라고 생각했지만 이번 청문회는 "우리가 이해할 수 있게 도와줘요"와 같은 성격의 것이 아니었다. 이번 청문회에서는 우리의 새 기관에 대해 공격을 받을 것이다. 그리고 내 증언에 대한 반응은 당의 노선에 따라 다를 것이다. 민주당원들은 우리 기관(과 나)을 지지하기 위해 줄을 설 것이고, 공화당원들은 피를 보려고 덤빌 것이다.

소비자금융보호국에서 하는 일에 온 세상의 관심이 쏠려 있기 때문에 어디서 공격이 날아올지 몰랐다. 그래서 우리 기관은 청문회에 나가서 내가 할 증언을 준비하느라 며칠 동안 공을 들였다. 직원들이 내게 의원들이 하는 모든 질문에 대답할 준비가 돼 있어야 한다고 경고했다.

우리가 실행하고 있는 정책들은 어떤 것인가? 직원들은 어떻게 뽑고 있나? 연방 정부 기관에서 근무하는 직원들의 봉급은 어떻게 책정되고 있는가?(실제로 청문회에서 이 질문을 받았다.) 직원들이 힘을 합쳐 준비한 몇 권의 거대한 책에 달하는 브리핑 자료를 나는 매일 밤늦게까지 읽었다. 나는 우리가 하는 일을 상세하게 기술한 30페이지가 넘는 문서까지 준비했다.[34] 우리는 우리 기관과 우리가 하는 일이 투명해야 한다는 말을 자주 했고 최선을 다해 대중과 의회에 그 점을 보여주려고 애썼다.

마침내 그날이 됐을 때 나는 하원 청문회의 테이블 앞에 앉았다. 의원들이 높은 연단 뒤에 앉아 있었는데 그중 많은 사람이 나를 내려다보면서 노려보고 있는 것만 같았다. 구석에서 미 연방의회 중계방송국 카메라들이 깜박이고 있었지만 정작 내가 담요를 뒤집어쓰고 숨고 싶었던 대상은 거대한 렌즈가 달린 전문가용 카메라를 들고 있는 사진기자들이었다. 그들은 의원들의 시야를 막고 서 있을 수 없는 규정에 따라 연단을 피해 가장자리로 가서 연단 밑에서 사진을 찍었다. 내일 아침이 되면 근사하게 찍힌 내 콧구멍이 모든 신문에 나올 것만 같았다.

날 잡아먹으려드는 의원들 앞에 서서 증언을 하려니 마치 법정에서 증언하는 것처럼 온 신경이 바짝 곤두섰고 회의도 매우 공식적으로 진행됐다. 소비자금융보호국은 탄탄하게 시작됐고 우리는 잘못한 것도 하나 없는데 왠지 재판을 받고 있는 듯한 기분이 들었다.

공화당 의원들은 주로 압류 스캔들에 관해 질문했다. 특히 의원 몇 명은 내가 왜 은행 합의금에 대한 조언을 했는지 물었다. 그들은 부드럽게 물어보지 않았다. 표현을 어떻게 했든 그들의 일관된 톤은 바로 "어떻게 감히 네가 그럴 수 있어!"라는 것이었다.

민주당 의원들은 최선을 다해 우리 기관을 옹호하려고 애썼지만 두 시간 반에 걸친 이 청문회는 결과적으로 나를 공격하는 의원들이 의회 중계 카메라 앞에서 5분 동안 같은 질문을 반복하는 식으로 두 시간 반이 흘러갔다.

　그후 석 달 동안 나는 두 차례 더 하원에 불려가 증언했다. 두 번째 청문회에는 "감시자는 누가 감시하는가"라는 별명이 붙었다. 매번 청문회에 갈 때마다 질문의 강도는 더 세졌다. 청문회를 지켜본 한 기자는 의원 몇 명이 "그들이 감독하려고 애쓰는 새 기관에 대한 기본적인 사실도 잘 모르고 있는 것처럼 보였다"고 기사를 썼다. 한 의원은 은행 규제자들의 임기가 몇 년인지 헷갈려 했다. 그는 소비자금융보호국이 유일한 은행 감독 기관으로 이 기관의 수장 임기를 5년으로 알고 있었다.(그건 사실이 아니다. 은행 감독 기관은 우리 기관 말고도 몇 개가 더 있다.)[35] 그는 또한 연방 정부 내 기관들의 자금이 책정되는 규칙도 이해하지 못해서 우리 기관만 정치적인 자금 책정 과정에서 제외되는 걸로 알고 있었다.(그렇지 않다. 규제 기관들에는 모두 같은 규칙이 적용된다.) 또 다른 의원은 도드 프랭크 법안을 의회가 아니라 내가 제정한 것인 양 그 법안의 한 조항이 무슨 뜻인지 설명하라고 요구하기도 했다.[36]

　그것만 해도 창피한 일이었는데 그다음에 노스캐롤라이나에서 온 공화당원인 패트릭 맥헨리 의원이 내게 거짓말을 한다며 대놓고 공격했다. 뭔가 구체적이고 실질적인 내용에 대해서 거짓말을 한 것도 아니고 이전에 동의한 청문회 시간에 대해 내가 거짓말을 했다는 것이다.

　나는 의도치 않게 이런 분노를 야기했다. 그때 회의실에 있는 의원들은 질문을 다 마쳤고 나는 사전에 합의한 청문회 종료 시간이 된 걸 보고 그만 가도 되겠느냐고 물었다. 그러자 맥헨리 의원이 부르짖었다.

"그건 당신이 거짓말을 하고 있는 거잖아."

뭐라고요? 맥헨리 의원은 버럭 화를 냈다. 일라이자 커밍스 의원이 질겁해서 맥헨리 의원을 진정시키려고 애썼지만 효과가 없었다. 맥헨리 의원은 "분을 참지 못해 펄쩍펄쩍 뛰었다."(어쨌든 그날 오후에 그 비디오를 틀어준 레이철 매도는 그렇게 표현했다.)[37]

그 청문회를 찍은 비디오가 인터넷에 퍼지면서 맥헨리 의원의 페이스북 페이지는 수많은 분노의 메시지로 넘쳐났다.[38] 나는 그 사건에 그렇게 많은 사람이 관심을 보였다는 점에 놀랐고 조금 창피했다. 돌이켜 생각해보니 그 의원이 가라고 할 때까지 그냥 앉아 있을 걸 그랬나 보다. 하지만 첫 번째 공격부터 유튜브에 그 비디오가 올라오기까지 이 모든 일에서 마치 내가 광란의 나라의 앨리스가 된 느낌이었다.

압류 사태를 모기지 회사들이 책임지게 하려 한다는 조작된 "스캔들"에 공화당원들이 계속 열받아 있는 동안 가이트너 장관은 소비자금융보호국의 역할에 대해 많은 질문을 받았다. 이제 그는 우리 기관이 어떤 일을 해낼 수 있을지 구체적으로 알게 됐다. 우리가 하는 일은 아직 시작 단계에 있지만 미국인들이 믿고 거래할 수 있는 신용대출 시장을 만드는 데 도움이 되는 도구들을 만들어가고 있는 것만큼은 확실했다.

그해 봄 가이트너 장관은 미국의 경제 상황에 대해 증언하기 위해 상원 금융위원회에 출석했다. 셸비 위원은 그 기회를 이용해 은행이 내야 할 벌금에 대한 논란에서 내가 한 역할에 대해 계속해서 질문했다. 가이트너 장관은 결코 흔들리지 않았다.[39] 장관은 자기가 조언을 요청했다고 증언해서 내가 한 말을 뒷받침해줬다. 장관이 날 비난하거나 그냥 입을 다물고 있었더라면 그로서는 더 쉬웠겠지만 그러지 않았다. 가이트너 장관과 나는 그동안 여러 문제에서 의견을 달리했지만 소비자

금융보호국이 공화당원들에게 공격을 받았을 때 장관은 우리를 지지해줬다.

나는 법을 위반한 은행들이 책임을 져야 한다는 데에 100퍼센트 확신했다. 그리고 그렇게 하려고 애쓴다고 해서 이렇게 끝도 없이 닦달을 당해야 하는 게 어이없었다. 은행들이 저지른 못된 짓에서 사람들의 관심을 돌리기 위해 모두 합심해서 나와 우리 기관을 공격하고 있다는 건 불 보듯 훤한 일이었다. 그렇다 해도 나는 청문회에서 손톱만큼이라도 말실수를 해서 우리 기관에 누가 될까봐 걱정됐다. 우리는 끊임없이 이메일에 답장을 하고 끝도 없이 청문회 준비를 하면서 그들의 공격을 막느라 진짜 일다운 일을 해야 할 시간을 낭비하고 있었다. 그리고 이런 정치적인 허튼수작 때문에 진짜 문제는 시야에서 가려져 있었다. 대형 은행들이 한 번이라도 그들이 한 짓에 책임을 질 것인가, 그들이 수많은 가정에 입힌 피해를 보상하게 만들 수 있을 것인가?

누가 국장이 될 것인가?

—

봄날이 지나가면서 두 가지 질문이 계속해서 머릿속에 떠올랐다. 대통령이 소비자금융보호국의 국장을 지명할 것인가? 그렇다면 누구를 뽑을까? 새 국장은 티머시 가이트너 장관에게 보고하는 게 아니라 상원의 승인을 받아 독립적인 기관을 운영하게 된다.

이 기관을 설립하느라 여러 달을 보내고 나서 나는 이 일을 사랑하게 됐다는 걸 깨달았다. 강의만큼 좋아하는 일이 생길 거라는 생각은 한 번도 해본 적이 없는데 그런 일이 일어나버린 것이다. 이 기관을 통해 우리가 세상을 조금이라도 바꿔가고 있는 게 좋았고, 평범한 사람들을 위해서 공정한 경쟁의 장을 만들 기회가 주어졌다는 그 느낌도 좋았다. 이곳의 일은 이제 막 시작됐는데 시간이 갈수록 이곳을 떠나기가 더 싫어졌다. 그래서 나는 심호흡을 하고 여기 남을 수 있는지 대통령에게 물어봤다.

다시 한번 나는 오바마 대통령의 수석고문들과 여러 번 이야기를 나눴다. 그 대화들은 대개 비슷한 순서로 진행됐다. 처음에는 좋은 말로 시작된다. 고문들은 내가 이 기관을 설립하는 데 큰 공을 세우고 있다고 말했다. 그리고 내가 아주 효과적으로 소비자보호운동을 하고 있다고 치하했다. 그래서 소비자금융보호국이 칭찬을 많이 듣고 있다고. 이런 찬사 뒤에는 항상 "하지만"이란 말이 따라붙었다. "하지만 무슨 이유에서인지 공화당원들은 당신이라면 질색을 해서요." 고문들의 말에 따르면 상원의 공화당원들이 여전히 날 단호하게 반대하고 있다고 했다. 그보다 더 나쁜 건 내가 지명된다고 하면 그 의원들이 그 건은 투표도 못 하게 해서 내가 상원의 승인을 받을 길이 없다는 점이다.

그래서 나는 방법을 바꿔봤다. 내가 상원에서 승인을 받을 수 없다면 대통령이 의회가 휴회되는 기간에 날 임명하는 건 어떨까? 법에 따라 의회가 휴회된 기간에 임명된 공직자의 임기는 짧지만 길면 2년 동안 내가 소비자금융보호국의 진로를 확실하게 잡을 수 있을 것 같은데? 대답은 같았다. 안 됩니다. 대통령은 제대로 된 수순을 밟아서 승인된 국장을 원하십니다.

언론에서는 계속해서 갖은 소문이 돌았고, 시간이 흐를수록 대통령이 날 지목할 거란 추측이 커져만 갔다. 5월에 셸비와 다른 상원 공화당원들이 반격을 가하기로 결정했다. 그들은 대통령에게 그들의 요구를 받아들여주지 않는 한 국장에 누가 나와도 동의하지 않을 거라는 내용의 편지를 보냈다. 그들의 요구가 뭐였냐고? 따지고 보면 결론은 한가지였다. 소비자금융보호국의 권한이 크게 약화돼야 한다는 것이었다.[40]

공화당원들은 여러 가지 소원을 적었지만 그중에서도 가장 강력한 한 방은 바로 의회가 소비자금융보호국의 자금을 통제해야 한다고 주장한 것이었다. 미국 역사상 의회를 통해 자금을 제공받은 금융 규제 기관은 하나도 없었다. 대신 이 기관들은 간접적으로 혹은 직접적으로 은행 수수료를 통해 비용을 조달했다.[41] 그 이유는 아주 분명하다. 감독관들이 정치적 압력에 휘둘리지 않게 조처한 것이다. 하지만 공화당원들은 대통령에게 의회가(그리고 물론 은행들이) 소비자 감시견이 먹는 밥의 양을 결정하고 싶다고 통보한 것이다. 그들은 굶주린 감시견이라면 힘을 쓰지 못하리라는 걸 알고 있었다.

그 편지를 선전포고로 보는 사람들도 있었다.(워싱턴 스타일의 선전포고라는 것이다.) 역사상 상원의 소수당이 한 정부 기관을 이끌게 될 사람이 마음에 들지 않는다고 해서 대통령이 지명한 후보를 "미리 거부한" 사태는 없었다.[42] 소수당인 공화당은 의사 진행을 방해하겠다고 협박해서 이 법(상원과 하원의 대다수가 통과시켰고 대통령이 서명한)을 바꾸려 하고 있었다. 진보적인 인사들은 격분했고, 지금이 대통령이 맞서 싸워야 할 때라고 주장한 사람도 많았다. 즉 대통령이 나를 임명해서 상원의 공화당원들과 결전을 치르고, 필요하다면 의회가 휴회됐을 때 나를 임명해야 한다고 주장한 것이다.[43]

전몰장병 추모일(5월 마지막 월요일로 공휴일―옮긴이)이 다가오고 있었는데 그때 의회는 휴회된다. 공화당원들이 공세의 강도를 높였다. 국장 승인을 거부할 뿐만 아니라 휴회 기간 동안 대통령이 임명할 수 있는 기회를 다 차단하기로 작정했다. 어떻게? 그들은 항상 그렇듯이 그날 쉬겠지만 속임수를 써서 상원이 공식적으로는 개회 중인 것으로 해서 휴회가 아니라고 주장했다. 언론에서는 곧바로 이것이 내가 국장에 임명되지 못하도록 머리를 쓴 또 다른 꿍꿍이라고 선언했다.[44]

또다시 소비자금융보호국과 누가 국장이 될 것인지에 대한 문제가 폭풍의 눈으로 부상했다. 언론사들이 매일같이 전화를 해댔다. 거리를 걸어가면 기자들이 쫓아와서 질문을 퍼부었다. 전국에 있는 친구들이 전화를 했다. 우리 집 전화 자동응답기에는 응원의 메시지가 수도 없이 남겨져 있었다. 미장원에서 머리 좀 자르려고 해도 사람들이 와서 꼭 버티라는 말을 하고 갔다. 오티스와 밤에 산책을 할 때도 사람들이 끊임없이 옆에 와서 우리 기관에 대해 물어보면서 지지하겠다고 약속하는 바람에 제대로 산책을 할 수가 없었다.

그런 소란스러운 상황에서 가장 눈에 띈 편지가 한 통 있었다. 의회에서 지급한 편지지에 직접 손으로 쓴 그 편지는 결혼 선물에 대한 답례 편지와 같은 분위기를 풍겼다. 항상 공손한(그로서는 여전히 개인적인 감정은 없는 듯했다) 스펜서 바커스 의원이 나를 지지하지 않을 것이며, 그 자리에 조지 워싱턴이 온다고 해도 절대로 지지하지 않을 것이라고 쓴 편지였다.[45]

거래할 것이냐 말 것이냐

—

6월에 대통령이 나를 불러서 우리 기관과 누가 그 기관을 운영할지에 대한 문제를 이야기하자고 했다. 이번 만남은 거의 1년 전 대통령이 내게 임시 국장직을 맡아달라고 한 뒤로 처음이었다.

대통령은 나를 임명하지 않을 것이란 의사를 확실하게 밝혔다. 난 실망했지만 놀라진 않았다. 대통령은 한 번도 날 임명하겠다고 약속한 적이 없었다. 사실 처음부터 내게 그 자리를 주고 싶어서 안달하는 기미는 전혀 없었다. 대통령은 1년 전에 날 임명하지 않았고, 내가 임시 국장으로 일하는 동안 의회가 휴회됐을 때도 임명하지 않았으며, 대통령의 고문들은 내게 기대하지 말라고 계속해서 말해왔다.

대통령은 내 임명에 반대한 의원들과 거래를 할 계획이라고 설명했다. 나를 임명하지 않는 데 동의하지만 그 대가로 의원들이 의사 진행 방해를 중단하고 후보 승인 투표를 할 수 있게 하는 것이 거래의 내용이었다.

나는 대통령을 추궁했다. 의원들이 그 거래 조건을 끝까지 지킬 수 있도록 만드실 수 있나요? 공화당원들이 대통령에게 보낸 편지를 읽었었는데 협상할 여지는 전혀 없는 듯 보였다.

대통령은 걱정하지 말라고 했다. 그는 그 의원들에게 합의를 이끌어낼 수 있을 것임을 크게 확신하고 있었다. 그들이 요구하는 건 후보가 나만 아니면 된다는 것이었다.

나는 내가 그 일을 맡을 수 없다면 리처드 코드레이가 적임자라고 생각하고 있었다. 리처드는 실무 팀을 훌륭하게 꾸려왔고, 새 정부 기관을 이끌어나가는 데 필요한 배짱과 실력 둘 다 겸비하고 있었다. 대통령은 리처드와 한 배를 탔다.

백악관의 계획은 공화당원들이 나라면 질색하지만 다른 후보는 상원에서 통과될 수 있을 거라는 전제를 토대로 짠 것이다. 그 생각이 맞는다면 우리끼리 잘 하는 농담이 이 상황에 딱 맞을 것 같았다. 그 자리에 누가 오든 악당들을 혼내줄 수 있는 센 국장이 와야 한다면 리처드야말로 그중에서도 지존이 될 것이라고. 공화당원과 은행들이 합심해서 날 밀어내는 데 성공했지만 리처드는 열심히 일하는 사람들을 위해 소비자금융보호국이 싸울 수 있도록 뼈가 으스러지게 일할 거라는 걸 난 알고 있었다.

2011년 7월 18일 나는 로즈 가든에서 대통령이 리처드 코드레이를 소비자금융보호국 국장으로 임명하는 동안 대통령 옆에 서 있었다.

하지만 리처드를 국장으로 임명했는데도 바뀐 건 아무것도 없었다. 코드레이가 임명됐다는 소식을 알게 된 지 몇 시간 후에 공화당원들은 "그가 절대로 승인을 받지 못할 것"이라고 선포했다.[46]

아. 결국 거래는 성사되지 못했다.

마지막 미팅

브루스와 나는 아파트를 내놓았고, 오티스는 그렇게 사랑하던 엘리베이터를 포기했다. 우리는 우리 부서의 젊은 직원들에게 가구를 주고 개인적인 짐은 차에 꾸렸다. 사람들이 열어준 송별회에 가슴이 찢어질 것처럼 슬펐다. 나는 이 소비자 보호 기관을 위해 일해달라며 수많은 사람을 불렀고, 그들은 이 기관이 최대한 잘 발을 내딛도록 온몸을 바쳐 일했다. 난 여기 남아서 그들과 같이 싸우고 싶었다. 하지만 어쩔 수 없는 현실을 받아들이고 새 출발을 해야 했다. 여기서의 내 시간은 끝났다.

마지막 날 나는 백악관에 가서 대통령에게 직접 사직서를 제출했다. 대통령은 또다시 나를 데리고 밖으로 나갔다. 그날도 더웠다. 하지만 이번에 우리는 다른 이야기를 나눴다.

우리는 압류 사태로 일어난 재앙과 여전히 곤경에 처해 있는 수백만 명의 사람에 대해 이야기를 나눴다. 그리고 중산층의 부담이 가중되고 있는 점과 공화당의 과격주의자가 점점 더 늘어나면서 앞으로 이 나라가 어떻게 될 것인지에 대해서도 이야기를 했다.

마침내 우리는 매사추세츠에서 시작된 상원 선거에 대해 이야기를 나눴다. 대통령은 상원에 대해 말하면서 만약 내가 출마해서 스콧 브라운을 이긴다면 내가 그토록 신경 쓰고 있는 경제 문제들을 위해 싸울 기회가 아주 많아질 거라고 했다.

오바마 대통령은 리처드 코드레이가 마음에 든다면서 리처드가 소비자금융보호국의 훌륭한 수장이 될 거라 생각한다고 했다. 나도 리처드가 아주 잘해낼 것이라는 데 동의했다.

나는 대통령에게 그동안 이 일을 할 기회를 주셔서 고맙다며 인사하고 나왔다.

승리

—

소비자금융보호국에서 나온 뒤 언론계는 하나같이 같은 질문을 던졌다. 이제 내가 뭘 할 것인지? 나는 모든 언론사에 같은 대답을 했다. 우리는 레고랜드로 여행을 갈 겁니다.

그리고 우리는 그렇게 했다. 브루스와 나는 캘리포니아로 비행기를 타고 가서 조카, 자식, 손자 손녀들을 모아(모두 합해서 한 다스가 넘었다) 레고랜드, 디즈니랜드와 로스앤젤레스 해변을 돌아다녔다. 나는 또

다시 내가 어마어마한 길치라는 걸 입증했다. 나는 심지어 레고랜드에서 보트를 타다가 보트 방향을 거꾸로 돌리는 신공을 발휘해서 길을 잃어버렸다. 내가 조종하는 보트가 수도 없이 다른 보트들에 부딪히는 바람에 같이 탄 빼빼 마른 10대 손녀 라비니아에게 운전을 잘 못 한다며 야단을 맞았다. 레고랜드에서 보트를 모는 것도 보기보다 영 쉽지 않더란 말이죠.

그 휴식은 편안하고 평화로웠다. 시끄럽게 떠들어대는 아이들을 데리고 다니면서 평화로웠다고 해봤자 어느 정도인지는 다 알겠지만. 하지만 나는 밤이면 여전히 자다 깨서 우리 소비자 보호 기관에 대해 생각했다. 난 걱정이 됐다. 리처드의 임명안은 아직 상원에서 막혀 있었고 공화당원들은 소비자금융보호국의 권한을 사정없이 약화시키라고 요구하면서 공세를 퍼붓고 있었다. 상원에서 승인한 국장 없이는 소비자금융보호국이 전권을 행사할 수 없다. 그리고 상원의 공화당원들이 투표를 하게 할지 혹은 대통령이 휴회 기간에 임명하게 될지 아무도 모르는 상황이었다.

난 걱정이 됐지만 두렵진 않았다. 소비자금융보호국 자체는 탄탄하게 일어섰다는 걸 알고 있었다. 내가 떠나기 직전에 우리 기관은 감찰관들에게 감사를 받았다.(감찰관이라는 말만 들어도 내 손톱이 깨끗한지 신발에서는 광이 나는지 확인하고 싶어진다.) 우리는 모든 부문에서 완벽하다는 극찬을 들었다. 우리는 어떤 문제도 없이 이 기관을 설립한 것이다.[47] 이제 소비자금융보호국의 진정한 사업이 진행되고 있다. 향후 2년간 리처드는 은행들이 고객을 속여서 받은 돈에서 거의 5억 달러를 되찾을 것이다.[48] 홀리는 아프가니스탄과 이라크에 배치된 많은 군인의 집을 지킬 것이다.[49] 2013년 6월이 되면 17만5000명이 넘는 사람이 우

리 기관의 불만상담 서비스에 도움을 청하게 될 것이다.[50]

우리는 점점 더 많은 미국인에게 이 소비자 보호 기관을 위해 싸울 만한 가치가 있다는 우리의 주장을 증명하기 시작했다. 그리고 매일 우리 기관이 좋은 일을 하는 한 그 싸움은 더 쉬워질 것이다. 나는 간절히 그렇게 빌었다.

다윗이 승자가 될 것인가 아니면 골리앗이 될 것인가? 싸움은 끝나지 않았다. 그렇다 해도 나는 이번 판에서는 다윗이 이겼다고 생각한다.

어쨌든 내 역할은 끝났다. 이제 이 새총을 다른 사람에게 넘겨야 할 때가 됐다.[51]

6장
상원을 향한 전쟁

2011년 8월 마침내 집으로 돌아왔다. 레고랜드에 가져갔던 짐을 풀고 튀긴 조개와 맥주를 마시러 서머색에 갔다. 브루스는 잔디를 깎고 나는 무성하게 자란 호랑가시나무 덤불을 다듬는다고 덤볐다가 몇 개를 불구로 만들었다. 곧 새 학기가 시작될 것이다. 나는 교재들을 꺼내고 첫 수업에 읽어올 독서물을 공지했다.

그러나 내 삶은 조용하지 않았다. 내가 상원에 출마할 것인지에 대한 추측으로 주위가 시끄러웠다. 인기 많은 스콧 브라운이 당선된 지 1년 반밖에 안 됐지만 테드 케네디 의원이 몇십 년 동안 지켜왔던 그 자리를 놓고 2012년 11월 다시 선거를 치르게 됐다. 언론사들과 인터넷 언론이 재빨리 의견을 냈다. 엘리자베스 워런이 출마해야 한다! 출마하지 말아야 한다! 수많은 사람이 우리 집에 전화나 이메일로 조언을 하거나, 거리에서 나를 붙잡고 조언을 해댔다. 안경을 새로 사세요! 헤어스타일을 바꿔보세요! 결혼하세요!(엥, 뭐라고? 난 현재 내 남편을 엄청 사랑하거든요.)

캘리포니아에서 돌아온 지 1주일 정도 됐을 때 우리 지역에 있는 민주당 관료에게서 전화 한 통을 받았다. 그는 자신이 누구인지 밝히고 나서 내게 선거에 출마하라며 강력히 권고했다. "선거에 나봐요." 그는 열정적으로 말했다. "일 한번 내봅시다!" 그는 내가 출마해야 하는 이유를 몇 가지 말한 뒤 지금 자신이 정치의 정자도 모르는 문외한에게 말하고 있는 걸 갑자기 깨달은 양 잠시 입을 다물었다. "물론 당신이 이길 거라고 생각하진 않아요. 기분 나쁘게 받아들이지 말아요. 스콧 브라운을 이길 사람은 없다고 생각해요."

선거에 질 걸 알면서도 출마하라니. 맙소사, 그거 참 엄청나게 재미있겠군. 그럼 일부러 차 문 사이에 내 손을 끼우고 쾅 닫아본 뒤 그것도 재미있을 것 같으면 한번 해보죠.

하지만 그 사람이 한 말도 일리는 있었다. 내가 그 선거에 뛰어들면 아주아주 힘든 싸움이 될 것이다. 나와 다르게 스콧 브라운은 매사추세츠에서 성장했다. 브라운은 주 방위군에서 오랫동안 복무해서 대령까지 진급했다. 그는 인기도 많고 미남에다 그의 일생을 영화로 찍으면 톰 크루즈가 주연을 맡을 그런 인물이었다. 그는 온건하고 초당파적인 공화당원이라는 명성을 키워왔고, 지지율도 높은 데다, 이미 보유한 재산만 해도 1000만 달러 가까이 있었다. 그는 "월가가 총애하는 의원"[1]이라는 별명에 맞게 앞으로 치를 선거의 자금도 어마어마하게 들어올 것이다. 많은 전문가가 보기에 그는 유력한 당선 후보였다.

매사추세츠 주가 케네디 의원의 서거 직후 공석을 채우기 위해 특별 선거를 치렀을 때 브라운은 인지도가 높고 인기도 많고 폭넓은 지지를 받고 있었던 전 검찰총장인 마사 코클리를 상대로 나왔다. 마사가 선거에 패배한 뒤 그녀를 신랄하게 비난한 사람이 많았지만 그런 그들마저도 스콧 브라운의 정치적 역량이 극히 뛰어나다는 점만큼은 인정했다. 오랫동안 평의원으로 조용히 칼을 갈고 있던 그는 매사추세츠 정계에 돌풍을 몰고 왔다.

COP에 이어 소비자 보호 기관에서 일하면서 나는 사람들로부터 상당한 주목을 받았고, 많은 진보주의자는 내가 훌륭한 상원의원이 될 거라고 생각했다. 나는 이렇게 경쟁이 치열한 의원 선거는 고사하고 어떤 선거에도 출마해본 적이 없었다. 마사 코클리가 패배하기 전에도 매사추세츠에서는 여자 후보가 나와서 당선된 적이 별로 없었고, 이건 남자들의 게임이란 사회적 통념이 강했다. 게다가 난 매사추세츠 출신도 아니며 심지어 뉴잉글랜드 출신도 아니다. 난 많고 많은 곳 중에서도 오클라호마 출신에다 조금 흥분하면 억양에 콧소리까지 나왔다. 그리고 난 그냥 교수도 아니고 하버드대 교수다. "어떤 후보와 맥주 한잔 하겠습니까?"와 같은 질문들에서 나를 뽑는 사람은 극히 적을 것이다.

거기다 돈 문제도 있었다. 난 선거 자금이라곤 한 푼도 가진 게 없었고 내가 마지막으로 기금을 조성했던 때는 어밀리아가 학교에서 쿠키 팔기를 했을 때 어밀리아 팀이 이기도록 열심히 노력했던 적밖에 없었다. 많은 진보주의자가 내가 그동안 해온 일을 보고 기부금을 낼 수는 있겠지만 스콧 브라운은 이미 엄청난 군자금이 있는 데다 앞으로도 그보다 더 많은 돈이 들어올 것이다.

그리고 내 나이도 잊어서는 안 된다. 난 예순두 살이다. 예순하고도 두 살. 지금은 흔들의자와 은퇴 계획에 대해 생각할 나이이지 하루에 18시간씩 몇 달 동안 강행군을 하게 될 정신 나간 모험을 생각할 때가 아니지 않나? 내가 이 선거에 뛰어든다면 전력을 다해 뛰어야 한다. 난 그저 텃밭에서 편안하게 움직이는 사람 좋은 스콧 브라운을 상대로 싸우는 게 아니기 때문이다. 나는 거대 은행들과 공화당을 상원의 다수당으로 만들려고 혈안이 된 칼 로브 같은 보수파 정치가들과 더 큰 싸움을 하게 될 테니까.

　그러니까 이 선거에 뛰어들면서 지게 될 짐은 수도 없었지만 그중에서도 가장 큰 짐은 바로 선거에 나가고 싶지 않다는 솔직한 내 심정이었다. 난 이제 워싱턴이라면 신물이 났다. 난 한 번도 정계의 삶을 꿈꿔본 적이 없었다. 또 강의가 그립고, 연구도 그리웠다. 브루스와 하이킹을 하는 것도 그리웠고, 손주들과 같이 시간을 보내고 싶었다. 아티쿠스는 무지하게 사랑스러운 아이로 9개월이 됐는데 선거에 나가면 아이가 잠이 든 후에나 안아보게 될 것이다.

　나는 가족들에게 전화해서 의견을 물어봤다. 아들인 앨릭스는 대놓고 말했다. "안 돼. 절대 하지 마세요. 선거에 나가면 엄마 인생이 파멸할 거야." 앨릭스는 내게 하버드로 돌아가서 한동안 편하게 지내라고 충고했다. "엄마는 그동안 충분히 싸웠잖아요." 오빠들도 비슷한 조언을 했다. "손주들과 재미있게 지내."

　앨릭스와 우리 오빠들과 우리 사촌들과 내 절친은 선거가 내게 미칠 영향을 우려했다. 모두 하는 말은 달랐지만 기본적인 뜻은 같았다. 정치는 추악하고 인신공격을 해대며 끔찍하다. 너는 그런 정치판에 필요한 갑옷을 키운 적도 없지 않느냐. 우린 널 사랑하기 때문에 네가 상처받는 걸 보고 싶지 않다. 제발 정치판에 가까이 가지 마라.

　그들의 말이 옳았다.

　하지만…… 이 선거에는 아주 많은 게 달려 있었다. 난 거의 20년 동안 미국의 중산층을 위해 공정한 경쟁의 장이 만들어지도록 싸워왔고, 수백만 명의 열심히 일하는 가족이 벼랑 끝으로 떨어지는 걸 봐왔다. 그런데 이런 사태는 갈수록 더 심각해지고 있었다. 우리 손주들은 어떤 나라에서 자라게 될까? 만약 보수주의자와 대형 은행과 거물 CEO들이 뜻대로 하게 되고 정치가들이 지금까지 했던 것처럼 계속 힘 있고 돈 많은 사람이 더 부유해지며 강력해지도록 돕게 된다면 어떻게 될까? 내가 정말 그 꼴을 보면서도 방관만 할 수 있을까?

그리고 만약 스콧 브라운이 이겨서 월가의 총아가 또다시 상원에 들어오게 된다면 난 어떤 기분일까? 만약 공화당원들이 상원을 장악해서 우리가 그동안 해온 금융개혁들을 다 백지화시키고 소비자 보호 기관을 불구로 만들면 어떻게 하지? 만약 그들이 금융개혁 법안들을 폐지하려고 하면 어떻게 하지? 내가 걱정하는 일이 다 일어났는데 그걸 막기 위해 내가 할 수 있는 일을 다 하지 않았다는 걸 알게 되면 어떻게 하지? 그러고도 내가 계속 살아갈 수 있을까?

나는 선거 정치에 대해서는 아무런 경험이 없었지만 내가 선거에 뛰어들면 상대편에서 날 끌어내리겠다는 단 한 가지 목표로 수백만 달러의 기금을 모을 거라는 점은 확실히 알고 있었다. 난 상당히 깨끗하게 살아왔다고 생각했지만 그렇다고 완벽한 사람도 아니다. 그들이 뭔가를(어떤 거라도) 파내서 날 망신주려고 그 사실을 왜곡할 수도 있지 않을까? 그보다 더 심각한 건 그들이 나에 대한 거짓말을 지어내면 어떻게 하지? 만약 그들이 돈을 몇 트럭씩 뿌려서 그런 거짓말들을 퍼뜨렸는데 사람들이 그걸 믿으면 어떻게 하지? 만약 내 자식이나 오빠나 손주들이 그런 거짓말로 인해 다치면 어떻게 하지? 그런 생각을 하면 그야말로 속이 뒤집어질 것 같았다.

누군가가 내게 상대편 후보를 조사하는 선거 조사 전문가를 만나보라는 의견을 줬다. 이 사람들은 주로 하는 일이 상대의 배경을 파고들어 문제가 될 만한 소지를 찾아내는 것이다. 그 전문가에게 역으로 내 배경을 확인해달라고 의뢰하라는 것이다.

그 전문가가 세금, 건강, 말썽 부리는 아이들, 술, 마약같이 내 개인적인 삶에 대해 온갖 질문을 했다. 난 유권자들이 이런 걸 다 알아야 할 권리가 있음을 이해했지만 그렇다 해도 지나치게 자세하게 사생활을 파고 들어갔다. 선거판에서는 개인적인 것도 없고, 성역도 없다는 걸 다시 한번 깨달았다. 그다음에 그 사람은 내 결혼생활에 대해 질문했다. 대화를 시작했을 때 나는 브루스에 대해 말했고, 우리가 결혼한 지 30년이 됐기 때문에 그는 내가 초혼이 아니라는 사실을 잠깐 놓쳤다. 내가 그 점을 언급하자 그 남자는 마치 수십 개의 비상벨이 울린 양 고개를 홱 치켜들었다.

그는 몇 가지 기본적인 점을 적고 나서 물었다. "그러면 지금 전남편은 어디에 계십니까?"

"그는 세상을 떠났어요……."

내가 잠시 심호흡을 하고 짐의 끔찍했던 암 그리고 어밀리아와 앨릭스가 받은 타격, 짐이 예쁜 손주들을 안아볼 기회도 없이 갔다는 이야기를 하기도 전에 그 조사자가 소리를 질렀다. "잘됐네요!"

나는 마치 한 방 맞은 기분이었다. 그 남자가 내 얼굴을 보더니 무심코 한 말실수를 감추려고 애썼다. "제 말은 그러니까 그분이 돌아가셔서 '잘됐다'는 게 아니고." 하지만 이미 내뱉은 말이었다. 나는 어쩔 수 없이 이런 생각이 들었다. '이 사람들은 대체 뭐하는 사람들이지? 어떻게 이런 말을 할 수 있는 거야? 대체 다음엔 또 무슨 말을 하려고 이러나?'

그래요, 싸울게요

나는 아주 간단한 선거운동이라도 할 수 있는지 보려고 선거판에 살짝 발을 담가보기로 했다. 그것마저 할 수 없다면 정말 선거고 자시고 접기로 했다.

8월 중순에 나는 매사추세츠를 돌면서 사람들의 거실과 뒷마당에서 소그룹의 사람들과 만나기 시작했다.[2] 이렇게 시운전을 한 지 며칠 만에 뉴베드퍼드 시내의 한 모임에 가게 됐다. COP에서 일하던 초반에 날 도와줬고 지금은 법대 교수로 부임한 지 얼마 안 된 가네시 시타라만이 그 모임에 태워다주겠다고 했다. 주차할 곳을 찾아서 차를 대고 나오자마자 열기가 후끈 덮쳐왔다. 그날 아침은 여름의 막바지 열기가 기승을 부리면서 습기에 머리카락이 곱슬곱슬해지고 밖에 나온 지 1분도 안 돼서 땀에 셔츠가 찰싹 달라붙는 그런 날이었다.

그 모임은 공립 도서관이 있는 블록 바로 밑의 자갈길이 깔린 거리에 있는 한 건물에서 열렸다. 이곳이 번창하는 항구이자 제조업의 중심지로 잘나가던 1890년대에 지어졌던 이 건물의 입구는 아주 화려할 뿐 아니라 대리석도 여러 곳에 깔려 있었지만 현관 벽들을 덮은 코르크판들과 라디에이터의 페인트칠이 벗겨져가는 걸로 봐서 그동안 만만치 않은 세월을 견뎌왔음을 알 수 있었다. 우리는 계단을 올라가 모임이 열리기로 한 방으로 향했다. 방에 들어가자 커다란 선풍기들이 돌아가고 있었지만 별 차이가 없었다.

50명 정도 되는 사람이 와서 단정하게 늘어놓은 금속 접의자에 앉았다. 나는 점점 줄어드는 미국의 중산층과 의회에서 공화당이 계속 투자를 줄이면 어떻게 중산층의 살림이 악화될 것인지에 대해 15분 정도 말을 했다. 그리고 사람들의 질문을 받았다. 모임이 끝났을 때 우리 모두 땀을 뻘뻘 흘리고 있었으며 방은 아까보다 더 더웠다.

　모두 서둘러 방을 나간 건 아니었다. 나와 함께 사진을 찍기 위해 남은 사람들도 있었고, 내게 선거에 출마하라고 당부하거나 조언을 하기도 하고, 그냥 행운을 빌어주기도 했다. 사람들 목소리에 선풍기 돌아가는 소리가 섞여 주위는 아주 시끄러웠다. 누군가가 의자들을 접어서 쌓기 시작했다.

　사람들이 어느 정도 빠져나갔을 때 50대 중반의 한 여자가 내게 걸어왔다. 그녀의 얼굴은 더워서 벌겋게 달아올랐고 곱슬머리는 사정없이 엉켜 있었다. 그녀는 아주 덥고 지쳐 보인 데다 조금 화가 난 것 같기도 했다. 그녀는 내게서 몇 발짝 떨어진 곳에 멈추더니 말했다. "여기 오려고 2마일이나 걸어왔어요."

　맙소사, 이 사람 말은 안 들어볼 수가 없겠군.

　그러더니 그녀는 목소리를 조금 낮췄다. "내가 여기까지 걸어온 이유는 제대로 작동하는 차가 없기 때문이에요. 내게 쓸 만한 차가 없는 이유는 직장이 없기 때문이고요."

　우리가 그렇게 마주보고 서 있는 동안 그녀는 몇 마디 말로 그녀의 인생을 묘사했다.

　"나는 박사학위를 두 개나 땄다. 난 똑똑하다. 난 독학으로 컴퓨터 프로그래밍도 배웠다. 그런데도 1년 반 동안이나 실직자로 살았다. 수도 없이 이력서를 내보고, 자원봉사도 했지만 일자리를 구할 수 없었다."

　그녀는 오랫동안 입을 다물고 있다가 다시 말하기 시작했다. 그녀는 열일곱 살 때부터 여러 직업을 전전했다. 혼자 힘으로 학교도 나왔다. 그리고 항상, 언제나, 늘 열심히 일했다.

그러다 그녀는 다시 말을 멈추고, 한 걸음 앞으로 걸어 나와, 이제부터 할 말은 남에게 들려주고 싶지 않은 듯 속삭였다.

"내가 다시 진짜 일다운 일을 할 수 있을지 정말 모르겠어요."

내가 두 손을 내밀자 그녀가 잡았다. 우리는 손만 잡고 그렇게 서 있었다. 나는 "참 안타까운 일이네요"와 같은 무미건조한 말을 중얼거렸지만 그녀는 내 말을 듣고 있는 것 같지 않았다. 그녀는 지금 공손하게 예의나 차릴 그럴 계제가 아니었다. 그녀는 더운 데다 몸과 마음과 영혼 모두 지칠 대로 지쳐 있었다.

그녀는 다시 정신을 집중해서 내 눈을 뚫어져라 쳐다보면서 말했다.

"내가 여기에 온 건 희망이 없기 때문이에요. 난 오랫동안 당신에 대한 글을 읽어왔어요. 그래서 당신을 직접 보고 이 말을 하려고 온 거예요. 당신이 필요해요. 날 위해 싸워주세요. 그게 얼마나 힘들지는 상관없어요. 당신이 싸울 거라는 걸 알아야겠어요."

나는 그녀를 보면서 대답했다. "그래요, 싸울게요."

난 그때 내가 한 약속이 얼마나 어마어마한 것인지 나나 브루스나 우리 가족이 그로 인해 어떤 대가를 치러야 할지 생각하지 않았다. 난 그저 이렇게 생각했다. 여기 이렇게 서서 울 순 없잖아. 그리고 그녀를 이렇게 놔두고 그냥 가버릴 수도 없고. 그녀가 약속해달라고 해서 난 그렇게 했다. 싸우겠다고. 그것 말고는 달리 할 말도 없고 할 것도 없었다.

그녀는 미소 짓지 않았다. 잘 싸우라고 격려하지도 않았다. 그냥 내 손을 잡고 내 눈을 보고 있었다. 그러다가 갔다.

그날 밤 브루스와 함께 오티스를 산책시키는 동안 비로소 뉴베드퍼드의 그 만남과 약속이 얼마나 중대한 것이었는지 서서히 실감나기 시작했다. 난 공개적인 팡파르도 없고 언론에 발표도 하지 않았지만 상원 선거에 나가겠다고 약속한 것이다.

그 후 몇 주 동안 정말 진지하게 생각해서 마침내 공식적으로 결정을 내렸지만, 사실은 그날 이미 각오가 서 있었다. 그리고 일단 선거에 출마하기로 한 이상 누군가를 위해 뭔가 좋은 일을 할 수 있는 유일한 길은 이기는 것뿐임을 알고 있었다. 그래서 승리하기로 했다.

혼자 부자가 된 사람은 없다
—

며칠 뒤 나는 부자들에게 선전포고를 했다. 뭐 정말 그렇게 한 건 아니고. 하지만 우파 블로거들과 폭스 뉴스는 내가 마치 무기를 비축해서 곧 5번가에 사는 부자들의 저택을 기습이라도 할 것처럼 썼다.

뉴베드퍼드에서 그 모임을 가진 뒤 나는 계속 주 전역을 돌며 유권자들과 만났다. 원래는 유권자들과 조용히 누군가의 집 거실에 앉아 워싱턴에 필요한 변화들에 대해 이야기를 나누는 그런 모임들을 갖기로 했었다. 그러던 중 8월 20일 토요일에 앤도버에 있는 어떤 사람의 집에서 연 모임에 초대됐다.

그날 오후 우리는 조용한 거리에 있는 한 근사한 집에 차를 세웠다. 그 동네 집들은 1940년대와 1950년대 양식으로 지어졌는데 주위에 나무도 많고 아주 편안하며 안정된 분위기를 풍겼다. 하지만 오늘 이곳엔 사방에 차들이 주차돼 있었다. 집주인들이 날 맞으러 나왔다. 그들은 아주 친절하게 대해줬지만 조금 당황스러워하고 있었다. 원래는 한 20~30명 정도 모일 거라고 생각했는데 100명 넘게 온 것이다.[3] 그 집의 거실, 식당, 복도와 뒤쪽 현관까지 빽빽하게 들어차 있었다. 집주인은 내가 온다는 소문이 퍼지자 사람들이 끊임없이 왔다고 말했다. 하지만 집에까지 온 이들을 돌려보내기가 뭣해서 이렇게 됐다면서 내가 최대한 큰 소리로 말해주길 바랐다.

그날은 더웠다. 뉴베드퍼드에 갔을 때만큼 지독하게 덥진 않았지만 집 안에 사람들이 그렇게나 많이 있는 데다 날씨도 더워서 난 금세 얼굴이 새빨개지면서 얼음물이 있었으면 싶었다.

나는 이야기를 조금 하고 질문을 받았다. 사실 그 모임은 지난 몇 주 동안 했던 모임들과 다르지 않았다. 단 한 가지만 빼고. 누군가가 비디오카메라를 가져왔다. 누가 그 카메라를 가져왔는지는 모르겠지만 그 사람이 내가 이야기하는 모습을 비디오로 찍어서 유튜브에 올렸다. 그 영상이 많은 사람의 주목을 끌었고, 곧바로 러시 림보(미국 정치에서 우파를 대변하는 논객―옮긴이)가 날 욕하면서 나보고 최악의 급진주의자라고 비난했다. 그러니 조심스럽게 발을 담가본다는 생각은 그걸로 끝나버렸다.

그 당시 나는 그날 앤도버에서 내가 했던 주장에 논란의 여지가 별로 없다고 생각했다. 누군가가 내게 재정적자를 어떻게 해야 할지 물었을 때 그에 대해 대답하면서 잠깐 욱했다. 우리는 재정적자라는 말을 마치 괴물처럼 생각하면서 적자가 났을 때 유일하게 할 수 있는 대처 방안은 적자가 난 부분을 대폭 줄이거나 나라 재정이 망하는 것밖에 없다고 생각하는 경향이 있었다. 이거야말로 도 아니면 모, 죽기 아니면 살기라고 생각하는 형국이다.

그렇다, 적자는 문제이고 진지하게 관심을 기울여야 하는 부분이지만 그것만이 유일한 해결책이라고는 생각지 않는다. 나는 우리가 그보다 먼저 좀더 근본적인 문제를 직시해야 한다고 본다. 정부 돈을 쓸 때 우리의 선택과 가치를 반영해야 한다는 것이다. 우리는 공화당 의원들이 주장하는 대로 노인과 아이, 교육에 쓰는 돈을 줄일 수도 있다. 아니면 세법에 난 구멍들을 없애고 부유한 사람들과 대기업에 좀더 내라고 해서 우리 미래에 계속 투자할 수도 있다. 우리가 돈을 쓰는 방법을 복잡한 수학 문제로 생각할 것이 아니라 가치와 선택에 대한 문제로 봐야 한다고 여긴다.

그 비디오에서 난 이렇게 말했다.

> 이 나라에서 혼자 부자가 된 사람은 한 명도 없습니다. 단 한 명도 없죠. 당신이 저기에 공장을 지었나요? 잘하셨습니다. 하지만 이건 분명히 해두고 싶어요. 당신은 우리 세금으로 지은 도로로 당신이 만든 물건들을 시장까지 운반했습니다. 당신은 우리 세금으로 교육시킨 사람들을 고용했습니다. 당신이 당신 공장에서 안전하게 지낼 수 있는 이유는 우리가 낸 세금으로 유지하는 경찰과 소방관들 덕분입니다. 우리가 낸 세금이 있기 때문에 비적들이 당신 공장을 약탈하러 쳐들어와 물건을 빼앗을까봐 걱정하면서 그들을 막아줄 누군가를 고용하지 않아도 되는 겁니다.
>
> 공장을 지어서 큰돈을 버셨나요? 참 잘됐습니다! 그 재산의 대부분은 가지세요. 하지만 우리가 맺은 사회적인 계약에 따라 그 일부는 미래에 당신 공장에 일하러 올 아이들을 위해 세금으로 내주세요.

좋다. 공장을 강탈하러 비적들이 쳐들어온다는 부분은 좀 지나쳤다고 인정한다. 하지만 내가 주장하는 기본적인 요지는 다들 이해했기를 바란다. 경찰, 학교, 도로, 소방관 같은 것이 없다면 대기업과 "자수

성가"한 억만장자들이 있을 수 있을까? 자본주의가 제대로 작동하려면 독불장군이 아니라 서로 협력하고 도와야 하는 것이다.

몇 주 뒤 앤도버 집에서 가졌던 그 모임을 찍은 비디오를 처음 봤을 때 나는 움찔하고 놀랐다. 나는 사정없이 두 팔을 휘저으며 말하고 있었고, 고래고래 고함을 지르는 것 같았다.(사실 고함을 지르긴 했다. 뒤쪽 현관에 서 있는 사람들이 내 목소리를 들을 수 있게 하려고.) 아주 세련된 연설은 아니었지만 그걸로 만족해야지 뭐.

나는 내가 연설하는 모습을 담은 깜짝 비디오가 나온다면 이것도 나쁘지 않겠다고 판단했다. 이런 비디오가 퍼져나가도록 미리 계획한 건 아니지만 여기에 담긴 메시지는 내가 상원의원 선거에 출마한 이유를 다 담고 있다. 나는 이 선거에서 이 비디오 메시지의 핵심에 있는 질문인, 우리가 어떤 미래를 만들어갈 것인가를 다루고 싶었다. 나는 내가 믿는 바를 주장했다. 우리는 지금까지 우리가 함께 세운 것 덕분에 더 강해지고 더 부유해진다. 우리는 모든 사람이 독자적으로 뭔가를 이룰 수 있는 공평한 기회가 주어지는 토대를 쌓을 때 더 안정적인 삶을 영위하게 된다. 우리는 서로에게 투자할 때 더 잘 살게 된다. 한 나라의 경제와 삶의 가치는 이처럼 밀접하게 연결돼 있다.

많은 사람이 그 비디오를 보고 신이 나서 링크를 퍼뜨렸다. 곧 유튜브 조회 수가 100만이 넘어갔다. Moveon.org에서는 '모든 미국인이 봐야 한다고 엘리자베스 워런이 말한 비디오'라는 제목으로 이 영상을 올렸다. 『스트리트』 지에서는 내가 '민주당이 몇 년 동안 국민에게 소통하지 못했던 메시지를 단 몇 마디로 잘 표현했다'고 기사에 썼다.(아, 이건 칭찬이 아니라 우울해지는 말이다.) 비즈니스 인사이더 칼럼에서는 그 비디오가 '아주 훌륭한 정치적 전략'이라고 썼다.[4](정말? 그렇게 말하면

마치 이 비디오가 우연히 나온 게 아니라 주도면밀하게 계획을 세워서 제작한 듯한 느낌이 들잖아.)

하지만 선거에 출마하는 방법을 미처 본능적으로 이해하기도 전에 보수주의자들이 행동에 나섰다. 폭스 뉴스에서 그 비디오를 방영하면서 해설자는 내가 한 말이 "사실이 아니며 명백하게 어리석은" 것이라고 발표했다. 러시 림보도 가세해서 내가 "숙주를 증오하는 기생충이고…… 숙주의 생명을 빨아먹으면서도 숙주를 파괴하려고 하며…… 내 생각은 마오쩌둥의 문화혁명을 일으킨 사고방식과 똑같다"고 비난했다.[5]

우와. 재정적자 감소 문제에 대해 즉석에서 2분 정도로 부자들이 세금을 좀더 내야 한다고 말했다고 갑자기 숙주를 빨아먹는 기생충이 된 건가? 캠페인 한번 요란하게 시작하게 됐군.

대형 은행들은 처음에는 조용히 있었지만 얼마 안 가 내 캠페인을 방해하는 쪽에 적극적으로 가담했다. 한 은행 중역은 이렇게 말했다고 한다. "이 문제의 핵심은 스콧 브라운의 당선이 아니라…… 엘리자베스 워런이 상원에 있기를 바라는가?"이다. 그 답은 아주 신속하게 나왔다. 월가 은행가들이 스콧 브라운의 선거 자금을 모금하자며 벌떼같이 나섰던 것이다.[6]

월가의 반응은 아마도 그 비디오 영상과는 아무런 관계가 없을 것이다. 대형 은행들은 이미 오래전에 나에 대한 판단을 내렸고 그럴 만한 충분한 이유가 있었다. 그들은 금융개혁에 대해 내가 어떤 입장에서 있는지 알고 있었던 것이다. 선거는 아직 한참 남았는데 그들은 이미 전면전 모드로 들어갔다. 나는 허튼소리를 늘어놓는 러시 림보보다 의기충천한 월가가 훨씬 더 위험한 상대라는 걸 알고 있었다. 림보야 마음껏 떠들 수 있지만(떠들고 또 떠들고), 은행가들은 선거에 무제한적으로 퍼부을 수 있는 돈이라는 아주 강력한 무기를 가지고 있었다.

선거 캠페인은 이제 막 시작됐지만 나는 벌써 카니발의 놀이기구를 타고 있는 느낌이었다. 러시 림보라고? 스콧 브라운에게 돈을 보내라고 부자 친구들을 조르는 거물 은행가들이라고? 앞으로 내게 무슨 일이 일어나게 될까?

옷은 입고 있었죠

—

스콧 브라운을 상대로 출마하기 전에 먼저 우리 당에서 후보 지명을 받아야 했다. 민주당 후보로 나가기 위해 이미 다섯 후보가 입후보 선언을 했다. 토론회는 10월 4일 매사추세츠 대학 로웰 캠퍼스에서 열리는 것으로 예정돼 있었다.

그때가 됐을 때 나는 공식적으로 출마 의사를 밝혔다. 그리고 상원의원 선거 캠페인을 운영해서 두 번이나 성공한 노련한 전문가 민디 마이어스라는 탁월한 캠페인 매니저도 기용했다. 민디는 차분하고 침착한 성격에 예리한 판단력을 지니고 있어 앞뒤 재지 않고 전속력으로 돌진하는 나를 완벽하게 보완해주는 매니저였다. 민디는 우리 캠페인의 조직력과 실용 지식 담당이었다. 그녀는 또 힐러리 클린턴의 대통령 선거 캠페인에서 뛰어난 성과를 낸 경험 많은 프로인 트레이시 루이스를 부매니저로 데려왔다.

댄도 날 도우러 왔다. 댄은 더 이상 고기를 먹지 않겠다고 선언한 일곱 살 때와 변함없이 철석같은 의지의 사나이였고, 어떤 싸움에서도 결코 굴복하지 않았다. 이번이 댄과 내가 함께 뛰어든 네 번째 싸움이었다. 처음에 COP부터 시작해서 그다음에 도드 프랭크 법안, 그다음엔 소비자 보호 기관에 이제 상원의원 선거 캠페인까지 함께하게 된 것이다. 다만 이제 그는 더 이상 혼자가 아니었다. 이렇게 정신없이 바쁜 틈을 타서 그는 용케 사랑에 빠졌다. 댄과 약혼녀인 헤더 겔도프는 워싱턴에서 자리를 잡고 있었다. 하지만 내 선거 캠페인은 매사추세츠에서 해야 하기 때문에 댄과 헤더는 짐을 꾸려서 보스턴에 돌아오기로 했다.

이 팀이 토론회를 준비하기 위해 우리 집에 왔다. 내가 전에 가르쳤던 학생 몇 명이 다른 후보들 역할을 맡았고, 나머지는 내 친구들이 맡았다. 하지만 댄이 이 연습을 한마디로 요약하는 조언을 했다. 절대로 망치면 안 됩니다. 뭐 자신감을 북돋워주는 말은 아니었지만 왜 그런 조언을 했는지 알고 있었다. 선거 전문가들은 민주당 후보 지명전에서 내가 선두주자라고 말하고 있었다. 그건 끝내주는 소식이지만 그 말은 동시에 내게는 몇 번의 토론회를 거쳐 연습할 기회가 없다는 뜻이기도 했다. 사람들은 선두주자인 내가 잘해낼 수 있을지 주시할 텐데 거기서 망쳐버리면 두번 다시 기회가 없을지도 모른다.

나는 고등학교 때 토론팀에 있었지만 무대에 6명이 올라와 무슨 주제가 나올지 모르는 상황에서(각 질문에 대답할 시간은 1분밖에 안 된다) 준비하는 연습을 하려니 달에서 거꾸로 걷는 법을 배우려고 애를 쓰는 기분이었다.

토론회는 1000명 정도 규모의 강당에서 했는데 객석은 입추의 여지도 없이 꽉 차 있었다. 그날 밤 거기 도착했을 때 강당 밖에 엄청나게 많은 사람이 모여 팻말을 흔들면서 큰 소리로 그들이 지지하는 후보를 응원하고 있었다. 나는 다른 후보를 지지하는 팻말을 들고 있는 사람들까지 포함해 거의 모든 사람과 악수했다. 마치 큰 파티가 열린 듯했다.

큰 무대에 올라가니 조명이 어찌나 환했던지 보이는 거라곤 다른 후보들밖에 없었다. 패널로 앉아 있는 대학생들이 질문을 하기 시작했는데 예상했던 것도 있었고(가족계획에 찬성하나요? 그래요!) 뜻밖의 질문도 있었다.(슈퍼히어로가 될 수 있다면 어떤 슈퍼히어로가 되겠어요? 음…… 원더우먼! 진실의 올가미를 마다할 사람이 어디 있겠어요?) 그리고 자칫 잘못 대답했다가는 뉴스에 나올 만한 질문도 있었다.(음주운전을 한 적이 있습니까? 아뇨.)

그리고 짙은 색 재킷을 입은 청년이 한 질문도 있었다. 그 학생은 스콧 브라운 후보가 법대 학비를 벌기 위해 『코스모』 잡지의 모델로(사실 스콧 브라운은 1982년 "미국에서 가장 섹시한 남자"로 뽑혀서 『코스모』지에 누드 사진이 실린 적이 있다) 사진을 찍은 사실을 지적하는 걸로 질문을 시작했다. 그리고 그 학생이 우리에게 질문했다. "당신은 어떻게 학비를 마련했나요?"

내 차례가 됐을 때 나는 농담을 했다. "음, 저는 옷은 입고 있었습니다." 그리고 내가 생각하기에 진짜 중요한 점을 말했다.

> 저는 학자금 융자를 받았어요…… 정부에서 재정적으로 지원을 많이 해줘서 학비가 쌌던 국립대에 갔고 아르바이트를 해서 충당할 수 있었죠.

나는 학자금 대출에 대해 말할 기회가 생겨서 기뻤다. 대학 등록금은 천정부지로 오르고 있었고, 점점 늘어만 가는 그 부담을 가족이 짊어져야 했다. 많은 사람이 학자금 대출로 인한 빚이 쌓여가면서 버거워하고 있었다. 나는 정부가 교육을 받고 싶어하는 사람들을 돕기 위해 더 많은 일을 하길 바랐다. 이 문제에 대해 이야기할 시간이 더 많았으면 했다. 1분으론 부족했다.

이틀 뒤 브라운 의원이 지역 라디오 프로그램에 출연했다. 진행자가 브라운 의원에게 내가 한 농담에 대해 물었고 둘의 대화는 이렇게 놀라운 방향으로 흘러갔다.

> 진행자   엘리자베스 워런 후보가 자신은 옷을 벗지 않았다고 한 말에 공식적으로 대응하셨나요?
>
> 브라운   (웃으면서) 아이고.
>
> 진행자   (웃으면서) 저도 그 말을 듣고 이렇게 말했죠. "이봐요, 미남이 그렇게 하고 싶다는 걸 비난할 수 있나요?"
>
> 브라운   그게 말이죠. 결국 이 주장의 요지는 저는 하버드에 안 갔다는 겁니다.

정말? 그게 요지란 말인가? 내가 보기에 이 두 사람의 대화는 남자끼리 탈의실에서 하는 바보 같은 농담으로밖에 들리지 않았다. 하지만 이런 바보 같은 농담에 질린 여자는 많았다. 내 친구 한 명은 이렇게 말했다. "이제 제발 좀 그만하라고 해! 그런 농담을 들을 때마다 우리가 불평하면 남자들은 이렇게 말하지. '맙소사, 농담한 거 가지고 뭘 그렇게 정색하냐고? 더 이상 못 참겠어.'" 전미여성기구가 브라운 후보에게 매사추세츠 주 여성들에게 사과하고 후보직을 사퇴하라고 요구했다.[7]

일부 언론은 브라운의 농담이 이 선거에서 "첫 번째로 나온 중요한 실수"라고 썼다.[8] 알고 보니 브라운을 이어 내가 두 번째 타자로 그런 실수를 저지르게 됐다.

중대한 실수, 실수, 실수…

10월 초 어느 화창한 아침 나는 카운터 하나와 테이블이 한 다스 정도 있는 전통적인 식당인 매케이에서 아침을 먹으며 하루를 시작하기 위해 퀸시로 향했다. 상원의원인 존 키넌이 그 식당의 손님들을 내게 소개해줬고, 나는 아장아장 걸어다니는 한 아이에게 팬케이크를 먹여주면서 그 아이의 조부모와 이야기를 나눌 기회가 있었다.

우리 캠페인의 커뮤니케이션 담당자인 카일 설리번도 같이 왔다. 나는 운 좋게 카일을 우리 팀으로 데려올 수 있었다. 카일은 쾌활하고 느긋한 성격에 매사추세츠의 기자들은 다 알고 있었다.[9] 카일이 이 식당에서 『데일리 비스트』지의 새뮤얼 제이컵스 기자와 만나기로 약속을 잡아놨다. 우리 셋은 조그만 테이블에 앉아 20분 정도 흥미로운 대화를 나눴다.

COP와 소비자 보호 기관에서 일할 때 나는 대형 은행들이 저지른 일에 대해 책임을 져야 한다는 주제로 언론사 기자들과 이야기를 많이 했다. 대개의 인터뷰는 한동안 지속됐고(가끔 30분 혹은 그 이상) 그런 대화에서 여러 의견을 나누면서 가끔 심도 있는 토론을 하기도 했다. 그래서 나는 항상 하던 방식대로 『데일리 비스트』 인터뷰에 임했다. 즉 어떤 주제든 기자가 흥미로워하는 것에 대해 활기찬 대화를 나누리라 예상한 것이다.

그해 가을 월가 시위(2011년 빈부격차 심화와 금융 기관의 부도덕성에 반발하면서 미국 월가에서 일어난 시위—옮긴이)가 절정에 달해 있었고 그에 가세한 보스턴 시위도 각 신문의 헤드라인을 장식하고 있었다. 그래서 제이컵스 기자와 나는 월가에 대한 이야기에(고질적인 책임 회피 풍토, 국민의 격노, 변화의 필요성) 많은 시간을 할애했다. 나는 소비자 보호 기관과 그곳에서 일으키고 있는 변화에 대해 이야기했다. 제이컵스 기자는 내 이야기에 정말 관심이 많은 듯 보였고 카일은 좋은 인터뷰였다고 말했으며 나도 그렇게 생각했다.

나는 식당 손님들에게 인사하고, 그 꼬마 아이에게 손을 흔들어준 뒤 다음 행사로 향했다.

열흘 정도 지난 뒤 『데일리 비스트』의 '워런이 월가 시위가 자신의 작품이라고 하다'라고 뽑은 요란한 헤드라인을 보고 깜짝 놀랐다. 그 헤드라인 밑에 나온 기사에 우리 오빠인 데이비드가 한 말도 인용돼 있었다. "엘리자베스는 레즈비언이 아닙니다."[10]

그 기사를 보고 처음 든 생각은 기자가 일흔 살 먹은 우리 오빠에게 전화를 했단 말이야? 왜? 이어서 이런 생각이 들었다. 난 한 남자와 31년 동안 행복하게 잘 살고 있는데 왜 내가 레즈비언인지 아닌지 떠들고 있는 거지? 그리고 내가 레즈비언이라 해도 그게 무슨 상관인데?

다시 1분 뒤에 또 다른 생각이 갑자기 떠올랐다. 분명 월가 시위가 내 작품이라고 내가 말했다는 헤드라인은 사실이 아니다. 대체 무엇 때문에 내가 그런 말을 하겠는가? 선거 유세를 하다가 만난 사람들이 내게 월가 시위와 관련된 활동들에 대해 물었을 때 그들이 느끼는 좌절과 불만은 이해하지만 난 그 시위와 아무런 관계가 없다고 말했는데.

나는 카일에게 전화했다. 분명 뭔가 착오가 있었던 게 분명해, 그렇지? 카일은 이런 문제가 생길 경우를 대비해 대부분의 인터뷰를 녹음해뒀다. 하지만 카일은 이미 그 기사를 보고 확인을 해놓았다. "그 문장이 인터뷰에 들어 있어요."

엥, 뭐라고?

카일의 말이 맞았다. 그 말이 내 인터뷰에 들어 있었다. 믿을 수 없지만 난 이렇게 말했다. "난 사람들이 '월가 시위'에서 한 일의 지적인 토대를 만들었습니다." 난 오랫동안 그 문제들을 해결하기 위해 노력했고 은행이 서민들에게 한 짓에 정말 화가 난다는 말을 하려고 했었다. 하지만 기자가 나의 그런 의도를 살리지 않은 것이다.

난 정말 아주 창피했다. 신문에 실린 내 말은 지나치게 과장되고 거만하게 들렸다. 그 말은 내가 참여도 하지 않은 시위의 공을 가로채려고 하는 것처럼 들렸다. 진짜 나는 무인도에서 헤매고 있는 동안 외계인이 내 몸에 들어와서 그런 바보 같은 소리를 한 게 아닌가 하는 생각까지 했다. 정계에 뛰어드는 사람들은 다 이렇게 바보가 되는 건지 아니면 나만 그런 건지도 궁금했다. 나는 담요를 둘러쓰고 다시는, 다시는 밖에 나가고 싶지 않았다.

나도 그 시위자들처럼 금융위기와 월가에 미친 듯이 화가 나지만 월가 시위자들은 자기들만의 방식으로 그 시위를 조직한 것이다. 나는 그 말에 대한 질문을 받을 때마다 항상 그 말을 철회하려고 애썼다. 하지만 이미 엎질러진 물은 주워 담을 수 없는 법이다.

그 인터뷰에서 나는 뼈아픈 교훈을 얻었다. 언론사와 인터뷰하는 예전의 방식(오랫동안 활기차게 대화하면서 토론하는 방식)은 끝났다. "전문가"로서 인터뷰를 하는 것과 "후보"로서 인터뷰하는 것은 하늘과 땅 차이다. 게임 자체가 바뀐 것이다.

　나는 미국에서 현재 일어나는 잘못된 일들과 그것을 바로잡을 수 있는 방법에 대한 캠페인을 하고 싶었지만 그러기 위해서는 말조심을 해야 한다는 교훈을 얻었다. 나는 이 경쟁에 뒤늦게 뛰어들었는데 한마디라도 잘못하면 압류 위기나 끊임없이 오르는 대학 등록금이 문제가 아니라 그 말실수로 발목이 잡히리라는 걸 깨달았다.

　처음에 주변 사람들에게 출마하겠다고 이야기를 꺼냈을 때 많은 사람이 이렇게 말했다. "선거 컨설턴트들이 하는 말만 듣고 널 바꾸려고 하지 마." 그러면 난 항상 그런 일은 일어나지 않을 거라며 안심시켰다. 하지만 좋든 싫든 나는 변해야 했다. 컨설턴트 때문이 아니라 바보 같은 실수로 얼마나 큰 대가를 치를 수 있는지 이해가 되기 시작했기 때문이다. 원래 나라는 사람의 정체성이나 내가 싸우는 대상을 바꾸진 않겠지만 지금은 싸우는 링 자체가 다르다. 새 규칙들을 빨리 배워야 했다.

　그리고 조심해야 할 이유가 또 있었다. 공화당에서 날 따라다니는 비디오 카메라맨을 고용했다. 이른바 추적자라고 하는 이 사내는 덩치가 큰 남자로 가능한 한 모든 곳에서 카메라로 날 찍으며 따라다녔다. 거리에서 내가 사람들과 이야기하는 모습, 우리 팀 직원에게 화장실이 어디 있냐고 물어보는 모습, 주차장을 걸어가면서 코를 푸는 모습까지 다 찍었다.

　어떤 행사가 끝나고 나는 지지자와 우리 팀원들에게 고맙다는 인사를 하고 갔다. 브루스와 같이 차에 타고 난 후에 브루스가 날 안고 키스를 했다. 내가 막 긴장을 풀기 시작했을 때 브루스가 소리를 질렀다. "추적자다!" 우리는 차에서 키스하다 들킨 고등학생들처럼 화들짝 놀랐다.

브루스와 나는 나중에 그 사건에 대해 농담했다. "밖에 나가서 뽀뽀 한번 할까?" 하지만 매번 집 밖에 나올 때마다 긴장이 되는 건 어쩔 수 없었다.

이제 난 변해야 했다. 지금부터는 말 한 마디 한 마디를 신중하게 해야 했다. 문제는 내가 그럴 수 있을지 확신이 들지 않는다는 것이었다.

프레이밍햄 집회

—

『데일리 비스트』 기사가 나온 이튿날인 10월 25일 우리는 자원봉사자들을 조직하기 위한 첫 번째 모임을 가졌다. 내가 뭘 예상했는지는 나도 모르겠다. 우선 우리의 새 캠페인 팀은 월가 시위에 대해 내가 한 바보스런 말 때문에 기자들이 퍼붓는 쓰나미 같은 질문에 혼이 나간 상태였다.

우리는 첫 자원봉사자 모임 장소로 보스턴이나 스프링필드가 아닌 보스턴에서 20마일쯤 서쪽에 있는 프레이밍햄 읍을 골랐다. 선거일까지 아직 한참 남아서 자원봉사자가 얼마나 많이 올지 몰랐으며 큰 기대는 하지 않기로 했다.

나의 특별 고문인 더그 루빈이 이 행사를 조직했다. 더그는 매사추세츠 주지사 데벌 패트릭의 캠페인을 도왔고 그 후 주지사의 비서실장으로 근무했다. 더그는 우리 캠페인을 아주 훌륭하게 이끌었다. 더그는 자원봉사자들을 위해 공개 행사를 여는 게 좋은 생각이라고 확신했고 나는 이 행사를 조직한 더그의 판단과 상식을 믿었다.

하지만 행사가 시작되기 30분 전 근처에 있는 맥도널드에서 칼로리 폭탄을 입에 우겨넣으면서 나는 심각하게 다시 생각하기 시작했다. 만약 아무도 안 오면 어떡하지? 내가 한 바보 같은 말실수로 이 행사를 망쳤다고 꽤 확신하고 있었다. 이제 와서 되돌리기엔 너무 늦었기 때문에 더그에겐 아무 말도 하지 않았다. 그냥 미소나 짓고 있는 게 낫지.

모임은 프레이밍햄 주립 대학 강당에서 열렸다. 사람들이 강당에 들어오기 시작했을 때 나는 강당 앞문 근처에 서서 그들을 맞았다. 젊은 사람이 아주 많았다. 이곳이 대학이니 그건 놀라운 일이 아니었다. 하지만 노인도 많이 왔다. 아이들과 같이 온 가족들도 있었다. 정식 군모를 쓰고 온 참전 용사들도 있었고, 보행 보조기에 의지해서 온 사람도 몇 명 있었다. 팔에 깁스를 한 중년 남자도 한 명 있었다. 엄마와 딸들도 왔다. 자매들도 왔다.

과거에 이런 정치적인 행사에 참여한 경험을 말해준 사람이 많았다. "1994년 테드 케네디 의원 캠페인에 참여했어요." "2년 전 마사 코클리가 스콧 브라운을 상대로 출마했을 때 자원봉사를 했어요." "남편과 저는 패트릭 주지사가 처음 출마했을 때 그분과 같이 커피를 마셨어요."

자원봉사를 하게 될지 확실하진 않지만 내 연설을 듣고 싶어서 왔다는 사람들도 있었다. 자신은 어느 정당도 지지하지 않는다는 사람들도 있었고, 몇 명은 자신이 공화당원이라고 밝히기도 했다.

하지만 이런 말을 한 사람이 많았다.

"난 한 번도 정치에 참여해본 적이 없어요."

"이게 처음이에요."

나도 그렇다.

들어오는 사람이 점점 줄었을 때 나는 돌아서서 무대로 걸어가다가 강당이 다 찼다는 걸 깨달았다. 강당 안에는 몇백 명이 모여 있었는데 의자가 없어서 가장자리에 서 있는 사람도 많았다. 나는 경악해서 헉 숨을 들이켰다. 그냥 하는 말이 아니라 정말 그랬다.

난 무척 신이 나서 무대로 뛰어올라가 내 휴대전화 카메라로 자원봉 사자들을 다 찍고 나서 그날 밤 늦게 트위터에 올렸다. 그 사진이 인터 넷에 돌아다녔다. 며칠 뒤 한 블로거가 이렇게 썼다. "이건 총선 13개월 전의 상원의원 후보 집회가 아니라 대통령 선거 막바지에 모인 자원봉 사자 모임 같네."[11]

그날 밤 내가 본 사람들의 관심과 열정에 감동했다. 나는 이제 막 캠 페인을 시작했는데 수백 명의 사람이 모인 것이다. 이렇게 춥고 어두운 밤에 이 많은 사람이 팻말을 들거나 전화를 하거나 사람들의 집을 찾 아다니며 선거운동을 하겠다며 와서 양식을 채우고 있었다. 이 사람들 은 돈을 받고 캠페인을 돕는 게 아니다. 대부분은 직장에 다니고 돌봐 야 할 아이들도 있으며 갚아야 할 주택 대출금과 그 밖에 해야 할 일 이 산더미처럼 쌓인 사람들이다. 하지만 그들이 여기에 온 이유는 이 선거가 그들에게 중요하기 때문이다.

나는 이렇게 많은 자원봉사자가 와줘서 신나기도 하는 한편 걱정이 되기도 했다. 내가 이들을 실망시키면 어떻게 하지? 내가 할 일은 이 선 거에서 이기는 것인데 『데일리 비스트』지와의 인터뷰로 망쳐버렸다. 이 사람들이 비를 철철 맞으면서 날 지지하는 팻말을 들고 주말도 포 기해가면서 사람들 집을 찾아다니며 지지해달라고 호소하고, 내게 희 망을 걸면 어떻게 하지? 이들이 날 위해 진정으로 희생했는데 내가 지 면 어떻게 하냐고?

선거운동 후반에 나는 지하철역에서 한 대학생과 우연히 만났다. 브루스와 나는 몰래 빠져나가 영화를 보기로 했다. 우리는 지하철을 타고 보스턴 시내에 있는 큰 극장에 가서 영화를 보고, 이탈리아 식당에서 저녁을 먹었다. 집으로 출발했을 때는 거의 밤 11시가 다 된 시각이었다. 우리는 늦게 귀가하는 다른 승객 몇 명과 함께 지하철을 기다리며 플랫폼에 서 있었다.

헐렁한 양복을 입고 어깨에 배낭을 멘 마른 청년(사실 소년에 가까웠다) 한 명이 날 보더니 미소를 지었다. 1분 뒤 그 청년이 우리에게 왔다.

"엘리자베스 워런 씨 아니에요?"

그 학생은 매사추세츠 중부 출신으로 그의 식구 중에서 그가 처음으로 대학에 갔다. 그 학생은 보스턴에 있는 학교를 다니고 있었고 학교를 아주 좋아하지만 항상 돈 걱정에 시달린다고 말했다. 그는 학비를 최대한 벌기 위해 학기 중에도 풀타임으로 직장에 다니며 여름방학에는 투잡을 뛴다고 했다. 지하철을 기다리면서 우리는 학자금 대출, 대학에 대한 정부 투자가 줄어드는 것과 등록금 인상에 대해 이야기를 나눴다. 마침내 그 학생이 사진 한 장 찍어도 되느냐고 물었다. 브루스가 그 학생의 휴대전화로 나와 학생의 사진을 찍어줬다. 그 학생은 생긋 웃고 나서 걷다가 되돌아섰다.

"전 매달 당신에게 후원금을 보내고 있어요. 그리고 후원금을 더 내려고 일을 더 많이 하고 있어요."

그 말을 듣자 마치 가슴에 비수가 꽂힌 듯했다. 맙소사, 이 아이는 토요일 밤에도 거의 11시까지 일하는데 그런 아이가 내게 돈을 보내고 있다고? 난 희미하게 미소를 지으며 이런 말을 했다. "어, 우리 선거운동은 그럭저럭 잘하고 있어요. 후원금은 안 보내도 돼요. 난 괜찮을 거예요. 정말이에요."

그 학생이 내 얼굴을 똑바로 쳐다봤다. "아니에요. 저도 이 선거에 참여하고 있어요. 이건 내 싸움이기도 해요."

그게 바로 정답이었다. 이건 단지 내 선거가 아니었다. 내 이름을 걸고 있긴 하지만 이 사람들은 날 위해 자원봉사를 하고 선거 자금을 기부하고 있는 게 아니었다. 이들은 나보다 훨씬 더 큰 것을 지지하고 있었다. 미래에 함께 투자하면 우리가 훨씬 더 잘 살게 되리라는 말을 했을 때 이 사람들은 그게 사실이라는 걸 알고 있었으며 그렇게 살고 있었다. 그들은 미국이 지금보다 훨씬 더 좋은 나라가 될 수 있으며 나만큼이나 그렇게 되길 원하고 있었다. 그리고 그들은 더 나은 미래를 실현하기 위해 최선을 다할 것이다.

이건 내 싸움이기도 해요. 그 학생의 말을 떠올릴 때마다 여전히 소름이 돋는다.

투자할 가치가 있다

가을이 쏜살같이 지나가던 중 나는 계속해서 정치와 강의에 시간을 양분하면서 지내고 있었다. 학기 말이 됐을 때 강의를 그만하고 선거운동에 전력을 다하기로 했다. 그해 가을 후반부터 어쩌면 이번이 내 마지막 수업이 될지도 모른다는 생각이 들기 시작했다.

시원섭섭한 감정이 들었다. 물론 나는 다가올 선거에 대비하고 있었고 이기고 싶은 마음도 컸다. 하지만 상원의원이 된다면 강의실이 무척 그리울 것이다. 나는 분필을 손에 쥐고 학생들의 머릿속에서 반짝반짝 전구들이 켜지는 순간을 지켜보는 게 정말 좋았다. 너무 너무 너무 좋았다. 난 아주 어렸을 때부터 학생들을 가르치는 게 꿈이었다. 그런 교직을 떠나는 일은 힘들 것이다.

그러나 나는 공직에 출마하는 것이 때로는 끔찍한 일임을 알아가기 시작했지만 동시에 아주 사적인 경험들을 하기도 했다. 카메라를 향해 미소 짓거나 많은 사람을 상대로 연설할 때가 아니라 뜻밖에 그런 순간이 찾아들 때가 있다. 어느 날 나는 아이스크림 가게에서 둘 다 자폐 판정을 받은 두 아들의 엄마와 같이 앉아 있었다. 잘생긴 두 아이는 몹시 활동적이라 언제라도 의자에서 벌떡 일어설 준비가 돼 있었다. 아이들이 아이스크림을 먹는 동안 엄마는 본능적으로 한 아이의 손을 잡고 또 한 아이에게서 눈을 떼지 않고 있었지만 그런 와중에도 계속 나에게 열심히 호소하고 있었다. 제발, 제발 자폐증 연구에 정부가 더 투자할 수 있게 도와주세요. 그 엄마가 말했다. "조금만 더 하면 성과가 나올 수 있어요."

아이들 엄마의 말이 옳았다. 자폐증, 알츠하이머, 당뇨, 암과 같이 과학은 한 세대 전에는 꿈만 꿨던 그런 놀라운 속도로 발전하고 있다. 이제 수백만 명의 삶을 바꿔놓게 될 발견이 눈앞에 다가왔다. 게다가 연구 분야에 투자한 돈은 여러 사업이 개발될 수 있는 기회를 낳는다. 나노 테크놀로지, MRI, 광섬유, GPS, 암 탐지와 같이 연방 정부가 지원하는 연구 덕분에 미국의 사업체들이 강력한 경쟁력을 가지고 세계 시장을 선도할 수 있었다.[12] 의료 연구 분야도 재정적으로 아주 건실한 투자처다. 기초의학 연구에 투자한 100달러가 새로운 사업활동으로 221달러를 벌어들이고 있는 것으로 추산됐다.[13] 의학 연구로 국민이 더 건강해지면서 돈도 두 배로 벌게 되는 것이다. 그것이야말로 더 강한 미래를 건설하는 방법이다.

미국은 전략적으로 반세기 이상 과학에 투자해왔다. 하지만 현재 국내총생산 대비 정부의 연구 부문 투자는 내가 성장할 때와 비교해서 절반으로 줄어들었다.[14] 절반이라고! 난 지금은 그 어느 때보다(수많은 발견이 정점인 상태에서) 연구 부문의 투자를 늘려 박차를 가할 때라고 생각한다.

남해안에서 한 집회가 끝난 뒤 50대의 한 매력적인 여자가 내게 키크고 잘생긴 그녀의 남편을 소개시켜줬다. 알츠하이머에 남편을 잃어가는 그녀는 나에게 알츠하이머 연구에 더 많은 투자를 해달라고 호소했다. 그녀는 또한 남편을 돌봐주는 주간 케어 시설이 정부 예산 삭감으로 인해 문을 닫을까봐 우려하고 있었다. 그녀는 직장에 계속 다니면서 사랑하는 남편과 집에서 좀더 오래 지낼 수 있기를 바랐다.

그녀의 말도 맞았다. 집에서 남편이 아내와 같이 살 수 있도록 하면서 그녀가 계속 일을 하는 것이 경제적으로도 합리적이고 그런 이유만으로도 충분히 싸울 만한 가치가 있다. 하지만 그녀의 이야기는 훨씬 더 중요한 부분을 건드렸다. 알츠하이머에 걸린 남편을 위해 싸우거나 어린 두 아들을 위해 싸우는 것은 또한 우리의 기본적인 인간애에 관한 문제이기도 했다. 우린 대체 어떤 사람인가? 우리가 공통적으로 중요하게 생각하는 가치는 무엇인가? 많은 공화당원은 의료 연구 부문 예산이 또다시 삭감되고 환자들을 돌보는 시설이 정부의 지원을 받기 위해 끝도 없이 기다리는 동안 거대 정유 회사와 해외에 자금을 은닉하는 대기업들에는 수십억씩 감세를 해도 괜찮다고 생각하고 있다. 하지만 그런 선택에는 미국인들이 중요하게 생각하는 가치가 반영되어 있지 않다.

한 엄마와 한 아내가 사랑하는 이들을 위해 싸우고 있었고, 나는 그들과 같이 싸울 기회가 주어지길 원했다. 정말 그런 기회가 오길 아주 간절히 원했다. 나는 사람들에게 이런 정책 싸움 하나하나는 또한 매우 사적인 싸움이라는 걸 일깨워주고 싶었다. 우리가 과학 연구 분야에 투자하기로 선택할 때마다 한 번에 한 사람씩 수백만 명의 삶이 영향을 받는다.

직업 역시 매우 개인적인 문제다. 한 건설공사 현장에서 내가 거기서 일하는 노동자들에게 한 공사를 마치고 다음 공사를 하기까지 보통 얼마나 쉬는지 물어봤다. 체구가 큰 50대 중장비 기사 한 명이 11개월 동안 일 없이 살아가는 삶이 어떤 건지 말해줬다. "난 매일 일을 찾으러 밖에 나가요. 어디 가면 일이 있다는 소문이나 정보는 다 쫓아가보지만 없어요. 정말 하나도 없죠." 그는 자식들에 대한 이야기도 했다. 장남이 대학을 가고 싶어한다고, 그리고 아내가 지금 일하는 식당에서 근무 시간을 늘리려 애쓰고 있다는 말도 했다. 다른 노동자들도 자신의 사연을 보탰다. 그들은 17개월, 6개월, 9개월씩 일이 없어서 쉬었다고 했다. 그들은 실직자로 사는 게 얼마나 힘든지 말했다. 처음에 이야기했던 체격이 큰 남자가 말했다. "난 집에 앉아서 생명보험이 얼마나 나올지 생각해본 적이 있어요. 내가 그냥 죽어버리면 우리 식구 형편이 지금보다 더 나아지려나?"

그는 평생 성실하고 정직하게 살았으며, 경제를 망치는 결정을 내린 사람들은 그가 아니라 다른 이들이었다. 그는 특별대우를 바라는 것도 아니었다. 그저 열심히 노력하면 성공할 가능성이 있길 바랐다.

오랫동안 나는 그 체격이 큰 중장비 기사, 그 두 아이, 치매에 걸린 그 남자를 생각하느라 밤잠을 이루지 못했다. 그들에 대한 책임감에 가슴이 무거워지는 걸 느꼈다. 그 어느 때보다 나는 간절하게 이 선거에서 이기고 싶었다. 그들을 위해 싸울 기회를 갖고 싶었다.

난 여자다

선거 초반 몇 달 동안 기자들이 같은 질문을 다양한 방식으로 물어봤다. "여자 후보로 출마하니 어떤가요?"

나는 그때마다 항상 부드럽게 미소를 지었지만 사실 그 질문이 끔찍하게 싫었다. 스콧 브라운에게 남자 후보로 출마하니 어떻냐고 물어보는 사람은 한 명도 없을 것이다.

그 질문에 숨겨진 의미는 잘 알고 있다. 매사추세츠에서 상원의원이나 주지사로 당선된 여자는 한 명도 없었다. 그리고 이곳의 많은 사람이 여자는 상원의원이나 주지사로 선출될 수 없다고 생각하고 있었다. 이 질문에는 사실 이런 노골적인 뜻이 숨어 있었다. 현실을 직시하세요. 이런 큰 정치판은 남자들의 게임이랍니다.[15]

선거 초반에 나는 선거에 출마하는 문제를 놓고 몇 명의 여자에게 조언을 청했다. 그중 한 명이 에밀리스 리스트(임신 중절 합법화를 찬성하는 여자 민주당 후보들이 선출될 수 있게 돕는 것을 목표로 하는 미국의 정치 조직—옮긴이)의 정력적인 회장인 스테퍼니 슈리억이었다. 스테퍼니는 여성들에게 공직에 출마하라고 설득하는 데 많은 시간을 보내고 있으며, 내가 출마하기로 결정한다면 선거 유세 내내 도와주겠다고 약속했다. 그녀는 내가 이 선거에 뛰어들길 원했지만 이 싸움이 얼마나 힘들지에 대해서는 사탕발림으로 얼버무리지 않았다. 그녀가 한 말 중에 한마디가 가슴에 남았다. 우리는 시도해야 합니다. 한 여자가 선거에 출마하면 다음번 여자가 훨씬 더 쉽게 출마할 수 있고 그런 식으로 여자들이 승리하게 될 것이란 말이었다.

지난여름에 미 상원의원인 패티 머리와도 출마 문제로 이야기를 나눴다. 나는 패티에게 내가 상원의원이 되기에 부족한 점들을 계속 열거하고 있었다.

몇 분 정도 듣던 중 패티가 내 말을 잘랐다. "아, 제발이지 그만해요." 그러고는 패티가 여자들은 항상 자기가 부족한 이유들을 생각한다고 말했다. 하지만 남자는 절대로 자기에게 공직을 수행할 능력이 있는지 묻는 게 아니라 선거에 이길 정도로 자금을 모을 수 있는지 그걸 물어본다고 했다.

흠.

난 맨디 그룬월드와도 이야기를 해봤다. 맨디는 공직에 출마한 많은 여자와 일했고 이번에 내 미디어 컨설턴트로 합류했다. 그녀는 여자들을(남자들도 마찬가지로) 선거에서 승리하게 만드는 방법에 대해 아마 이 지구상 최고의 전문가일 것이다. 그녀는 초반에 공적인 생활에 대한 몇 가지 사실 중 하나를 설명했다. "여자들이 공직에 출마할 때마다 항상 일어나는 일이에요. 사람들은 언제나 그녀의 외모를 먼저 언급하고 나서 그녀가 한 말에 대해 이야기하죠."

난 그 점을 극복하려고 애썼지만 매번 내 외모에 대한 언급으로 시작되는 보도를 볼 때마다 움찔하고 놀랐다. 내가 출마 선언을 한 다음 날 한 재치 있는 기자가 내가 "진주 목걸이만 걸쳤다면 육성회 회장으로 보였을 것이다"라고 기사에 썼다.[16]

아이고, 맙소사. 내 안경이나 헤어스타일에 대해 재치 만발한 말을 하실 분 또 안 계십니까?

누구의 아이들?

―

나는 여유 시간이 생길 때는 공부하는 데 썼다. 새로운 일자리 수나 이란의 최근 상황에 대한 정보를 숙지하려고 노력했다. 가네시가 하버드 법대 교수직을 휴직하고 내 선거운동의 정책국장을 맡았다. 선거 유세 행사와 모금 행사들 사이사이에 잠깐씩 짬을 내서 가네시가 내게 정책 브리핑을 해주고 전문가들을 섭외해서 에너지 정책이나 의료 정책, 선진 제조업에 대한 미니 과외를 받게 했다. 매들린 올브라이트(전 국무부 장관―옮긴이)가 도와주러 와서 하루 동안 전 세계에서 일어난 문제들에 대해 가르쳐줬다. 마치 교실로 되돌아간 것 같았는데 이번에는 내가 학생이 됐다. 나는 뇌가 수천 개의 방향으로 잡아당겨지는 듯한 느낌이 들었다.

나는 잠을 덜 자고, 밥도 덜 먹고, 일은 더 많이 했다.

선거운동의 일부는 내 이야기를 하는 것이었다. 처음에는 조금 웃기기도 했다. 나는 몇 년 동안 중산층 가족들이 겪는 스트레스에 대해 이야기해왔다. 하지만 좀처럼 오르지 않는 월급과 위험한 대출금과 수백만 명의 삶에 영향을 미치는 경제적 문제들에 대해 이야기하는 것과 나와 내 가족에 대해 이야기하는 건 완전히 다른 차원의 일이었다. 시간이 점점 흐르면서 나는 내 배경을 설명하고 내가 어떻게 여기까지 오게 됐는지 이야기하는 게 사람들의 심금을 울린다는 걸 알게 됐다. 건물 정비원의 딸이 지방대를 졸업해서 결국 하버드 교수까지 된 이야기 말이다.

내가 대학교 한 학기 학비로 50달러를 냈다고 말하자 헉 소리를 내며 놀라는 사람들도 있었지만 많은 사람이 고개를 끄덕였다. 내가 이야기해본 사람들은 거의 다 젊은이들에게 대학 교육을 받을 기회를 줘야 한다는 점에는 동의했지만 교육 부문의 정부 지원은 줄어들고 있었다. 현재 아이 한 명을 대학에 보내는 비용은 아이의 부모가 한 세대 전에 냈던 비용과 비교해서 세 배나(인플레이션을 감안해서 조정한 수치) 높았다.[17] 미국은 한때 나 같은 젊은이들에게 투자했지만 이제 그런 기회는 사라졌다. 적어도 중산층이 감당할 수 있는 그런 비용은 아니다.

어느 날 오후 나는 남해안에 있는 작은 마을의 어느 집 식당에서 이야기를 하고 있었다. 식탁 의자들을 방에서 치우고 한 20명 정도 되는 사람들이 모여서 식탁 주위나 벽에 기대 서 있었다. 그들이 입고 있는 제복과 워크셔츠로 봐서 몇 명은 근무가 끝나자마자 온 게 분명했다. 몇 명이 데려온 아이들은 거실에서 볼륨을 낮춘 텔레비전을 보고 있었다.

나는 미국인을 위한 기회를 만들고 우리의 모든 아이를 위한 미래를 만들자는 이야기를 했다. 질문을 받기 시작했을 때 대화는 좀더 활기를 띠었다. 우리는 콩나물 교실과 단지 소수의 아이들이 아니라 모든 아이를 위해 좋은 일거리를 만드는 경제를 구축하려면 무엇이 필요한지를 놓고 이야기를 나눴다. 우리는 왜 우리 아이들에게 안전한 환경과 의료보험이 필요한지 이야기했다.

사람들이 떠나기 시작했을 때 60대 남자 한 명이 나에게 다가왔다. 그 사람은 비쩍 마른 데다 피부가 밖에서 오래 일한 사람처럼 거칠었다. 그 사람은 베트남 참전 용사가 쓰는 군모를 쓰고 있었는데 오른쪽 챙이 해져 있었다. 아마 그곳을 100만 번도 넘게 잡았을 것이다.

그의 얼굴엔 미소가 없었고 목소리에는 아무 감정이 실려 있지 않다. 나는 이 사람이 왜 왔는지 단서를 찾으려고 애썼다. 내게 반감이 있는 걸까? 모를 일이었다.

"아, 미래를 만들자는 이야기를 하던데. 하지만 트랜스젠더는 어쩌고?[18] 그 아이들은 어쩔 거야?" 이제 그 사람은 무지하게 화가 나 보였다.

어머나. 이런 날벼락이 있나. 이제부터 한 판 붙기라도 할 것 같아 본능적으로 몸을 움츠리고 싶은 충동이 들었다.

하지만 단호하게 말했다. "우린 우리의 모든 아이를 위한 미래를 만들 겁니다. 거기엔 당연히 트랜스젠더 아이들도 포함되죠. 하나도 빠짐없이 모든 아이를 위한 미래."

그는 한동안 내 눈을 보다가 말했다. "그래야지."

그는 이어서 성인이 된 아들이 있는데 트랜스젠더라고 설명했다. "당신은 내 아들놈이 어떤 지옥을 겪고 있는지 상상도 못 할 거요. 난 그 아이들을 위해 물러서지 않고 싸워줄 사람을 원해요."

나는 긴장을 풀었다. 우리의 모든 아이를 위한 미래. 이것은 내게 준비된 싸움이었다.

칼 로브 없이 캠페인을 한다는 것
—

11월에 칼 로브가 선거에 뛰어들었다. 칼 로브와 그의 슈퍼팩Super PAC(정치행동위원회―옮긴이), 미국의 갈림길과 자매단체인 크로스로드 GPS는 그들이 판단하기에 약한 민주당원들을 목표로 삼고 있었는데 그중에 내가 제일 만만해 보이는 모양이었다. 2012년 상원의 다수당이 어느 쪽으로 넘어갈지 아무도 예측할 수 없는 상황이었고, 공화당은 스콧 브라운을 계속 그 자리에 앉혀두기 위해 전력을 다하고 있었다.

로브는 미국에서 가장 약삭빠른 정치적 수완가 중 한 명이다. 그는 조지 W. 부시 대통령이 두 번이나 당선되는 데 주도적인 역할을 했고 그 후로 (『워싱턴 포스트』지에 글을 쓰는 블로거에 따르면) 거짓말과 왜곡으로 가득 찬" 광고들을 만들어 명성을 날리고 있었다.[19] 로브에게 자금을 대고 있는 사람들은 밖으로 드러나지 않기 때문에[20] 크로스로드 GPS는 거짓말을 하다 들켜도 창피한 시늉조차 하지 않았다. 이들은 끝도 없이 사람들을 속였고 이기기 위해서라면 언제든 거짓말과 사기를 칠 준비가 된 듯했다.

선거가 치러지기 1년 전에 로브 그룹이 날 공격하는 광고 두 개를 시작했다. 첫 번째 광고가 나온 날 나는 아침 일찍 지역 뉴스 프로그램에서 인터뷰를 하기로 했다. 내가 방송국에 도착했을 때 내 선거운동의 쟁점에 대해 이야기하고 싶어하는 사람은 한 명도 없었다. 모두 궁금해하는 질문은 바로 이것이었다. 칼 로브 광고 봤어요?

음…… 무슨 광고요? 로브가 광고 시간대를 샀다는 말은 들었지만 간밤에 늦게 잠자리에 들었고 그날 아침엔 일어나자마자 차 한 잔 꿀꺽꿀꺽 삼키고는 곧바로 방송국에 와서 아무것도 보지 못했다.

방송국 스태프가 날 데리고 어두운 조정실로 가서는 수십 개의 화면에 그 광고를 틀어줬다. 모두 내가 그 광고를 보는 모습을 지켜봤다. 그들이 내가 울음을 터트릴 거라고 생각했을지 궁금하다.

화면에 정말 끔찍한 내 모습이 떴다. 얼굴은 팅팅 붓고 이상한 데다 좀비 영화에 나올 것 같은 음악이 배경에 깔려서 마치 내가 유권자들의 뇌라도 먹으려고 하는 듯한 분위기를 풍겼다. 그다음에 나를 월가 시위, 폭동, 경찰에 대한 공격 및 마약과 연관시킨 화면들이 나왔다.[21]

그걸 보자마자 처음 든 생각은, 맙소사, 저 끔찍한 사진은 대체 어디서 구한 거야, 라는 것이었다. 두 번째는 웃고 싶었다. 그 광고는 어이없는 걸 넘어서서 아주 이상했다. 비현실적으로 느껴지는 광고였다. 너무 이상해서 내가 아니라 딴 사람, 공포 영화에 나온 사람을 보여주고 있는 듯했다.

몇 주 뒤 칼 로브가 지원하는 두 번째 광고가 나왔다. 이번 광고는 그야말로 미친 소리였다. 그 광고는 은행 긴급 구제에 대해 나를 탓하면서 이렇게 끝마쳤다. "워런 교수에게 우리가 필요한 건 더 이상의 긴급 구제가 아니라 일자리라고 말하자."[22] 뭐라고? 이 광고에 대한 나의 공식적인 반응은 "터무니없다"는 것이었지만 그걸로는 도저히 내 감정을 다 표현할 수 없었다. 내가 은행들과 너무 친하다고 비난하는 건 뉴트 깅리치가 수줍음이 너무 많다거나 조지 W. 부시가 반전주의자라고 공격하는 거나 마찬가지다. 우린 완전히 새로운 종류의 광란의 나라에 들어왔다.

하지만 화가 나는 건 이런 종류의 공격을 상대로 반격하기가 아주 힘들다는 것이다. 칼 로브는 터무니없는 주장들을 하고 있지만 현실적인 목적 때문에 모두 익명으로 나왔다. 광고에 그의 이름은 나오지 않는다. 그 광고에 돈을 댄 부자 친구들의 이름도 나오지 않는다. 그리고 그들이 누구인지 아무도 알아낼 수 없다. 나는 그림자만 보이는 적을 상대로 싸우느라 아무리 주먹을 날려도 한 방도 맞힐 수가 없다.

하지만 나만 공격받고 있는 건 아니었다. 이미 환경단체 한 곳이[23] 스콧 브라운이 거대 석유 회사들을 지지한 것 때문에 그를 공격하고 있었다. 선거전은 이제 막 시작됐는데 전국에서 가장 치열한 상원의원 선거지가 어딘지 분명하게 드러난 셈이었다. 브라운과 나 둘 다 최선을 다해 유권자들에게 우리의 의견을 밝혀야 하는데 이러다 외부 단체들이 만든 광고들에 빠져 익사할 수도 있었다.

스콧 브라운은 선거 유세에서 외부 광고들을 중단시키자는 말을 많이 했다. 처음에는 그냥 하는 말 같았지만 실제로 그렇게 할 방법이 있지 않을까 하는 생각이 들기 시작했다. 우리가 텔레비전 방송국들에 그런 광고들은 방영하지 말아달라고 부탁할 수 있을까?(그럴 가능성은 없다. 방송국이 포기하기엔 이윤이 아주 많이 남는 장사이고 게다가 검열에 대한 문제가 걸린다.) 우리는 하루 종일 이런 외부 광고들이 얼마나 끔찍한지에 대해 불평할 수 있겠지만 정말 슈퍼팩을 시합에 출전하지 못하게 하는 것이 가능할까?

1월에 브라운과 나는 아주 크고 심지어 조금 급진적인 일에 대해 이야기하기 시작했다. 외부 단체들이 광고를 하지 못하게 막는 법적인 방법은 없지만 결국 두 선거 진영은 실질적으로 큰 효과가 있는 거래에 서명했다. 후보 둘 다 만약 외부 단체들이 우리를 돕기 위해 나서면 벌을 받겠다는 "국민의 맹세"를 했다. 이를 어길 시에는 선거 자금의 일부를 자선단체에 보내는 것이 벌이었다. 칼 로브가 나를 겨냥한 광고로 100만 달러짜리 광고를 내보내면 브라운의 선거 진영에서 내가 선택한 자선단체에 50만 달러를 기부해야 한다. 나도 마찬가지로 그렇게 하기로 했다. 사실상 우리는 자기 발등에 총을 겨누고 외부 단체들에 이렇게 말하고 있는 셈이었다. "한 발짝만 더 다가오면 내 발을 쏘겠어요!"

처음에 우리 캠페인 팀은 그 합의가 잘 지켜질지 반신반의했다. 스콧 브라운이 약속을 지킬까? 나는 브라운 후보도 같은 의문을 품고 있을 거라고 확신했다. 아무도 상대방에게 약속을 지키라고 강요할 순 없다. 이 합의가 제대로 이뤄지려면 브라운과 나는 서로를 믿어야만 한다.

나는 걱정해야 할 또 다른 이유가 있었다. 매번 선거 유세에 나갈 때마다 내 눈을 보고, 나와 악수를 하고 나서, 내게 후원금을 보냈다고 속삭이는 사람들을 만났다. 사람들은 내게 간식으로 먹는 도넛도 줄이고 좀더 절약해서 내가 선거에서 이길 수 있도록 돈을 보냈다고 말했다. 사람들은 "당신이 하고 있는 일을 믿기 때문에 당신의 선거운동에 기부금을 보냈어요"라는 말을 수백 가지의 다른 방식으로 했다. 만약 어떤 외부 단체가 스콧 브라운을 공격하는 광고를 내보내서 어쩔 수 없이 우리 선거 자금의 일부를 벌금으로 써야 한다면 날 믿고 힘들게 번 돈을 기부해준 사람들을 배신하는 게 아닐까? 내게 그런 사람들의 돈을 가지고 모험할 권리가 있는 걸까?

우리는 미지의 영역에 발을 들여놓았지만 기꺼이 시도해보기로 했다. 이 거래는 어쨌든 실현될 가능성이 있었고, 그렇지 않고 그냥 이 선거를 외부 단체들의 광고 홍수 속에 빠지게 하는 건 브라운을 위해서, 나를 위해서, 매사추세츠 주를 위해서도 끔찍해 보였다. 게다가 이 새로운 접근법은 선거운동 진영들이 더 많은 책임을 질 수 있게 만들고 선거 과정을 조금이나마 올바른 방향으로 이끌 수 있게 해줄 것이다.

2012년 1월 23일 스콧 브라운과 나는 공개적으로 국민의 맹세를 했다. 언론의 반응은 긍정적이면서도 회의적이었다. 폴리티코는(미국 뉴스 사이트—옮긴이) 우리 약속을 "그런 면에서 최초의 협정"이라고 표현했다. 『워싱턴 포스트』는 "획기적인 시도"라고 찬사를 보내면서도 곧바로 "이 합의가 얼마나 효과를 발휘할지는 확실하지 않다"고 덧붙였다. 『아메리칸 프로스펙트』(미국 경제 의료 잡지—옮긴이)는 이 합의가 슈퍼팩에는 아무런 영향도 끼치지 않겠지만 "두 후보의 노력하는 마음은 가상하다"고 언급했다.[24]

언론이 이렇게 회의적인 걸 뭐라고 할 수 없는 게, 나 자신도 이 합의가 잘 지켜질 거란 자신이 없었다. 끝까지 사태의 추이를 지켜보는 수밖에.

슈퍼팩과 다른 외부 그룹들의 반응은 복합적이었다. 브라운에 반대하는 단체인 환경보호유권자연맹은 입장을 이렇게 발표했다. "우리는 국민의 맹세를 존중하기로 했습니다."[25] 하지만 칼 로브의 반응은 좀더 불길했다.

(이 합의에는) 트럭 운전사들이 트럭을 몰고 통과할 수 있을 정도로, 부두 노동자들이 배를 몰고 지나갈 수 있을 정도로, 기계 제작자들이 비행기 한 대를 조립할 수 있을 정도로, 정부 노동조합이 서류들 틈으로 지게차를 통과시킬 수 있을 정도로 큰 구멍들이 있다.[26]

그러고는 모두 조용해졌다.

독이 묻은 다트들을 피하다

1월이 되자 내 인생은 새로운 리듬을 타게 됐다. 나는 하버드에서 마지막 수업을(아마도 내 인생의 마지막 수업이 될) 했고 이제 10분 간격으로 나눈 정신없이 바쁜 일정을 따라가야 했다. 미팅, 미팅, 미팅, 전화, 전화, 전화. 진이 빠지는 일정이었지만 신나는 시간이기도 했다.

하지만 나를 정말 힘 빠지게 했던 건 바로 반대편에서 끊임없이 퍼붓는 공격이었다. 내가 이제 정말 전면적인 캠페인 요령을 익히기 시작했다고 느끼려는 찰나 쾅! 왼쪽에서 매사추세츠 공화당이나 브라운 선거 진영이나 블로거가 로켓을 발사했다.

몇몇 스팅어미사일은 유치했고, 고약한 것도 있었으며, 완전히 터무니없는 것도 있었다. 그들은 내가 쓴 책에서 선거 공약을 표절했다고 공격했다.[27] 내가 맥주를 마시는 사람들을 증오한다는 말도 했다.[28] 그때그때 공격이 날아올 때마다 나는 사람들을 만나고 연설하느라 긴 하루를 보내고 집에 와서 밤늦게 지하실로 내려가 오래된 일정표들을 꺼내거나 오래된 책 원고들을 꺼내서 그 어이없는 주장들을 반격할 거리를 찾곤 했다. 이러다 내가 외계인을 낳았다는 주장까지 나오지 않을까 예상했지만 적어도 그런 주장은 나오지 않았다.

그런 공격들 때문에 가끔은 선거전에 몰입하는 게 방해될 때도 있었고 또 가끔은 신경이 곤두서기도 했다. 거기다 그 공격들은 도무지 수그러들지를 않았다. 마치 매일 새로운 미사일이 날아오는 것 같았다. 하나가 아니고 두세 개씩 날아올 때도 있었다.

어느 날 아침 샤워하고 나오자마자 라디오에서 한 공화당 관료가 내게 퍼붓는 비난이 큰 소리로 울려 퍼졌다. 온몸에서 물을 뚝뚝 흘리던 나는 무의식중에 소리를 질렀다. "옷 입을 때까지도 못 기다려줘요?"

브루스는 매일 아침 현관 앞에 있는 신문들을 챙겨서 한 페이지씩 보고 나서 식탁에 올려놨다. 아무 일 없이 무사한 날이면 브루스는 "통과!"라고 소리치고 오트밀로 아침을 먹겠느냐고 물어봤다.

하지만 "통과"라고 외치지 않는 날이 많았고 그런 날은 아침도 없었다. 이건 마치 내게 독이 묻은 다트를 던지는 깡패들로 가득 찬 숲을 전력으로 달리고 있는 듯한 느낌이었다. 나는 앞을 잘 보면서 최대한 빨리 가야 했지만 동시에 순간순간 피하는 방법을 익혀야 했다.

나쁜 소식

1월 말 어느 월요일 오후에 오티스가 토하기 시작했다. 우리는 바닥을 대걸레로 닦고 오티스를 데리고 산책을 나갔지만 오티스는 다시 몇 시간 간격으로 토했다. 오티스가 안됐긴 했지만 크게 놀라진 않았다. 덩치가 크고 늠름한 개치고 오티스는 민감한 체질이었다. 전에도 이런 적이 있어서 우리가 안 보는 사이에 길에서 뭔가 이상한 걸 먹은 것 같다고 생각했다.

아침에 나는 유세하러 나갔고 브루스는 오티스를 데리고 동물병원에 갔다. 수의사는 위에 문제가 있는 것 같다면서 몇 가지 테스트를 해보기 위해 오티스를 하루 입원시키라고 했다.

그게 첫 경고음이었다. 오티스는 한 번도 배가 아파서 입원한 적이 없었다.

이튿날 오후에 차를 타고 미팅 때문에 우스터로 가고 있는데 브루스가 전화했다.

"여보, 방금 동물병원에서 나왔어." 브루스는 그렇게 말하고 잠시 입을 다물었는데 그의 숨소리가 수화기에서 들렸다. 브루스는 긴장한 목소리였다. "오티스 상태가 안 좋아. 림프종에(임파선 암—옮긴이) 걸렸어." 순간 차가 통째로 흔들리는 것 같았다. 오티스가? 림프종이라고?

순간 나는 아무 말도 하지 않았다. 갑자기 나는 캠페인 내내 단 1분도 혼자 있었던 적이 없다는 걸 절실하게 깨달았다. 내게는 혼자 문을 닫고 있을 수 있는 사무실도 없었고 심지어 몇 분 동안 혼자 있을 수 있는 화장실도 없었다. 우리 팀의 젊은 직원인 애덤 트래비스가 매일 아침 파란 폭격기(밝은 파란색 포드 이스케이프)를 몰고 날 태우러 와서 그날의 행사장들을 돌아다녔다. 나는 애덤 옆에 타고 전화를 하거나 브리핑 서류들을 읽다가 차에서 내려 사람들과 만났다. 우리는 버거킹이나 치폴레에서 끼니를 때웠지만 거기서도 사람들과 만나 이야기하는 게 주목적이었다. 어떤 날은 애덤과 나만 차를 타고 다니기도 했고 어떤 날은 뒷좌석에 두세 명이 더 타고 갈 때도 있었다.

오늘은 뒷좌석이 사람들로 가득 차 있었다. 브루스가 전화를 끊었을 때 난 울고 싶었다. 집에 돌아가서 오티스를 안고 싶었다. 브루스가 나와 오티스 둘 다 안아줬으면 싶었다. 난 큰 소리로 울고 나서 코를 팽 풀고 다시 울고 싶었다. 대신 차가운 차창에 머리를 기대고 최대한 아무도 모르게 조용히 울었다. 차에 있는 젊은 직원들을 놀라게 하고 싶지 않았다. 상원의원 후보는 울면 안 된다고 생각했다.

그 후 이틀간은 흐릿하게 지나갔다. 내 일정은 꽉 차 있었고 브루스는 강의를 해야 했지만 오티스를 매사추세츠 동물학대방지 에인절 동물병원에 데려갔다. 오티스의 상태가 아주 심각해서 수의사들이 즉시 응급 치료를 시작했다. 월요일 아침만 해도 쌩쌩하던 아이가 목요일 밤이 되자 급사 직전까지 갔다. 사는 게 참 알 수 없게 느껴졌다.

오티스의 새 의사인 캐리 우드가 림프종이 결국엔 치명적일 수 있다고 전화로 설명했다. 하지만 림프종은 치료할 수 있고 치료를 받은 개의 50퍼센트가 1년 뒤에도 살아 있다고 말했다. 그렇게 살아남은 개의 50퍼센트가 그로부터 1년 뒤에도 살아 있고 그런 식으로 생존 확률이 줄어든다. 오티스는 적어도 우리와 2년은 더 살 가능성이 있었고 어쩌면 그보다 더 오래 살지도 모른다.

나는 오티스가 어떤 치료를 받게 될지 걱정스러웠다. 치료 받는 내내 토하는 건 아닐까? 고통스러울까?

하지만 캐리가 그럴 우려는 없다며 안심시켰다. 치료를 받으면 상태가 나아질 것이고 사람들이 화학 치료를 받을 때 경험하는 그런 끔찍한 부작용은 없을 거라고 했다. 우리는 치료를 하기로 했다.

금요일 오후에 오티스를 데리러 병원에 갔을 때 오티스는 휘청거리긴 했지만 집에 가게 된 걸 기뻐했다. 차 뒷좌석에 올라가지 못할 거라고 생각했지만 문을 열자 반이나 올라가서 내가 엉덩이를 밀어 태워줬다. 오티스는 병원에 혼자 남지 않으려고 굳게 마음먹고 있었다.

치료는 마법처럼 잘 들었다. 오티스는 언제 아팠냐는 듯이 금세 기운을 되찾은 것 같았다. 오티스는 생기발랄하고 기운이 넘쳤다. 적어도 예전의 그로 돌아온 것 같았다. 오티스는 산책을 나갈 준비가 돼 있었고, 지옥에서 보낸 일주일 동안 빠졌던 체중도 조금씩 돌아왔다.

하지만 그 진단 때문에 내 마음이 달라졌다. 오티스와 보내는 시간이 더 소중하게 느껴졌고 당연하게 받아들여선 안 될 것 같았다. 아침 일찍 나가기 전에 혹은 우리 셋이 밤늦게 같이 있을 때 나는 그렇게 하면 그 순간들을 간직할 수 있을 것처럼 최대한 자주 오티스의 사진을 찍으려고 노력했다. 몇 시간씩 통화할 때는 바닥에 앉아 오티스를 부드럽게 빗질하면서 배를 만져주곤 했다. 오티스도 변한 것 같았다. 전에 내가 컴퓨터 작업을 하고 있을 때는 다른 방에서 조용히 코를 골고 잤는데 이제는 내게 더 가까이 다가왔다. 오티스는 누워 있다가도 전보다 더 자주 일어나서 내게 다가와 귀를 문질러달라고 하거나 자기와 이마를 맞대자고 했다. 우리는 이 소중한 시간을 공유하고 있었다.

하지만 내 캠페인은 여전히 바쁘게 돌아갔다. 매일 내 일정을 잡는 사람들이 몇 통이라도 더 통화하고, 몇 개라도 미팅을 더 늘릴 수 있게 하려고 안간힘을 썼다. 나는 점점 더 빨리 움직였다.

그렇게 몇 주가 눈썹 휘날리게 흘러가는 동안 시간이 더 소중하게 느껴졌다. 캘리포니아에선 아티쿠스가 걷는 법을 배우기 시작했다. 라비니아는 체조 수업에서 다음 단계로 올라갔다. 옥타비아는 이제 5학년이 되었는데 갑자기 어밀리아만큼이나 키가 커버렸다. 진정한 내 인생은 그냥 이렇게 지나가버리고 있는 게 아닌지 걱정스러워졌다.

앨릭스도 발표할 소식이 있었다. 앨릭스는 여자 친구인 엘리스와 결혼하기로 했다. 앨릭스는 행운아였다. 엘리스는 친절하고 다정한 사람으로 미소가 아주 예뻤다. 앨릭스와 엘리스는 어밀리아의 집에서 가까운 로스앤젤레스에 집을 사기로 했다. 앨릭스는 선거가 끝난 후에 결혼할 거라며 날 안심시켰다. 선거가 우리 모두의 삶에 영향을 미치고 있었다.

오클라호마의 오빠들은 점점 더 나이 들어가고 있었다. 돈 리드 오빠는 전구를 갈려고 작업대에 올라갔다가 내려오면서 떨어져서 다쳤다. 데이비드 오빠는 감기가 좀처럼 낫지 않았고, 존 오빠는 무릎 때문에 고생하고 있었다. 오클라호마에서는 눈보라가 불었다가, 폭풍이 쳤고, 그다음엔 우박을 동반한 폭풍이 불었다. 나는 기회가 생길 때마다 오빠들에게 전화하려고 했지만, 계속 차를 타고 다니면서 시장들과 만나고 조합 회관들과 노인정에 들르느라 바빴다.

내가 잘 살고 있는 걸까? 나는 아침이면 자명종이 울리기 전에 잠에서 깨어 침대에 누운 채 오늘은 그냥 식구들과 같이 있고 싶다고 생각했다. 그러다 일어나서 미팅이나 조찬 모임이나 선거 유세에 나갔다. 나는 한때 지상에서 가장 강력한 중산층을 만든 미국에 대해 이야기했다. 그리고 이런 중산층 가족들을 노린 은행과 정치가들이 할 일은 열심히 일하는 중산층 가족들이 아니라 은행에 봉사하는 것이라고 생각하는 공화당 지도부에 대해 이야기했다. 나는 나날이 나이 들어가는 수많은 미국인에 대해 이야기하면서 알츠하이머와 당뇨병 연구를 위해 조속하게 투자해야 한다고 말했다. 지금은 차세대 젊은 과학자들의 연구 자금을 줄일 게 아니라 투자해야 할 때라고 이야기했다. 그리고 파란 폭격기를 타고 끊임없이 목적지를 향해 달리는 동안 지금은 이런 메시지들을 전해야 할 순간이고 내가 얼마나 간절하게 이 싸움을 하고 싶었는지 생각하곤 했다.

밤마다 내가 집에 가서 전화하는 동안 브루스는 강의를 준비했다. 그리고 브루스와 오티스와 나는 소파에 털썩 주저앉아 텔레비전을 몇 분 보다가 침대에 쓰러지곤 했다. 그러다 나는 밤에 자주 깨서 오티스의 숨소리를 들으며 오티스가 아직 우리와 함께 살아 있다는 걸 확인하려고 안간힘을 썼다.

정의와 평등을 위한 어머니 모임
—

이제 로저 라우가 우리 캠페인의 정치국장으로 들어왔다. 로저는 내가 매사추세츠 주 전역을 돌아다니면서 사람들을 만나도록 했다. 그는 항상 진실을 말하는 사람이었고 사람들은 그를 믿었다. 로저는 또한 피츠필드에서 프로빈스타운 사이에 있는 모든 핫도그 가게, 피자 가게, 99 레스토랑, 맥도널드에서 다 먹어봐서 어딜 가나 그곳의 음식 맛이 어떤지 재빨리 말해주곤 했다. 이것은 주 전역을 횡단하는 우리에게 아주 중요한 정보였다.

로저는 제스 토러스를 부국장으로 영입했고 3월의 어느 음울한 토요일 아침 제스가 정의와 평등을 위한 어머니 모임에 나와 함께 갔다. 제스는 아주 똑똑한 사람이지만 그의 진짜 장점은 근본적으로 매우 친절하다는 것이었다. 오늘 아침은 모두가 그의 그런 친절한 성품에 조금이나마 의지할 수 있는 그런 시간이었다. 도체스터에 있는 페이스 크리스천 교회에 50명 정도 모였는데 거의 다 여자로 한 테이블당 8명에서 10명 정도 앉았다. 그날 온 대부분의 사람이 폭력에 자식을 잃은 엄마들이었다. 가족이나 친구나 후원자를 잃은 사람도 있었다. 그리고 종교 지도자 몇 명과 지역 공동체 운동가들 및 선출된 관료도 한두 명 왔지만 이 모임은 전적으로 어머니들을 위한 것이었다.

선거 유세에 어느 정도 익숙해진 나는 이제 많은 사람 앞에 서서 우리 아이들을 위해 더 나은 미래를 만드는 데 우리가 뭘 할 수 있는지에 대해 열정적으로 연설하는 게 상당히 수월해졌다. 하지만 이 방에서는 그야말로 할 수 있는 게 하나도 없었다. 나는 아이를 잃은 엄마에게 해줄 말이 없었다. 엄마들의 슬픔이 너무나 압도적이고 그들의 사명이 너무나 거대해서 뭐라고 할 말이 없었다.

도체스터의 트루 바인 교회의 공동 목사인 킴 오돔이 이 그룹을 이끌었다. 킴 목사가 테이블 앞에 서서 그녀의 아들 스티븐의 죽음에 대해 이야기했다. 킴은 아들의 이름을 직접 지었고, 4년 전 아들을 잃은 그 순간을 정확히 말했다. 그 순간 그녀는 그 자리가 아니라 그토록 사랑하던 아들이 죽었던 과거로 돌아가 있었다. 스티븐은 열세 살의 착한 아이로 농구를 한 뒤 집에 오다가 죽었다. 스티븐이 살해된 후 킴은 그녀가 사는 지역사회에서 폭력 사태를 예방하는 데 인생을 바쳤다.

킴 목사가 이야기를 시작했을 때 나는 연단을 떠나 그녀 옆에 섰다. 그리고 또 다른 엄마가 일어나서 이야기했을 때 그녀 옆에 가서 섰고 그런 식으로 계속 엄마들 옆에 가서 섰다. 그게 내가 할 수 있는 전부였다.

나는 그 숫자를 알고 있다. 우리는 매일 8명의 아이와 10대들을 총기 폭력으로 잃고 있다.[29] 만약 미지의 바이러스가 갑자기 우리 아이들을 매일 8명씩 죽이기 시작한다면 미국은 전국에 있는 의사와 공중보건 관리들을 다 동원할 것이다. 우리는 아이들을 보호할 방법을 발견할 때까지 하늘과 땅이라도 움직일 것이다. 하지만 총기 폭력에 대해서는 두 손 놓고 있다.

이 문제를 둘러싼 정치적인 문제들 때문에 내 머리를 쥐어뜯고 싶은 심정이다. 나는 미국인들이 아이들의 안전을 지키는 데 열렬한 관심을 갖고 있다는 걸 안다. 그런데 왜 총기 폭력으로부터 아이들을 지키는 문제만 나오면 상식을 헌신짝처럼 내던지는 걸까?

물론 모든 아이가 폭력의 희생자가 될 위험에 노출된 건 아니다. 이런 총기 폭력으로 인한 사망자의 대다수는 가난한 동네 아이들이다. 갱단의 폭력과 거리에서 일어나는 범죄는 부유한 교외보다는 쾌적하지 못한 도심에서 훨씬 더 큰 문제가 되고 있다. 나는 수십 년 동안 미 중산층 가족이 겪는 경제적 압박에 대해 경종을 울리려고 애써왔지만 최근에는 가난한 가족들에 대해 더 많이 말하고 있다. 저소득층 가정들은 사는 게 훨씬 더 힘들다. 이들은 출발부터 뒤처져 있어서 아주 작은 타격만 받아도 가정이 무너질 수 있다. 차에 문제가 생기거나 갓난 아기가 아프면 직장에서 하루나 이틀 결근을 하게 되고, 비상사태라도 일어나면 금리가 아주 높은 대출을 받아 수천 달러가 들지도 모르는 덫에 걸릴 수 있다. 이런 경제적 압박에 더해 부유한 가정들보다 가난한 가정들이 추악한 폭력의 희생자가 되는 경우가 많은 것이 현실이다.

경제적 안정을 구축하기 위해 가난한 가족들이 직면한 과제들은 훨씬 더 힘들고 극단적이지만 정부가 미래에 대한 투자를 줄여서 미 중산층이 줄어들고 있는 것처럼 저소득층 가족들이 미래를 향해 나아가는 데 필요한 제한된 기회마저 파괴되고 있다. 중산층을 재건하기 위해 내가 싸우고 있는 대부분의 것(교육, 좋은 일자리가 많은 번창하는 경제, 모두가 공정하게 경쟁할 수 있는 곳)은 가난한 이들에게도 큰 도움이 될 것이다. 기회를 만든다는 것은 모든 사람을 위한 기회를 만든다는 뜻이다.

또다시 우리는 똑같은 질문으로 돌아왔다. 우리는 일부의 아이만 돌볼 것인가 아니면 모든 아이를 위한 기회를 창출할 것인가. 그날 아침 페이스 크리스천 교회에 모인 엄마들에게 그 질문은 너무나 늦게 당도했다. 그들의 대답은 이것이었다. 아니, 미국은 모든 아이를 돌보지 않았다. 그들의 사랑하는 딸과 아들들을 위한 미래는 없을 것이다.

나는 그날 아침 그 그룹에게 몇 분밖에 이야기하지 않았다. 그런 큰 상처들에 대해 내가 한 말이 아주 작게 느껴졌지만 킴 목사와 그 방에 모인 다른 엄마들은 하나같이 친절했다. 끝에 가서 우리는 모두 손을 잡고 함께 기도했다.

우리의 모든 아이를 위해 기도했다.

아메리카 원주민

―

몇 달에 걸쳐 해온 선거운동이 긍정적인 영향을 낳고 있는 듯했다. 스콧 브라운을 상대로 이긴다는 게 아직도 힘든 싸움처럼 보이긴 해도 나 역시 조금씩 강해지고 있었다.

그러다 선거가 정말 고약하게 돌변했다.

그것은 4월에 질문 하나로 시작됐다. 16년 전 하버드 대학의 대변인이 하버드 교지와 한 인터뷰에서 교수진이 인종적으로 다양하지 않다는 공격에 맞서 학교를 변호하고자 내가 아메리카 원주민의 후손이란 점을 거론했는데 이제 한 기자가 그 소상한 내용을 알고 싶다는 것이었다. 난 그 오래전에 나온 기사 내용이 기억나지 않아서 기자가 그 질문을 했을 때 더듬거리면서 답했다. 며칠 뒤 선거전에 광란의 물결이 일어나서는 공화당원들이 정말 아메리카 원주민의 후손이 맞는지 증명하라면서 내가 내 배경을 위조해 하버드대 교수직을 따냈다며 비난했다.

어렸을 때 나는 내가 원주민의 후손이라는 걸 모든 아이가 그런 것처럼 가족에게 들었다. 난 한 번도 우리 가족이 하는 이야기에 의문을 제기하거나 부모님에게 증거나 서류를 보여달라고 하지 않았다. 대체 어떤 아이가 그러겠는가?

우리 외갓집 식구들은 인디언 특별보호구에 살았지만 우리 엄마는 막내였고 엄마가 태어났을 때 인디언 특별보호구는 새로 생긴 주인 오클라호마의 일부가 됐다. 엄마와 외갓집 식구들은 모두 원주민 조상들에 대한 이야기를 했다. 엄마의 어머니와 할아버지 양쪽 모두 원주민의 후손이었다.

우리 엄마가 고등학생이었을 때 엄마와 식구들은 위툼카로 모두 다 알고 지내는 그런 작은 도시(1920년에는 1400명이 살고 있었다)에 살았다. 우리 아빠가 엄마와 만나기 시작했을 때 우리 친가 식구들은 둘의 만남을 허락하지 않는다는 의사를 분명히 밝혔다. 그들은 우리 엄마와 외가 식구들을 무시했고 아빠가 엄마와 결혼하고 싶다고 선언하자 아빠의 부모님이 단호하게 반대하고 나섰다. 하지만 우리 엄마와 아빠는 깊은 사랑에 빠졌던 터라 예쁜 드레스도 없고 친구들과 가족도 없이 사랑의 도피를 감행했다. 우리 엄마처럼 가족과 가까운 사람에게 그건 아주 깊은 상처가 됐다.

엄마와 아빠 두 분이 결혼하고 몇 년 동안 두 가족은 계속 같은 소도시에서 살았지만 한 번도 같은 방에 있어본 적은 없었다. 어렸을 때 우리는 이쪽이 아빠 식구들이고 저쪽이 엄마 식구들이라는 걸 알게 됐다. 외갓집 식구들은 항상 만났지만 친가 식구들은 자주 오지도 않았고 온다 해도 미리 연락하고 왔으며 막상 와서도 항상 뻣뻣하게 거리를 두곤 했다.

시댁 식구들과 문제가 있었지만 엄마는 한 번도 우리에게 뭘 숨긴 적이 없었다. 외갓집 식구들(이모와 삼촌들, 조부모님)은 원주민 조상들에 대해 터놓고 이야기했다. 오빠들과 나는 우리 할아버지가 교실이 하나인 학교를 지은 이야기며 할아버지가 할머니에게 구애한 이야기며 인디언 특별보호구에서 두 분이 일찍 만나 오랫동안 함께 살아온 이야기를 들었다. 우리는 외갓집 식구들을 사랑했고 그들이 해주는 이야기가 무척 좋았다. 엄마가 나이를 먹으면서 먼저 할아버지가 돌아가셨고 그다음에 할머니, 엄마의 오빠들, 언니 둘이 세상을 떠나는 동안 엄마는 우리가 원주민 출신이란 걸 결코 잊어서는 안 된다고 힘주어 이야기했다.

이제 한창 열기를 띤 상원의원 선거전 한복판에서 공화당원들은 그게 다 거짓말이라고 주장했다. 그들은 내가 말한 나의 정체성이 사실이 아니라고 했다. 그들은 내가 지금 이 자리에 오르기 위해 사람들을 속였다고 비난했다.

나는 그 공격을 받고 경악했다. 당신은 어떻게 당신의 정체성을 증명하는가? 우리 오빠들과 나는 우리가 누구라는 걸 알고 있었다. 우리 가족들의 이야기도 알고 있었다. 하지만 공화당원들은 서류를 요구했는데 20세기 초반에 우리 가족 중 누구도 부족에 속해 있다는 걸 등록하지 않았다. 오클라호마에서는 그런 일이 흔했다. 하지만 내가 누구인지 아는 것과 내가 누구인지 증명하는 것은 완전히 별개의 일이었다.

공화당원들은 또한 내가 출세하기 위해 내 배경을 이용했다고 비난했지만 그건 정말 사실이 아니다. 이건 내가 원주민 출신이라는 배경을 이용해서 이득을 볼 수 있었냐, 라는 문제가 아니라 그렇게 하지 않았다는 걸로 끝날 단순한 문제였다. 난 대학이나 법대에 원서를 냈을 때도 그리고 취업하려고 이력서를 냈을 때도 한 번도 특별대우를 해달라고 요구한 적이 없었다. 그 기사가 터지면서 사람들이 내 배경을 파헤쳤을 때 날 고용한 모든 직장에서(하버드대까지 포함해서) 내 말이 맞는다는 걸 100퍼센트 보증해줬다.[30] 하버드는 날 고용할 때 내 배경에 대해서는 전혀 몰랐고 날 채용한 이유는 훌륭한 법대 교수라고 생각했기 때문이라고 언론에 말했다. 그걸로 끝이었다.

하지만 공화당원들은 거기서 물러서지 않고 계속해서 공격했다. 우파 블로거들이 날 "사기폰타스"라고 불렀다. 누군가는 미국 원주민 머리장식을 한 내 그림이 들어간 커다란 광고판을 가지고 날 공격하면서 "엘리자베스 워런은 웃기는 사람이다"라고 선언했다. 어느 화창한 오후에 내가 퍼레이드를 하면서 사람들과 악수하며 손을 흔들고 있을 때 한쪽 구석에 서 있는 남자들 한 무리가 인디언이 전쟁할 때 내는 소리를 지르면서 마치 자기들이 만화에 나오는 인디언 영웅이라도 되는 양 흉내를 냈다. 정말 끔찍한 일이었다.

이 폭풍이 계속되면서 나는 오빠들과 거의 매일 전화를 했다. 오빠들은 기자들과 공화당 정보원들로부터 계속해서 전화를 받고 있었다. 사람들이 오빠들 집까지 찾아왔고, 어떤 사람은 우리 엄마의 사망증명서를 인터넷에 올렸다. 돈 리드 오빠는 우리 가족에 대해 하나도 모르면서 자신이 전문가라고 생각하는 사람이 그렇게 많다는 데 충격을 받았다. 존 오빠는 사람들이 악랄하게 퍼부어대는 욕에 상처를 받았다. 데이비드 오빠는 격노해서 누가 됐든 한 방 날릴 준비가 돼 있었다. 오빠들에게 무척 미안했다. 괜히 나 때문에 이런 끔찍한 일을 당하게 된 것이다.

그 무렵 JP모건 체이스가 "런던 고래"라는 별명으로 알려진 트레이더가 일으킨 스캔들에서 위험한 거래를 통해 수십억 달러를 손해 봤다는 기사가 터졌다.[31] 금융위기와 TARP 구제 금융을 받은 지 3년이 지났는데도 그 거대 은행과 CEO인 제임스 다이먼은 그런 위험한 거래를 포기하지 않은 게 분명했다.

이때가 바로 스콧 브라운과 나 사이의 가장 큰 차이를 부각시킬 수 있는 순간이었다. 브라운은 "월가의 총아"로 도드 프랭크 법안 협상 과정에서 막판에 개입해 은행가들이 190억 달러라는 거금을 아낄 수 있게 했다.[32] 그리고 나는 은행의 책임성을 위해 다년간 싸워왔다. 하지만 이 시기 나와 언론의 관계에서는 우리 엄마의 출생 배경에 대한 질문이 장악하고 있었고 아무도 제임스 다이먼의 무모한 행동에 대해서는 묻지 않았다.

그러다 그 논쟁이 줄어들기 시작한 듯했을 때 스콧 브라운이 다시 공격하면서 우리 부모님이 오빠들과 내게 우리 가족의 진실을 말해주지 않았다고 했다.[33]

그는 돌아가신 내 부모님을 공격했다.

나는 상처받고 화가 났다. 하지만 그 상황에서 어쩔 수 없이 내가 믿는 가치들을 위해 계속 싸우면서 앞으로 나아가는 것 외에 다른 도리가 없었다.

그 논쟁은 결코 완전히 사라지진 않았지만 시간이 흐르면서 점점 나아졌다. 시간이 흐르자 기자들은 금융 규제와 학자금 대출에 대한 질문을 더 많이 하고 혈통에 대한 질문은 줄였다. 그리고 선거 유세에 온 유권자들은 내 가족이 아니라 자신의 가족에게 일어난 일에 대해 이야기하고 싶어했다.

몇 달 뒤 그 논쟁이 완전히 잠잠해졌을 때『보스턴 글로브』지의 한 취재 기자가 내 조상에 대해 깊이 있는 조사를 시작해서 난 만나본 적도 없는 나의 먼 친척들까지 다 찾아가봤다. 9월에『보스턴 글로브』 1면에 나와 아주 먼 사촌 둘이 한 말이 실렸다. 그들은 자기 부모들이 아메리카 원주민인 조상에 대해 아무 말도 하지 않았다고 했지만 나머지 사촌과 우리 오빠들이 이것이 우리 가족의 삶의 일부라는 걸 알면서 자랐다고 한 말도 인용돼 있었다.[34] 내가 한 번도 만나본 적이 없는 애리조나에 사는 6촌인 이나 메이프스가 우리 가족의 배경에 대해 길게 이야기했고 그녀는 우리가 아메리카 원주민의 후손이라는 점에 의심의 여지가 추호도 없다고 결론 내렸다. "내 생각에 우리는 우리 정체성을 바꿀 수 없습니다. 우리는 원주민의 후손입니다." 그녀는 기자에게 이렇게 말했다.

그 말이 맞았다. 누구도 자신의 정체성을 바꿀 수는 없다.

자원봉사자들

그 많은 일이 일어나는 와중에도 자원봉사자들은 계속해서 들어왔다. 그들은 많은 전문가와 블로거가 우리는 이길 가능성이 없다고 찬물을 끼얹었을 때도 우리 캠페인을 믿고 왔다. 우리는 주 전역에 사람들을 조직하고, 전화를 하고, 가가호호 방문을 하게 돕는 사무실들을 열었다.

비키 케네디가 전화해서 매사추세츠 주에서 다년간 캠페인을 하면서 쌓은 경험을 토대로 사려 깊은 조언을 해줬다. 전 주지사로 이제 70대 후반인 마이크 듀카키스는 브루스를 데리고 사람들의 집 문을 두드리는 더 좋은 방법을 보여주면서 거의 뛰다시피 하며 집집마다 찾아다녔다.[35] 어느 집 앞문을 두드렸을 때 나온 사람이 아무도 없었지만 듀카키스 주지사는 뒷마당에 누군가가 있을 거라고 생각했다. 브루스가 무단침입 법에 대해 생각하고 있을 때(브루스는 재산법 교수라서 이런 일에 대해 아주 진지하게 생각한다) 듀카키스 주지사가 집 옆으로 달려가서 뒷문을 열려고 손을 대기 시작했다. 듀카키스가 마침내 문을 여는 순간 큰 개 한 마리가 구석에서 달려 나와 사방에 침을 흩뿌리며 맹렬하게 짖어댔다. 듀카키스는 날렵하게 곧바로 옆에 있는 현관 위로 펄쩍 뛰어올라가면서 브루스에게 표를 얻기 위해 남의 집 문을 두드릴 때 배워야 할 첫 번째 교훈을 소리쳤다. "개는 무시해. 개의 마음은 돌릴 수 없으니까."

자원봉사자들이 하는 일을 관리하는 이들은 비범하고 훌륭한 인재들이었다. 마이크 파이어스톤은 에너지가 넘치는 사람으로 고에너지 풀뿌리 운동 조직의 리더이고, 린다 토치, 트레이시 루이스, 어맨다 쿨럼은 유권자를 모을 수 있는 새로운 전략들을 개발했다. 로런 밀러는 우리의 새 미디어 국장으로 독창적이고 효율적인 온라인 선거운동 본부를 만들어냈다. 주 전역에 있는 우리 팀 리더들은 이렇게 재능이 뛰어나고 혁신적인 인재들로 모두 뼈가 으스러지게 일했다. 시간이 지나면서 수천수만 명의 자원봉사자가 와서 이렇게 말했다. "저는 일할 준비가 됐습니다!" 이들이 선거가 끝나기 전까지 먹은 던킨 도넛 상자가 어마어마할 거란 생각이 들었다.

우리 자원봉사자들 중에는 여러 선거운동본부에서 일해본 사람도 있었지만 초보도 많았다. 어떤 사람들은 특정 사안에(교육, 연구, 지구 온난화) 관심이 있어서 자원봉사를 지원했다. 민주주의를 수호하기 위해 지원한 사람들도 있었다.

그리고 고인을 기리기 위해 자원한 사람도 있었다.

나는 그때 스프링필드 조합 회관에서 자원봉사에 대해 알아보기 위해 온 사람들에게 이야기하고 있었다. 밖은 서늘해서 매번 누군가가 회관 문을 열 때마다 찬바람이 휙 밀려들어왔다. 나는 선거 유세를 할 때 항상 연설은 짧게 하고 질문을 많이 받았다. 하지만 이렇게 사람들과 같이 서서 그들의 삶에 대해 이야기를 나누고 더 강한 미래를 만들기 위해 어떤 변화를 이뤄내야 할지 이야기하는 이 시간이 참 좋았다.

홀은 사람들로 꽉 찼고 모두 유쾌하게 인사하고 있었다. 사진을 찍자는 사람도 몇 명 있어서 우리는 신나게 "승리하라!" 혹은 "안녕, 엄마!"라고 외치며 사진을 찍었다.

그러다 옆에 서 있는 50대 정도로 보이는 남자에게 눈길이 갔다. 그는 혼자였는데 고개를 푹 숙인 채 어깨도 구부정했다. 내가 그에게 다가갔다. 그는 내게 자기 이름을 말했고 우리는 악수를 했다. 우리는 그렇게 손을 잡은 채 한동안 아무 말도 하지 않고 서 있었다. 나는 그에게 더 가까이 다가가 다른 사람들로부터 좀 떨어져 서 있었다.

그의 얼굴은 피곤해 보였다. 그의 목소리는 조용하고 조금 쉰 듯했다. 그는 아들이 몇 년 전 대학을 졸업하면서 빚을 많이 졌다고 했다. 졸업했지만 좋은 직장을 찾을 수 없어서 빚이 나날이 늘어갔다고 했다.

그리고 그 남자는 잠시 입을 다물고 오랫동안 아무 말도 하지 않았다. 그는 빚이 사람을 얼마나 우울하게 만드는지, 얼마나 의기소침하게 만드는지, 얼마나 절망하게 만드는지 다른 사람들은 모른다고 설명했다. 그는 깊은 한숨을 쉬었다. "아들이 지난달에 자살했습니다."

우리는 차가운 바람을 맞으며 그렇게 서 있었다. 난 아무 말도 하지 않았다. 그저 그의 손만 잡고 있었다. 마침내 그가 말했다. "우리는 우리 아이들을 도와주지 못하고 있습니다."

내가 말했다. "최선을 다하겠다고 약속할게요."

그 사람이 말했다. "그러실 거라는 걸 알아요."

그게 다였다. 그는 잠시 입을 다물고 있다가 갔다. 나는 다음 사람과 악수를 했지만 절대로 그를 잊지 않을 것임을 알고 있었다. 절대로. 그리고 내가 이 선거에서 정말 무엇을 위해 싸우고 있는지도 절대로 잊지 않을 것이다.

평화를 찾아

—

그 몇 달간 내가 한 연설들이 좀더 엄숙해졌다는 생각이 든다. 선거운동은 굉장히 힘들었고, 난 아직도 여론조사에서 뒤처져 있었다. 가는 곳마다 나를 지지하는 사람들이 조언을 해줬다. "다른 사안들에 집중해보세요!" "범퍼 스티커를(자동차 범퍼에 붙인 선전 광고 스티커—옮긴이) 바꿔보세요!" "참모를 해고하세요!"

내가 이길 수 있도록 도와주고 싶은 마음에 사람들이 그런 조언을 한다는 걸 알고 있었다. 하지만 그 이면에 깔린 불안한 마음이 뚜렷이 보였다. 사람들은 이 선거운동에서 자신의 고민거리들을 털어놓았고 매번 들르는 휴게소들과 선거 유세 때마다 바람결에 실려온 것들에서 심각한 예측을 들을 수 있었다. 그녀가 질 거야. 그녀가 질 거야.

그래서 난 더 열심히 노력했다. 그거 말고 달리 뭘 할 수 있겠는가?

잠깐씩 찾아오는 평화는 보물 같았고 광란의 삶에서 내게 필요한 고요와 정적을 맛볼 수 있었다. 브루스와 나는 부활절 예배와 유월절 예배에 나갔고 여러 가지 언어로 하는 기도회에도 갔다.[36] 플레전트힐 침례교회의 미니어드 컬페퍼 목사가 날 격려해주기 위해 애썼고 몇 번 미니어드 목사가 하는 기도회에도 참석했다. 아주 잠깐이라도 내가 소중하게 생각하는 가치들에 집중해서 날 이 선거에까지 오게 해준 영성과 접할 수 있어서 치유받는 느낌이 들었다.

미니어드 목사가 내게 현명한 조언을 해줬다. 조용히 내 영혼이 하는 말을 들으세요. 믿음을 가지세요. 사람들에게 진심을 알리세요. 캠페인이 계속되면서 나는 목사님이 해준 말을 거듭 떠올리게 됐다.

나는 4학년 때부터 가지고 있던 킹 제임스 성경을 가지고 다녔다. 가끔 목사님이 내게 신자들 앞에서 말하라고 했다. 나는 몇 년 전에 주일학교 교사를 하긴 했지만 그때는 주로 어린아이들에게 성경에 나오는 이야기를 해주는 정도였다. 한 번도 신도들 앞에서 이야기를 해본 적은 없었다. 하지만 난 일어서서 내가 좋아하는 「마태복음」 25장 40절에 대해 이야기했다. 그 구절이 내게 어떤 의미인지 말했다. 메시지는 아주 간단했다. 하느님이 우리에게 행동하라고 하셨다. 우리가 하는 행동이 가장 중요하다.

주 총회

6월이 됐고 마침내 민주당 주 총회가 열릴 시간이 됐다. 주 전역에 있는 민주당원들이 스프링필드에 모여서, 후보를 공개적으로 지지하고, 11월에 있을 총선을 준비하게 된다. 이것은 거대한 사기 진작 모임과 학생회 선거를 합친 것과 좀 비슷하다.

톰 키디가 우리 팀에 합류해서 우리 캠페인에 또 다른 에너지를 불어넣었다. 톰은 보스턴 정계에서 수십 년 동안 정력적으로 활동해왔다. 2004년 대선 때 존 캐리 진영에서 핵심 참모로 일했고, 그 외에도 여러 번 대통령 선거운동을 했다. 톰은 보스턴에서 스프링필드까지 붉은색, 흰색, 파란색이 들어간 깃발을 단 전통적인 기차여행 유세를 조직해서 가는 도중에 프레이밍햄과 우스터에서 내려 잠깐씩 유세하는 프로그램을 짰다.[37] 우리는 보스턴 기차역으로 가서 초등학교 5학년 역사책에 나오는 사진들처럼 기차 뒤칸에 타고 손을 흔들었다. 기차는 지지자로 가득 찼고 가는 길에 더 많은 사람을 태웠다. 어밀리아와 손녀들도 같이 탔다.(17개월 된 아티쿠스는 집에서 아빠와 함께 있었다. 어밀리아가 그 꼬맹이는 이런 민주주의 운동에 참여하기에는 아직 준비가 덜 됐다고 결정했다.)

스프링필드에 도착했을 때 트럭 운전기사들이 우리 지지자들이 모인 잔디밭 바로 옆에 반짝거리는 트레일러트럭들을 주차해놓은 걸 봤다. 그 트럭들 옆에 거대한 엘리자베스 워런 플래카드가 붙어 있었다. 그날 밤 우리 모두 술집에 갔다. 술집마다 손님들로 꽉꽉 차 있었고, 나는 벤치나 테이블 위로 뛰어올라가 즉석연설을 했다. 사람들은 날 껴안고, 키스하고, 내 옷에 맥주를 많이 엎질렀다.

6월 2일 토요일에 스프링필드 경기장은 꽉 차 있었다. 상원 선거전은 처음에는 여러 도전자와 함께 시작했지만 이제 둘만 남았다. 진취적인 기상을 지닌 이민법 변호사인 머리사 드프랭코와 나 이렇게 둘이었다. 우리 둘 다 9월에 있을 예비선거에서 후보 지명을 놓고 경쟁하면서 여름을 버텨낼 것이다. 어쨌든 적어도 이번 총회에 출석한 대표들이 투표해서 한 후보가 85퍼센트의 표를 받지 않는 한 그렇게 될 것이다. 만약 한 후보가 그렇게 압도적인 표를 받으면 그 후보가 민주당 후보가 된다. 하지만 그럴 가능성은 없는 게 여러 후보가 나온 민주당 예비선거에서 85퍼센트의 득표율이 나온 후보는 지금까지 한 명도 없었다.

나는 대표들에게 내가 왜 상원의원 선거에서 민주당 후보가 돼야 하는지에 대해 설득할 시간으로 딱 15분을 받았다. 전통에 따라 나를 소개해줄 사람을 하나나 둘 골라야 했는데 노련한 선거 전문가 몇 명이 이 소개는 짧게 하는 것이 중요하다고 경고했다. 나는 그 경고를 내 방식대로 바꿨다. 소개를 짧게 하는 대신 짧은 사람들을 소개자로 골랐다. 나의 어린 손녀들.

열한 살 먹은 옥타비아가 상자 위에 올라갔고 일곱 살 먹은 라비니아는 그보다 더 큰 상자 위에 올라가 팻말을 들고 소리를 지르며 박수치고 있는 3000명이 넘는 사람들 앞에 섰다. 두 소녀가 생긋 웃고 나서 옥타비아가 말했다.

우리 동생 아티쿠스는 너무 어려 여기 같이 올 수 없어서 제가 동생을 대신해서 말하겠습니다. 우리는 우리 할머니 엘리자베스 워런을 소개하기 위해 나왔습니다. 우리 할머니는 우리와 모든 아이를 위해 미국 상원의원 선거에 출마하셨습니다. 우리는 할머니가 자랑스럽습니다.

아이들에게 보내는 사람들의 환호 소리가 마치 커다란 가족 파티에 온 것처럼 크고 열정적이었다. 라비니아는 무대에서 옆으로 재주넘기를 하고 싶었지만 연단 옆의 공간이 좁았고 내 생각에 너무 위험할 것 같아서 그냥 손만 흔들었다. 나는 무대 위로 올라와서 두 손녀를 안아주고는 미국의 가족들이 어떻게 맹공격을 받고 있는지에 대해 그리고 이제는 월가, 대형 석유 회사들과 맞서 싸울 때라는 연설을 시작했다.

연설이 끝난 후 나는 무대 뒤로 가서 기다렸다. 그리고 기다리고, 기다리고, 또 기다렸다. 옥타비아와 라비니아와 같은 게임을 열 번쯤 했을 때 사람들이 불러서 투표 결과를 알려줬다. 내가 85퍼센트 이상의 표를 받아서 예비선거가 끝났다!

이제 나는 공식적으로 민주당 대표 후보가 돼서 공식적으로 스콧 브라운의 상대가 됐다. 이제부터 남은 몇 달 동안 선거전이 더 치열해지리라는 걸 알았지만 이렇게 많은 사람이 지지해줬다는 건 이들이 싸울 준비가 됐다는 뜻임을 알았다.[38] 나도 준비가 됐다.

연설을 하는 동안 나는 매사추세츠와 미국의 오랜 챔피언이었던 테드 케네디에 관한 이야기를 했다. 브루스와 손녀들과 함께 차를 타고 집에 돌아오면서 테드를 다시 생각했다. 나는 우리가 처음 만났던 때를 떠올렸다. 그의 낡은 가방과 24층 창문으로 내다본 매사추세츠에 대해 품고 있던 어마어마한 자부심 그리고 파산한 모든 서민 가정을 위해 이기기 힘든 싸움을 기꺼이 맡은 그를 떠올렸다. 나는 차창에 기댄 채 앞으로 있을 선거 생각과 또 내게도 열심히 일하는 가정들을 도울 기회가 있을지 모른다는 생각을 했다. 나는 테드 케네디가 될 순 없지만 적어도 옳은 일을 위해 어떻게 싸워야 하는지를 잘 보여준 아주 훌륭한 롤모델이 있다.

나는 휴대전화를 꺼냈다. 거기에 우리가 소비자 보호 기관을 위해 싸우던 시절 테드 케네디가 남긴 음성 메시지를 저장해놓았는데 그 후 몇 년 동안 가끔 그 메시지를 들어보곤 했다. "아, 엘리자베스, 테드 케네디요. 그냥 도와줘서 고맙다는 말을 하려고 전화했어요……" 그 메시지는 그렇게 계속됐지만 나는 그냥 그 첫 부분이 듣고 싶었다. 그저 그의 목소리가 듣고 싶었다.

일에 착수하다

여름이 계속되면서 우리는 여전히 가정집 거실에 모였지만 이젠 뒷마당과 공원, 카페와 술집들까지 퍼져나갔다.

사실 술집을 아주 많이 갔다.

오케이, 이제 막 농담을 할 것 같은 분위기이지만 사실 이건 농담이 아니다. 사실 나는 술집과 보험사 사무실과 온갖 종류의 소규모 사업체들을 많이 찾아갔다. 소비자금융보호국을 출범시킬 수 있도록 도와줬던 엘리자베스 베일이 이제 우리 선거운동 본부와 사업체들을 연결시켜주는 일을 하고 있었다.[39] 시간이 흐르면서 그녀는 작은 사업을 하는 수많은 사람(레스토랑 사장, 신생 인터넷 기업체, 배관공, 간병인, 플로리스트, 건축 청부업자, 임대 회사와 세탁소 주인들)을 만나게 했다. 나는 글로스터, 시추에이트, 뉴베드퍼드에 있는 어부들과 만나 그들의 경제 상태에 대한 이야기를 나눴다. 그리고 그렇다, 술집 주인들과도 만났다.

이런 사업체를 가진 사장들 중 일부는 날 지지할 준비가 돼 있었다. 하지만 다른 사람들은 이런 말을 했다. "난 주로 공화당을 찍는 편인데. 공화당원들이 사업가 편이잖아요."

그럼 나는 항상 곧바로 핵심을 찔렀다. "사장님은 세금으로 얼마나 내야 할지 걱정하시나요?"

"그럼요."

"그러면 케이맨 제도에 있는 비밀 계좌에 돈을 얼마나 숨겨놓으셨나요? 외국의 조세피난지에 지식재산권을 얼마나 많이 옮겨다놓으셨죠? 사장님의 수입 중 소모비 보조금으로 얼마나 보호하고 계시죠?"

어떤 대답이 나왔을지 짐작할 수 있을 것이다. 하나도 없어요. 없어요. 없어요.

그다음에 나는 이 사장들에게 미국에서 세금 정책을 놓고 계속 진행 중인 전쟁에 대한 이야기를 한다. 많은 것이 "큰 정부 대 작은 정부"와 "재계 편이냐 아니면 재계의 적이냐"라는 말로 표현된다. 하지만 난 그게 다 국민이 지금 벌어지고 있는 진짜 전쟁을 보지 못하도록 의도적으로 시선을 분산시키는 말이라고 생각한다. 중요한 질문은 바로 이것이다. 누가 세금을 내는가? 모두 다 내는 것인가? 아니면 그냥 서민들만 내고 있는 것인가?

사업가들에게 있어 진짜 전쟁은 우리 정부가 교육과 사회기반시설 및 과학 연구에 투자를 할지 말지가 아니다. 모든 사업가는 이런 투자로 큰 이득을 볼 수 있다. 허물어지는 도로와 다리들이나 수요에 따라가지 못하는 전력망은 사업에 결코 도움이 되지 않는다. 우리 사업체들이 그 어느 때보다 더 혁신을 필요로 하고 있는 이때 과학 연구에 대한 투자를 줄이는 것은 결코 사업 친화적일 수 없다. 직원들이 더 좋은 교육을 받아야 할 때 교육을 받을 기회를 잘라내는 것 역시 절대로 사업에 도움이 되지 않는다. 대부분의 사람에게 사업체들이 정부 투자를 필요로 한다는 건 분명하게 보이는 사실이다.

아니, 진짜 전쟁은 "재계 친화적이냐 정부 친화적이냐"가 아니다. 진짜 전쟁은 모두 공평하게 세금을 내는가 아니면 서민만 내는가, 바로 이것이다. 대기업들은 로비 군단을 고용해서 자체적으로 세금 체계로부터 빠져나갈 구멍들을 만들어내고 있다. 그리고 그게 효력을 발휘하고 있다. 대기업들은 원래 내야 하는 이윤의 35퍼센트의 절반도 안 되는 평균 12.6퍼센트를 세금으로 내고 있다.[40] 한편 중산층과 중소기업체들이 나머지 비용을 충당하고 있는 것이다.

그해 여름에 나는 자영업자들도 많이 만났다. 많은 사람에게 경제적인 안정은 이룰 수 없는 꿈처럼 보였다. 일을 한 뒤에도 그들은 돈을 받기까지 기다려야 했고 그렇게 기다리는 동안 생기는 지출들은 자력으로 감당해야 했다. 그들은 보험도 자기 돈으로 내고 소득세도 다 낸다.(그들을 위한 세금 시스템의 구멍은 없다.) 그 사람들은 특별대우를 해달라고 요구하는 게 아니었다. 그저 누구나 공평하게 경쟁할 수 있는 세상이 오길 바랐다.

그런 생각이야말로 옳은 생각이 아닌가.

돈이면 다 된다

민주당원들이 상원의원 선거운동을 조직할 수 있게 돕고 있는 뛰어난 전략가인 가이 세실은 진정한 믿음의 소유자였다. 가이는 자신의 할머니가 어린 다섯 자식을 데리고 학대하는 남편을 피해 도망쳐서 40년 동안 웨이트리스를 한 이야기를 들려주면서 그 이야기를 미국의 성공 신화로(열심히 일해서 성공할 기회가 주어진다면) 바꿔놓곤 했다. 가이는 한때 침례교회 목사였지만 자신이 동성애자라는 사실을 밝히고 나서 신자들이 그를 받아들이지 않을 것임을 알았다. 그래서 교회를 떠나 마침내 선거를 통해 자신이 믿는 가치들을 실현시키기 시작했다.

처음에 내가 상원에 출마 여부를 놓고 고민하고 있을 때 가이가 날 보러 왔다. 가이는 내게 아마 2000만에서 3000만 달러 정도의 기금은 모아야 할 거라고 말했다.

나는 경악했다. 난 한 번도 공직에 출마해본 적이 없어서 바로 거기서 그만둘 준비가 돼 있었다. 내가 가이를 보면서 말했다. "3000만 달러라고요? 지금 농담해요?"

가이는 친절한 목사가 짓는 바로 그런 유의 아주 부드러운 미소를 짓고 있었다. 그는 그렇게 미소 띤 얼굴로 나를 보면서 침착한 목소리로 그것이 거금이란 건 알지만 상원의원 자리를 놓고 벌이는 선거전의 냉엄한 현실을 이해할 필요가 있다고 말했다. 선거는 정말, 정말 돈이 많이 드는 일이라는 걸.

사실 가이가 예상한 금액은 틀렸다. 아니면 그냥 내가 너무 놀라지 않게 하려고 줄여서 말한 것일 수도 있고. 2012년 7월에 우리 선거 진영은 이미 2400만 달러를 모았는데도 여전히 부족했다. 우리가 모아야 할 금액은 3000만 달러를 훨씬 넘어가고 있었다.

돈을 마련하는 것은 진이 빠지는 일이었다. 그리고 한도 끝도 없었다. 나는 몇 시간씩 전화기를 붙잡고 있었는데 선거 자금을 도와달라고 하는 일이 도무지 끝나질 않았다. 가끔씩 내가 쳇바퀴를 돌리는 다람쥐처럼 느껴지기도 했다. 아무리 전화를 많이 하고, 아무리 많은 사람이 기부하겠다고 대답해도 여전히 더 많은 돈을 모아야 했다.

매번 전화하려고 앉을 때마다 나는 여론조사들을 생각했다. 나는 아직도 뒤처져 있었다. 스콧 브라운은 여전히 선거 자금이란 면에서 월등하게 유리했다. 사람들은 내게 아직 선거 자금이 부족하다고, 선거가 막바지에 이르면 브라운이 텔레비전과 라디오 방송국들을 총동원해 집중적으로 선거운동을 벌여 내가 전하고자 하는 메시지들을 다 묻어 버릴 거라고 말했다. 그러면 그 선거는 끝나는 것이다. 나는 지고.

그래서 수화기를 들고 또 전화했다.

나는 아주 운 좋게(그리고 아주 감사하게도) 사람들의 도움을 많이 받았다. 나는 결혼기념일에 집에서 샌드위치를 먹고 근사한 레스토랑에서 외식을 했을 그 돈을 선거 자금에 보태 쓰라고 보내준 뉴턴에 사는 부부를 만났다. 아직도 초등학교에 다니는 한 남자아이는 저금통을 깨서 내게 동전을 잔뜩 보내줬다. 어떤 남자는 세금 환급금으로 받은 돈을 이런 말과 함께 보내줬다. "예상치 못했던 돈이니 예상치 못했던 좋은 일에 쓸 수 있을 거라 생각했어요. 승리하세요!"

폴 에거먼과 샨티 프라이가 사람들을 조직해서 하우스 파티와 오찬 모임들을 열고 친구들을 캠페인에 데려왔다. 똑똑하고 열정적인 그들은 수백(아마 수천) 시간을 선거운동에 쏟았다. 그 대가로 수많은 사람을 우리가 추구하는 대의에 기부해달라고 설득할 수 있었다. 그리고 우리 직원들도 마이클 프랫과 콜린 코피와 협력해서 놀라운 성과를 거뒀다.

우리는 또한 온라인으로도 많은 기부금을 받았다. 에밀리스 리스트와 환경보호유권자연맹 회원들도 큰 힘이 돼줬다. 내게 상원의원 선거에 나와달라고 요청한 진보운동위원회 역시 처음부터 선거가 끝날 때까지 날 도와줬다. 무브온(미국의 정치 참여 시민단체―옮긴이) 역시 전력을 다해 도와줬다. 그리고 데일리코스(진보적인 시각의 뉴스와 견해를 주로 올리는 정치 블로그―옮긴이), 미국을 위한 민주주의, 진보주의자 연합이 계속 우리 캠페인을 지지하면서 그들이 보유한 방대한 이메일 리스트를 제공해줬다. 이런 엄청난 노력을 해준 이들 앞에서 겸허해진다는 말로는 도저히 표현을 못 할 정도다. 수많은 사람이 아주 많은 것을 희생해줬고 그렇게 도와준 이들에게 아주 깊이 고마워하고 있다.

마침내 우리는 스콧 브라운과 비교해 뒤처진 선거 자금 규모를 따라잡아 주 전역에 선거운동 사무실들을 열고 선거 초반부터 선거 날까지 계속 텔레비전 광고를 방영할 수 있었다. 한편 브라운 의원과 내가 한 맹세는 깨지지 않아서 칼 로브, 스콧 브라운과 동시에 싸울 필요가 없었다.

그래도 난 항상 선거 자금을 기부해달라고 계속 손을 내밀고 있는 느낌이었고, 그렇게 끊임없이 부탁하는 게 아주 싫었다. 선거 유세 기간 동안 우리가 한 첫 번째 대회는 엘리자베스 워런을 상원의원으로 뽑아달라는 티셔츠 뒷면에 어떤 구호를 넣는 게 좋겠냐고 지지자들에게 물어본 것이었다. 우승한 문구는 바로 "돈으로 살 수 없는 최고의 상원의원"이었다. 나는 그 구호를 매일 생각하면서 매번 사람들에게 기부해달라고 요청하는 또 다른 이메일을 보내곤 했다. 내가 도와달라고 한 이유는 월가 자금과 경쟁해야 했기 때문이다. 그것만이 내가 이길 수 있는 유일한 기회였다.

거대 은행들이 의회에 그런 막강한 영향력을 휘두를 수 있게 해준 바로 그 끔찍한 시스템 때문에 모든 후보는 끊임없이 지지자들에게 선거 자금을 요청하고 있다. 난 어쩔 수 없이 이런 생각이 들었다. 만약 정치가들이 이렇게 많은 선거 자금을 모을 필요가 없다면 파산 전쟁에서 다른 결과가 나왔을까? 2008년 금융위기가 일어났을 때 워싱턴의 정치가들이 다르게 반응했을까? 정부가 집을 가진 사람들을 구제하는 데 더 집중하고 거대 은행들을 구제하는 데는 신경을 덜 썼을까?

돈, 돈, 돈, 사방에서 돈의 속삭임이 들리고 있었다. 돈이 정가의 구석구석을 주무르고 있었다. 그리고 너무나 자주 있는 자들 편에서 그 힘을 휘두르고 있었다.

나는 내가 싸우고 있는 가치들을 믿었고, 그것들을 실현하기 위해 캠페인에서 선거 자금을 모으고자 열심히 노력했다. 그리고 기회가 된다면 또 그렇게 할 것이다. 하지만 지속적인 변화를 이루기 위해서는, 모든 사람이 싸울 수 있는 공정한 경쟁의 장을 만들기 위해서는, 선거 자금 부문이 달라져야 한다. 나는 선거운동을 하면서 그 점을 알게 됐고 지금도 알고 있다. 우리의 민주주의는 이보다 더 나은 시스템을 누릴 권리가 있다. 우린 이보다 더 나은 체제에서 살 권리가 있다.

투표 줄이기

—

8월에 공화당원들이 새로운 목표를 골랐다. 내 딸인 어밀리아였다. 아, 맙소사.

그때는 몰랐지만 나중에 매사추세츠(다른 많은 주와 함께)가 사람들이 더 쉽게 유권자 등록을 하도록 고안된 연방법을 따르지 않아 비난을 받았다는 걸 알게 됐다. 1993년 통과된 국립선거인 등록법에 따라 미국의 모든 주는 사람들이 운전면허증을 받을 때 유권자 등록을 할 수 있는 기회를 제공해야 한다. 그래서 이 법을 "자동차 유권자 법"이라고 부르기도 했다. 이 법은 합리적으로 보였고 상당히 잘 지켜지고 있다. 하지만 모든 사람이 운전면허를 취득하는 건 아니기 때문에(특히 장애인, 노인, 도시 빈민) 또한 사람들이 군인 수당, 식료품 할인 구매권(정부가 저소득자들에게 주는)이나 의료보험 같은 정부의 사회복지 서비스를 신청할 때 유권자 등록을 할 기회를 제공하라고 요구하고 있다.[41] 그런데 매사추세츠 주가 그 조항을 따르지 않은 것이다.

거기서 바로 어밀리아를 향한 공격이 시작됐다. 내가 어밀리아와 함께 『맞벌이의 함정』을 쓰고 나서 얼마 후 어밀리아가 데모스라고 하는 비영리 단체에서 자원봉사를 시작했다. 이 단체는 중산층이 튼튼해지는 걸 돕고 연구와 지지를 통해 민주주의를 수호하는 것을 주목적으로 삼는 단체다. 내가 상원의원 선거운동을 하고 있을 무렵 그 단체에서 몇 년째 일하던 어밀리아는 이사회 회장으로 선출돼서 활약하고 있었다. 회장직은 파트타임 자원봉사 직으로 감사위원회를 선택하고 이사회 의제를 설정하는 그런 일을 한다.

데모스는 매사추세츠 주를 비롯해서 많은 주가 연방 투표법을 준수하도록 압력을 가하고 있었다. 매사추세츠는 마침내 50만 명 정도 되는 사람들에게 유권자 등록증을 우편으로 보내고 있었다.[42] 8월 초에 스콧 브라운이 매사추세츠 주가 이렇게 등록증들을 우편으로 보내는 걸 "터무니없다"고 하면서 격노에 찬 성명서를 발표해 어밀리아가 내 선

거운동이 득을 보도록 이런 일을 돕고 있다며 비난했다.[43]

사실 어밀리아는 매사추세츠 주가 유권자 등록증을 우편으로 보내는 일과 아무런 관련이 없다. 데모스는 어밀리아가 그 단체에서 자원봉사를 시작하기 2년 전부터 연방 투표법을 지키라고 여러 주에 촉구해 왔는데 그건 심지어 내가 상원의원 선거에 출마하려고 생각하기 몇 년 전부터 있었던 일이다.[44]

하지만 사실 내가 보기에 이 문제의 진정한 핵심은 그게 아니었다. 스콧 브라운은 미국의 현직 상원의원인데 그는 지금 자신의 출신 주가 연방법을 준수하려고 노력해서 격노한 것이다. 이게 대체 무슨 일이야? 내가 보기에 여기서 진짜 중요한 문제는 어밀리아나 심지어 데모스와도 아무 상관이 없었다. 진짜 중요한 문제는 사람들이 유권자 등록을 할 수 있도록 가능한 모든 방법을 다 써야 한다는 것이다. 나는 유권자 등록이 헌혈 캠페인이나 추수감사절 자선복권 행사처럼 우리 모두 정당을 초월해 지지해야 하는 가치라고 생각했다.

좋다, 사람들은 웃으면서 나보고 대책 없이 순진하다고 할 수 있겠지만 이 문제는 바로 민주주의를 겨냥한 직격탄과 같다. 많은 주에서 공화당원들이 일상적으로 휘두르는 무기 중 하나가 바로 유권자 등록을 방해하는 것이다. 이들은 사전 투표, 아프리카계 미국인 투표, 라틴계 투표, 이민자 투표, 학생 투표같이 모든 부문의 표를 깎아먹으려고 혈안이 돼 있다.[45] 티파티와 연계된 트루 더 보트(보수적인 투표 감시 기구―옮긴이)는 투표가 "운전하면서 경찰이 쫓아오는지 보는 것"과 같았으면 좋겠다는 유명한 말을 했다. 내가 보기에 내 딸이 좀더 많은 사람이 투표할 수 있도록 등록하는 걸 도우라고 여러 주를 촉구하고 있는 조직에 몸담고 있는 것이 그들이 짠 각본에서 또 어긋났을 거란 생각이

들었다.

하지만 그 공격 때문에 상원의원 선거 경쟁은 또 다른 국면으로 접어들었다. 어밀리아가 갑자기 언론의 주목을 받게 됐다. 그리고 스콧 브라운과 공화당이 어밀리아를 공격하기 시작하면서 어밀리아가 "동네북"이 돼버렸다.

어밀리아의 전화는 쉴 새 없이 울려댔고, 신문에 어밀리아에 대한 기사가 몇 가지 났다. 기자들이 어밀리아의 배경을 샅샅이 조사하고 어밀리아의 오랜 친구와 동료들에게 전화해서 신문 기사에 낼 만한 이야기를 해줄 사람을 찾으려고 애썼다. 어밀리아는 계속 괜찮다며 나를 안심시켰다. 어쨌든 내 딸은 혼자 힘으로 어엿하게 성공한 사업가가 됐고 무슨 일이 닥치든 대처할 능력을 지니고 있었다. 하지만 난 처참한 기분이 들었다.

정치가 힘든 일임은 알고 있었지만 남들의 공격을 받는 대상은 나 하나로 끝나길 정말 간절히 빌었는데. 지금까지 공화당은 돌아가신 내 부모님을 비난했고, 우리 오빠들을 괴롭혔고, 내 딸을 공격했다. 이게 다 내 탓이다. 우리 가족은 이런 사태를 원하지 않았고 내가 세상의 관심을 끌지 않았더라면 이들에게 이런 일은 일어나지 않았을 것이다.

국내 전선

＿

그로부터 한두 주 지난 어느 날 밤 걱정스러운 게 있어서 자다 깼다. 난 마침내 반쯤 깬 상태에서 기침 소리를 들었다. 정확히 말해서 기침이라기보다는 헛기침에 가까웠다. 난 나도 모르게 다시 깜빡 잠이 들었다가 또 그 소리를 들었다. 그 소리가 어디서 나는 것인지 알 정도로 머리가 맑아졌다.

내가 브루스를 쿡 찌르면서 말했다. "오티스한테 어디 문제가 있는 거 아냐?"

우리 둘 다 어둠 속에서 기다렸지만 오티스가 아무 소리도 내지 않아 내가 침대에서 빠져나왔다. 나는 몇 분 동안 오티스의 머리를 문질러줬다. 그러다 괜찮은 듯해 다시 침대로 돌아갔다. 이튿날 아침 브루스가 괜찮은지 확인할 겸 오티스를 병원에 데려가서 검사를 받게 하겠다고 했다.

그날 밤 내가 집에 왔을 때 브루스가 날 현관에 있는 그네로 데려가서 앉히고 내 옆에 앉았다. 그러고는 내 두 손을 잡았다. 불길한 예감이 들었다.

"치료가 안 듣고 있어. 림프종이 재발됐대." 브루스가 조용히 말했다.

순간 누가 내 가슴을 발로 찬 것 같았다. 이런 일이 일어날 거라고는 예상하지 못했는데. 난 오티스의 의사가 설명해준 통계 수치를 떠올렸다. 림프종을 치료받은 개들 중 절반이 1년 뒤에도 살아 있다고 했다. 절반이. 1년이나. 그런데 오티스는 치료받은 지 8개월도 채 안 됐다.

나는 속은 기분이 들었다. 만약 절반이 1년 뒤에도 살아 있다면 어떻게 오티스는 다시 아플 수가 있나? 치료법을 바꿀 수 없나? 내가 이런 말을 하는 와중에 언성이 자꾸 높아졌다. 마침내 나는 브루스에게 고래고래 소리를 지르고 있었다. 아니 그렇게 악을 쓰면 현실이 바뀌기라도 할 것처럼 오티스가 다시 아프다는 사실에 고함을 지르고 있었다.

브루스는 내가 계속 그렇게 소리를 지르도록 내버려뒀다. 마침내 입을 다물었을 때 나는 숨을 거칠게 쉬고 있었다. 브루스는 의사가 한 말의 나머지 절반을 다시 부드럽게 지적해줬다. 치료를 받은 개들의 절반은 치료를 받았다 해도 1년 안에 죽는다고.

나는 울기 시작했다. 거래를 할 수 있는 누군가가 있었으면 싶었다. 제발, 제발 오티스를 데려가지 말아요.

브루스는 오티스가 그날 새로운 치료를 시작했고 앞으로 어떻게 될지 지켜보자고 했다. 이튿날 병원에서 오티스를 데려왔을 때 오티스는 아픈 기색이 역력했지만 다시 가족과 함께 있게 된 것을 기뻐했다. 오티스는 고개를 숙이고 꼬리를 흔들면서 천천히 우리를 향해 걸어왔다.

그날 밤 늦게 우리는 소파에 함께 앉았다. 우리는 원래 하던 대로 앉았다. 브루스가 한쪽 끝에 앉고 오티스가 반대편에 축 늘어져 앉고 내가 가운데에 앉았다. 나는 오티스의 귀를 문질러주면서 속삭였다. "제발 괜찮아져라. 제발 괜찮아져라."

기업들은 춤추지 않는다

9월 초에 브루스와 나는 노스캐롤라이나의 샬럿으로 민주당 전당대회를 하러 갔다. 몇 주 전 백악관에서 연락이 왔다. 오바마 대통령이 수요일 밤 빌 클린턴 대통령의 연설 바로 전에 내가 연설을 해줬으면 한다고.

나는 전당대회에 한 번도 가본 적이 없었다. 9월 4일 화요일 아침 나는 리허설에 갔다. 내 순서를 기다리는 동안 이런 대대적인 정치 행사를 처음 본 게 언제인지 생각해보려고 애썼다. 그때 일곱 살 정도 됐던 나는 흑백텔레비전 앞에서 트위드 깔개가 깔린 바닥에 인형들과 함께 퍼질러 앉아 있었다. 텔레비전 채널 3개 모두 그때 열린 전당대회를 방영하고 있었다. 나는 재미없다고 생각하면서 「왈가닥 루시」(1950년대에 선풍적인 인기를 끌었던 흑백 시트콤—옮긴이)와 「건스모크」(서부 드라마 시리즈—옮긴이)가 어서 나오길 바라고 있었다. 아빠는 담배를 피우면서 신문을 보는 틈틈이 전당대회를 보고 있었고 엄마는 무릎에 책 한 권을 올려놓고 그 전당대회를 보고 있었다. 우리 부모님은 특별히 정치에 관심을 갖진 않았지만 아빠가 아이젠하워 대통령을 괜찮은 대통령이라고 생각했던 건 알고 있었다.

이제 샬럿에 와서 거대한 경기장을 둘러보면서 나는 여기 서 있는 여자와 그 텔레비전 앞에 있던 그 꼬마 소녀의 거리가 마치 지구와 달의 거리처럼 멀리 떨어져 있다는 생각을 했다.

"소리치지 마세요. 이 마이크는 아주 민감해서 숨소리까지 잡아낼 수 있습니다." 누군가가 말했다. 그 말에 나는 흠칫 놀라 현실로 돌아왔다.

나는 타임워너 케이블 아레나(노스캐롤라이나 주 샬럿에 있는 실내경기장 겸 공연장—옮긴이)라는 어색한 이름의 무대 위에 서 있었고, 기술자 한 명이 사운드 시스템에 대해 내게 경고하는 동안, 다른 기술자는 연단의 높이를 확인하고 있었다.(이 연단은 실제로 위로 올리고 내릴 수 있어서 연설자의 키에 맞추는 게 가능했다.) 이 강당은 거의 비어 있었지만 몇 명은 벌써 자리에 앉거나 카메라 장비를 조정하거나 그냥 돌아다니고 있었다.

나는 침착하게 행사에 집중하려고 노력했다. 오늘 밤 나는 빌 클린턴 전 대통령 바로 직전에 연설을 하게 될 것이다. 약 2만 명의 관중과 2500만 명의 시청자 앞에서 말이다. 아직 뒤처져 있는 상원의원 선거 종반에 말이다. 그래, 아주 마음 편하게 연설할 수 있겠어.

이 경기장은 2005년 미국 프로농구팀 샬럿 보브캐츠의 홈구장으로 지어졌다. 무대는 컸고 농구 코트는 수십 줄의 의자로 꽉 찼지만 여전히 거대한 체육관처럼 보였다. 새로 지은 근사하고 멋진 체육관이지만 체육관이란 사실에는 변함이 없었다. 장소에 맞춰 모두 저지 셔츠와 헐렁한 반바지를 입고 오면 분위기 좀 살 것 같은데.

예행연습을 끝낸 뒤 나는 가네시, 톰 키디와 함께 다시 호텔로 걸어 돌아갔다. 우리가 거리를 걷고 있는데 반대편에 있던 어떤 여자들이 소리를 질렀다. "이봐, 저기 엘리자베스 워런이다. 유후! 엘리자베스! 엘리자베스!" 나는 그 사람들을 보고 손을 흔들다가 곧바로 전봇대에 쾅 찧었다. 다치진 않았지만 정말 바보가 된 기분이었다.

그후 가네시와 톰이 내 옆에 바싹 붙어 걸으면서 내 앞에 장애물이 있는지 없는지 확인했다. "전봇대!" 둘 중 하나가 이렇게 소리를 지르곤 했다. "연석!" 또 하나가 이렇게 주의를 줬다. 이제 내 인생에 사운드트랙이 생긴 셈이었다. 그보다 더 끔찍했던 건 그 사운드트랙이 필요하다는 걸 내가 입증했다는 사실이다.

이튿날 우리는 지시받은 대로 예정된 연설 시간보다 몇 시간 일찍 도착했다. 모두 두꺼운 플라스틱으로 만든 신분증을 받아 목에 걸었다. 경기장 안에 입장해 무대 뒤쪽 대기실로 들어가면서 모두 그 신분증을 재삼재사 검사받았다. 화장실에 가려면 여러 단계를 거쳐서 혼란스럽게 돌아가야 했다. 어렵게 화장실에 한 번 다녀온 뒤에 나는 더 이상 물을 마시지 않기로 했다.

연단에 설 차례를 기다리면서 나는 이 기회에 대해 생각해봤다. 2500만 명의 관중이라니 그 숫자는 상상도 할 수 없이 초현실적으로 느껴졌다. 내 인생에 이렇게 많은 사람 앞에서 연설할 기회는 없을 거라는 생각이 들어 이 기회를 이용해 정말 하고 싶은 말을 해야겠다고 다짐했다. 이제 막 무대에 올라갈 때가 됐다.

나는 숨을 쉬려고 애썼다. 내게는 정확히 15분간 이야기할 기회가 딱 한 번 있었고 그것도 제대로 해야 했다.

우리 시스템은 조작됐습니다.

그게 내가 하고 싶은 말이었다. 내가 볼 때는 그게 미국의 잘못된 점이었다. 부유하고 강력한 사람들이 우리 정부를 장악하고 있다는 게 모든 문제의 핵심이었다. 우리는 그런 식으로 살 필요가 없다. 우리는 더 잘 살 수 있다.

심장이 정신없이 쿵쿵 뛰고 있었다. 무대감독이 날 살짝 앞으로 밀어서 눈이 멀 정도로 환한 조명 속으로 들어갔다. 사람들이 박수를 쳤다. 엄청난 수의 사람이 서서 소리를 지르기 시작한 듯 보였다. 그러자 더 긴장됐다. 입이 바짝바짝 타고 이빨이 입속에 쩍쩍 달라붙어 떨어지지 않을 것 같았다. 2500만 명의 사람이 지켜보는 가운데 몇 시간 전에 물을 마시지 않기로 한 결정이 어리석었다는 걸 번개처럼 깨달았다.

하지만 몇 초 뒤 뭔가가 바뀌었다. 여기 모인 전당 대표와 사람들이 더 이상 그냥 단순한 익명의 군중이라는 생각이 들지 않았다. 사람들의 얼굴이 보였다. 그들이 손을 흔드는 것도 볼 수 있었다. 그들은 준비가 됐다. 아니, 그들은 아주 열렬하게 준비가 돼 있었다.

그날은 보스턴의 지하철역에서 그 젊은 학생이 이것이 자신의 싸움이기도 하다는 말을 했던 그날 밤과 같았다. 이건 단지 나만의 경쟁이아니었다. 이것은 우리의 경쟁이었다.

잠시지만 나는 이 모든 걸 멈추고 싶었다. 관중석에 있는 모든 사람을 줄 세워서 한 사람과 1분씩 악수를 하거나 껴안거나 팔을 잡으면서 이렇게 말하고 싶었다. "이 싸움이 얼마나 중요한지 알고 있습니다. 우린 함께 싸울 것이고 우리는 승리할 것입니다."

그래서 나는 심호흡을 하고 연설을 시작했다.

나는 여기에 미국에서 열심히 일하는 사람들이 어떻게 손해 보고 있는지 말하기 위해 나왔다고 설명했다. 나는 밋 롬니(매사추세츠 주 주지사—옮긴이)가 한 "기업은 사람이다"라는 유명한 발언에 대해 말했다.

아니요. 롬니 주지사님. 기업은 사람이 아닙니다. 사람에겐 심장이 있고, 자식들이 있고, 일이 있습니다. 사람은 병에 걸리고, 울고, 춤을 춥니다. 사람은 살고, 사랑하고, 죽습니다. 그리고 그런 것들은 중요합니다. 그게 중요한 이유는 우리는 기업들이 아니라 사람을 위해 이 나라를 운영하고 있기 때문입니다.

나는 그동안 만났던 수많은 사람이 내게 했던 질문을 던졌다. 미국 정부는 국민을 위해 일하고 있는가, 아니면 부유하고 힘 있는 사람들을 위해 일하고 있는가?

사람들은 이 시스템이 자신에게 불리하게 조작됐다고 느낍니다. 고통스러운 사실은 그 생각이 옳다는 겁니다. 이 시스템은 조작됐습니다. 주위를 둘러보세요. 억만장자들이 자기 비서들보다 더 낮은 세율의 세금을 내고 있습니다. 월가 CEO들, 우리 경제를 망치고 수백만 명을 실직자로 만든 그들이 여전히 아무런 수치심 없이 의회를 활보하면서 특혜를 요구하고 우리가 그들에게 감사해야 할 것처럼 행동하고 있습니다.

나는 아침 일찍 일어나 밤늦게까지 일하는 중산층 가족, 작은 사업체를 운영하는 사람, 직원들에게 월급을 주기 위해 안간힘을 쓰는 사람, 그달 말까지 버틸 돈이 있을지 끊임없이 걱정하는 사람들에 대해 말했다.

> 이런 사람들은 다른 사람들이 돈을 더 많이 번다고 해서 화내지 않습니다. 우린 미국인입니다. 우린 성공을 찬양하는 국민입니다. 우린 그저 우리가 하는 게임이 조작되지 않기를 원하는 겁니다.[46]

연설이 끝난 뒤 관중이 큰 박수를 쳐줬다.

나 다음으로 빌 클린턴 전 대통령이 연단에 올라섰다. 난 클린턴 대통령처럼 기억에 남을 연설은 하지 못했지만 그럴 사람이 과연 몇이나 되겠는가? 어쨌든 난 하고 싶은 말을 했고, 그런 말을 할 기회가 주어졌다는 게 정말 감사하고 기뻤다.

조합의 자부심

—

전당대회가 끝난 뒤 나는 선거운동에 한층 더 박차를 가했다. 이제 선거가 두 달밖에 안 남아서 매일 더 일찍 시작해 더 늦게 끝났다. 나는 잠까지 포함해서 모든 걸 선거 뒤로 미루고 있는 듯한 느낌이 들었다.

먹는 것도 줄었다. 항상 "오찬"이나 "만찬" 약속이 잡혀 있었지만 그렇게 식사하는 자리에서도 연설하고 사람들과 악수해야 해서 먹는 둥 마는 둥 했다. 난 던킨 도넛의 뜨거운 밀크티와 패스트푸드로 연명했다. 살이 점점 더 빠졌고 항상 바지가 흘러내릴 것만 같았다. 그래서 바지 뒤춤에 거대한 옷핀을 찔러 고정시켰다. 매일 사람들과 카메라 앞에서 미소 지으며 사람들의 등 뒤로 손을 두를 때마다 누군가의 손이 윗도리 위로 불룩 튀어나온 내 바지춤을 스치는 게 느껴졌다. 그럴 때마다 사람들이 내가 권총집을 차고 있거나 거기에 돈을 한 다발 넣고 다니는 거 아닌가 하고 궁금해하지 않을까 하는 생각이 들었다.

추적자는 모든 행사에 나타나는 듯했다. 이제는 그게 일상적인 정치의 일부란 걸 이해하게 됐고 스콧 브라운에게도 비슷한 추적자가 따라다닌다는 걸 알게 됐지만 그래도 결코 익숙해지진 않았다. 사람들이 내게 살던 집을 잃었다거나 집에서 암으로 죽어가는 아빠가 있다는 말을 속삭일 때마다 나는 추적자를 찾아 주위를 둘러보면서 이런 사적인 순간을 찍은 비디오가 정치 광고에 이용되지 않을까 걱정하게 됐다.

시간이 째깍째깍 흘러가면서 모두 손을 모아 도왔다.[47] 전설적인 민권 지도자이자 오랫동안 하원의원으로 재직한 존 루이스가 투표의 힘에 대해 감동적인 연설을 했다.[48] 가수 제임스 테일러와 그의 아내 킴은 훌륭한 콘서트를 열었다. 존 케리도 지원군들을 모았다. 맥스 클릴랜드는 주 전역에 있는 참전 용사들을 모아서 우리가 한 약속을 지키는 것이 중요하다는 점을 강조했다. 데벌 패트릭 주지사는 전당대회가 있기 전에 날 지지해줬고 몇몇 대집회에서 카리스마 있는 연설로 선거 운동의 여세를 몰아갔다.[49]

그리고 보스턴 시장인 토머스 메니노도 있었다. 토머스는 보스턴 시의 시장으로 19년간 재직해서 미국 대도시 시장 사상 가장 오래 재직한 기록을 세우고 있었다. 그는 보스턴의 구석구석을 다 알았고 보스턴을 열정적으로 사랑했을 뿐만 아니라 보스턴도 그를 무한히 사랑하고 있었다. 그는 민주당원이지만 지독하게 독립적인 인물로 언론에서는 정기적으로 토머스 시장이 브라운을 지지하거나 중립을 지킬 것이라는 추측이 나오고 있었다. 나는 1년 넘게 시장에게 정기적으로 전화를 했고, 토머스 시장이 내게 질문을 하기도 하며 조언을 해주기도 했지만 날 공개적으로 지지하는 일은 결코 없었다. 그러다 9월 중순에 토머스 시장이 전화를 걸어와서 말했다. "난 준비가 됐습니다." 토머스 시장은 내가 근로자들을 위해 싸울 것임을 확신하게 됐고, 그가 보기에 공직에 있는 사람이 해야 할 가장 중요한 일은 바로 그것이었다.

일단 지지하기로 결정하자 토머스 시장은 선거운동에 열정적으로 뛰어들어 우리를 도와줬다. 그는 대집회에 참여하고, 연설을 하고, 서명을 하고, 심지어 자체적으로 텔레비전 광고까지 만들었다. 그의 유명한 대사인 "엘리자베스는 좋은 사람입니다"가 보스턴 전역에 방영됐다. 그는 또한 많은 전쟁을 함께 치른 아군인 마이클 키니어비를 데려왔다. 마이클은 마법을 부려서 도와줄 수백 명의 사람을 데려왔다.[50] 시장은 에너지가 굉장히 넘쳤고 그가 캠페인에 몰고 온 힘과 정열은 손에 잡힐 정도로 강하고 분명했다.

몇 달 동안 힘들게 노력한 끝에 마침내 우리가 브라운 상원의원을 서서히 따라잡는 듯했다. 여론조사에서 실질적으로 변화가 일어나는 게 보이기 시작했다. 우리 선거팀 직원들은 믿을 수 없을 정도로 열광했다.

지난 1월에 사람들이 했던 모든 예측과 달리 브라운 의원과 내가 한 국민의 맹세가 잘 지켜져서 칼 로브가 입을 다물고 있었다.[51] 브라운 의원이 약속을 잘 지켜준 덕분이었다. 내가 여론조사에서 그를 따라잡기 시작했을 때 브라운 의원은 물론 뒤로 물러나 외부 자금을 끌어들여 그에게 유리한 쪽으로 선거 판도를 바꾸고 싶은 유혹도 느꼈을 것이다. 하지만 그는 끝까지 약속을 지켰다.

9월 중순 어느 날 오후 로저 라우가 전화를 걸어왔다. 도체스터로 오세요. 지금 당장.

그래서 애덤이 파란 폭격기를 돌려 도체스터의 플로리안 홀로 향했다. 앞에 깃발 하나가 휘날리는 소박한 붉은 벽돌 건물인 플로리안 홀은 수없이 많은 포트럭 디너(각자가 음식을 지참해서 오는 저녁 식사 모임 —옮긴이)와 매사추세츠 동부 소방관들 및 가족들을 위해 은퇴 파티를 해온 아주 튼튼한 곳이었다.

소방관들은 2년 전 브라운 대 코클리 선거에서 특히 크게 분열됐다. 소방관 노조는 공식적으로 코클리 후보를 지지했지만 일반 소방관 대다수는 브라운 후보에게 표를 던진 것으로 보도됐다. 나는 거의 1년 동안 소방서들을 찾아갔지만 소방서 근처에 주차된 차들 가운데 스콧 브라운 스티커를 붙인 차가 많았다.

우리는 플로리안 홀 주차장에서 로저와 만나 안으로 들어가 에드 켈리와 마이크 멀레인을 만났다. 주 소방관 노조 조합장 역사상 아주 젊은 축인 30대의 에드는 35년간 보스턴 소방관으로 일한 아버지 잭을 따라다니며 성장했다. 아버지의 검은 머리와 강렬한 파란 눈을 물려받은 에드에게는 예쁜 아내와 활동적인 아이 둘(그는 "미래의 소방관들"이라고 즐겨 말한다)이 있었다. 그는 또한 다친 사람을 어깨에 짊어지고 불타는 건물에서 전속력으로 뛰쳐나올 수 있을 것 같은 탄탄한 몸매의 소유자였다.

흰머리에 소년 같은 미소를 띤 베테랑 소방관 마이크 멀레인은 에드보다 윗세대다. 마이크의 끊임없이 씨근거리는 숨소리와 기침 소리는 평생 화학 안개와 유독한 연기 속에서 살아온 그의 삶을 고통스럽게 일깨워주고 있었다.

에디와 마이크가 로저와 나를 작은 사무실로 데려갔다. 자리에 앉으면서 나는 조합 지도자 한 명이 스콧 브라운과 함께 찍은 사진이 벽에 걸려 있는 걸 봤다.

에디는 서두도 없이 다짜고짜 본론으로 들어갔다. "그게 말이죠. 이 선거가 함께 맥주 마시고 싶은 사람을 뽑는 거라면 브라운이 이깁니다." 그는 잠시 입을 다물었다가 다시 말했다. "뭐 기분 나쁘게 받아들이진 마세요. 하지만 저라면 브라운과 맥주를 마시겠습니다."

그의 표정은 고통스러워 보였다. 나는 벽에 걸린 사진을 보며 생각했다. 드디어 본론이 나오겠군. 이제 미안하지만 소방관들은 브라운이 더 편해서 그를 지지할 거라고 말하겠지. 적어도 이 사람은 내 얼굴을 보면서 그런 말을 할 배짱은 있군.

내가 에디를 보자 에디가 그 강렬한 파란 눈으로 날 뚫어져라 봤다. "하지만, 망할, 우린 가족을 먹여 살려야 합니다. 그런 면에서 당신이 우리가 가진 최선의 기회입니다."

나는 눈을 깜박였다.

"그래요. 당신을 지지하겠습니다."

소방관들이 한도 끝도 없이 토론을 했고, 에디의 표현을 빌리자면 그러다 아주 격렬한 토론도 했던 모양이다. 에디는 노조 지도자 한 명이 전에 브라운의 선거운동 본부에서 일했고 또 다른 지도자는 브라운과 오랜 친구라고 설명했다. 하지만 노조는 결국 일반 소방관들에게 나를 지지 후보로 추천하자며 만장일치로 결정했다.

마침내 에디가 몸을 뒤로 기울여 앉으면서 미소 지었다. 지지하기로 했으니 확실하게 밀어주겠다고 말했다. "당신은 이제 우리 가족이 될 겁니다."

에디는 그 이상으로 약속을 지켰다. 소방서에는 거대한 형광색 버스가 있었는데 그 버스 옆에 거대한 내 사진을 붙이고 요란하게 경적을 울리면서 주 전역을 몰고 다니다가 자주 스콧 브라운 집회 근처에 주차시키곤 했다.

그 오랜 유세 기간 동안 많은 소방관을 만나면서 수백 명의 다른 노조원도 만났다. 트럭 기사, 전기기술자, 판금 가공 기술자. 교사와 간호사, 목수와 음악가, 관리인과 벽돌공. 집배원, 간병 도우미, 철강 노동자들. 난 건설 현장에서, 교육센터에서, 직업등록소와 자원봉사 행사장에서 그들과 이야기를 나눴다. 그들은 각기 다른 일을 하고, 다양한 걱정거리를 가지고 있지만 모두 노동자를 위해 당당하게 섰다.[52]

내가 만난 대부분의 노조원은 노조가 생기는 직장이 줄어들면서 전국의 노조들이 힘을 잃어가는 현실을 뼈아프게 인식하고 있었다. 돈과 지지를 부탁하며 정치가들이 오지만 조합 회관을 빠져나가는 순간부터 입을 싹 닦고 연설할 때 '노조'란 단어는 입 밖에 내지도 않는다고 하소연한 노조 지도자들이 한둘이 아니었다. 나는 연설과 집회와 원탁회의 토론에서 그 말을 하는 것이 중요하다고 생각해서 아주 큰 소리로 "노조!"라고 외치곤 했다.

내 생각에 미국의 중산층을 만드는 데 노조들이 일조했다. 그들은 더 높은 임금과 합리적인 근무 시간을 획득하기 위해 싸웠다. 그들은 더 안전한 공장을 만들기 위해 싸웠다. 그들은 연금을 받고 은퇴 후에도 안정된 생활을 할 수 있게 싸웠다. 그들은 의료보험을 받기 위해 싸웠다. 이런 혜택들이 다른 노동자들에게 퍼져나가면서(노조원이든 아니든) 중산층이 전체적으로 더 강해지고 더 안정된 삶을 살 수 있는 것이다. 외부에서 압력이 들어오면 노조들은 사회보장연금, 의료보험, 더 높은 최저임금, 여성을 위한 평등한 임금과 소비자금융보호국을(아주 기쁘게도) 위해 싸웠다. 이들은 이들을 강하게 지켜주는 가치들을 보호하기 위해 싸웠다.

선거 유세를 하는 동안 나는 정치에 기업과 노동자가 미치는 영향이란 말을 자주 들었다. 마치 "기업"과 "노동자"가 동전의 양면인 것처럼 말이다. 그게 정말일까? 세금 시스템의 허점을 만들고 특혜를 받기 위해 기업들이 고용한 로비 군단이 싸우는 것과 사회보장연금과 동등한 임금을 받기 위해 노조가 싸우는 것이 같은 성격의 싸움이라고 믿는 사람이 있을까? 기업들이 노조와 노동자들의 일할 권리에 대한 법들을 지원하기 못하게 돈을 쓰는 것처럼 회사들을 망하게 하기 위해(그러면 자기도 실직자가 될 텐데) 같은 액수의 돈을 쓰는 노조들이 있다고 믿는 사람이 있을까? 자기가 지지하는 후보가 당선될 수 있도록 1000만 달러짜리 수표를 쓸 수 있는 억만장자 중역 한 명당 그런 일을 할 수 있는 노조원이 한 명이라도 있다고 생각하는 사람이 있을까? 제발 이러지들 맙시다.

정치가들이 실제로 누구를 위해 일하고 있는지를 놓고 벌이는 전쟁에서 노조들은 어느 쪽에서 싸워야 할지 알고 있었고 그들은 최선을 다해 싸웠다. 그들과 같은 편에서 싸울 수 있어서 영광이었다.

토론들

캠페인 기간 동안 스콧 브라운과 나는 함께 세 차례에 걸쳐 토론을 하게 돼 있는데 첫 번째 토론이 9월 20일로 잡혀 있었다. 여론조사에 따르면 선거는 접전이었으며 많은 사람이 이 토론이 얼마나 중요한지 말했다. 나는 긴장하기 시작했다. 정말, 정말 많이 긴장했다.

댄은 평소 스타일대로 계속 이런 말로 날 독려했다. "토론하는 동안 1분만 실수해도 선거를 통째로 망칠 수 있어요."

토론 준비는 악몽이었다. 거의 한 다스나 되는 직원들이 모여서 내가 준비하는 걸 도왔다. 직원 한 명이 질문을 한다. "중동에 평화가 오려면 어떻게 해야 할까요?" 혹은 "더 많은 일자리를 어떻게 만들어낼 수 있을까요?" 내가 대답을 시작해서 준비한 답변 네 개의 중간 정도에 이르면 누군가가 소리를 질렀다. "시간 다 됐어요!"

나는 모든 질문을 1분 30초 안에 대답해야 했다. 정확히 90초 안에. 직원 한 명이 또 다른 질문을 했는데 미처 본론에 이르기도 전에 또 누군가가 소리를 질렀다. "시간 다 됐어요!"

우리는 이런 맥 빠지는 사이클을 돌고 또 돌았다. 우리 직원들은 자포자기해서 시간에 집중하기 전에 내가 "길게" 대답할 수 있는 연습을 먼저 시켰다. 내가 힘들어하는 걸 보고 모두 날 격려하려고 애썼다. "4분 안에 그 정도 말하셨으면 굉장히 잘하신 거예요! 다음번엔 그 부분부터 먼저 말하시면 될 것 같아요." 그거야 문제없지!

결국 최고의 코치는 오티스였다.[53] 첫 번째 토론이 있는 날 나는 휴대전화를 끄고 컴퓨터도 껐다. 오티스가 옆에 올라와 내 무릎에 머리를 얹었다. 나는 토론 준비를 하고 오티스는 코를 골았다. 몇 시간 뒤 나는 만반의 준비를 마쳤다.

첫 번째 토론은 텔레비전 스튜디오에서 열렸다. 스튜디오는 비좁은 데다 추웠고 「트랜스포머」 영화에 나오는 것처럼 생긴 거대한 카메라들이 작은 세트장을 둘러싸고 있었다. 진행자 한 명과 후보 두 명, 기술자 몇 명만 스튜디오 안에 들어올 수 있었다. 심지어 후보들의 배우자도 들어오지 못했다. 브라운 의원이 도착했을 때 내가 그에게 걸어가 악수를 나눴다. 그 순간은 어쩐지 비현실적으로 느껴졌다. 여기 이 사람이 바로 내가 깨어 있는 매 순간 이기려고 그렇게 애를 썼던 남자다. 우리 이름이 함께 링크된 기사가 수천 개이지만, 우린 몇 번밖에 안 만났고, 같이 대화를 나눈 것도 다 합쳐서 몇 마디 안 된 것 같았다. 다른 상황에서 만났더라면 유쾌한 한담을 나눴을지도 모르겠다. 짧게 인사를 나눈 뒤 우리는 각자 자리로 돌아가 프로그램이 시작되기 전까지 입을 다물고 있었다.

토론에 쓸 노트 카드들을 가져와도 된다는 말을 들었는데 토론을 시작하기도 전에 브라운 의원이 가져온 카드들을 뒤적이는 걸 봤다. 나도 카드 더미를 가져왔다. 대부분의 카드는 내가 생각하기에 중요한 통계 자료들이었다.(일반 가정의 수입, 실업률 같은 것들로 핵심적인 수치를 말하는 데 더듬거리고 싶지 않았다.) 하지만 내 마지막 카드는 사진이었다. 내 주위에 모인 손주 및 조카들과 함께 레고랜드 앞에서 찍은 사진이었다. 우리는 모두 똑같이 밝은 노란색 셔츠를 입고 즐거운 시간을 보내고 있었다. 이 사진을 보면 항상 기분이 좋아졌다. 나는 카메라를 응시하고 있는 그 아이들을 보며 생각했다. 난 너희의 미래를 위해 이 선거에 뛰어든 거야.

나는 그 사진을 쥐고 미니어드 목사가 해준 조언을 떠올렸다. 믿음을 가지세요.

스튜디오 안에서 누군가가 방송 시작까지 30초 남았다고 큰 소리로 말했다. 우리 모두(브라운, 나, 사회자) 물을 한 모금씩 마시며 출발선에 서서 "준비!"라는 말을 들은 달리기 선수처럼 행동했다.

카운트다운을 한 뒤 가장 가까운 곳에 있는 카메라에 불이 들어왔다. 사회자가 소개를 하고 나서 첫 번째 질문을 던졌다. 인성에 대한 질문이었는데 브라운 의원에게 먼저 했다.

브라운은 1초도 낭비하지 않았다. 브라운은 사회자와 시청자들에게 인사한 뒤 곧바로 내 목을 노리고는 돌진했다. "워런 교수는 자신이 북미 원주민으로 유색인종이라고 주장하지만 보시다시피 워런 교수는 유색인종이 아닙니다." 그는 비난의 범위를 확대해 펜실베이니아 대학과 하버드에 내가 지원서를 냈을 때 "자신이 북미 원주민이라는 칸에 체크 표시를 했지만 분명 워런 후보는 원주민이 아닙니다"라고 덧붙였다.

토론을 시작한 지 33초밖에 안 됐는데 브라운은 이미 날 거짓말쟁이라 부르고 날 고용한 사람들도 거짓말쟁이라고 했다. 그는 내가 출생 배경을 이용해서 취직했다며 비난하고 있었다. 그리고 텔레비전을 보고 있는 시청자들에게 내 얼굴을 보고 내 부모와 조부모가 어떤 사람들이었는지 직접 판단하라고 했다.

나는 월가의 은행가들 및 세금과 교육에 대해 말하고 싶었지만 브라운은 토론을 다른 방향으로 끌고 가려 했다. 그래서 나는 그 공격에 맞섰다. 나는 내 가족에 대해 말했다. 난 한 번도 특혜를 요구하지 않았고, 날 고용한 사람들이 내가 한 말이 사실이라는 걸 확인해줬다고 분명하게 말했다. 기회가 됐을 때 나는 이 선거의 핵심 쟁점이라고 믿는 사안들에 대해 말했다. 나는 대기업과 억만장자들이 어떻게 세금 제도의 허점들을 악용하고 있으며 어떻게 스콧 브라운과 공화당원들이 그런 허점들을 계속 유지하려고 굳게 마음먹고 있는지 말했다. 나는 우리가 거대 석유 회사들에 보조금을 주는 대신 우리 아이들을 가르치는 데 투자해야 한다고 말했다.[54] 그리고 어떻게 억만장자들이 적어도 자기 비서들이 내는 만큼 똑같은 세율의 세금을 내야 하는지에 대해서도 말했다.

다음 날 우리 토론에 대한 평가는 무승부로 나왔고, 내가 세금 제도의 허점이나 교육에 대한 투자를 언급한 데 대해서는 기사가 몇 개 나오지 않았다. 하지만 거의 모든 기사에서 브라운이 내 출생 배경을 공격했다는 내용을 다뤘다.

1차 토론을 하고 이틀 뒤 브라운과 보스턴의 전 시장인 레이 플린이 한 술집에서 열린 캠페인 행사에 참석했다. 술집 바깥에서 열린 집회에 브라운의 상원 스태프도 몇 명 참석했는데 그들이 사람들과 함께 만화에 나오는 인디언들처럼 함성을 지르면서 흉내를 내는 모습이 비디오에 찍혔다.[55] 그 비디오는 많은 사람의 관심을 끌면서 비난도 많이 받았다. 그래도 브라운은 멈추지 않았다. 그는 계속 내가 출생 배경에 대한 진실을 은폐하고 우리 가족에 대해 거짓말을 하고 있다고 비난하는 광고를 내보냈다.[56]

이 선거는 끝까지 아주 고약해질 것 같았다.

돈을 받고 연기한 배우들이라고?
—

브라운은 내 출생 배경에 대한 광고를 반으로 줄이는 한편 광고 전쟁에서 또 다른 전선을 열었다. 그는 내가 석면 피해자들에게 손해를 입혔다고 주장했다.[57] 석면 근처에서 일하다가 중피종이라고 아주 고통스럽고도 치명적인 폐암에 걸린 사람이 많았다. 몇 년 전에 나는 석면 피해자들을 위한 보상금을 따로 챙겨둔 신탁을 보호하는 사건에서 컨설턴트로 일한 적이 있다. 많은 석면 피해자가 그 신탁을 지지했는데(그 소송에서도 나와 같은 편에 있었다) 그 이유는 그것이 보상을 받을 수 있는 최선의 방법이란 걸 알고 있었기 때문이다.[58]

많은 석면 피해자가 브라운의 공격 광고에 화가 났고 그중 일부가 브라운 의원의 사무실 밖에서 항의 시위를 했다. 브라운 광고에 나온 잘못된 정보를 반박하기 위해 우리는 중피종에 남편이나 아버지를 잃은 사람들이 나오는 짧은 광고 두 개를 찍었다. 그러자 브라운은 그 사람들이 진짜 피해자가 아니며 "돈을 받고 연기한 배우들"이라고 주장했다. 많은 석면 피해자가 전에 화가 난 정도였다면 이제는 격노했다. 그들은 말로 할 수 없는 고통을 겪은 터에 이제 모욕까지 받은 것이다. 한 피해자가 이렇게 말했다. "스콧 브라운이 내 얼굴을 똑바로 보면서 내가 돈을 받고 연기하는 연기자라고 말해보라고 해요. 그러면 우리 아버지가 숨이 막혀 죽어가는 걸 지켜보는 게 어떤 건지 곧바로 말해줄 테니까."[59] 브라운은 사과 성명을 발표했다.

선거 경쟁이 좀더 치열해지면서 광고들도 가차 없어졌다. 많은 사람이 날 위해 광고를 만들어주겠다며 자원했는데 그중에 로웰의 웨스트 엔드 짐 주인인 아트 라말로도 있었다.[60] 아트는 수십 년 동안 서민층 아이들에게 권투를 가르친 로웰의 전설이다. 처음에 아트의 체육관에 찾아갔다가 스피드 백(가죽으로 만든 둥그스름한 펀치 백—옮긴이) 옆에 낡은 나무 상자들이 있는 걸 보고 몇 분 뒤에야 그게 무슨 용도인지 깨달았다. 여기 오는 아이들 중에서는 스피드 백에 손이 닿지 않을 정도로 어린 아이들도 있었다. 아트는 그에게 오는 수많은 아이를 도와주기 위해 그의 체육관과 마음을 열었다.

아트는 카메라 앞에 서서 내가 열심히 일하는 사람들을 위해 싸우는 "파이터"라고 했다. 아트의 체육관에 있는 파이터처럼 내 주먹이 빠르진 않지만 아트가 도와줘서 정말 감사했다.

우리의 다른 광고들은 주로 내가 상원의원이 되면 무슨 일을 하고 싶은지에 대해 말했고, 그중 일부는 브라운 의원이 그동안 투표한 성향을 비판하는 것도 있었다. 우리 광고 중에는 상당히 가혹한 내용도 있었지만 인신공격은 하지 않았다. 나는 그런 흙탕물에 발을 들여놓기 싫었다. 그렇게 하지 않아도 매사추세츠의 선량한 시민들은 정치 광고에 신물이 났을 거라고 생각했다. 내가 그랬으니까.

그게 여자들이 하는 일이란다

—

선거운동이 막바지를 향해 달리고 있을 때 예상치 못하게 여자들(그리고 여성 문제들)이 전면에 부상했다.

그 일은 몇 달 전 상원에 있는 공화당원들이 부담적정보험법, 일명 오바마케어(민영 보험에만 의존하는 의료보험 시스템을 바꿔서 건강보험 가입을 의무화하는 것이 핵심—옮긴이)를 삭감하려고 또다시 노력하면서 시작됐다. 2012년 2월에 그들은 피임배제 개정안Blunt Amendment을 소개했는데 이 법안은 기업체나 보험 회사가 보험료를 지급해야 할 경우 "윤리적인 반대"를 이유로 의료비에 대한 보험금 지급을 거부할 수 있게 된다.[61] 이런 꿍꿍이에 속아 넘어가는 사람은 없었다. 이 수정안은 고용주에게 피임약에 대한 보험료 지급을 거부할 권리를 주려고 만든 것이다. 마침 이 상원의원 선거에서 내 적수인 브라운 의원은 그 수정안에 찬성하는 표를 던졌을 뿐만 아니라 공동으로 후원했다. 나는 당시 브라운 의원이 그렇게 투표권을 행사한 걸 비난했지만 그는 분노해서 날 공격했다.[62]

그러다 8월에 미주리 하원의원인 토드 에이킨이 여성은 "합법적인 강간"을 당한 상황에서는 임신하지 않는다고 주장해서 엄청난 공분을 일으켰다. 그것만 해도 어이없었는데 10월에 공화당원인 인디애나 주의 리처드 머독 의원이 강간당해서 임신한 것은 "하느님의 뜻"이라고 믿는다고 말했다. 갑자기 사람들이 여성 문제에 대해 격렬하게 토론하기 시작했다. 수많은 여자가(나까지 포함해서) 당연하게 생각하고 받아들였던 여성을 위한 개선된 환경이 갑자기 아주 불안해 보였다.

그 일은 우리 캠페인에 놀라울 정도로 신속하게 영향을 미쳤다. 그렇다, 나는 여자 후보다.(그걸 모르는 사람도 있나.) 그리고 나는 여성이 누리는 출산의 자유, 같은 일을 하고 같은 임금을 받을 권리뿐 아니라 여자도 남자와 같은 기회를 얻을 수 있게 전력을 다해 헌신하고 있다. 하지만 나는 그동안 중산층의 경제적 안정과 무너져가는 사회기반시설에 집중해서 선거운동을 해왔다. 이 문제들은 여자들에게 아주 큰 영향을 미치고 있지만 아무도 그것들을 "여성 문제"라고 하지 않는다.

나는 미국의 하원의원이 어떤 종류의 강간이든 그걸 "합법적인 강간"이라고 불렀다는 점에 정말 몸서리가 쳐졌다. 생각만 해도 피부가 오그라드는 듯했다. 맙소사, 나는 일단의 상원의원들이 피임약에 대한 보험 적용을 줄이려고 시도하는 것에 경악했다. 나는 그 사람들 얼굴에 대고 소리를 지르고 싶었다. 지금 장난해요? 당신들은 무슨 구석기 시대에서 왔어요? 수십 년 동안 이 전쟁을 치러온 미국 여성들은 분명 이보다 더 나은 대접을 받을 권리가 있다. 훨씬 더.

캠페인 초반에 나왔던 이 여성 문제가 이제 맹렬한 기세로 돌아왔는데 다만 이번에는 표현이 조금 달랐다. 이제 이 문제는 "요즘 여자들은 대체 어떻게 된 거야?"라는 식으로 표현됐다.

여자들이 대체 어떻게 된 거냐고? 간단하다. 여자들은 화가 머리끝까지 났다. 그해 가을 선거 유세에서 만난 여자들에게 느꼈던 에너지는 여기에 다 묘사하지 못할 정도로 뜨겁고 격렬했다. 늙은 여자와 젊은 여자들. 기혼녀와 미혼녀들. 이성애자와 동성애자들. 온갖 여자가 우리 캠페인 사무실들로 쏟아져 들어왔고, 어마어마하게 많은 여자가 우리 행사에 왔다. 미국 상원 역사상 가장 오랫동안 재직하면서 또한 여성 문제에 있어서 오랫동안 강력한 영향력을 발휘해온 바버라 미컬스키 의원이 여성들을 결집시키기 위해 매사추세츠에 왔다.[63] 로버트 케네디의 미망인인 에설 케네디(80대의 나이지만 여전히 원기 왕성한) 여사가 딸인 로리와 함께 와서 자원봉사자들을 열광시켰다.[64] 여고생들이 은퇴한 지 20년이 넘은 여자들과 같이 자원봉사를 했다. 부모들은 갓난아기인 딸을 데려와서, 내 팔에 안겨주고, 사진을 찍었다.[65]

이제까지 몇 달 동안 선거 유세를 하면서 어린 여자아이를 만날 때마다 나는 허리를 숙여 아이의 손을 잡고 조용히 이렇게 말하곤 했다. "난 엘리자베스란다. 상원의원 선거에 나왔어. 그게 바로 여자가 할 일이거든." 이제 그 말이 특별한 의미를 띠게 됐다. 전보다 훨씬 더 많은 부모가 사진을 찍자며 부탁했고 나는 그 작은 갓난아이들을 안거나 허리를 숙여서 수줍어하는 꼬마 숙녀들과 손가락을 걸고 약속하곤 했다.

10월에는 손녀가 밀어주는 휠체어를 타고 온 근사한 노부인을 만났다. 그 부인은 아주 작고 노쇠했지만 내 손을 잡고는 장난스러운 미소를 지었다. "난 죽어가고 있어요. 하지만 급히 갈 생각은 없어요. 당신이 이기는 걸 보고 갈 계획이에요."

선거 초반부터 우리 캠페인 팀은 스콧 브라운의 여성 문제들에 대한 전적을 면밀하게 살펴봤다. 그렇게 나쁘진 않았다. 브라운 의원은 당의 노선과 달리 여성에 대한 폭력 반대 법을 지지했다. 그는 낙태 합법화에 찬성한다고 말했지만 낙태 합법화에 반대하는 단체가 그를 후원했을 때 거부하지 않았다.[66] 그리고 남녀가 하는 같은 일에 대해 같은 임금을 받을 수 있게 하는 법안에 반대표를 행사했고 피임배제 개정안의 공동 후원자였다. 그보다 더 중요한 점은 여성의 권리를 없애려고 작심한 듯 보이는 공화당 지도부를 지지하고 있다는 것이다. 여성 문제에 관한 한 브라운의 투표 전적에 대한 평가는 "가끔 좋을 때도 있다"는 것이지만 그걸로 만족할 순 없지 않은가?

브라운 의원과 두 번째 토론을 하기 위해 만났을 때 예상치 못하게 여성 문제가 등장했다. 토론 중반쯤에 진행자가 우리에게 좋아하는 대법관을 한 명씩 말해보라고 했다. 브라운은 앤터닌 스캘리아라고 대답했다. 그러자 객석에서 곧바로 웅성거리는 소리가 들려왔다. 스캘리아라고? 낙태 합법화를 반대하며 가장 노골적으로 여성의 권리를 무시하는 그 보수적인 법관? 스콧 브라운이 그런 법관을 가장 좋아한단 말이야? 객석에서 몇 명이 야유를 퍼붓자 브라운 의원이 그 답을 취소하고 곧바로 케네디, 로버츠, 소토마요르를 댔다. 브라운 의원이 이 곤경에서 헤어나오려고 애쓰는 동안 카메라들이 내 얼굴에 떠오른 표정을 잡았다. 나는 금방이라도 토할 것 같은 표정이었다.(그때 내 기분도 그랬다.)

내 순서가 됐을 때 나는 대법관 중에서 낙태 합법화를 찬성해서 브라운 의원이 반대표를 던진 엘리나 케이건 법관이라고 말했다.

10월 10일 브라운과 내가 세 번째 토론을 하기 위해 스프링필드에서 만났을 때 여성 문제가 또다시 떠올랐다. 질문을 받았을 때 브라운은 자신이 여자들로 둘러싸인 집에서 살고 있으며 오랫동안 여성의 권리를 위해 싸워왔다는 말을 반복했다. 나는 브라운 의원이 좋은 남편이자 두 딸에게 좋은 아빠일 거라는 점에는 전혀 의심의 여지가 없다고 말했다. 하지만 의회에서 그는 우리 딸들에게 영향을 미치는 법안들에 대해 이렇게 투표했다고 지적했다.

- 브라운 의원은 남녀가 같은 일에 대해 같은 임금을 받게 하자는 법안에 대해 단 한 표를 행사할 기회가 있었는데 반대표를 행사했습니다.
- 브라운 의원은 피임약과 여성을 위한 다른 가족계획 관련 약품이나 서비스의 보험 적용에 대해 투표할 기회가 있었는데 반대표를 던졌습니다.
- 브라운 의원은 매사추세츠 출신으로 낙태 합법화를 찬성하는 여자 판사가 대법관 후보로 나왔을 때 찬성표를 던질 기회가 있었는데 반대표를 행사했습니다.

그것은 여성들을 위해 행사한 표가 아니었고 그렇게 말하는 게 옳다고 느껴졌다. 내가 보기에 여자들은 가끔이 아니라 항상 자신들의 이익을 대변해주는 정치가를 뽑을 권리가 있었다.

나는 우리 캠페인에 탄력이 붙는 걸 느낄 수 있었다. 우리 선거팀이 어찌나 기뻐하던지 그 활기와 생기가 손에 잡힐 것같이 느껴질 때도 있었다. 우리는 많은 사람이 이 선거에 강한 관심을 갖고 집중하기 시작했다는 걸 알고 있었다. 그들은 자신의 한 표가 얼마나 중요한지 이해하게 됐다.

한편 여론조사 결과는 여전히 막상막하였다. 어떤 때는 내가 앞섰고, 또 어떤 때는 여전히 브라운이 선두를 달렸으며, 1, 2포인트 차로 엎치락뒤치락하는 결과를 보여주는 것도 있었다. 우리는 끝까지 전력을 다해 싸워야 했다.

사랑스런 오티스
—

이제 마지막 가두연설 및 집회들과 예상 표 획득에 성공하기 위해 박차를 가해야 할 때였다. 애덤과 나는 파란 폭격기를 타고 주 전역을 종횡무진했다. 민디와 트레이시가 노련한 장군처럼 선거운동본부를 운영하는 동안 로저와 제스는 가는 곳마다 사람들을 결집시키기 위해 차에서 먹고 잤다. 브루스는 자원봉사자들과 만나고 아내를 위해 수많은 집회에서 열정적으로 연설해 많은 지지를 이끌어냈다. 우리는 결전의 날 자식과 손주와 조카들을 보스턴까지 비행기로 데려오기로 했다.

선거를 엿새 앞둔 날이 핼러윈데이였다. 그날 저녁 나는 집 앞 현관에 서서 아이들이 과자를 받으러 다니는 광경을 흐뭇하게 바라보고 있었다. 사진 기자들은 최선을 다해 우리 집에서 아이들에게 사탕을 주는 장면을 카메라에 담아 브라운의 집에서 벌어지는 풍경과 비교했다. 핼러윈에 어떤 사탕을 선택했는지조차 정치에서 벗어날 수 없는 것처럼 느껴졌다.

밤이 깊어갈 때 길 건너편에서 요란한 파티가 벌어져 사람들이 우리 집까지 행진해와서 나와 우스꽝스런 사진을 많이 찍고 갔다.

그런 축제 분위기 속에서 오티스는 평소 같았으면 내 옆에 찰싹 달라붙어 있었을 것이다. 오티스는 손님들이 찾아오는 걸 좋아했다. 게다가 오늘은 꼬마 손님들이 와서 오티스를 쓰다듬고 맛난 간식들을 주는 날이다. 이보다 더 좋은 날이 어디 있겠는가? 오티스는 느릿느릿 앞마당으로 나가서 보도에서 벌어지는 축제들을 살펴봤다. 하지만 집에 돌아오더니 누워서 일어나지 않았다. 오티스는 커다란 두 앞발 사이에 머리를 대고 바닥에 털썩 누워 있었다. 내가 사탕 그릇을 들고 문을 들락날락하는 동안 오티스는 커다란 갈색 눈으로 날 보고 있었다.

브루스와 내가 밤에 그만 자려고 현관 불을 껐을 때 오티스는 이층에 올라가는 걸 힘들어했다. 그날 밤 어둠 속에서 오티스가 힘겹게 숨쉬는 소리가 들렸다.

이튿날 아침 일찍 우리는 오티스를 데리고 다시 에인절병원으로 갔다. 수의사는 친절했지만 오티스가 심하게 고통을 겪는다는 점을 분명히 밝혔다. "오티스는 며칠 더 버틸 수도 있어요, 엘리자베스. 하지만 오직 당신을 위해 그렇게 버티고 있는 겁니다. 오티스는 갈 준비가 됐어요."

나는 이게 불공평하니 어쩌니 하고 불평하는 단계는 이미 오래전에 지났지만 아직은 오티스를 보내고 싶지 않았다. 오티스가 조금만 더 우리 옆에 있을 수 없을까?

브루스가 이제는 보내줘야 할 때라고 말했다. 마침내 나는 그 말에 동의했다.

우리는 바닥에 오티스와 함께 앉아 작별 인사를 했다. 나는 그의 큰 머리를 문질러주고 귀 뒤를 긁어줬다. 나는 에어컨 환풍기 위에 털썩 주저앉았던 그 귀여운 강아지와 나의 꼬맹이 손주들이 자기 몸 위로 기어 올라가게 내버려뒀던 그 큰 개를 생각했다. 사는 게 힘들어질 때마다 가끔씩 오티스가 옆에 와서 코를 비벼대며 세상에는 그보다 더 중요한 것들이 있음을 일깨워줬던 걸 생각했다.

오티스가 죽은 뒤에 브루스와 나는 오랫동안 오티스를 안고 있었다.

선거가 닷새밖에 남지 않은 상황에서 브루스와 나는 오티스에 대해 별말 하지 않기로 했다. 정치적인 계산에서 그렇게 한 게 아니었다. 만약 오티스가 죽었다는 소문이 나면 사람들이 마음을 열고 슬퍼해줄 것임을 알고 있었다. 내가 가는 곳마다 사람들이 날 안고 "유감이에요"라고 말할 걸 알고 있었다. 그러다 내가 울음을 터뜨리면 절대로 그치지 못할 것이다.

그래서 브루스와 나 그리고 몇 명만 그 일을 알고 있었다. 나는 스스로에게 말했다. 닷새만 참으면 울 수 있어. 하지만 지금은 선거를 끝내야 한다. 조금만 더 버티자.

우리가 승리할 것이다

—

2012년 11월 5일 선거 날. 정확히 50년 전 이날 매사추세츠에서 젊은 테드 케네디가 처음으로 상원의원에 당선됐다.[67]

거의 15개월 동안 멈추지 않고 선거운동을 한 모든 것이 이날 하루에 달렸다. 모임과 집회, 선거 자금 모금 행사와 광고, 토론과 추적자들.

이 모든 것이 끝나고 이제 유권자에게 달렸다.[68] 케네디가 거의 반세기 동안 앉아 있던 자리를 스콧 브라운이 유지할 것인가? 아니면 내가 빼앗을 것인가? 오늘 매사추세츠 주민들이 결정할 것이다.

아침 일찍 브루스와 나는 거의 20년간 우리 부부가 투표한 곳인 근처의 초등학교로 걸어갔다. 우리 가족과 이웃 그리고 우리가 승리하길 기원해주는 사람들이 모여 작은 행진을 하면서 걸어갔다. 내 조카인 멀린다가 "워런"이라고 어린 소녀들을 위해 윗부분에 반짝거리는 은가루가 뿌려진 파란색 새틴 머리띠를 만들어서 모두 하고 근사한 모습으로 걸어갔다.

브루스와 나 우리 둘이 항상 하는 농담이 있었다. 나는 절대로 누구를 찍었는지 브루스에게 말하지 않는다고. 하지만 농담만은 아닌 게 나는 민주주의를 대단히 진지하게 받아들이고 있었으며 거기에는 기표소의 신성함도 포함된다. 그날 아침 붉은색과 흰색과 파란색의 캔버스 커튼이 쳐진 이동식 기표소 안에 서서 나는 미 상원의원 투표 용지에 내 이름이 찍힌 걸 봤다.

물론 그 용지에 내 이름이 있을 걸 알고 있었지만 거기 그렇게 흑백으로 찍힌 걸 보는 순간 숙연해졌다. 나는 매사추세츠 전역의 수백만 유권자가 지금 이 용지를 보고 있으리란 걸 알고 있었다. 아주 다른 두 사람 중 한 명, 우리 나라에 대해 아주 다른 비전을 가지고 있는 둘 중한 명을 택해야 하는 것이다. 만약 유권자가 나와 내 비전을 선택한다면 그들은 나에게 더 나은 미국에 대한 그들의 희망을 실현시켜달라고 요구하고 있는 것이다. 투표를 할 때면 항상 오스스 소름이 돋지만 오늘은 몇 초 더 오래 서서 상원에 가서 열심히 일하는 사람들을 위해 싸울 기회가 생긴다는 것이 어떤 의미인지 생각해봤다.

투표를 한 뒤 우리는 아이 및 손주들을 파란 폭격기와 임대한 밴 몇 대에 나눠 태워서 동부 매사추세츠의 투표소와 조합 회관, 선거운동 본부와 콜센터들을 돌아다니면서 아직도 나를 뽑아달라는 팻말을 들고 가가호호 방문하고 있는 팀원들을 격려했다. 오후가 되자 배가 고파 쓰러질 것 같아 메드퍼드에 있는 파이브 가이스 레스토랑에 햄버거를 먹으러 들렀다. 우리가 들어갔을 때 50대 여자 한 명이 문 근처에 앉아 있다가 우리를 보고 소리를 질렀다. "이런 젠장! 엘리자베스 워런이잖아!"

그녀는 조금 있다가 이성을 회복하더니 나와 같이 있는 어린아이들을 슬쩍 보고 사과했다. 그러고는 말했다. "난 당신이 진짜 살아 있는 사람이라는 생각을 못 했나봐요." 나도 그 말이 무슨 뜻인지 안다. 대부분의 사람에게 정치는 동네 파이브 가이스가 아니라 아주 먼 곳에서 일어나는 일처럼 느껴질 것이다.

초저녁에 우리 모두 보스턴 시내에 있는 페어몬트 코플리 플라자 호텔에 선거 결과를 보러 갔다. 내 아이와 손주와 자원봉사자와 주 공무원들이 시끄러운 방에 모여들었다. 사람들은 잔뜩 흥분해서 우리가 승리할 거라며 들떠 있었다.("린에서 투표율이 아주 높대요!" "브록턴도 마찬가지고요!") 하지만 아직 갈 길이 멀었다.

나는 텅 빈 방으로 슬쩍 들어가서 연설 연습을 했다. 아니, 승리의 연설이 아니라 승리의 연설과 패배를 인정하는 연설 둘 다 연습했다. 지금으로선 그 어떤 것도 확신할 수 없다.

투표가 종료된 직후 화장실에 가서 옷을 갈아입었다. 그때가 오늘 해가 뜨기도 전에 침대에서 벌떡 일어난 후 처음 맞는 조용한 순간이었다. 옷을 입으면서 엄마를 생각했다. 엄마는 내가 이렇게 사는 모습을 보고 행복해하실까? 난 결혼도 했고, 내겐 자식들도 있으며, 손주들도 있다. 브루스와 나는 집도 가지고 있고 은퇴할 때 쓸 생활비도 저축해놓았다. 그리고 그렇게 살아가던 중 워싱턴에 가서 세상을 조금이라도 바꿔보려고 결심했다.

엄마는 내 걱정을 하시면서 내가 위험을 무릅쓰고 세상 밖으로 나가길 원하지 않으셨다. 하지만 엄마도 그렇게 하셨다. 엄마는 어려움에 처했을 때 검은 드레스를 입고 코를 팽 풀고 전에는 한 번도 하지 않았던 일을 했다. 엄마는 어른이 된다는 것, 책임을 진다는 것, 살아가기 위해 꼭 해야 하는 일이 어떤 것인지 몸소 보여주셨다. 그리고 이제 전화 교환원과 건물 정비원의 딸이 미국 상원의원이 될지도 모른다.

그 후 몇 시간 아무 생각 없이 지나가다가 갑자기 한 방송국에서 헤드라인이 번쩍번쩍 뜨더니 이어서 다른 방송국에도 떴다. 워런이 브라운을 이기다. 갑자기 선거가 끝났다. 나중에 54 대 46이라는 큰 득표차로 승리했다는 걸 알았다.

선거 전주에 우리 자원봉사자들이 3000가구가 넘는 집을 방문하고 70만 통이 넘는 전화를 했는데 이는 매사추세츠 주 사상 최고의 수치였다고 한다. 그런 노력이 결실을 이뤄서 어마어마하게 많은 사람이 투표를 하러 왔다. 매사추세츠 사상 최고의 투표율인 무려 73퍼센트에 달했다고 한다.[69] 그 말을 듣고 나는 무지하게 신났다. 우리 주에서는 누구도 민주주의를 목 졸라 죽이지 않겠구나!

이것은 또한 그해 미국에서 가장 많은 돈이 들어간 상원의원 선거이기도 했다. 월가 은행가들이 트럭으로 돈을 실어 날라 날 밀어내려 했지만 결국 그 수법은 통하지 않았다. 브라운 의원의 선거팀은 3500만 달러를 모금했던 반면 놀랍게도 우리는 4200만 달러를 모금했는데[70]

개별 모금액의 80퍼센트 이상이 50달러나 혹은 그 이하였다.[71] 난 아직도 그게 얼마나 어마어마한 액수인지 이해하기가 힘들다. 얼마나 많은 사람이 희생해줬고 그렇게 막대한 금액을 모으기 위해 얼마나 많은 노력이 들어갔는지 생각해보면 그저 놀라울 뿐이다. 하지만 한 가지 긍정적인 신호도 봤다. 브라운과 내가 한 맹세는 끝까지 지켜졌다. 어쩌면 (아마도 어쩌면) 우리가 슈퍼팩의 구속에서 벗어난 새 선거운동 모델을 만들어냈는지도 모른다.

마침내 호텔 연회장에 있는 무대에 올라가야 할 시간이 됐다. 무대에 올라섰을 때 엄청난 환호성이 날 맞아줬다. 나는 연회장을 가득 채운 채 흥분해서 한껏 소리를 지르고 있는 그 사람들을 바라봤다. 수없이 많은 얼굴이 보였지만 모두 다 아는 얼굴이었다. 이 캠페인을 하면서 알게 된 수백 명의 얼굴이 한 번에 하나씩 보였다. 팻말을 들거나 날 뽑아달라고 전화했던 사람들. 승리가 너무나 까마득해 보였을 때 날 응원해준 사람들. 처음 선거에 나온 나 같은 후보도 믿는 바를 위해 열심히 노력하면 힘든 선거를 이길 수 있다고 믿어준 사람들.

그렇게 우리가 해냈다.

수천수만의 자원봉사자가 해냈다.

여자들이 해냈다. 여자들이 남편과 남자 친구와 남자 형제와 다른 목소리를 내서 놀랍게도 20퍼센트나 더 많은 표를 던져줬다.

조합들이 해냈다. 베테랑 전우들이 해냈다. 성적 소수자 단체와 흑인 목사와 소규모 사업체 사장들이 해냈다. 라틴계 운동가와 아시아 지도자들이 해냈다. 학생과 과학자들이 해냈다. 엄마와 아빠와 할머니와 할아버지들이 해냈다. 심지어 아이들까지 해냈다.

국민이 해냈다.

그날의 교훈이 뭐냐고? 싸우면 이길 수 있다는 것이 교훈이다. 그리고 우리가 정말 분노해서 어깨를 맞대고 싸운다면 상당히 놀라운 일을 해낼 수 있다는 것이 교훈이다.

혹자는 지금 부유하고 힘 있는 사람들이 정계를 조종하고 있으며 앞으로도 항상 그럴 것이라고 말한다. 나는 이 전쟁이 아직 끝나지 않았다고 말하련다. 맞다, 우리가 뛰는 경기는 공평하지 않고 시스템은 우리에게 불리하게 조작됐다. 하지만 우리는 굴하지 않고 용감하게 계속 싸워나갈 작정이다.

이 승리는 나의 승리가 아니다. 이것은 겸손을 떨려고 가식적으로 하는 말이 아니다. 이 말은 진심에서 우러나온 것이다. 이 승리는 모든 시련과 고난을 겪으면서도 이 싸움을 위해 희생한 모든 가족이 거둔 승리다. 이번에 그들은 함께 싸워서 이겼다. 이제 그들은 그들과 아메리칸드림을 이루기 위해 공정한 기회를 원하는 모든 가족을 위해 싸우라고 날 의회로 보낸 것이다.

다시 싸우고, 또 싸우고

2013년 5월 8일 나는 워싱턴에 있는 사무실에서 연설문을 작성하고 있었다.

책상에 앉아 내가 적은 연설문을 마지막으로 한 번 더 읽어봤다. 손님들은 내 임시 사무실에 찾아왔다가 놀라곤 했다. 내 사무실은 트레일러 안에 있었다. 거기에 오려면 정교하게 설계된 대리석 바닥의 복도를 걸어가다가 확 꺾어서 합판 경사로로 들어가게 되는데 갑자기 조립식 벽과 중고 가구와 얽히고설킨 전선과 케이블을 뒤에 숨긴 가짜 창문이 있는 사무실이 나온다. 사무실 꼴이야 이렇다 하더라도 난 이제 상원의원으로 상원에서 법안을 제출할 수 있는 기회가 생겼다. 그게 내가 의원이 되고 제일 먼저 하려는 일이다.

의회에 가게 됐을 때 나는 직원들을 실어 나르는 지하 기차를 타지 않기로 했다. 생각할 공간이 필요했기 때문에 터널 안에 있는 보도를 걷기로 결심했다. 게다가 난 상당히 빨리 걷는다. 가끔은 기차보다 더 빠를 때도 있다.

그 크고 텅 빈 공간에서 내 하이힐 소리가 벽에 부딪혀 울려 퍼지는 소리를 들으며 그 전해 여름 선거운동을 한창 치열하게 하던 와중에 있었던 한 만남을 떠올렸다. 그때 일요일 오후 집회에 그 지역 트럭 운전사들이 우스터에 있는 자기네 조합 회관을 쓰라고 제공해줬다. 나는 거기서 짧게 연설을 하고 질문을 많이 받았다. 얼마 후 사람들이 나와 이야기를 나누기 위해 한 줄로 길게 섰다. 그들은 내게 조언을 해주거나 격려를 해줬다. 우리는 아이들과 사진을 찍고 웃기도 많이 웃었다.

긴 줄 거의 끝자락에 젊은 남자가 한 명 서 있었다. 20대 초반에, 중키에, 짧은 갈색 머리 남자였다. 내가 그에게 다가갔을 때 그 청년이 앞으로 나오더니 다짜고짜 자신은 할 만큼 했다고 내뱉었다. 그는 손가락으로 꼽아가면서 자신이 한 일들을 열거했다. 고등학교에서 열심히 공부했고, 좋은 대학에 갔다. 학점도 잘 받았고 제때 졸업했다. 하나도 빼지 않고 다 했다.

그런데…… 아무것도 없다. 직업도 없고, 새 아파트도 없다. 밝은 미래도 없다. 그 청년은 1년 넘게 취직하려고 애썼지만 아무 성과가 없었다.

사실 아무것도 없는 것보다 더 나쁜 상황이었다. 학자금 융자로 진 빚이 계속 쌓이면서[1] 매일 조금씩 뒷걸음질치고 있었다. 그리고 실업 기간이 점점 더 길어지고 있다. 앞으로 결코 안정되고 독립적인 삶을 살지 못할 거라는 두려움이 매일 조금씩 그를 갉아먹고 있었다.

이제 그는 부모님이 사시는 집으로 다시 들어갔는데 언제 다시 독립할 수 있을지, 아니 언제 자기만의 삶을 꾸릴 수 있을지 전혀 알 길이 없었다.

나는 그 청년을 우스터에서 만났다. 하지만 같은 이야기를 팰머스에서도 들었고 도체스터에서도 들었다. 말버러, 마시필드, 메듀엔. 웨이머스와 웨스트포트와 웨어에서도.

이런 이야기를 수도 없이 들어서 이 젊은 남녀들을 대표해서 고래고래 소리를 지르고 싶었다. 이들은 이렇게 열심히 노력하고 있는데 시작도 하기 전에 미래가 박살난 것처럼 느끼고 있었다.

그래서 나는 지금 미국 상원의원으로 연설을 하기 직전이다.

나는 상원에 들어가 곧바로 내 책상으로 걸어갔다. 아주 오랜 세월 테드 케네디 의원의 책상이었고, 그전에는 존 케네디 의원의 책상이었던 바로 그 책상. 나는 마이크를 차고 심호흡을 했다. 그리고 곧바로 연설을 시작했다.

미국의 젊은이들이 1조가 넘는 학자금 대출로 몸부림치고 있다. 나는 질문했다.[2] 왜 미국 정부는 (우리 경제를 거의 파멸로 이끌었던) 대형 은행들에는 1퍼센트도 안 되는 금리로 돈을 빌려주면서 우리 학생들에게는 9배나 더 높은 금리를 물리는 거냐고?[3] 왜 미국 정부는 우리 학생들의 등골을 빼먹어서 185억 달러라는 이윤을 남기려 하냐고?[4] 우리는 이 학생들에게 투자하고 있는 게 아니다. 아니, 우리는 그들에게 나머지 국민에게 보조금으로 줄 돈을 내놓으라고 하고 있는 것이다.

그다음에 나는 학생들에 대한 은행 법안인 내 법안을 소개했다. 이 법안은 연방준비은행이 대기업들에 빌려주는 것과 같은 금리로 학생들에게 학자금을 대출해줄 것을 요구하는 법안이다. 나는 이 말로 법안 소개를 끝냈다.

대형 은행들과 달리 학생들에겐 그들을 지지해줄 로비스트 군단과 의원들이 없습니다. 학생들에겐 오직 그들의 목소리만 있습니다. 그리고 그들은 우리에게 옳은 일을 해달라고 부탁하고 있습니다.

5월의 그날 이후로 몇 달이 지나갔다. 내가 상원의원이 된 지 1년이 조금 넘었다. 그동안 바로 옆에서 의회를 지켜보면서 의회 정치의 일부가 정말 제 기능을 하지 못하고 있는 것도 목격했다. 내가 상원의원으로 재직하는 동안 벌써 연방 정부 셧다운이 한 차례 있었고 공화당원들이 의사 진행을 방해한 경우는 셀 수도 없을 정도였다. 나는 매일 오랫동안 알고 있었던 가차 없는 현실과 씨름하고 있다. 변화, 그러니까 진정한 변화는 이루기 힘들다는 현실 말이다. 힘겨운 전투를 초조하게 속 태우며 계속해나가는 것이 현실이다.

그렇다, 변화는 힘들지만 불가능하지 않다. 바로 그 부분에서 나는 열정을 갖게 된다.

나는 우리가 뭘 할 수 없는지에 대한 이야기를 많이 들었다. 사람들은 소비자 보호 기관이 한낱 몽상이라고 했다. 하지만 이제 소비자 보호 기관은 이 땅의 법이 됐고 2013년 7월 내가 상원의 진행을 보는 동안 리처드 코드레이가 마침내 모든 자격을 갖춘 진짜 소비자금융보호국 국장으로 취임했다. 소비자금융보호국은 이제 우리 생활의 일부가 됐다. 리처드의 임명이 확정된 후 한 신문 헤드라인에 이렇게 나왔다. 리처드 코드레이의 임명이 확정된 후 엘리자베스 워런이 활짝 미소 지었다. 맞는 말 했네!

변화를 이루는 다른 방법들도 있다. 의회 청문회는 대개 아주 지루한 업무로 C-SPAN의 오전 3시대에 주로 방영된다. 하지만 그런 청문회들이 우리 나라를 발전시킬 기회를 제공하고 있다. 내가 처음 출석한 상원 금융위원회 청문회에서 나는 금융 규제자들에게 마지막으로 대형 은행을 법정에 세운 게 언제였는지 물었다. 그들은 당황해서 말을 더듬었고 그 대화를 찍은 비디오가 인터넷에 돌아다니면서 100만 명이 넘는 사람들이 봤다.[5] 어쩌면, 아마도 어쩌면, 더 많은 정부 관리가 일부 은행 중역들을 감옥에 보내긴 너무 거물이라고 결정하기 전에 다시 한번 생각하게 될 것이다.

학자금 대출은 어떻게 됐냐고? 내가 제출한 학자금 대출 법안은 통과되지 못했다. 하지만 적어도 학자금 융자 금리에 대한 최종 거래는 처음에 시작했을 때보다 나아졌다. 향후 10년간 학생들은 150억 달러를 덜 내게 될 것이다.[6] 그리고 어쨌든 그 싸움은 나 혼자 하는 게 아니었다. 전국에서 한 다스가 넘는 상원의원들이 들고일어나서 나와 함께 정부가 우리 학생들의 등골을 빼먹는 거래엔 찬성할 수 없다고 했다. 그 정도면 이 전쟁의 다음번 전투를 시작하는 데 나쁘지 않은 결과다. 그리고 내 말을 믿어달라. 우리는 이 문제로 싸우기 위해 다시 돌아올 것이다.

물론 학자금 융자는 시작에 불과하다. 앞으로 더 많은 싸움이 남아 있고, 해야 할 일이 더 많이 남아 있다. 시간이 얼마 남지 않은 것이 걱정될 뿐이다. 지금까지 한 세대 동안 미국의 중산층이 수많은 공격을 받아서 미국의 경제적 안정의 토대가 흔들리기 시작했다.

매일 나는 그동안 만났던 이 전쟁의 일부인 사람들을 생각한다. 자신을 위해 싸워달라고 말하기 위해 2마일이나 걸어왔던 뉴베드퍼드에 사는 그 여자. 자신의 트랜스젠더 아들이 공정한 대우를 받지 못하게 될까봐 걱정한 한 아버지. 키 큰 미남 남편을 집회에 데려와 알츠하이머의 어둠에 대해 말했던 그 여자. 작년에 9개월 동안 일을 하지 못했다던 건설공사 현장에서 만난 체격이 큰 남자. 나는 그들의 얼굴과, 두려움과, 굳은 의지를 기억하고 있다.

그 모든 사람이 우리의 미래를 걱정하고 있다. 그 모든 사람이 낮이

나 밤이나 걱정이 끊이지 않는 나날을 보내고 있다. 하지만 그들 한 명 한 명은 강인하며 당면한 현실에 그때그때 대처하는 능력을 지니고 있다. 그리고 그들 한 명 한 명이 미국은 앞으로 더 잘할 수 있다는 낙관적인 마음을 품고 있다.

나는 미래에 대한 이런 낙관적인 마음이 우리를 위대한 국민으로 만든다고 생각한다. 이런 낙관주의 덕분에 미국이 비범한 국가가 된 것이다. 우리는 새로운 모험을 하고 우리가 진보라고 명명한 길을 따라 거침없이 앞으로 나아가면서 이 나라를 세웠다. 이 길을 따라오면서 우리는 서로에게 투자할 때, 학교와 도로와 과학연구 실험실들을 세울 때 더 나은 미래를 건설한다는 걸 배웠다. 우리와 우리 아이들, 우리 손자 손녀들을 위한 더 나은 미래 말이다.

평등. 기회. 행복 추구. 다음 세대, 그다음 세대, 그다음 세대를 위해 더 나은 것을 추구하고 건설하는 미국.

공짜 지원금을 바라는 사람은 아무도 없다. 우리가 원하는 건 모두 공정한 몫을 치르는 나라, 우리 모두를 위한 기회들을 만드는 나라, 모두 같은 규칙을 따르고 모두 책임을 지는 나라다. 우리는 그 나라를 만들기 위해 싸움을 시작했다.

나는 우리를 믿는다. 나는 우리가 함께 할 일들을 해낼 수 있다고 믿는다. 우리에게 필요한 건 그저 싸워서 승리할 수 있는 가능성이다.

오랫동안 책을 쓰는 것은 내가 믿는 사람들을 위해 싸우는 한 가지 방식이었고, 내 딸인 어밀리아 워런 티아기가 아주 큰 도움을 줬다. 『맞벌이의 함정』과 『맞벌이 부부의 경제학』을 함께 쓴 어밀리아는 또다시 나와 같이 책을 쓸 준비가 됐는데 이번에는 이 책의 연구를 도와주고 이 프로젝트가 옆길로 새지 않도록 계속해서 중심을 잡아줬다. 어밀리아는 내게 더 개인적인 이야기를 해서 이런 싸움들이 어떤 것인지 독자들이 잘 느낄 수 있게 하라고 다그쳤다. 어밀리아는 또 계속 "이 이야기에 대해서 더 말해봐요" 혹은 "이건 이해가 잘 안 돼요" 혹은 내가 너무나도 두려워하는 말인 "이건 너무 지루해요"와 같은 말을 해댔다. 어밀리아 덕분에 이 책이 훨씬 더 나아질 수 있었고 그런 면에서 내 딸인 어밀리아에게 아주 깊이 고마워하고 있다.

댄 겔던은 지금까지 다섯 차례의 전투를 함께 치른 전우로 우리가 이룬 대부분의 업적은 전적으로 그의 공이다. 학생 시절부터 댄은 나의 아주 중요한 공모자이자 전략가로 우리가 목표를 잊지 않고 그걸 향해 나아갈 수 있도록 해줬다. 내가 둔한 부분에서 댄은 예민했고, 나는 보지 못하는 부분을 댄이 보고 채워줬다. 내가 전에 가르쳤던 또 다른 학생인 가네시 시타라만은 우리 팀의 훌륭한 사상가로 우리가 처한 상황과 나아가야 할 방향을 분명하게 파악하고 있었다. 가네시는 다양한 아이디어를 끊임없이 추구했고 너그럽게도 그런 좋은 아이디어들을 우리와 공유했다. 댄처럼 가네시 역시 내가 치른 전투들을 아주 가까이서 도와준 파트너다. 댄과 가네시가 없었다면 나는 지금까지 해왔던 수많은 모험을 하지 못했을 것이고, 성공도 이뤄내지 못했을 것이다.

이 책에서 그동안 내게 일어났던 일과 내가 목격한 것과 내가 중요하게 생각해서 싸운 가치들에 대해 썼지만 난 단 한 번도 혼자였던 적이 없었다. 감사한 마음을 전해야 할 사람이 끝도 없다. 파산 전쟁에서 가장 큰 공을 세운 사람은 바로 오랫동안 나의 공동 저자로 활동한 제이 로런스 웨스트브룩 교수와 테리 설리번 박사다. 우리는 함께 실증적인 연구를 시작해서 미지의 영역으로 나아갔다. 그리고 다른 연구자와 공저자들이 지속적인 연구 프로젝트를 통해서 25년 넘게 연구와 저술을 했다. 아직도 연구를 계속하고 있는 연구자들도 있다. 멀리사 저코비 교수 역시 우리 연구에 참가했고, 그 후 캐서린 포터 교수, 데버러 손 박사, 존 포토 교수도 합류했다. 이들과 함께 우리는 가장 방대하고 포괄적인 연구를 해낼 수 있었다. 브루스 마켈 교수는 새 연구의 설계 작업에 동참해서 나중에 판사가 되어 떠날 때까지 도와줬다. 로버트 롤리스 교수와 앤절라 리트윈 교수는 우리 연구에 새로운 깊이와 방향을 더해줬다. 스테피 울핸들러와 데이비드 히멜스타인 박사는 보건 분야에서 쌓은 경험을 바탕으로 우리 연구 분야를 확장시키는 데 도움을 줬다. 마이클 실 학과장과 수전 와처 박사는 주택 문제를 분석할 수 있게 도와줬다. 우리는 몇 년 동안 그 분야에 여러 번 진입해 연구에 연구를 거듭한 뒤 미국의 중산층이 직면한 경제적 현실에 대한 냉엄한 진실을 알렸다.

파산법에 대한 변화를 둘러싸고 일어난 전쟁은 파산법 검토위원회 초기 시절부터 새 법들이 최종적으로 통과되기까지 10년에 걸쳐 이어졌다. 마이크 시나 하원의원, 로버트 긴스버그, 브래디 윌리엄슨을 포함한 위원들이 위원회를 이끌면서 그 엄청난 도전 과제들을 해결해나갔다. 파산 정책이 요동칠 때마다 우리가 그 위기를 헤쳐나갈 수 있게 멀리사 저코비가 도왔고, 엘리자베스 홀랜드, 수전 젠슨과 다른 직원들이 엄격한 규칙에 따라 위원회의 절차와 권고안들이 나올 수 있게 힘써줬다. 대출업계가 꿍꿍이를 감춘 채 로비하기 위해 돈을 짊어지고 의회에 왔을 때 그 기세는 아무도 꺾을 수 없을 듯 보였다. 이 책에서 말한 것처럼 테드 케네디 상원의원의 지도력이 이 전투의 본질을 근본적으로 바꿔놓았다.

케네디 의원의 노력과 당시 그의 고문이었던 멜로디 반스의 도움이 없었다면 그 싸움은 시작도 하기 전에 끝났을 것이다. 모린 톰프슨은 자원봉사자들을 조직하는 걸 도우면서 금융업계에서 지지하는 법안에 대항하여 지칠 줄 모르고 싸웠다. 이 싸움에 참여해서 지도력을 보태준 의원들로는 딕 더빈, 척 슈머, 폴 웰스톤, 러스 페인골드와 크리스 도드 상원의원 및 존 코니어스, 제럴드 네이들러, 빌 델라헌트, 마틴 미한 하원의원이 있다. 이 의원 모두 기꺼이 강력한 세력에 맞섰다. 그냥 맞서기만 한 게 아니라 열심히 노력했고 그렇잖아도 과로한 직원들을 이 싸움에 합류시켜서 그대로 놔두면 완전히 무시됐을 사안들에 투자한 시간과 노력을 배가시켰다.

파산법이 1930년대에 개정됐던 것처럼 국립 파산법 회의는 새로 제안된 파산법의 반복된 부분을 철저하게 분석했다. J. 로널드 트로스트, 더글러스 베어드, 켄 클리, 리치 레빈, 도널드 번스타인, 멀리사 저코비와 많은 사람의 노력 덕분에 큰 변화가 이뤄졌다. 전국의 상법 교수들이 의견을 모아 의회에 제시된 파산법의 부정적인 영향에 대해 심각한 우려를 표명했다. 그런 반대에 부딪혀 그 법은 2005년까지 연기됐는데 그것은 여기에 언급하지 못한 사람까지 포함해 수많은 사람이 노력한 결과였다.

2008년 금융위기가 닥치면서 의회가 7000억 달러의 긴급 구제 법안을 통과시켰을 때 우리의 작은 감독위원회가 최선을 다해 이 시스템에 어느 정도 책임성을 부과했다. 매사추세츠에서 온 교수를 믿어주고 이 감독위의 일원이 되게 해준 다수당 대표 해리 리드 의원에게 고맙다는 말을 하고 싶다. 언젠가는 해리가 그때 왜 나를 택했는지 듣고 싶다. 나는 또 내 친한 친구이자 의회 감독위 부위원장이며 오랫동안 AFL-CIO의 정책국장을 맡아온 데이먼 실버스에게 고맙다는 말을 하고 싶다. 데이먼은 다재다능하고, 똑똑하며, 전략적으로 뛰어나고, 거물들을 상대로 전쟁할 준비가 된 용감한 사람이었다. 댄은 평생 노동자들을 옹호하며 살아왔는데, 나는 그와 함께 싸울 수 있는 기회라면 어떤 기회든 받아들이겠다. 그리고 힘을 보태준 리처드 니먼에게도 고맙다는 말을 전하고 싶다. 리처드는 모든 COP 보고서를 면밀하고도 세세하게 작성했으며, 전 상원의원인 테드 코프먼은 내가 COP를 떠난 뒤 그 자리를 맡아 안전하게 마무리했다. 마크 맥워터스와 케네스 트로스케에게도 특별히 고맙다는 인사를 하고 싶다. 이들은 댄과 리처드 그리고 나와는 다른 곳에서 시작했지만 COP 보고서들을 깔끔하고 통찰력 있게 작성하는 데 주도적인 역할을 했고 데이터를 따라 어디든

갈 용의가 있는 사람들이었다. 이들의 노고에 깊은 존경을 표한다.

COP 위원들이 정부 관료와 은행가들에게 공개적으로 압력을 가하는 동안, 당파를 초월한 재능 있고 헌신적인 전문가들이 모여 막후에서 열심히 일했다. 나오미 바움 사무장은 이 그룹을 노련하게 이끌면서 항상 정직하고 공명정대한 방식으로 조사를 진행해서 모든 보고서를 더 강력하게 만들었으며 그 덕분에 우리는 대중의 신뢰를 쌓을 수 있었다. 우리에게 점점 더 많은 역할이 주어지면서 COP 직원들은 경제위기의 한복판에서 우리가 엄격한 조사와 감독을 실시할 수 있게 도왔다. 이들은 우리가 필요로 하는 정보들을 확보하기 위해 더 깊이 조사했고, 돈을 추적하기 위해 수도 없이 계산했으며, 전국에 공청회를 조직해서 재무부가 취한 조치들이 미국인을 돕고 있는지(아니면 그러지 못하고 있는지) 밝힐 수 있게 해줬다. 내가 책에서 언급한 고위급 직원들에 더해 부의장인 테와나 윌커슨, 스티브 크롤과 세라 행크스 수석 변호사, 윌슨 애브니 윤리 담당 변호사와 같이 80명에 달하는 COP 직원과 인턴이 있었는데 그중 많은 사람이 그전에 하던 일을 중단하거나, 은퇴했다가 다시 나오거나, 다른 직장에서 온 제안들을 미루고 우리 일을 도와줬다. 그런 직원들 중에서도 앨런 라인스미스 수석 정책고문, 엘리자베스 맥도널드, 사야 브룩 나이트, 베스 데이비드슨 변호사, 피터 잭슨과 토머스 세이 커뮤니케이션 이사, 패트릭 맥그리비 공청회 담당자, 아이작 볼탄스키 연구분석가, 조앤 에번스 서기장, 니콜 캘런 조직 담당자를 첫손에 꼽을 수 있고 우리 위원회를 조직하는 데 중추적인 역할을 한 마이클 네그런, 케일럽 위버, 가네시 시트라만, 댄 겔던 역시 우리가 일을 시작할 수 있게 도와준 핵심 인물들이다. 이들의 노고에 깊이 감사드린다.

소비자금융보호국을 법으로 통과시킬 수 있게 한 작업은 또 다른 다윗 대 골리앗의 싸움이었다. 이 책에 우리가 역경을 이길 수 있도록 도와준 핵심적인 인물들을 언급했는데, 그중에는 재무부의 마이클 바와 에릭 스타인, 금융개혁을 지지하는 미국인들의 헤더 부스와 리사 도너, 댄 겔던(그 당시 루스벨트 인스티튜트), 미국 소비자연맹의 트래비스 플렁킷, US PIRG의 에드 미어즈윈스키, 바니 프랭크 하원의원, 크리스 도드 상원의원 등이 포함돼 있다. 하지만 그들은 빙산의 일각일 뿐이다. 앤드루 리치와 마이크 럭스가 이 일을 하는 데 특히 큰 도움을 주며 우리가 하는 일에 길을 터줬다. 소비자 그룹, 노동조합, 인터넷 정치 조직과 민권 단체들이 이 싸움을 위해 1년 넘게 지칠 줄 모르고 힘을 써줬다. 거의 매주 우리는 전화 회의를 통해 전략과 계획을 세웠으며, 나는 열심히 일하는 가족들을 위해 맞설 때 이 비영리 단체들이 (재원이 별로 없는 상황에서도) 아주 효과적으로 임무를 해내는 걸 직접 목격했다. 또한 많은 블로거가 이 운동에 동참했고, 많은 재단, 싱크탱크, 개인이 금융개혁을 자신의 싸움으로 삼아 막대한 가치를 더해줬다. 이들은 강력한 소비자 보호 기관을 세워서 세세한 점까지 제대로 갖추고자 하는 의회와 행정부 사람들의 손발이 돼줬다. 이런 많은 사람의 헌신이 없었다면 소비자 보호 기관은 결코 태어나지 못했을 것이다.

나는 이미 소비자금융보호국을 세우는 데 큰 역할을 한 사람들을 언급했지만, 또한 그 기관의 모든 직원에게 특별히 감사하다는 말을 하고 싶다. 각계각층의 사람들이 공익을 위해 봉사해달라는 요청을 받고 이 소비자 보호 기관을 돕기 위해 왔다. 비행기를 만들면서 동시에 하늘을 날게 하는 것은 결코 쉬운 일이 아니고 이런 모범적인 공무원들의 노력이 아니었다면 그 어떤 것도 해내지 못했을 것이다. 특히 강력한 소비자금융보호국을 만들고 싶다는 우리의 비전을 현실로 만들어준 집행위원회에 고맙다는 뜻을 전하고 싶다. 월리 아데예모, 사타지 알라그, 스티브 안토나케스, 리처드 코드레이, 라즈 데이트, 패트리스 피클린, 댄 겔턴, 게일 힐브랜드, 렌 케네디, 페기 투히그, 엘리자베스 베일, 캐서린 웨스트가 바로 그들이다. 이들은 선견지명을 가지고 아주 힘든 환경에서도 항상 용기를 잃지 않고 모든 일을 신중하게 처리했다. 다른 직원들도 우리 기관을 출범시킨 초반부에 엄청난 공헌을 했다. 애나 캔필드, 플라비오 컴피아노, 린드라 잉글리시, 젠 하워드, 피터 잭슨, 앨리사 마틴, 직스타 마티네즈, 팻 매코이, 홀리 퍼트레이어스, 윌 실리, 데이비드 실버먼이 그들이다. 그들과 다른 직원들에 대한 고마운 마음을 항상 간직할 것이다. 우리 소비자 보호 기관이 자금을 빼앗기지 않고, 파괴되지 않고, 영향력을 잃지 않도록 최선을 다해 지켜준 소비자 보호 단체와 의원들, 백악관, 재무부, 오바마 행정부의 직원들 모두에게 감사드린다. 우리가 최선의 방어는 공격이라는 점을 입증하기 위해 최선을 다하는 동안(예를 들어 사무실에 칠한 페인트가 마르기도 전에 소비자 불만을 접수한 것처럼) 아주 막강한 지지자들이 우릴 지켜줬기 때문에 싸움을 계속할 수 있었다.

파산법 전쟁 초반에 이미 수많은 전선에서 싸우고 있던 많은 노동조합이 재정적 위기에 처한 가족들을 돕기 위해 우리 운동에 참여했다. 나중에 소비자 보호 기관을 위한 싸움에서 조직화된 노조가 다시 한 번 미국의 노동자들을 대표해서 변화의 선두에 섰다. AFL-CIO가 그모든 그룹을 연대시키는 첫 회합을 주최했고, SEIU와 다른 많은 조합과 함께 우리의 싸움에 큰 영향을 줬다. 나는 다년간 매사추세츠와 전국의 비범한 조합 지도자들과 협력해서 일할 수 있는 영광을 누렸다.

하지만 훌륭한 조합 지도자인 그들은 내가 그들이 아니라 병원에서, 교실에서, 소방서에서, 건설 현장에서 그리고 공장에서 열심히 일하는 남녀 조합원들에게 감사하길 바랄 것이다.

더 나은 미국을 건설하기 위한 수많은 싸움에서 대중의 관심은 별로 받지 못했지만 누구보다 더 영웅적으로 노력해준 비영리 단체와 풀뿌리 조직들에도 고맙다는 말을 전하고 싶다. 부족한 예산과 재원에도 불구하고 그들의 목표는 높았다. 그들과 함께 일하게 돼서 영광이었고 더 나은 미래를 만들기 위해 우리 모두를 대표해 도와준 그들에게 고맙다는 인사를 하고 싶다. 그들은 힘 있는 이들이 한데 뭉쳐서 만들어낸 강력한 영향력에 맞서 균형을 잡아줄 기반 시설을 만들어냈고 사람들에게 우리가 원하는 가치를 위해 싸울 수 있는 기회를 줬다. 그렇게 애써준 모든 단체에 감사하며 특히 '금융개혁을 지지하는 미국인들'의 회원들에게 고맙다는 말을 하고 싶다. 이 조직은 200개가 넘는 단체가 모여서 미국의 가족들을 위해 시장이 제대로 돌아갈 수 있도록 엄청난 에너지를 불어넣은 상부 단체다. 그리고 이 말은 꼭 해야겠다. 고객을 공정하게 대하고 싶어하며 또 진정한 개혁을 위한 격려를 받아들인 모든 지방 은행, 신용조합과 대출 기관들에 고맙다는 말을 하고 싶다.

우리 상원의원 선거는 처음부터 끝까지 진정한 풀뿌리 민주주의의 전형을 보여준 예였고 감사의 말을 들어야 할 사람은 수천 명도 더 된다. 아주 많은 사람이 시간과 돈과 정열을 그 선거에 쏟아부었기 때문에 그걸 생각하면 아직도 소름이 돋는다. 우리에겐 아주 강력한 자원봉사 부대가 있었다. 유권자들에게 전화를 하고 가가호호 방문한 사람들, 우리 팀의 지도자로 봉사해준 사람들, 데이터를 입력하고 팻말을 들고 하우스 파티를 열고 선거 자금 모금을 도와준 사람들이다. 난 매일 내가 상원의원이 될 수 있도록 그토록 열심히 노력해준 사람들을 생각하며, 우리 함께 열심히 노력하면 성공할 기회가 찾아올 미래를 건설할 수 있을 것이라고 다짐하곤 한다.

그리고 우리 직원들에게도 고마운 마음을 영원히 잊지 못할 것이다. 민디 마이어스는 차분하면서 사려 깊은 리더다. 선거 캠페인은 혼란스럽기 짝이 없지만 민디의 지도력 아래 우리는 목표에 집중하면서 가장 중요한 것에 에너지를 쏟을 수 있었다. 로저 라우 역시 정치국장으로 없어서는 안 될 역할을 했다. 로저는 아주 고결한 사람으로 항상 진실만을 말하며 절대 지키지 못할 약속은 하지 않는다. 민디와 로저가 서민을 위한 우리의 싸움에 근육을 붙여줬고 나는 거듭거듭 그들의 훌륭한 판단력에 의존했다.

민디의 지도하에 우리는 민주주의 정치에서 전략적으로 가장 뛰어난 팀을 결성했다. 날이면 날마다 맨디 그룬월드, 말라 로마시, 애드넌 무슬림이 시끄러운 캠페인 속에서도 우리 미래를 위한 혁신적인 비전을 주장하는 큰 그림에 집중할 수 있게 해줬다. 더그 루빈과 톰 킬리는 인기 많은 현직 의원을 낙선시키고 승리하기 위해 어떤 것이 필요한지 그간의 경험을 통해 갈고닦은 날카로운 통찰력을 제공하며 예리한 조언을 해줬다. 카일 설리번은 매일 아주 귀중한 조언을 해줬고 종종 최신 레드삭스 뉴스까지 섞어 들려줬다. 엘리자베스 베일은 주 전역에서 끊임없이 새로운 친구들을 사귀면서 다시 한번 엄청난 재능과 넉넉한 마음을 보여줬다.

우리에겐 또한 수십 명의 현장 조직자와 지역 공동체 조직자가 있었다. 그들은 뼈가 으스러지게 일해서 자원봉사자들을 조직했으며 그들의 노력이 선거에 중요한 영향을 미쳤다. 자크 아바토, 밀리아 앳킨스,

사라 바다위, 앤드루 베티넬리, 거스 빅퍼드, 놈 비렌바움, 닉 블랙, 브렌트 블래커비, 애비 블룸, 마이클 블루먼솔, 제이슨 부럴, 프랭크 치, 어맨다 추지, 애비 클라크, 얼래나 클라크, 콜린 코피, 어맨다 쿨럼, 애슐리 쿨럼, 맷 코노이어, 패트릭 데니스, 존 도넨버그, 줄리 에드워즈, 마크 일라이어, 대프니 에번스, 마이크 파이어스톤, 주디 플루먼바움, 애덤 프로이드버그, 샤안 가지리아, ML 간리, AJ 굿맨, 알레시아 하니, 줄리아 해셋, 벤 허먼, 제임스 허치슨, 래리 후인, 크리시 존슨, 피트 존스, 루이스 카츠, 노라 키프, 찰리 켈러, 알렉시스 케슬링케, 크리스 랭, 폴라 러빈, 트레이시 루이스, 키스 로위, 루 맨다리니, 데이브 메이슨, 나이앤 매스터스, 그레그 메이너드, 헤더 매콜리프, 로런 밀러, 제러마이아 몽고메리 톰프슨, 콜린 머피, 댄 머피, 에릭 응우옌, 제이 오브라이언, 캐서린 오코니에우스키, 맷 패튼, 리사 폴슨, 마이클 프랫, 댄 리베라, 제이미 셸, 윌 실리, 리베카 스트랄리, 세스 태너, 린다 토치, 팻 토마이노, 스티브 톰킨스, 제스 토러스, 애덤 트래비스, 모건 워너스, 앤드루 라이트, 미셸 우에게 감사하다는 말을 전하고 싶다.

그리고 매사추세츠의 많은 시장, 의원과 공무원들에게도 감사의 뜻을 전하고 싶다. 이들은 우리 지역사회를 위해 매일같이 싸우고 있다. 많은 이가 시간을 내서 지역 경제, 지역 성장, 연방 정치가 실제로 우리 지역에서는 어떻게 연결되고 있는지 내가 이해할 수 있도록 큰 도움을 줬다. 많은 사람이 또한 시간을 내서 내 캠페인을 도와줬는데, 그들의 도움과 우리 주를 더 나은 곳으로 만들기 위해 매일 애써주고 있는 점을 진심으로 고맙게 생각한다.

이 책 후기에서 나는 미국 상원에서 내가 초반에 한 일들을 논했다. 이번에도 나는 똑똑한 정치 전문가, 전략적인 사고가, 근로자들을 위해 공정한 경쟁의 장을 만들고자 불가능은 없다는 정신으로 무장한 무적의 팀을 보유한 행운을 누리고 있다. 그들은 매사추세츠 주민들과 모든 미국인을 위해 열심히 일하고 있다. 다시 한번 민디 마이어스가 이 환상적인 팀을 꾸린 공을 받아야 할 것 같다. 내게는 또한 끝내주는 입법 관련 담당자인 존 도넨버그가 있고 로저 라우 역시 매사추세츠에서 훌륭한 팀을 꾸려줬다. 이들 덕분에 많은 일을 해낼 수 있었으며, 난 그 빚을 영원히 다 갚지 못할 것이다.

이 책을 쓰는 초반에 나는 절친한 친구인 진 모스에게 그동안 내가 쓴 다른 책들을 읽어본 것처럼 이 책도 읽어봐달라고 했다. 그리고 착한 친구들인 베브 린지, 에드 파우히, 루스 우든에게도 부탁했다. 이들은 객관적인 의견을 제공해서 내가 하고자 하는 이야기를 독자들이 이해할 수 있도록 더 자세히 설명하면서도 졸지 않게 만들어줬다.(이 책에서 잘못된 부분이 있더라도 그건 내 잘못이지 친구들 잘못이 아니다.) 내 사위인 수실 타이거가 오래된 사진들을 정리하는 임무를 맡아 큰일이건 작은 일이건 정확하게 해내는 능력이 있다는 걸 다시 한번 입증해줬다. 도와준 사위에게 고맙고, 우리 식구가 돼준 것에 감사한다.

앨리사 마틴은 정말 엄청난 일을 해줬다. 그녀는 소비자 보호 기관을 설립하던 초반에 내 핵심 파트너 중 한 명이었을 뿐만 아니라 내가 하버드에서 마지막으로 강연을 하던 해에 내 제자 중 한 명이자 주요 연구 담당자로 이 책에 나오는 모든 우여곡절을 기록했다. 앨리사는 믿을 수 없을 정도로 열심히 일해서 이 책에 나오는 모든 사실과 숫자가 정확한지 꼼꼼하게 확인했다. 피트 존스 역시 이 책의 본문과 말미의 주에 나오는 모든 사실을 확인에 재확인까지 했고 거기다 사려 깊은 판단이 들어간 논평을 덧붙여서 이 책을 더 풍성하게 만들어줬다. 나의 또 다른 예전 제자인 세라 레빈 역시 많은 시간을 들여 이 책에 인용된 연구들을 상세히 설명해줬다. 리베카 휘턴과 앤 슈윅턴버그 역시 빠듯한 마감 시간에 맞춰 열심히 작업해주면서 항상 기꺼이 "한 번 더 확인하는" 자세를 끝까지 유지했다. 이 책을 쓸 때 이들과 작업할 수 있어서 영광이었다.

이 책의 편집자인 존 스털링 역시 날 도와준 훌륭한 파트너로 깔끔하게 내 글을 다듬고 편집자로서 의견을 제시해주면서도 이 글의 이면에 깔린 뜻은 바뀌지 않도록 세심하게 신경 써줬다. 존은 처음부터 이 책이 내가 독자에게 하는 아주 개인적인 이야기라는 걸 알고 있었고, 그 비전을 끝까지 지킬 수 있도록 충분히 사적인 공간을 마련해줬다. 밥 바넷은 더 강력한 중산층을 위해 싸우는 내용에 대한 책을 쓴다는 아이디어만 나왔던 몇 년 전부터 사려 깊은 조언자 역할을 톡톡히 했다.

브래디 윌리엄슨은 이 책에 쓴 대부분의 모험을 나와 함께한 전우다. 브래디는 날 설득해서 파산법 검토위원회에 남아 있게 했다. 그때는 몰랐지만 그 결정이 결국 내 남은 인생을 완전히 뒤바꿔놓았다. 브래디는 위싱턴에서 내가 치른 모든 전쟁의 막후에서 아주 중요한 조언들을 해줬다. 시간이 흐르면서 나는 브래디가 아주 선량하고 차분하며 꿋꿋한 사람으로 보기 드문 예리한 판단력의 소유자라는 걸 알게 됐다. 브래디 역시 이 책을 쓰는 데 많은 도움을 줬고, 여기 적힌 투쟁들에서는 더 많은 도움을 줬다. 난 죽을 때까지 그 빚을 다 갚지 못할 것이다.

날 도와주고, 이끌어주고, 이 책에 나온 일들을 하도록 독려하고 이 책을 쓰게 도와준 사람들에게 고맙다는 인사를 하면서 우리 오빠들에 대해 특별히 고마운 마음을 표현할 자리를 남겨놓았다. 돈 리드 오빠에 대한 내 첫 기억은 오빠가 제대했을 때, 그다음은 오빠의 결혼식에 대한 것이었다. 오빠는 모험을 좋아하는 늠름한 사나이이고, 오빠의 존재 자체가 아주 멀리서 비치는 환한 불빛과 같다. 존은 친절하고 상냥한 오빠로 항상 가족의 든든한 버팀목이 돼주면서 어떤 일이 있어도 사랑으로 우리를 대했다. 그리고 내가 아는 그 누구보다 더 재치 있고 영리하며 웃긴 데이비드 오빠는 항상 마지막 순간까지 최선을 다해서 살아야 한다고 가르쳐줬다. 하지만 무엇보다도 이 세 오빠와 함께 살면서 어렸을 때부터 나는 뒤에 남아 사라지든가 아니면 식탁에서 내 자리를 차지하기 위해 싸워야 한다는 걸 배웠다.

몇 년 동안 내 아들 앨릭스 워런 역시 그만의 독특한 방식으로 날 도와줬다. 앨릭스는 민첩하고 통찰력이 깊은 사람으로 항상 모든 면에서 통념에 적극적으로 이의를 제기할 준비가 돼 있다. 앨릭스는 몇 년 동안 데이터와 기술 문제에서 해결사로 활약했고, 내가 책을 쓸 때마다 처음부터 끝까지 봐주면서 여러 아이디어에 관해 함께 토론하고 내가 웃긴 사람이 아니란 걸 여러 번 일깨워줬다. 앨릭스는 내 사고를 더 날카롭게 다듬어주고 내 삶을 훨씬 더 흥미롭게 가꿔준다.

그리고 브루스 맨이 있다. 나는 세상에서 가장 멋진 남자를 잡아 결혼했다. 브루스를 만난 행운에 감사드리고 브루스를 잡고 꼭 놓치지 않았던 내 혜안에 만족한다. 브루스는 수백만 가지 장점이 있는 사람이지만, 이 책을 쓸 때 한 가지 특별한 점에 주목하게 됐다. 브루스는 내가 싸우려고 할 때 한 번도 말린 적이 없다. 게다가 키스도 끝내주게 잘한다. 브루스가 없었다면 난 절대 이 책을 쓰지 못했을 것이며, 그보다 더 중요한 점은, 여기 적힌 모험 중 대부분을 하지 못했을 것이란 점이다.

이 책의 마지막 부분은 특별히 감사해야 할 사람을 위해 남겨놓았다. 미국 상원에서 날 매사추세츠 대표로 만들어준 아주 훌륭한 사람들이다. 내가 상원의원이 된 지 석 달밖에 안 됐을 때 우리 보스턴 마라톤에서 폭탄이 두 개 터져서 많은 사람이 죽고, 삶이 바뀌는 부상을 당하면서 많은 가족이 상심에 잠겼다. 그 비극이 일어난 지 몇 시간 그리고 몇 주 후 동안 매사추세츠 주민들의 굴하지 않는 기상과 투지를 온 세상 사람들이 봤다. 우리 매사추세츠 주민들은 함께 힘을 합쳐 가장 고통스러운 시기를 이겨냈다. 나는 매일 이 위대한 지역 주민들의 친절과 지혜와 관대함과 불굴의 의지에 감사하고 있으며 워싱턴에서 내가 그들을 대표하는 목소리가 될 수 있게 해줘서 정말 감사하게 생각한다.

1장

1 미국 파산법은 채무 일부를 조정하거나(예를 들어 자동차 대출 조정) 채무를 면제 하는(예를 들어 신용카드 부채 탕감) 방법을 사용하여 변제하기 어려운 채무의 부담 을 덜 기회를 채무자에게 제공한다. 개인 파산은 일부 예외 말고는 제7장(청산)과 제 13장(구조조정)에 따라 신청한다. 파산을 신청하면 법정 관리인을 임명해 파산 처리 절차를 감독한다. 법정 관리인은 채무자가 모든 자산을 목록에 적었는지 조사하고, 특정 자산을 매각하며, 채권자에게 배당하는 등의 의무를 진다. 파산을 신청하면 채 무자 가족은 해당 주 법령과 연방법에 따라 주택 자산이나 채무자가 생계를 꾸리는 데 필요한 도구처럼 특정 형태의 자산("보호받는 자산exempt property")을 유지할 수 있다. 파산법 제7장에서 채무자는 법정 관리인에게 보호받지 않는 자산을 맡기고, 법정 관리인은 그 자산을 청산해 무담보 채권자들에게 자산 매각 수익금을 지급한 다. 그 대신 채권자는 특정 채무를 면제받는다.(학자금 대출이나 자녀 양육비 등의 일 부 채무는 파산법에 의해 면제받지 못한다.) 파산법 제13장에서 채무자는 보호받는 자산과 보호받지 못하는 자산을 포함한 모든 자산을 보유하지만, 미래 소득의 일부 를 포기해 채무자에게 3~5년에 걸쳐 상환하고 법정 관리인은 그 상환 계획을 감독한 다. 채무자가 상환 계획을 훌륭히 이행하면, 남은 채권의 일부를 면제받는다. 파산을 신청하면 채권 추심이 중단되고 일시적으로 압류를 피할 수 있다.

2 파산에서 "낙인 효과가 사라졌다"는 주장이 있지만, 증거를 보면 파산이 개인적인 수 치로 여겨지는 경우가 많다는 것을 알 수 있다. 예를 들어 어떤 장기적인 연구 결과 에 따르면, 파산 가정의 50퍼센트가 익명을 보장받더라도 파산 신청 사실을 숨기고 싶어한다.(참고: Scott Fay, Erik Hurst, and Michelle J. White, "The Household Bankruptcy Decision," *American Economic Review* 92[June 2002]: 706–718) 다른 연구에서는 파산 신청을 하지 않은 가계 대다수가 파산을 신청하면 상당한 혜

택을 볼 수 있다는 결과를 제시하고 있다. 이는 적어도 일부 가계가 낙인 효과 때문에 자신의 재정적 이익을 도모하지 못하고 있다는 뜻이다.(참고: Michelle J. White, "Why It Pays to File for Bankruptcy: A Critical Look at the Incentives Under U.S. Personal Bankruptcy Law and a Proposal for Change," *University of Chicago Law Review* 65[Summer 1998]: 685-732) 파산 자문과 같은 업계 종사자들도 사람들이 파산을 신청할 때 분노와 수치심을 느낀다고 확언한다.(참고: Elizabeth Warren and Amelia Warren Tyagi, *The Two-Income Trap*[2003], 74 & n.12, Daniel Bortz, "Surviving the Emotional Toll of Bankruptcy," *US News and World Report*, January 18, 2013[파산이 사람들의 자존감과 정서적 건강에 엄청난 타격을 입힌다고 생각하는 재무 심리사의 시각을 표현함.]) "맞벌이의 함정"을 연구하는 과정에서 조사 대상 가정의 80퍼센트 이상이 가족, 친구 또는 이웃이 파산 사실을 알게 되면 "수치스럽거나" "매우 수치스러울 것"이라고 답했다.(참고: 맞벌이의 함정, 74 & n.13.)

3   한때 많은 학자가 모든 채무자는 "빈곤에 시달리는 하급 계층의 만성적 실업자", 즉 경제적 어려움을 겪는 사람이라고 가정했다.(참고: Teresa A. Sullivan, Elizabeth Warren, and Jay Lawrence Westbrook, '우리가 우리 채무자들을 용서할 때' (1989), 63. Philip Shuchman, "파산에 대한 사회과학 연구," *Rutgers Law Review* 43[1990]: 185)

4   파산을 신청하는 실제 개인에 관해 이해하려고 시도했던 사람은 우리 이전에도 있었다. 예를 들어 1971년 브루킹스 연구소의 데이비드 스탠리와 마저리 거스가 주목할 만한 연구 결과를 발표했는데, 이들은 파산 신청자가 재정적 압박을 느낀 근원, 채무자의 인구통계학적 특징, 채무자가 파산 신청을 한 이후의 경험에 관해 매우 중대한 통찰을 제공했다.(참고: David T. Stanley and Marjorie Girth, *Bankruptcy: Problem, Process, Reform*[1971])

5   1981년 연구는 파산 신청 자료를 활용했다. 파산 신청 자료에는 부채와 자산 관련 정보, 소득, 파산 신청자의 직업이 포함돼 있지만, 인구학적 통계 정보는 거의 없다. 연구범위는 일리노이와 펜실베이니아, 텍사스 주 지역이다. 우리는 재무 정보를 전산화하고 파산 판사와 파산 변호사와의 인터뷰로 자료를 보완했다.

1991년 연구는 법원 기록에서 찾은 재무 자료에 더해 한 쪽짜리 설문 조사를 활용했다. 이 자료는 연구 대상을 보호하기 위해 텍사스대와 펜실베이니아대에서 심사했다. 설문은 채무자의 인구학적 통계와 고용 정보를 제공하도록 설계됐다. 우리는 1991년 상반기에 채무자들이 의무적으로 참석해야 하는 제341조 회의에서 설문지를 배포해 달라고 법정 관리인에게 부탁했다. 채무자들에게 연구 참가는 의무 사항이 아니며, 익명이 보장된다고 이야기했다. 설문 조사 답변으로는 약 5만9000건을 받았고 무작위 선택을 통해 최종적으로 구역별 150건의 사례를 골라냈다. 1981년에 조사한 구역에서 뽑은 샘플과 더불어 캘리포니아와 테네시 주에서 선정한 구역에서도 샘플을 뽑았다. 일련의 공통된 기준에 따라 설문 조사 결과를 전산화한 뒤, 선택 편향과 다른 데이터 왜곡이 발생할 가능성을 고려해 자료에서 통계적 중요성을 분석했다. 이 자료는 1990년 인구 조사와 같은 다른 공개 자료, 파산 판사와 경제학자가 작성한 자료로 보완했다.

1991년 연구와 마찬가지로 1999년 연구는 핵심 재무 자료와 필수 채무자 회의에서 배포된 설문 조사를 활용했다. 이 연구는 캘리포니아, 일리노이, 켄터키, 오하이오, 펜실베이니아, 테네시, 텍사스, 위스콘신 주의 구역까지 포함하도록 지리적 범위를 확대했다. 1999년 연구의 최종 샘플은 1496건에 이른다. 이번에도 선택 편향과 다른 종류의 데이터 왜곡이 발생할 가능성을 고려했다.

이 세 연구 모두에서 참여자의 신분을 보호하기 위해 엄격한 비밀 유지 절차를 고수했다. 이런 연구의 토대로 사용한 방법에 대한 자세한 정보는 다음을 참고하라. 1981년 연구: '우리가 우리 채무자들을 용서할 때'의 부록; 1991년 연구: Jay Lawrence Westbrook, Elizabeth Warren, and Teresa A. Sullivan, *The Fragile Middle Class*(2000); 1999년 추가 연구: Melissa B. Jacoby, Teresa A. Sullivan, and Elizabeth Warren, "Rethinking the Debates over Health Care Financing: Evidence from the Bankruptcy Courts," *NYU Law Review* 76(2001): 375.

6   1991년 연구에서 파산 신청자는 일반적으로 중요한 부문에서 평균의 성인보다 교육 수준이 높았다. 주요 파산 신청자들은 고등학교 이상의 공식 교육을 받고 3년제 대학 학위를 이수했을 가능성이 평균보다 조금 더 높았다. 교육이 중산층의 정체성을 이루는 토대임을 고려할 때 이러한 증거는 파산 신청자들이 사회에서 사회·경제적으로 주변인이 아니라는 것을 의미한다. 마찬가지로 평균적인 주요 파산 신청자들은 사회에서 평균적인 일자리로 인정받는 직장에 고용되어 있거나 고용된 바 있었다. 마지막으로, 채무자의 중위 연령은 전체 국민의 중위 연령과 비슷했다. 이러한 지표와 우리가 살펴봤던 인종/민족 및 성별 지표는 파산 신청자 대다수가 사회의 경제적 소외 계층이 아니라 중산층에 속한다는 것을 시사한다.(참고: 불안한 중산층, 27–74. Elizabeth Warren, "Financial Collapse and Class Status: Who Goes Bankrupt?"(Lewtas Lecture), *Osgoode Hall Law Journal* 41[2003]: 115. 1981년과 1991년, 2001년 파산 신청 채무자의 교육, 주택 보유, 고용 상태 관련 데이터를 검토했음.)

7   2001년 파산 프로젝트에서 열 가구당 한 가구의 주요 파산 이유로 세 가지(실직, 의료 문제, 가족 해체)를 꼽은 것으로 나타났다. 이는 이전의 실증 연구와도 일치한다.(참고: 맞벌이의 함정, 81＆n.31) 1991년 연구에서 채무자의 3분의 2 이상이 실직과 고용 중단을 포함한 직장에 관련된 재정적 압박을 파산 사유로 언급했다.(참고: 불안한 중산층, 3장) 채무자의 20퍼센트 가까이가 파산 이유로 의료 문제를 언급했다.(참고: 불안한 중산층, 5장) 채무자의 15퍼센트 이상이 파산에 중대한 영향을 미친 요소로 결혼 파탄을 언급했다.(참고: 불안한 중산층, 6장) 1981년 연구에서도 "실직, 이혼, 질병, 부상이 많은 파산 사례와 관련이 있었다"는 결론을 내렸다.(참고: 우리가 우리 채무자들을 용서할 때)

8   1991년 연구에 따르면 파산채무자의 평균 신용카드 부채는 1981년에 3635달러였던 것이 1991년에는 1만1529달러로 올랐다.(두 수치 모두 1997년 달러 기준) 더 정확히 말하면 1981년 평균 파산채무자는 6주 소득에 해당되는 신용카드 부채를 안고 있었지만, 1991년 평균 파산채무자의 신용카드 부채는 6개월 소득에 달했다.(참고: 불안한

중산층, 4장) 1991년 연구에 따르면, 파산을 선언한 개인의 절반가량이 주택 보유자였고 일부 구역에서는 그 수치가 3분의 2 이상에 달했다. 파산 표본에서 주택 보유자 수가 일반 국민에 비해 과소평가되었지만 주택 보유와 자산, 재정적 안정과의 관계를 고려할 때 이러한 발견은 상당한 의미를 지닌다.(참고: 불안한 중산층, 7장)

9 1980년 미국의 소비자 파산 신청은 약 29만 건이었다. 1987년에는 50만 건 이상이었고 1990년에는 70만 건을 넘어섰다. 1980년과 2010년 사이의 소비자 파산 신청 건수를 보려면 "총 소비자 부채가 파산 신청에 미치는 영향, 1980~2010년 기준 추세Influence of Total Consumer Debt on Bankruptcy Filings, Trends by Year 1980-2010"를 참고하기 바란다. URL: http://www.abiworld.org/statcharts/Consumer%20Debt-Bankruptcy2011FINAL.pdf

10 이 책에서 사용한 데이터는 엄격한 비밀 유지 요건에 따라 수집됐다. 이는 미국 대학에서 인간을 대상으로 하는 연구 보호에 일반적으로 적용되는 요구 사항이다. 모든 데이터는 연구 참가자에 익명의 숫자 식별자를 적용해 분석했다. 개인을 참조할 경우, 이름과 구체적인 식별자는 익명 보호를 위해 변경됐다.(참고: 맞벌이의 함정, 184. 불안한 중산층, 부록 1, 5, 49) 본문의 인용문은 "불안한 중산층" "질병" "실업 또는 불완전 고용"에서 발췌했다.

11 기업은 파산법 7장이나 11장에 따라 파산을 신청할 수 있다. 파산법 11장에 따르면 기업이 운영을 계속할 수는 있지만, 채무자는 채권자와 협력해 파산 계획을 협상하고 파산 법원의 승인을 받아야 한다. 파산 계획이 공정성 및 채무자 우선순위 등과 같이 특정 요건을 만족시키면 채무자는 파산 계획을 승인할 수 있다. 파산 계획이 승인되면 채무자는 운영을 계속하고 파산 계획의 조건을 준수한다. 채무자가 파산 계획에 동의하지 않을 경우, 법정이 개입하여 절차를 신속히 처리할 수 있다. 11장을 신청하는 사례 대부분은 일반적으로 주주들이 완전히 빠져나가고 새로운 금융업자가 채권 소유주가 되는 경우다. 이러한 새 금융업자는 과거 채무자와 관련이 있을 수도 있다. 자영업자의 경우, 소유주는 사업체를 잃지 않으려고 애쓰며, 보통 은행이 맡게 되는 단일 최대 채무자는 모든 자산을 압류하고 폐업시키려고 하므로 사업체 소유권 경쟁이 치열해질 수 있다. 일반적으로 파산의 부담은 소규모 사업체에 더 크게 작용한다. 비용이 높은 데다 대부분은 상환 일정이 어느 정도 유연하지 않으면 재조정 절차에서 살아남을 수 없기 때문이다.(참고: Elizabeth Warren and Jay Lawrence Westbrook, "The Success of Chapter 11: A Challenge to the Critics," *Michigan Law Review* 107[2009]: 603, 638-640. Alan N. Resnick, "The Future of the Doctrine of Necessity and Critical Vendor Payments in Chapter 11 Cases," *Boston College Law Review* 47[2005]: 183, 198-203) 또한 최근에는 무담보 채무자들이 나서서 소규모 사업체가 재조정 대신 청산을 진행하도록 유도하는 추세가 나타났다.(참고: Ian Mount, "Advisor to Businesses Laments Changes to Bankruptcy Law," *New York Times*, February 29, 2012) 나는 다른 곳에서 우리, 사실 의회가 사정이 어려운 소규모 사업체에 파산법이 미치는 영향에 특히 관심을 보여야 한다고 주장했다.(참고: Elizabeth Warren and Jay Lawrence Westbrook, "Financial Characteristics of Businesses in Bankruptcy,"

American Bankruptcy Law Journal 73[1999]: 499, 553. Elizabeth Warren, "The Untenable Case for Repeal of Chapter 11," *Yale Law Journal* 102[1992]: 437, 468)

12 1980년 비사업체 파산 신청은 28만7570건이었지만, 1990년에는 71만8107건으로 늘어났다. 이는 신청 건수가 150퍼센트 증가한 것이나 다름없다.(참고: 연도별 연간 사업체 및 비사업체 신청 건수Annual Business and Non-business Filings by Year(1980-2012) 표에서 발췌. URL: http://www.abiworld.org/AM/Template. cfm?Section=Non-business_Bankruptcy_Filings1&Template=/TaggedPage/TaggedPageDisplay.cfm&TPLID=60&ContentID=36302)

13 파산법이 채무자 보호에 치우쳐 있다고 주장하는 신용업계는 1984년 파산법 개정 로비에 성공했다. 1984년 파산법 개정은 신용업계가 자금을 댄 어떤 실증 연구를 기초로 삼았다. 그러나 그 연구는 곤란을 겪는 가계에 대한 파산 보호를 축소하려는 업계의 목표를 지지하기 위해 설계된 부실한 실증 연구였다.(참고: Teresa A. Sullivan, Elizabeth Warren, and Jay Lawrence Westbrook, "Rejoinder: Limiting Access to Bankruptcy Discharge," *Wisconsin Law Review*[1984]: 1087, 1087-1090) 신용업계는 이 값비싸고 의심스러운 연구를 지원했을 뿐만 아니라, 의회에서 법률 개정을 위해 싸웠고 수많은 신문 기사에서 채무자들이 "상환할 수 있는데도' 파산으로 11억 달러나" 면책받고 있다고 주장했다.(참고: Elizabeth Warren, "Reducing Bankruptcy Protection for Consumers: A Response," *Georgia Law Journal* 72[1984]: 1333-1334&nn. 3-9) 신용업계는 1984년 법률 개정으로 어느 정도 성공을 거둔 후, 1990년대 내내 법률을 원하는 대로 더 개정하기 위해 의회에 로비를 계속했다.(참고: Elizabeth Warren, "The Market for Data: The Changing Role of Social Sciences in Shaping Law," *Wisconsin Law Review*[2002]: 1, 8&nn. 19-22. David G. Hicks, "The October Surprise: The Bankruptcy Reform Act of 1994—An Analysis of Title II—The Commercial Issues," *Creighton Law Review* 29[1996]: 499, 501-502 & nn. 8-12. 미국 은행가협회가 '업계에 반대하는' 법률 개정 시도를 모두 억누르면서 어떤 역할을 했는지 논의함.)

14 고대 이집트부터 고리대금업 규제는 존재했고 그에 관한 다양하고도 깊은 종교적 유산을 남겼다.(참고: Gardner Wilkinson, *The Manners and Customs of the Ancient Egyptians*[2013], 50.[이집트 법률은 "소수의 이해관계가 있는 개인의 탐욕으로 국가의 안전이 위험해질 수 있다"는 이론에 따라 고리대금업을 유죄로 판결했다고 언급했다.] Diane Ellis, "The Effect of Consumer Interest Rate Deregulation on Credit Card Volumes, Charge-offs, and the Personal Bankruptcy Rates," FDIC: Bank Trends, March 1998.[플라톤이 시민들 사이에 불평등을 조성하고 불화를 일으킨다는 근거로 고리대금업을 비판했다는 언급이 있다.]) 구약과 신약을 포함한 성서에도 고리대금업에 대한 구절이 서른다섯 군데 있다. 그중 대부분은 고리대금업을 "강탈"과 "부당한 이득"에 비유했다.(참고: 온라인 킹 제임스 성서) 이슬람 율법은 고리대금업과 도박, 과도한 위험을 금지한다.(참고: Shafiel A. Karim, *The Islamic Moral Economy: A Study of Islamic Money and Financial Instruments*[2010]),

4) 힌두교와 불교 성직자들도 고리대금업이 올바른 생활과 공존할 수 없다고 믿고 고리대금업에 대한 비슷한 경고를 공표했다.(참고: Wayne A. M. Visser and Alistair McIntosh, "A Short Review of the Historical Critique of Usury," *Accounting, Business & Financial History* 8[July 1998]: 2) 탈무드 율법도 특정 상황에서 이자가 있는 금전 거래를 금지한다.(참고: Louis Jacobs, "Usury and Money lending in Judaism," *My Jewish Learning*)

15 미국 의회는 대공황에 대처하기 위해 글래스 스티걸법Glass-Steagall Act을 통과시켜서 은행 규제를 근본적으로 바꾸었다. 글래스 스티걸법은 당좌예금 계좌나 보통예금 계좌 등의 상업은행 거래와 투기적인 주식 거래를 포함하는 투자은행 거래를 분리해 소비자를 보호하고 과도한 위험이 발생하지 않게 막았다. 또한 미국 의회는 예금 보험과 이자율 제한을 도입하고 전통적인 상업은행이 증권이나 보험 사업과 같이 위험한 비은행 활동에 과도하게 참여하는 일이 없도록 했다. 그리고 1933년 증권법과 1934년 증권거래법을 통과시켰다. 이에 따라 증권거래위원회를 설립해 증권 시장에 대한 감독을 강화하고, 거래와 의무 공시에 대한 새로운 규정을 집행하며, 국민이 사기당하지 않도록 보호했다. 1930년대 의회는 선물 시장을 규제하는 기관(오늘날의 상품선물거래위원회)과 신용협동조합을 규제하는 기관(오늘날의 전국신용협동조합청)을 창설했다. 주 정부 차원에서 많은 주가 고리대금법이나 이자율 상한제를 도입했고, 이는 신용 산업에서 의미 있는 제약으로 작용했다.(참고: Matthew Sherman, "A Short History of Financial Deregulation in the United States," Center for Economic and Policy Research, July 2009)

16 고리대금 규제는 마켓국립은행Marquette National Bank과 제1오마하 서비스 소송에서 내린 대법원 판결로 인해 1978년 극적인 변화를 겪는다. 이 사건에서 대법원은 한 주에 있는 은행이 다른 주에 있는 고객에게 대출해주었을 때 어떤 주의 고리대금법이 적용되는지를 판결했다. 즉 대출 기관이 소속된 주의 법률과 대출자가 소속된 주의 법률 중에서 어떤 것이 적용되는지 결정한 것이다. 대법원은 대출 기관이 소속된 주의 법률이 적용된다고 판결했으며, 은행은 대출자가 속한 주의 이자율 상한제와 관계없이 모든 대출자에게 해당 주의 최대 이자율을 물릴 수 있게 되었다. 이 판결이 내려지자 각 주가 이자율 상한제를 없애고는 서로 은행을 유치해오려고 했기 때문에 "경쟁적인 규제 완화 물결"이 일어났다.(참고: "A Short History of Financial Deregulation") 이 판결은 사실상 고리대금 규제의 핵심을 제거했을 뿐만 아니라, 대형 은행이 주 정부의 고리대금법을 회피하며 악용하는 데 훨씬 더 유리한 입장에 있었으므로 소규모 은행이 대형 은행보다 극히 불리해졌다.

17 1980년대부터 시작된 신용 산업의 규제 완화 바람은 새로운 신용카드 관행의 물결을 일으켰고, 신용카드 수수료와 이자율이 1980년대, 1990년대, 2000년대 내내 상승했다. 이 기간에 대한 상세한 논의는 '우리가 우리 채무자들을 용서할 때'(178-191)를 참고하기 바란다. 우리는 1990년대에 전통적으로 안전한 은행 거래가 수익성이 하락해서 몰락하고 사전 승인 신용카드, 이자율(동기간 최대 18퍼센트), 가계 부문 카드, 채무자 모집, 서브프라임 모기지가 상승하는 모습을 기록했다.(참고: 불안한 중산층, 4장; 맞벌이의 함정, 126-132) 또한 이 기간에 신용카드 기업은 가장 공격적인 대출

대상을 청년과 아프리카계 미국인, 라틴계, 저소득층 대출자로 점차 옮겨갔다. 기업들은 채무 불이행자와 파산자를 빼고도 카드 대금 연체자와 매월 최소한의 상환금만 갚을 수 있는 사람에게서 막대한 이익을 얻는 게 가능하다는 것을 깨달았다.(참고: 불안한 중산층, 4장, 맞벌이의 함정, 129 & n.18) 어떤 연구에서는 신용카드 수익의 75퍼센트 이상이 월 소득이 최저 수준인 사람에게서 발생한다는 결과가 나왔다. 신용카드 기업들이 점점 더 이 집단을 표적으로 삼아 옮겨옴으로써 연체료와 변동 이자율을 적용했기 때문이다.(참고: 맞벌이의 함정, 139)

18 우리는 '맞벌이의 함정'에서 사업 자문 기업이 은행에도 기본적으로 같은 성격의 조언을 한다고 언급했다. 예를 들어 1997년, 페어아이작은 "신용카드 보유자의 하위 10퍼센트에서 잠재적 채무 불이행자를 걸러냄으로써 파산 손실의 54퍼센트를 제거할 수 있다"고 주장하는 파산 예측 프로그램을 출시했다.(233, n.55)

19 1980년대, 1990년대, 2000년대 초에 공격적인 사전 승인 신용카드 광고와 채무자 모집이 크게 증가했다. 가난한 사람을 표적으로 삼는 마케팅 전략을 펼치면서 1990년대에 빈곤층 이하의 소득을 버는 미국인의 신용카드 사용량이 두 배로 증가했다. 같은 기간 부모의 승낙이나 신용 내역, 연소득 자료 제출 없이 청년층에게 신용카드 발급을 제안하는 빈도도 점점 늘었다. 신용카드 기업이 대학 로고가 들어간 무료 티셔츠와 열쇠고리를 사용해 캠퍼스에서 회원을 모집하고 사전 승인 신용카드 신청서 우편물을 발송하면서 이러한 발급 권유가 집단적으로 일어났다. 1997년 한 해에만 사전 승인 신용카드 발급 제안서가 30억 건 이상 발송됐다.(참고: 불안한 중산층, 4장) 2001년에는 이 수치가 50억으로 증가했다. 이를 환산하면 각 가정에 35만 달러의 빚을 제안했다는 뜻이다.(참고: 맞벌이의 함정, 129~30 & n.19)

20 '우리가 우리 채무자들을 용서할 때'는 1990년 실버 게이블 상을 수상했다. 또한 미국 사회학회에서 우수 연구 간행물상 최종 후보에 오르기도 했다.

21 1995년 파산 신청을 한 가계는 87만4642곳이었다. 1996년에는 112만5006곳으로 상승했다. 이 숫자를 가계가 아닌 인원수로 환산하기 위해 신청 건수에 1.4를 곱했다. 왜냐하면 1990년대 파산 신청 가계의 약 40퍼센트가 결혼한 가정이었고 어른 두 명이 한꺼번에 파산을 신청했기 때문이다. 따라서 평균적으로 각각 26초(1995년 기준)와 20초(1996년 기준)에 한 명씩 파산한 셈이다.

2장

1 국립 파산법 검토위원회NBRC는 1994년 파산개혁법에 따라 1995년 10월 6일 독립적인 위원회로 설립됐다. 위원장은 오클라호마 국회의원 마이크 시나가 맡다가 이후 위스콘신 변호사 브래디 윌리엄슨으로 바뀌었다. 부위원장은 일리노이 파산 판사 로버트 E. 긴즈버그가 맡았다. 위원으로는 미시간 공인회계사 제이 앨릭스와 전 버지니아 국회의원 겸 변호사 M. 콜드웰 버틀러, 뉴욕 변호사 바비트 A. 세코티, 워싱턴 변호사 존 A. 고세, 앨라배마 변호사 제프리 J. 하틀리, 텍사스 제5순회재판소 순회재판판사 이디스 홀런 존스, 캘리포니아 변호사 제임스 I. 셰퍼드로 구성되었다.

긴즈버그 판사에 따르면 "위원회의 의무는 (1)파산법과 관련된 쟁점과 문제를 조사·연구하고 (2)그러한 쟁점 및 문제와 관련한 제안과 현재 논쟁의 타당성을 평가하며 (3)보고서를 준비·제출하고 (4)파산 시스템 운영과 관련된 모든 당사자에게 다양한 견해를 구하는 것"이다.(참고: 1996년 2월, 서드 브랜치 뉴스의 "전국 파산법조사위원회 의장 대리, 로버트 E. 긴즈버그 파산 판사와의 인터뷰")

2   우리는 모든 파산 연구에서 참가자의 신분을 보호하기 위해 엄격한 비밀 유지 절차를 고수했다. 가정 폭력과 금전적 고충 사이의 연관관계에 대해 자세히 알아보려면, 앤절라 리트원의 "강압적인 채무: 가정 폭력에서 소비자 채무의 역할Coerced Debt: The Role of Consumer Credit in Domestic Violence, *California Law Review* 100(2012): 1-74"를 참고하기 바란다. 마찬가지로 우리가 연구를 진행하는 동안 인터뷰했던 파산 법정 관리인은 "저는 학대 예방을 돕고 있습니다. 한 가정이 금전적으로 바로 설 수 있게 도울 때마다, 누군가를 폭력에서 구해낸다고 생각합니다"라고 말했다.(참고: 맞벌이의 함정, 12)

3   패리와 샌더풋의 소송에서 브래디 윌리엄슨은 승소한 원고를 변호하면서, 채무자는 파산법의 자영 농지 면제 조항을 이용해서 이혼 판결에 규정된 전 배우자에 대한 의무를 회피할 수 없다고 주장했다.(참고: Farrey v. Sanderfoot, 500 US 291[1991])

4   파산하는 사람과 일반 대중은 인구통계학적 특징에서 약간 차이가 나긴 하지만, 그 차이는 대부분 미미하며 파산을 신청하는 사람들은 일반적으로 모든 인종과 성별, 나이를 대표한다. 파산 신청자 인종에 관한 자세한 정보를 보려면, 엘리자베스 워런의 "인종의 경제학: 중산층에 오르는 것만으로 충분하지 않을 때The Economics of Race: When Making It to the Middle Is Not Enough, *Washington & Lee Law Review* 61(Symposium Issue 2004): 177"를 참고하기 바란다. 성별과 파산의 관계는 엘리자베스 워런의 "여성의 문제란 무엇인가? 파산, 상법 및 기타 성중립적 주제What Is a Women's Issue? Bankruptcy, Commercial Law and Other Gender-Neutral Topics, *Harvard Women's Law Journal* 25(2002): 19(25주년 기념호)", 테리사 설리번과 엘리자베스 워런의 "파산에서 여성 신청자 편향More Women in Bankruptcy, *American Bankruptcy Institute*(July 30, 1999)"을 참고하기 바란다. 나이와 파산의 관계는 데버러 손과 엘리자베스 워런의 "파산 인구의 노화Bankruptcy's Aging Population, *Harvard Law & Policy Review* 3(Winter 2009)", 테리사 설리번, 데버러 손 및 엘리자베스 워런의 "청년과 노인, 그리고 그 중간: 누가 파산을 신청하는가?Young, Old and In Between: Who Files for Bankruptcy?, *Norton Bankruptcy Law Advisor* 1(September 2001)"를 참고하기 바란다. 파산자의 인구통계학적 특징에 관한 전반적인 논의는 "불안한 중산층 36-59"을 참고하기 바란다.

5   종종 파산과 관련되는 낙인과 수치에 관한 자세한 논의는 1장의 주석 2번을 참고하라.

6   예를 들어 책임정치센터Center for Responsive Politics를 참고하기 바란다. 책임정치센터는 1990년에서 2000년대에 금융 기업과 신용 기업의 정치 캠페인 기부가 크게 상승한 것을 기록했다. 또한 1988년에 금융/보험/부동산 산업이 로비에 재

원을 가장 많이 투자했다는 것도 밝혀냈다.(참고: Michael Bechel, "Finance and Credit Companies Lobby Lawmakers as Congress Moves to Aggressively Regulate Them," OpenSecretsBlog(November 19, 2009). "Lobbying-Analysis" at OpenSecrets.org)

7   참고: "A Problem That Can Be Solved" subsection of Chapter 6, Judge Edith H. Jones and Todd J. Zywicki, "It's Time for Means-Testing," *Brigham Young University Law Review*(1999): 177-249. 존스 판사의 시각을 자세히 알아보려면 다음을 참고하기 바란다. "파산 신청이 증가하면서 많은 사실이 드러났다. 파산의 강력한 채무 면제 도구가 종종 악용된다는 것을 입증하는 증거는 끊임없이 쌓였다. (…) 한때는 개인적 수치와 사회적 낙인이 파산 신청자를 괴롭혔고, 신용 등급이 추락했다."(참고: Edith H. Jones, Foreword, "The Bankruptcy Galaxy," *South Carolina Law Review* 50[1999]: 269, 271) "분수에 넘치는 부채를 지지 않는 것과 금전적 곤경에 처했을 경우 이를 상환하기 위해 모든 노력을 기울이는 것은 개인의 진정성과 명예에 관련된 매우 중요한 문제라고 생각하므로 여기에 윤리적 시각을 부여하고자 한다. (…) 내가 받은 윤리 교육에 따르면 윤리적 인간으로서 일개인에게 좋은 것은 사회 전반에 걸쳐 모든 사람에게 표준으로 적용되어야 한다." 또한 "이 심리에서 매우 명확하게 알게 된 것이 한 가지 있다면 파산을 신청하는 사람 대부분은 욕망을 자제하지 못했다는 것이다."(참고: Edith Jones et al., "Panel Discussion, Consumer Bankruptcy," *Fordham Law Review* 67[1999]: 1315, 1347, 1353)

8   파산 원인에 대한 논의를 보려면 1장 주석 7번을 참고하라.

9   로널드 만과 캐서린 포터가 소비자 파산 프로젝트Consumer Bankruptcy Project 데이터를 이용해 진행한 연구에서 파산을 신청하는 가계 대부분이 파산 신청 전 2년간 심각한 어려움을 겪었다는 결과가 나왔다. 파산 변호사와 인터뷰를 하면서 고객이 파산을 신청하기까지 얼마나 걸렸는지 물었더니, 어떤 조지아 주 변호사는 "'벌써 몇 년 전에 신청했어야 하는데'라든가 '2년 전에 했어야 했다'고 말하는 사람이 정말 많습니다. 그래서 파산 변호사에게 연락하는 게 충동적인 결정은 아니라고 생각합니다"라고 말했다.(참고: Ronald Mann and Katherine Porter, "Saving Up for Bankruptcy," *University of Iowa Legal Studies Research Paper* No. 10-02[2010]) 마찬가지로 '맞벌이의 함정'에서도 파산 신청자가 파산을 신청하기 전에 평균적으로 1년 이상 부채로 어려움을 겪는다는 것을 발견했다.

10 위원회가 운영되는 동안 존스 판사가 일단의 위원들을 이끌고 은행 산업 대표자와 밀실 회의를 해서 연방 공개 회의 규정을 위반했다는 신문 보도가 나왔다.(참고: Diana B. Henriques, "Bankruptcy Commission Faces an Inquiry," *New York Times*, August 9, 1997)

11 H.R. 2500(105대 국회), "책임 있는 대출자 보호 파산법Responsible Borrower Protection Bankruptcy Act"이 1997년 9월 18일에 도입됐고, 공동 제출자는 147명이었다. "법안 제출자들은 은행과 신용카드 기업을 대변하는 변호사와 로비스트가 초안 작성에 관여했다는 것을 인정했다. 이 법안은 개인 파산자가 기록적인 수준으로 급증한 1990년대 말 이들이 본격적으로 로비를 시작할 무렵부터 원했던 것 대

부분을 들어줬다."(참고: Philip Shenon, "Hard Lobbying on Debtor Bill Pays Dividend," *New York Times*, March 13, 2001) "분석가들은 매컬럼과 바우처가 보고서가 들어오기를 기다리지 않고 HR 2500을 도입했다는 사실에서 파산법 검토위원회의 활동에 대한 전반적인 태도가 잘 드러났다고 말했다." 어떤 비자Visa 임원은 "안타깝게도 파산법 검토위원회의 제안은 [시작도 하기 전에 죽은 셈이다]"라고 말했다. 존스 판사는 언론에 "대부 산업은 처음부터 파산법 검토위원회가 하는 일에 불만을 품고 전략적으로 그들의 의도를 숨기기로 결정했다"고 발언했다.(참고: "Proposed Bankruptcy Bill Gets Overwhelming Support," *Credit Risk Management Report*, December 1, 1997)

12 금융업계의 지원을 받은 파산법은 재정적인 어려움에 처한 가정을 여러모로 더 힘들게 했다. 이 법은 자산 조사를 만들었고, 금전적 어려움을 겪어 7장을 통해 채무를 면책받으려는 이들에게 법적인 장벽을 세웠다. 그 결과 곤경에 빠진 채무자는 아예 밀려나거나 조건이 더 엄격한 13장으로 떠밀려갈 수밖에 없었다. 13장을 통해 파산을 신청한 가계는 아주 엄격한 예산을 적용받고 3~5년간 채무를 상환하도록 강요받았다. 우리 연구 결과에 따르면 실직이나, 의료비나 자동차 수리비같이 예상치 못한 비용이 발생해서 13장을 통해 파산을 신청한 가계의 약 3분의 2가 엄격한 예산을 준수하지 못해 시스템에서 밀려나 파산을 신청함으로써 받을 수 있는 보호를 모두 잃었다.(참고: *National Bankruptcy Review Commission*, "Chapter 13 Repayment Plans,"[1997]) 자산 조사에 사용한 방법 때문에 이혼 절차를 밟는 가정이 특히 더 어려워졌다. 또한 자녀 양육비 상환이 다른 부채 상환들과 비교해 우선순위에서 밀려났다. 그 결과 전 배우자에게서 받아야 할 자녀 양육비가 밀린 한부모가정은 돈을 받으려면 전문 추징 기관과 경쟁해야 했다. 또한 모기지(부동산담보대출)를 연체한 주택 소유자는 다른 부채를 상환할 때까지 연체된 모기지 상환에 자금을 모을 수 없게 돼서 주택이 압류될 가능성이 높아졌다. 마지막으로, 이 조항들로 인해 파산 신청 비용이 올라가고 신청 과정도 더 복잡해졌다.(파산 신청 시 변호사 비용에 관한 자세한 논의를 보려면 이 장의 주석 42번을 참고하라.)

13 1999년까지 개인 파산 신청 건수는 128만1581건이었다. 2001년 그 수치는 145만 2030건으로 올랐다. 2003년에는 162만5208건이 되었다.(참고: 미국 파산 연구소American Bankruptcy Institute. URL: http://www.abiworld.org/AM/ AMTemplate.cfm? Section=Home &TEMPLATE=/CM/ContentDisplay. cfm&CONTENTID=66471)

14 많은 기관이 파산을 통한 소비자 보호를 위해 업계 후원을 받는 법안과 싸우기로 했다. 최대 후원자로는 미국은퇴자협회AARP, 미국 노동 총연맹 산업별 조합회의AFL-CIO, 전미유색인종지위향상협회NAACP, 소비자동맹, 미국 소비자연맹, 전국 여성 및 가족 파트너십, 시민권 리더십 콘퍼런스, 전국 소비자법 센터, 공공이익연구그룹PIRG, 책임 있는 대출센터, 전미자동차노동조합UAW 등이 있다. 이 단체들은 경제적으로 어려운 가정에 혜택을 주는 파산 개혁을 위한 싸움에서 중요한 역할을 했다. 또한 전미소비자파산변호사협회NACBA가 1992년 설립돼 소비자 파산 변호사의 목소리를 대변하고 소비자 채무자의 권리를 보호하며 큰 역할을 했다.

15 이 의원들은 파산 문제를 맡으면서 미국 최대 은행 및 신용카드사들과 싸우게 됐다. 더빈 상원의원은 아주 복잡한 법안의 세부 사항을 낱낱이 익혔고 고난을 겪는 가족들을 도와줄 만한 변화를 끊임없이 모색했다. 슈머 상원의원은 비범한 전략가였다. 낙태 반대 개정안 작업에서 그 면모를 볼 수 있다. 페인골드 상원의원과 웰스톤 의원은 파산 문제에 적극적으로 임했고, 파산 보호가 필요한 가계를 지지했다. 크리스 도드 상원의원은 파산법을 통해 (일부 남성과) 여성이 연체된 자녀 양육비 및 이혼 수당을 받아내는 데 도움을 얻을 수 있는 의견을 강력히 밀어붙였다. 하원에서는 제럴드 네들러 의원이 존 코니어스, 윌리엄 델라헌트, 마티 미한 의원과 함께 파산법을 약화시키려는 신용업계의 노력에 적극적으로 맞섰다. 아무리 힘들어도 싸움을 포기하지 않았던 이들에게 깊은 존경의 마음을 보낸다.

16 원래는 간접세 400달러로 시작했지만 금세 550달러로 올라갔다. 사실 이 두 수치는 전혀 근거가 없다. 원래 연구 결과는 다음을 참고하기 바란다. Tom Neubig et al., Ernst&Young, LLP, "7장 Bankruptcy Petitioners' Ability to Repay: Additional Evidence from Bankruptcy Petition Files," *American Bankruptcy Institute*(February 1998); WEFA Group Planning Services, "The Financial Costs of Personal Bankruptcy"(February 1998); John M. Barron and Michael E. Staten, "Personal Bankruptcy: A Report on Petitioners' Ability-to-Pay 1," Credit Research Center, Georgetown School of Business(1997).

17 자세한 논의는 다음을 참고하라. 맞벌이의 함정, 154–55&nn. 97–99; Elizabeth Warren, "The Phantom $400," *Norton Journal of Bankruptcy Law and Practice* 13(2004): 77. 우리 분석에 따르면 550달러라는 통계가 옳을 경우, 은행업계가 파산 법원에서 더 많은 돈을 상환해야 할 표적으로 삼은 가계는 가구당 55만 달러를 내야 했을 것이다. 2000가구 이상의 파산 가계 표본에서 그 금액을 상환할 만큼 충분한 소득을 벌기는커녕 55만 달러 이상을 빚진 가구는 단 한 곳도 없었다. 즉 미국의 가계당 파산 비용이 550달러라는 주장은 터무니없다.

18 (참고: Beth Dixon, "We All Pay Note on House of Cards," *The Commercial Appeal*, December 14, 2003) "미국은행가협회는 2002년 파산 건수가 기록적인 수치로 증가했기 때문에 미국 가정이 상품과 서비스에 추가로 400달러를 지불하게 됐다고 추정한다."(참고: Donald Barlett and James B. Steele, "Big Money and Politics: Who Gets Hurt? Soaked by Congress," *Time*, May 15, 2000) "대출 업계로부터 22만5000달러를 받은 플로리다 주 대의원 빌 매컬럼이 판돈을 올렸다. '파산 때문에 1998년에만 소비자들이 500억 달러 이상의 추가 비용을 냈다. 이를 환산하면 상품, 서비스, 신용 비용이 가계당 550달러 이상 상승한 셈이 된다.' 자세한 예시와 논의를 보려면 엘리자베스 워런의 "400달러의 허상The Phantom $400"을 참고하라.

19 힐러리 클린턴은 자신의 저서에서 "의회에서 통과 절차를 거치고 있는 상정된 파산개혁안은 많은 여성이 의존하고 있는 배우자 지원 및 자녀 양육비를 약화시킬 위험이 있다"(Hillary Rodham Clinton, 살아 있는 역사[2003], 384)고 말했다. 『뉴욕 타임스』도 파산법 싸움에서 영부인 클린턴이 관여했다고 보도했다. "[클린턴 여사는 파

산] 법안이 의회 통과 절차에서 서서히 진척될 기미가 보이자 작년에 의원들에게 보낼 개인적인 메모를 수십 개 썼다. 또한 법안 반대자의 주장에 따르면 작년에 영부인은 에드워드 케네디 매사추세츠 민주당 상원의원과 함께 법안을 부결시키는 데 결정적인 역할을 했다."(Katharine Q. Seelye, "First Lady in a Messy Fight on the Eve of Her Campaign," *New York Times*, June 27, 1999)

20 다음은 슈머 개정안에 대한 자세한 보도다. "이 조항은 낙태 반대자들이 법원에서 부과한 벌금이나 낙태 클리닉에서 과격한 시위를 벌여 청구된 손해 배상을 피하기 위해 파산을 선언하지 못하게 할 것이다. 최근 유명한 낙태 반대자들이 그런 목적으로 파산법을 이용했다. 그중에는 수술 구조대의 창설자 랜달 테리도 있다. 1988년 테리는 파산을 선언하면서 '태아 살해를 돕는 데 내 돈을 사용할 사람들에게' 총 100만 달러에 달하는 부채를 상환하고 싶지 않았다고 말했다.(Philip Shenon, "Abortion Issue Holds Up Bill on Bankruptcy," *New York Times*, April 30, 2002) 슈머 의원은 오래전부터 임신 중절에 찬성했고, 낙태 클리닉 시위자들이 부채를 면책받지 못하게 막는 개정안을 열렬히 옹호했다.

21 참고: 맞벌이의 함정, 6.

22 '맞벌이의 함정'에서 우리는 자녀를 둔 부부가 자녀를 갖지 않은 부부보다 파산을 신청할 가능성이 두 배나 높다는 사실을 발견했다. 자녀를 키우는 이혼 여성은 자녀가 없는 여성보다 파산을 신청할 가능성이 세 배 높았다(6).

23 '맞벌이의 함정'에서 우리는 맞벌이 가정이 실제로는 외벌이 가정보다 파산을 신청할 가능성이 더 높다는 것을 발견했다(83).

24 많은 학자와 전문가가 미국의 소비자들이 무모할 뿐 아니라 "무분별한 대출"을 받는다고 비난했다. '부자병: 모든 것을 소비하는 전염병Affluenza: The All-Consuming Epidemic'에서 존 드 그라프, 데이비드 완, 토머스 네일러는 미국의 소비주의를 매도했다.

줄리엇 쇼어는 "신소비주의"를 비난했다. 쇼어는 "중산층에서 엄청난 '과소비'가 일어나고 있다. 대부분의 미국인은 자신이 원하는 것 이상으로, 자신이 가진 것 이상으로 소비한다. 자신도 모르는 사이에 더 많이 소비하며, 금전적인 여력을 넘어서서 더 많이 소비하고 있다'고 말한다.(참고: Juliet B. Schor, *The Overspent American: Upscaling, Downshifting, and the New Consumer*[1998], 20)

로버트 프랭크는 미국의 "사치 열병Luxury Fever" 때문에 중산층이 "저축을 줄이고 부채를 늘려서" 소비 증가분을 채운다고 주장한다.(참고: Robert H. Frank, *Luxury Fever: Why Money Fails to Satisfy in an Era of Excess*[1999], 45)

25 "소비자지출조사Consumer Expenditure Survey(CE) 프로그램은 지출, 소득, 소비자 단위(가족 및 단독 소비자) 특성에 대한 데이터를 비롯해 미국 소비자의 구매 습관 정보를 제공하는 분기 인터뷰 조사와 가계부 조사로 구성된다. 설문 조사 데이터는 미국 인구조사국이 노동통계청에 수집해준다." 자세한 정보를 보려면 http://www.bls.gov/cex/를 방문하라.

26 인플레이션 조정을 거친 결과 우리는 현대 4인 가정이 이전 세대보다 옷에 21퍼센트 더 적게 소비한다는 것을 알게 됐다. 마찬가지로 현대 4인 가정은 한 세대 전보다 식

품(가정 및 외식 합계)에 22퍼센트 더 적게 소비한다.(참고: 맞벌이의 함정, 17-18)

27 예를 들어 현대 가정은 한 세대 전보다 전화 서비스에 연간 290달러를 더 소비한다는 것을 알게 됐다.(모든 수치는 인플레이션 조정을 적용.) 반면 일반 가정은 마루 바닥재에는 200달러, 드라이클리닝에는 210달러, 담배 관련 구매에는 240달러 더 적게 소비한다. 마찬가지로 오늘날의 가정은 한 세대 전보다 주요 가전에 44퍼센트 더 적게 소비한다. 자세한 내용은 '맞벌이의 함정, 17-19와 196-197'을 참고하라.

28 전형적인 상용 근로 남성은 1973년에 3만8700달러를 벌었고 2000년에는 3만9000달러를 벌었다.(인플레이션 조정.) 30년에 이르는 기간에 실질 소득 증가율이 1퍼센트에도 못 미치는 것이다.(참고: 맞벌이의 함정, 50) 최근에는 중위 남성 소득이 인플레이션 조정을 거쳤을 때 2000년과 2012년 사이에 소폭 감소했다는 증거가 나왔다. 여성의 형편은 다소 나았다. 여성과 남성의 소득 격차가 지난 세대에서 감소했고, 전일 근무 여성의 실질 중위 소득이 증가했기 때문이다. 그러나 여성의 경제적 진보는 둔화되고 있는 듯하다. 중위 소득자의 실질 소득은 지난 10년간 고작 1퍼센트 상승했고, 상용 근로 여성은 상용 근로 남성에 비해 21퍼센트 적게 버는 추세가 계속됐다.(계산 참고: US Census, Table P-36: "Full-Time, Year-Round All Workers by Median Income and Sex: 1955 to 2012")

마찬가지로 책임 있는 대출센터는 다음과 같이 보고했다. "인플레이션을 통제하면 (…) 일반 가계는 2000년대 초보다 2000년대 말 연간 소득이 실제로 줄어들었다 [2000-2010]. (…) 같은 기간 노동자의 소득은 점차 줄었지만 생산성은 20퍼센트 상승했다.(Jank, Owens, 2012) 노동자들은 2000년대 이전보다 생산성 증가로 얻는 혜택에 줄어든 듯하다."(참고: M. William Sermons, "The State of Lending in America and Its Impact on US Households," Center for Responsible Lending, December 2012, 9)

29 '맞벌이의 함정'에서 우리는 건강보험이 있는 일반적인 4인 가정의 의료비를 비교했고 인플레이션을 조정했을 때 평균 가정이 1970년대 초보다 2000년에 보험료로 1650달러를 더 지출한다는 것을 알게 됐다(51).

같은 기간 공립대학의 학비는 인플레이션을 조정했을 때 거의 두 배로 뛰었다.(맞벌이의 함정, 42) 여기서 유의할 점은 지난 10년간 학비가 더욱 빠른 속도로 증가했다는 것이다. 또한 '맞벌이의 함정'에서 우리는 유치원 교육의 중요성 그리고 비용 증가에 대해 논의했다(37-38).

책임 있는 대출센터는 우리가 '맞벌이의 함정'에서 언급한 추세는 지난 10년 이상 꾸준히 악화됐고, 여러 기본 비용이 중산층 가정의 소득에 대비해 가파르게 상승했다고 보고한다. "가계를 유지하는 비용에 변동이 없었더라면 지난 10년간 실질 소득이 감소했더라도 가계가 이토록 힘겨워하지는 않았을 것이다. 가계는 생활수준을 개선할 자원이 없었지만, 적어도 매년 같은 소비 수준을 누릴 수는 있었을 것이다. 그 대신 식품이나 주거, 교통, 의료, 공과금과 같이 기본적인 비재량 지출이 증가했는데 이런 비용을 대는 소득이 증가하지 않거나 심지어 감소하는 경우도 있었다."(참고: "The State of Lending in America and Its Impact on US Households," 10)

30 위험하고 약탈적인 모기지 상품의 등장에 관한 자세한 정보는 3장 주석 3번을 참고

하라.

31 '맞벌이의 함정'에서 우리는 공립학교가 자녀를 둔 가정의 주택 선택에 미치는 역할에 관해 논의했다(28-36). 또한 자녀를 둔 가정 때문에 1980년대와 1990년대 주택 가격 상승의 지역별 편차가 크다는 점도 언급해둔다.(참고: 맞벌이의 함정, 32)

32 '맞벌이의 함정'에서 우리는 평균 중산층 가정의 집 크기가 조금 넓어졌을 뿐이라는 점을 알게 됐다. 중위 자가 거주 주택은 1975년 방이 5.7개에서 1990년대 말 6.1개로 증가했다. 20년 이상이나 되는 기간에 방이 0.5개 이하로 증가한 것이다. 이 데이터에 따르면, 늘어난 방은 일반적으로 두 번째 욕실이나 세 번째 욕실이었다. 또한 같은 기간 오래된 집에 사는 가정의 비율은 50퍼센트 가까이 증가했다(21-22).

33 1970년대 중반 결혼하고 아이가 있는 여성은 전일제로 일하기보다 자녀와 함께 집에서 지낼 가능성이 두 배 이상 높았다. 2000년에는 이 수치가 역전되었다. 오늘날 결혼하고 아이가 있는 여성은 집에 있기보다는 전일제로 일할 가능성이 거의 두 배로 높다.(참고: 맞벌이의 함정, 32)

34 '맞벌이의 함정'에서 중산층 가정의 예산을 두 가지로 보여줬다. 첫 번째는 1970년의 중위 외벌이 가정이었고 두 번째는 2000년의 중위 맞벌이 가정이었다. 우리는 평균 수입과 주택, 의료보험, 자동차, 세금, 육아 등의 고정비를 계산했다. 인플레이션을 조정했을 때 현대 맞벌이 가정은 기본 비용을 제하고 남는 돈이 한 세대 전의 외벌이 가정보다 적었다. 또한 전형적인 중산층 생활수준으로 살고자 하는 현대 외벌이 가정이 이전 세대와 견줄 때 상당한 격차를 보인다는 사실을 알게 됐다(50-53과 207-208). 현대 맞벌이 가정이 이전 세대의 외벌이 가정보다 비싼 주택을 소유하고 두 번째 수입원이 생겼기 때문에 세율도 증가했다는 것을 언급한다(206-208).

35 참고: 맞벌이의 함정, 113.

36 무담보 단기 소액 대출업체payday lender로부터 돈을 빌리는 것은 사실상 20년 전에는 존재하지 않았지만 지금은 엄청나게 증가했다. 어떤 연구에서는 매년 1000만 가구의 가계가 페이데이 대부업체로부터 대출을 받고 있으며, 이런 대부업체들의 점포 수가 맥도날드와 스타벅스를 합친 것보다 더 많다고 추산한다.(참고: Paige Skiba and Jeremy Tobacman, "Do Payday Loans Cause Bankruptcy?" *Vanderbilt Law and Economics Research Paper* No. 11-13[2009]) 일반적으로 페이데이 대부업체는 "1~2주 대출에 10~20퍼센트의 이자를 물리며, 이는 연이율로 환산하면 260~1040퍼센트에 이른다."(참고: Neil Bhutta, Paige Skiba, and Jeremy Tobacman, "Payday Loan Choices and Consequences," *Vanderbilt Law and Economics Research Paper* No. 12-30[2012]) 마찬가지로 신용카드 부채는 한 세대 만에 570퍼센트 증가했다.(참고: 맞벌이의 함정, 20)

37 예를 들어 미셸 J. 화이트는 미국 가계의 17퍼센트가 파산을 신청하면 자산 상태가 대폭 개선될 정도로 재정적 어려움을 극심하게 겪고 있다고 추산한다.(참고: "Why It Pays to File for Bankruptcy")

38 모기지의 담보권 행사 비율은 1979년과 2002년 사이에 세 배 이상 증가했다.(참고: 맞벌이의 함정, 78)

39 예를 들어 '맞벌이의 함정'은 다음과 같이 언론에 보도되었다. Daniel McGuinn,

"Housebound: Young Families Always Stretch to Buy Their First Home but the Growing Ranks of the 'House Poor' Suggest Many People Are Stretching Budgets Too Far," *Newsweek*, September 15, 2003; Christopher Shea, "Two Incomes, One Bankruptcy," *Boston Globe*, September 14, 2003. Rome Neal, "Broke on Two Incomes," CBS News, September 9, 2003; Jeanne Shahidi, "Are You Worse Off than Mom and Dad?" *CNNMoney*, September 11, 2003; Michele Norris, "Two-Income Families at Risk of Financial Crisis," NPR, All Things Considered, September 8, 2003.

40 예를 들어 "부시의 최대 자금원: 신용카드 회사 직원들"을 참고하라. Robert Zausner and Josh Goldstein, "Bush's Largest Funding Source: Employees of Credit-Card Firm," *Philadelphia Inquirer*, July 28, 2000.

"이 월밍턴 회사는 직원들에게 대량의 기부를 하도록 조장해서 부시 선거운동의 최대 자금줄이 되었다. 『인콰이어러』 분석에 따르면, MBNA 직원들과 그 가족들은 공화당 대통령 선거 출마자인 부시에게 25만 달러 이상을 기부했다."(참고: Christopher H. Schmitt, "Tougher Bankruptcy Laws Compliments of MBNA?," *Business Week*, February 2001, 43) 슈미트는 MBNA가 "부시 후보자의 최대 현금 자금원"이라는 것을 밝히고 "MBNA는 거의 60만 달러를 소프트 머니[미국의 기업이나 단체가 정당에 제공하는 후원금]로 내놓았다. (…) 게다가 MBNA 대표 겸 CEO 앨프리드 러너와 그의 부인 노르마는 공화당에 각각 25만 달러를 찔러주었다. MBNA 은행 사업부 CEO이자 아버지 부시의 친구인 찰스 M. 콜리는 모금 행사를 마련하고 부시와 공화당에 1만8660달러를 주었다."

2004년 공공청렴센터Center for Public Integrity도 마찬가지로 보도했다: "MBNA는 엔론을 제치고 부시 대통령 평생을 통틀어 최대 기부자가 됐다."(참고: Alex Knott, "Bush Has a New Top Career Patron," The Center for Public Integrity, March 11, 2004) 책임정치센터는 시티그룹, 리먼브라더스, 모건 스탠리, 메릴 린치 등의 거대 은행 직원들이 대거 기부하면서 MBNA가 2004년에 9위로 미끄러졌다고 보고했다. 책임정치센터가 OpenSecrets.org에 게재한 최상위 기부자에 대한 분석을 참고하라.

41 2004년 파산 신청 수는 156만3145건이었다. 2005년 그 수치는 203만9214건으로 급능했다. 그리고 2006년 새로운 법이 시행되면서 신청 수는 59만7965건으로 떨어졌다.(참고: 미국 파산연구소)

42 어떤 연구에서는 새로운 법이 시행된 후 가장 단순한 유형의 파산 신청(자산 없이 7장에 신청) 변호사 수임료가 51퍼센트 증가했다는 결과를 내놓았다. 더욱 복잡한 13장 신청에서는 변호사 수임료가 24~27퍼센트 증가했다.(참고: Lois R. Lupica, "The Consumer Bankruptcy Fee Study," American Bankruptcy Institute, December 2011. Robert M. Lawless, Angela K. Littwin, Katherine M. Porter, John A. E. Pottow, Deborah Thorne, and Elizabeth Warren, "Did Bankruptcy Reform Fail? An Empirical Study of Consumer Debtors," *American Bankruptcy Law Journal* 82[2008]: 349–406)

후속 연구에서 법률이 개정된 이후 변호사 수임료가 급등하자 채권자에 대한 상환금이 줄어들었다는 것이 입증되었다.(참고: Lois R. Lupica, "Final Report: The Consumer Bankruptcy Creditor Distribution Study," American Bankruptcy Institute National Conference of Bankruptcy Judges, 2013)

43 "4분의 1에 가까운 [가정](23.6퍼센트)의 채권 추심업자가 노골적으로 파산에 대해 언급하면서, 파산을 신청하면 어떻게 되는지 아느냐고 위협했다고 말했다. 그러한 경고를 받은 가정의 절반 이상이 파산 신청이 '불법'이라거나 파산을 신청하면 교도소에 갈 수 있다거나, 미국 국세청에서 감사를 하러 나온다거나, 일자리를 잃을 수 있다는 이야기를 채권 추심업자에게 들었다고 기억했다. 나머지는 '자격이 안 된다'는 등의 말을 반복적으로 하며 여러 가지로 틀린 정보를 전달받았다."(참고: Robert Lawless et al., "Did Bankruptcy Reform Fail?")

44 '맞벌이의 함정'에서 우리는 "파산 신청자의 60퍼센트가 돈을 아끼기 위해 필요한 치료를 받지 않았다"고 설명했다(77). 마찬가지로 지역추적연구조사Community Tracking Study의 전국적으로 대표성 있는 데이터를 사용한 연구에서 "의료비 문제가 있는 가정에 속한 사람들은 비용 문제 때문에 치료받기가 더 어려웠다. 3명 중 1명이 처방약을 받지 못했고 4명 중 1명은 치료를 늦췄으며, 8명 중 1명은 필요한 치료를 받지 못했다"는 것을 알게 됐다.(참고: Jessica May and Peter Cunningham, "Tough Trade-offs: Medical Bills, Family Finances and Access to Care," Center for Studying Health System Change, No. 85[2004])

45 석면 희생자와 관련된 내 연구의 자세한 논의는 6장 주석 58번을 참고하라.

46 실라 베어는 미국예금보험공사FDIC의 매우 유능한 총재다. 베어는 이 기관을 전반적으로 구조조정해서 효율을 높이고 탄탄한 재정적 기반을 쌓았다. 또한 경제적 포괄위원회Committee on Economic Inclusion를 설립하고 제도권 밖으로 밀려나 페이데이 대출과 우편환을 사용하는 가정을 은행 시스템으로 편입시켜 대안을 마련해주기 위한 길을 모색했다.

3장

1 의회감독위COP는 재무 장관이 취한 행동, 그러한 행동이 금융 부문에 미치는 영향과 시장 투명성에 기여하는 정도, 압류 완화와 납세자의 비용 편익에 미치는 효과에 관해 "정기 보고서"를 제출할 책임이 있다. COP는 감독 책임을 수행하면서 "전문가와 자문"을 고용하고, "청문회를 열고" "증언을 듣고" "증거를 받고" "공식 데이터를 획득"하고 "제출용 보고서"를 받아서 고려할 수 있다.(참고: Section 125, Emergency Economic Stabilization Act of 2008, Government Printing Office, *Public Law* 110-343 October 3, 2008)

2 2005년 파산법이 개정되면서 파산 신청자 수는 급락했다. 그런 까닭에 2007년 소비자 파산 프로젝트의 목표는 어떤 사람이 파산 신청을 하는지 이해하고 우리의 연구 결과를 1981년, 1991년, 2001년에 있었던 유사 연구와 비교하는 것이다. 2007년 연

구에서는 미국 전역에서 파산한 가계의 전국적인 무작위 표본을 조사했다. 모두 합쳐서 채무자별로 1000건에 이르는 정보가 포함된 설문 조사와 인터뷰, 법원 기록을 사용해 파산한 채무자의 상황을 자세히 그려봤다. 이 데이터는 미국 대학에서 진행하는 일반적인 인간 대상 연구 보호 규정에 따라 엄격한 비밀 유지 요건을 준수해서 수집했다. 모든 데이터 분석은 연구 참가자에게 익명의 숫자 식별자를 분석하여 수행했다. 개인을 참조할 경우, 익명을 보장하기 위해 이름과 특정 식별자는 변경했다.

2007년에 파산 신청을 한 사람은 2001년에 파산 신청을 한 사람과 매우 유사하다는 사실을 알게 됐다. 이는 2005년에 개정된 파산법이 파산 신청 건수는 엄청나게 줄였음에도 불구하고, 부유한 채무자나 어떻게든 채무를 잘 관리할 수 있는 채무자를 잘 라냈든가 "악용"을 억제하지도 못했음을 시사한다. 이 데이터로 보아, 개정된 법률은 오히려 전국적으로 형편이 어려운 가정을 쥐어짜는 효과를 냈다.

3   예를 들어 "새로운 종류의 위험한 모기지가 있다. 예컨대 처음에는 '맛보기' 이율을 적용했다가 몇 년 뒤 훨씬 더 높은 이율로 바뀌는 대출이나, 소득 증빙이 필요 없는 대출, 대출자를 높은 이율이나 위험한 조건에 가두는 상환 페널티가 있는 대출 등이 있다. 이런 대출은 대출자에게 적합한지 고려도 하지 않고 대부분 서류 심사 없이 판매되는 경우가 많았다."(참고: M. William Sermons, "The State of Lending in America")

"옵션부 모기지option adjustable rate mortgage(ARM)는 역사상 가장 위험하고 복잡한 주택 대출상품일 것이다."(참고: Mara Der Hovanesian, "Nightmare Mortgages," *Bloomberg Businessweek*, September 10, 2006) "신용이 좋은 소비자에게 여러 가지 월 상환 옵션을 제공하는 종류의 모기지로 인해 파산하는 대출자가 급격히 늘고 있다. '픽어페이pick-a-pay'나 상환 옵션 모기지로 알려져 있기도 하지만, 속성은 옵션부 모기지와 같은 이런 상품이 일부 사례에서 서브프라임 모기지보다 더 위험한 것으로 밝혀졌다. 주택 가격이 하락하더라도 대출 잔액과 월 상환액이 증가하기 때문이다."(참고: Ruth Simon, "Defaults Rising Rapidly for 'Pick-a-Pay' Option Mortgages," *Wall Street Journal*, April 30, 2008. Kat Aaron, "Predatory Lending: A Decade of Warnings," Center for Public Integrity, May 6, 2009)

이런 신종 모기지 상품이 얼마나 널리 판매·구매되는지, 이런 상품이 성장하게 된 원인을 자세히 살펴보려면 금융위기조사위원회The Financial Crisis Inquiry Commission의 "금융위기 조사 보고서The Financial Crisis Inquiry Report, US Government Printing Office, January 2011, 34, 68, 85, 425"를 참고하라.

4   "모든 라틴계 및 아프리카계 미국인 대출자 중 약 25퍼센트가 압류로 인해 집을 잃었거나 심각한 채무 연체 상태에 빠져 있다. 그에 비해 백인 대출자는 그 비율이 12퍼센트 이하다."(참고: Debbie Grunstein Bocian, Wei Li, Carolina Reid, and Roberto G. Quercia, "Lost Ground, 2011: Disparities in Mortgage Lending and Foreclosures," Center for Responsible Lending, November 2011)

또 다른 연구에 따르면, 아프리카계 미국인과 라틴계 대출자는 비슷한 상황의 백인 대출자보다 비용이 높은 서브프라임 모기지로 방향을 틀게 될 가능성이 30퍼센트 더 높다.(참고: Debbie Grunstein Bocian, Keith S. Ernst, and Wei Li, "Race,

Ethnicity and Subprime Home Loan Pricing," *Journal of Economics and Business* 60[2008]: 110–24. Sara Miller Llana, "Loans to Minorities Rise, but at a Price: The 30-Day Past-Due Rate for Subprime Mortgages Rose from 5.4 Percent to 7.1 Percent During 2005," *Christian Science Monitor*, March 24, 2006)

많은 거대 은행이 모기지 관련 소송에 합의했다. 예를 들어 "금융사기 특별 수사팀 Financial Fraud Enforcement Task Force은 대출 차별 혐의를 해결하기 위해 AIG 자회사와 합의하기로 발표했다."(참고: 미국 법무부, 2010년 3월 4일, URL: http:// www.justice.gov/opa/pr/2010/March/10-crt-226.html)

"법무부는 선트러스트 모기지Suntrust Mortage의 대출 차별 혐의를 해결하기 위해 2100만 달러로 합의했다. 선트러스트 모기지가 새 정책을 시행하기 전 대출자는 2005~2009년에 인종이나 국적에 따라 더 높은 수수료를 물었다."(참고: 미국 법무부, 2012년 3월 31일, URL: http://www.justice.gov/opa/pr/2012/May/12-crt-695. html)

찰리 새비지는 『뉴욕 타임스』에 "웰스파고가 모기지 편향 고소에서 합의할 것"이라는 내용과 "컨트리와이드가 편향 소송에 합의할 것"이라는 내용을 보도했다.(참고: Charlie Savage, "Wells Fargo Will Settle Mortgage Bias Charges," *New York Times*, July 13, 2012. Charlie Savage, "Countrywide Will Settle a Bias Suit," *New York Times*, December 21, 2011)

5 예를 들어 "자본이 많지만 현금이 없는 노인 주택 소유주는 부도덕한 모기지 업체에게는 입맛 당기는 표적이다. 대부분 노인 주택 소유자의 소득은 고정되어 있거나 제한되어 있는데 주택 수리비, 의료비, 재산세, 지방세, 기타 비용을 내려면 대출을 이용할 수 있어야 한다. 이들이 축적한 자본은 주로 혹은 오직 금융자산뿐이다. 약탈적 대출업체는 높은 이자율 및 과도한 수수료와 비용, 신용 보험, 풍선 상환[몇 년 후에 일시에 잔금을 모두 갚는 상환 방식], 기타 터무니없는 조건에 묶인 '쉬운' 신용과 대출을 제안하여 현금이 필요한 노인을 이용한다."(참고: "Helping Elderly Homeowners Victimized by Predatory Mortgage Loans," National Consumer Law Center, 2008, http://www.nclc.org/images/pdf/older_consumers/consumer_concerns/ cc_elderly_victimized_predatory_mortgage.pdf)

6 참고: Ruth Simon, "Home-Equity Loans Hit Record Levels," *Wall Street Journal*, January 20, 2005.

이런 대출이 종종 금융 안정성을 이룰 수 있는 가정의 근간을 약화시키고 압류 위험을 높이지만, 그럼에도 불구하고 전문가와 업계 리더들은 이런 대출상품을 구매하도록 널리 권장했다. 예를 들어 전 연방준비제도 의장 앨런 그린스펀은 주택 보유자들이 주택 자본을 활용하는 여러 장점과 그에 따른 경제 부양 효과에 대해 논했다.(참고: 2003년 3월 4일 "앨런 그린스펀 의장 발언," http://www.federalreserve.gov/ boarddocs/speeches/2003/20030304/. Alan Greenspan and James Kennedy, "Sources and Uses of Equity Extracted from Homes," The Federal Reserve Board, March 2007)

어떤 광고 업체는 시티를 위해 "부유하게 살자"라는 슬로건을 만들었다. 이 슬로건은 주택지분대출을 권장하도록 설계됐다.(참고: Louise Story, "Home Equity Frenzy Was a Bank Ad Come True," *New York Times*, August 14, 2008) 내 연구에서도 대출자들이 이런 유형의 대출에 가입해 가장 중요한 자산을 위험에 빠트리지 않게 하려고 노력했다. '맞벌이의 함정'에서 우리는 "다른 비용을 메우기 위해 주택에 대한 융자를 또 받는 것은 곤경에 처한 주택 소유자들이 저지르는 가장 큰 실수다"라고 주장했다(168). '당신의 가치All Your Worth'에서 당시 데이터에 따르면 열한 가구 중 한 가구가 그런 식으로 집을 담보로 다시 대출을 받았다가 상환하지 못해서 결국 압류됐다.(Elizabeth Warren and Amelia Warren Tyagi, *All Your Worth: The Ultimate Lifetime Money Plan*[2005], 150) 안타깝게도 그 이후에 그런 사람은 더 늘어나기만 했다.

7 "전국 단독주택 가격 총합의 39퍼센트를 차지하는 71개 도시권이 극도로 과대평가되었다고 한다."(참고: "House Prices in America," Global Insight/National City, June 2006. Martin Wolk, "Housing 'Bubblettes' May Be Rising," NBC News, February 14, 2005)

8 "부동산 투기가 집값을 높이면서 사람들의 우려도 높아만 간다."(참고: "Real Estate Speculation Raises Prices, Concerns," Associated Press, June 20, 2005. Also Paul Krugman, "Running Out of Bubbles," *New York Times*, May 27, 2005)

9 "모기지 대출을 받은 주택 소유자 5명 중 1명은 생활이 극도로 어렵다."(참고: Jonathan Stempel, "One in Five Homeowners with Mortgages Under Water," Reuters, October 31, 2008)

10 "전통적으로 미국에서 주택 소유는 부를 축적하는 가장 쉬운 방법이었다. (…) 이 나라에서 수십 년간 주택 소유로 얻은 부는 경제적 유동성과 재정 보증의 핵심적인 원천이었다." 주택 가격이 폭락하자 중산층은 부의 극적인 상실을 맛보았다."(참고: M. William Sermons, "The State of Lending in America") "많은 가정이 고위험 서브프라임 모기지로 촉발된 주택 가격 붕괴 때문에 부의 급격한 상실을 겪었다. (…) 인종을 막론하고 모든 가계에서 부의 상실이 발생했으며 백인 가계와 아프리카계 미국인 또는 히스패닉 가계 사이에 전례 없는 부의 격차가 나타났다. (…) 이런 경제적 상황은 일반 미국인 가계에 파괴적인 영향을 미쳤다." "퓨리서치센터는 다양한 자료를 바탕으로 2005~2009년 아프리카계 미국인(53퍼센트 감소)과 히스패닉(66퍼센트 감소) 가계가 백인 가계(16퍼센트 감소)에 비해 부의 감소 폭이 더 크다는 것을 밝혀냈다."(참고: M. William Sermons, "The State of Lending in America." Ylan Q. Mui, "Americans Saw Wealth Plummet 40 Percent from 2007 to 2010, Federal Reserve Says," *Washington Post*, June 11, 2012. Jesse Bricker, Arthur B. Kennickell, Kevin B. Moore, and John Sabelhaus, "Changes in U.S. Family Finances from 2007 to 2010: Evidence from the Survey of Consumer Finances," Federal Reserve Bulletin 98, no 2[June 2012]. Binyamin Appelbaum, "Family Net Worth Drops to Level of Early '90s, Fed Says," *New York Times*, June 11, 2012)

11 2008년 10월 3일 부실자산구제프로그램TARP이 통과됐다. TARP가 통과되고 한 달이 채 지나지 않아, 재무부는 총 54개 은행에 1720억 달러를 제공하겠다고 약속했다.(참고: David Goldman, "Where the Bailouts Stand," *CNNMoney*, November 12, 2008)

그해 10월, 재무부는 월가 최고의 금융 기관 8개에 1150억 달러를 내줬다. 그중에는 뱅크오브아메리카, 골드만삭스, JP모건, 시티그룹 등이 있다.(참고: "Bailout Events for October 2008," *ProPublica*, October 2008, http://projects.propublica.org/bailout/events/list/2008/10.) 11월 21일 재무부는 US 뱅코프와 캐피털 원을 포함한 대형 은행 및 중간 규모 은행에 365억 달러를 추가로 줬고 은행 구제에 205억 달러 이상을 추가로 사용하겠다고 약속했다.(참고: "Bailout Events for November 2008," *ProPublica*, November 2008, http://projects.propublica.org/bailout/events/list/2008/11)

12 2008년 11월 24일 재무부는 시티와 협상하여 시티 우선주에 200억 달러를 투자하기로 하고 자산 3060억 달러를 보증했다.(참고: Dan Wilchins and Jonathan Stempel, "Citigroup Gets Massive Government Bailout," Reuters, November 24, 2008)

미국 연방예금보험공사 총재 실라 베어는 명저 '정면으로 맞서라Bull by the Horns'에서 우리가 카시카리와 만났던 11월 21일 금요일까지 재무부와 연방준비제도에서 시티 구제금융이 임박했다는 사실을 전해 듣지 못했다고 언급했다. 자세한 논의는 실라 베어의 저서(2012), 121-129를 참고하라.

"시티그룹에 제공한 예외적인 금융 지원Extraordinary Financial Assistance Provided to Citigroup이라는 제목의 부실자산구제프로그램 특별감독기구 SIGTARP 문서에 따르면, 연방 관료들이 2008년 11월 21~23일을 "시티의 주말"이라 불렀다고 한다.(참고: Special Inspector General for the Troubled Asset Relief Program, "Extraordinary Financial Assistance Provided to Citigroup, Inc.," January 13, 2011, http://www.sigtarp.gov/Audit%20Reports/Extraordinary%20Financial%20Assistance%20Provided%20to%20Citigroup,%20Inc.pdf) 『뉴욕 타임스』는 "시티그룹 임원들이 11월 21일 금요일 헨리 M. 폴슨과 여러 통의 전화를 했다"고 보도했다.(참고: Andrew Ross Sorkin and Louise Story, "Shares Falling, Citigroup Talks to Government," *New York Times*, November 22, 2008)

13 나는 부실자산구제프로그램이 상환을 목적으로 설계된 대출이지만 정부 대출, 그중에서도 특히 민간 대출업체에서는 받아들이지 않을 조건을 내건 정부 대출은 기본적으로 투자라고 생각한다. 따라서 본문의 예시에 교육과 인프라, 과학 연구와 같이 국가 차원에서 했을 만한 다른 투자를 포함했다. 이러한 투자는 더 오랜 시간을 필요로 했지만 더 생산적이고 혁신적인 인력과, 더 효율적인 전력 및 교통을 비롯한 기타 생산에 필요한 요소로 되갚을 수 있고, 과학과 의학 연구 지원을 통해 기업 혁신에 박차를 가할 수 있었을 것이다.

14 1980년대 규제 변화(1장 주석 41번 참고)로 인해 은행들은 점점 더 위험한 비전통적인 사업에 참여할 수 있게 됐다. 1980년대와 1990년대, 규제 기관은 상업은행 활동

과 투자은행 활동을 분리했던 글래스 스티걸법을 재해석했고, 마침내 의회는 이를 폐기했다. 이러한 변화는 금융 기관 통합을 더욱 촉진시킨 다른 변화와 더불어 은행이 새롭고 위험한 영역에 들어갈 수 있게 해줬다. 기본 은행 거래(당좌거래, 예금거래, 모기지, 대출)는 점점 더 복잡한 금융 기관으로 편입됐고, 규제 기관은 다양하고 복잡한 투자와 헤징활동을 감시하라는 요구를 받게 되었다. 대차대조표에서 신용 등급에 이르기까지 모든 것이 더 복잡해졌다. 몇몇 은행은 규모를 부풀리면서 경제에 더 큰 위험으로 작용했고 규제 기관이 하는 일을 더 어렵게 만들었다.(참고: Matthew Sherman, "A Short History of Financial Deregulation in the United States," Center for Economic and Policy Research, July 2009)

이 시기에 금융 산업은 여러 가지 새 상품을 개발했다. 여기에는 다양한 파생상품(실제 기본 자산의 송금 없이 위험을 해지하는 데 사용하는 금융상품)과 유동화 자산(자산을 모아서 증권으로 재포장하는 데 사용하는 금융상품)이 포함된다. 본문에서 논의한 바와 같이 유동화 모기지가 위험하게 확산되면서 2008년 금융위기가 발생하는 데 큰 영향을 미쳤다.

은행은 모기지를 투자자에게 판매함으로써 대출 자금을 더 많이 확보했다. 이러한 행보에는 양면성이 있었다. 더 많은 사람이 모기지를 이용하고 주택을 구매할 수 있게 됐지만, 모기지 자금이 더 많이 풀리면서 주택 거품이 부풀고 가격이 상승하기 시작했다.(참고: "금융위기조사보고서") 2008년 금융위기의 원인은 여러 가지이며 한 가지 해결책으로 그 모든 문제를 해결할 순 없지만, 나는 상원의원에 당선되고 몇 달 뒤 존 매케인, 마리아 캔트웰, 앵거스 킹 상원의원과 협력해서 위험을 되돌리고 몸집이 가장 큰 금융 기관을 축소할 21세기 글래스 스티걸법을 제안했다. 대형 은행들은 단호하게 반대했지만, 금융개혁을 지지하는 미국인들, 진보적변화캠페인위원회, 안전한 은행 시스템을 위해 싸우는 여러 다른 집단에서 강력한 지지를 받았다.

15 은행은 1990년대와 2000년대에 모기지에 기초한 유가 증권을 개발하고 판매하는 데 열중했다. 패니메이Fannie Mae와 프레디맥Freddie Mac은 프라임(우량) 모기지의 유동화에 초점을 맞췄고, 은행과 저축 기관, 투자은행은 서브프라임(비우량) 모기지, "알트A"[신용도가 서브프라임(비우량) 이상 프라임(우량) 미만인 사람들에게 적용하는 모기지 상품] 등급 대출, 부적격 대출과 같은 위험이 더 큰 모기지를 유동화하는 데 초점을 맞추었다. 이자율이 낮았기 때문에 많은 투자자가 높은 프리미엄을 주는 안전 자산을 찾고 있었다. 모기지는 채무 불이행 비율이 낮고 수익률이 높아서 완벽한 상품처럼 보였다. 시간이 지나면서 대출상품 개발자들은 점점 늘어만 가는 증권 수요를 충족시키기 위해 더 위험한 모기지를 판매하기 시작했다. 또한 모기지 상품을 통합하는 사람들은 위험을 감추는 기술을 향상시켜서 증권 수요를 더욱 부채질했다. 그러자 대출상품 개발자들은 훨씬 더 커진 증권 투자 수요를 충족시키기 위해 더더욱 위험이 높은 모기지를 판매했다. 이 모든 것은 모기지 유동화 패키지의 안전성을 거듭 승인했던 신용 등급 기관의 허가하에 일어났다. 2003~2007년, 금융 기관은 모기지에 기초한 증권을 4조 달러 이상 만들어냈다.(참고: "금융위기조사보고서") 금융위기조사위원회가 언급했듯이, 이러한 "발행 후 판매originate-to-distribute(OTD) 모델은 모기지와 모기지 관련 채권의 장기적 생존력에 대한 책임과 의무를 약화시켰

고, 모기지가 부실해지는 원인이 되었다."(125)

16 "2000년대 이전에는 잘 알려져 있지 않던 금융상품인 부채담보부채권collateralized debt obligation(CDO)이 모기지 채권을 기반으로 한 저등급 트랑셰tranche[금융 기관이 개별 대출을 모아서 다시 발행하는 채권]를 만들어내 모기지 시장에 일대 변혁을 일으켰다. AAA 등급 이하의 트랑셰는 수익률이 비교적 높더라도 판매가 어려울 수 있었다. (…) 월가는 묘안을 짜냈다. 어떤 은행가의 말을 빌리자면 '투자자를 창출'한 것이다. 즉 팔기 어려운 트랑셰를 구매할 새 증권을 만들었다. 은행가들은 투자 등급이 낮은 트랑셰(대체로 BBB 또는 A 등급)를 여러 모기지 채권에서 매입해 새로운 증권, CDO로 재포장한다. 이런 CDO 트랑셰의 약 80퍼센트가 대체로 모기지 채권의 저등급 트랑셰로 구성되어 있는데도 불구하고 AAA 등급을 받는다." "2003~2007년 전국적으로 주택 가격이 27퍼센트 상승하면서 4조 달러 규모의 모기지 채권이 발행됐다. 월가는 모기지 채권이 담보로 포함된 CDO를 7000억 달러 가까이 발행했다." (참고: "The Financial Crisis Inquiry Commission Report," 127–150)

17 번들형 모기지의 AAA 등급에 관한 "금융위기조사위원회 보고서"를 참고하라.
2007년 5월 스탠더드앤드푸어스는 옥토니온 I로 알려진 7억7200만 달러 규모의 부채담보부채권에 처음 부여된 AAA 등급을 승인했다. 10개월도 지나지 않아서 시티그룹이 파산했고 투자자와 은행들이 거의 모든 돈을 잃었다. (…) 옥토니온 I의 사례는 주택담보대출 채무불이행 비율이 치솟고 주택 가격이 폭락한 후 세계적 금융 기관이 2.1조 달러 이상 손실을 보았을 때 부풀려진 신용 붐 기간에 부풀려진 등급이 어떤 영향을 미쳤는지 일깨워준다.(참고: Jody Shenn, "Default in 10 Months After AAA Spurred Justice on Credit Ratings," *Bloomberg*, February 5, 2013) 더 자세한 예시는 다음을 참고하기 바란다. Kevin G. Hall, "How Moody's Sold Its Ratings—and Sold Out Investors," *McClatchy*, October 18, 2009; David Evans, "Banks Sell 'Toxic Waste' CDOs to Calpers, Texas Teachers Fund," *Bloomberg News*, June 1, 2007.
상품선물거래위원회 의장 브룩슬리 본은 파생상품과 다른 상품에 대한 규제 강화를 지지하면서 "신용부도스와프와 같이 규제를 받지 않는 금융 계약 상품이 경제에 엄청난 위험을 일으킬 수 있다고 경고했다. 본 의장의 노력은 월가 및 당시 절정에 달했던 놀라운 경제 성장을 구가하려면 규제 완화가 필수라고 믿는 정부 관료들의 격렬한 반대에 부딪혔다.(참고: Henry Liu, "Financial Reform Warrior Brooksley Born Warns of More Crises to Come," Roosevelt Institute, November 2009; Manuel Roig-Franzia, "Credit Crisis Cassandra," *Washington Post*, May 26, 2009)

18 새로운 유형의 보험상품이 금융위기를 악화시키는 데 지대한 역할을 했다. 바로 신용부도스와프다. 이는 부도나 모기지 채권의 가치 하락에서 투자자를 보호하기 위해 만든 상품이다. 구매자가 정기적으로 납입하는 대신 보증 기관은 부도가 나거나 달리 지정된 "신용 사건"이 발생하면 채권의 액면가를 구매자에게 지급한다.(참고: "The Financial Crisis Inquiry Commission Report," 50) 여느 보험상품과 달리, 신용부도스와프는 장외 파생금융상품으로 취급되므로 연방 규정을 적용받지 않는다. 금융위기조사위원회 보고서가 언급한 바와 같이, 신용부도스와프는 안전하다는 환상을

심어줌으로써 "모기지 유동화 파이프라인을 부채질해서" 금융위기에 상당히 큰 영향을 미쳤다.(참고: "The Financial Crisis Inquiry Commission Report," xxiv) AIG는 금융위기로 한창 달려가는 와중에 신용부도스와프를 790억 달러 이상 판매했다. 신용부도스와프와 위에서 언급한 CDO의 조합은 금융 시스템의 다양한 부문에 걸쳐 같은 채권 가산 금리에 여러 개의 반대되는 포지션에서 돈이 걸려 있는 위험한 환경을 조성했다.

19 베어스턴스는 투자은행 겸 채권 거래 중개 회사로 2008년 초에 서브프라임 모기지를 과도하게 사들여 도산했다. 뉴욕 연방준비은행은 2008년 3월 16일 JP모건에 베어스턴스를 매각하는 협상을 진행했고, JP모건은 베어스턴스를 구제하는 조건으로 정부에서 300억 달러 대출을 지원받았다. 연방준비제도 의장 벤 버냉키는 자산 가치를 보호하고 미국 전역에서 투자금이 "혼란스럽게 풀리는 것"을 막기 위해 구제금융이 필요하다고 옹호했다.(참고: Yalman Onaran, "Fed Aided Bear Stearns as Firm Faced Chapter 11, Bernanke Says," *Bloomberg*, April 2, 2008)

주요 투자은행이자 세계적 금융 서비스 기업인 리먼브라더스는 주가가 폭락하고 신용 등급 기관에서 자산이 평가 절하된 후 2008년 9월 15일 파산 보호를 신청했다. 리먼의 실패는 수십 년 만에 발생한 투자은행 최대의 실패였고 그 여파가 시장 전체에 미쳤다. 실라 베어는 다음과 같이 언급한다. "첫째, 리먼의 파산은 시장의 기대를 저버린 것이다. 베어스턴스가 구제된 적이 있었던 까닭에 시장에서는 대부분 정부가 리먼 사건에도 개입할 것으로 가정했다. (…) 시장은 불확실성을 싫어하기 때문에 리먼의 실패는 혼란을 일으켰다. 리먼은 복잡한 채권에 유연한 회계 처리를 적용했기 때문에 실제보다 더 탄탄한 기업처럼 보였다. 리먼의 진짜 재정 상태를 감춘 불투명한 회계를 본 시장에서는 마찬가지로 불투명하고 복잡한 모기지 투자 상품을 보유한 다른 금융 기관에도 즉시 의심의 눈길을 돌렸다. 그 결과 메릴 린치와 시티그룹처럼 이런 상품을 가장 많이 보유한 기관들이 다른 금융 기관에서 자금을 빌리는 데 어려움을 겪기 시작했다."(참고: Sheila Bair, *Bull by the Horns*, 107) 대형 중개 기업 메릴 린치는 모기지 부채담보부채권 시장에 관여해서 도산 위험에 처해 있었다. 2008년 9월 14일 뱅크오브아메리카가 메릴 린치를 인수했는데, 반드시 인수하라는 정부의 압력을 받았다고 언급했다.

20 "공황 상태가 지나고 금융 기관에 대한 대출이 아예 동결되진 않았지만 자금줄이 심각하게 소여들자, 기업들은 값싸고 쉬운 대출을 받던 시절이 지나갔다는 것을 깨달았다. 직원 임금을 주고 재고를 확대할 자금을 대출로 마련하기 어려워졌다. 신용도 없고 고객도 없는 기업은 비용을 줄이고 직원을 해고했다. 오늘날까지도 대출 가용성은 금융위기 이전 수준으로 돌아가지 못했다."(참고: "The Financial Crisis Inquiry Commission Report," 389) 금융위기조사보고서 214쪽에는 "2008년 3분기와 4분기에는 자동차 담보 대출 유동화, 신용카드, 소기업 대출, 장비 리스가 거의 중지되다시피 했다"고 언급되어 있다.(참고: Nick Carey, "Credit Seen Drying Up for U.S. Small Business," *USA Today*, July 25, 2008. Bill Vlasic and Nick Bunkley, "With Credit Drying Up, Car Buyers Bring Cash," *New York Times*, October 7, 2008) 의회감독위가 소기업의 대출난과 관련된 재무부의 반응을 어떻게 비판했는지 보려

면 이 장의 주석 36번을 참고하라.

21 2008년 9월 19일 목요일 헨리 폴슨 재무장관과 벤 버냉키 연방준비제도 의장
    이 의원들과 만나서 광범위한 구제금융 권한을 요구하기 시작했다.(참고: David
    Herszenhorn, "Congressional Leaders Stunned by Warnings," *New York
    Times*, September 20, 2008. Edmund L. Andrews, "Bush Officials Urge
    Swift Action on Rescue Powers," *New York Time*, September 19, 2008) 이
    들은 3쪽짜리 서면 요청을 의회에 보냈다.(참고: "Treasury's Bailout Proposal:
    The Legislative Proposal Was Sent by the White House Overnight to
    Lawmakers," *CNNMoney*, September 20, 2008) 헨리 폴슨과 벤 버냉키는 9월
    23일 화요일에는 상원 은행위원회 앞에, 9월 24일에는 하원 금융서비스위원회 앞
    에 나섰다.(참고: "Prepared Text of Paulson's Statement," *New York Times*,
    September 23, 2008) 헨리 폴슨은 후에 자신의 저서에서 다음과 같이 적었다. "심
    리에 나서면서 말을 신중하게 선택해야 한다는 것을 깨달았다. 우리는 진정한 딜레마
    에 처해 있었다. 의회가 행동에 나서게 하려면, 우리가 원하는 권한을 주지 않았을 때
    경제에 발생할 것으로 예상되는 끔찍한 일을 말해야 했다. 하지만 그렇게 하면 역효
    과가 일어날 수 있었다. 겁을 먹은 소비자가 지출을 멈추고 저축을 시작할지도 몰랐
    다. 그 당시 무슨 일이 있어도 그 일만큼은 절대 피해야 했다. 투자자가 시장이 쓰러지
    지 않게 막고 있던 마지막 신뢰를 놓아버릴 수도 있었다."(참고: Henry M. Paulson,
    *On the Brink: Inside the Race to Stop the Collapse of the Global Financial
    System* [2010], 281–283)

22 2008년 12월 의회감독위 보고서, "7000억 달러 긴급경제안정화기금에 관
    한 의문Questions About the $700 Billion Emergency Economic
    Stabilization Fund"을 참고하라. (URL: http://cybercemetery.unt.edu/archive/
    cop/20110402034700/http://cop.senate.gov/documents/cop-121008-report.
    pdf) 자동차 기업에 관한 자세한 내용은 크리스 이시도어가 2008년 8월 6일
    에 *CNNMoney*에 보도한 "3대 기업이 파산의 공포와 마주하다Big Three Face
    Bankruptcy Fears" 기사를 참고하라.

23 2008년 12월 의회감독위COP 보고서, 8–9. 1차 COP 보고서는 설명문과 다양한 보
    조 질문을 포함해 다음과 같은 중요한 질문을 했다. 그 열 가지 질문의 표현을 바꾸
    면 다음과 같다. (1)재무부의 전략은 무엇입니까? (2)이 전략이 시장 안정화에 효과가
    있습니까? (3)이 전략이 담보권 행사를 줄이는 데 도움이 됐습니까? (4)금융 기관은
    지금까지 받은 납세자의 돈으로 무엇을 했습니까? (5)이것은 국민에게 공정한 거래
    입니까? (6)재무부는 미국의 가정을 돕는 데 어떤 역할을 하고 있습니까? (7)재무부
    는 납세자의 돈을 받는 금융 기관에 개혁을 시행하고 있습니까? (8)재무부는 자금을
    지원할 기관을 어떻게 결정합니까? (9)재무부의 법정 권한 범위는 어디까지입니까?
    (10)재무부는 미래를 바라보고 있습니까?

24 2008년 12월 10일 하원 금융서비스위원회 앞에서 헨설링 의원이 어떤 증언을 했는
    지 보려면 다음 URL을 참고하라. http://votesmart.org/public-statement/401754/
    hensarling-testifies-before-house-financial-services-committee

25 2009년 1월 9일 의회감독위 보고서를 참고하기 바란다. 재무부는 "여러 질문에 대해 완벽한 답변을 내놓지 못했고 아예 답변을 하지 못한 질문도 많았다."

26 "구제금융을 정리하라"와 "구제금융 차트의 비법? 복사해서 붙여넣기만 반복하면 된다"라는 기사가 보도되었다.(참고: "Tidy Up the Bailout," editorial *Boston Globe*, January 15, 2009. Also Justin Rood, "Bailout Czar's Secret? Copy. Paste. Repeat," ABC News, January 9, 2009)

27 재무부는 2008년 12월 30일 "의회감독위의 첫 번째 경제안정화 보고서 질문에 대한 답변Responses to Questions of the First Report of the Congressional Oversight Panel for Economic Stabilization"에서 "누적 기준으로 측정하면 우선주의 가치는 액면가이거나 그에 가깝다"라고 언급했다.(URL: http://www.treasury.gov/press-center/press-releases/Documents/123108%20cop%20response.pdf)

28 의회감독위의 금융평가자문위원회Advisory Committee on Finance and Valuation와 국제 평가 기업 더프앤드펠프스D&P가 TARP 자산의 금융 평가 연구를 시행했다. 자문위원회는 애덤 M. 블러멘털, 뉴욕시 감사원 제1부원장을 지낸 예일대 교수 윌리엄 N. 괴츠만, 노스웨스턴대 교수 데버러 J. 루카스로 구성되었다. 자문위원회와 D&P는 합동으로 TARP 자산의 공정 시장 가치를 평가하는 방법을 고안했다. 하나의 평가 방식에 의존하기보다는 여러 방식을 사용해 기업별로 우선주와 재무부에서 받은 워런트warrant의 공정 시장 가치를 계산했다. 이렇게 상대적으로 유동성이 떨어지는 증권 가치가 감소한 것을 반영하기 위해 각 계산 방법에 "낮춘 시장성 할인 감소reduced marketability discount"를 적용했다.(이 팀은 증권 거래의 유동성과 시장 규모를 고려할 때 경제적 가치를 확인하는 데 시장 가격을 사용하는 것이 합리적이라는 결론을 내렸다.) 이 분석 결과 기업별로 다양한 가치가 산출됐고 최종 보고서에 사용할 대푯값은 중앙값을 선택했다. 궁극적으로 최종 보고서에 따르면, 2008년에 했던 최대 TARP 투자 열 가지에 대해 재무부는 100달러 지출당 약 66달러를 회수해서, 부족분이 약 780억 달러에 달했다.(참고: "Valuing Treasury's Acquisitions," Congressional Oversight Panel, February 6, 2009, http://cybercemetery.unt.edu/archive/cop/20110402010539/http://cop.senate.gov/documents/cop-020609-report.pdf)

29 이 이야기는 3월 14~15일에 처음 공개됐고, 숫자 "1억6500만 달러"에 인용 부호가 붙어 있었다.(다른 언론에서는 1억6800만 달러로 인용했다.)(참고: Edmund L. Andrews and Peter Baker, "A.I.G. Planning Huge Bonuses After $170 Billion Bailout," *New York Times*, March 14, 2009) 대중의 반응은 신속하고 강렬했다. AIG 임원들이 살해 협박을 받았다는 소문이 돌았으며 하원에서는 특정 부실자산구제프로그램TARP 수혜자가 받은 보너스에 세금을 90퍼센트 부과하는 법안을 재빨리 통과시켰다.(참고: Neil Barofsky, Bailout, 2012, 140) 이 낭패스러운 상황에서 재무부의 실수에 대한 논란이 상당히 많았다. 가이트너 재무장관은 AIG에 이런 보너스는 "용납할 수 없다"고 전하며 "재협상을 요구했다"고 말했다. 또한 AIG가 최종 상품 단위에 대한 보너스를 30퍼센트 삭감하도록 설득했다.(참고: Edmund L. Andrews

and Peter Baker, "Bonus Money at Troubled A.I.G. Draws Heavy Criticism," *New York Times*, March 15, 2009)

그러나 당시 TARP 특별감사장이었던 닐 바로프스키는 재무부가 보너스 사건을 처리하는 방식에 상당히 비판적인 태도를 보였다. "재무부 관료가 정부의 AIG 투자를 더 효과적으로 감독하고, 책임과 기본적인 공정성에 관심을 뒀더라면 이렇게 큰 사건이 일어나지 않도록 예방할 수 있었을 것입니다. 예컨대 보너스가 곧 지급된다는 사실이 밝혀지고 며칠 뒤 TARP 자금에서 추가로 300억 달러를 지원한다는 발표가 있었는데, AIG가 이 계약 조건을 다시 협상하도록 강제할 수 있었습니다." 바로프스키는 다음과 같은 언급도 했다. "닐 카시카리는 자금을 지원하면서 그 보너스를 받은 사람들이 AIG의 복잡한 거래를 서서히 줄여가는 데 꼭 필요한 인력이라는 근거를 댔지만, 허황된 소리였습니다."(참고: Barofsky, Bailout, 182) 구제금융 시기에 임원이 받았던 보상과 바로프스키가 일컬어 "고급 금융 제왕들의 비굴한 집착"이라고 한 것이 무엇인지 자세히 알아보려면 바로프스키의 "구제금융(Bailout, 139-140)"을 참고하기 바란다. 바로프스키는 TARP를 받은 사람들이 "사상 최고 수준의 상여금을 요구하면서 부끄러운 기색이 없었다. 그러나 여기서 더 주목해야 할 것은 여러 재무부 관료가 수당 금액을 올리도록 밀어붙이면서 행사한 압력이었다"라고 주장한다.(참고: Barofsky, Bailout, 140)

30 상원의원 척 그래슬리(아이오와 주 공화당)는 3월 16일 라디오 인터뷰에서 다음과 같이 말했다. "여러분도 알다시피, 당연히 이들을 없애버려야 하지만, 이 사람들이 일본의 예를 따라서 미국 국민 앞에 나와 깊이 절하고 사죄한 뒤, 사퇴하든지 자살하든지 둘 중 하나를 택하면 그나마 기분이 나아질 것 같습니다. (…) 일본은 보통 사과하기 전에 자살부터 하죠."(참고: Tahman Bradley, "GOP Senator: AIG Execs Should Follow Japanese Model—Suicide or Apology," ABC News, March 16, 2009)

31 현재 법률상으로 은행은 파산을 신청할 수 없지만, 구제금융 자금으로 들어간 수천억 달러를 포함해 위기는 모두 법적 전례가 없는 미지의 영역에 몰려 있었다. 재무부가 11장에 따라 재조정을 협의하여 구제금융 조건을 지정할 수도 있었을 것이다. 이 규정을 이용하면 CEO를 교체하고, 주주들에게 상당한 손실을 감수하게 하며, 채권자들이 일부 손실을 감내하게 하고, 새로운 사업 계획을 세우는 것도 가능했다. 사실 대부분의 협의 재조정은 파산법 그늘 아래서 실행되었다. 당사자들은 합의한 조건만 충족시키면 공식 파산 신청은 하지 않는 것에 동의했다. 또한 전례 없는 규모로 공공 기금을 투자했기 때문에 은행에 담보권 행사 자제나 소기업에 대한 대출 확대 등과 같이 특정 공적 목표를 달성하도록 협조하라고 요구할 수도 있었다.

실라 베어는 시티은행에 그런 방법을 고려했어야 했다고 생각하고, 기존 예금보험공사의 권한으로 파산과 유사한 법정 관리 상태에 들어가게 할 수 있었다고 지적한다. "나는 시티그룹의 자회사인 시티은행을 파산과 유사한 법정 재산 관리 절차에 넣는 가능성을 고려라도 했어야 한다는 입장을 취했다. 그랬더라면 좋은/나쁜 은행 구조를 만들어서 불량 자산은 주주와 무담보 채권자들이 손실을 흡수하도록 나쁜 은행에 둘 수 있었을 것이다. 적어도 법정 재산 관리 권한을 검토해보거나 하자는 내 제안은 다른 규제 기관의 조롱을 샀다. 행크 폴슨과 티머시 가이트너는 내 의견을 비웃으면서 시티가 '전 금융 시스템에 영향을 주지 않는다'며 비난했다."(참고: Sheila Bair, *Bull by the Horns*, 123)

이 시나리오대로 밀고 나갔다면 협의 재조정을 거부하는 은행은 운영을 계속하더라도 TARP의 구제 금융을 받지 못했을 것이다. 실라 베어는 시티와 다른 거대 은행이 금융 시스템상 중요하기 때문에 폴슨과 가이트너 장관이 그러한 대안을 고려하지 않았다고 밝혔다. 하지만 필요하다면 거대 은행에 TARP 자금을 융통해주겠는데 앞으로 은행에 대한 대출과 구제 관행에서 큰 책임과 변화를 겪는 조건을 적용시킨다는 전제하에서라는 소식을 발표했더라면 시장(그리고 경제)이 더욱 긍정적으로 대응했을 가능성도 고려해볼 만하다.

32 2008년 말 AIG는 현금 부족에 시달리자 채권자와 부채를 상각하는 협상을 시작했다. AIG 금융상품부를 감독하던 최고재무책임자 엘리아스 하바이에브는 채권자에게 1달러를 40센트까지 할인해달라고 했다고 한다.(참고: Richard Teitelbaum and Hugh Son, "New York Fed's Secret Choice to Pay for Swaps Hits Taxpayers," *Bloomberg*, October 27, 2009) 일반적으로 채권자가 가격 하락을 일부 감수하기 마련이지만, 당시 뉴욕 연방준비은행 총재였던 티머시 가이트너는 채권자에게 1달러당 100센트를 지불하겠다고 보증하며 AIG의 신용부도스와프 거래 상대를 포함한 채권자에게 아무런 손실도 안기지 않고 납세자에게 부담을 지웠다.(참고: Brady Dennis, "Fed Criticized for Not Negotiating Harder with AIG Creditors," *Washington Post*, November 17, 2009)

33 정부가 제공한 AIG 구제 금융에서 수혜를 가장 크게 입은 쪽은 골드만삭스로, AIG에서 129억 달러를 상환받았다. 골드만삭스 측은 2008년 정부가 AIG를 구제해줄 가능성이 높다는 것을 알고는 가격 하락을 감수하지 않겠다고 했다. 한 기사에 따르면, 골드만삭스는 AIG 구제 금융에서 납세자에게 상당한 비용을 지출하게 하는 역할을 했음에도 불구하고 훗날 AIG를 "고객 성공담"에 넣으려고 했다.(참고: Lauren Tara LaCapra, "Goldman, AIG and the Government Renew Their Friendship," *Unstructured Finance*[블로그], Reuters, April 15, 2013)

34 주요 은행 구제 금융에서 "아무 조건도 붙이지 않는" 방식을 취한 것은 자동차 산업이 받았던 취급과 뚜렷한 대조를 보인다. 2008년 가을 포드는 처음 현금을 공급받고 비교적 안정되었지만 크라이슬러와 GM은 달리 현금을 구할 방법이 없었으며 도움을 주지 않는다면 문을 닫을 수밖에 없다고 주장하면서 막대한 대출을 요구했다. 결국 재무부는 자금을 대출해주었지만 이 구제 금융에는 11장 파산법이 적용되었고 주주를 모두 없애고 채권자가 고통을 분담하는 등의 요구 사항이 포함된 파산법 관련 규정이 적용됐다.(참고: Martin Kady, "Dems Attach Strings to Auto Bailout," *Politico Live*[블로그], *Politico*, November 15, 2008) 두 기업은 새로운 사업 계획을 도입했고, 비교적 신출내기였던 최고경영자들은 1년간 1달러의 보수를 받으며 일하는 데 동의했다. 노동조합은 회사의 생존을 돕기 위해 계약을 수정하고 연금 의무를 조정했다.(참고: Sheryl Gay Stolberg and Bill Vlasic, "US Lays Down Terms for Auto Bailout," *New York Times*, March 30, 2009)

35 사실 대마불사의 대가는 우리 경제에 여전히 부담으로 작용하고 있다. 은행 산업의

집중은 TARP가 통과되던 당시에도 주된 문제로 언급됐지만, 거대 금융 기관은 금융 위기 이전보다 30퍼센트나 더 비대해졌고 5대 은행은 미국의 모든 은행 자산 중 절반 이상을 보유하고 있다. 이는 상위 4대 은행의 자산을 계산한 결과로, 2007년에서 2013년까지 6조 달러에서 7.8조 달러로 증가했다. 마찬가지로 2012년에 보도된 어느 기사에서는 상위 5대 은행이 경제와 관련하여 10년 전보다 두 배나 커졌다는 것을 보여주었다.(참고: David Lynch, "Big Banks: Now Even Too Bigger to Fail," *Bloomberg Businessweek*, April 19, 2012)

대마불사에 대한 꺼지지 않는 믿음 덕분에 대규모 금융 기관이 더욱 값싼 자본을 이용할 수 있었다. 왜냐하면 투자자들은 정부가 결코 이들을 쓰러지게 놔두지 않을 것이라 믿었기 때문이다. 혹자는 이렇게 주장한다. "연간 830억 달러에 이르는 납세자의 보조금이다. 이 수치를 대국적으로 보자면, 정부가 징수한 세금 1달러당 약 3센트를 은행에게 주는 것과 같다. (…) 상위 5대 은행(JP모건, 뱅크오브아메리카, 시티그룹, 웰스파고, 골드만삭스는 (…) 기업 지원 정책이 없더라도 대부분 손익분기를 맞출 것이다. 일반적으로 이들이 보고하는 수익은 기본적으로 납세자에서 주주로 이전된 돈일 뿐이다."(참고: "Why Should Taxpayers Give Big Banks $83 Billion a Year?" editorial, *Bloomberg*, February 20, 2013. COP report, January 2011도 참조하라)

36 의회감독위는 재무부의 담보권 행사 방지 정책이 불충분하며 무력하다고 비판했다. 의회감독위는 재무부 고유의 압류 방지 프로그램, 융자 재조정 프로그램HAMP이 "담보권 행사 건수를 낮추는 데 그리 큰 역할을 하지 못했고 앞으로도 그럴 것으로 보인다"고 언급했다.(참고: COP 보고서, December 2010, 133)

의회감독위는 이러한 실패가 주택과 실업, 장기 경제 성장의 관계에서 특히 중요하다고 보았다. 또한 HAMP가 "주택 위기의 근본 원인을 해결하도록 설계되지 않았으며" HAMP 대출자들은 조정을 받은 후에도 "여전히 세전 소득의 63퍼센트를 부채로 상환하고 있다"는 것을 알게 됐다(236-238, 385). "앞으로 HAMP가 압류를 건드리다 마는 정도에 그친다면, 자신의 삶이 정상으로 돌아올 수 있도록 경제가 다시 성장하기를 간절히 바라는 모든 사람이 곤란을 겪게 될 것이다."(참고: COP 보고서, December 2010, 450)

이외에도 2010년 11월 16일자 의회감독위 보고서, "금융 안정성과 담보권 행사 완화에 모기지 변칙이 미치는 영향 검토Examining the Consequences of Mortgage Irregularities for Financial Stability and Foreclosure Mitigation"와 2009년 3월 6일 보고서, "압류 위기: 해결책을 향해서Foreclosure Crisis: Working Toward a Solution," 2010년 4월 14일 보고서, "TARP 담보권 행사 완화 프로그램의 진행 상태 평가Evaluating Progress on TARP Foreclosure Mitigation Programs"를 참고할 수 있다.

의회감독위는 2008~2009년 은행이 소기업에 대한 대출을 9퍼센트 이상 줄이는 바람에 많은 기업이 완전히 폐업하게 됐다는 것을 알아냈다. "많은 소기업이 융자를 받지 못해 폐업해야 했고, 일부 생존 기업들은 여전히 적절한 자금 조달처를 찾아내려고 애쓰고 있다. (…) [소기업 대출을 확대하기 위한 재무부] 프로그램이 소기업의 신용 가용성에 눈에 띄는 영향을 미쳤는지는 알 수 없다."(참고: COP 보고서, May

37 TARP 특별감사장 닐 바로프스키는 다음과 같이 언급했다. "TARP는 TARP 수혜
자 대부분이 조달한 자금으로 무엇을 하는지 납세자에게 알리지 않았고, 상당 부분
의 투자 자금이 얼마나 가치를 지니는지 여전히 알리지 않고 있으며, 앞으로도 세
금이 어떻게 투자되는지 상세히 알려줄 생각이 없는 프로그램이 됐다."(출처: Brady
Dennis, "Lawmakers Rebuke Treasury Department Over TARP Spending,"
Washington Post, July 21, 2009) 어떤 지역 은행 임원은 언론에 다음과 같이 말했
다. "대출을 더 많이 하라고요? 공공 부문이 우리더러 대출을 확대하라고 하지만 우
리는 공공 부문의 수요에 맞추기 위해 사업 모델을 바꾸거나 신용 정책을 바꿀 생각
은 없습니다. (…) TARP는 보험 제도라고 생각합니다. 모든 게 끝났을 때, 아무리 상
황이 안 좋아져도 우리는 살아남는 은행이 될 겁니다." 또 다른 지역 은행 임원은 재
무부 자금이 "우리 사업에 대한 관점을 그다지 바꾸지 못했습니다. (…) 자본에 4억
달러를 추가한 덕분에 생각보다 상황이 나빠질 경우 완전히 요새와 같은 대차대조
표를 갖출 기회가 생겼죠. 그렇지 않을 경우라면 조금 일찍 상환할 뿐입니다."(참고:
Mike McIntire, "Bailout Is a Windfall to Banks, if Not to Borrowers," *New
York Times*, January 17, 2009)

38 폴슨 재무장관은 구제 금융을 내주던 초기에는 TARP 수혜자에게 새로운 자금을
대출하라고 촉구했다. 그러면서도 "일부 은행이 재무부 프로그램을 통해 받은 자
금을 사용해서 취약한 은행을 매입하면 금융 시스템에 이익이 될 것"이라고 언급했
다.(참고: "Bailout Merger No.1: PNC and National City," *US News and World
Report*, October 24, 2008) 2009년 1월 TARP 자금을 받은 은행 7개 이상이 다른
기업을 인수했다.(참고: Mike McIntire, "Bailout Is a Windfall to Banks")

39 "걷잡을 수 없이 압류가 만연한 이유는 은행과 워싱턴 정계의 지지자들이 이 문제를
해결하려는 시도를 지연·약화시키고 가로막았기 때문이다. 업계 로비스트들은 지금
까지도 야근을 해가며 오바마 대통령이 지지하는 법안을 없애려고 애쓴다. 이 법안
은 파산 법원에 모기지 부채를 축소할 권한을 줄 수 있다."(참고: Brian Grow, Keith
Epstein, and Robert Berner, "How Banks Are Worsening the Foreclosure
Crisis," *Bloomberg Businessweek*, February 11, 2009. Don Lee, "Home
Foreclosures Expected to Surge in Coming Months: Moratoriums from
Banks, Government to Expire, Setting Off New Wave of Default Actions,"
Chicago Tribune, July 6, 2009)

40 2009년 4월까지 중소 은행 47개가 이미 도산했다.(참고: "Tracking the Nation'
s Bank Failures," *Wall Street Journal*(최종 업데이트 June 17, 2011) at http://
graphicsweb.wsj.com/documents/Failed-US-Banks.html) 그 수치는 상당히 증
가했을 것이다.

41 미국 통계국 업무일보 데이터에 따르면, 2008년과 2010년 사이에 미국 소기업 17만
개 이상이 폐업했다.(참고: Bonnie Kavoussi, "Recession Killed 170,000 Small
Businesses Between 2008 and 2010: Report," *Huffington Post*, July 25, 2012)

42 2009년 6월 9일자 의회감독위 보고서 "스트레스 테스트와 은행 자본 강화Stress

Testing and Shoring Up Bank Capital"에 은행감독위가 국제적으로 유명한 위험 분석 전문가인 에릭 탤리와 조한 월든 교수를 고용해 스트레스 테스트 방법을 검토하게 했다고 언급했다. 이 전문가들은 "스트레스 테스트의 세부 사항에서 답을 알 수 없는 의문이 있다. 이 정보가 없으면 아무도 테스트를 복제해서 안정성을 판단하거나, 예상을 달리하면 다른 결과가 산출되는지 확인하기 위해 가정을 바꾸어볼 수 없다. 각 기관에 적용한 공식을 산출한 방법과 자기 보고 데이터의 품질이 가장 중요한 의문으로 남아 있다"고 언급했다. 또한 "감독위는 연방준비제도이사회에 기본 시나리오에 따른 결과를 포함해서 더 많은 테스트 결과 정보를 공개하라고 권고했다(2-3)."

43 「찰리 로즈」(미국 공영방송 프로그램)에서 가이트너 재무장관은 "모든 것을 감안하면 만족스런 결과가 나오리라 생각합니다. 19개 은행 중에서 파산할 위험이 있는 은행은 없습니다"라고 말했다.(참고: Jim Puzzanghera and E. Scott Reckard, "Big Banks' 'Stress Test' Results to Be Reassuring, Geithner Says," *Los Angeles Times*, May 7, 2009) 스트레스 테스트 결과에서 19개 은행 중 10개가 새로운 자본을 총 746억 달러 모아야 한다는 사실이 밝혀졌다.(참고: David Ellis, "Stress Tests: Banks Need $75 Billion," *CNNMoney*, May 8, 2009) 많은 사람이 "스트레스 테스트"를 맹비난했다. 어떤 논객은 이 테스트가 "1040-EZ 세금 서식만큼이나 위협적"이라고 말했다.(참고: Frank Partnoy, "Geithner's Stress Test Sham," *Daily Beast*, May 7, 2009)

44 잭 리드 상원의원은 은행이 하나 이상 도산하고 정부가 그 부담을 감당하게 된다면 납세자가 엄청난 위험을 떠안게 될 것이라는 견해를 강력히 지지하는 사람이었다. 리드 의원은 TARP가 효과를 내려면 은행이 TARP 자금을 상환하는 것만으로는 충분하지 못하다고 주장했다. 납세자들이 감수한 위험만큼 보상해야 한다는 것이다. 워런트warrant는 이런 보상의 중요한 구성 요소였고, 리드 의원은 TARP에 워런트 조항도 포함해야 한다고 주장했다.(참고: 리드 의원의 성명서, "Floor Statement on TARP Warrants," May 5, 2009, http://www.reed.senate.gov/news/speech/floor-statement-on-tarp-warrants)

45 세 명의 저명한 금융 전문가인 로버트 머튼과 대니얼 버그스트레저, 빅토리아 이바시나 교수의 지원을 받은 의회감독위는 TARP 특별감사장 닐 바로프스키와 함께 워런트의 실제 가치를 평가하기로 했다. 의회감독위는 블랙숄즈 옵션가격모델Black-Scholes method을 약간 개량해서 워런트 가치 평가에 희석화(가격 하락)와 배당 수익을 고려했다. 의회감독위는 가치 평가에 유동성 할인을 적용하지는 않았다. 다양한 주가 변동 시나리오를 사용해 2009년 7월 6일 재무부가 보유한 워런트의 가치를 최대 추정, 최저 추정, 최적 추정치로 추산했다. 또한 동일한 블랙숄즈 모델을 사용해 재무부가 이미 매도한 워런트의 가치를 추산했다. 단, 계산 날짜는 비교를 위해 매도 날짜로 변경했다. 전문가는 독립적으로 기술 가치 평가 모델과 기본 가정을 승인했다. 이 분석에서 사용한 방법에 관한 자세한 정보는 2009년 7월 10일 의회감독위 보고서 부록을 참고하라.
의회감독위는 최종적으로 소규모 은행 11개가 최적 가치의 약 66퍼센트 수준으로 재무부에서 워런트를 매입했다는 사실을 알아냈다.(참고: 의회감독위 보고서, 2)

즉, 재무부는 은행에게 시장 가치 이하로 워런트를 매도해서 납세자의 이익을 극대화하지 못했다.(참고: "TARP Repayments, Including the Repurchase of Stock Warrants," COP report, July 10, 2009)

46 2011년 3월 16일 최종 의회감독위 보고서는 "감독위가 연구를 한 뒤 압박을 가하자 재무부가 방법을 바꿨다. 이후 워런트 매도 가격은 1달러당 103센트를 회복해서 86억 달러가 회수되었다"고 보고했다.

여러 기사에서 골드만삭스가 처음에 정부에게 주식 워런트 재매입에 4~6억 달러 정도를 제안했다고 보도했다.(참고: "Chump Change from Goldman?" DealBook [블로그], *New York Times*, July 23, 2009) 의회감독위 보고서가 공개된 지 얼마 지나지 않아 골드만삭스는 TARP 워런트 매입 가격을 두 배인 11억 달러로 올렸다. 즉, 납세자에게 돌아가는 돈이 5~7억 달러 늘어난 것이다. 이 제안은 "지금껏 제안된 거래 중 납세자에게 가장 좋은 조건"이라고 평가되었다.(참고: Kristin Wong, "Goldman Buys Back TARP Warrants for $1.1 Billion," ABC News, July 22, 2009)

납세자에게 더 많은 수익을 돌려주기 위해 의회감독위만 노력한 것은 아니다. 의원들도 재무부 협상에 투명성을 강화하고 납세자의 이익에 더 주의를 기울여달라고 요구했다. 예를 들어 미국 대의원 메리 조 킬로이는 2009년 7월 16일 "TARP 워런트가 비공개 협상에서 합의되지 않고 공개 시장에서 매도되도록 강제하는" 법안을 발의했다.(참고: Colin Barr, "Goldman 'Warrants' Raves from Congress," *CNNMoney*, July 22, 2009)

47 금융위기가 발생한 뒤 많은 사람이 금융위기의 원인으로 미국 소비자와 정부의 주택 소유 정책을 지목했다. 예를 들어 『타임』지는 가장 "비난받아야 할 사람" 25인에 "미국 소비자"를 중요 인물로 올렸다. 왜냐하면 미국인이 뒷일은 생각지 않고 수십 년간 "분수에 맞지 않는 생활을 즐겼기" 때문이다.(참고: 『타임』의 "금융위기에 책임져야 할 25인" URL: http://content.time.com/time/specials/packages/completelist/0,29569,1877351,00.html) 비슷한 맥락에서 어떤 사람들은 금융위기가 지역재투자법과 주택 보유를 확대하기 위한 정부의 다른 정책들 때문에 발생했다고 주장했다. 예를 들어 찰스 크라우트해머는 금융위기에서 대출 기관과 은행의 역할을 축소시키며, 이런 정책을 "[금융위기의] 근본 원인"이라고 말했다. "약탈적 대출 기관이 있었을까? 물론이다. 그러나 바보 아니면 정치 선동가만이 (…) 대출 기관을 문제의 주요 원인이라고 할 것이다."(참고: Charles Krauthammer, "Catharsis, then Common Sense," op-ed *Washington Post*, September 26, 2008) 마찬가지로 "채무자에 대한 비난이 많이 들리지만, 이는 마치 소비자를 비난하기를 두려워하는 듯하다. (…) 머리에 총을 대고 위협해서 계약서에 서명했다는 사람이 있으면 데려와보라고 하고 싶다. 소비자들이 분수에 맞지 않는 생활을 했다는 것을 인정하기 두려워하는 것 같다."(새라 머레이에 인용된 레슬리 린필드의 발언 "Q&A: What the 'Middle-Class' Recession Means for Bankruptcies," Real Time Economics[블로그], *Wall Street Journal*, October 23, 2009) 이런 사고방식에 대해서는 본문에서 더 직접적으로 논쟁했지만, 저렴한 주택 정책으로 인해 금융위기가 일어났다는 주장을 뒤집는 증거가 많다는 것을 말해두고 싶다. 예를 들어 "패니메이와 프레디맥이

상당한 서브프라임 모기지를 보유했고, 이런 증권 보유가 몰락을 자초하는 데 꽤 큰 원인이 되었다는 사실은 부정할 수 없지만, 이 논문에서 제시한 증거는 저렴한 주택 정책이 서브프라임 위기의 원인이라는 주장을 반증한다."(참고: Rubén Hernández-Murillo, Andra C. Ghent, and Michael T. Owyang, "Did Affordable Housing Legislation Contribute to the Subprime Securities Boom?," Federal Reserve Bank of St. Louis, August 2012, 36) "지역재투자법CRA이나 정부지원기업GSE 목표가 다른 상황에 비해 과도하거나 신중하지 못한 대출을 유발했다는 시각을 입증한 증거는 거의 찾을 수 없었다. (…) 사실 지역재투자법이 적용되는 기관이 적게 관여한 주택보다 지역재투자법의 적용을 받는 대출 기관이 제공한 주택에서 대출 결과가 약간 더 나았다는 증거는 있다. 지역재투자법의 적용을 받는 대출 기관이 매입한 대출도 위험한 대출과 연관이 없는 듯했다."(참고: Robert B. Avery and Kenneth P. Brevoort, "The Subprime Crisis: Is Government Housing Policy to Blame?," Division of Research and Statistics Board of Governors of the Federal Reserve System, August 3, 2011)

48 "2007년에 수백만 건의 압류가 실시됐고 높은 실업률과 주택 가격 하락으로 인해 지속적인 고난을 겪으면서 많은 사람이 압류 대기 행렬에 들어가게 된 것을 고려하면, 융자 재조정 프로그램HAMP은 압류 건수를 낮추는 데 그리 큰 역할을 하지 못했고 앞으로도 그럴 것으로 보인다."(참고: COP 보고서, December 2010, 133) 의회감독위는 재무부가 대다수 주택 소유자에게 압류 완화 정책을 펼치지 못한 것을 비판할 뿐만 아니라, 재무부가 제공한 구제책도 임시에 불과하다는 우려를 표했다. 의회감독위는 "압류 위기에 대한 재무부 대응의 시기적절성, 모기지 조정의 지속 가능성, 재무부 압류 프로그램에 대한 책임"을 물었다.(참고: COP 보고서, April 2010) 의회감독위는 재무부가 특히 주택, 실업, 장기 경제 성장의 관계와 관련해서 "주택 모기지 압류를 해결함으로써 위기에 직접 대응하는 방향으로" 더 노력을 기울였어야 한다고 생각했다.(COP 보고서March 2009, 5. 이 책 3장 주석 36번 참고.)

49 가이트너 재무장관의 "활주로를 깔았다"는 발언을 포함해 이 회의에 관한 자세한 논의는 닐 바로프스키의 "Bailout(150 – 58)"을 참고하라.

50 예컨대 의회감독위는 다음과 같이 언급했다. "감독위는 HAMP에서 조정이 장기적으로 지속될 수 있을지 여전히 우려하고 있다. 높은 실업률이 지속되면서 많은 대출자가 계속해서 문제를 겪고 있다. 대출자들은 HAMP의 조정으로 인해 높은 역자산 negative equity 수준을 유지하고 있으며, 조정을 받은 후에도 HAMP 대출자 절반은 여전히 세전 소득의 63퍼센트를 부채 상환에 쓰고 있다."(참고: COP 보고서, December 2010, 385) "의회감독위는 2009년 3월에 처음으로 HAMP가 주택 위기의 근본 원인을 해결하도록 설계되지 않은 점에 우려를 표했다. 그 이후 보고서에서 의회감독위는 이런 문제를 해결하기 위한 재무부의 노력에 심각한 우려를 제기했고, HAMP가 실업이나 역자산 등의 요소로 발생한 압류를 해결하는 데 실패했다고 언급했다."(참고: COP 보고서, December 2010, 236 – 237) "대출자에게 자산이 없거나 거의 없는 상태라면 [주택소유자대부공사Home Owner's Loan Corporation] 대출이 압류로 끝날 가능성이 높다는 사실은 융자 재조정 프로그램에 중요한 의미가

있다. 자산이 적거나 역자산 상태인 대출자가 조정된 대출에서도 다시 파산할 가능성이 높다는 뜻이므로, 프로그램의 장기적인 성공을 위해서는 상환 원금 삭감이 중요하다는 것을 강조한다."(참고: COP 보고서, December 2010, 348) "감당하기 어려운 모기지를 가진 주택 소유자 외에도 금융위기로 피해를 본 집단이 또 있다. 모기지가 없거나 저렴한 모기지를 가지고 있는 수백만 명의 주택 소유자도 주택 가격이 폭락하는 것을 지켜보았다. 훗날 은퇴 자금을 조달하기 위해 주택을 자산으로 활용하려던 사람에게는 대단한 충격이었다. (…) 이들 모두는 경제가 다시 성장해야 구제받을 수 있다. 경제는 주택 시장이 안정화돼야 성장할 수 있고, 주택 시장은 사람들이 감당하지 못하는 모기지가 걸린 주택에서 저렴한 주택으로 들어가야 안정화될 것이다. 그러므로 앞으로 융자 재조정 프로그램이 압류를 살짝 건드리는 데 그친다면 자신의 삶이 정상으로 돌아올 수 있도록 경제가 다시 성장하기를 간절히 바라는 사람들이 곤란을 겪게 될 것이다."(참고: COP 보고서, December 2010, 450) "주택 위기를 해결하기 위한 중장기 해결책은 상당 부분 모기지 계약서와 담보권을 보유한 민간 대출 기관 및 투자자들에게 달려 있으므로, 재무부가 추가 300억 달러를 정부지원 압류 완화활동에 지출하는 대신, 이러한 주체들이 고통스러워하는 대출자들과 성실하게 시장에 기초한 협상을 하도록 강력히 권하는 것이 가장 좋은 방법이라고 생각한다. 우리 의견으로는 이 방법이야말로 경제가 다시 성장할 수 있게 주택 시장을 안정화하는 최선의 방법이다."(참고: COP 보고서, December 2010, 451)

51 예를 들어 실라 베어는 시티그룹이 압류 방지 프로그램에 참여하도록 강제하는 조건으로 시티은행에 FDIC 구제금융 자금을 제공하겠다고 제안했다.(참고: Charles Duhigg, "Fighting Foreclosures, F.D.I.C. Chief Draws Fire," *New York Times*, December 10, 2008)

52 참고: Les Christie, "FDIC Chief: Intervene on Foreclosures," *CNNMoney*, December 2, 2008. Gretchen Morgenson, "Why Treasury Needs a Plan B for Mortgages," *New York Times*, December 5, 2009. Art Levine, "As Treasury Department Stumbles, Liberals Push Tougher Measures to Stem Foreclosures," *Truthout*, November 30, 2009.

53 장기간에 걸쳐 공화당은 의회감독위에 6명을 임명했다. 젭 헨설링 의원과 저드 그레그 상원의원이 임명되었고, 전 상원의원 존 수누누와 전 증권거래위원회 위원 폴 앳킨스, 마크 맥워터스, 켄 트로스케 박사가 그 뒤에 임명됐다. 훗날 내가 2010년 9월 새로운 소비자 기관을 설립하는 일을 맡고 사임하자, 테드 카우프먼 상원의원이 그 자리를 채웠고 그 이후부터 의회감독위 조사와 보고서에 에너지를 더했다. 카우프먼 상원의원은 오랫동안 조 바이든의 자문을 맡았고, 바이든은 부통령에 임명되자 상원 의석을 카우프먼에게 넘겼다. 카우프먼 의원은 감독위를 대리해서 증언했고 최종 보고서를 감독하며 의회감독위 연구를 마무리했다.

54 의회감독위는 재무부에 책임을 묻는 활동을 펼치면서 의회 내부에서 많은 민주당 의원과 공화당 의원들에게 지지를 받았다. 예를 들어 공화당 상원의원 올림피아 스노위는 2009년 4월에 의회감독위에 소환 권한을 부여하는 법안을 제출했고, 감독 기관에 핵심 정보를 숨겼다며 재무부를 비판했다.(참고: http://www.gpo.gov/

fdsyspkg/CREC-2009-04-20/html/CREC-2009-04-20-pt1-PgS4448.htm) 공화당 상원의원 척 그래슬리도 의회감독위 연구의 강력한 지지자였다.(참고: 척 그래슬리의 2010년 7월 21일 성명서, URL: http://www.finance.senate.gov/imo/media/doc/072110CG.pdf)

55 2010년 3월 4일 이후 시티은행 최고경영자 비크람 팬디트의 증언은 http://cybercemetery.unt.edu/archive/cop/20110401231848/http://cop.senate.gov/hearings/library/hearing-030410-citi.cfm에서 확인할 수 있다. 2010년 2월 25일 이후 GMAC/Ally 최고경영자 마이클 카펜터의 증언은 http://cybercemetery.unt.edu/archive/cop/20110401231727/http://cop.senate.gov/hearings/library/hearing-022510-gmac.cfm에서 확인할 수 있다. 의회감독위는 여러 소규모 은행 대표의 증언과 함께 크라이슬러의 수석 부사장과 GM 회계 담당자의 증언(http://cybercemetery.unt.edu/archive/cop/20110401231815/http://cop.senate.gov/hearings/library/hearing-072709-detroithearing.cfm)도 받았다.

56 "AIG 구제와 시장에 미치는 영향, 정부의 출구 전략"(참고: "The AIG Rescue, Its Impact on Markets, and the Government's Exit Strategy," COP 보고서, June 10, 2010)

   의회감독위는 2010년 5월 26일 전 AIG 대표 겸 최고경영자, 로버트 윌럼스태드의 증언도 들었다.(URL: http://cybercemetery.unt.edu/archive/cop/20110401232000/http://cop.senate.gov/hearings/library/hearing-052610-aig.cfm) AIG 임원은 재빨리 거의 모든 거대 보험사의 사업 관행이 보수적이며 엄격한 규제를 받고 있고, 회사의 일부 부서 때문에 붕괴됐다고 언급했다. 그러나 내가 들은 이야기는 달랐다. 거대 금융 기관은 규제 기관과 주주들의 시선을 피해 위험한 모험을 할 수 있지만 동시에 회사와 전체 경제를 폭발시킬 수 있기 때문에 매우 위험하다고 했다.

57 엘리엇 스피처는 검찰총장을 역임하는 동안 화이트칼라 범죄, 증권 사기, 인터넷 사기를 기소하는 데 앞장섰고, 월가 기관들과 싸울 의지도 있었다. 스피처는 AIG가 붕괴하기 수년 전에 문제가 있다는 것을 알아냈다. 2005년 3월 AIG 이사회는 스피처가 조사에 착수한 것에 영향을 받아서 그린버그에게 회장 겸 최고경영자 자리에서 물러나도록 강요했다. 2005년 5월 스피처는 AIG와 그린버그, 전 최고재무책임자 하워드 스미스에게 사기 혐의를 들어 민원을 제기했다. 2013년 행크 그린버그는 엘리엇 스피처에게 명예훼손 혐의로 민사 소송을 제기했다. 그린버그는 스피처가 "그린버그의 명예를 훼손하고 (…) 그의 평판과 경력에 손상을 입히기 위해" 여러 번에 걸쳐 다양한 미디어에서 그린버그에 대한 거짓 혐의와 관련하여 "장기적이고 악의적인 캠페인"을 벌였다고 주장했다.(참고: Chris Dolmetsch, "Ex-AIG Chief Greenberg Sues Eliot Spitzer for Defamation," *Bloomberg News*, July 15, 2013) 스피처는 이 소송을 가리켜 "말도 안 되고, 경솔하며, 어리석다"고 말했다.(참고: Yoav Gonen, "Exclusive: No, You're 'Stupid!' Spitzer Blasts 'Ridiculous' Suit from Former Wall Street Foe Hank Greenberg," *New York Post*, August 9, 2013)

58 저축대부조합은 예치금을 받고, 주택 모기지와 자동차 대출 자금을 제공하는 금융 기관이다. 1980년대 초 이 조합은 더 많은 종류의 대출활동을 할 수 있는 폭넓은 권

한을 부여받았지만, 규제 감독은 그 권한에 미치지 못했다. 저축대부조합은 부동산 대출상품을 잔뜩 판매했고, 금리가 오르자 주택 모기지로 자금을 지출했지만 예치금이 모자라 자금 부족에 시달리다가 많은 기관이 파산했다. 저축대부조합은 규제가 약했기 때문에, 일부는 다양한 형태의 창의적인 회계 기관으로 변신하거나 허술하게 위장한 다단계 사기를 벌였다. 저축대부조합 3200개 중 750개 가까이가 도산했다. 정계 인사와 월가 거물들이 얽힌 거대한 규모의 스캔들이었다.

저축대부조합 위기 이후 규제 기관은 1100건 이상을 검찰에 송치했고, 은행 임원들이 금융 사기로 유죄 판결을 받은 사건이 839건에 이르렀다. 이는 2008년 금융위기와 강한 대조를 보인다. 2008년 금융위기는 개별 임원에게는 거의 중형을 내리지 않았다.

(참고: Kitty Calavita and Henry N. Pontell, "The State and White-Collar Crime," *Law and Society Review* 28[1994]: 297, 302[법무부 통계 인용]) 이 정보를 탁월한 그래픽 요약으로 보려면 "두 개의 금융위기 비교: 저축대부조합 붕괴와 모기지 혼란Two Financial Crises Compared: The Savings and Loan Debacle and the Mortgage Mess, New York Times, April 13, 2011, URL: http://www.nytimes.com/interactive/2011/04/14/business/20110414-prosecute.html?ref=business"을 참고하라. 이와 관련된 기사에서 『뉴욕 타임스』는 "금융위기가 닥쳐오던 무렵 많은 관료가 인터뷰를 하면서, 규제 기관이 종래에 형사 소송을 제기하는 데 도움이 된 정보를 수집하는 중요한 임무 수행을 하지 못했다고 말했다. 사실 위기를 발생시킨 바로 그 역학(취약한 규제) 때문에 사기가 발생한 뒤 추적이 어려웠다"고 언급했다.(참고: Gretchen Morgenson and Louise Story, "In Financial Crisis, No Prosecutions of Top Figures," *New York Times*, April 14, 2011. Jed Rakoff, "The Financial Crisis: Why Have No High-Level Executives Been Prosecuted?" *The New York Review of Books*, January 9, 2014) 레코프는 법적 근거가 그다지 어렵지 않으나 정부 태도 변화로 인해 기업 책임의 우선순위가 낮아졌다고 주장한다.

59 실라 베어는 예금보험공사에 가기 전까지 매사추세츠 주립대 애머스트 캠퍼스 이젠버그 경영대학에서 금융규제정책 교수였고, 재무부와 선물거래위원회, 뉴욕증권거래소에서 경력을 쌓았다. 베어는 로버트 돌 상원의원이 1980년대 상원 다수당 원내대표로 있을 때 그 밑에서 연구 책임자로 일했다. 베어는 합리적인 규칙과 안전한 시장을 지지하는 사람이다.

60 2011년과 2012년, 『포춘』 500대 기업으로 선정된 20개 상업은행 가운데 여성 최고경영자는 한 명뿐이었다(키코프의 베스 무니). 2010년까지 최상위 상업은행에는 여성 최고경영자가 없었다.(참고: http://money.cnn.com/magazines/fortune/fortune500/2010/industries/30/index.html, http://money.cnn.com/galleries/2010/fortune/1004/gallery.fortune500_women_ceos.fortune/15.html, Laura Petrecca, "Number of Female 'Fortune' 500 CEOs at Record High," *USA Today*, October 26, 2011. Colleen Leahey, "Update: Fortune 500 Women CEOs Hits a Record 20," Postcards[블로그] *CNNMoney*, July 18, 2012)

61 2010년 9월, 중소 은행 276개와 신용조합 66개가 도산했다.(참고: http://graphicsweb.wsj.com/documents/Failed-US-Banks.html; http://online.wsj.com/article/SB10001424052748703499604575512254063682236.html)

62 "2008년 9월에 금융위기가 시작된 후 전국에서 약 450만 건의 압류가 이뤄졌다." (참고: CoreLogic, "Core Logic Reports U.S. Foreclosure Inventory Down 33 percent Nationally from a Year Ago," Yahoo! Finance, October 8, 2013) "2009년 말 주택 시장 붕괴가 최악의 상황에 처해 있을 때 전체 대출자 중 26퍼센트가 깡통 대출이었다." "[2013년] 6월 말 모기지 대출자 710만 명(14.5퍼센트)이 여전히 깡통 대출 상태였다."(참고: Les Christie, "2.5 Million Mortgage Borrowers No Longer Underwater," *CNNMoney*, September 10, 2013)

63 참고: "An Update on TARP Support for the Domestic Automotive Industry," COP report, January 13, 2011. 뉴스 보도 예시는 앤디 크롤의 "자동차 기업 구제 금융: 성공 스토리인가?Auto Bailouts: A Success Story?(*Mother Jones*, January 13, 2011)"를 참고하라. 의회감독위는 "새로운 재원에서 수십 억 달러를 모으지 못하면 붕괴할 것이다. 잠재적으로 미국 경제를 심하게 손상시킬 타격이 될 것이며, [당시] 재무부에서는 일자리가 110만 개 가까이 사라질 것으로 추산했다"고 적었다.

4장

1 미국 소비자제품안전위원회CPSC 리콜 시스템의 목적은 결함이 있는 상품의 신속한 리콜을 보장하는 것이다. 제조사는 잠재적 위험을 발견하고 24시간 이내에 보고할 의무를 지닌다. 이 시점에서 CPSC는 그 위험에 대한 조사를 시작한다. 그동안 제조사는 자발적 리콜을 시작함으로써 리콜 절차를 "앞당기는" 옵션이 있었다. 제조사가 리콜 절차를 급행으로 처리하고자 할 경우 자발적 리콜 지위를 획득하고 CPSC가 리콜을 강제했다는 낙인에서 벗어날 수 있다.(참고: Jennifer P. Toney, *Brief Overview of the US Consumer-Product Recall System-Old and New*, WeMakeItSafer.com, September 2, 2008, URL: http://wemakeitsafer.com/blog/2008/09/brief-overview-of-the-us-consumer-product-recall-system-old-and-new/) 예를 들어 합선이 일어났다든가 전원이 꺼지지 않는 등의 다양한 이유로 토스터를 리콜하는 경우가 많았다. 최근 들어 2011년에 CPSC는 토스트가 원래 용도와 달리 가끔 토스터에서 튀어오르지 않고 불이 붙는 모델의 리콜을 발표했다.(참고: Liz F. Kay, "CPSC Recalls Flaming Toasters," *Baltimore Sun*, June 30, 2011)

2 앞서 언급한 바와 같이 파산 연구에 사용한 데이터는 미국 대학에서 인간을 대상으로 하는 연구 보호에 요구하는 엄격한 비밀 유지 요건에 따라 수집했다. 모든 데이터는 연구 참가자에게 익명 숫자 식별자를 사용하여 분석했다. 개인을 언급할 때는 익명성을 보호하기 위해 이름과 특정 식별자를 변경했다.(참고: *The Two-Income Trap*, 184; *The Fragile Middle Class*, Appendix 1)

3 약탈적 자동차 대출 사례는 많다. 제이슨은 "요요 사기yo-yo scam"에 걸린 것이

다. 요요 사기는 매장에서 집으로 자동차를 가져오기 전까지 자동차 대출 기관이 융자 조건을 확정하지 않는다.(참고: "Auto Lending Abuses in Dealer-Financed Loans," Center for Responsible Lending, Issue Brief April 2011, at www.responsiblelending.org) 또 다른 흔한 수법은 자동차 판매자가 대출을 판매할 수 있는 여러 대출 기관에 연락하는 것이다. 대출 기관이 대출 이자율을 정하지만, 판매자가 추가로 이자율을 인상하고 인상분에서 발생하는 이익을 가져가게 한다. 2011년 연구에서 책임 있는 대출센터는 이런 판매자가 이익을 취하기 위한 이자율 인상으로 소비자가 지불하는 추가금이 250억 달러 이상이라고 추산한다.(참고: Delvin Davis and Joshua Frank, "Under the Hood: Auto Loan Interest Rate Hikes Inflate Consumer Costs and Loan Losses," Center for Responsible Lending, April 19, 2011) 바이 히어 페이 히어Buy Here, Pay Here 판매자들은 대출 기관처럼 행세하면서 매우 높은 이자율로 중고 자동차를 판매하고, 자금을 대출해 구매자가 차량의 시장 가치보다 상당히 많은 금액을 내도록 유혹한다.(참고: http://www.responsiblelending.org/other-consumer-loans/auto-financing/research-analysis/auto-dealers- lending-abuses-cost-billions.html)

4　캔자스시티 연방준비은행의 2009년 연구에 따르면, 페이데이 대출의 평균 연이율은 451퍼센트였다.(참고: Robert DeYoung and Ronnie J. Phillips, "Payday Loan Pricing," The Federal Reserve Bank of Kansas City Economic Research Department, Table 1(February 2009), URL: http://www.kansascityfed.org/PUBLICAT/RESWKPAP/PDF/rwp09-07.pdf. Carolyn Carter et al., "Stopping the Payday Loan Trap," National Consumer Law Center, 4, Appendix A-3[June 2010]. [일반 페이데이 대출의 연이율은 391퍼센트에서 782퍼센트까지 다양하다.])

5　(참고: Elizabeth Warren, "Unsafe at Any Rate," Democracy 5(Summer 2007): 8-19)

6　의회는 TARP 법안의 일부로, 의회감독위에 향후 법률 개정에 도움이 될 금융 규제 개혁에 관한 보고서를 작성하라고 지시했다. 우리는 2009년 1월에 보고서를 발표했고 "대마불사" 은행의 체계적 위험 관리의 단점과 신용 등급의 투명성 부족을 강조했다. 또한 소비자를 보호하지 못하는 점도 지적했다. "소비자 금융상품 규제 강화를 통해 공성성을 다루어야 한다. 최저한의 소비자보호법으로 과도한 모기지 대출을 억제한다면, 모기지담보부증권으로 흘러들어가는 대출이 뿌리부터 억제될 것이고, 세계 경제를 위협할 '독성 자산toxic asset'도 사라질 것이다." 이러한 아이디어는 대부분 그 이후 몇 주, 몇 달에 걸쳐 소비자 권익 보호자들이 받아들였다.(참고: "Special Report on Regulatory Reform," COP report, January 2009)

7　나는 파산 전쟁 초기부터 소비자원을 위한 싸움에 나섰고, 그 이후로도 수년간 놀라운 조합 리더들과 어깨를 나란히 하고 일하는 영광을 얻었으며, 다음 단체의 모든 노고에 감사한다.

미국 노동 총연맹 산업별 조합회의와 통합대중교통노조, 미국 공무원협회, 미국 음악가협회, 미국 주 카운티 및 시 공무원 협회, 미국 교사협회, 미국 우정공무원노조, 제

빵·제과·담배 근로자 및 곡물 밀러 국제 조합, 기차 엔지니어 및 기차 승무원 친선 연맹, 철도 신호원 조합, 미국 통신근로자회, 유리 몰딩·도자기·플라스틱 근로자 국제 연합, 국제극장무대기술자연맹, 국제 다리·철골·장식·철근 근로자 연합, 국제소방관 협회, 국제 단열·방한 및 석면 근로자 협회, 국제 항공 정비 근로자 협회, 국제 보일러 공 친선 연맹, 국제 전기공 친선 연맹, 국제 트럭 운전사 친선 연맹, 국제 항만 및 창고 근로자 조합, 국제 항만 근로자 협회, 국제 벽돌공 및 관련 공예 기술자 조합, 국제 승강기 건설 근로자 조합, 국제 도장 및 관련 근로자 조합, 국제 운전 요원 조합, 북미노동자국제연합, 해양엔지니어 권익보호협회, 전미공무원협회, 전미집배원협회, 전미교육자협회, 전미간호사조합, 전미우편취급자조합, 전미회계사협회, 국제사무전문직종사자조합, 국제 미장 및 시멘트 기술자 협회, 항공안전전문가협회, 소매·도매·백화점조합, 국제선원조합, 국제서비스근로자조합, 국제판금근로자협회, 교통근로자조합, 유나이트-히어, 배관·설비·용접·공조 설비 기술자 조합, 전미 자동차·항공·농기구 기술자 조합, 전미 목수 친선 연맹, 국제 식품 및 상거래 근로자 조합, 전미 광산 노동자 조합, 철강 노동자 조합, 교통 노동자 조합, 지붕·방수 및 관련업 종사자 조합, 전미 설비 노동자 조합 및 기타 미국의 노동자를 위해 싸운 조합들.

8 "미국 노동 총연맹 산업별 조합회의 간부가 워싱턴 본부의 8층 발코니를 돌아다니자 한 블록 떨어져 있는 백악관에서 무장한 경비가 나타나고 정보 기관에서 전화를 걸어서 조합 리더들에게 빨리 안으로 들어가라고 말했다."(참고: Thomas B. Edsall, "For AFL-CIO and White House, The Great Divide Is Deepening," *Washington Post*, September 2, 2002)

9 이 기관들은 다음과 같다. (1)통화감독국OCC. 주요 임무는 모든 국가 은행과 저축조합을 인가·규제·감독함으로써 인가된 기관의 안전과 안정성을 보장하고 이러한 기관에서 소비자가 공정한 대우를 받으며 신용과 금융상품을 공정하게 접하도록 요구하는 법률을 준수하는지 확인하는 것이다. (2)저축기관감독청OTS. 2011년에 통화감독국에 흡수되기 전까지 주요 임무는 저축조합과 지주회사를 감독함으로써 이들 기관의 안전과 안정성을 보장하고 소비자 법률을 준수하는지 확인하며, 산업 경쟁력을 장려하는 것이었다. (3)전국신용협동조합감독청NCUA. 주요 임무는 규제와 감독을 통해 신용협동조합 시스템에 안전과 안정성을 제공하는 것이다. (4)연방준비제도이사회Fed. 주요 임무는 해당 기관의 말을 빌리자면, "최적 거시경제 성과를 촉진하기 위해 국가 통화, 금융, 결제 시스템의 안정성과 도덕성, 효율성을 발전시키는 것"이다. (5)미국 연방예금보험공사FDIC. 주요 임무는 예치금을 보증하고, 안전과 안정성, 소비자 보호를 위해 은행을 감독하며, 도산한 은행의 법정 관리를 처리함으로써 금융 시스템의 신뢰를 유지하는 것이다. (6)주택·도시개발청HUD. 주요 임무는 해당 기관의 말을 빌리자면 "모두를 위한 강력하고, 지속 가능하며, 포괄적인 지역공동체와 양질의 저렴한 주택을 조성하는 것"이다. (7)연방거래위원회FTC. 주요 임무는 반경쟁, 불공정, 사기성 사업 관행을 예방하고 소비자 선택과 경쟁 절차에 대한 공공의 이해를 증진시키는 것이다.

10 2010년 이전에 소비자 금융 보호에 대한 책임은 7개 주요 기관이 공유했고, 책임이 분산되자 규제 차익을 할 기회가 생겼다. 은행 규제 기관은 규제 대상이 내는 인가

료에서 자금을 마련했다. 이로 인해 양대 주요 은행 규제 기관인 OCC와 OTC에 특히 비도덕적인 영향을 미쳤다. OCC와 OTC는 은행 산업에서 치열한 경쟁자다. 두 기관 중 하나가 관대한 규제를 도입하면, 은행은 그 기관으로 인가 기관을 바꾸겠다고 위협했다. 이런 역학은 모든 경쟁 규제 기관에 압박을 가했고, 인가료와 영향력을 유지하기 위해 가장 관대한 규제를 도입함으로써 "출혈 경쟁"을 벌였다. FTC라는 규제 기관의 주된 의무는 소비자 보호였으나 소비자 보호 관할권이 은행까지 확대되지 않아서 감독 권한에서 소비자 금융상품이 다 빠졌다.(참고: Adam J. Levitin, "Hydraulic Regulation: Regulating Credit Markets Upstream," *Yale Journal on Regulation* 26[2009]: 143, 156–157)

예를 들어 컨트리와이드 파이낸셜은 금융위기가 발생하기 전까지 규제를 가장 악용하는 기관이었다. 컨트리와이드 FED와 OCC에서 규제 압박이 증가하자 OTS에게 모기지 대출 관행에 "유연한" 감독을 적용해주겠다는 약속을 받고 여기서 다시 면허를 받는 방식으로 대응했다.(참고: Binyamin Appelbaum and Ellen Nakashima, "Banking Regulator Played Advocate over Enforcer," *Washington Post*, November 23, 2008)

11 예를 들어 거대 은행 웰스파고, 유에스뱅크, 53은행, 리전스은행이 페이데이 대출을 제공한다.(참고: Liz Weston, "How Big Banks Offer Payday Loans," *MSN Money*, April 19, 2013)

12 소비자제품안전위원회는 아동 완구나 전지형 차량을 비롯해 수천 종에 달하는 소비자 제품의 판매와 제조를 규제한다. 위원회의 추산에 따르면 새로운 규제를 발표하고 결함이 있는 상품을 리콜하며, 업계와 협력해 예방활동을 펼침으로써 매년 사고 발생 비용을 1조 달러 이상 절감하는 효과가 있다고 한다.(참고: "About CPSC," CPSC.gov, URL: http://www.cpsc.gov/About-CPSC/. See also "U.S. Consumer Safety Commission Strategic Plan," http://www.cpsc.gov//PageFiles/123374/2011strategic.pdf)

13 참고: http://www.cpsc.gov/PageFiles/122643/05perfrpt.pdf. "예를 들어 제품 관련 부상 및 담배 라이터와 요람, 보행기로 발생하는 사망을 줄이기 위한 노력만으로 매년 26억 달러에 달하는 사회적 비용을 절약한다."

14 델라헌트와 더빈 상원의원은 2008년 10월 3일 유사한 법안을 제출했다. 그 법안은 2008년 소비자신용안전위원회법(Consumer Credit Safety Commission Act of 2008, H.R. 7258 and S. 3628)이라 불렸다. 이 법안에서 남용과 사기성, 불공정 관행을 금지하는 새로운 소비자 안전 규칙을 공포하고 소비자 신용 상품에 대한 적절한 정보와 경고를 요구했으며, 이러한 조항을 강화하는 임무를 맡은 위원회가 발족됐다.

15 참고: 상원의원 슈머의 성명서: http://www.schumer.senate.gov/Newsroom/record.cfm?id=309349&&year=2009&. "U.S. Lawmakers Propose Financial Products Watchdog," Reuters, March 10, 2009. Ryan Grim, "Financial Product Safety Commission: Dems Want Mortgages Regulated Like Toys, Drugs," *Huffington Post*, April 10, 2009.

16 제이 레노가 오바마 대통령을 인터뷰한 녹취록은 "오바마 대통령, 투나잇 쇼에 제이

레노와 출연President Barack Obama on 'The Tonight Show with Jay Leno, New York Times, March 19, 2009"을 참고하라.

17 토빈 프로젝트는 독립적인 비영리 연구 집단으로 하버드 경영대학 교수 데이비드 모스가 설립했다. 이 프로젝트는 학문적 연구를 지원하고 정부에서 일하는 사람들이 중요한 정책 문제를 연구하는 다양한 분야의 학자 공동체와 만날 수 있도록 주선한다.(참고: http://www.tobinproject.org/about)

18 참고: "Financial Regulatory Reform; A New Foundation: Rebuilding Financial Supervision and Regulation," http://www.treasury.gov/initiatives/Documents/FinalReport_web.pdf

19 원래 백악관에서 제안했던 기관의 이름은 "소비자금융보호국"이었으며, 임무는 "금융 상품과 서비스 시장에서 소비자를 보호하는 것"이었다. 정부는 새로운 소비자금융보호국이 "금융 규제 시스템에서 독립적인 위치를 차지하는" 분리된 기관이 돼서 은행이 "각 기관의 소비자를 보호하는 방법 사이에 존재하는 실질적 또는 인지된 차이를 이용해 감독 기관을 선택하는" 관행에 종지부를 찍기를 바랐다.(참고: "Financial Regulatory Reform; A New Foundation," 55-57)

20 금융개혁을 지지하는 미국인들AFR은 강력하고 안정적이며 윤리적인 금융 시스템의 기반을 닦는 데 헌신하는 250개 이상의 민권 운동가, 소비자, 노동자, 기업가, 투자자, 종교, 지역공동체 집단이 모인 비영리 연합체다. 금융개혁을 지지하는 미국인들과 회원 단체가 소비자금융상품보호원을 위해 싸우는 데 필수적인 역할을 해준 데 대해 무척 감사하다. 헤더 부스는 이 연대를 설립하고 리사 도너를 부회장에 임명했다. 도드 프랭크 법안이 도입된 후 리사는 상근 이사가 됐다. 이 연대를 돕고 소비자금융보호국을 설립하기 위해 힘써줬던 소비자 운동 단체 이사가 두 명 있다. 미국소비자연맹의 트래비스 플렁킷과 공공이익연구그룹PIRG의 에드 미어즈윈스키다. 이들은 소비자금융보호국을 설립하기 위한 싸움에 상당한 기술과 경험을 보탰을 뿐만 아니라, 다른 사람이 소비자 금융 영역에 뛰어들도록 자극했다. 자세한 정보는 http://ourfinancialsecurity.org를 참고하기 바란다.

소비자금융보호국 설립에 힘을 보탠 모든 집단을 언급하기란 불가능하고 특별히 다음 단체들의 노고에 감사를 표하고자 한다.

미국 은퇴자협회, 미국 노동 총연맹 산업별 조합회의, 미국 가정의 소리, 미국 주 카운티 및 시 공무원 협회AFSCME, 미국 지속 가능한 기업 위원회, 변화를 위한 미국 시민 연합, 공동 번영을 위한 기업체 모임, 미국의 미래를 위한 운동, 민주와 기술센터, 책임 있는 대출센터, 소비자 행동, 미국 소비자 연맹, 미국 소비자 동맹, 미국 기업개발공사, 데모스, 그린라이닝 인스티튜트, 헤이스팅스 그룹, 법적 민권을 위한 변호사 위원회, 민권과 인권에 관한 리더십 회의, 무브온, 전미유색인종지위향상협회NAACP 및 NAACP 변호기금, 전미소비자권익옹호협회, 전국지역재투자연합, 전국소비자법률센터, 전국소비자연맹, 전미라라자위원회, 전미공정주택거래연합, 전국민중행동, 전국도시연맹, PICO 전국 네트워크, 공적 시민, 공공이익연구그룹, 루스벨트 인스티튜트, 전미서비스노조SEIU, 전향적변화운동위원회, 유에스액션USAction 및 기타 열심히 일한 금융개혁을 위한 미국 시민 연대 회원.

21 예를 들어 전국소비자법률센터는 아주 중요한 소비자권익옹호 그룹 중 하나로, 학자
금 대출, 압류, 채권 추심과 같은 다양한 문제에 대한 소송과 정책 연구를 지원한다.
전국소비자법률센터는 이 싸움에 참여해서 소비자금융보호국에 필요한 우수한 논문
과 분석 결과를 제공했다.

22 루스벨트 인스티튜트는 놀랄 정도로 신속하게 뛰어난 인재들을 데리고 금융개혁에
뛰어들었다. 이곳은 일등급 연구를 찾거나 다른 전문가와 만나기 위한 장소로서, 금
세 우리 활동의 중심지가 됐다. 앤드루 리치가 이끈 이 단체는 현명한 금융 개혁을 이
루기 위한 주요 협력 단체였다.

23 전 의회 의원, 의회 직원, 다른 공무원들이 공직을 마치고 로비 기업으로 가는 예가
많다. 2010년 이후 미국 최대 규모의 은행 6개가 연방 정부에서 일했던 직원들 243명
을 로비스트로 고용했다. 여기에는 의원 보좌관 33명과 상원이나 하원 은행위원회
직원 54명이 포함되어 있었다.(참고: Kevin Connor, "Big Bank Takeover: How
Too-Big-to-Fail's Army of Lobbyists Has Captured Washington," Institute
for America's Future[2010], http://ourfuture.org/files/documents/big-bank-
takeover-final.pdf)

『허핑턴 포스트』의 분석에 따르면, 하원 금융서비스위원회에서 회전문 인사가 많이
나왔다. 2000년에서 2010년 사이에 위원회에서 일했던 직원 243명 중에서 위원회
를 떠난 사람의 절반 정도가 로비스트로 등록했다. 대부분은 금융 산업 로비스트로
등록했다.(참고: Ryan Grim and Arthur Delaney, "The Cash Committee: How
Wall Street Wins on the Hill," *Huffington Post*, March 18, 2010)

24 많은 소비자단체가 책임 있는 대출센터의 연구를 활용했다. 마틴 에이크 소장이 이끄
는 책임 있는 대출센터는 다양한 금융 사기가 미국 가정에 미치는 영향에 관한 연구
를 독보적으로 실시했고 초기에 모기지 압류 위기에 대한 중요한 데이터를 내놓기도
했다. 책임 있는 대출센터의 신중하고 꼼꼼한 연구가 없었더라면 소비자금융보호국
이 법안을 통과시키기는 더 힘들었을 것이다.

25 예를 들어 미국 소비자동맹에서 오랫동안 대표 겸 최고경영자를 지낸 짐 게스트가
싸움에 뛰어들었다. 소비자동맹은 자동차 안정성 평가부터 얼룩 제거제 평가에 이르
기까지 방대한 문제를 다루어야 한다. 짐이 이 싸움에 뛰어들어 온라인 활동가 수천
명과 함께 전화 회의로 소비자금융보호국에 대해 의논하자며 나를 초대했다. 당시 온
라인 활동가들은 이메일과 시선을 쓰거나, 국회의원에게 전화하는 방식으로 금융개
혁을 지지했다. 이들은 소비자금융보호국을 도입하라며 정치가들에게 압력을 넣고
우리 활동에 새로운 활력을 불어넣으면서 똑똑하고 강한 면모를 보여주었다.

마찬가지로 공적 시민은 무역 정책과 최저임금 문제, 정치 후원금에 대한 활동을 펼
치면서도 소비자금융보호국 법안이 통과되는 데 힘을 보탰다. 이들의 모든 노력이 아
주 중요한 역할을 했고, 이들은 빠듯한 예산 내에서 야근도 마다하지 않고 다양한 주
제를 다루었다.

26 책임정치센터에 따르면, 은행과 금융산업은 금융개혁에 대항하기 위해 의원들의 선
거운동 후원금과 로비에 총 5억2300만 달러 이상을 지출했다. 즉 하루 140만 달러
에 달한다.(참고: "As Senate Begins Financial Reform Debate, Industry Spends

Tens of Millions to Influence Debate," Center for Responsive Politics Press Release, March 22, 2010) 이 수치는 회계 기업과 상업은행, 신용조합, 금융 및 신용 기업, 보험회사, 부동산 기업, 저축대부조합, 증권투자 기업에서 지출한 선거운동 자금과 로비 비용을 집계한 것이다. 하원 금융서비스위원회 위원인 맥신 워터스는 그 로비가 얼마나 강력했는지에 대해 다음과 같이 한탄했다. "우리 위원 한 명당 한 명꼴로 로비스트를 고용한 모양이다. (…) 금융서비스 산업에서 주장하는 소비자금융보호국이 불필요하다는 말에 동조하기 시작하는 의원들이 나오는 것이 더 걱정된다."(참고: Ryan Grim and Arthur Delaney, "The Cash Committee")

27 2009년 금융 및 은행 산업에서 가장 풍족하게 자금 지원을 받은 대의원 10명 가운데 5명이 하원 금융서비스위원회 위원이었다.(참고: http://www.opensecrets.org/news/2009/11/finance- and-credit-companies-l.html) 금융서비스위원회는 선거 후원금이 많이 들어와서, 재선에서 모금을 많이 해야 했던 자금 기반이 취약한 양당 의원들이 들어가고 싶어하는 곳으로 알려졌다. 그런 까닭에 위원회 심리실에서 아래 두 줄(거의 모든 초선 의원이 여기에 앉음)은 "개혁이 죽는 곳"이라는 평판을 얻었다. 2009년에서 2010년까지 신입 위원 11명이 2010년 재선 선거운동 자금으로 평균 109만 달러를 모금했다. 하원 전체 평균은 그 수치의 절반에도 미치지 못한다.(참고: Ryan Grim and Arthur Delaney, "The Cash Committee")

28 당시 금융 서비스 라운드테이블의 최고 로비스트였던 스콧 탤벗의 말이 인용됐다. "우리의 목표는 [소비자금융보호기관을] 없애거나 적어도 잘못된 일을 하는 최악의 수단으로 전락시키는 것이다."(참고: Cheyenne Hopkins, "Banking Industry Is Underdog in Fight over New Agency," *American Banker*, July 1, 2009)

29 헨설링의 기명 논평은 2009년 7월 『워싱턴 타임스』에 처음 실렸다. 헨설링은 소비자금융보호국이 "소비자에게서 선택의 자유를 앗아가고 융자 기회를 제한하는 힘을 갖게 될 것"이라고 주장했다. 또한 "혁신을 억압해서" 소비자에게 해를 끼치고 "시장에 경쟁이 줄어들 것"이라고 주장했다. 그는 소비자금융보호국이 미국인들에게 "당신들은 너무 멍청하거나 무식해서 금융상품을 믿고 맡길 수 없다"는 메시지를 전한다는 결론을 내렸다. 헨설링은 공개 강화에 초점을 맞춘 공화당에서 내놓은 다른 계획을 지지했다.(참고: Jeb Hensarling, "Punishing Consumers to Protect Them," *Washington Times*, July 22, 2009)

30 예를 들어 전국소비자법률센터는 2009년 신용보고서의 오류 범위와 그 오류가 미치는 영향에 관한 연구조사 개요를 발행했다. 공공이익연구그룹과 소비자동맹 연구는 신용보고서의 25퍼센트에 심각한 오류가 있다고 추산했다. 연방거래위원회 연구 조사 참가자 절반 이상이 신용보고서에서 오류를 발견했고, 4분의 1이 실질적으로 유해한 오류를 발견했다. 연구에서 발견된 오류 유형에는 파일 혼동(다른 소비자로 오인 등), 신원 도용, 잘못된 결제 이력, 소유권 분쟁, 부채의 연령 재산정(부채가 발생한 날짜를 잘못 해석해 특정 기간이 지난 후 공제되는 부채가 추가되는 것) 등이 있다. 소비자의 긴 서면 항의는 두세 개 문자 부호로 줄어들었고 거의 조사되지 않았다.(참고: Chi Chi Wu, "Automated Injustice: How a Mechanized Dispute System Frustrates Consumers Seeking to Fix Errors in Their Credit Reports," National

Consumer Law Center, January 2009. URL: http://www.nclc.org/images/ pdf/pr-reports/report-automated_injustice.pdf. "Credit Score Accuracy and Implications for Consumers," Consumer Federation of America, December 17, 2002, URL: http://www.consumerfed.org/pdfs/121702CFA_NCRA_Credit_ Score_Report_Final.pdf)

31 많은 블로거가 소비자금융보호국을 배제하자는 신호를 보낸 도드 상원의원을 비판했고, 도드 의원에게 법안에 소비자금융보호국을 유지하도록 압력을 넣는 운동을 시작했다. 어떤 블로그에서는 도드 의원이 오랫동안 의원직을 유지하게 해준 은행가들에게 빚을 갚고 있다고 말한 로비스트의 말을 인용했다. 또한 도드 의원의 "우선순위 명단Dance Card"이라는 만화도 실었다. 이 만화에는 "과중한 업무에 시달리는 올리비아"와 "파산한 베티" 등을 포함한 소비자금융보호국으로 혜택을 볼 사람의 명단이 적혀 있었다. 명단 마지막에는 "월가의 뚱뚱한 고양이"에 선을 그어 지웠다.(참고: Mary Bottari, "Senator Dodd's Dilemma: Who to Take the Ball?," Center for Media and Democracy's PR Watch, January 19, 2010.) 우선순위 명단은 "도드 상원의원, 월가에 새로운 댄스 파트너를 소개하다!("Senator Dodd, Tell Wall Street You Have a New Dance Partner!," banksterusa.org, http://salsa. democracyinaction.org/o/632/p/dia/action/public/?action_KEY=2040)라는 말과 함께 탄원서처럼 떠돌아다녔다.

마이크 럭스는 내게 블로거와 활동가들을 소개해주는 중요한 역할을 맡았고, 새로운 미디어를 통해 사람들을 조직하는 방법에 대해 조언했다. 그는 전반적으로 다양한 계층의 사람들을 모아 소비자금융보호국 지지를 위한 집회를 열었으며 실질적인 변화를 일으켰다. 마이크는 처음부터 이 싸움의 중요성을 이해했을뿐더러 그 이후로 소비자금융보호국과 금융개혁을 강력히 지지했다.

32 톰 밀러(아이오와 주), 리사 매디건(일리노이 주), 리처드 블러멘털(코네티컷 주), 리처드 코드레이(오하이오 주) 검찰총장들이 소비자금융보호국에 찬성하는 발언을 했다. 코드레이는 "소비자금융보호국이 설립되지 않으면 앞으로도 사기 수법과 사기성 상품 대부분에 규제의 블랙홀이 존재할 것이다"라고 강조했다.(참고: Austin Kilgore, "Democrat Attorneys General Push for Consumer Financial Protection Agency," Housingwire.com, February 9, 2010) 매사추세츠 주 검찰총장 마사 코클리와 나는 『뉴 리퍼블릭』에 기명 논평을 게재해 새로운 소비자금융보호국을 강력히 지지했다. 코클리는 언제나 소비자금융보호국을 대신해 발언할 준비가 되어 있었다.(참고: Martha Coakley and Elizabeth Warren, "The Right Way to Regulate," New Republic, November 18, 2009)

33 소비자보호기관을 지지하는 칼럼이나 상원 은행위원회의 금융개혁 손질에 관한 예시는 다음을 참고하라. Barbara Kiviat, "Don't Kill the Consumer Financial Protection Agency, Part 2," Time, February 19, 2010; Michael Grunwald, "The Case for a Consumer Financial Protection Agency," Time, February 17, 2010; Ezra Klein, "Don't Kill the Public Option of Financial Reform," Washington Post, January 15, 2010; Paul Krugman, "Financial Reform Endgame," New

York Times, February 28, 2010.

34 크리스 매슈스의 크리스 도드 인터뷰(2010년 3월 2일)는 nbcnews.com에서 볼 수 있다.(그 외 참고할 것: Jim Puzzanghera, "Dodd Moves to Scale Back Consumer Financial Protection Agency Plan," Los Angeles Times, March 2, 2010)

35 Shahien Nasiripour, "Fight for the CFPA Is 'a Dispute Between Families and Banks,' Says Elizabeth Warren,".Huffington Post, March 3, 2010.

36 상원과 하원이 협상하고 있을 때 의회 예산국이 개혁 법안으로 인한 지출이 장기적으로 190억 달러에 이를 것이라는 보고서를 들고 나타났다.(이 추정치는 은행 규제 강화 비용이었고 소비자금융보호국을 운영하는 비용은 포함하지 않았다. 소비자금융보호국은 연방준비제도의 일부로 별도 자금이 제공되었으며, 세금은 사용하지 않았다.) 상원에서 통과된 금융개혁 법안에 새로 발생하는 규제 비용은 헤지 펀드와 다른 대형 금융 기관이 업무에 수수료를 지불하는 형태로 부담하게 되어 있었다.(참고: George Zornick, "Scott Brown's Hypocrisy on Wall Street Reform," The Nation, October 11, 2012) 그러나 의원들이 이미 오래전에 자금 조달 소항에 합의하고 도드-프랭크 법안이 통과를 향해 나아가고 있던 6월 마지막 주, 스콧 브라운 의원이 세금을 없애야 한다고 요구했다.(참고: Donovan Slack, "Donations Poured In as Brown's Role Grew," Boston Globe, December 12, 2010) 거대 헤지 펀드와 은행에 규제 비용을 물리는 대신, 규제 비용 대다수를 사용하지 않은 TARP 자금에서 끌어오게 됐다. 결국 납세자가 부담하게 된 것이다.(참고: Daniel Indiviglio, "Financial Regulation Bill Passes Through Conference…Again," The Atlantic, June 29, 2010) 바니 프랭크를 비롯한 여러 사람은 브라운이 "은행에서 200억 달러의 부담을 덜어서 납세자에게 돌렸다"고 표현했다.(참고: Zornick, "Scott Brown's Hypocrisy on Wall Street Reform" Max Fisher, "$19 Billion Bank Fee Nixed: Will It Save Financial Reform?," The Wire, June 30, 2010)

5장

1 2010년 애덤 그린과 스테파니 타일러가 이끄는 진보적변화캠페인위원회PCCC는 "엘리자베스 워런이 월가를 정찰하게 하자"라는 제목으로 청원서를 모집했다. 최소한 상원의원 13명이 청원서에 서명했고 2010년 8월 6일 기준으로 일반인 20만 명 이상의 서명을 모았다.(참고: Stephanie London, "Al Franken Leads Campaign to Whip Support for Elizabeth Warren," CBS News, August 6, 2010)

2 참고: "Elizabeth Warren," editorial, New York Times, July 24, 2010. 이 사설은 내 임명에 대한 은행의 반대를 다음과 같이 표현했다. "은행은 워런이 이해를 못 해서 반대하는 것이 아니라, 이해하기 때문에 반대하는 것이다."

3 로스앤젤레스 코미디언 라이언 앤터니 루마스는 베스트 바이 직원으로 일할 때 새로 설립된 소비자금융보호국 국장으로 나를 임명해달라고 대통령을 설득하는, 서부풍의 랩 비디오 각본을 쓰고 출연했다. 이 비디오는 메인스트리트 브리게이드의 후원

을 받았다. 메인스트리트 브리게이드는 한스 치머와 보니 아바운사가 지원하는 그룹으로 워싱턴에서 미국 가정과 소비자보호 개혁을 위한 싸움에 헌신한다. 이 비디오에서 루마스는 미국의 강력한 소비자권익보호 운동가인 엘리자베스 워런이 "월가의 보안관"이라고 소개하는 랩을 한다.(비디오 링크: http://mainstreetbrigade.org. 참고: Nocera, "Consumers Clamoring for a Leader," *New York Times*, August 20, 2010)

4   참고: Ronald D. Orol and Greg Robb, "Warren Seen Gaining Key Consumer Protection Post," *Market Watch* , July 28, 2010.

5   도드 상원의원은 쿠랑과의 인터뷰에서 다음과 같이 말했다. "단순히 소비자권익보호 운동가여서 문제라는 게 아닙니다. 그녀에게 정부 기관을 운영할 수 있는 역량이 있는지 보고 싶습니다."(참고: Kenneth R. Gosselin, "Dodd: Is Warren 'Confirmable?,'" *Courant*, August 17, 2010. Shahien Nasiripour, "Chris Dodd, Top Democrat, Fights Against Elizabeth Warren," *Huffington Post*, August 12, 2010)

6   무원금 모기지, 변동금리 모기지, "담보할인율" 모기지 등의 복잡한 모기지 상품이 등장하게 된 배경은 3장 주석 3번을 참고하라. 코어로직 연구에 따르면 2004~2006년 사이에 판매된 변동금리 모기지 3분의 1의 최초 "담보" 할인율은 4퍼센트 이하였다. 평균적으로 이런 대출 상환금은 최초 담보 기간이 경과한 뒤 두 배로 뛰었다.(참고: Veena Trehen, "The Mortgage Market: What Happened?," NPR, April 26, 2007)

7   2010년 도드 프랭크 월가 개혁 및 소비자보호법 1066조는 다음과 같다. "1011조에 따라 상원에서 국장을 승인할 때까지 장관이 대리 직함으로 기관의 기능을 수행한다." "직함"이 아닌 "대리 직함"을 선택한 것에는 큰 의미가 있다. 재무부 변호사는 발효된 법규에 따르면 정식 국장이 임명되기 전까지 다양한 규제와 감독활동을 할 수 없다는 뜻이라고 말했다. 재무부 감찰관과 연방준비은행이 합동으로 스펜서 바커스와 주디 비거트 의장에게 보낸 2011년 1월 10일자 서신의 6~7쪽을 참고하라.(URL: http://www.treasury.gov/about/organizational-structure/ig/Documents/OIG-CA%2011004%20Committee%20of%20Financial%20Serivces%20Response%20CFPB.pdf)

8   제이미 다이먼은 2010년 1월 13일 금융위기조사위원회 앞에서 증언하면서 JP모건의 힘에 대해 언급하고 금융위기가 발생하기 직전과 직후에 취했던 행동을 설명했다.(참고: http://fcic-static.law.stanford.edu/cdn_media/fcic-testimony/2010-0113-Dimon.pdf) "어느 날 우리 딸이 학교에서 전화를 하더니, '아빠, 금융위기가 뭐예요?'라고 물었습니다. 저는 농담 한마디 안 하고 '5~7년마다 생기는 일이란다'라고 했습니다. 그랬더니 딸이 이렇게 말하더군요. '그럼 왜 모든 사람이 이렇게 엄청 놀라요?'" 둘째, 다이먼은 주택 가격이 하락하는 시나리오를 은행이 충분히 고려하지 않았다고 수긍했다. 나는 다이먼의 첫 번째 발언에 이의를 제기했다. 첫 번째 발언은 두 번째 발언과 대조적으로 금융위기를 필연적인 것으로 묘사하며 무모하고 근시안적인 월가의 활동에 참여한 사람들과 이를 막았어야 할 사람들의 책임을 무마했다. 나는 대공황 이후 도입된 효과적인 금융 규제가 "150년간 지속된 호황-불황 경기 순환

을 끝냈고 사실상 금융 붕괴 없이 50년을 지냈다"고 언급했다. 이런 대공황 시대 법이 해체되면서 호황-불황 경기 순환이 시작됐다. 나는 은행 최고경영자들에게 금융규제 기관과 협력하며 중요한 소비자보호를 받아들여 "미국 국민의 신뢰를 잃었다는 사실을 인정하고 신뢰를 되찾기 위한 첫발을 내딛으라"고 권했다.(다이먼의 발언을 다룬 기사: Sewall Chan, "Voices That Dominate Wall Street Take a Meeker Tone on Capitol Hill," *New York Times*, January 13, 2010. 내 기명 논평: Elizabeth Warren, "Wall Street's Race to the Bottom," *Wall Street Journal*, February 8, 2010)

9 책임정치센터가 제공한 데이터 계산에 따르면, 2000~2010년까지 금융·보험·부동산 부문이 연방 선거운동에 20억 달러 이상을 후원했다. 이 수치에는 연방선거관리위원회에 보고된 개인, 정치활동위원회PAC, "소프트 머니" 등이 포함된다. 총합계는 2012년 선거 기간에 6억6500달러로 사상 최고를 기록했다.(참고: http://www.opensecrets.org/industries/totals.php?ind=F)

10 책임정치센터에 따르면, 금융 서비스 라운드테이블은 1998년 이후로 로비에 7000만 달러 이상을 지출했다.(참고: http://www.opensecrets.org/orgs/summary.php?id=D000021984&cycle=A)

11 나는 2010년 9월 29일 금융 서비스 라운드테이블에서 한 연설에서 효과적인 금융 규제가 투명한 상품을 제공하려는 은행에 도움이 된다는 점 외에도 다음과 같은 요점을 강조했다. (1)"가계, 금융서비스 산업, 미국 경제를 위해 일하는" 소비자신용구조를 구축하도록 돕겠다는 의지 (2)소비자와 대출 기관이 공정하고 투명한 시장에 접근하게 해서 "가장 좋은 가격의 가장 좋은 상품이 이기는" 진정한 자유 시장에 대한 신념 (3)"고객이 상품을 이해하고, 비용과 위험을 알아내며, 시장에서 상품을 비교할 수 있는가?"와 같은 질문에 포함된 "공정한 대우" 원칙 등과 같이 성공 측정에 단순한 원칙을 적용해 복잡한 작은 글씨의 계약과 "금지" 규칙을 뚫고 나아가는 새로운 규제 방법 지원. 이런 원칙에 토대를 둔 방법은 소비자에게 권한을 부여하면서도 대출 기관의 규제 부담을 완화할 것이라고 주장했다.(연설은 http://www.scribd.com/doc/38439729/Elizabeth-Warren-s-Speech-to-the-Financial-Services-Roundtable에서 확인할 수 있다.)

12 Zach Carter, "Are Treasury's Knives Coming Out Against Elizabeth Warren?," AlterNet, October 29, 2010.

13 피터 슈와이저는 자신의 저서, '다 내다 버려라Throw Them All'에서 2008년 7월에서 11월 사이에 "[국회의원] 바커스가 위기 발생 때 시장, 시장 부문 또는 개인 기업이 위기 시에 주가가 오르거나 내려가는 쪽에 배당하는 옵션을 40개 이상 거래하고" 같은 기간 5만 달러의 자본 이익을 보고했다는 것을 언급했다.(참고: Peter Schweizer, *Throw Them All Out*[2011], 25) 피터 슈와이저는 바커스가 거래할 때 금융시장 상태에 관한 내부 정보를 이용해 정치인으로서의 역할을 악용했다고 비난했다(25-32). 슈와이저는 일례로 2008년 9월 사건을 지적했다. 바커스는 당시 폴슨 재무부 장관과 연방준비은행 총재 버냉키와 밀실 회의를 한 이튿날 시장 가격 하락에 배당하는 옵션을 매도했고, 그 결과 원금이 두 배 가까이 불어났다.(바커스는 해당 옵션을

7846달러에 매입하고 1만3000달러 이상에 매도했다.)(28-29) 슈와이저는 "금융위기 시에 정책을 결정하면서 적극적으로 주식을 거래했던 이는 바커스 의원뿐만이 아니다. 그러나 바커스 의원은 특히 공격적으로 옵션을 거래했던 반면, 다른 사람들은 손해를 보기 직전에 포지션을 매도하는 데 그쳤다"라고 언급하고는 다른 의원 10명을 거론했다(33-34). CBS는 「60분」 특집에서 이 사건을 보도했고 다른 언론사들도 그 뒤를 따랐다.(참고: "Congress Trading on Stock Information?" 60 Minutes, June 11, 2012) 이 보도가 나온 뒤 대중과 의회는 신속하고도 부정적으로 반응했다. 바커스는 내부자 거래 혐의를 부인하며, "2008년 9월 18일에 경제 상황이 안 좋다는 것을 몰랐던 이들은 동굴에 사는 사람뿐이었을 겁니다"라고 말했다.(참고: Tim Mak, "Spencer Bachus Letter to 'Insider Trading' Publisher," *Politico*, November 16, 2011) 물론 바커스 의원의 발언은 자신이 이익을 봤던 모든 거래에 기밀 보고를 받지 못하고 돈을 잃은 사람들이 있다는 사실은 무시했다. 의회윤리실은 2012년 4월 30일 바커스의 내부자 거래를 무혐의로 판정했다.(참고: Scott Higham, "Congress Ethics Office Clears Bachus of Insider Trading," *Washington Post*, April 30, 2012) 당시 국회의원들은 내부자 거래법에서 대부분 면책받았지만, 그 이후 국회는 내부자 거래법을 더 엄격하게 손질했다.

14 2011년 소비자금융보호국이 소비자 불만에 관한 정보를 수집하고 공개하기 시작하면서 일부 그룹에서 이 데이터를 분석하고 금융 기관이 고객을 대우하는 방식을 중요하게 다뤘다. 예를 들어 미국 공공이익연구그룹 교육기금은 "신용보고서에 오류가 있는 소비자 수천 명이 소비자금융보호국 덕분에 구제받고 있다. 또한 이 보고서에서 소비자보고 기관이 소비자 불만에 대처하는 방식이 상이하다는 것을 밝혔다"는 결론을 내렸다.(참고: "Big Credit Bureaus, Big Mistakes," US PIRG Education Fund, November 19, 2013)

또 다른 연구에서 공공이익연구그룹은 소비자금융보호국의 은행에 대한 불만 데이터를 분석했다. "소비자금융보호국의 검색 가능한 불만 데이터베이스는 소비자가 다른 사람의 경험을 검토하고 문제나 상품 리콜을 검색해 더 경제적이고 안전한 선택을 하도록 돕는, 연방정부의 최신 소비자 불만 데이터베이스다. 투명성은 기업이 상품과 서비스를 개선할 수 있게 돕는다. 즉, 투명성은 시장이 작동하는 방식을 개선한다."(참고: "Big Banks, Big Complaints," Florida PIRG Education Fund, September 17, 2013)

별도 연구에서 전국지역재투자연합NCRC은 불만 제기자와 불만에 대한 은행의 대응에 인종적 차이가 있는 것을 발견하고, 금융 서비스의 불평등과 공정 대출 관행에 문제를 제기했다.(참고: Danielle Douglas, "Consumer Group Finds Racial Disparity in Bank Complaints," *Washington Post*, October 8, 2013)

PIRG와 NCRC 및 다른 소비자단체들이 소비자금융보호국 데이터를 분석하고 데이터 열람 대상을 확대하는 활동은 소비자금융보호국의 성공에 아주 중요한 역할을 했을 뿐 아니라 우리가 데이터를 개선할 수 있도록 이들이 건설적 비판을 하는 게 훨씬 더 중요하다. 이 기관들은 거대 은행이 행사하는 영향력과 균형에 맞춰 소비자금융보호국이 임무에 집중하도록 돕는 중요한 평행추다.

15 이념적 일관성에 따라 정부에서 후원하는 의료보험을 거절하라는 요청을 받았을 때 그림 의원은 다음과 같이 말했다. "저는 뭐, 의료보험을 받으면 안 되는 사람입니까? 전 지금 실용성을 따지는 겁니다. 나한테 의료보험이 없다고 해서 우리 주에 부담이 되진 않을 겁니다. 사고가 나도 수술비를 못 내는 상황이 올 줄 어떻게 압니까? 누구에게나 일어날 수 있는 일입니다." 2주 뒤 그림 의원은 부담적정보호법ACA(일명 오바마케어)에 반대표를 던졌다.(참고: Rachel Maddow, "Michael Grimm's Health Care Problem," msnbc.com, February 15, 2012)

16 군사법 징계 조항 134조에 따르면, 부채를 고의적으로 상환하지 않을 경우 불명예스러운 행위로 간주한다(http://www.au.af.mil/au/awc/awcgate/law/mcm.pdf). 게다가 군 요원은 심각한 신용 문제를 가지고 있을 경우 보안 등급을 박탈당할 수 있고, 강제 제대당하거나 임무에서 쫓겨나거나 승진 자격을 상실할 수 있다. 제임스 그레고리 중령에 따르면 "부채가 많은 사람은 비밀을 누설하는 대가로 돈을 받을 가능성이 크기 때문에" 보안 등급 결정에서 부채와 연체가 주요 고려 요소가 되었다. 어느 보고서에 따르면, 보안 등급이 있던 현역 군인 3만6000명이 이런 상황을 피하기 위해 긴급 금융-지원이나 조언을 구했다.(참고: Bill Briggs, "How Big Debt Is Threatening Security Clearances for Thousands of Troops," NBC News, August 13, 2012) 국방부 장관 리온 파네타는 군 요원이 보안 등급을 상실하는 사유 1위가 금융 문제라고 말했다.(참고: Reuters, "Student Loans: Even Military Worries About Rising Debt," *Christian Science Monitor*, October 21, 2012)

17 2006년 국방부 연구에서 다양한 시장 기술을 이용하는 약탈적 대출 기관이 주 정부의 소비자보호법을 회피하도록 설계된 고금리, 고수수료 대출상품 판매에 상환 능력이 부족한 군인을 표적으로 삼았다는 것이 밝혀졌다. 국방부는 군 요원과 관련해서 다음과 같은 변경을 권고했다. (1)대출 기관은 군 요원과 그 가정에 "명확하고 균일한 가격을 공개"해야 한다. (2)국회는 대출 기관이 주 정부의 제한을 우회하지 못하도록 연방 제도로 이자율 상한제를 도입해야 한다. (3)대출 기관은 "군 요원의 상환 능력을 충분히 감안하지 않은 채" 군 요원과 그 가정에 대출해서는 안 된다. (4)대출 기관은 계약에서 군 요원이 중요한 법률적 보호를 포기하도록 요구해서는 안 된다. (5)주 정부는 주 경계 내에 주둔하는 비거주 군 요원과 관련된 사항을 포함해 소비자보호법을 공정하고도 일관적으로 집행해야 한다.(참고: "Report on Predatory Lending Practices Directed at Members of the Armed Forces and Their Dependents," Department of Defense, August 9, 2006, 4−10) 이 보고서는 약탈적 대출이 군 요원과 그 가정에 미치는 영향을 상세히 기술했으며, 특정 사례 분석도 포함되어 있다. 그중에는 한 공군의 400달러 대출이 3000달러까지 불어날 사례도 있었다. 이 영향 평가는 "약탈적 대출 보고Report on Predatory Lending" 37~44쪽을 참고하라.

18 2006년 9월 30일 의회는 군인대출법(Military Lending Act, H.R. 5122)을 통과시켰다. 이 법안은 군사 가정을 약탈적 대출로부터 보호하기 위해 고안된 것으로, 대출 기관이 군 요원들과 가정에 연이율 36퍼센트 이상을 부과하지 못하도록 했다. 또한 대출 기관에게 중요한 대출 용어를 명확히 하고, 과도한 위약금을 금지하며, 과중한 계약 조항을 금지하기 위해 특정 정보를 공시하라고 요구했다. 이런 보호 조항이 눈에

띄는 변화를 일으켰지만, 대출 기관은 곧 법을 우회할 여러 방법을 발견했다. 예를 들어 "대출 기관은 페이데이 대출이나 자동차 등록증 대출을 한도대출로 꾸미거나 대출 용어를 원래보다 약간 길게 설정하는 방식으로 보호받는 대출상품 정의의 허점을 악용해서 군 요원에게 비용이 높은 대출상품을 팔았다." 게다가 "군인 할부 대출과 임대 후 구입, 기타 소액 할부 판매 대출 등을 포함해 국방부가 의회에 제출한 보고서에서 군 요원에게 문제를 일으키는 것으로 묘사된 일부 대출상품은 국방부 초기 소비자 신용 정의에 포함되지 않았다. 그 결과 군 요원은 주 정부에서 모순된 감독을 받는 이자율이 높고 위험한 형태의 증권에 여전히 노출되어 있었으며, 이런 신용 기관에서 대출을 받거나 할부 매입을 이용하면 급여 자동이체 제도에 따라 급여에서 빠져나갈 수 있었다.(참고: Jean Ann Fox, "The Military Lending Act Five Years Later," Consumer Federation of America, May 29, 2012, 10)

19 신용기회균등법Equal Credit Opportunity Act은 인종, 피부색, 종교, 국적, 성별, 혼인 여부, 나이, 공적 부조 수혜 여부로 인한 대출 차별을 금지한다. 그러나 신용 기관은 소득, 부채, 기타 신용 가치 지표와 같은 요소에 따라 차별할 수 있다. 이 법률에 관한 자세한 정보는 연방거래위원회의 요약본(http://www.consumer.ftc.gov/articles/0347-your-equal-credit-opportunity-rights)을 참고하라. 공정주거법은 인종, 피부색, 국적, 성별, 가정 상태, 장애에 기초하여 대출에 여러 조건을 설정하거나 대출에 관한 정보 제공을 거부하는 등의 방식으로 주택 매입에서 차별하는 것을 금지한다. 이 법률에 관한 자세한 정보는 주택도시개발부의 요약본(http://portal.hud.gov/hudportal/HUD?src=/program_offices/fair_housing_equal_opp/FHLaws/yourrights)을 참고하라. 소비자금융보호국과 법무부를 비롯한 여러 기관이 이러한 법률과 다른 중요 차별금지법을 집행하는 데 관여한다. 이런 법률은 기록에 의해 충분히 입증된 여성과 소수자, 기타 집단에 대한 대출 차별을 고려하여 만들어졌다.(참고: John R. Walter, "The Fair Lending Laws and Their Enforcement," *Federal Reserve Bank of Richmond Economic Quarterly*(Fall 1995): 62-67. 소비자금융보호국의 공종 대출에 관한 자세한 정보는 http://www.consumerfinance.gov/fair-lending/을 참고하라.
일반적으로 대출 차별이나 다른 대출 규칙 위반 조사에는 대출자와 채무자, 기타 정보 출처에서 정보를 수집하는 지난한 과정이 수반된다. 스티브 안토나키스와 페기 투히그, 패트리스 피클린은 소비자금융보호국에서 우수한 사람들을 모아 팀을 짜서 대출활동을 조사하고 이 영역을 순찰하는 현장 경찰관 역할을 했다. 이들이 한 연구의 대부분은 공개되지 않겠지만, 그 영향은 경제 전체에 미칠 것이다.

20 http://www.consumerfinance.gov/newsroom/cfpb-capital-one-probe/를 참고하라.

21 소비자금융보호국에 있는 동안 50개 주에 있는 지역 은행가들과 만나 이들의 사업 모델을 배우고 모기지 규칙과 다른 정책에 관한 조언을 얻을 기회가 있었다. 전미독립지역 은행가협회ICBA의 캠든 파인 덕을 많이 봤다. 캠든 파인은 전국의 회원들에게 나를 소개하고 소규모 기관에 중요한 문제에 대해 알려주는 관용을 베풀었다. 나는 지역 은행가들이 이전의 공시 제도로 인해 부당한 부담을 겼기 때문에 "빚지기 전

에 알아야 할 사항Know Before You Owe" 사업에 대해 특히 관심을 가진다는 것을 알게 됐다. 또한 대부분의 지역 은행가들은 "빚지기 전에 알아야 할 사항"에서 내세운 원칙을 이미 따르고 있다고 생각했으며, 많은 은행가가 자신의 은행을 이용하는 가게와 장기적으로 신뢰하는 관계를 쌓는 데 투명성 및 단순성을 가장 핵심적인 요소로 꼽았다.(2011년 3월 22일에 작성한 "전미독립지역 은행가협회에 대한 논평"을 참고하라. URK: http://www.consumerfinance.gov/newsroom/remarks-to-the-independent-community-bankers-of-america/) 지역 은행가들은 처음부터 소비자금융보호국의 모기지 공개활동에 긍정적인 발언을 많이 했다. 전미독립지역 은행가협회의 론 헤이니는 소비자금융보호국의 이 절차와 관련해서 다음과 같이 발언했다. "국장님께서 은행가를 위한 자리를 마련한 것이 가장 신선합니다. (…) 우리는 [이] 공개 제도를] 매일 이용하고 고객에게 매일 설명해야 합니다. 소비자금융보호국 사람들은 "이 제도는 효과가 있는가?"라는 질문을 합니다. 소비자금융보호국에서는 피드백을 원했고, 은행가들은 부끄러움을 타는 사람들이 아니죠."(참고: Kate Davidson, "New CFPB Mortgage Disclosures Win Praise for Content and Process," *American Banker*, May 18, 2011) 전미연방신용조합의 딜런 셰아는 "소비자금융보호국의 협력적 접근에 감사하고" 첫 번째 양식 원안을 "점점 더 복잡해지는 모기지 공개 체제를 간소화하기 위한 긍정적인 첫걸음"이라고 묘사했다.(참고: http://www.nafcu.org/Tertiary.aspx?id=22644) 전미독립지역은행가협회는 이 원안이 "엄청나게 개선되었다"고 평했다.(참고: http://www.icba.org/files/ICBASites/PDFs/cl071311.pdf) 어느 지역 은행가는 "[엘리자베스 워런은] 확실히 사업 모델이 무엇인지 이해하고 있다"고 말했다.(참고: Andy Kroll, "Has Elizabeth Warren Won Over the Banks?," *Mother Jones*, May 6, 2011)

22 최초의 "빚지기 전에 알아야 할 사항" 연구에 참여한 각 참가자는 개인정보보호 고지서와 동의서에 서명했다.(참고: Kleimann Communication Group, Inc., "Know Before You Owe: Evolution of the Integrated TILA-RESPA," July 9, 2012 34. 소비자금융보호국에 제출. URL: www.consumerfinance.gov/knowbeforeyouowe/) 소비자금융보호국은 연구 참석자 개개인을 공개하지 않았고 대신 보고서에서 참가자의 답변을 쓸 때는 신원을 식별할 수 없는 정보를 사용했다. 이러한 방식으로 이 예시에서 신원은 비밀로 유지됐다.

23 "빚지기 전에 알아야 할 사항" 53쪽부터 연구 프로토콜 결과 사례가 검증된다.(참고: 클레이만 커뮤니케이션 그룹 공개 정보, 2012년 7월 9일. URL: http://files.consumerfinance.gov/f/201207_cfpb_report_tila-respa-testing.pdf) 소비자금융보호국는 수용자 중심적인 설계 절차를 도입해서 모기지 공개 양식 원안을 시험했다. 사용자도 설계를 구체화하는 데 영향을 미쳤다. 설계 절차로는 맥락 설정(정보 수집), 구성 개발(신속한 원안 작성), 반복적인 사용성 시험(전국적으로 인터뷰 및 원안 시험) 등을 포함하는 여러 가지가 있었다. 반복적인 사용성 시험 단계에서 소비자금융보호국은 두 가지 설계를 사용해 30년 만기 고정금리 대출 두 가지와 2/1 변동금리 모기지 두 개를 시험했다. 이 설계에는 모두 핵심적인 대출 및 상환 능력 정보, 매매 수수료 세부 정보, 보험과 이자 지불, 에스크로, 평가 관련 정보가 포함

되어 있었다. 연구 참가자에게는 대출을 비교하고 절차와 관련된 여러 질문에 답하도록 요청했으며, 그 결과는 반응 경향과 참가자 수행을 알아내기 위한 기초 이론을 사용해 부호로 처리했다.(참고: "Know Before You Owe," xxiii)

2013년 11월 20일 소비자금융보호국은 "빚지기 전에 알아야 할 사항" 모기지 정보 공개 양식을 확정했는데 1쪽보다는 길어졌다. 널리 시험한 결과, 소비자들이 표본 대출에 관한 질문에 더 잘 대답해 수정된 양식을 더 잘 이해할 수 있었던 것으로 보인다. 특히 소비자들은 위험한 대출의 특징, 장단기 비용, 월 상환 금액을 잘 이해했다. 또한 소비자들은 다양한 상품을 비교하고 원래 대출상품과 최종 대출상품의 차이를 평가할 수 있었다. 이 양식은 업계 대표자와 소비자의 자문을 거친 뒤 2015년 8월 1일부로 발효된다.(참고: "CFPB Finalizes 'Know Before You Owe' Mortgage Forms," CFPB Newsroom, November 20, 2013)

24 2010년 가을에 모기지 압류 스캔들 뉴스가 처음 터졌다. 많은 은행가가 "로보 서명(법률 문서 내용을 읽거나 이해하지 않고 서명하는 행위)"에 관여했다는 정황이 명백해졌다. 법률에서 규정하는 요건임에도 불구하고 모기지 압류 문서에 포함된 정보를 검증하지도 않은 채 직원이 서명하거나 혹은 서명을 위조했다. 어느 사례의 경우 GMAC(현 앨리)에서 압류 사건을 검토해 법적으로 타당한지 여부를 확인한 담당자 제프리 스테판은 2010년 7월에 5년간 월간 1만 건의 압류 문서에 서명했다고 증언했다. 이를 보면 사기 규모가 얼마나 컸는지를 알 수 있다.(참고: Ariana Eunjung Cha, "Ally Financial Legal Issue with Foreclosures May Affect Other Mortgage Companies," *Washington Post*, September 22, 2010)

이 사기 사건의 또 다른 양상에서는 모기지 소유권과 소급 권리를 다룬다. 은행이 주택을 압류하려면 먼저 해당 부동산의 소유권이 있는지 입증해야 한다. 은행이 아주 서둘러서 대출을 패키지로 구성·재구성하고 판매·재판매하면서 종종 서류 절차를 무시했기 때문에 그 이후로 소유권이 기록되지 않았다. 일부 은행은 소유권을 "청산"하기 위해 위조된 선서 진술서를 제공했다. 압류 스캔들이 밝혀지면서 법원이 개입해 은행이 기초 모기지의 소유권을 입증하지 못한 여러 사건에서 압류 진행을 막았다.(참고: John Carney, "A Primer on the Foreclosure Crisis," CNBC, October 11, 2010) 어느 연구에서는 은행이 압류 파산 사례의 40퍼센트에서 기초 모기지 소유권을 입증하지 못했다는 결과가 밝혀졌다.(참고: Katherine M. Porter, "Misbehavior and Mistake in Bankruptcy Mortgage Claims," *Texas Law Review* 87[2008]: 121–182) 사람들이 서비스 제공 기관의 역할을 중심으로 모기지 압류 절차를 상세히 검증하기 시작하면서 부적절한 압류가 만연했을 뿐만 아니라 다층적으로 발생했다는 것을 알게 됐다. 예를 들어 "모기지 제공 기관이 주택 소유자가 대출 조정 대상자라고 알리는 동시에 압류 절차를 진행하는 "이중 추적"을 했다고 한다.(참고: Rick Rothacker, "Senators Criticize 'Dual-Track' Foreclosure, Loan Modification Processes," *Charlotte Observer*, November 17, 2010)

많은 은행 임원이 잘못 압류한 주택은 없으며, 스캔들은 사실 사소한 기술적 문제에 불과하다고 주장했다.(참고: Ruth Simon, Robin Sidel, and Jessica Silver-Greenberg, "Signs of Mistakes Aside, Banks Defend Foreclosures," *Wall*

Street Journal, October 20, 2010) JP모건의 제이미 다이먼은 "사람들이 잘못 퇴거된 사례는 없다고 생각합니다"라고 말했고, 전 골드만삭스 직원은 스캔들이 "비도덕적 행위"라기보다는 "사무적 오류에 불과하다"고 치부했다.(참고: Jill Treanor and Julia Kollewe, "Robo-Signing Eviction Scandal Rattles Wall Street," *Guardian*, October 14, 2010. Max Abelson, "The Foreclosure Fiasco and Wall Street's Shrug," *New York Observer*, October 12, 2010) 한 앵커는 2010년 10월 13일 CNBC에서 존 카니의 "빚을 떼어먹으려고 압류에 반대하는 게으름뱅이들을 떠받들지 말자"라는 사설을 소개했다.

이런 주장이 강력히 제기되었지만 아무도 이를 뒷받침할 증거를 제시하지 못했다. 최종 모기지 압류 합의에는 살던 집에서 잘못 퇴거된 사람들의 소송을 해결하기 위한 합의금도 포함됐다.(참고: http://www.nationalmortgagesettlement.com/)

25 뱅크오브아메리카, 시티그룹, 웰스파고, JP모건 체이스, GMAC 등의 은행과 모기지 서비스 제공 기관들이 모기지 압류 스캔들에 연루되었다. 이후 합의 과정에서 오로라, 메트라이프 뱅크, PNC, 소버린, 선트러스트도 상당한 벌금을 물었다.(참고: James O'Toole, "Banks to Pay $8.5 Billion in Foreclosure Settlement," *CNNMoney*, January 7, 2013.) 메트라이프 뱅크를 제외한 모든 기관이 TARP 지원금을 받았다.

26 모기지 압류 스캔들의 장본인은 거대 은행들이었다. 한 지역 은행가가 말했듯이, 지역 은행은 고객과 은행/은행가 사이의 좋은 관계 발전에 의존하는 사업 모델을 사용하므로 거대 은행처럼 "모기지 공장"이 될 수 없다.(참고: Matt Gutman and Bradley Blackburn, "Foreclosure Crisis: 23 States Halt Foreclosures as Officials Review Bank Practices," ABC News, October 4, 2010) 또한 전미독립지역은행가협회를 대신해서 코트러스트 뱅크 대표 겸 최고경영자 잭 홉킨스가 2011년 8월 2일에 했던 증언도 참고할 수 있다. URL: https://www.icba.org/files/ICBASites/PDFs/test080211.pdf)

27 여러 언론사에서 연방 규제 기관이 모기지 압류 스캔들에 대한 대응을 미루었을 뿐만 아니라 일부는 "비교적 가벼운 벌금"을 요구하기까지 했다고 보도했다.(참고: Paul Kiel, "Despite Finding Big Problems in Mortgage Industry, Regulator's Punishment Unclear," *ProPublica*, February 17, 2013)

28 참고: Shahien Nasiripour, "Bank Regulator Pushing for Modest Settlement with Industry over Improper Mortgage Practices," *Huffington Post*, February 16, 2011. 스캔들과 규제 기관의 대응에 관한 자세한 정보는 실라 베어의 '정면으로 맞서라(243~256)'를 참고하라. "예금보험공사와 달리, 통화감독국은 협상에 나서서 합리적인 합의를 이끌어내라고 거대 은행에 압력을 넣고 싶지 않아 했다."

29 첫 모기지 압류 스캔들에 연루된 5개 은행(뱅크오브아메리카, JP모건, 시티그룹, 앨리파이낸셜, 웰스파고)은 2010년 수입이 총 4710억 달러였다. 즉, 하루 기준으로 환산하면 약 13억 달러다.

30 적절한 보상금은 얼마였을까? 표준 손해배상은 모기지 서비스 제공업체가 끼친 손해 정도를 측정해야 할 것이다. 모기지 서비스 제공업체가 법률을 위반했을 때, 어떤 사람은 연체된 상환금을 따라잡을 시간이 있거나 은행이 분실한 서류를 찾았거나, 약

속대로 대출 조정을 받았더라면 잃지 않았을 집을 잃었다. 이런 상황에 처한 가정이 얼마나 되었을까? 집을 잃게 된 비용은 얼마였을까? 그 가치가 얼마나 됐을까?

어떤 사람은 당장 집을 잃지 않았을지 몰라도, 지역 법률에서 보장하는 새로운 보금 자리를 찾아서 가족과 정착할 시간을 얻을 기회를 잃었다. 어떤 주택 소유자의 경우, 모든 소유물이 인정사정없이 불법적으로 보도에 내팽개쳐졌다. 여기에 맞는 적합한 보상은 얼마일까? 거대 은행은 체계적이고 의도적으로 법률을 위반했으며 전국의 많은 가정이 그 대가를 치렀다. 모기지 기업이 얼마나 많은 상처를 입혔는지 알기 위해 기관에서 아주 상세한 조사를 했어야 했다.

손해를 계산하는 방법은 또 있다. 은행이 법률을 어길 때마다, 문서를 제출하지 못했을 때마다 얼마나 많은 돈을 절약했는지 알면 된다. 즉 모기지 서비스 제공업체가 법률을 어겨서 얻은 이익이 얼마인가? 그 금액을 알면 몇 배에 해당되는 벌금을 은행에 물려야 한다. 사기 기소와 비교하자면, 사기꾼은 앞으로 또 같은 사기를 치지 못하게 사기로 취한 금액의 세 배를 보상해야 한다.

31 상원의원 셸비의 성명은 http://www.shelby.senate.gov/public/index.cfm/newsreleases?ID=0447c3e6-5864-452e-ab43-2b9ec7afa684를 참고하라.

32 참고: Abigail Field, "Sizing Up a Sweeping Mortgage Settlement," *CNNMoney*, May 20, 2011.

33 셸비 상원의원은 규제 기관이 "신중하고 정당한 법 절차"라는 암시로 모기지 압류 합의 절차를 "정치적 쟁점으로 삼는" "강압적 전략"을 사용한다고 비난했다. 셸비 의원은 상원은행위원회에 현재 제안된 합의의 실체와 절차를 조사하라며 요청하고, 오바마 정부에 국회가 세부 사항을 평가하기 전까지는 합의하지 말라고 촉구했다.(참고: http://www.shelby.senate.gov/public/index.cfm? p=NewsReleases&ContentRecord_id=ac820c24-1e3c-4114-a601-c8a33e2a30bc&ContentType_id=ae7a6475-a01f-4da5-aa94-0a98973de620&Group_id=876a24c9-639d-499e-8f4d-ad2b6c7cf218)

34 http://financialservices.house.gov/media/pdf/031611warren.pdf를 참고하라.

35 예를 들어 연방예금보험공사 사장의 임기는 5년이다. 통화감독국 국장의 임기도 5년이다. 연방준비은행 총재의 임기도 5년이다. 최근 없어진 저축기관감독청의 청장 임기도 5년이었다.

36 참고: Michael McAuliff, "Elizabeth Warren Called Liar at CFPB Hearing by Republicans Who Botched Facts on Agency," Huffington Post, May 24, 2011.

37 참고: http://www.today.com/id/43170318/ns/msnbc-rachel_maddow_show/#.UnixCxbkhFI

38 참고: David Waldman, "Blowback for Patrick McHenry's Nastiness to Elizabeth Warren," *Daily Kos*, May 25, 2011.

39 가이트너 재무장관은 2011년 3월 15일 다음과 같이 증언했다. "현재 소비자금융보호국은 처벌을 집행할 권한이 없으므로 모기지 서비스 제공업체와 공식 합의하는 당사자가 될 수 없습니다. 하지만 바로 그 법률에 따라 소비자금융보호국은 2011년 7월 21에 모기지 서비스 산업 표준을 지정할 중요한 권한을 얻게 되고, 그날을 기준으로

다른 기관의 소비자금융보호 권한이 소비자금융보호국으로 넘어옵니다. 이런 (아주 중요한) 이유로, 소비자금융보호국과 엘리자베스 워런에게 이 절차에 참여한 다른 기관에 모기지 서비스 산업의 적절한 서비스 표준을 설계하는 방법에 대해 조언해달라고 청했습니다."(참고: http://www.gpo.gov/fdsys/pkg/CHRG-112shrg67144/html/CHRG-112shrg67144.htm)

40 2011년 5월 5일 공화당 상원의원 44명이 오바마 대통령에게 소비자금융보호국의 구조 변경 없이는 어떤 국장이든 승인하지 않겠다는 서신을 보냈다. 특히 이 상원의원들은 "책임"과 "민주적 가치"가 우려된다며 소비자금융보호국의 경영, 자금 조달, 규칙 제정 기구를 바꿀 것을 제안했다.(참고: http://www.shelby.senate.gov/public/index.cfm/newsreleases?ContentRecord_id=893bc8b0-2e73-4555-8441-d51e0ccd1d17) 이 개혁 제안은 소비자금융보호국을 심각하게 약화시켰을 것이다.(참고: Jim Puzzanghera, "Senate Republicans Vow to Block Any Appointee to Head Consumer Protection Bureau," *Los Angeles Times*, May 6, 2011) 리사 머코스키, 스콧 브라운, 존 엔사인을 제외한 당시 상원에 있던 모든 공화당 의원이 이 서신에 서명했다.(참고: Brian Beutler, "Republicans Make Power Play to Gut Consumer Financial Protection Bureau," *TPM*, May 6, 2011)

41 예를 들어 연방준비제도와 통화감독국, 예금보험공사, 전국신용협동조합감독청은 의회의 전용 절차를 통해 자금을 조달받지 않았다. 참고: http://www.federalreserve.gov/faqs/about_14986.htm; http://www.ots.treas.gov/about/what-we-do/mission/index-about.html; http://www.fdic.gov/about/learn/symbol/; http://www.ncua.gov/News/PressKits/Docs/PressKits.pdf)

42 셰러드 브라운 상원의원은 공공연하게 말했다. "얼마 전 나는 상원 역사학자에게 정당이 기관 구조가 마음에 들지 않아서 누군가의 임명을 막은 적이 있었는지 물었습니다. 그리고 그런 적은 한 번도 없다는 답변을 받았죠." 해리 리드 상원의원도 같은 말을 했다. "정당이 법에 의해 설립된 기관의 존재에 동의하지 않는다는 이유만으로 자격 있는 후보자를 막는다는 것은 상원 역사상 처음 있는 일입니다." 나중에 이는 폴리티팩트PolitiFact가 사실로 밝혔다. 상원 역사학자 도널드 A. 릿치는 기관 구조에 과감한 변화를 주지 않으면 국장 임명을 막겠다는 공화당의 시도는 전례 없는 일이라고 확증했다. 이 역사학자는 가장 비슷한 역사적 사건으로 19세기에 대통령과 상당한 정치적 견해차가 있어서 임명을 거부한 사례를 언급했지만, 심지어 그런 사례에서도 "특정 기관의 국장 임명을 전면적으로 거부하지는 않았다"고 말했다.(참고: "Sen. Sherrod Brown Says Republicans' Refusal to Confirm Richard Cordray to Head Consumer Protection Bureau Was Unprecedented," Politifact.com, December 7, 2011)

43 대의원 캐럴린 말로니(D-NY), 키이스 엘리슨(D-MN), 브래드 밀러(D-NC)는 대통령에게 다음과 같은 서신을 보냈다. "공화당 상원의원들이 법을 약화시키기 전까지는 아무도 승인할 수 없다고 말했으므로 어쨌든 워런 교수를 소비자금융보호국의 초대 국장으로 임명하십시오. 정말 상원 공화당이 워런 교수의 승인을 고려하지 않겠다면, 헌법상의 권한을 이용하여 휴회 중 임명을 하십시오." 이 서신에는 하원의원 89명이

서명했다.(참고: http://maloney.house.gov/press-release/89-house-members-send-letter-president-urging-elizabeth-warren-be-appointed-head) 앨 프랭큰 상원의원도 나를 휴회 중 임명하라고 촉구하는 서신을 대통령에게 보냈다.(참고: http://www.franken.senate.gov/?p=news&id=1547)

44 "공화당은 전몰장병 추모일에 상원이 완전히 휴회하는 것을 막고 있다. 그 대신 상원은 앞으로 10일간 형식적인 회의를 3회 열 것이다. 이 회의는 오바마 대통령이 휴회 중 임명을 하지 못하게 막기 위한 형식상의 절차다. 휴회는 고작 일주일 동안만 예정돼 있기에 어쨌든 휴회 중 임명이 일어날 가능성은 적다. 일부 공화당 의원은 오바마 대통령이 휴회를 이용해 엘리자베스 워런을 월가에 전방위적 권한을 행사할 소비자금융보호국 국장으로 임명할까봐 두려워한다."(참고: Alexander Bolton and Josiah Ryan, "GOP Forces Senate Pro-Forma Session," *The Hill*, May 27, 2011. Brian Montopoli, "Senate GOP Blocks Possible Elizabeth Warren Recess Appointment," CBS News, May 27, 2011)

45 스펜서 바커스 의원은 미국 상공회의소에서 연설하면서 소비자금융보호국 및 그 국장에게 부여된 재량에 대해 다음과 같은 발언을 했다. "조지 워싱턴이나 에이브러햄 링컨이 살아 돌아오거나 워런 버핏이 [소비자금융보호국 국장에] 입후보한다고 해도 완전한 권한을 부여하지는 않을 것입니다."(참고: Edward Wyatt, "Warren Defends Agency at Chamber of Commerce," *New York Times*, March 30, 2011)

46 리치 코드레이를 추천한 날 공화당 상원의원 대표 미치 매코넬은 다음과 같이 말했다. "소비자금융보호국을 운영할 공천자를 고려하기 전까지는 기관에 책임과 투명성을 부여할 심각한 개혁을 고집할 겁니다." 코드레이 의원 공천 이튿날 상원의원 모런은 다음과 같이 말했다. "대통령의 금융개혁 패키지의 주요 항목이 구체화되기까지 왜 이렇게 오랜 시간이 걸렸는지는 모르겠지만 소비자금융보호국의 책임을 강화하거나 운영을 해결하는 데 아무런 도움이 되지 않으므로 이 공천은 오는 즉시 기각입니다."(참고: Phil Mattingly, "Republicans Target CFPB, Call Nomination 'Dead on Arrival,'" *Bloomberg*, July 19, 2011) 며칠 뒤 셸비 상원의원은 『월스트리트 저널』에 소비자금융보호국에 반대하는 통렬한 기명 논평을 게재했다.(참고: Richard Shelby, "The Danger of an Unaccountable 'Consumer' Protection Czar," *Wall Street Journal*, July 21, 2011)

47 재무부 감찰관과 연방준비제도는 부서 프로그램과 운영의 감사, 조사, 기타 심사를 요구했다. 이 두 기관은 도드 프랭크법에 따라 소비자금융보호국의 도입을 감독하는 임무를 맡았다. 2011년 7월 5일 합동 감찰관이 발표한 보고서에서 소비자금융보호국이 업무에 중요한 활동을 성공적으로 파악하고, 적절한 실행 계획을 개발·집행했으며, 이러한 계획을 핵심 이해 관계자에게 전달했다는 평가가 나왔다.(참고: "Review of CFPB Implementation Planning Activities," Offices of Inspector General, July 15, 2011)

48 2012년 7월 18일 소비자금융보호국은 캐피털 원에 결제 보호와 신용 모니터링과 같은 "부가 상품"과 관련해서 부정한 마케팅 수법을 사용한 혐의로 소비자에게 1억 4000만 달러에서 2억 달러를 지급하고 2500만 달러를 벌금으로 내라고 명령했다.(참

고: "CFPB Probe into Capital One Credit Card Marketing Results in \$140 million Consumer Refund," CFPB blog, July 18, 2012) 2012년 9월 24일 소비자금융보호국은 예금보험공사와 합동으로 디스커버 은행에 신원 도용과 지급 보호 같은 추가 서비스와 관련하여 부정한 마케팅 수법을 사용한 혐의로 소비자에게 2억 달러에서 350만 달러를 지급하고 추가로 1400만 달러를 벌금으로 내라고 명령했다.(참고: Blake Ellis, "Discover to Refund \$200 Million to Customers for Deceptive Telemarketing," *CNNMoney*, September 24, 2012) 2012년 10월 1일 소비자금융보호국은 아메리칸 익스프레스에 차별과 부정한 광고 수법을 금지하는 법률을 포함한 여러 소비자보호법을 위반한 혐의로 소비자에게 8500만 달러에서 25만 달러를 지급하고 1410만 달러를 벌금으로 내라고 명령했다.(참고: "CFPB Orders American Express to Pay \$85 Million Refund to Consumers Harmed by Illegal Credit Card Practices," CFPB Newsroom, October 1, 2012)

또한 2013년 12월 23일 소비자금융보호국은 아메리칸 익스프레스에 불공정 청구와 부정한 관행을 사용한 혐의로 5950만 달러를 추가 지급하라고 명령했다.(참고: "CFPB Orders American Express to Pay \$59.5 Million for Illegal Credit Card Practices," CFPB Newsroom, December 23, 2012) 다른 영역에서도 집행활동을 했다. 예를 들어 내셔널 시티은행(구舊 PNC)이 아프리카계 미국인과 히스패닉 대출자에게 추가 수수료를 부과하자 인종을 차별해 모기지 가격을 책정한 혐의로 3500만 달러를 지급하게 했다.(참고: "CFPB and DOJ Take Action Against National City Bank for Discriminatory Mortgage Pricing," CFPB Newsroom, December 23, 2013) 2013년 11월 20일 캐시 아메리카는 로보 서명과 서비스 회원에게 불법으로 과다 청구한 혐의로 1400만 달러를 반환하고 500만 달러 벌금을 추가 지급하라고 명령했다.(참고: "Consumer Financial Protection Bureau Takes Action Against Payday Lender for Robo-Signing," CFPB Newsroom, November 20, 2013) 2013년 12월 20일 소비자금융보호국은 앨리 은행에 자동차 대출과 다른 대출 가격을 인상하면서 인종을 차별한 혐의로 8000만 달러를 반환하게 했다.(참고: Patrice Ficklin, "Ally to Repay \$80 Million to Consumers It Discriminated Against," CFPB Newsroom, December 20, 2013) 소비자금융보호국은 http://www.consumerfinance.gov/blog/category/enforcement/에서 정기적으로 집행활동을 업데이트한다.

49 홀리 페트레이어스는 소비자금융보호국에 있던 첫해와 다음 반년 동안 군사적 이동이나 전투 파병으로 주택 소유권을 위협받는 군 요원이 보호받을 수 있도록 돕는 활동에 매진했다. 또한 홀리의 팀은 대학에 등록하고 싶어하는 군 요원과 재향 군인이 학위 취득을 하는 데 드는 실질적인 비용이 얼마이고, 어떤 재정 지원을 이용할 수 있는지를 이해시키기 위해 노력했다. 또한 스마트폰이나 컴퓨터로 제공할 수 있는 신병을 위한 새로운 금융 교육과정을 개발하는 데 도움을 주었다. 군 요원과 재향 군인을 표적으로 삼는 약탈적 대출과 싸우는 활동도 계속했다. 자세한 내용은 http://www.consumerfinance.gov/newsroom/written-testimony-of-holly-petraeus-before-the-senate-committee-on-banking-housing-and-urban-affairs/을

참고하기 바란다.

50 2011년 7월 21일에서 2013년 6월 30일까지 소비자금융보호국은 약 17만6700건의 불만을 접수했다. 신용카드 불만이 3만6300건, 모기지 불만이 8만5200건, 은행 계좌와 서비스 불만이 2만5700건, 민간 학자금 대출 불만이 6000건, 소비자 대출 불만이 5700건, 신용보고 불만이 1만4200건, 자금 이체 불만이 300건이었다.(참고: "Consumer Response: A Snapshot of Complaints Received," CFPB, July 2013, 6) 소비자가 소비자금융보호국에 연락하는 가장 큰 이유는 청구 분쟁, 신용카드 요율, 모기지 상환 불능, 모기지 이자 지불, 은행 계좌 관리, 은행 거래 보류와 무단 거래, 학자금 대출 상환 능력 제한 또는 지급 불능이었다(6–15). 같은 기간 기업들은 답변 요청을 받은 불만의 95퍼센트에 응답했다(7).

51 내가 소비자금융보호국을 떠날 무렵 리치 코드레이가 새로운 국장 후보로 추천됐지만, 대통령이 몇 달 뒤 휴회 임명을 하지 않으면 이 역할을 맡지 않겠다고 했다. 그 사이에 라지 데이트가 재무부 장관 특별고문으로 소비자금융보호국을 맡았다. 라지는 우리 연구와 규제활동을 발전시키고 다른 중요 사업을 맡는 데 대단한 공을 세웠으며 이제 리더라는 중요한 역할을 맡고 있다.

6장

1 참고: Brian Wingfield, "Wall Street's Favorite Congressmen," *Forbes*, June 1, 2010)『보스턴 글로브』에 따르면 브라운은 금융 산업을 위한 "중요한 양보를 얻어내기 위해 부동표의 영향력을 활용했다."(참고: Donovan Slack, "Donations Poured In as Brown's Role Grew: With Vote Near, Financial Sector Delivered $140K," *Boston Globe*, December 12, 2010. Robin Bravender, "Wall Street Filling Scott Brown's Coffers," *Politico*, October 1, 2012) 정치 후원금에 관한 자세한 정보는 정치 자금을 추적하는 초당파적 단체, 책임정치센터(http://www.opensecrets.org)를 참고하라.

2 첫날에는 사람들과 만났다. 조이스 리네한은 도체스터의 자택에 나를 초대했다. 조이스네 집은 사람들로 가득 찼다. 그들은 거실에 있거나 바닥에 앉다 못해 식당과 현관 홀로 넘쳐 나왔다. 이 사람들의 질문에서 이들의 관심이 얼마나 큰지 알 수 있었고, 매사추세츠 주 상원의원으로 출마하면 재미있을 것 같다는 생각이 들었다. 그러나 더욱 중요한 것은 이들을 통해 처음부터 심각한 문제를 이야기하는 것으로 선거운동을 할 수 있으며, 조이스와 그날 밤 그 방에 있던 사람들과 같은 강력한 우군이 인기 높은 현직 상원의원을 밀어내는 데 필요한 풀뿌리 활동을 구축해주리라는 것을 배웠다. 조이스는 놀라운 사람이었고, 선거운동을 하는 동안 모든 단계에 함께해주었다.(참고: Paul McMorrow, "The New Campaign," *CommonWealth*, July 16, 2013)

첫째 주에는 피츠필드도 방문했다. 셔우드 건지와 리 해리슨이 모임을 조직했고 버크셔 브리게이드가 참석했다. 초저녁 무렵에 지금은 법률 사무소가 된 오래된 저택의 현관에서 연설할 계획이었으나, 차에서 나오자마자 하늘이 급격히 어두워지기 시작했다. 아직 보지도 않은 그 저택에 가까이 다가가면서 닉 블랙에게 "여기가 맞아요?" 라고 물었다. 그 말을 끝내자마자 엄청난 천둥과 함께 근처에 벼락이 치면서 하늘이 환해지는 바람에 심장이 멈출 뻔했다. 나는 계시로 여겼지만, 정확히 어떻게 해석해야 할지 알 수 없었다. 이때 브리게이드가 자신의 해석을 제시했다. 모퉁이를 돌자 저택 앞면에 어마어마하게 큰 "엘리자베스, 출사표를 던지세요!"라는 간판이 붙어 있었고 여러 명이 자신의 선택을 표명했다. 모두 나를 보자 환호성을 올렸고 비가 내려서 밖에서 더는 머물 수 없게 되자 저택으로 몰려와 소리쳤다. "계속하세요!" 정전되자 다시 소리쳤다. "계속하세요!" 화재경보기가 울리자 다시 한번 소리쳤다. "계속하세요! 우리가 계속 함께할게요!" 브리게이드는 포기하지 않았다.(참고: Andy McKeever, "Berkshire Democrats Want Warren to Run, Run, Run," iBerkshires.com, August 19, 2011)

3   행크와 M J 파월은 집에(현관과 잔디밭에도) 신참 후보를 보고 싶어하는 매사추세츠 유권자들이 들끓어도 마다하지 않는 관대한 주인이었다. 나중에 M J에게 전화로 감사 인사를 하자 "재미있었다"고 말했다. 그런 상황은 M J와 행크가 함께 발전을 꾀하는 풀뿌리 활동에 얼마나 헌신적인지 보여주는 징표로 여겨졌다.

4   MoveOn.org 인용구는 http://front.moveon.org/the-elizabeth-warren-quote-every-american-needs-to-see/#UdyC62AYR4E를 참고하라. 『더 스트리트』는 "민주당이 몇 년 동안 국민들에게 소통하지 못했던 메시지를 워런이 단 몇 마디로 잘 표현했다"고 말하고 "워런의 말은 동의하든 동의하지 않든 들을 만한 가치가 있다"는 결론을 내렸다.(참고: John DeFeo, "Why You Should Listen to Warren, not Buffet," *The Street*, September 22, 2011.) 크리스 바이간트는 다음과 같이 보도했다. "이는 아주 훌륭한 정치적 전략을 보여준다. 민주당은 방금 워런이 보여준 뛰어난 정치적 역량이 부족한 것으로 악명 높다. 바로 일반 시민이 공감하는 쉬운 말로 문제를 설명하는 능력이자 이야기를 전달하는 능력, 이야기를 만들어내는 능력 말이다. 요즘과 같은 시대에 '계급투쟁'이란 개념 자체가 얼마나 어리석은지 보여주는 '비적'이라는 표현이 특히 마음에 들었다."(참고: Chris Weigant, "Elizabeth Warren's Campaign Takes Off," *Business Insider*, September 21, 2011)

5   이 연설은 진보적 블로그와 웹사이트 동영상 링크를 통해 인터넷에 확산됐다. 우익과 보수파 블로그, 잡지, TV는 계급투쟁에 대한 주장을 강화하는 데 이용했다.(참고: Jonah Goldberg, America Live, Fox News, September 22, 2011, http://video.foxnews.com/v/1176435451001/) "워런이 한 이야기에 일부 맞는 말도 있지만, 틀린 말은 사정없이 유치하다."
마찬가지로 러시 림보는 다음과 같이 선언했다. "워런은 기생충이다. 자신의 숙주를 싫어하는 기생충이다. 숙주의 생명을 빨아먹으면서도 숙주를 파괴하려고 한다. 도로와 다리, 소방관과 경찰관……』『뉴 리퍼블릭』에 조너선 콘이라는 사람은 워런이 고래고래 소리 지른 부자는 기본적으로 운이 좋아 부자가 됐을 뿐이라는 핵심 철학을 칭찬했다. '그보다 훨씬 적은 보상을 받으면서 부자들만큼 열심히 일하는 저소득층을 많이 만나봤습니다. 1980년과 2005년 사이에 미국 상위 1퍼센트가 국가 소득 이익의 5분의 4 이상을 취했습니다. 정말로 나머지 99퍼센트가 그보다 높은 비율을 가져갈 가치가 없다고 생각하는 분이 있습니까?' 이런 사고방식이 그 모든 것의 기초가 된다. 다시 한번 말하지만 이것이 바로 마오쩌둥이 문화혁명을 일으킨 배경이자, 피델 카스트로가 혁명을 일으킨 이유이며, 베네수엘라에 퍼져 있는 사고방식이다. 여러분이 목격했듯이 우리 도시와 정부에조차 이런 생각이 퍼져 있다."(참고: Rush Limbaugh, "Elizabeth Warren Video: One of the Great Teaching Tools on Liberalism," Rushlimbaugh.com, September 22, 2011)

6　참고: Nicholas Confessore, "Vilifying Rival, Wall St. Rallies for Senate Ally," *New York Times*, November 18, 2011.

7　전미여성기구 회장 테리 오닐은 『폴리티코』와의 인터뷰에서 다음과 같이 말했다. "능력이 뛰어나고 정말로 모든 사람이 더 잘 살 수 있도록 헌신하는 강력한 여성이 나올 때마다 안타깝게도 그런 정치가를 겨냥해 나오는 성차별적이고 여성혐오적인 공격입니다. 브라운이 깊이 사과해야 할 사람은 엘리자베스 워런이 아닙니다. 워런은 강합니다. 믿어도 좋습니다. 이 정도는 거뜬히 넘길 겁니다. 브라운은 매사추세츠 주 여성들에게 사과해야 합니다. [브라운의 발언은] 그가 미국 상원의원이 될 자격을 지니는지 다시 고려해야 할 충분한 사유가 됩니다. 진지하게 사퇴를 고려해야 합니다." 페미니스트 머저리티 부회장 킴 간디도 거들었다. "엘리자베스 워런은 어느 모로 보나 매력적인 후보입니다. 스콧 브라운의 성차별적인 조소에서 그의 속내를 볼 수 있습니다. 별로 매력적이지 않죠." 에밀리의 리스트 소속 제스 매킨토시는 다음과 같이 언급했다. "스콧 브라운의 발언은 아무리 잘 봐줘도 무신경한 발언이고, 나쁘게 보면 모욕적일뿐더러 자기 자신밖에 신경 쓰지 않는다는 것을 보여줍니다."(참고: M.J. Lee, "Women's Groups Dress Down Scott Brown," *Politico*, October 6, 2011)
언제나 여성 문제에 목소리를 높이던 하원 소수당 원내대표 낸시 펠로시도 「ABC 디스 위크」 토론에 뛰어들었다. "브라운 상원의원이 아무 생각이 없다는 걸 단적으로 보여준 예라고 생각합니다. (…) 자기도 모르게 품고 있던 여성에 대한 무시가 얼마나 어마어마한지 아주 잘 보여줍니다. 분명 그 발언을 철회하고 싶을 겁니다."(참고: Sam Stein, "Nancy Pelosi: Scott Brown Is Clueless," *Huffington Post*, October 9, 2011)

8　참고: Garrett Quinn, "Brown's First Major Gaffe of the 2012 Race," Less Is More(블로그), Boston.com, October 6, 2011. Hillary Chabot, "Case Clothed: Scott Brown Quip Hits Below the Belt," BostonHerald.com, October 7, 2011.

9　내가 밖에 돌아다닐 때 알레시아 하니가 언론 대응을 도와주러 동행했다. 알레시아는 침착하고 아는 게 많았을 뿐만 아니라, 안에서나 밖에서나 함께 있으면 즐거운 사람이었다. 어떤 일이 있어도 미소를 잃지 않았다. 사무실에서는 줄리 에드워즈가 언론과의 의사소통을 효율적으로 관리하면서 모든 것을 움직였다.

10　『데일리 비스트』와의 인터뷰는 "워런, 월가 시위가 자신의 작품이라고 하다"라는 기사를 참고하라.(Samuel P. Jacobs, "Warren Takes Credit for Occupy Wall Street," *Daily Beast*, October 24, 2011)
월가 시위자들은 당연히 내 발언에 이의를 제기했다.(참고: Diana Perez, "Protesters Say They Deserve Credit for Occupy Boston, Not Warren," CBS Local,

October 25, 2011)

11 참고: Nick Baumann, "Check Out This Crazy Photo of an Elizabeth Warren Volunteer Meeting," *Mother Jones*, October 27, 2011.

12 미국 국립과학재단의 발명품, 혁신, 발견으로 구성된 "우량종목 50선"을 참고하라. (URL: http://www.nsf.gov/about/history/nifty50/)

13 미국 국립보건원 보고서를 참고하라. "미국 국립보건원이 1달러를 지원할 때마다 지역 경제 성장으로 약 2.21달러가 발생하는 것으로 추산된다. 또한 국립보건원의 후원을 받은 연구에서 알아낸 것은 미국 전체 생체의학 산업의 기초 역할을 한다. 오랫동안 세계적으로 선두를 지켜왔던 이 중요한 부문은 연간 약 900억 달러의 상품과 서비스를 수출하고 미국 시민 100만 명을 고용하며, 여기서 발생하는 임금은 약 840억 달러에 이른다."(참고: http://www.nih.gov/about/impact/economy.htm)

14 미국 국립과학재단에 따르면, 연방 정부 후원을 받는 연구개발은 GDP 비중 기준으로 1961~1968년에 1.74~1.92퍼센트였다. 2011년에 이 수치는 0.89퍼센트가 되었는데 내 어린 시절 최고치에 비하면 절반 이하다.(참고: "Table 1. Gross domestic product and research and development (total, federally funded, nonfederal): 1953-2011." URL: http://www.nsf.gov/statistics/nsf13318/pdf/tab01.pdf)

15 여성 후보자들이 당선되도록 도우면서 대단한 공을 세웠던 말라 로마시는 그 터무니없는 말을 읽고 웃어버렸다. 말라는 아마 경거망동하지 않으면 이길 거라고 조언할 것이다. 사람들은 강한 여성을 좋아한다고, 아직 모를 뿐이라고 말할 것이다.

16 David Boeri, "Warren Takes Her Campaign on the Road," WBUR.org, September 15, 2011; Britney Schultz, "Elizabeth Warren Announces Senate Run," *Truthout*, September 14, 2011.

17 대학 교육비 증가에 관한 데이터는 다음을 참고하라. Sandy Baum and Jennifer Ma, "Trends in College Pricing 2013," College Board, October 23, 2013.
1983~1984년에서 2013~2014년에 걸친 30년이란 시간 동안 4년제 사립대학이 공개한 평균 수업료는 1만1909달러(2013년 달러 기준)에서 3만94달러로 153퍼센트 인상되었다. 2년제 공립대학이 공개한 평균 학비는 1235달러(2013년 달러 기준)에서 3264달러로 164퍼센트 인상된 한편, 4년제 공립대학에 다니는 주내 학생의 학비는 2684달러에서 8893달러로 231퍼센트 인상되었다.
학비 인상은 학자금 대출이 어마어마한 규모로 커지도록 부채질했다.(참고: "Total Student Loan Debt, Q1 1999 to Q1 2011," Demos, http://www.demos.org/data-byte/total-student-loan-debt-q1-1999-q1-2011)

18 인권캠페인과 여러 기관은 오랫동안 트랜스젠더에게 영향을 미치는 문제에 대한 대중의 인식을 높이기 위해 싸워왔다. 이들과 함께 일하는 것이 자랑스럽다.

19 "2010년 선거에서 칼 로브가 공동 설립한 단체, 크로스로드 GPS는 천문학적인 거금을 들여 거짓말과 왜곡으로 가득 찬 광고로 전국의 방송을 뒤덮었다. 지금 또다시 그런 일이 일어나고 있다. 이번에는 더 뻔뻔스럽게 왜곡하면서 불법적 요소가 더 많아졌다."(참고: Greg Sargent, "Rove-Founded Group Again Blanketing Airwaves with Falsehoods, Distortions, and Sleaze," Plum Line[블로그], *Washington*

Post, November 10, 2011) FactCheck.org는 "칼 로브와 연관이 있는 단체는 펜실베이니아, 캘리포니아, 켄터키 주 민주당 상원의원 후보를 공격하는 200만 달러짜리 광고 캠페인의 일환으로 시청자에게 재떨이를 보냈다. 이 광고는 민주당 후보자들이 지지하는 의료 법안에 관해 어폐가 있는 주장을 한다"고 언급했다.(참고: "Misdirection from Crossroads GPS," August 30, 2010, http://www.factcheck.org/2010/08/misdirection-from-crossroads-gps/)

20　참고: Matea Gold, "Secret Donors Pour Millions of Dollars into Crossroads GPS," *Los Angeles Times*, April 17, 2012. Factcheck.org은 다음과 같이 보도했다. "크로스로즈 GPS는 연방 세법에 따라 501(c)(4)로 조직되었으므로, 상위 단체와 달리 후원자를 공개할 필요가 없지만 미국 기업(또는 협회)에서 받는 후원금 액수에 "제한이 없다"고 웹사이트에 게시하고 있다. 이 단체의 정식 이름은 크로스로즈 풀뿌리 정책 전략이다."(참고: http://www.factcheck.org/2010/08/misdirection-from-crossroads-gps/)

21　광고를 보려면 크로스로드 GPS의 동영상을 참고하기 바란다.(참고: "Foundation," MA, November 9, 2011, http://www.youtube.com/watch?v=tNxez4ddpa0) 즉시 이목이 크게 집중되었다.(참고: Zeke Miller, "Karl Rove-Backed Group Unveils Vicious Ad Against Elizabeth Warren and the 'Occupy' Protesters," *Business Insider*, November 11, 2011. Brendan Fischer, "Rove's Crossroads GPS Attacks Occupy Movement, Elizabeth Warren," *PR Watch*, November 11, 2011. Steve LeBlanc, "National PAC Launches Anti-Elizabeth Warren Ad," *Boston Globe*, November 10, 2011) 나의 첫 텔레비전 광고는 "엘리자베스 워런, 첫 TV 광고에서 월가를 폭파하겠다고 시장에 약속"이라는 기사를 참고하기 바란다.(참고: Lucy Madison, "In First TV Ad, Elizabeth Warren Blasts Wall St., Pledges to Even Playing Field," CBS News, November 14, 2011)

22　참고: Amy Bingham, "Ad Twists Elizabeth Warren's Role as TARP Watchdog," The Note(블로그), ABC News, December 8, 2011.
　　우리 선거운동 진영에서는 카일 설리번이 대응했다. 워런 후보자는 "예전부터 은행 구제 금융을 소리 높여 비판했고 이는 월가에게 주는 백지수표라고 말했습니다. (…) 이 공격에 자금을 대는 월가 은행가들은 그들이 중산층 가정에 바가지를 씌우지 못하도록 애쓴 엘리자베스 워런을 필사적으로 막고 있습니다."(참고: Lucy Madison, "Crossroads: Elizabeth Warren Responsible for Bank Bailouts," CBS News, December 8, 2011)

23　환경보호 유권자 연맹은 지난 2011년 10월 말 보스턴 언론 시장에서 190억 달러의 광고를 사들여 거대 석유 기업에 지지표를 던진 브라운을 비난했다.(참고: Joshua Miller, "Environmental Group Buys Ads Against Scott Brown[비디오]," *Roll Call*, October 25, 2011. David Catanese, "League Targets Brown on Big Oil," *Politico*, October 25, 2011) 스콧 브라운은 웹과 기명 논평으로 반격을 가하며 다음과 같이 몇 가지 주장에 반박했다. "사실 저는 공동체를 유해한 오염물질로부터 보호하고, 주택과 기업의 에너지 효율을 개선하며, 외국으로부터 석유 수입을 중단하

기 위한 초당적 법률에 편을 가르지 않고 협력했습니다."(참고: Luke Johnson, "Scott Brown Hits Back Against League of Conservation Voters 'Gone Washington' Ad," *Huffington Post*, November 1, 2011)

24 참고: Clare Malone, "What's So 'Super' About Super PACs?," *American Prospect*, February 8, 2012. Dan Eggen, "Scott Brown, Elizabeth Warren Pledge to Curb Outside Campaign Spending," *Washington Post*, January 23, 2012. Manu Raju, "Elizabeth Warren, Scott Brown Settle on Super PAC Pledge," *Politico*, January 23, 2012.

25 참고: "LCV Responds to People's Pledge Agreed to by Elizabeth Warren and Scott Brown," League of Conservation Voters, January 23, 2012, http://www. lcv.org/media/press-releases/LCV-Responds-to-People-s-Pledge-Agreed-to-by- Elizabeth-Warren-and-Scott-Brown.html

26 참고: Abby Goodnough and Jess Bidgood, "Massachusetts Senate Candidates Look to Limit Outside Advertising," The Caucus(blog), *New York Times*, January 23, 2012.

27 참고: Hunter Walker, "National Review Apologizes for Accusing Elizabeth Warren of Plagiarism," Politicker.com, May 18, 2012; "National Review's Elizabeth Warren Plagiarism Claim Quickly Debunked," *Huffington Post*, May 19, 2012.

28 참고: Devra First, "The Food-Culture Wars," Dishing(blog), Boston.com, April 13, 2012.

29 총기 관련 사망 사건에 관한 자세한 정보는 총기 사건 예방을 위한 브래디 캠페인 (Brady Campaign to Prevent Gun Violence, http://www.bradycampaign. org/?q=about-gun-violence)을 참고하기 바란다.
미국 질병통제예방센터CDC의 국립상해예방대책센터에서 검색 및 보고(Web-Based Injury Statistics Query and Reporting for years 2008-2010)의 최신 데이터 를 이용해 2008~2010년 웹 기반 상해 통계를 작성했다.(참고: "We Can Do Better: Protect Children Not Guns 2013," The Children's Defense Fund, July 24, 2013, http://www.childrensdefense.org/child-research-data-publications/data/ protect-children-not-guns-2013.pdf, 60)

30 "[워런의] 하버드대, 펜실베이니아대, 텍사스대, 휴스턴대 고용에 관계된 이는 모두 워런이 우수한 교육자라서 고용했을 뿐, 그녀의 개인적인 배경이 논의되거나 이를 고려 사항으로 생각한 적은 없다"고 말했다.(참고: Katharine Q. Seelye and Abby Goodnough, "Candidate for Senate Defends Past Hiring," *New York Times*, April 30, 2012)
로널드 레이건 대통령 재임 시절 법무차관을 지냈고, 공화당에 당적을 두고 있으며 2010년 스콧 브라운을 지지한다고 공언했던 하버드 로스쿨 교수 찰스 프라이드는 하버드에 나를 고용했던 위원회 위원장이라고 밝히고 워런이 "겉으로 드러난 교수로서 우수한 능력을 제외한 다른 이유로 자신의 지위를 얻고 명성을 유지했다는 말은 완전히 허튼소리다"라고 했다.(참고: Catalina Camia, "Harvard Professor: Elizabeth Warren Got Job on Merits," *USA Today*, May 7, 2012)

다른 인터뷰에서도 프라이드 교수는 똑같이 강력하게 발언했다. "그녀의 인종적 배경은 '임용 과정에서 아무런 결정 요소가 되지 않았고, 언급되지도 않았을뿐더러 나도 교수진에 언급한 적이 없다. 이를 입증하는 결정적인 증거에도 불구하고, 엘리자베스 워런이 하버드 로스쿨에 정교수로 임용됐을 때 사회적 약자 우대 지원을 받았다는 이야기가 여전히 나돌고 있다. 이처럼 빈정거리는 말들은 다 사실이 아니다. 워런의 교수 임용 당시 북미 원주민 조상을 두었다는 화제는 단 한 번도 언급되지 않았다고 단언할 수 있다. 로스쿨 교수 로런스 H. 트라이브도 이러한 견해에 공감했다. 트라이브 교수는 워런의 종신 재직권에 찬성했고 임용에도 관여한 바 있다. 그는 '엘리자베스 워런이 이어받은 혈통은 하버드 로스쿨 임용 결정에 아무런 영향을 미치지 않았다. 우리의 결정은 전적으로 우수한 전문 지식과 전설적인 강의 능력에 따른 것이다. 이 논쟁 자체는 완전히 날조이며, 현실과 아무런 관련이 없다'고 말했다."(참고: Garance Franke-Ruta, "Is Elizabeth Warren Native American or What?," *Atlantic*, May 5, 2012)

31 2012년 4월 13일 "런던 고래"라는 별명으로 엄청나게 배당하는 트레이더가 나타났다는 보도가 나왔고 JP모건 최고경영자 제이미 다이먼은 모든 우려 사항을 "사소한 일로 큰 소동을 벌이는 것"으로 일축했다. 그리고 2012년 5월 10일 JP모건은 20억 달러의 손실이 발생했다고 공개했다. 2012년 7월 13일 손실액은 70억 달러 이상으로 올라갔다.(참고: Eric Owles, "Timeline: The London Whale's Wake," *New York Times*, March 27, 2013)

제이미 데이먼이 스캔들을 받아들이는 태도는 다음을 참고하라. Dan Fitzpatrick, "JP Morgan's Dimon on Whale: There Was No Hiding, No Lying," MoneyBeat(블로그), *Wall Street Journal*, June 11, 2013; Jessica Silver-Greenberg, "New Fraud Inquiry as JPMorgan's Loss Mounts," DealBook(블로그), *New York Times*, July 13, 2012.

월가의 자만심이 어느 정도인지는 다음 자료를 참고하라. Pat Garofalo, "We're Getting the Feeling That Wall Street Isn't Sorry," Opinion, *US News and World Report,* March 22, 2013.

32 참고: Noah Bierman and Michael Levenson, "Senator Brown Sought to Loosen Bank Rules: OK'd Overhaul, Then Called for Leeway, E-Mails Show," *Boston Globe*, June 4, 2012. 이 책 4장 주석 36번 참고.

33 스콧 브라운의 "우리 부모님도 이야기를 많이 해주셨지만, 항상 정확한 말만 하셨던 건 아닙니다"라는 발언에 관한 자세한 정보는 다음을 참고하라. Rick Holmes, "Holmes: The Art of Political Distraction," Opinion, *MetroWest Daily News*, June 3, 2012.

브라운 후보에 대한 내 대응은 다음을 참고하라. Noah Bierman, "Warren Sends Letter to Supporters Trying to Calm Native American Controversy," Political Intelligence(블로그), *Boston Globe*, May 31, 2012.

34 참고: Sally Jacobs, "Warren's Extended Family Split About Heritage," *Boston Globe*, September 16, 2012.

35 마이크와 키티 듀카키스 부부는 선거운동 초기에 만나서 수십 년간의 공직생활과 치열한 선거운동으로 얻은 경험을 토대로 우리에게 조언해줬다. 그들은 상세한 정보와 전략을 많이 알려줬지만, 결국 요점은 '풀뿌리'라는 한 단어로 요약할 수 있었다. 그들은 매사추세츠에서 인기 있는 재임 의원을 이길 방법은 주 전역에 있는 지역 주민을 지역별로 조직하는 것뿐이라고 생각했다. 그리고 그것이 얼마나 큰 인내심을 필요로 하며 또 힘든 일인지를 설명했다. 그 일은 천천히 진행됐지만 효과는 어마어마했다.
물론 마이크와 키티는 조언만 하고 나 몰라라 하며 등을 돌리는 사람들이 아니었다. 두 사람 모두 선거운동에 뛰어들어 도왔다. 그들은 연설을 하고, 사람들을 규합하며, 집을 방문할 때 전설적인 에너지를 보여주었다. (나도 그렇지만) 브루스는 이런 일을 해본 적이 없어서 마이크가 토요일에 데리고 나가서 일을 시작할 수 있게 도와줬다. 또한 마이크는 브루스를 데리고 브록톤에서 열리는 그리스 축제에도 다녀왔다. 브루스는 악수만 하고 다닌 게 아니라 엄청난 양의 페이스트리를 가져왔다. 마이크와 키티는 매주 민중의 지지를 구축하는 일을 도왔고, 선거일에 엄청난 수의 사람이 투표하러 나오는 데 큰 역할을 했다.

36 록스베리와 도체스터의 여러 교회에서 나와 브루스를 초대해 몇 개월 동안 보스턴과 스프링필드 인근의 아프리카계 미국인 지역에 있는 10여 곳 이상의 교회에서 예배를 올렸다. 교회마다 성격은 달랐지만 공동체 안의 공동체를 구축하기 위해 노력하면서 사람들이 서로 지원하며 힘든 세상을 치유하기 위한 방법을 찾고 있다는 사실만큼은 확실했다. 종파를 초월한 예배도 영적 교류를 나누기 위한 좋은 방법이었고, 우리가 다양한 전통을 이어받은 사람들이라는 것을 명확히 상기시켜주었다. 브루스와 나를 환대해준 많은 사람의 따뜻한 마음에 감사한다.

37 슈퍼 자원봉사자 케이트 도나휴는 선거운동에 크게 공헌했고, 프레이밍햄에 피켓과 응원까지 갖춘 구식 간이역을 준비해줬다.

38 존 월시가 이끄는 매사추세츠 민주당이 나를 공식적으로 지원하고 지지해줬다. 존은 2006년 디벌 패트릭의 선거 사무장으로 일했고, 당의장으로 열심히 일하며 지지하는 사람들을 늘리고 선출된 관료들을 단결시켰다. 우리 선거운동 진영에서 바로 매사추세츠 주 민주당으로 넘어간 매트 패튼과 함께 존이 우리 진영의 중요한 동맹자가 됐다.

39 월 실리도 엘리자베스 발레와 함께 소비자금융보호국에서 우리 선거운동 사무실로 넘어왔다. 월은 소규모 기업 소유주로 구성된 강력한 네트워크를 구축했고, 세부 사항을 체계적으로 정리하며 전략을 기획하고 동맹을 구축하는 수완이 정말로 뛰어났다. 또한 훌륭한 사진작가이기도 하다.
우리는 많은 지지를 얻었지만, 매사추세츠 신용조합연맹이 우리 선거 진영을 지지해줬을 때는 감동했다. 이 단체에서 공직 후보자를 지지한 것은 처음 있는 일인데, 내가 수년간 가계 재정 문제와 관련하여 신용조합과 협력했던 까닭에 이들은 공개적으로 나를 지지 선언하고 싶다고 했다.

40 Nelson D. Schwartz, "Big Companies Paid a Fraction of Corporate Tax Rate," *New York Times*, July 1, 2013; Richard Rubin, "Profitable U.S. Companies

Paid 12.6% Tax Rate in 2010, GAO Says," *Bloomberg News*, July 1, 2013.
대기업이 얼마나 자주 법인세를 한 푼도 내지 않으며 다른 기업이 허점과 세금 혜택을 이용해서 얼마나 많이 주 정부 세금과 연방 세금을 회피하는지 알려주는 추가 보고서는 조세정의를 위한 시민 모임(www.ctj.org)을 참고하라.

41 1993년 전국유권자등록법NVRA이 의회에서 통과됐고 빌 클린턴 대통령이 서명하여 입법했다. "전국유권자등록법은 사상 최초로 우편 유권자 등록의 국가 표준을 세우고, 주 정부가 공공기관에 유권자 등록부를 제공하며, 투표하지 못하게 할 목적으로 유권자들을 등록부에서 삭제하는 것을 불법으로 만들고, 국가 최초로 연방 유권자 명단 유지 기준과 전국 유권자 등록 신청 기준을 세워서 주 정부가 공공기관에 등록부를 제공하는 것을 의무화했다."(참고: "Registering Millions: Celebrating the Success and Potential of the National Voter Registration Act at 20," Demos, May 20, 2013, http://www.demos.org/registering-millions-success-and-potential-national-voter-registration-act-20. National Voter Registration Act of 1993(NVRA), United States Department of Justice, http://www.justice.gov/crt/about/vot/nvra/nvra_faq.php)
전후 사정에 관한 자세한 사항은 미국 법무부의 "연방 투표권의 역사"를 참고하기 바란다.(URL: http://www.justice.gov/crt/about/vot/intro/intro_b.php)

42 매사추세츠 주는 "미국 국민의 투표 접근성 강화를 위해 고안한 1933년 연방법을 매사추세츠 주 정부가 준수하지 못했다고 주장하는 고소인단과 임시 합의해서" 유권자 등록 양식을 매사추세츠 주민 50만 명 정도에게 발송했다.(참고: Mark Trumbull, "'Welfare-Voter' Spat in Massachusetts Part of Larger Political Duel," *Christian Science Monitor*, August 14, 2012) 이 우편 발송 이전에 매사추세츠 주 고소득층 시민은 76.9퍼센트가 투표 등록을 했던 반면 저소득층 유권자는 58.2퍼센트만 등록했다.
(참고: "Background on Delgado v. Galvin Interim Settlement," Demos, August 8, 2012, http://www.demos.org/publication/background-delgado-v-galvin-interim-settlement)

43 브라운은 다음과 같은 성명서를 발표했다. "모든 합법적 표가 계산되기를 바라지만, 특정 정당에 대한 후원을 다른 정당보다 늘리기 위해 납세자의 세금을 이용해 복지 수혜자를 등록하는 것은 충격적입니다. 복지 수혜자를 등록하는 활동은 엘리자베스 워런의 딸이 지원하고 있으며, 어머니의 정치 선거에 도움을 주기 위한 행위임이 분명합니다."(참고: "Brown Statement on Elizabeth Warren's Daughter Aiding Effort to Register MA Welfare Recipients to Vote," ScottBrown.com, August 8, 2012, http://www.scottbrown.com/2012/08/brown-statement-on-elizabeth-warrens-daughter-aiding-effort-to-register-ma-welfare-recipients-to-vote/. "Sen. Brown Slams Costly Push to Register Welfare Recipients as Politically Motivated," Fox News, August 9, 2012)

44 참고: "Statement: Voting Rights Advocates to DOJ: 'Enforce NVRA,'" Demos, August 18, 2004, http://www.demos.org/press-release/statement-voting-

rights-advocates-doj-enforce-nvra; see "Demos, Project Vote Criticize DOJ After Meeting About NVRA Enforcement," Demos, September 28, 2004, http://www.demos.org/press-release/demos-project-vote-criticize-doj-after-meeting-about-nvra-enforcement. "Demos Stands By Long Record of Non-Partisan Voting Rights Work," Demos, August 8, 2012, http://www.demos.org/press-release/demos-stands-long-record-non-partisan-voting-rights-work

45 유권자 억제voter suppression에 관한 자세한 설명은 다음을 참고하기 바란다. Liz Kennedy, Tova Wang, Anthony Kammer, Stephen Spaulding, and Jenny Flanagan, "Bullies at the Ballot Box," Demos and Common Cause, September 10, 2012; Scott Keyes, Ian Millhiser, Tobin Van Ostern, and Abraham White, "Voter Suppression 101: How Conservatives Are Conspiring to Disenfranchise Millions of Americans," Center for American Progress, April 4, 2012; Judith Browne Dianis, "Top 10 Voter Suppression Moments of 2012," *Huffington Post*, December 26, 2012.

이 주제에 관한 언론 기사는 다음을 참고하기 바란다. Jess Bidgood, "Brown Questions Role of Warren's Daughter in Voter Registration Effort," The Caucus(블로그), *New York Times*, August 8, 2012; "Brown Urges Warren to Pay State for Mailing Costs," Associated Press, August 10, 2012.

기타 언론 기사는 다음을 참고하라. Mark Trumbull, "'Welfare Voters' Are Latest Battleground in Brown-Warren Senate Race," *Christian Science Monitor*, August 9, 2012.

46 민주당 전당대회에서 했던 연설문 전문은 ABC 뉴스를 참고하라.(URL: http://abcnews.go.com/Politics/OTUS/transcript-elizabeth-warrens-democratic-convention-speech/story?id=17164726)

47 우리는 오래전부터 매사추세츠에 뛰어난 대표단을 두었다. 우리에게는 우리의 선거 운동을 정력적으로 지지해줬고 지금은 상원의원이 된 에드 마키라는 훌륭한 동반자가 있었다. 상원의원 존 케리는 선거운동 내내 사려 깊은 자문 역할을 했고, 우리 모두 존이 국무부 장관으로 세계에서 미국을 대표하는 것을 자랑스러워한다. 바니 프랭크 의원은 소비자금융보호국을 위해 싸우던 시절부터 진정한 친구인 나를 옹호했으며 처음으로 내게 상원의원 출마를 권했던 사람이기도 했다. 프랭크는 하원의원에서 은퇴했지만 나와 함께 선거운동을 치렀고 날카롭게 조언했고, 해안가의 어업 가정들에 대해 알아야 한다는 일념으로 내게 어업 문제에 대해 가르치는 데 특별히 관심을 쏟았다. 니키 총가스 의원은 처음으로 나에 대한 지지를 표명했고, 상원의원 자리에 여성이 앉아 있으면 매사추세츠가 잘 운영될 것이라고 명확히 밝혔다. 리치 닐은 서부 매사추세츠에서 자신의 유권자들에게 나를 소개하는 일을 도왔고, 은퇴했던 존 올버는 매번 행사에 참석해서 오랫동안 자신이 열심히 대변했던 사람들에게 나를 소개시켜줬다. 짐 맥거번 의원은 아주 양심적인 사람으로, 매사추세츠 주의 중추를 조직해주겠다고 제안했다. 존 티어니 의원과 나는 노스쇼어에서 열리는 많은 행사에 함

께 참석해서 서로 독려하며 에너지를 주고받았다. 빌 키팅 의원은 선거일 직전의 집회를 포함해서 케이프와 사우스코스트에서 훌륭히 선거운동을 해냈다. 나는 선거일 직전 집회에서 한 연설 말미에 손을 뒤로 뻗어 키팅의 손을 잡고 선거운동을 하면서 처음부터 끝까지 나와 함께해준 다정한 남편이라며 키팅을 소개했다. (빌 옆에 서 있던) 브루스와 (그 근처에 있던) 빌의 아내가 깜짝 놀랐다. 마이크 카푸아노와 스티브 린치 의원은 많은 행사에서 도움을 주었고, 주 공무원과 지역 공무원들도 중요한 순간에 뛰어들었다. 모든 사람의 도움에 감사한다.

48 앨 프랭큰과 버니 샌더스, 셸던 화이트하우스, 빌 브래들리, 진 샤힌 상원의원과 로사 드라우로 의원이 나타나서 날 적극적으로 지지해주었고, 자원봉사자에게 활기를 불어넣었으며, 새로운 유권자 집단들에 날 지지해달라고 설득했다.

49 선거운동 초창기부터 패트릭 주지사는 사려 깊은 조언을 했다. 패트릭은 대화를 나눌 때마다 선거운동에서는 가치가 중요하며, 내 가치를 고수한다면 다 괜찮을 것임을 상기시켜줬다. 그는 주 총회 직전에 나에 대한 지지를 표명했고, 우리 선거운동 진영에 필요한 활력과 에너지를 주었다. 선거운동이 끝나갈 무렵에는 민주당이 상원의원석을 되찾기 위한 싸움에서 당원들을 결집시키는 데 도움을 주었고 강렬한 연설로 군중을 독려했다. 아주 대단한 일을 해낸 것이다.

50 캐럴라인 케네디는 도움을 주겠다는 아주 고마운 제안을 했다. 케네디는 나와 메니노 시장과 합류해서 찰스타운에서 선거운동을 펼쳤다.

51 코먼코즈Common Cause는 국민의 맹세에 관한 심층적인 연구에서 다음과 같은 결론을 내렸다. "국민의 맹세는 외부 지출을 크게 줄였다." "국민의 맹세는 정치 후원자의 공개 범위를 상당히 확대하는 결과를 낳았다." 코먼코즈는 2012년 다른 유사한 선거는 다섯 배나 더 "어두웠거나" 아예 자금을 공개하지 않았다고 언급했다. "국민의 맹세는 고액 후원자에 비해 소액 후원자의 영향력을 강화했고" "부정적 선전이 상당히 줄어드는 결과를 낳았다." 또한 "이 맹세에 대응해서 외부 단체들도 두 후보자가 맹세에 서명한 이후 어느 한쪽을 지지하거나 반대하는 텔레비전 광고를 단 한 건도 내보내지 않았다. (…) 외부 단체가 자금을 제공한 인쇄 및 라디오 광고가 몇 번 나왔지만, 후보자들이 벌금을 냈고 광고는 즉각 중단됐다"고 언급했다. 보고서는 "선거에서 외부 단체의 영향력을 제한한 것은 더 투명하고, 공정하며, 책임감 있는 선거 절차로 나아가기 위한 핵심적인 첫걸음"이라는 결론을 내렸다. 코먼코즈는 앞으로의 선거에서도 비슷한 맹세를 할 것을 촉구했으며, 이러한 맹세가 "미래의 선거에서도 계속돼야 한다"고 언급했다.(참고: Creighton, "A Plea for a Pledge," Massachusetts Common Cause, April 2013. URL: commoncause.org)

52 선거운동 초기에 루 만다리는 매사추세츠 주 전 지역에 있는 노조 가정들과 나를 연결시켜주기 위해 노력했다. 보스턴 노동법 변호사이자 대보스턴노동위원회 회장의 아들이었던 루는 우리 선거운동 진영의 노동 담당자였다. 루는 지칠 줄 모른 채 전화를 걸고, 중요한 인물들의 이름을 전달하고, 조언하고, 행사에 참석하면서도 언제나 코먼웰스(켄터키, 매사추세츠, 펜실베이니아, 버지니아 주)에 있는 모든 사람을 알리라는 목표로 머릿속이 가득했다. 루는 매우 총명하면서도, 그의 조언은 언제나 가슴에서 우러나왔다. "당신은 우리 편입니다. 그저 우리 모두 그걸 볼 수 있는 기회를 주

시면 됩니다."

선거운동을 진행하면서 수많은 조합원이 열심히 일하고, 팻말을 옮기고, 전화를 걸고, 나와 우리 팀에게 조합 홀과 집을 열어주고, 마음과 영혼을 다 바쳐 선거운동에서 싸웠다. 나는 이들의 크고 넉넉한 마음에 깊이 겸허해졌고 언제까지나 감사하는 마음을 잊지 않을 것이다.

한마디 덧붙이자면, 조합원 가정이나 조합 홀에서 행사를 열 때마다 나는 노동자의 단결권과 단체교섭권에 대한 신념을 이야기했지만, 사회보장제도와 여성과 남성의 동일임금 동일노동을 보호하고, 아이들이 대학 교육을 받을 수 있게 돕겠다고 말할 때도 똑같이 큰 환호성이 터져나왔다. 즉, 우리는 몇몇 가족이 아니라 모든 가족을 위해 어깨를 나란히 하고 미래를 위해 싸웠다.

53 토론 준비에서 좌절감을 느꼈고 오티스가 훌륭하게 도와줬지만, 오티스 다음으로 훌륭한 코치는 존 도넨버그였다. 그 후로 그는 내 상원 사무실에서 입법 책임자로 일한다. 존은 정책 문제와 미국 상원에 관해 내게 방대한 지식을 가르쳤다. 중요한 역할을 해준 존에게 감사한다.

54 나는 거대 석유 회사 보조금에 초점을 맞추면서, 환경보호 유권자 연맹과 시에라 클럽과 우리 자녀와 후손을 위해 환경보호에 헌신하는 수많은 기관과 함께 일할 수 있어서 기뻤다. 우리는 거대 석유 회사에 보조금을 제공하지 말고 미래의 에너지 기술에 투자해야 한다.

55 이 비디오는 http://bluemassgroup.com/2012/09/scott-brown-staffers-do-indian-war- whoop-tomahawk-chop-youtube에서 확인할 수 있다. 브라운은 자기 참모의 "용납할 수 없는 행동"을 "애석하게 생각한다"고 말하는 성명서를 발표했다.(참고: Katharine Q. Seelye, "Scott Brown says He 'Regrets' His Staff's 'Unacceptable' Behavior," The Caucus[blog], *New York Times*, September 26, 2012)

56 참고: Sabrina Siddiqui, "Scott Brown Aims at Elizabeth Warren over Native American Claim," *Huffington Post*, September 24, 2012. Glen Johnson, "Scott Brown Hits Elizabeth Warren's Native American Claim in New Ad," *Boston Globe*, September 28, 2012.

57 브라운의 광고와 내 대응 광고 링크는 http://www.factcheck.org/2012/10/warrens-role- in-asbestos-case/를 참고하라.

58 조선과 건축 분야에서 석면 근처에서 일했던 사람들 가운데 희귀한 형태의 폐암이 점점 더 많이 발생하자, 소송이 산더미처럼 쌓였다. 각 희생자가 개별적으로 기업에 소송을 걸 경우 변호사 수임료로 더 많은 돈이 나갈 것이다. 특히 처음에 암에 걸린 사람은 보상을 받을 가능성이 크지만, 어느 순간 기업의 돈이 바닥나고 보험금이 소진되면 나중에 암에 걸린 희생자는 아무것도 받지 못하게 된다. 이에 대한 해결책은 신탁을 개설해서 책임을 져야 하는 기업과 보험사에서 받은 모든 자금으로 이 신탁을 운영하는 것이다. 이렇게 해야 희생자가 보상을 받으면서도 소송 비용을 적게 지출하고 나중에 암에 걸린 사람들을 포함한 모든 희생자가 더 많은 돈을 받을 수 있다. 오랫동안 이 신탁 체제는 효과를 발휘했지만 미국 대법원에 소송이 제기됐다. 이 사례

에서 나는 보험사와 수천수만 명의 희생자를 대표하는 신탁과 함께 개별 소송보다는 신탁이 희생자에게 보상하는 최상의 방법이라고 주장했다. 우리는 그 대법원 소송에서 이겼다. 훗날 내가 그 사건에서 손을 뗀 뒤 하위 법원에서 보험사가 제안한 만큼 돈을 지불할 필요가 없다는 판결이 나왔고 다시 항소됐다.

추가 정보를 보려면 Factcheck.org를 참고하라. "워런이 말하는 이 사건에 대한 이야기는 석면 희생자를 대표하는 여러 변호사와 석면 노동자 조합 리더가 공개적으로 지지했다. 국제 단열·방한 및 석면 근로자 협회 제6지부의 프랜시스 C. 부드로는 『보스턴 글로브』에 다음과 같이 말했다. '[브라운은] 사건을 완전히 잘못 해석하고 있습니다. 이는 석면 관련 질병으로 목숨을 잃은 모든 사람을 공격하는 행위입니다.'"(참고: See "Warren's Role in Asbestos Case," Factcheck.org, October 15, 2012, http://www.factcheck.org/2012/10/warrens-role-in-asbestos-case/)

59 참고: Marc Larocque, "Sen. Scott Brown Suggests Warren Uses Actors in Asbestos Ads, Then Apologizes for Remarks," *Taunton Daily Gazette*, October 17, 2012.

60 아트 라말로는 로웰에서 아이들을 위해 일하는 하루하루를 소중하게 생각한다. 그와 그의 체육관은 마크 월버그와 크리스찬 베일이 출연한 데이비드 O. 러셀의 영화 「파이터」에 나왔다. 라말로의 체육관에 관한 자세한 정보는 다음을 참고하라. Karen Sackowitz, "Blood, Sweat, Cheers," *Boston Globe*, June 10, 2010

61 참고: Scott Brown, "Brown: Conscience Exemption Was a Matter of Fundamental Fairness," Opinion, *Taunton Gazette*, March 2, 2012.
이 주장에 대한 반박은 다음을 참고하라. Laura Bassett, "Blunt Amendment Is 'Desperate' GOP Election Strategy, Senate Dems Say," *Huffington Post*, February 24, 2012.
가족계획, 전미중절권획득운동연맹, 전미여성단체는 이 문제와 관련해 회원들을 결집시켰고 피임배제 개정안 싸움과 현재 진행 중인 여성의 생식권 싸움에서 중요한 역할을 했다. 나 자신이 여성이자 딸을 둔 어머니, 두 손녀딸의 할머니로서 이 중요한 싸움에서 이들이 앞장서준 것에 깊이 감사한다.

62 브라운은 어느 후원금 모금 이메일에서 이렇게 말했다. "(워런과 워런의) 좌익 협력자들은 가톨릭 신자와 다른 종교 신자에게 개인의 종교적 신념과 관계없이 의료 서비스와 관련된 문제에 시키는 대로 하지 않으면 대가를 치르게 될 것이라고 명령하고 있습니다."(참고: Steve LeBlanc, "Scott Brown, Elizabeth Warren Aim to Win Over Bay State Catholics," Associated Press, October 25, 2012)

63 바버라 미컬스키 상원의원은 비범한 인물이다. 미컬스키 의원의 에너지 넘치는 연설은 상원에 여성 의원이 늘어나야 하는 이유에 초점을 맞추었다. 미컬스키는 여성 상원의원 의장이고, 여성 팀의 규모를 키울 수 있는 효과적인 선거운동가로서의 능력을 입증했다.

64 에델 케네디가 나타나자 많은 젊은 자원봉사자가 역사를 접할 기회라고 생각했다. 에델은 미래를 사는 여성이었고, 내가 상원 의석을 얻을 수 있게 도와주고 싶어했다. 에델은 모든 사람에게 상원에서 자신을 대표하는 의원이 왜 중요한지 납득시켰다.

65 애드난 무슬림은 우리의 우편물을 관리해서 유권자들을 개인적으로 접할 수 있게 해 줬다. 여성 문제가 열기를 더하면서 그렇지 않아도 늘 고조돼 있던 애드난의 열정에 불이 붙었다. 그렇다, 애드난은 남성미가 물씬 풍기는 남자이지만 예쁜 두 딸을 둔 아버지이기도 했다. 애드난도 딸들의 미래를 위해 이 싸움에 뛰어들었다.

66 참고: Michael Levenson, "Brown Stresses Prochoice Stance as Abortion Foes Offer Backing," *Boston Globe*, August 23, 2012. 생명을 위한 매사추세츠 시민 모임 회장인 앤 폭스는 "우리는 낙태 찬성파라는 브라운의 말을 믿을 수밖에 없습니다. 그러나 우리는 낙태에 반대할 이를 찾고 있고, 브라운이 바로 그런 사람입니다." 브라운은 생명을 위한 매사추세츠 시민 모임의 지지를 거부하지는 않겠지만, 자신은 낙태 찬성을 지지한다고 거듭 말했다.(참고: Shira Schoenberg, "National Pro-Life Group Sends Out Mailers Supporting Scott Brown, Who Is a Pro-Choice Republican," MassLive, October 25, 2012)

스콧 브라운의 임신중절 찬성 입장에 관한 자세한 정보는 다음을 참고하라. Amanda Terkel, "Scott Brown 'Pro-Choice' Message Undermined by Mailer from Group Opposing Abortion Rights," *Huffington Post*, October 25, 2012.

67 선거일에 테드 케네디의 아들 패트릭과 테드가 투표 격려 연설에 나서서 전반적인 열기를 높였다. 이들을 볼 수 있어서 그리고 이들이 우리 선거운동에 참여해줘서 무척 기뻤다.

68 우리는 선거일에 많은 도움을 받았다. 소중한 친구들도 투표 참관인으로 도와주러 왔다. 제자였다가 지금은 법학 교수가 된 멀리사 저코비와 케이티 포터도 왔다. 케이티와 매트 호프만은 아기 벳시 앤을 데려왔다. 데이먼 실버스도 딸 로지의 능숙한 도움을 받아 투표 참관인으로 참석했다. 더 많은 사람이 찾아왔지만 하루가 정신없이 흘러가는 바람에 안타깝게도 보지 못한 사람이 많았다.

69 참고: Noah Bierman, "Mass. Voter Turnout Sets Record at 73 Percent," *Boston Globe*, November 27, 2012.

70 매사추세츠 선거는 후보자 지출 기준으로 돈이 가장 많이 든 의원 선거였다. 외부 지출과 합하면 지출이 가장 큰 의원 선거는 2012년 버지니아 주 상원의원 선거였다.(참고: "Massachusetts, Virginia Senate Among 2012's Most Expensive Races," OpenSecrets.org, November 6, 2012. URL: http://www.opensecrets.org/news/2012/11/massachusetts-virginia-senate-among.html. The Brown campaign spent $35 million, compared to $42 million for my campaign. http://www.opensecrets.org/politicians/elections.php?cycle=2012&cid=N00031174&type=I)

71 참고: Mindy Myers, "One Year Ago Today, We Made History," *Huffington Post*(블로그), November 6, 2013.

후기

1 일부 학자금 대출에는 유예 기간이 있지만 대부분은 유예 기간이 없고, 모든 대출에는 유예 기간이 제한되어 있다. 예를 들어 직접 보조 대출과 무보조 대출은 졸업 이후나 학업 중단 후에 6개월간의 유예 기간을 준다. 그러나 특정 PLUS 대출에는 유예 기간이 없다. 자세한 논의는 http://www.direct.ed.gov/leaving.html을 참고하라. 일부 연방 대출도 대출자에게 재정적인 어려움을 포함한 특수한 상황에서 유예 신청을 허용한다. 그러나 이자는 계속해서 누적된다.(참고: http://www.direct.ed.gov/postpone.html)

2 참고: Rohit Chopra, "Student Debt Swells, Federal Loans Now Top a Trillion," CFPB, July 17, 2013, URL: http://www.consumerfinance.gov/newsroom/student-debt-swells-federal-loans-now-top-a-trillion

3 연설 당시 연방준비은행 대출 창구를 통해 거대 은행이 이용할 수 있는 이자율은 1퍼센트의 4분의 3이었다.(참고: "Federal Reserve Bank Discount Window and Payment System Risk," Federal Reserve, URL: http://www.frbdiscountwindow.org)
당시 보조금이 지원되는 연방 스태퍼드 대출 이율은 6.8퍼센트까지 두 배 인상할 계획이었다. 거대 은행이 지불하는 이자율의 약 9배 이상에 해당된다.(참고: Shelby Bremer, "It's Official: Student Loan Rates Will Double Monday," ABC News, June 29, 2013)

4 "미국 정부는 수요일에 백악관의 지지와 상원의 승인을 받은 연방 학생 대출 제도를 정비하면서, 앞으로 10년간 학생과 학생 가족을 대상으로 1850억 달러의 수익을 발생시킬 것으로 전망했다."(참고: Shahien Nasiripour, "Obama's Student Loan Profit Guaranteed as Senate Approves Deal," *Huffington Post*, July 24, 2013)

5 참고: Jim Puzzanghera, "Elizabeth Warren's First Grilling of Regulators a YouTube Hit," *Los Angeles Times*, February 18, 2013.

6 공화당 상원의원 코번은 2013년에 최초 학생 대출 법안을 도입했고, 최종 법안은 공화당 변동금리 제안을 모델로 삼았으나 두 가지 차이점이 있었다. 원래 법안은 정부 대출 비용을 대폭 인상하고 이자율 상한제가 없었으나, 최종 법안은 대부분 대출을 소폭 인상했고 이자율이 인상될 경우 학생에게 부과할 수 있는 이자에 상한이 생겼다. 의회 예산국은 코번 법안으로 앞으로 10년 이상 정부의 추가 수익이 156억 달러 발생할 것으로 판단했다. 코번 법안에 대한 CBO 점수는 http://www.cbo.gov/sites/default/files/cbofiles/attachments/s682.pdf를 참고하라. 반면 최종 통과된 법안은 7억 달러의 추가 수익을 낼 것으로 전망됐다. 양당 합동 학자금대출 확실성 법안은 http://www.cbo.gov/sites/default/files/cbofiles/attachments/Bipartisan%20Student%20Loan%20Certainty%20Act%20of%202013.pdff를 참고하라.
두 법안의 차액은 150억 달러에 달했다. 원래라면 미국 정부의 추가 수익이었겠지만, 학생들의 주머니에 머물게 됐다. 물론 이 모든 수익은 전체 학자금 대출 제도에서 앞으로 10년간 발생하는 학자금 대출 수익 약 1850달러와 별도로 계산했다.

인생이 막다른 골목에 이르렀을 때를 표현한 단어로 가장 흔하게 쓰이는 건 '막장'이란 단어지만 '파산' 역시 그에 뒤지지 않을 만큼 절망적이고 힘듦을 드러내는 단어일 것이다. 그 어떤 누구의 사정도 봐주지 않는 이 무시무시한 자본주의 사회에서 파산이란 어쩌면 너는 이 시스템 속에서 살아가는 데 실패했고 재기하기는 하늘의 별 따기만큼 어려운 처지로 전락했다는 또 다른 사형선고인지도 모른다. 그래서 파산이란 단어를 자신과 연관시킨다는 것은 입에 담기도 싫은 일이며, 내가 아는 누군가가 파산을 했다고 해도 쉽게 쓸 수 없는 말이다. 이처럼 파산에 대한 두려움과 절망은 큰 반면, 파산에 대한 사회적, 경제적 연구는 의외로 활발하지 않다. 난 경제와는 담을 쌓고 사는 사람이지만 그 이유는 어찌 보면 간단할 것이다. 돈이나 명성과 연결될 수 있는 화려한 주제가 아닐 테니까.

그런데 이 파산법을 화두로 일생을 매진해온 한 열렬한 투사가 있다. 아쉽게도 그녀는 한국인이 아닌 미국인이다. 그리고 그녀가 그렇게 투견처럼 싸워온 싸움의 역사를 담은 『싸울 기회』란 책이 드디어 국내에서 소개된다. 이 책을 손에 잡은 (행운의!) 독자들은 머리말을 읽고 그 다음 첫 페이지를 펼쳤을 때 약간 의아해할 것이다.

"나는 내가 철든 날을 알고 있다."

이 책은 이 문장으로 시작된다. 전화 교환원으로 일하는 엄마와 건물 정비원으로 일하는 아버지의 딸로 성장해서 하버드 법대 교수를 거쳐 미 상원의원으로 당선되고 이제는 차기 대선의 유력한 후보로 물망에 오르고 있는 엘리자베스 워런. 한국식으로 표현하면 개천에서 용 난 그녀의 이야기는 바로 인생에서 철든 날, 인생이 뭔지 어렴풋이 깨닫게 된 날로부터 시작된다. 그렇게 소설처럼 시작된 그녀의 이야기를 따라가다보면 우리와 같은 보통 사람들이 겪는 재앙에 눈시울을 적시게 되고, 그런 보통 사람들을 지키기 위해 싸우는 정의로운 이들에게 감동하게 되며, 이길 수 없을 것만 같은 거대한 적을 상대해서 자신의 삶을 지키고 자식들에게 "싸울 기회"를 주기 위해 굴하지 않고 노력하는 시민들에게 영감을 받게 된다. 그 가열찬 싸움의 선두에 엘리자베스 워런이 있었다.

워런은 바로 이 책의 제목처럼 평생 싸움꾼으로 살아왔고, 또한 싸울 기회를 갖기 위해 노력한 투사다. 그녀는 아버지가 병에 걸려 가세가 기울면서(원래도 가난했지만) 어쩔 수 없이 마흔이 넘어 직장에 다니게 된 엄마의 이야기부터 시작해 대학은 꿈도 꿀 수 없는 형편에 자신이 가진 유일한 재능이었던 싸움꾼의 기술인 토론을 이용해 대학에 장학금을 받고 들어간다. 여성운동이나 페미니즘이란 단어를 쉽게 입에 담을 수 없는 보수적인 환경에서도 워런은 포기하지 않고 아이 둘을 키우고 살림을 계속하면서 자신의 꿈을 좇아 공부와 일을 지속함으로써 교사를 꿈꿨던 여자아이가 하버드 대학교수에 이어 미 상원의원에까지 오른다.

그녀의 이야기가 여기서 그쳤다면 요즘 세상엔 조금 진부해진 한 워킹맘의 시련을 딛고 일어선 성공 스토리 정도로 끝났을지 모른다. 하지만 워런의 진가는 바로 자신이 겪었던 개인적인 고난과 가족사를 사회와 국가를 향한 냉철하고 정의로운 시선으로 발전시켰다는 점에 있다. 만만치 않은 인생의 과제들을 해결해가면서 교수가 된 그녀가 선택한 과목은 바로 파산법이었다. 경제적으로 힘든 시절을 보냈던 그녀에게 "돈"이란 평생 풀리지 않는 화두가 됐고 그 화두를 바탕으로 그녀는 사회적으로 점점 심각해지는 파산 문제에 대해 관심을 갖게 됐다. 그 관심을 시작으로 그녀는 파산이란 것이 그저 게으르고 탐욕스런 일부 사람이 자초한 불행이 아니라 돈을 가진 자들이 의도적으로 스스로에게 유리하게 조작한 시스템에 있는 보통 사람들이 겪는 아주 무서운 재앙이란 것을 밝혀낸다. 그녀는 그 문제를 학문적으로 연구하는 데서 그치지 않고 책을 쓰고, 방송에 나가고, 정책을 바꾸기 위해 싸우기 시작한다.

워런의 싸움은 2008년에 일어난 경제 위기를 해결하고자 설립된 '파산법 검토위원회'의 위원장을 맡으면서 본격적으로 시작된다. 천문학적인 이익을 거두는 은행들이 룰렛보다 더 위험한 투기를 벌이다가 폭삭 망하자 정부에 손을 벌렸고 정부는 그에 장단 맞춰 국민의 혈세를 펑펑 퍼주는 사태가 발생한다.(우리에게도 너무나 친숙한 시나리오 아닌가?) 그걸 감시하는 감시견을 자청한 워런은 동지들과 함께 재무부의 퍼주기 관행을 감시했고, 그런 경력을 바탕으로 위기에 처한 중산층을 구하기 위해 '소비자 금융보호국'을 설립하려고 고군분투한다. 그 과정에서 테드 케네디와 버락 오바마 대통령을 비롯한 선량하고 유능한 정치가 및 시민운동가와 일반 시민들이 동참한다. 정부는 국민을 섬기기 위해 존재하는 기관이며, 민주주의는 사람을 이롭게 하기 위해 존재하는 시스템이라는 아주 당연한 명제를 살리기 위해 노력하는 그녀에 맞서 은행과 은행이 휘두르는 돈의 힘에 지배당하는 정치가들의 싸움은 그녀의 표현대로 다윗과 골리앗의 싸움 같다. 골리앗이 일방적으로 퍼붓는 펀치를 맞고 넘어져도 계속 일어나 싸우는 다윗을 보는 마음은 안타까우면서도 감동적이었다.

이 책에는 워런을 오늘의 투사로 만들어준 수많은 사람의 눈물 어린 사연이 들어 있다. 은행 대출계 직원에게 속아 살던 집에서 쫓겨난 할머니, 11개월째 일이 없어 어쩔 수 없이 집에서 놀면서 자신의 죽음으로 식구들의 형편이 나아질까 싶어 자살을 생각하는 기중기 기사, 우수한 성적으로 대학을 졸업하고도 취직을 못 해 학자금 융자로 고민하다 자살한 아들의 아버지와 같은 보통 사람들의 비통함이 절절히 서려 있다. 이런 문제들이 우리나라에서는 몇십, 몇백 배의 더 참혹하고 잔인한 스케일로 일어나고 있기 때문에 더 슬프고 비통하게 느껴지는지도 모르겠다.

워런은 그런 사람들의 희망으로, 그녀의 싸움이 자신의 싸움이란 걸 아는 사람들의 지지로 상원의원에 당선됐다. 그녀가 지금 이 자리까지 올 수 있었던 동력은 단 하나, 공정하고 공평한 사회, 모두가 인간답게 살 수 있게 싸워볼 기회를 주는 사회를 건설하자는 그 신념 때문이었다. 모든 나라는 그 국민의 수준에 맞는 지도자를 갖는다는 말이 있는데 엘리자베스 워런을 선택해서 상원의원까지 만들 수 있는 미국인들의 저력이 조금(사실 많이) 부러웠다. 파산이라는 현대적인 흑사병이 발생하게 된 원인과 배경, 그에 대한 대처 방안과 해결책, 그를 향한 여정을 감동적으로 묘사한 이 책은 미국과 아주 흡사한 과정을 밟고 있는 (그러나 훨씬 더 심각하고 처참한) 우리가 반드시 읽어봐야 할 책이다.

싸울 기회

초판인쇄 2015년 8월 10일
초판발행 2015년 8월 17일

지은이 엘리자베스 워런
옮긴이 박산호
펴낸이 강성민
편집 이은혜 박민수 이두루 곽우정
편집보조 이정미 차소영 백설희
마케팅 정민호 이연실 정현민 지문희 양서연
홍보 김희숙 김상만 한수진 이천희
독자모니터링 황치영

펴낸곳 (주)글항아리 | 출판등록 2009년 1월 19일 제406-2009-000002호

주소 413-120 경기도 파주시 회동길 210
전자우편 bookpot@hanmail.net
전화번호 031-955-8891(마케팅) 031-955-889/(편집부)
팩스 031-955-2557

ISBN 978-89-6735-231-8 03300

에쎄는 (주)글항아리의 브랜드입니다.

이 도서의 국립중앙도서관 출판예정도서목록(CIP)은 서지정보유통지원시스템 홈페이지(http://
seoji.nl.go.kr)와 국가자료공동목록시스템(http://www.nl.go.kr/kolisnet)에서 이용하실 수 있
습니다. (CIP제어번호 : CIP2015019644)